中心医院

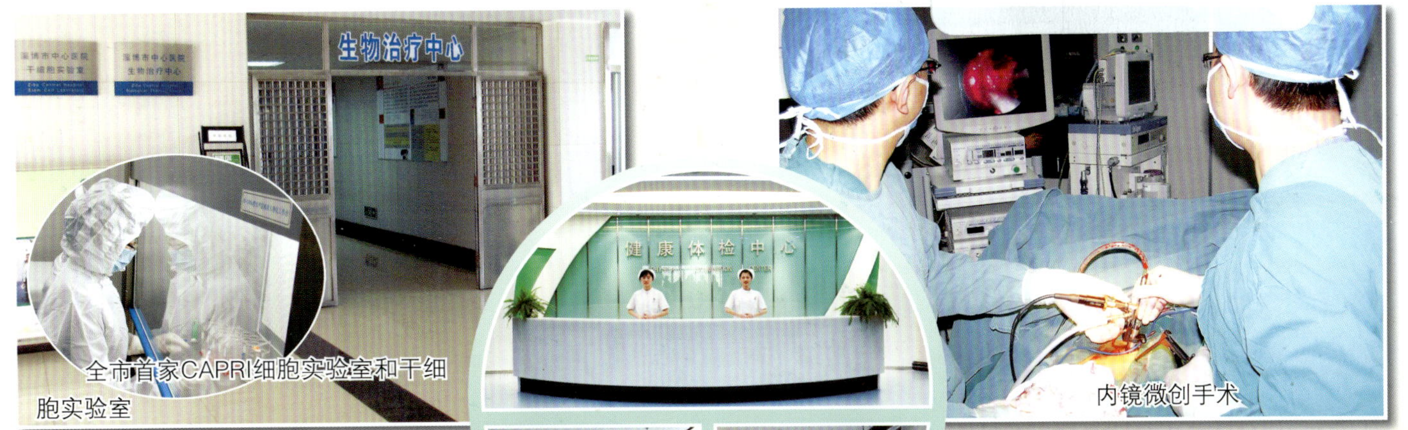

全市首家CAPRI细胞实验室和干细胞实验室

内镜微创手术

启动聋哑儿童救助工程

省内一流的健康体检中心

省内一流的采血中心

中华人民共和国卫生部部颁标准
三级甲等医院
山东省卫生厅

全国医药卫生系统
先进集体
中华人民共和国卫生部
国家食品药品监督管理局
国家中医药管理局
二〇一〇年一月

省级
文明单位
山东省精神文明建设委员会

医院全景图

淄博年鉴

ZIBO YEARBOOK

2011

（总第25卷）

淄 博 市 人 民 政 府　主办
淄博市地方史志办公室　　编

方 志 出 版 社

图书在版编目(CIP)数据

淄博年鉴.2011／淄博市地方史志办公室编.—北京:方志出版社，2011.12
ISBN 978-7-5144-0356-5

Ⅰ.①淄… Ⅱ.①淄… Ⅲ.①淄博市—2011—年鉴
Ⅳ.①Z525.23

中国版本图书馆CIP数据核字(2011)第244309号

淄博年鉴(2011)

编　　者:淄博市地方史志办公室
责任编辑:陈菁　李江

出 版 者:方志出版社
(北京市建国门内大街5号中国社会科学院科研大楼12层)
邮编　100732
发　　行:方志出版社发行部
(010)85195814　85196281
经　　销:新华书店
法律顾问:北京市大禹律师事务所
印　　刷:山东新华印刷厂德州厂

开　　本:889×1194　1/16
印　　张:22.75
字　　数:848千
版　　次:2011年12月第1版　2011年12月第1次印刷
印　　数:0001～3000册

ISBN 978-7-5144-0356-5/K·293　　定价:180.00元

淄博市市志编纂委员会

《淄博年鉴(2011)》编审人员

编辑说明

一、《淄博年鉴》是由淄博市人民政府主办、淄博市地方史志办公室承编的大型综合性地方年鉴，是市内重要的史册类官方文献。本卷年鉴是第二十五卷，集中反映了2010年度全市人民在市委、市政府的领导下，在社会主义物质文明、政治文明和精神文明建设中所取得的巨大成就；记载了全市各领域、各部门、各行业、各区县的基本情况及年度内发生的重大事件；汇集了全市经济和社会发展的基本资料和重要信息。本卷年鉴力求全面体现淄博的地方特色，突出反映全市在经济建设和社会发展中取得的新经验、新成就；努力为各级党政机关了解市情、实施科学决策，为各行各业及有关单位查询资料、获取信息，为社会各界人士及中外投资者认识淄博、熟悉淄博提供翔实的资料。

二、本卷年鉴共设28个部类，即：特载、大事记、淄博概况、政党政务、地方军事、法治、工业、农业、交通 邮电、城建 环保、国内贸易服务业、外经外贸、招商引资、经济园区建设、民营经济、旅游、综合管理与监督、财政 税务、银行 保险 证券、科学、教育、文化、新闻出版 广播电视、卫生 体育、社会民生、人物、区县概况、附录。同时设置了索引。

三、本卷年鉴采用分类编辑法，以部类为单元，部类下立分目，分目下立条目，并以条目作为基本表达方式；一般分3个层次，个别部类延伸到4个层次。为便于查阅，条目标题均采用黑体字并加方头括号(【 】)表示。

四、本卷年鉴为突出反映全市的基本情况、基础数据、重大事件，增置了彩色图片、黑白图片和统计表等内容，加大了年鉴的信息量并力求图文并茂，生动形象。

五、本卷年鉴中有关全市国民经济和社会发展的主要数据均以淄博市统计局公布的统计资料为准。个别数据由于统计口径和来源不同存在差异。

六、本卷年鉴由市直各部门、各区县以及有关企事业单位提供初稿，并经撰稿单位领导审阅；淄博市地方史志办公室负责总纂；市政府负责人审定。

七、本卷年鉴的组稿、撰稿及编纂工作得到各级领导的关怀以及各部门、各区县、有关企事业单位的大力协助和支持。在此，谨向所有关心、支持和直接参与《淄博年鉴》编纂工作的所有人员表示诚挚的谢意。

八、本卷年鉴在编纂过程中虽经多次审核和校对，仍难免有差错和疏漏之处，欢迎广大读者批评指正。

编　者

2011年9月

目 录

特 载

大 事 记

淄博概况

政党 政务

地方军事

法 治

检察

审判

司法行政

仲裁

工　业

综述

煤炭工业

淄博矿业集团

电力工业

建材冶金工业

中国铝业公司山东企业

农 业

综述

种植业

农业综合开发

蔬菜业

林业

农机

畜牧业

水利与渔业

黄河河务

交通 邮电

交通运输

铁路

邮政

通信

城建 环保

城乡建设

环境保护

国土资源管理

城乡规划

房产管理

公用事业

国内贸易　服务业

国内贸易

服务业

市属商业

粮食

供销合作商业

烟草专卖

盐务

外经外贸

对外经贸

海关

出入境检验检疫

招商引资

经济园区建设

淄博高新技术产业开发区

齐鲁化学工业区

其他经济园区

民营经济

旅　游

综合管理与监督

发展和改革

人力资源和社会保障

物价

统计与调查

审计

银行　保险　证券

银行

保险

证券

科　　学

科技

科协

社会科学

地震监测

气象

教　　育

综述

基础教育

高等教育

职业 成人 民办教育

文 化

专业文化

社会文化

文博

文化市场

新闻出版　广播电视

卫生　体育

社会民生

人　　物

区县概况

周村区

临淄区

桓台县

高青县

沂源县

附　　录

文件选目

市情调研

国内媒体对淄博的重点报道

索　　引

Contents

Agriculture

Transportation, Posts and Telecommunications

City Construction and Environmental Protection

Domestic Trade and Services

Foreign Economy and Trade

Absorption of Foreign Investment

Construction of Economic Zones

Private Economy

Tourism

Comprehensive Management and Supervision

Finance and Taxation

Banking, Insurance and Securities

Science

Education

Culture

News and Publication, Radio and Television Broadcast

Health and Sports

Society and People's Wellbeing

Figures

Summaries of the Districts and the Counties

Appendixes

Index

(Translated by Zhu Xin-hua)

彩图目录

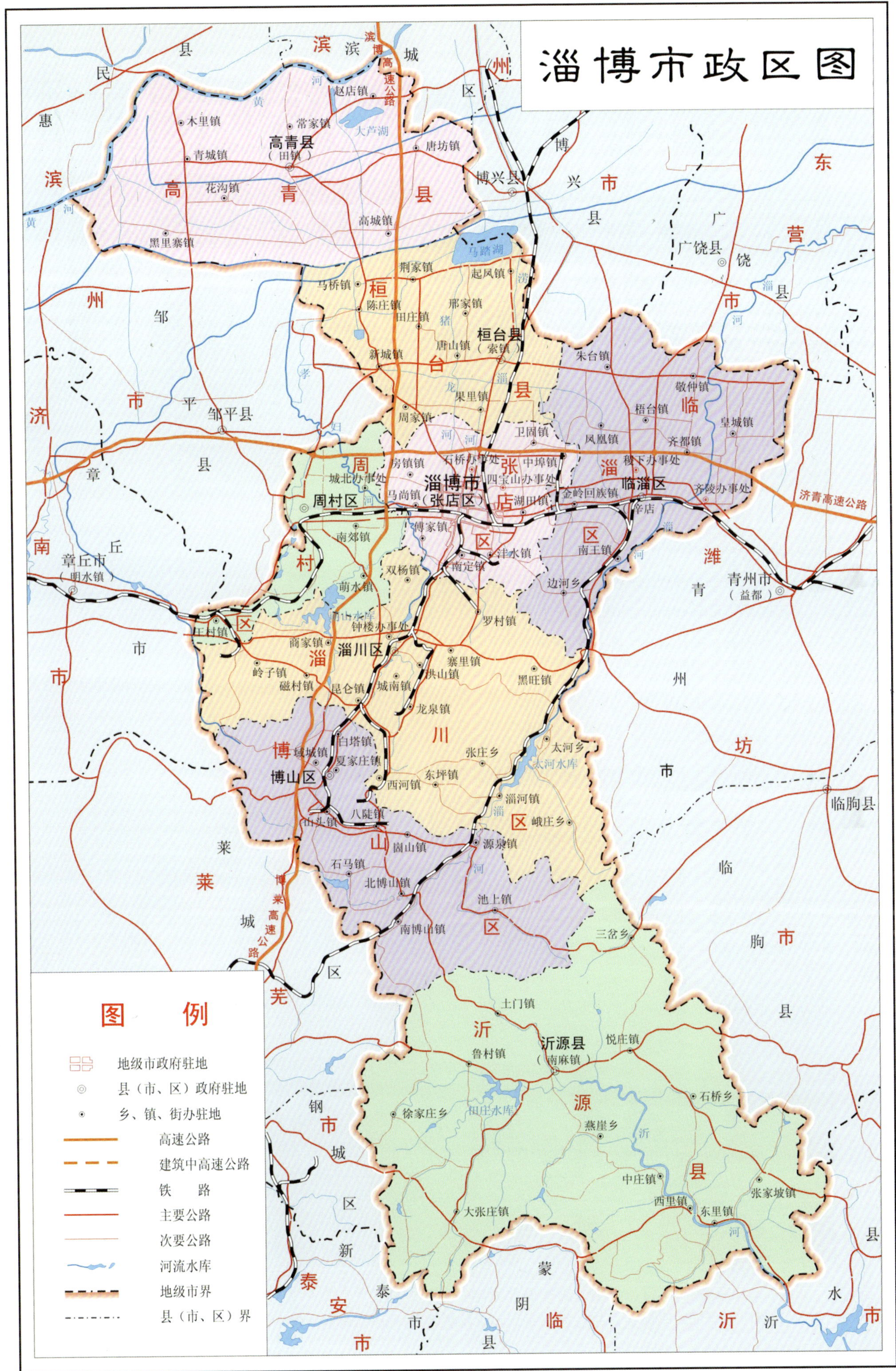

审图号：鲁测图审准0116C004　　淄博市勘察测绘研究院编绘　　行政区划资料截止2006年5月

2010年5月6～8日，全国政协副主席、全国工商联主席黄孟复（中）率调研组，到淄博调研指导企业“走出去”工作　（李雯　摄）

2010年11月17～18日，全国人大常委会原副委员长、中国关心下一代工作委员会主任顾秀莲（右二）到淄博市出席调研座谈会，并视察临淄齐园国防教育基地　（李雯　摄）

2010年9月3日，省委书记、省人大常委会主任姜异康（左一），到淄博市兰香园社区便民服务中心就深入开展创先争优活动进行调研　（李雯　摄）

2010年10月11～12日，省委副书记、省长姜大明（左二）率领参加全省转方式调结构现场观摩会中片区会议的领导到金诚石化公司现场观摩指导　（李雯　摄）

淄博市第十三届人民代表大会第四次会议

2011年2月20日，淄博市十三届人民代表大会第四次会议隆重开幕，市委书记、市人大常委会主任刘慧晏主持会议 （李雯 摄）

2011年2月20日，市长周清利在市人大十三届四次会议上作政府工作报告（李雯 摄）

2011年2月20日，淄博市第十三届人民代表大会第四次会议召开 （穆雷 摄）

中国人民政治协商会议第十届淄博市委员会第四次会议

2011年2月19日上午，淄博市政协举行十届四次会议，市政协主席岳长志作报告　（李雯　摄）

2011年2月19日上午，市委书记刘慧晏参加政协分组讨论　（穆雷　摄）

2011年2月19日上午，中国人民政治协商会议第十届淄博市委员会第四次会议在齐盛国际宾馆会议中心大会堂举行　（穆雷　摄）

淄博市"十一五"时期经

地区生产总值（单位：亿元）

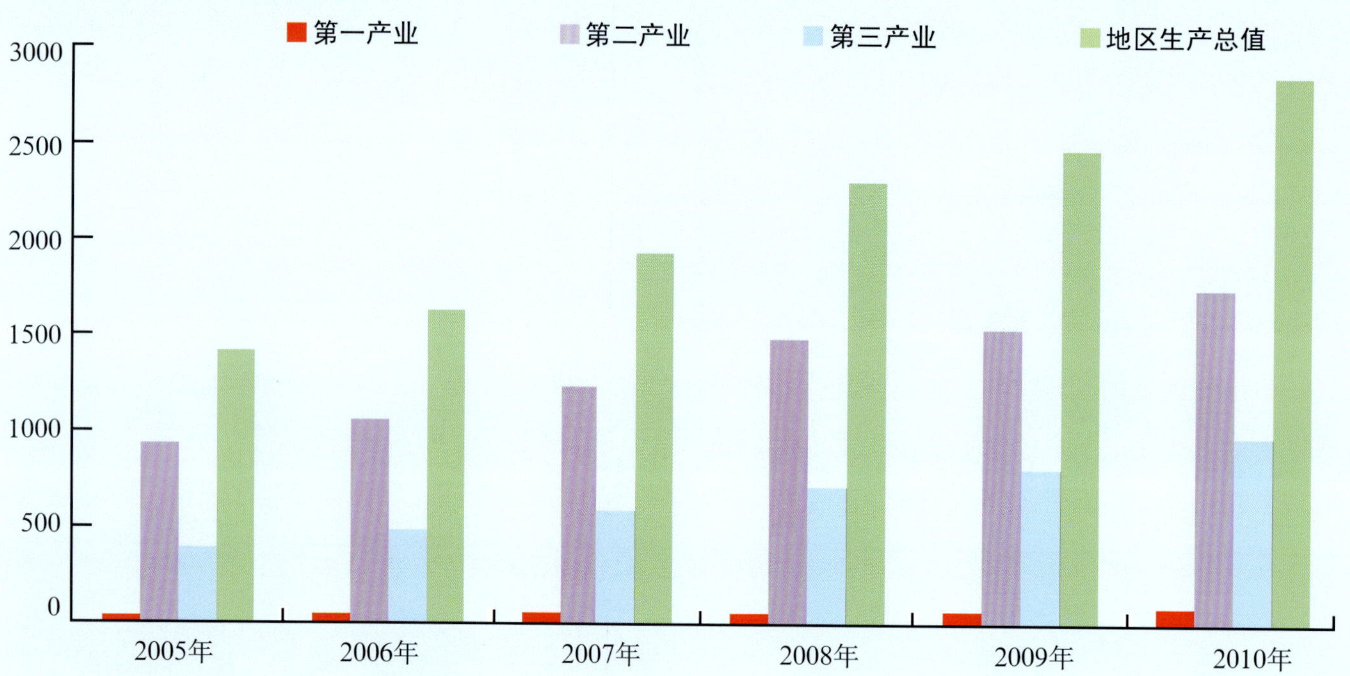

全社会固定资产投资（单位：亿元）

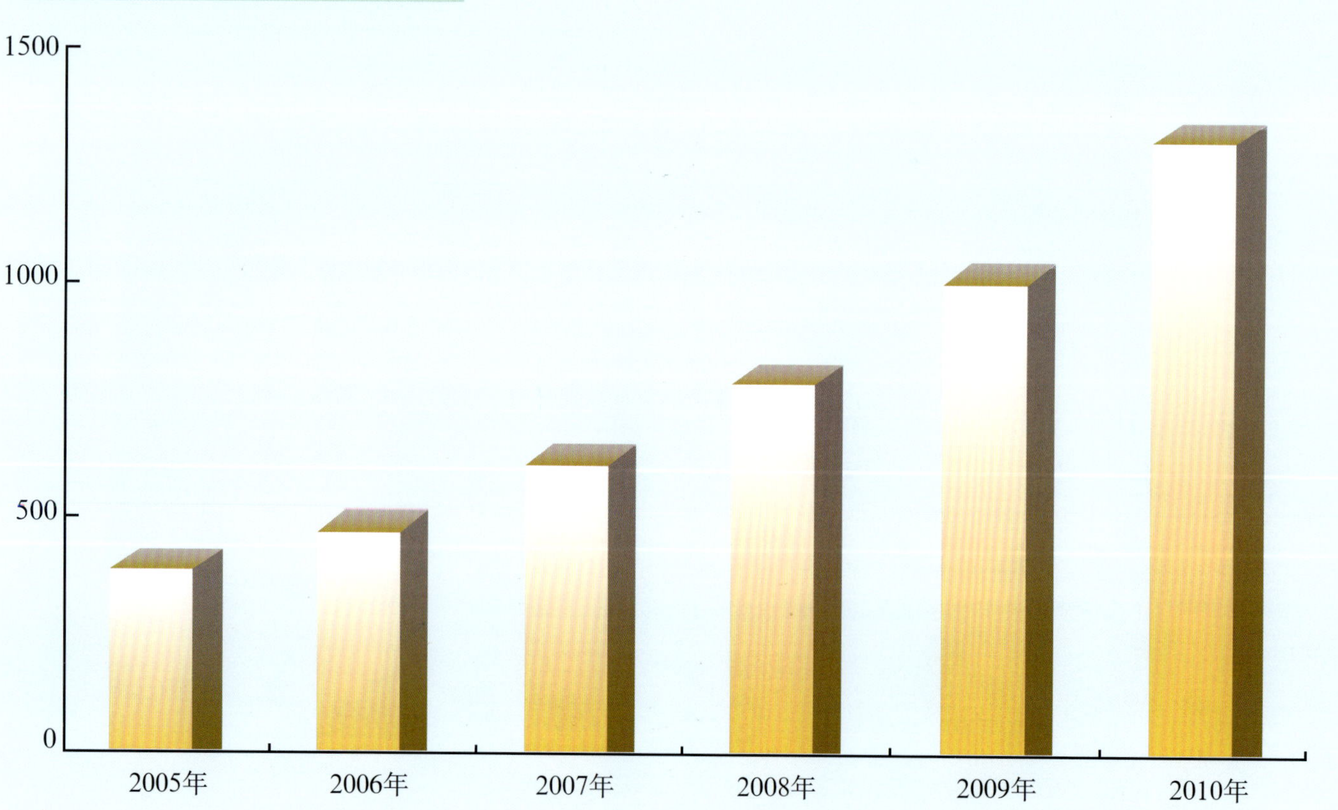

济社会发展主要指标图示

社会消费品零售总额（单位：亿元）

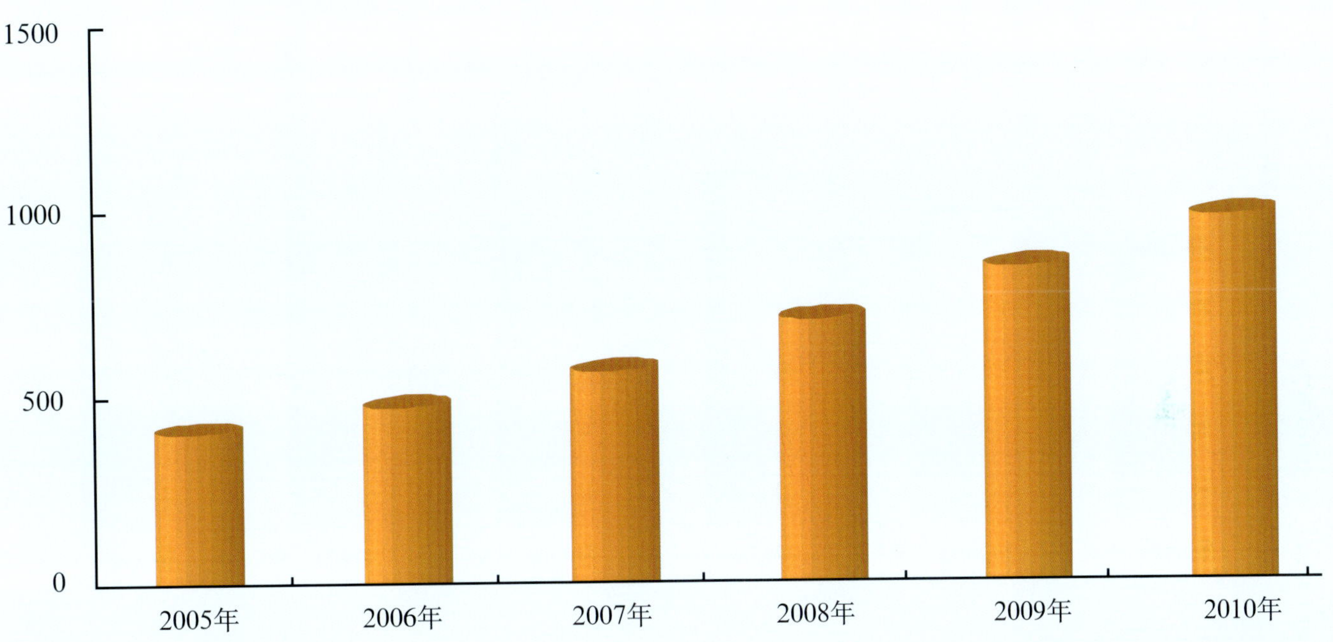

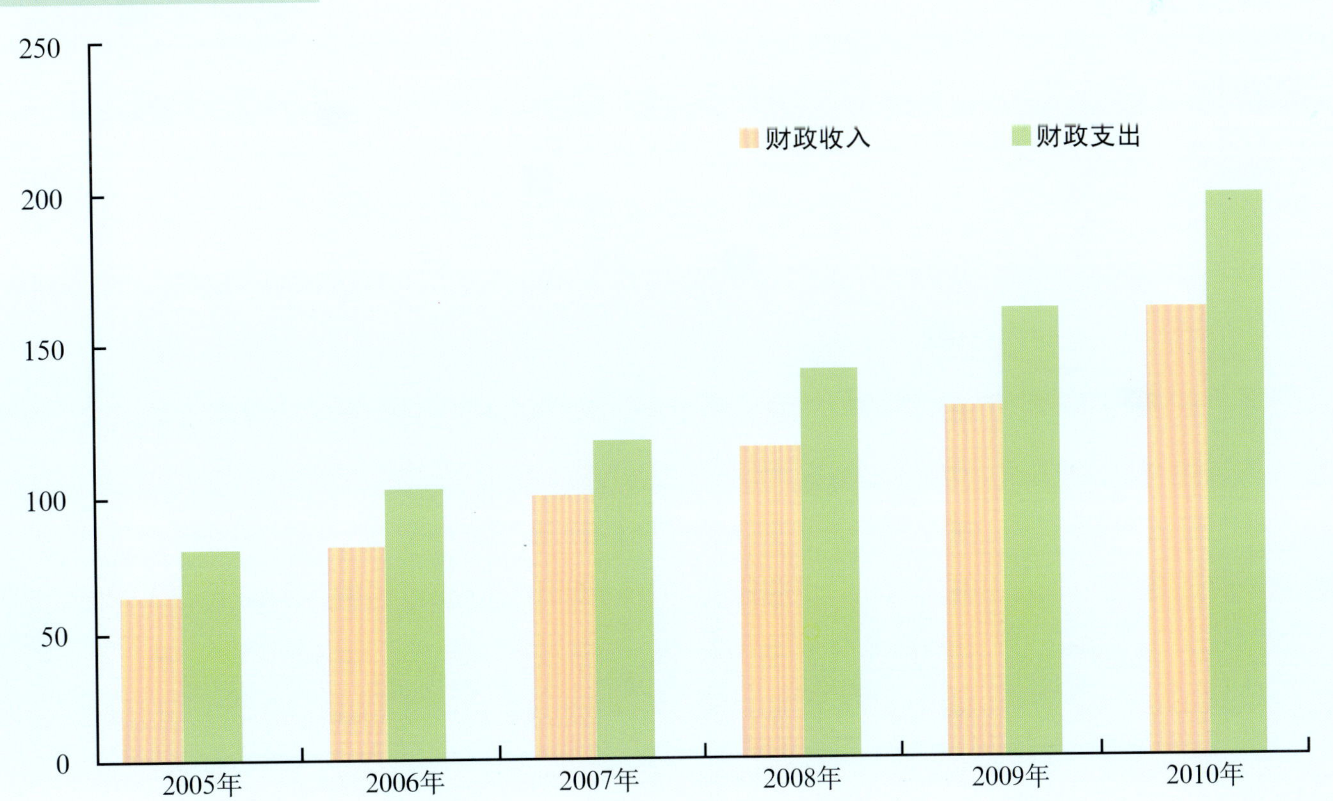

居民储蓄存款余额（单位：亿元）

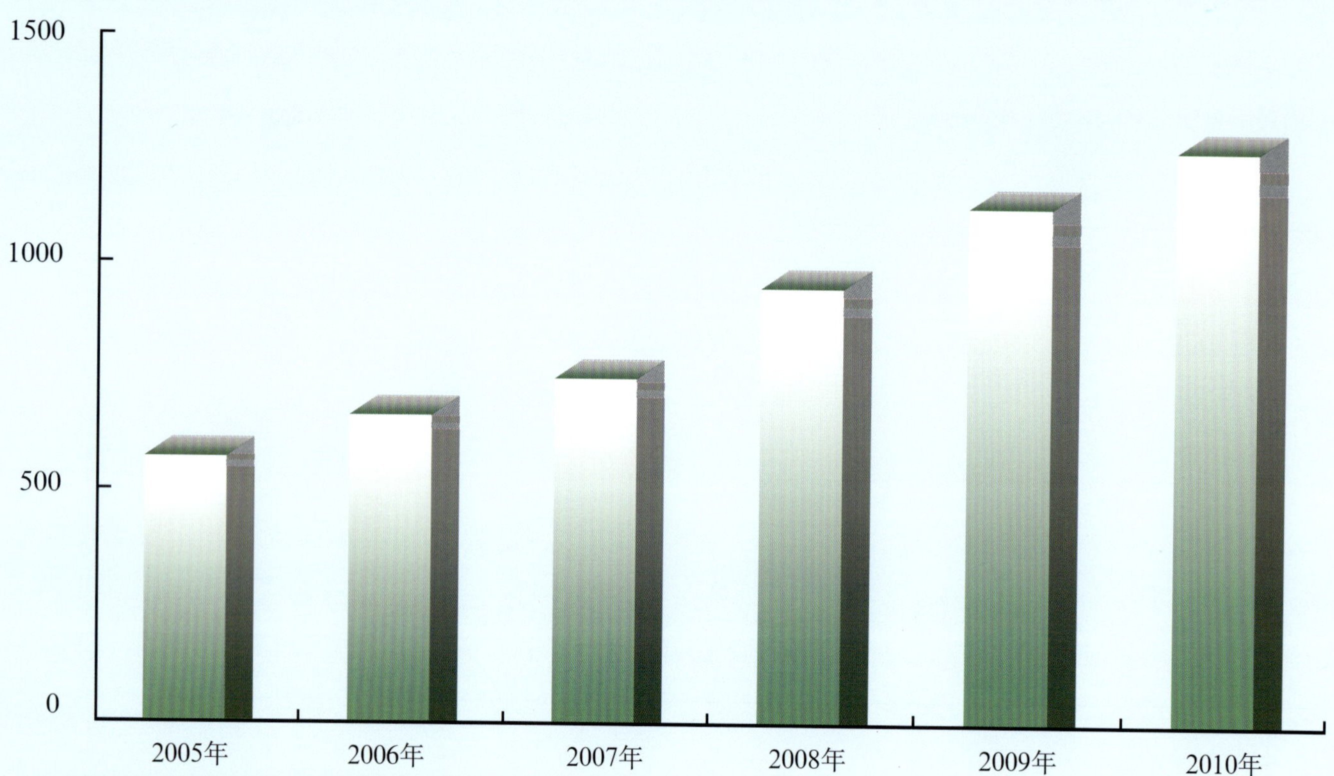

职工平均工资（单位：元）

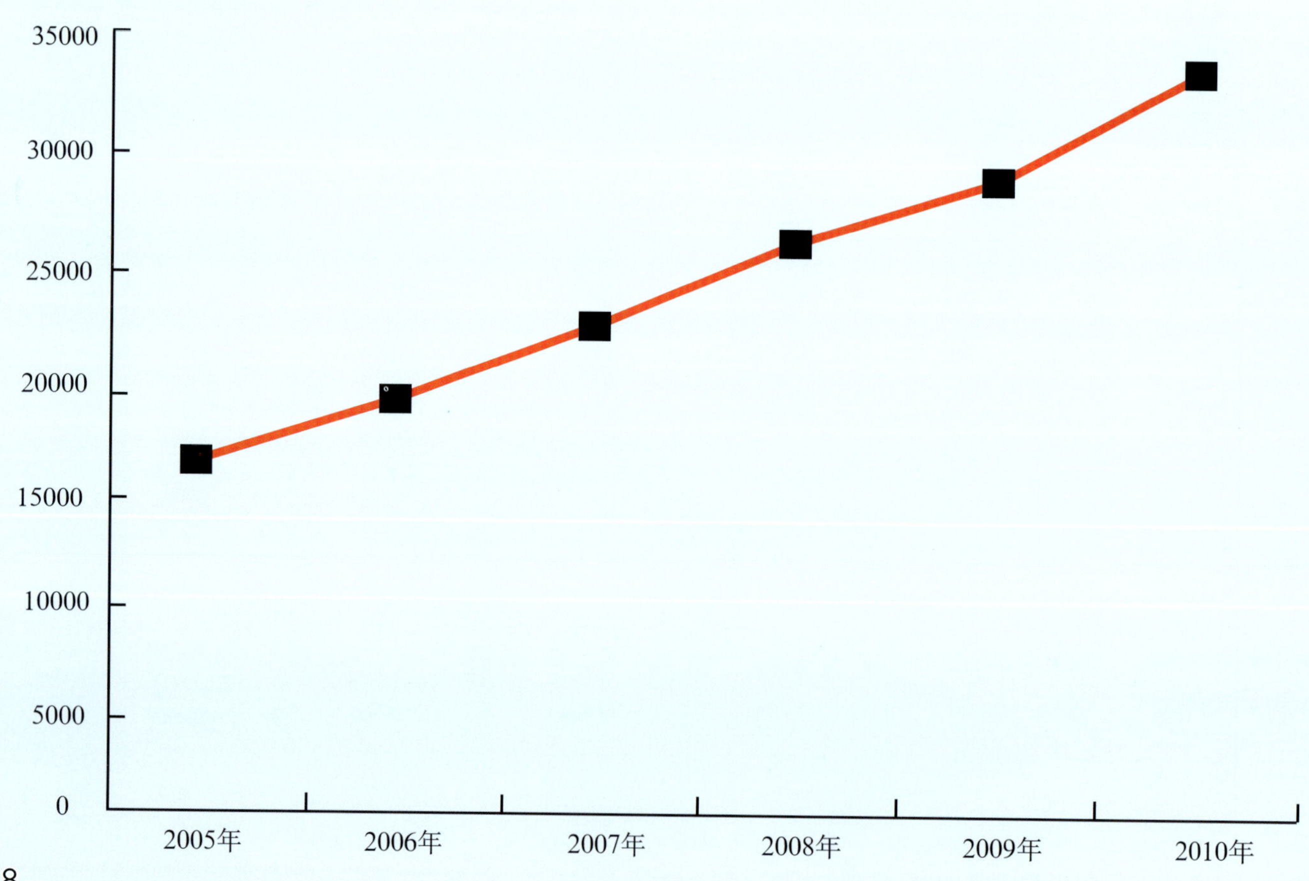

城镇居民人均可支配收入／消费性支出（单位：元）

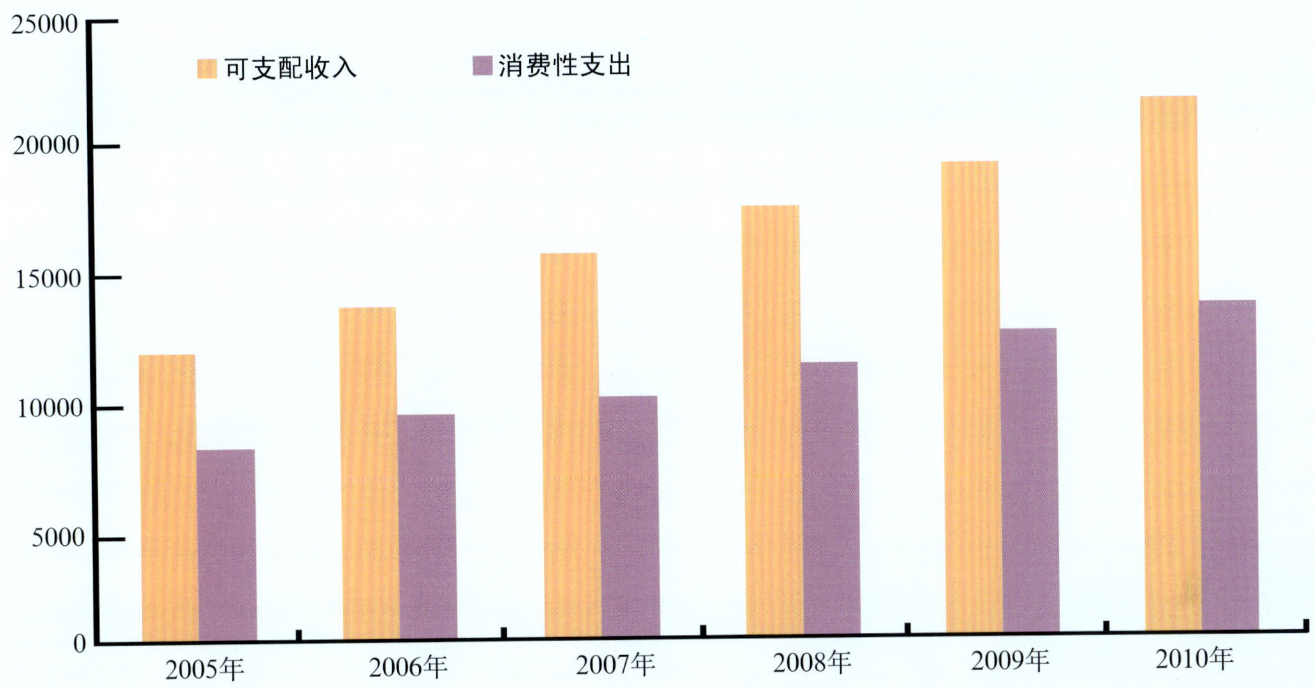

25000
20000
15000
10000
5000
0
可支配收入
消费性支出
2005年
2006年
2007年
2008年
2009年
2010年

农民人均纯收入／消费支出（单位：元）

10000
9000
8000
7000
6000
5000
4000
3000
2000
1000
0
纯收入
消费支出
2005年
2006年
2007年
2008年
2009年
2010年

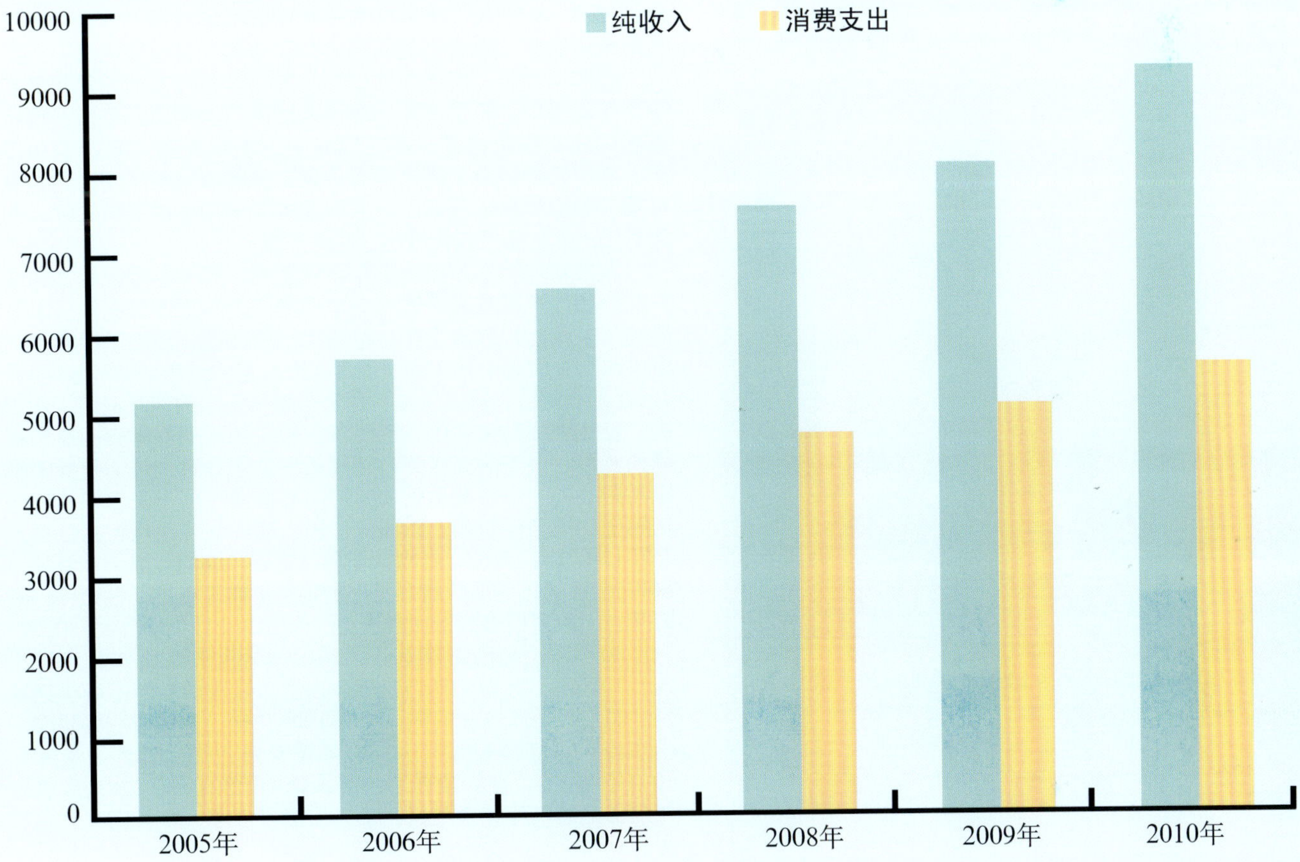

纪念淄博市编修社会

中共淄博市委文件

中共淄博市委关于
成立淄博市市志编写委员会的通知

淄博市人民代表大会常务委员会文件

淄博市人大常委会
关于印发《淄博市地方史志工作条例》的通知

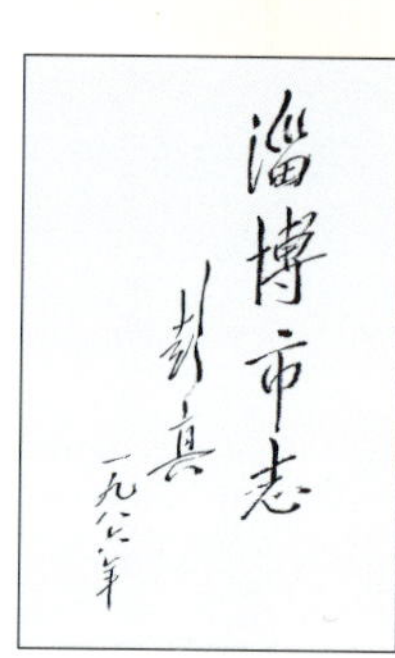

淄博市编修社会主义新方志始于1981年10月，中共淄博市委批准成立淄博市市志编纂委员会，开始组织全市开展新方志编修工作。市、区县两级政府和机关企事业单位相继成立史志工作机构，在全市掀起了第一轮编修社会主义新方志的热潮。至1996年，淄博市在全省率先完成首轮修志任务，市、区（县）两级共9部志书全部正式出版发行。《淄博市志（1840～1985）》在全国新方志评奖中获得最高奖一等奖，成为全省唯一一部获奖的地市级志书。其间，全市还编纂出版了一大批企事业单位志书。

2001年5月，全市启动第二轮修志。截止到2011年9月，市政府规划的10部志书（1部市志、8部区县志、1部高新区志）已出版8部，整体进度位居全省第一。《淄博市志（1986～2002）》已经通过山东省史志编纂委员会专家评审和方志出版社的审查验收，被省政府办公厅评为2010年度全省唯一的优秀志书和全省社会主义新方志编修30年优秀志书。中国地方志指导小组办公室和方志出版社已将该志书列为全国首部地方志精品工程候选志书。

2011年6月10日，中国地方志指导小组常务副组长、中国社会科学院副院长朱佳木在省、市领导陪同下参观考察蒲松龄纪念馆

编修社会主义新方志30年来，在市委、市政府和省史志办的关心支持下，全市各级史志部门和广大史志工作者坚持求真务实、勤政高效、科学发展的工作思路，遵循“求知修身、团结创新、奋发上进、争创一流”的努力方向，全市地方史志事业全面发展。1987年，市志办在全省地市中率先开始编纂年鉴，《淄博年鉴》已连续编纂出版25卷，质量上乘，2008年、2009年连续获得全省唯一的“八个一”优秀年鉴奖，并在全国、全省多次评奖中获奖。1999年，以市情资料库为主体的淄博市情网站建成，之后全市8个区县地情网站相继建成并不断升级改造，实现省、市及区县三级地情网站联网，为社会提供大量地情信息。淄博市情网站2007年获得全省首届优秀“八个一”地情网站奖。位于市文化中心的3500平方米的淄博市方志馆正在建设中，将于2012年后投入使用。30年来，全市各级史志部门还积极配合省、市工作规划，围绕党委、政府中心工作，结合自身特点，开发史志资源，开展读志用志活动，编纂出版了数百种基层志书、一大批区域文化和地情资料文献，为服务经济文化强市建设作出了应有贡献。

2009年8月24日，山东省政协副主席王志民到淄博市地方史志办公室视察工作

为推动全市地方史志工作科学发展，2009年市史志办提请并配合市人大常委会开展《淄博市地方史志工作条例》（以下简称《条例》）立法工作。2009年11月28日，经山东省第十一届人大常委会第十四次会议审查批准并正式颁布，自2010年1月1日起正式施行。该《条例》是全国第一部市级地方史志工作法规，立法速度创淄博市立法工作之最，法规质量得到国家和省有关领导、专家的高度评价。《条例》的颁布实施，是淄博市修志史上的一个重要里程碑，标志着淄博市地方史志事业迈入法制化、规范化轨道。以国家、省、市三级《条例》为依据，至2011年7月，博山、周村、桓台、张店、临淄、淄川、沂源、高青8个区县相继以政府名义出台地方史志工作规范性文件，高新区也出台了相应的管理办法。

30年来，全市史志系统涌现出一大批先进集体和先进个人。2005年，淄博市地方史志办公室被中国地方志指导小组评为全国方志工作先进集体；2009年3月，被山东省政府办公厅、山东省人事厅评为2005～2008年度全省史志工作先进集体；2011年6月初，在齐鲁新方志奖评选中，被省政府办公厅表彰为全省史志工作先进单位。多人被授予全国、全省先进个人称号。

主义新方志30周年

1986年，市委书记赵志浩到淄博市市志办公室视察

2003年11月13日，淄博市市志编纂委员会八届一次会议召开，市委副书记、市长、市志编委会主任刘慧晏到会讲话

2010年1月8日，淄博市地方史志办公室举办《淄博市地方史志工作条例》宣传月

2009年9月22日，淄博市召开《淄博市志》志稿评议会

淄博市已出版的二轮志书

全国地方志奖

获奖证书

《淄博市志》荣获一九九七年全国地方志奖一等奖。特颁此证。

授予：淄博市地方史志办公室"全国方志先进集体"荣誉称号。

荣誉证书

淄博市

市委常委、政法委书记，公安局局长岳华东看望一线值勤的武警官兵

市公安局党委副书记、副局长于洪德陪同公安部、省公安厅有关领导检查国保基层基础工作

2010年，全市各级公安机关全警全力，科学应对省运会、亚青赛等安保任务，创造了大型活动安保工作新经验。不断深化固本强基维稳工程和治安安民工程，全面推进打防控一体化建设，严厉打击各类刑事犯罪，社会治安秩序稳定。深化和谐警民关系建设，定期组织开展警民恳谈活动，完善淄博公安服务在线功能，全局有8个部门93项公安业务实现网上审批。在警用车辆和涉案车辆违规问题专项治理工作中，淄博市公安局以满分的成绩通过公安部考核验收。全市公安机关有73个集体、236名个人受到市级以上表彰，30个集体、167名个人荣立三等功，6个集体、29名个人荣立二等功，1人荣立一等功。

地址：淄博市张店区人民西路4号

电话：0533-2189207　2189275

第二十二届省运会安保工作

法律法规宣传

公安局

市公安局政委桑培伦检查执法规范化建设工作

开展“今天我来当交警”活动

警民一家亲

淄博市经济和

市委经信工委书记、市经信委主任　魏玉蛟

淄博市经济和信息化委员会是市政府负责协调和管理全市经信工作的职能部门。

主要职责：贯彻执行国家、省经济发展和宏观调控的方针、政策；编制并组织实施近期经济运行调控目标，监测、分析全市经济运行态势，协调解决经济运行中的重大问题；拟订工业经济和信息化发展规划，组织实施国家、省工业和信息化产业政策，推进工业化与信息化深度融合，指导、协调和组织全市社会信息资源的开发利用；负责企业技术改造投资管理，编制并组织实施技术改造投资中长期规划和年度计划；研究提出企业技术进步的政策措施，指导和推动技术创新体系和机制的建设及产学研联合；研究制定多种所有制企业改革发展的政策措施，指导和推进企业管理和创新工作；负责全市节能减排综合协调工作，推进资源节约综合利用、循环经济、淘汰落后和低碳经济工作；拟订全市物流业发展规划和政策；负责全市军工、船舶、航空航天、核电装备等行业的规划和行业管理工作；承担工业生产企业和电力行业领域的安全生产监管；负责全市电力行政管理和电力执法工作等。

中共淄博市委经济和信息化工作委员会与淄博市经济和信息化委员会是同一机构，是市委的派出机构，在市委授权范围内，主要负责有关企事业单位领导班子的考核任用；指导各级党组织的党建和宣传教育工作。

市经济和信息化委员会领导班子

信息化委员会

市委书记刘慧晏视察山东硅苑科技

市委副书记、市长周清利陪同国家淘汰落后产能考核组到企业检查考核

市委书记、市人大常委会主任刘慧晏，市委副书记、市长周清利为淄博市电子政务系统、企业数据基础信息共享系统及城市一卡通开通仪式剪彩

市委常委、副市长王顶岐陪同省政府调研组到企业调研

市委经信工委书记、市经信委主任魏玉蛟陪同省经信委领导到企业调研

全市工业转方式调结构暨“双百工程”大会召开

淄博市国土资源

市委常委、副市长周连华对全市土地矿产卫片执法检查工作作重要指示

全国国土资源执法监察工作

先进集体

中华人民共和国国土资源部
二〇一〇年二月

支队被国土资源部表彰为全国国土资源执法监察工作先进集体

支队领导班子对土地动态遥感监测图进行研究分析 支队长：刘世新（左二） 副支队长：翟纯珠（右二）、董振德（左一）、吕钢（右一）

淄博市国土资源执法监察支队隶属淄博市国土资源局，为正处级行政单位。支队内设地租征收处（副处级）、秘书科、执法一科、执法二科、执法三科、信访室（与“12336”电话举报办公室合署办公），主要负责全市土地、矿产和测绘管理的行政执法监察工作。

近年来，在市委、市政府和市国土资源局党委的正确领导下，支队紧紧围绕全市工作大局，严格履行职责，认真贯彻执行国土资源法律法规，正确研判国土资源管理工作面临的新形势、新问题，积极探索国土资源执法监管新机制，在全市构建起“市为主导、区县为主体、乡镇为基础”的三级国土资源执法监管共同责任机制，有效增强执法监管力度，促进国土资源管理秩序的持续好转，为维护全市经济可持续发展和社会稳定发挥重要作用。2010年，支队创新思路，认真总结土地、矿产卫片执法检查工作经验，探索总结出“一个强化（强化组织领导），两个集中（集中案审、集中查处），三个统一（统一核测、统一分类、统一定性），四个到位（监管到位、责任到位、宣传到位、保障到位）”的卫片执法检查工作新路子，得到部、省两级的充分肯定和推广。

作为全市行政执法战线上的先进集体，支队被国土资源部评为全国国土资源执法监察工作先进集体，先后获得淄博市国土资源管理依法行政先进单位、宣传工作先进单位、信息工作先进单位、工会工作先进单位、国土资源管理工作先进集体、淄博市职工职业道德建设十佳单位、淄博市固本强基维稳工作先进单位、淄博市信访工作先进单位等多项荣誉称号和振兴淄博劳动奖状。支队党支部被中共淄博市委命名表彰为淄博市先进基层党组织。支队长刘世新被山东省人力资源和社会保障厅、山东省国土资源厅荣记三等功，被授予淄博市劳动模范荣誉称号。支队多名同志被授予全省国土资源卫士、国土资源系统先进个人、国土资源信访先进工作者等荣誉称号。

查看违法占地现场

执法监察支队

省国土资源厅领导对淄博市2010年度土地矿产卫片执法检查工作进行外业检查验收

市国土资源局副局长郭刚（左二）陪同国家土地督察局领导检查全市土地卫片执法检查工作

对卫片图斑进行现场核查

支队执法人员认真整理违法案件卷宗资料

支队“两整治一改革”专项行动暨廉政风险防范管理工作动员会

违法占地拆除复耕现场

淄博市

省委书记姜异康宣布山东省第二届老年人运动会开幕

市委书记刘慧晏在山东省第二十二届运动会开幕式上致欢迎辞

省长姜大明视察体育中心

山东省体育局局长张洪涛在省第二十二届运动会上致闭幕词

2010年，淄博体育局以“增强人民体质、建设体育强市”为目标，各项工作取得长足进展。

第二十二届省运会等重大赛事承办工作圆满完成。淄博是首个通过申办形式获得山东省运会承办权的城市。2010年9月19～26日，山东省第二十二届运动会在淄博市隆重举行，来自全省各代表团的10210名运动员参加了37个大项959个小项的比赛，是山东省举办省运会以来规模最大、成绩最好、组织管理最出色、赛风赛纪最佳、综合效益最优的盛会。省运会组委会为淄博市颁发了“精彩省运，承办典范”锦旗。

10月3～17日，淄博市成功举办2010年亚足联U19足球锦标赛决赛，受到亚足联、中国足协以及亚洲各国教练员、运动员的高度评价。2010年3月，主办山东省第二届老年人运动会，淄博市代表队获得体育道德风尚奖、优秀组织奖、优秀赛区奖和唯一的“特殊贡献奖”。此外还成功承办参赛山东省第八届残疾人运动会、山东省第十一届中学生运动会等大型赛事。

竞技体育实现历史性突破。淄博市体育代表团共派出1458名运动员参加第二十二届省运会25个大项的比赛，参赛人数和项目超过历届省运会，收获金牌218.25枚、银牌144.5枚、铜牌175枚，奖牌总数537.25枚，团体总分9811.75分，获得青少年组总分和奖牌总数两个第一、金牌总数第二的优异成绩。2010年10月，在荷兰鹿特丹举行的2010年世界体操锦标赛上，淄博运动员张成龙勇夺男子团体和男子单杠两项冠军，成为山东省体操历史上第一位男子单项世界冠军。

全民健身体系建设实现新跨越。围绕第二十二届省运会“体

体育局

市长周清利在山东省第二十二届运动会闭幕式上致辞

淄博市体育局局长翟慎政为女子乙组篮球比赛冠军淄博队颁奖

育促进和谐，运动改变生活”的办赛主题，全市共规划建设全民健身工程34项，建设农民体育健身工程1142个村，新增健身设施面积100多万平方米。淄博市全民健身中心二期工程建设全面完成，迎省运“一点两线”工程和农民体育健身工程覆盖率达到83%。紧紧围绕“全民健身与省运同行”主题，进一步巩固完善全民健身节、体育大会、“长寿杯”系列活动三大平台，组织开展241项庆祝活动，为省运会营造了浓厚的全民健身氛围。

体育彩票发行销售再创历史新高。突出加强网点标准化建设和规范化管理，全市五区三县投注站达到424个，2010年全市共实现总销售额31322万元，筹集社会公益金2192.54万元，全年可完成总销售额3.35亿元。

场馆设施建设取得重大成果。按照高起点规划、高标准建设的要求，全面完成淄博市新体育中心建设任务。二期工程综合体育馆、游泳跳水馆于7月1日正式交付使用，四宝山小轮车场、飞碟靶场、综合射击馆和萌山湖水上训练基地分别于7月15日和8月投入使用并经受了省运大赛的检验。淄博市新体育运动学校建设进展顺利，对山东理工大学体育场、齐鲁石化体育场、临淄中学体育场等8片足球场地进行升级改造，满足了2010年亚青赛决赛的需要。

足球起源地建设扎实推进。按照市委、市政府关于加强足球起源地建设的重要指示精神，组织实施“八个一”工程，着力推进淄博足球起源地品牌建设。2010年城市联赛和第十三届“市长杯”中小学生足球比赛圆满结束。

山东省第二十二届运动会开幕式

市体育中心主体育场

2010年10月，成功举办亚足联U19青年足球锦标赛决赛

淄博国税—

市政府召开淄博国税收入突破200亿元新闻发布会

“十一五”期间，淄博国税收入迅速增长。2005年超过100亿元；2007年跃升至150亿元。2010年突破230亿元。5年间，淄博国税共组织税收收入826.74亿元，年均增长18.14%，客观体现全市经济平稳较快发展和建设经济强市、积极转方式调结构取得的重要成果。“十一五”末，国税国内税收宏观税负为7.5%，税收弹性系数为1.38，经济税收关系协调发展。

科学管理税源促进收入增长。面对国际金融危机的影响和结构性减税压力，淄博国税始终坚持“依法征税，依率计征，应收尽收，坚决不收过头税，坚决防止和制止越权减免税”的组织收入原则，向加强征管要收入，向科学管理要收入，税收征管质量和国税收入质量不断提高，税收收入占GDP的比重由2005年的7.01%提高到2010年的7.96%。“十一五”期间，淄博国税共实现管理增收37.19亿元，其中增加市区级收入9.88亿元，并呈现出连年高幅增长的态势，有效弥补收入缺口，促进税收持续较快增长。新办企业所得税2005年完成2.08亿元，2006年为3.95亿元，2007年为5.55亿元，2008年为7.53亿元，2009年为7.8亿元，2010年为11.2亿元。

服务大局回报纳税人。淄博国税坚持把“始于纳税人需求、基于纳税人满意、终于纳税人遵从”作为出发点和落脚点，以办税服务厅标准化建设和优化纳税服务流程为重点，全面构建纳税服务体系。建立纳税人电子档案，对纳税人报送资料实行一次性告知、一户式存储，部门之间实现信息共享，简并报表资料

12366纳税服务延伸到市场企业

定期开展税收宣传活动，深入乡村宣传国家惠农税收政策

开设纳税人税校，方便纳税人学习税法

发挥党员示范岗作用，为纳税人提供优质高效服务

-精彩“十一五”

152张，减轻基层和纳税人负担。大力推进办税服务厅标准化建设，加强国税门户网站建设，优化12366纳税服务热线功能，推出“税事通”服务品牌，实行网上咨询、网上举报、电子申报、网上认证，改进服务手段，提高服务效能。通过开展“送政策上门”等活动，积极兑现支持下岗职工再就业、高新技术、环境保护等税收优惠政策。“十一五”兑现税收优惠297.42亿元，年均增长21.09%，有力支持了经济平稳较快发展。

一流团队写精彩。淄博国税局加强班子自身建设与民主集中制建设，提高班子执政能力和决策水平。积极开展创建“学习型、实干型、服务型、创新型”领导班子活动，被表彰为全省国税系统先进领导班子。加强队伍建设，坚持用先进的文化理念陶冶情操、凝聚力量、规范行为，建立愿景体系、创新体系、学习体系和文化理念体系，通过创新文化建设，增强队伍的活力。开展思想政治教育和“双爱双创”教育，抓好干部业务技能培训，在全国税收管理员抽考、全省国税系统所得税技能考试中均取得第一名的好成绩。以开展“内控预防体系建设”为契机，大力加强行风和廉政文化建设，积极参加“行风建设月”“政风行风热线”和“两个表率”等活动。该局连续9年被表彰为全市行风建设先进单位，2009年荣获全国文明单位、全国税务系统先进集体等荣誉称号，连续2年在全省国税系统目标管理考核中名列第一。

运用预警分析和纳税评估两个系统，涉税疑点在电脑上一目了然

国税干部深入企业了解生产经营情况，及时为纳税人排忧解难

办税大厅设置自助办税区，为纳税人提供方便

启用宽敞、高效、便捷的办税服务厅

举办税收业务技能比武，提高税务人员业务素质

淄博市质量

近年来，市质监局在市委、市政府的正确领导下，紧紧围绕加快建设经济文化强市工作大局，深入实施质量兴市战略，各项工作取得新的成绩。

质量兴市成效显著。自2009年设立山东省省长质量奖、创建优质产品生产基地以来，淄博市已获省长质量奖企业2家，获奖个人1名，创建山东省优质产品生产基地2个，龙头骨干企业3家。名牌战略取得丰硕成果，全市拥有中国名牌产品30个，地理标志保护产品2个，山东名牌产品156个，山东服务名牌13个，总数居于全省前列。

基础服务能力提升。“十一五”期间，参与国家标准制订、修订项目103个，承担国家专业标准化技术委员会秘书处工作组1个，成立技术标准联盟2个，编制发布联盟标准6项，新建农业标准化示范区5个，新增服务标准化试点项目5个。山东齐隆化工股份有限公司获中国标准创新贡献三等奖。深入推进能源计量、民生计量和计量机构建设三大工程。全市成立14个节能降耗能源计量服务队，对228家重点用能企业实施“ABC”分类管理，建成《淄博市重点用能企业能源计量信息平台》，与重点用能企业签订责任书，开展网上能源消耗数据直报，97家企业建立计量检测体系，建成4家“山东省能源计量标杆示范企业”。

安全监管扎实有效。认真贯彻落实《食品安全法》，把督促企业落实质量安全主体责任作为重中之重，严格实施食品和食品相关产品生产许可制度，深入开展食品监督抽查和食品安全整顿，大力开展打击滥用食品添加剂和使用非食品原料专项整治。探索实施质量安全主体责任信息记录系统，实现企业原料进厂、生产过程和产品出厂信息的全记录、可追溯。坚持以“山东省金质特种设备管理系统”为依据，建立安全监察、区域巡查、行政执法、检验检测“四位一体”的特种设备动态监察体系。逐步形成“政府统一领导、部门依法监管、企业全面负责、社会广泛支持”的良好格局。2010年，依据《山东省特种设备使用安全管理工作规范》，市质监局不断对其修改完善，通过省质监局、省安监局专家评审后，颁布为山东省地方标准。

党组书记、局长　林 平

国家质检总局副局长蒲长城（左二）视察得益乳业

局长林平深入企业一线，指导企业安全生产

2010年12月28日，第二届山东省省长质量奖颁布，金晶集团获省长质量奖，新华医疗器械股份有限公司董事长赵毅新获质量贡献奖。

技术监督局

中国耐火材料行业协会2010年工作会议在淄博市国家陶瓷与耐火材料质检中心召开

2010年8月27日，全国食品生产监管技术应用情况交流现场会在淄博召开

桓台小麦国家级农业标准化示范区通过考核验收

“12365”质监热线24小时畅通，为消费者擎起维权大旗

首届省长质量奖获奖企业参观淄博市鲁泰纺织股份有限公司

开展“实验室开放日”活动，山东理工大学学生参观陶瓷实验室

淄博市环

省委常委、副省长孙伟到淄博市视察环保工作

市委书记刘慧晏到市环保局视察调研

淄博市是一个老工业城市，结构性污染严重，在总量减排、空气质量、水污染治理、环境安全等方面压力特别大。为尽快改善辖区环境质量，全市环保系统干部职工以科学发展观为指导，牢固树立“命门”意识，大力弘扬“认真、专业、务实”的工作作风，坚持“热情、高效、规范、严细、清廉”十字工作法，全面推行“五定三跟一考核”科学管理法，自我加压，自提标杆，与时间赛跑，与自己摔跤，带着责任、带着感情、带着忠诚、带着对老百姓的热爱，用心用力用生命干环保，以铁的手腕，务实有效的措施，不断开创环保工作新局面，为全市经济社会发展奠定良好的环境条件。

“十一五”期间，淄博在全国率先成立环境保护工作委员会，实现环保工作由部门化向综合化的转变。先后开展两轮碧水蓝天行动计划，2010年全面启动国家环保模范城创建工作。2011年，启动生态文明系列创建活动。先后制定颁布20多个地方法规和政策性文件，印发严于国家和省的污染物排放标准和10个行业环境保护管理规范，建立完善环保8大数字化工程。实施环保工作重心下移，将环保责任落实到乡镇（街道）和村（居），对3个乡镇实施“一票否决”。累计投入260多亿元，共整治污染企业6400多家，关停各类土小企业3800余家，解决环保难题30多个。新改扩建城市污水处理厂17座，整治河道300多公里，出水水质全部达到一级A排放标准，污水集中处理率达到85%以上。年减少二氧化硫排放近7万吨，减少粉尘排放10多万吨。超额完成主要污染物减排任务。创新确定的东部化工区搬迁、电厂替代发电、天燃气置换、建陶企业结构调整等工作有序开展，强力推动全市的产业结构调整，为全市经济社会发展拓展了空间。

2010年与2005年相比，空气质量良好率明显提高，二氧化硫浓度下降32.5%，可吸入颗粒物浓度下降45.8%。全市8条重要河流水质全部达到省政府确定的恢复鱼类生存的目标要求，整体水环境恢复到1985年以前的水平。人民群众对环境质量满意率达到85%以上，2009年度获全省空气质量改善一等奖，2010年度荣获全国环保系统先进单位。

山东省环保厅厅长张波到淄博指导水污染防治工作

境 保 护 局

市长周清利现场听取环保部门有关情况汇报

市环保局局长李洋到淄川岭子镇接待群众上访

市委常委、副市长周连华检查万杰热电厂脱硫改造进展情况

全市创建国家环保模范城市动员大会召开

碧水蓝天新淄博

淄博市

省物价局局长陈充参观市物价局纪念建局30周年书画展

省政府督察组到淄博市督导稳定物价工作

2010年，全市物价工作以科学发展观为指导，突出“稳物价、保增长、优生态、惠三农、安民生”五大主题，各项工作成效显著，为全市经济平稳较快发展创造了良好的价格环境。市物价局先后被评为全国成本调查监审工作先进集体、全省物价系统先进集体、市级文明单位、全市依法行政先进单位等荣誉称号，单项业务均受到省物价局表彰。

稳定物价工作措施得力。针对上半年生猪价格持续下跌、下半年举办省运会等重大赛事活动、四季度农产品价格普遍上涨等，及时启动应急监测和预警信息发布机制，加强价格调控监管，并牵头成立由14个部门、单位参加的价格调控联席会议，全力做好稳控物价工作。2010年，全市居民消费价格总水平同比上涨2.7%，分别低于全省、全国0.2和0.6个百分点。

价格杠杆作用有效发挥。印发《关于运用价格杠杆促进生态淄博建设的意见》，全面推进价格激励机制、约束机制、补偿机制建设；认真落实差别电价政策，推动企业技术改造和产业结构升级；深入开展价格服务进企业活动，促进企业发展。

民生保障机制不断完善。认真落实并适时启动“双低联动”机制，提高城市居民最低生活保障标准，对城乡低保对象等发放一次性临时补贴；加大清费治乱力度，着力解决民生价格热点问题，取消、降低14个收费项目和标准，查处各类价格违法案件273起，办理群众价格咨询投诉1014件，较好地维护了群众利益。

价格公共服务深入推进。组织开展涉农涉企收费、行业协会收费、教育医疗收费、落实资源环境价格政策、节假日市场价格等专项检查，规范市场价格秩序；印发《成本监审工作规程》，开展成本监审项目43个，核减不合理成本3.3亿元；完成价格鉴定认证2.8万件；全省价格认证工作会议在淄博召开；加强“数字物价”建设，市物价局门户网站被评为市直部门十佳文明网站和优秀网站。

市物价局领导走进政风行风热线

物价局

召开市人大代表、政协委员建议提案面复会

召开全市物价系统法制报告会

市物价局建局30周年座谈会

价格监管人员深入超市开展价格监督检查

市物价局

参加市直机关运动会

淄 博 市

团结实干的领导班子

2010年5月21日，“法治淄博”建设动员大会召开

淄博市司法局是主管全市司法行政工作的职能部门，承担着管理指导监狱劳教、人民调解、社区矫正、法制宣传、律师、公证、基层法律服务、法律援助、司法鉴定和国家司法考试等职能。内设办公室、政治处、政策研究室、社区矫正管理办公室、依法治市办公室、司法鉴定管理办公室、律师管理科、公证管理科、法规教育科、基层工作科、劳教管理科11个职能科室，有市劳教所、市法律援助中心、市法律人才服务中心、鲁中公证处4个下属单位。

近年来，在市委、市政府的正确领导下，市司法局牢固树立“服务发展是第一要务，维护稳定是第一责任”的理念，以科学发展观为统领，以服务经济社会发展为中心，以班子队伍建设为保证，开拓进取，争创一流，积极发挥法律服务和法律保障职能，在服务大局中实现司法行政事业的不断创新发展。“法律五进”工作、劳教精细化管理、律师行业党建、沂源县村级三层调解网络等一系列先进工作经验在全省乃至全国产生广泛影响。特别是2010年，市委、市政府作出建设“法治淄

律师深入基层为群众提供便捷法律服务

2008年12月9日，全省深化“法律五进”现场经验交流会在淄博召开

司法局

党员干部到焦裕禄纪念馆接受党性教育

博”的战略决策后，市司法局认真履行“法治淄博”建设工作领导小组办公室职责，加强对“法治淄博”建设工作的谋划、组织、协调、宣传、检查和督导，有力推进全市政治、经济、文化和社会法治化建设，在全国、全省引起广泛关注。司法部副部长张苏军作出重要批示，给予充分肯定。新华社、《法制日报》分别以《淄博市完善机制创新载体强力推进法治建设》《夯实“法治淄博”建设的坚实基础》为题，予以刊发报道。

市司法局先后被市委、市政府表彰为行风和机关效能建设先进单位、落实党风廉政建设责任制先进单位、建设平安淄博先进单位和全市文明单位，班子年度工作目标考核连续9年被市委、市政府确定为优秀等次；4次被省司法厅记集体二等功；先后被司法部表彰为公证队伍教育整顿树形象活动先进单位，被民政部表彰为全国援建军营图书室、共建学习型军营活动先进单位，被中宣部、司法部、全国普法办表彰为全国“五五”普法中期先进单位。中宣部、司法部授予淄博市2006～2010年全国法制宣传教育先进城市荣誉称号。

深入企业工地向农民工发放“法律援助爱心服务卡”

组织领导干部进行普法考试

劳教干警对学员进行教育矫治

淄博市住房和城乡建设局

局长 刘东军

华光路

淄博市植物园一角

玉龙河夜景

“十一五”期间，淄博市住房和城乡建设局围绕构建生态和谐宜居城市的总体目标，促进全市城市建设工作迎来大投入、大建设、大提升的快速发展阶段。

基础设施日趋完善。全市市政公用基础设施建设累计完成投资176.17亿元，新增城市道路里程823公里，污水处理厂集中处理率由61.02%上升到90%以上，城市生活垃圾实现全部无害化处理，位居全省首位。

园林绿化成果丰硕。共实施城市绿化重点工程300余项，新增园林绿地2001公顷，全市建成区绿化覆盖率、绿地率、人均公共绿地分别达到42.2%、36.3%、15.95平方米。

深入开展城乡环境综合整治活动。实现城乡面貌较大改观和人居环境质量的全面提升。城区道路保洁做到全时段、全覆盖。

加快推进村镇建设。完成投资270亿元，完成3个县共30个乡镇的规划，基本完成3个县中心村及500人以上村庄的建设规划修编。扎实推进“两区三村”改造工作，累计开工项目291个，完成安置房面积874万平方米，7万多户城乡居民陆续乔迁新居。

加强建筑市场监管。防止拖欠工程款和农民工工资的长效机制基本形成。深入开展工程质量通病治理活动，安全事故和伤亡人数逐年下降。建筑业实现总产值1871亿元，完成建筑业增加值527亿元，每年吸纳近30万农民工就业。

房地产业健康运行。全市房地产开发累计完成投资507亿元，年均投资过百亿元，城市人均住房面积达到38.55平方米。房地产开发企业整体实力有所提高，全市房地产开发企业已发展到286家。

加强勘察设计行业管理。积极引导设计单位进行合并重组，勘察设计单位总数从106家减少到83家，勘察设计队伍结构趋向合理。

全面推行建筑节能新标准。全市新建建筑节能设计执行率达到100%，新建节能建筑达968.49万平方米，既有居住建筑节能改造完成235万平方米，居全省前列。

运动员公寓

淄博市工商行政管理局

2010年，淄博市工商行政管理局在市委、市政府和省工商局的正确领导下，深入贯彻落实科学发展观，发扬认真专业务实作风，发挥部门职能作用，深化红盾帮扶工程，提供高端高质高效服务，努力促进全市经济转方式、调结构；推进监管执法长效机制建设，深入整顿规范市场经济秩序，强化流通环节食品安全监管，加大消费者权益保护力度，着力促进社会和谐稳定；坚持稳中求进、整合创新，构建立体监管服务网络，巩固健全具有淄博特色的工商体制机制；深入开展创先争优活动，加强领导班子和干部队伍建设，全面提升工商行政管理的执行力和战斗力，为推进殷实和谐经济文化强市建设做出了积极贡献。

该局连续第10年通过省级文明单位复核，连续第10年被评为全省工商行政管理系统先进单位，多次被市委、市政府表彰为全市政风行风建设先进单位。

全面开展创先争优活动，着力提升工商行政管理执行力和战斗力

组织开展流通环节食品安全专项检查，严打制假售假等违法行为，保障和改善民生

开展进村入户大调研活动，服务农村经济社会发展

深入实施商标品牌战略，提升市场主体竞争力

围绕消费与服务年主题，组织开展3·15国际消费者权益日纪念宣传服务活动

淄博市

卫生部副部长陈啸宏视察指导淄博市卫生系统创先争优工作

2010年，全市卫生系统以深化医改为中心，创先争优，扎实工作，各项重点卫生工作取得新成绩。代表山东省迎接全国城乡基本和重大公共卫生妇幼项目考核及基层社区卫生人员培训工作考核，得到充分肯定；在全国第三届急救技能大赛中荣获总分第四名、团体二等奖；在卫生部血液安全督导检查、全省卫生行政执法能力大赛中均荣获全省第一名。

医药卫生体制改革有效推进。基本药物制度稳步推进，实施单位药价平均降幅45%，副省长王仁元、王随莲给予高度评价。基本公共卫生服务均等化项目扎实推进，认真开展建立居民健康档案、贫困白内障免费手术等9项基本公共卫生和6项重大公共卫生服务项目。公立医院改革试点稳步推行，在全市17 家医院开展临床路径管理试点工作。

重大活动和事件处置科学高效。省运会、亚青赛等重大活动的医疗卫生保障扎实有力，累计派出现场医务人员2325人次、急救车辆487台次、执法人员557人次，实现零失误、零差错、零投诉，副省长黄胜、省卫生厅副厅长刘奇等领导给予高度评价。2010年选派33名选手参加省卫生执法能力大赛，获得总分第一名，实现“五连冠”

基层卫生服务能力持续增强。新农合制度规范运行，参合率达99.94%，人均筹资标准提高到130元，基金使用率99.99%。基层卫生

市委书记刘慧晏视察市中心医院

市长周清利视察“120”医疗急救指挥中心工作

副市长韩国祥视察医院管理工作

第二十二届省运会医疗卫生保障誓师大会

卫生局

管理有效加强，开展市级示范乡镇卫生院创建活动，对村卫生室实行三级量化分级管理。6个社区卫生服务机构被表彰为全省星级社区卫生服务机构，数量居全省前列。

公共卫生管理能力不断提升。疾病预防控制工作成效突出，地方病、慢性病、寄生虫病防治持续深入开展。手足口病重症病例全省最少，连续4年实现零死亡。加强食品安全综合协调，深入开展打击非法行医、违法医疗广告和医疗美容专项整治行动，卫生监督执法能力持续增强。全面推行妇女儿童系统化保健服务。国家卫生城市成果有效巩固。

医疗质量管理工作呈现新亮点。加强医院管理，强化“三基三严”训练，3个专科被授予首批省级医疗质量示范科室，完成全省中医药服务能力提升工程项目5个。大力实施卫生强基工程，下派帮扶人员免费培训9562人次，及时启动对口支援滨州市医疗卫生工作。

卫生科技水平实现新的突破。健全高层次人才引进绿色通道，组织选拔优秀中青年卫生人才进行境外培训，卫生科技创新能力不断提升。2010年市卫生系统获得科技进步奖35项，鉴定科研成果12项。

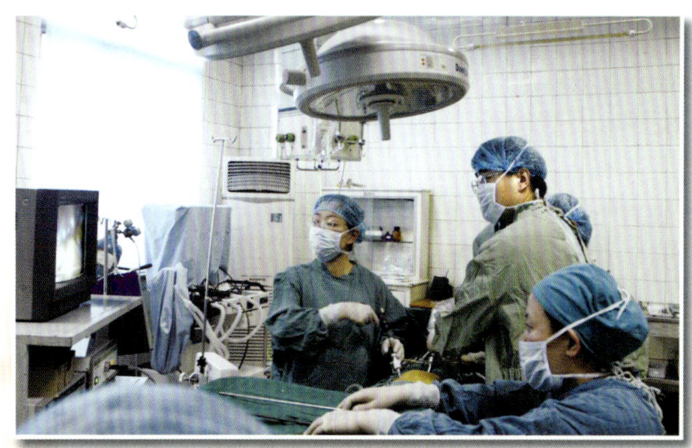

卫生人才科技实现新突破

选派选手参加省卫生执法能力大赛

深入开展卫生强基活动

行业作风逐步优化。患者小云龙送给护士阿姨一个深情地拥抱

治愈患者向医院赠送锦旗

淄博市卫生局卫生监督局

书记、局长 王立春

淄博市卫生局卫生监督局是市卫生局依法行使卫生监督执法职能的执行机构，组建于2005年12月，内设14个科室，编制58人，参照公务员管理。市卫生局卫生监督局在市委、市政府和市卫生局党委的领导下，按照“巩固、拓展、提升”的工作思路，认真履行监管职责，加大职业卫生、公共场所等五大卫生和医疗市场监管力度，使全市卫生监督执法工作跨入全省先进行列。在全省历次执法案件评比和执法能力大赛中，连续5年争得全省第一。在2010年省卫生厅举办的全省卫生行政执法能力大赛中，再夺全省第一，为淄博卫生工作赢得荣誉。2011年5月，在市政府法制办首次开展的市级行政执法部门、单位案卷评查活动中，获全市第一名。该局先后获得全省全运会保障工作先进集体、全省卫生监督执法工作先进集体、市先进基层党组织等荣誉称号和振兴淄博劳动奖状。

副市长韩国祥到该局视察指导卫生监督工作

省卫生厅纪检组组长王同君到该局调研

市卫生局卫生监督局领导班子

淄博市疾病预防控制中心

淄博市疾病预防控制中心于2005年底由原淄博市卫生防疫站组建成立，主要承担全市疾病预防与控制、突发公共卫生事件应急处置、疫情报告及健康相关因素信息管理、健康危害因素监测与控制、实验室检测检验与评价、健康教育与健康促进等工作任务。有职工196人，其中专业技术人员169人、高级职称64人，职业卫生、环境卫生、卫生检验等学科分别为省特色专科和市重点学科。中心在全省疾控系统率先通过省级计量认证和国家实验室认可，具有公共场所建设项目卫生学评价、消毒产品检测检验、集中空调通风系统卫生学评价等资质，是全国唯一一家取得卫生部建设项目职业危害因素评价甲级资质的地级市疾控机构。为山东大学公共卫生学院、济宁医学院、潍坊医学院等院校的实践教学基地。

2010年，中心开展以精神文化、专业文化、制度文化和形象文化为主要内容的疾控文化建设，积极打造有淄博特色的疾控品牌。广大干部职工按照“建设一流领导班子，建设一流人才队伍，建设一流工作环境，争创一流疾控业绩”的工作目标，发扬“团结、奋进、务实、创新”的疾控精神，主动开展工作，圆满完成第二十二届省运会、亚青赛等重大赛事疾病预防控制保障任务。积极落实各项综合防控措施，认真做好流感、甲流感、艾滋病、结核病、出血热、手足口病等重点传染病防控工作，淄博市手足口病重症病例数全省最少，连续4年保持零死亡。切实加大扩大国家免疫规划工作力度，免疫规划疫苗常规免疫接种率持续保持在95%以上，并以全省第一名的成绩通过消除碘缺乏病目标考核。作为全省食品安全风险监测和疾病预防控制绩效考核试点市，圆满完成食品安全风险监测任务，并顺利通过省卫生厅绩效考核专家组的现场考核。健康教育与健康促进、公共卫生监测评价工作取得新进展。全市传染病总发病率继续保持最低水平，无重大传染病疫情和突发公共卫生事件发生。被授予全省重点传染病防治工作先进集体、全省疾病控制工作先进集体、第二十二届省运会医疗卫生保障工作先进集体等荣誉称号。

第二十二届省运会期间，市疾病预防控制中心专业人员对体育中心游泳馆进行水质监测

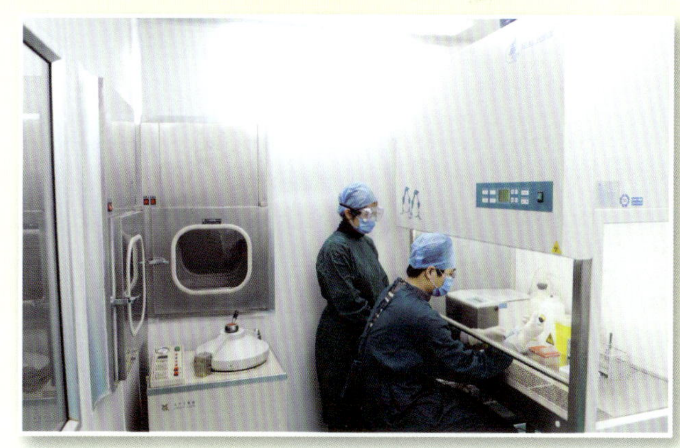

市疾病预防控制中心实验室

市疾病预防控制中心开展结核病防治宣传进企业活动

开展疾控文化建设，图为组织职工军训

淄博市

院领导班子

淄博市第一医院始建于1948年秋，位于博山区峨嵋山东路4号。占地面积18万平方米，开放床位1120张，在职职工1462人，有博士、硕士研究生120人。年均门诊量46万人次，年入出院病人2.6万人次。有15名市级名医，5名市级名中医，1个省级特色专科，8个市级名科。设有淄博市骨科研究所、糖尿病强化治疗中心、新生儿重症监护中心、肝病治疗中心，结核病、哮喘病专科分院和职工工伤康复定点医院。历经60多年的艰苦创业，现已发展成为基础设施完善、医疗设备精良、技术力量雄厚、专科门类齐全、管理水平较高，集医疗、教学、科研、预防、康复、保健为一体的三级综合性教学医院。

先进设备促发展。医院拥有日立超导1.5T磁共振、西门子64层螺旋CT、双光子直线加速器、血液透析机、血滤仪、X—刀、美国流式细胞仪、全数字化彩色多普勒超声诊断显像仪、惠普彩超、日本全自动生化分析仪、全自动血球计数仪、电子胃肠镜系统、1200毫安大型心血管造影机、美国VISX S4准分子激光近视治疗仪等先进的医疗仪器设备950台（件），总价值2亿多元。

科技成果创品牌。大隐静脉曲张腔内激光治疗加旋切术、单鼻孔-蝶窦入路垂体瘤切除术、三维适形放疗治疗子宫颈癌技术达到国内先进水平。二尖瓣球囊扩张成形术、射频消融术、冠状动脉支架植入术、干细胞移植治疗重度肝硬化等均处于全市领先水平。

优质服务树形象。适应医改新形势，强化医院信息化建设，不断提升医疗服务质量和水平。大力实施优质护理服务示范工程，创建“金钥匙天使”“母婴健康，全程呵护”“周末医殿园”等12个护理特色服务品牌；建立门诊缴费一卡通、化验单自主打印、电子叫号系统和静脉药物调配中心，实行电子病历和医生无线查房。积极参与交通事故救治、抗震救灾、传染病防治、卫生支农、惠民医疗、卫生强基等社会救助和公益活动，树立了公立医院的良好形象。

医院先后获得全国诚信示范医院、山东省文明单位、山东省医德医风示范医院、山东省惠民医疗先进单位、山东省医院管理先进集体、山东省十佳诚信示范医院、淄博市三星级医院等荣誉称号。院长宋晓东荣获山东省富民兴鲁劳动奖章。

省卫生厅副厅长仇冰玉到医院视察工作

省卫生厅副厅长康永军到医院视察工作

省卫生厅医改工作督导汇报会

第一医院

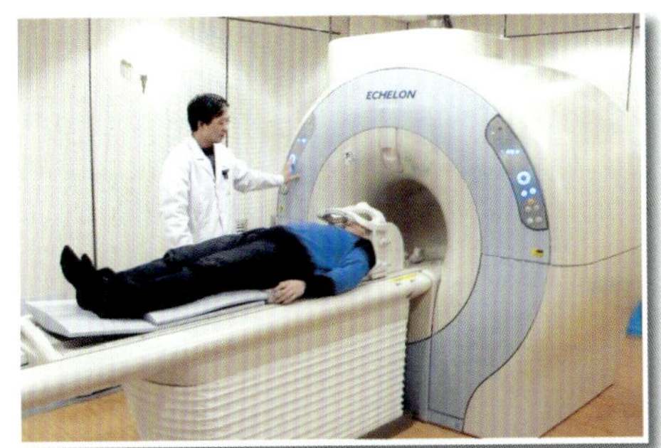
国内首台日立超导1.5T磁共振

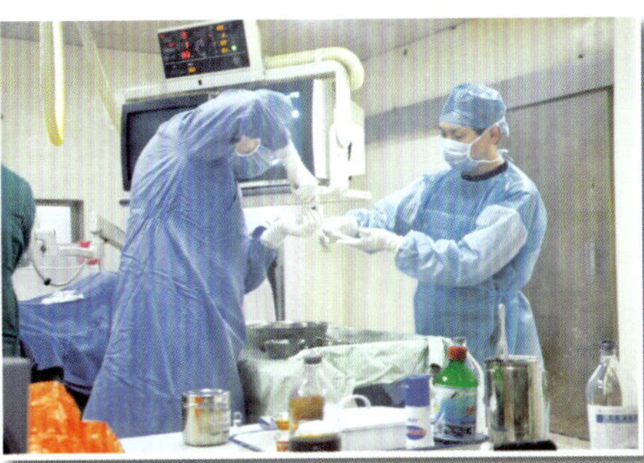
干细胞移植治疗重度肝硬化省内领先

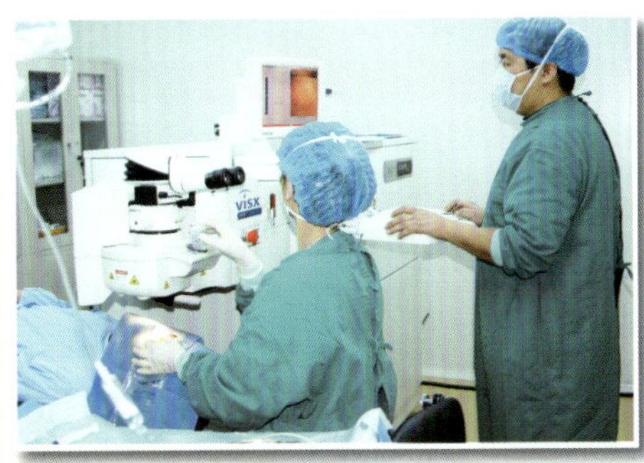
美国STAR S4 IR pic3准分子近视治疗机

静脉用药调配中心

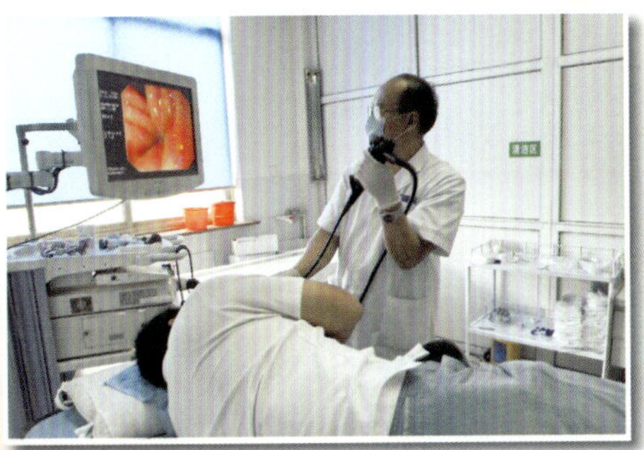
电子胃镜

3・15专家义诊

新病房楼

淄博市妇

院长 窦学术

淄博市妇幼保健院（又名淄博市第三人民医院）是鲁中地区唯一一所集医疗、保健、教学、科研、预防、康复于一体的三级甲等妇幼保健院。建于1963年，1980年加挂淄博市妇幼保健院牌子。占地面积4.1万平方米，资产总值2.69亿元，其中医疗设备 1.21亿元。有编制床位607张。设有7个保健科室、10个临床科室、7个医技科室，拥有产科、妇科、新生儿科、生殖医学中心、儿科和儿童保健科6个市级重点学科。有职工807人，其中正高职称18人，副高职称113人，中级职称307人；淄博市高层次人才14名，硕士、博士学位44人。

医院全面贯彻“以保健为中心，以保障生殖健康为目的，保健和临床相结合，面向群众，面向基层，预防为主”的妇幼卫生工作方针，实施“服务立院、科技兴院、人才强院”战略，倡导“团结、敬业、务实、节约”的医院精神，坚持“突出妇幼特色，保健临床结合，医保教研一体，大专科小综合”的办院方向，强化妇幼专业发展。先后有16 项科研项目通过鉴定，获得市级以上奖励6项，发表论文318篇，出版专著10部，获发明

副市长韩国祥到院视察工作

淄博市妇幼保健院通过省卫生厅组织的三级甲等妇幼保健院专家组现场评审

承担全国边缘群体先心病儿童救助工程，建成淄博救助基地

医院与驻军某部开展军民共建活动

幼保健院

专利1项。实施边缘群体先心病儿童救助工程，开展先心病外科手术和介入手术，共为患者优惠80余万元。海扶无创治疗子宫肌瘤技术处于国内领先水平，成功实施200余例；承担全市手足口病危重患儿救治，保持零死亡；建立完整的母婴保健服务链条，产科成为全省十大质量品牌；通过省卫生厅三级甲等妇幼保健院专家组现场评审，提升内涵，有力促进了医院发展；建设数字化医院，更新HIS系统，门诊实行一卡通，病房实现电子病历、移动查房、移动护士站、腕带识别、条形码管理、影像传输（PACS）、LIS系统集中打印检验报告单，与联通公司合作开发“医务通”项目；孕产妇死亡率、婴儿死亡率等控制水平处于全省前列。

医院先后获得全国百姓放心示范医院、全国卫生系统巾帼文明示范岗、全国诚信医院、山东省模范爱婴医院、山东省妇幼卫生先进集体、山东省消费者满意单位、全省护理服务示范病房、省级卫生先进单位、全省卫生系统“两好一满意”十大质量品牌（产科）、市级文明单位等荣誉称号。

产科获得全省十大质量品牌，院长窦学术上台领奖

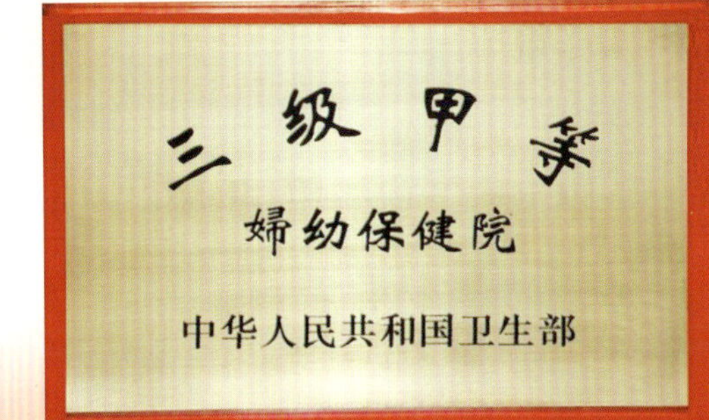

发挥龙头带动作用，定期举办全市“妇幼之春”文艺汇演

淄博市残

省政协主席、省委副书记刘伟宣布山东省第八届残疾人运动会开幕

市委、市政府一直十分重视残疾人事业发展，集中各方面力量切实解决残疾人最关心、最直接、最现实的利益问题。2010年，淄博市在康复救助、教育就业、社会保障、文化生活等方面作了大量实实在在的工作，残疾人参与社会生活的环境和条件明显改善，生活水平和质量不断提高，残疾人工作在建设殷实和谐经济文化强市中发挥了积极作用。

开展康复救助工作。深入推进残疾人社区康复服务体系建设，培训1000名社区康复协调员；实施贫困残疾儿童康复救助工程，为10名肢体残疾儿童实施儿童矫治手术，为28名聋儿提供资金和助听器救助，为3名重度0～6岁听力障碍儿童实施人工耳蜗植入手术，为60名脑瘫儿童、40名孤独症儿童、120名弱智儿童提供康复训练经费；启动淄博市低视力康复救助工程，全年免费实施白内障复明手术1700例；为1000名下肢残疾人配发轮椅；为700名精神病人和60名重度精神病患者安排免费服药和住院。教育就业工作。开展全市第二届残疾人技能竞赛，全年共培训残疾人3416名；组织9名盲人和低视力残疾人参加全国盲人医疗按摩资格考试；参加全省第四届残疾人技能大赛，获得团体总分第七名和优秀组织奖；开展就业扶贫基地和“小老板”创业工作的“双百工程”。扶贫保障工作。全市共建成残疾人托养机构47处，托养残疾人648名，居家托养残疾人1506名；全面推开新农保工作，临淄区作为试点区县已参保8174人，为1264名60岁以上残疾老人每月发放养老金60元；为20名残疾大学生给予学费补助；为50户农村贫困残疾人住房进行修缮；为210户残疾人家庭和单位配备无障碍设施。组织维权工作。加强专职干事培养和管理，对全市107名残疾人专职干事进行为期5天的岗前培训；全面完成第二代残疾人证核发工作；为迎接第二十二届省运会、第八届省残运会在淄博市召开，在残联系统开展“共迎两个省运、共创和谐淄博”活动；全市共受理法律援助案件118件，接待来信来访1478余件次，无越级上访和集体上访事件。文体宣传工作。圆满承办山东省第八届残疾人运动会，得到省委、省政府及组委会的充分肯定；发挥“一网”（残联系统网）、“一站”（共享阳光网站）、“一刊”（《共享阳光》期刊）、“一会”（新闻宣传促进会）的作用，组织残疾人事业好新闻评奖和残疾人工作研究成果评奖活动；为残疾人订报刊5000份。

市残联全体人员及省残运会获奖运动员代表参加小语访谈节目录制

疾人联合会

开幕式文艺表演

全市第四届残疾人技能大赛上陶艺比赛选手的作品已经初现”雏形“

运动员比赛

淄博市代表队入场

淄博市气象局

2010年9月19日，市长周清利在应急指挥车上了解天气情况

2010年7月24日，省气象局局长湖涛到淄博检查省运会气象服务工作

2010年9月19日，副市长刘有先到市气象局了解天气情况

2010年9月16日，组织召开第二十二届省运会开幕式人工消减雨会议

2010年，淄博市气象工作围绕全市经济社会发展需求，不断加强服务能力建设，充分发扬团队精神，出色地完成省运会等重大赛事和汛期气象服务保障任务，气象事业实现新发展。市气象局被省政府表彰为全省抗洪防汛先进集体，被市委、市政府表彰为省运会等赛事筹办工作先进集体。贺业坤、臧传花分别被授予市级劳动模范和先进工作者荣誉称号，另有7人被市委、市政府记功和嘉奖。

气象现代化建设水平显著提高。建成高标准移动气象台和大型彩色移动气象灾害预警电子显示屏，在全市推广高清晰LCD气象信息屏44块，扩大气象信息传播渠道。建成全省第一家市县高清天气预报会商系统，完成省市县一体化灾害性天气监测预警平台建设任务。在桓台县新建蔬菜大棚小气候观测站1处。

气象基础业务和科研工作成效显著。从健全制度、加强培训和指导等多方面入手，强化管理，狠抓落实，测报、农气、酸雨、网络传输等各项气象基础业务质量稳步提高。2010年全市气象部门在核心期刊及中高级刊物各发表论文10篇。申报省气象局重点课题1项，市局自立课题6项，有1项课题获省局研究开发奖。建成省运会气象服务专题网站、第二十二届省运会气象预报服务系统。

气象防灾减灾能力显著增强。加强常规农业气象服务，与农业部门合作发布农作物有害生物预报预警信息。准确预报汛期6次主要降水天气过程，提前24小时或48小时向市委、市政府及有关部门报送重要天气报告。汛期启动重大灾害性天气Ⅳ级应急响应4次、Ⅲ级应急响应3次。围绕防灾减灾，全年组织开展防雹作业33次、增雨（雪）作业37次，取得了显著的经济和社会效益。

圆满完成第二十二届省运会等重大体育赛事气象服务保障工作。先后为省运会田径、山地自行车、水上和射箭运动项目及亚洲青年（U19）足球锦标赛等多项室外体育赛事提供准确、可靠的气象保障。成功组织实施第二十二届省运会开幕式人工消减雨作业，有效消除降水天气的不利影响，为省运会开幕式顺利举办提供有力保障。

2010年9月19日，淄博气象应急指挥车进驻省运会保障现场

淄博市民族宗教事务局

党组书记、局长　于精忠

国家宗教局副局长蒋坚永、省宗教局局长马文艺视察淄博市宗教场所

市委副书记侯法生慰问青海玉树灾区在淄学习藏族师生

2010年，淄博市民族宗教事务局在市委、市政府的正确领导下，以民族宗教工作基层基础建设年活动为主线，围绕中心，攻坚破难，规范管理，促进和谐，各项工作实现新跨越、新发展。三级网络三级责任制健全，层层考核激励，调动了民族宗教工作积极性、主动性。实施基础设施巩固提高、企业龙头带动、合作组织建设、智力扶持四项工程，民族经济社会发展长效帮扶机制进一步完善，形成政府主导、社会参与、内外结合、立体帮扶的帮扶机制，争取并落实市级以上少数民族发展资金210万元，为5家民族特需商品定点生产企业争取优惠利率贷款9.5亿元，企业享受国家财政贴息2240余万元，推动少数民族经济社会发展取得新突破。全力以赴，确保万无一失，率先圆满完成天主教选祝圣工作，为其他市提供成功经验。承办全国宗教界人士“两个专项工作”培训班，推介淄博市宗教管理工作，充分展示淄博民宗部门精诚团结、敢打硬仗的精神风貌和开拓进取、创新发展的成果。和谐宗教活动场所创建工作走在全省前列，宗教热点难点问题的解决取得突破，规范化管理水平显著提高。基督教私设聚会点、佛道教乱建乱设得到有效制止，天主教独立自主自办思想、组织基础更加牢固，场所规范化建设取得显著进展，依法管理宗教事务，制止非法活动更加坚定、成熟、有效，宗教事务管理进一步走上规范化、制度化、法制化轨道。宣传教育、落实政策、依法管理、调处纠纷，多措并举，在复杂的国内外形势下，维护了全市民族宗教领域稳定和谐。

是年，市民族宗教事务局被评为全省民族团结进步模范集体、全国宗教系统“五五”普法工作先进单位、全省民族团结进步和和谐宗教场所“双创”工作先进单位、省级文明机关。

市委常委、副市长王顶岐与全市民族团结进步模范代表参加省表彰大会

局长于精忠陪同省民委副主任马传凯在民族村调研

构建和谐宗教关系培训班

全国宗教专项工作培训班在淄博举办

淄博市文化广电新闻出版局

2010年10月29日，市委书记刘慧晏、市长周清利参加淄博市文化中心奠基仪式

首届中国非物质文化遗产博览会期间，全国人大常委会副委员长热地在山东省文化厅厅长亢清泉陪同下参观淄博展区，并与淄博市艺术家进行交流

淄博市文化广电新闻出版局成立于2010年，前身是成立于2009年的淄博市文化出版局。现设办公室、组织人事科、艺术科、文化科、计财科、文化产业科、行政许可科、出版管理科等8个科室，编制总额30人，有14个直属企事业单位。

近年来，淄博市文化广电新闻出版局以科学发展观统领文化发展全局，以认真专业务实的工作作风，紧紧围绕建设殷实和谐经济文化强市的战略目标，解放思想、改革创新、锐意进取，全市文化事业和文化产业持续、快速、健康发展。全市公共文化服务网络日益健全，公共文化服务能力不断增强。艺术创作和生产取得新突破，五音戏《云翠仙》荣获中宣部“五个一工程”奖，演员吕凤琴获第二十四届梅花奖。文化遗产保护稳步推进，高青陈庄西周城址入选2009年度全国十大考古新发现。文化产业环境不断优化，动漫等新兴文化产业异军突起。新闻出版工作稳步推进，成效卓著。对外文化交流和文化体制改革也取得可喜成果，文化事业和文化产业及新闻出版工作逐渐步入高速发展的快车道，全市文化工作呈现出繁荣发展的良好景象。

山东省新闻出版局局长宿华在市委常委、宣传部部长郭利民陪同下在淄博调研扫黄打非、农家书屋建设等工作

副市长韩国祥在市直文化系统调研

蒲松龄纪念馆

蒲松龄故居于1954年修复，1956年成立蒲松龄故居管理委员会，1980年在蒲松龄故居基础上建立蒲松龄纪念馆，2006年公布为全国重点文物保护单位。拥有7个小院、7个展室，占地面积5000多平方米、展览面积2000多平方米，每年接待中外游客10多万人次。曾接待过万里、乔石、田纪云、李长春、江泽民等党和国家领导人。蒲松龄纪念馆先后获得省级爱国主义教育基地、市级文明单位、花园式单位、青年文明示范岗、全市文化工作先进单位、全省文化系统先进集体等荣誉称号。

2010年，时逢蒲松龄纪念馆建馆30周年和蒲松龄诞辰370周年。4月，完成蒲松龄生平展室改造，用老材料、传统工艺、新的设计理念把陈旧简陋的展室改造得古朴典雅，赢得领导、专家和游客的一致好评。10月25日，由中共淄博市委宣传部、淄博市文化出版局主办，淄博市文物局、蒲松龄纪念馆等单位承办的大型庆典仪式隆重举行，省文化厅文物局、山东大学、淄博市有关领导和聊斋学研究专家参加仪式并讲话，为蒲松龄纪念馆作为山东大学学生社会实践基地揭牌。同时，成功召开第十九届聊斋学研究会年会，举办聊斋俚曲演唱月、王幼学山水小品画展、纪念蒲松龄诞辰370周年专题宣传等系列庆祝活动，得到社会各界的广泛赞誉。

蒲松龄纪念馆馆长陈殿君在庆典仪式上致辞

市委常委、宣传部部长郭利民（右）出席庆典仪式，市文化出版局局长曹庆文（左）主持庆典仪式

山东大学学生实践基地揭牌仪式

纪念蒲松龄诞辰370周年暨建馆30周年庆典

聊斋俚曲表演

淄博市技师学院

市委书记刘慧晏到学院视察

市委副书记、市长周清利到学院视察

淄博市技师学院是经国家人力资源和社会保障部、山东省人民政府批准成立的以培养高级技工、技师等社会紧缺型高技能人才为主的全日制高等职业技术院校，具有开展社会培训和职业资格鉴定等服务职能。学院为隶属于淄博市政府管理的副厅级全额事业单位，国家级重点技工院校。多次被表彰为山东省技能人才培养先进单位、山东省职业教育先进单位、淄博市职业培训先进单位、淄博市教育先进单位。

学院设有数控工程、机械工程、汽车工程、机电工程、信息工程、轨道工程、化工与制药、经贸系和基础教学部等9个教学系部，开设各类专业50余个，在校生12000余人。专业涵盖全市主要工业门类的人才培训需求，形成由中级工至技师的完整技能人才培养梯次。金属切削、汽车驾驶与维修专业为山东省名牌专业，机械装配与维修、汽车驾修、数控技术专业为山东省技工院校百强专业，机电专业为教育部确定的中央财政扶持重点实训基地建设项目。设有山东省技师培训基地、全国现代制造技术数控工艺员培训定点单位、淄博市退役士兵培训基地等十几个培训机构，2010年开展社会培训16000人次。

淄博市技师学院将以“建设一流技师学院，打造技能教育品牌”为发展目标，高起点、高标准建设技师学院，进一步改善办学条件，突出内涵发展，全面规范内部管理，提高教育教学质量，在“十二五”期间建成全国示范性技师学院、全国示范性公共实训基地和全国高技能人才培养基地，打造“淄博技师”教育品牌，满足淄博经济社会发展对高技能人才的需求，实现学院发展新的跨越。

学院承办淄博市青年职业技能大赛，市委常委、团市委书记魏艳菊出席启动仪式

学院承办第三届全国技工院校技能大赛山东省选拔赛

淄博市太河水库管理局

太河水库位于淄博市东南部的淄河干流上，总库容1.83亿立方米，兴利库容1.13亿立方米，上游控制流域面积780平方公里，灌区设计灌溉面积2.14万公顷，是一座集防洪、灌溉、城乡供水、水力发电等综合利用的大（二）型水库，是淄博市库容最大、水质最好的地表水水源地。据市环境监测部门历次水质监测资料显示，太河水库水体均达到地表水二类标准以上，完全符合国家饮用水水源标准。

近年来，淄博市太河水库管理局深入贯彻落实科学发展观，开拓创新、真抓实干，开创水库管理工作的新局面。淄博市城乡同源同网饮水安全暨“引太入张”供水工程，是实施综合用水、科学调配、完善水网、构建水系的一项重点工程。该工程建成通水后，可每天向张店城区供水10万方，实现中心城区同源同网供水，保障城乡居民饮水安全。水库管理局认真抓好输水工程建设与管理，确保工程进度、工程安全、工程质量和资金效益。输水工程于2010年12月12日通过单位工程验收，具备通水条件，向全市人民交上了一份合格的答卷。

城乡供水取得长足发展，水源地保护成绩显著，重点工程建设进展顺利，工程管理与防汛扎实有效，安全生产不断深化，班子建设、队伍建设、精神文明建设全面发展。相继获得全省水利系统模范职工之家、全市基层党建工作示范点、市级文明单位、省级文明单位等荣誉称号，局领导班子在年度考核中连续4年被市委组织部评定为优秀等次。

省水利厅党组理论学习中心组全体成员视察太河水库水源地保护工作

水政执法

“引太入张”供水工程枢纽工程之桐古渡槽

太河水库全景

淄博原山集

原山林场党委书记、集团公司董事长　孙建博

原山林场场长、集团公司总经理　高玉红

原山集团与原山林场、原山国家森林公园是三块牌子一套班子，是集林业、旅游业、工业、商业、房地产开发等多种产业为一体的综合型经营单位。集团总部位于淄博市博山区，地理位置优越，交通便利。

原山集团拥有工、商、房地产等子公司28个，员工1070人，涉及印刷、机械、酿酒、陶瓷、轻工、餐饮、房地产开发、文化传播、种植、养殖等行业，拥有固定、林木、流动等资产4.6亿元，年总收入过亿元。集团以多元化发展战略思想为指导，利用原山得天独厚的旅游风景资源，提出山景居所新理念，开发30余公顷别墅区，以强势的品牌效应，怡人的自然风光，创造了巨大的社会效益和经济效益。

原山林场下设凤凰山、樵岭前、石炭坞、岭西、北峪、良庄6个营林区和1个绿化公司，经营面2865公顷，拥有苗木生产基地30余公顷，树种主要有松、柏、刺槐、栎类等，有木本植物199种、草本植物600余种，森林覆盖率92.6%，林木蓄积量达到144520立方米。建有国内先进的微波图像监控系统，是国家级森林病虫害中心测报点，实现了护林防火、病虫害防治的预测预报现代化。原山绿地花园绿化工程有限公司，集园林工程规划设计、施工养护、管理、苗木、花卉、盆景的生产经营、大树移植、草坪种植、草种研究、开发和经营于一体，业务涵盖省内外，是一家综合性大型园林绿化公司。原山林场先后进入全国国有林场500强、100佳行列，是全省林业工

党委书记孙建博做客新华网

团有限公司

作先进单位，改革创新的经验得到中央和省、市领导的充分肯定和高度评价。2005年9月1日，国务院总理温家宝作出批示：山东原山林场的改革值得重视，国家林业局可派人调查研究，总结经验，供其他国有林场改革所借鉴。国务院副总理回良玉视察原山，要求总结推广原山经验。原山林场被国家林业局树为全国国有林场改革的一面旗帜。

原山国家森林公园规划面积1702公顷，分为凤凰山、禹王山、望鲁山、薛家顶和夹谷台等五大景区。壮观的山岳风景、秀丽的植物景观、奇特的天象水文景观、历史悠久的人文景观，构成原山国家森林公园的旅游风景线。先后被授予国家AAAA级旅游区、国家重点风景名胜区、山东省十大新景点、山东省十佳森林公园、山东省消费者满意单位等荣誉称号，是淄博市旅游业的知名品牌。

原山林场艰苦奋斗纪念馆

原山酒业

原山美庐

原山宾馆

原山·如月湖湿地公园

淄博人

淄博人民公园位于淄博市中心，是淄博历史最久的市属公园，始建于1960年，1998年开始免费向社会开放。2002年，市政府提出“环境立市”战略，对公园进行全面升级改造，经逐年建设完善，逐步建立起公园绿地生态系统和人性化园林设施系统。公园的生态功能、社会功能和文化功能得到充分发挥，能够满足游客不同层次需求，体现以人为本、人与自然和谐共处的理念。2009年、2011年，猪龙河公园、西五路游园分别移交淄博人民公园管理处，按照一级园林绿地养护管理标准进行精细化、科学化管理。

人民公园总体布局合理，各种设施完善，是一处集休闲、娱乐等多种功能于一体的大型生态休闲绿地。为营造良好的游园环境，公园广大职工积极开展优质服务，尊老爱幼、礼貌待人、规范文明用语，提升管理水平，得到社会各界人士的一致认可。

淄博人民公园先后获得中国人居环境范例奖、首届中国威海国际人居节优秀作品奖和山东省文明公园、创建国家园林城市先进单位等荣誉称号，有着50年历史的人民公园正日益焕发出新的生机和活力。

民公园

山东鲁宝冶金股份有限公司

董事长、总经理　王勉山

- 山东省第九届、十届、十一届人大代表
- 全国乡镇企业家
- 淄博市工商业联合会副主席、淄博市总商会副会长

山东鲁宝冶金股份有限公司始建于1977年，1996年经山东省人民政府批准成为规范化股份制企业，荣获全国守合同重信用企业、山东省著名商标、山东省文明单位、高新技术企业，通过ISO9001:2000管理体系认证，拥有自营进出口权。公司下设淄博市周村社会福利弹簧板厂、淄博精密钢管厂、淄博不锈钢材加工厂、淄博轧钢厂、鲁宝加油站、鲁宝宾馆及劳动服务公司。占地面积8.6万平方米，有总资产8600万元，员工281人，其中高、中级技术人员86名。“鲁宝”牌产品远销国际、国内20多个省市和地区，深受用户青睐。

鲁宝人以独特的企业文化，先进的生产工艺，优质的产品，真诚地为你提供服务。

地址：山东省淄博市周村区丝绸路168号
电话：0533-6181471　6182868　6180806
　　　6182633　6182856
传真：6180411
邮编：255300
网址：WWW.Lubaosd.com
Email：Lubao@Lubao.com

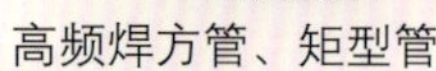
高频焊方管、矩型管

油缸、气缸

农用车、汽车板簧

冷拔油、汽缸钢管

不锈钢冷轧钢带

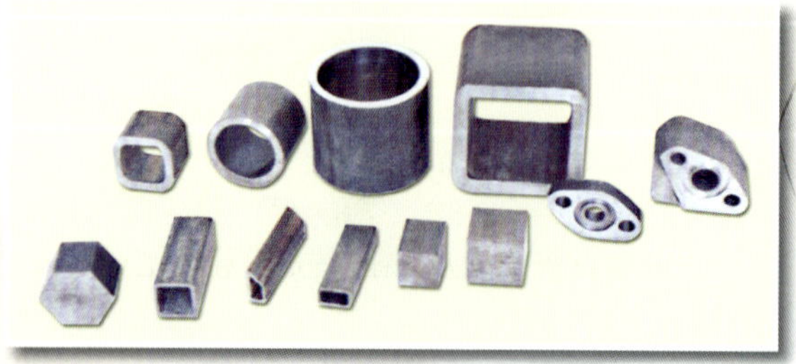
冷拔异型钢材样品

特　　载

在全市庆祝中国共产党成立 90 周年大会上的讲话

市委书记　刘慧晏

（2011 年 6 月 30 日）

同志们：

今天，我们在这里隆重集会，庆祝伟大的中国共产党成立 90 周年，表彰在各条战线上作出突出贡献的先进集体和先进个人，动员和号召全市各级党组织和广大党员干部群众，高举中国特色社会主义伟大旗帜，牢记使命、继往开来，充满激情、科学创业，加快建设殷实和谐经济文化强市。首先，我代表市委，向受到表彰的先进集体和先进个人，表示热烈祝贺！向全市广大共产党员，表示崇高敬意！

90 年前中国共产党的成立，是掀开中国历史崭新篇章的伟大事件。90 年来，我们党紧紧团结和依靠全国各族人民，建立了人民当家作主的新中国，确立了社会主义基本制度，开创了中国特色社会主义道路，从根本上改变了中国人民的前途命运，决定了中国历史发展的正确方向，在世界上产生了广泛而深刻的影响。没有共产党，就没有新中国；有了共产党，中国的面貌就焕然一新。这是中国人民从长期奋斗中得出的最重要最基本的结论。历史证明，中国共产党不愧为伟大、光荣、正确的马克思主义政党，不愧为领导中国人民不断开创新事业的核心力量。

6 月 28 日，中共中央政治局进行第三十次集体学习，胡锦涛总书记对推进新形势下党的先进性建设提出了明确要求。6 月 29 日，省委召开了建党 90 周年庆祝大会。7 月 1 日，中共中央将召开庆祝中国共产党成立 90 周年大会，胡锦涛总书记将发表重要讲话。各级要认真学习胡锦涛总书记重要讲话精神，按照中央和省委部署要求，全面推进党的建设新的伟大工程，坚定不移地把中国特色社会主义伟大事业推向前进。

下面，我代表市委，讲三点意见。

一、在党的领导下，淄博社会主义现代化建设取得了令人瞩目的辉煌成就

淄博是全国全省党的历史发展较早的地区之一。早在 1924 年党的初建时期，山东省第二个中央直属党支部——中共淄博支部就建立了，党的“一大”代表、山东党组织的创建者王尽美、邓恩铭曾多次来淄博传播马列主义革命思想，组织开展工人运动，播撒革命火种。抗日战争时期，黑铁山起义是山东省著名的三大抗日武装起义之一，淄博儿女不畏强暴、英勇抗战，绘就了一幅幅波澜壮阔、气吞山河的壮丽画卷。解放战争时期，淄博各级党组织广泛动员人民群众，积极支援淮海战役、济南战役、莱芜战役等重大战役，为加快解放战争进程进行了前仆后继、艰苦卓绝的斗争。新中国成立后，党领导全市人民艰苦奋斗、开拓进取，奋力推进社会主义现代化建设，在不同时期都创造了辉煌的业绩。特别是改革开放以来，在党的领导下，全市人民解放思想、抢抓机遇，开拓创新、锐意进取，取得了一个又一个新胜利，开启了淄博老工业城市科学发展的新篇章。

*在党的领导下，全市经济社会发展实现了历史性跨越。*新中国成立初期的淄博百业待兴。几十年来，党领导淄博人民自力更生、艰苦奋斗，推动经济社会持续健康发展。特别是近些年来，历届市委、市政府团结带领全市人民，着力破解结构性、体制性、机制性矛盾，实现了老工业城市的“自费”转型、主动转型。近年来，我们全面贯彻落实科学发展观和胡锦涛总书记视察时的重要讲话精神，坚持把结构调整作为主线，把节能减排作为关键，把环境保护作为“命门”，改造提升传统产业，培育发展战略性新兴产业，大力发

展现代服务业和现代农业，着力加强创新体系建设，毫不放松地加强节能减排和环境保护，经济发展的结构层次和质量效益不断提升。2010年，全市地区生产总值达到2866.75亿元；境内财政收入达到398.2亿元，其中地方财政收入达到162.4亿元。现在的淄博，已经发展成为在国内乃至世界上具有重要影响力的新型工业城市。

在党的领导下，全市城乡面貌发生了翻天覆地的变化。1949年淄博工矿特区成立。几十年来，党领导淄博人民拼搏实干、艰苦创业，努力建设美好家园。在历届班子团结带领广大干部群众打下的良好基础上，近年来，我们突出统筹城乡发展，制定了四个层级的统筹城乡发展规划，加快新型城镇化进程，全市建成区面积达到261.99平方公里，城市化率达到62.54%；加强基础设施建设，建成市体育中心、新客运中心，建设市文化中心，构建快速交通体系和清水润城景观水系，城市功能明显增强；实施城市精细化管理，城市形象明显提升，创建为全国绿化模范城市。现在的淄博，天更蓝、地更绿、水更清、气更爽，越来越生态和谐宜居。

在党的领导下，社会更加文明和谐稳定。几十年来，全市各级党组织毫不放松地抓好社会主义精神文明建设，广泛开展群众性精神文明创建活动，我市先后荣获创建全国文明城市工作先进城市、全国未成年人思想道德建设工作先进城市等荣誉称号，广大党员干部群众的精神面貌发生了可喜变化。牢固树立稳定"第一责任"意识，深入实施固本强基维稳工程，不断加强和创新社会管理，坚持以群众工作统揽信访工作，深化社会治安综合治理，一刻也不放松地抓好安全生产，不断巩固发展和谐稳定的良好局面，成功创建为全国社会治安综合治理优秀市。着力加强社会主义民主法制建设，大力推进法治淄博建设，深化政务公开、厂务公开、村务公开和社区事务公开，保障和发展基层民主，在全市上下进一步形成了同心同德、团结奋斗的可喜局面。我们还成功举办了第二十二届省运会、亚青赛等重大赛事，先后完成了"4·28"救助善后和支援抗震救灾等重大任务，展示了良好的城市形象。

在党的领导下，人民群众生活水平大幅度提高。我们党始终把保障和改善民生作为根本出发点和落脚点，一切依靠群众、一切为了群众，尽心尽力为群众办实事、解难题，最大限度地让改革发展成果惠及人民群众。经过几十年的不懈努力，现在，全市人民的生活正在奔向全面小康。近年来，我们着力加强就业再就业工作，突出解决城乡"双零家庭"就业、大学生就业和农民工就业问题，城镇登记失业率稳定在3%左右。积极构建覆盖城乡的社会保障体系，在全国同类城市中率先实现城镇职工养老保险、医疗保险市级统筹，解决了全部3万多名国有关闭破产企业退休职工医疗保险问题，城镇居民医疗保险、新型农村合作医疗保险、新型农村养老保险实现全覆盖。坚持教育优先发展，深化教育布局调整，促进教育资源均衡配置，实现了更高水平的九年制义务教育，基本普及了高中段教育，高等院校和高等职业院校达到8所，在校生达到10.24万人。大力发展卫生事业，构建公共卫生服务体系，推进医药卫生体制改革，稳步实施国家基本药物制度，成功战胜"非典"、甲型H1N1流感等重大疫情挑战，切实维护了人民群众身体健康。

回顾淄博的发展历程，我们更加深切地体会到，淄博社会主义现代化建设取得的辉煌成就，是党的路线方针政策指引的结果，是中央和省委正确领导的结果，是各级党组织带领广大党员干部群众团结奋斗的结果。历史充分证明，中国共产党的领导地位，是由党的性质所决定的，是经过长期斗争考验形成的，是中国人民的自觉选择。我们在任何时候、任何情况下，都要坚持党的领导；只要有党的坚强领导，就没有什么困难不能克服，就没有任何力量能够阻碍我们前进！

二、淄博发展的巨大变化，关键在于不断加强和改进党的建设

在淄博的发展进程中，我们经受了一次又一次考验，克服了一个又一个困难，战胜了一个又一个挑战，取得了令人瞩目的辉煌成就。最重要最根本的一条，在于我们始终坚持党的领导，不断加强和改进党的建设，为经济社会发展提供了坚强有力的政治保证。

我们始终坚持把思想政治建设放在首位，在思想上政治上行动上与党中央保持高度一致。各级党组织毫不放松地抓好理论武装，不断巩固马克思主义指导地位，坚持不懈地用中国特色社会主义理论体系武装头脑，打牢广大党员干部群众共同奋斗的思想基础。坚定不移地贯彻落实中央和省委的决策部署，创造性地开展工作，确保了淄博工作的正确方向。在学习实践科学发展观活动中，我市是全省市一级试点市，桓台县是中央领导同志联系点，我们按照中央和省委要求，精心组织、突出特色、扎实推进，高标准、高质量地完成了试点和联系点的各项任务；在创先争优活动中，我们以科学发展、富民强市为主题，以争做淄博先锋为载体，以推动科学发展、促进社会和谐、服务人民群众、加强基层组织为目标，精心组织实施，取得了阶段性成果，为全市经济社会又好又快发展提供了强大动力。

我们始终注重加强党员干部队伍和基层组织建设，充分发挥基层党组织的战斗堡垒作用、领导干部的模范带头作用、共产党员的先锋模范作用。各级党组织坚持正确的用人导向，积极推进干部人事制度改革，不断加大干部培养、选拔、管理力度，干部队伍结构不断优化、素质不断提升，领导科学发展的能力进一步增强。全面落实"书记抓、抓书记"基层党建工作责任制，不断深化"三级联创"活动，全市"五个好"乡镇党委、"五个好"村党支部分别达到85.6%、72.5%。积极探索发展党员新机制，提高发展党员质量，优化党员队伍结构，深化党员亲情式管理，积极发展党内民主，全市党员队伍整体素质不断提高。

我们始终坚持立党为公、执政为民，不断增进党同人民群众的血肉联系。重视做好群众工作，牢固树立群众观点，想群众之所想、急群众之所急，着力保障和改善民生，积极解决群众生产生活中的实际困难和问题。深入推进认真专业务实作风效能建设，扎实开展岗位练兵活动，机关服务效能有效提升，党员干部专业化工作水平不断提高，发展环境进一步优化。一刻也不放松地加强党风廉政建设，不断健全完善惩防体系，严格执行党风廉政建设责任制，认真贯彻落实《廉政准则》，加强行政电子监察等平台建设，加大纠风和案件查办工作力度，全市党风、政风、民风持续好转。

*我们充分发挥党总揽全局、协调各方的核心作用，凝聚形成了科学发展的强大合力。*各级党委切实加强自身建设，健全完善科学决策、联系协调、督促检查、执行落实等工作机制，不断提高科学决策、民主决策的能力。积极支持和保证人大及其常委会依法履行职责，支持政协充分发挥政治协商、民主监督和参政议政职能，加强同民主党派、工商联和无党派人士合作共事，认真做好民族、宗教、侨务和对台工作，加强对工会、共青团、妇联等人民团体的领导，充分调动方方面面的积极性，形成了齐抓共管的工作格局。

实践证明，党的建设是中国特色社会主义伟大事业不断取得胜利的重要法宝。我们要认真总结党的建设的成功做法和宝贵经验，并在实践中不断丰富和发展，努力把党的建设新的伟大工程推向前进。

三、全面提高党的建设科学化水平，奋力开创殷实和谐经济文化强市建设新局面

今年是“十二五”开局之年。中央提出，到建党100年时建成惠及十几亿人口的更高水平的小康社会，到新中国成立100年时基本实现现代化，建成富强民主文明和谐的社会主义现代化国家。这是我们党肩负的新的光荣历史使命。面对新形势新任务，我们要紧紧抓住重要战略机遇期，坚持不懈地加强和改进党的建设，努力提高党的建设科学化水平，为推进科学发展提供坚强保证。

*在新的发展阶段，我们要更加自觉地用中国特色社会主义理论体系武装头脑，不断保持和发展党的先进性。*思想理论建设是党的建设的首要任务。中国共产党90年来坚持马克思主义基本原理同中国具体实践相结合，推进马克思主义中国化产生了两大理论成果，这就是毛泽东思想和包括邓小平理论、“三个代表”重要思想以及科学发展观等重大战略思想在内的中国特色社会主义理论体系。这两大理论成果，是我们党最可宝贵的政治和精神财富，是全党全国各族人民团结奋斗的共同思想基础，是指引党和国家事业不断从胜利走向胜利的行动指南。要坚持马克思主义科学理论指导，始终把党的先进性建设摆在突出位置来抓，不断保持和发展党的先进性。要认真学习贯彻中国特色社会主义理论体系，不断提高政治敏锐性和政治鉴别力，立场坚定、旗帜鲜明，始终在思想上政治上行动上同党中央保持高度一致。要切实加强学习型党组织建设，坚持用发展着的马克思主义指导客观世界和主观世界的改造，着力用党的理论创新成果武装头脑、指导实践、推动工作。广大党员干部要不断加强理论学习，提高自身素质，坚定理想信念，永葆政治本色，努力为推进科学发展作出新贡献。

*在新的发展阶段，我们要全面贯彻落实科学发展观，努力推进经济社会又好又快发展。*发展是党执政兴国的第一要务。要认真贯彻落实中央和省委的部署要求，按照市委、市政府“一个坚持、三个突出”的总体思路，牢牢把握科学发展主题和加快转变经济发展方式主线，着力推动淄博老工业城市新的转型发展。要进一步加大结构调整力度，积极推进传统产业改造提升，培植壮大战略性新兴产业，加快发展现代服务业，大力发展现代精准农业和都市农业，加强自主创新，加快构建现代产业体系，不断提高经济发展的质量和水平。要突出生态文明主题，加强节能减排和环境保护，大力发展循环经济，坚决淘汰落后产能，努力走绿色、低碳、环保、可持续发展的路子。要加快统筹城乡一体化发展，按照四个层级的统筹发展规划，调整优化城镇布局，健全完善制度设计，加强城乡基础设施建设，推进新型城镇化进程，加快建设生态和谐宜居城市。

*在新的发展阶段，我们要进一步加强党员干部队伍和基层组织建设，不断提高推动科学发展的能力和水平。*事业发展，关键在党，关键在人。要结合市县乡党委换届，积极深化干部人事制度改革，坚持德才兼备、以德为先用人标准，注重在重点项目、重要工作、关键时刻发现使用干部，进一步树立形成注重品行、科学发展、崇尚实干、重视基层、鼓励创新、群众公认的用人导向，努力建设高素质干部队伍。要进一步加强基层组织建设，严格落实“书记抓、抓书记”的基层党建工作责任制，加快构建城乡统筹基层党建新格局，不断增强基层党组织的创造力、凝聚力、战斗力。要进一步加强党员队伍建设，建立健全教育、管理、服务党员的长效机制，积极发展党内民主，激发广大党员增强光荣感、保持先进性。当前，要扎实开展好创先争优活动，围绕推动科学发展、促进社会和谐、服务人民群众、加强基层组织的目标，坚持与增强党性意识相结合，与正在做的工作相结合，与履行岗位职责相结合，努力把创先争优活动打造成为群众满意工程。

*在新的发展阶段，我们要始终牢记党的宗旨，努力为人民群众谋利益增福祉。*全心全意为人民服务是党的根本宗旨。要牢固树立以人为本、执政为民的理念，把保障和改善民生作为一切工作的出发点和落脚点，为群众诚心诚意办实事，尽心竭力解难事，切实做到权为民所用、情为民所系、利为民所谋。要进一步加强新形势下的群众工作，扎实做好联系群众、宣传群众、组织群众、服务群众、团结群众的工作，努力解决好劳动就业、社会保障、教育医疗、住房和食品药品安全等事关群众切身利益的突出问题，努力让人民群众共享改革发展成果。要深入实施固本强基维稳工程，加强矛盾纠纷排查化解，加强社会治安综合治理，加强社会管理创新，一刻也不放松地抓好安全生产，努力维护社会和谐稳定。广大党员干部要大力弘扬党的优良作风，继续深化认真专业务实作风效能建设，深入基层、深入一线，真抓实

干、狠抓落实，努力做出经得起实践、人民、历史检验的实绩。

在新的发展阶段，我们要坚持党要管党、从严治党，切实做到为民务实清廉。廉政建设是第一保障。要严格执行党风廉政建设责任制，按照标本兼治、综合治理、惩防并举、注重预防的方针，切实加强惩治和预防腐败体系建设。要认真贯彻落实《廉政准则》，进一步加强廉洁从政教育和领导干部廉洁自律，引导党员干部坚定理想信念，加强党性修养，筑牢拒腐防变思想防线。要健全党员干部特别是领导干部管理和监督的各项制度，严格执行领导干部报告个人有关事项、述职述廉、警示诫勉、函询质询等制度，不断健全完善反腐倡廉制度体系。要加强行政电子监察等平台建设，深入实施纠风惠民工程，加大案件查办力度，以优良的党风促政风带民风。

同志们，过去90年，我们党在波澜壮阔的历史长卷中写下了辉煌篇章；面向未来，我们党肩负着团结带领人民全面建设小康社会、开创中国特色社会主义事业新局面的重大历史责任。我们要更加紧密地团结在以胡锦涛同志为总书记的党中央周围，在省委的坚强领导下，高举中国特色社会主义伟大旗帜，全面贯彻落实科学发展观，解放思想、开拓创新，充满激情、科学创业，为加快建设殷实和谐经济文化强市而共同奋斗！

政府工作报告

——在淄博市第十三届人民代表大会第四次会议上

市长　周清利

（2011年2月20日）

各位代表：

现在，我代表市人民政府，向大会作政府工作报告，请予审议，并请各位政协委员和其他列席会议的同志提出意见。

一、“十一五”时期经济社会发展回顾

“十一五”时期是我市发展史上极不平凡的5年。在中共淄博市委的坚强领导下，全市上下坚持以党的十七大和十七届三中、四中、五中全会精神为指导，深入贯彻落实科学发展观，积极应对国际金融危机等重大风险挑战，坚定不移走内涵发展的路子，突出加强结构调整，突出统筹城乡发展，突出改善民生维护稳定，充满激情，科学创业，胜利完成了“十一五”规划确定的各项目标任务，老工业城市转型取得重大进展，殷实和谐经济文化强市建设迈出坚实步伐。

“十一五”时期，我们始终坚持科学发展不动摇，全市综合实力迈上新台阶。过去5年，国内外环境的复杂性和重大风险挑战的严峻性历史罕见。面对极其复杂的国内外环境，尤其是面对国际金融危机的严重冲击，我们咬定发展不放松，奋力做好保增长、调结构、促改革、惠民生各项工作，快速扭转经济增速下滑趋势，保持了国民经济平稳较快发展的良好态势。2010年，全市完成规模以上固定资产投资1290.92亿元，社会消费品零售总额1005.68亿元，进出口总额67.23亿美元，分别是2005年的2倍、2.3倍和2.1倍，经济增长的协调性明显增强。与2005年相比，全市地区生产总值实现翻番，达到2866.75亿元，年均增长14.3%。境内财政总收入达到398.2亿元，其中地方财政收入162.4亿元，分别是2005年的2.48倍和2.53倍。金融机构存、贷款余额达到2470.56亿元、1686.13亿元，分别是2005年的2.24倍、2.29倍。城市居民人均可支配收入和农民人均纯收入达到21784元和9195元，分别是2005年的1.81倍和1.83倍。全市综合实力跨上了一个大台阶。

“十一五”时期，我们始终坚持下大气力转方式调结构，经济转型升级迈出新步伐。工业结构升级步伐加快。坚持一手抓传统产业改造升级，一手抓战略性新兴产业培育，提前完成“5年1500亿元”技改计划，地方骨干企业技术装备达到国际或国内先进水平的比重大幅度提高，一批传统产业实现脱胎换骨式的提升发展；启动实施新兴产业倍增工程，高新技术产业产值突破3000亿元，占规模以上工业总产值的比重达到38.2%，比2005年提高11个百分点以上，一批创新成长型企业快速发展壮大；中心城区东部化工区搬迁改造、南部建材区综合整治取得重要进展，产业布局调整优化初见成效。科技创新能力不断增强。省级以上企业研发机构达到172家，其中国家级8家，产业技术创新联盟建设实现新突破，东岳氯碱离子膜等一批重大高新技术项目实现产业化，中国名牌产品、中国驰名商标总数分别达到30个和43件，我市被确定为国家知识产权工作示范城市。服务业发展明显提速。一批外埠银行和著名连锁超市入驻淄博，文昌湖省级旅游度假区、中心城区城市综合体、淄博保税物流中心等一批重大项目加快推进，“齐风陶

韵·生态淄博”旅游品牌影响力日益增强，服务业投资占比达到47%以上，服务业增加值比重比2005年提高5.7个百分点，达到34.7%。现代农业建设成效显著。粮食生产连续8年丰收，林果、畜牧、蔬菜等特色产业优势更加突出，无公害、绿色、有机农产品和地理标志产品达到221个，农产品质量安全水平显著提高，品牌农业、有机农业发展势头良好，都市农业顺利起步。

“十一五”时期，我们始终坚持统筹城乡发展，新型城镇化迈上新水平。按照“中心凸显、十字展开、组团发展”的思路，着力促进“四个层级”统筹协调发展，全市城镇化水平提高到62.5%。抓住承办省运会等重大机遇，建设了市体育中心、运动员公寓、淄博客运中心等一批标志性建筑，大力推进城区道路、管网改造和旧居住区综合整治，加强城市精细化管理，城市面貌焕然一新。组织实施济青高速南线沂源段、国道309张店立交、中心城区大外环、引太入张、南水北调淄博段、泰青威天然气管线淄博段等一大批基础设施建设工程，城市的承载力和辐射力显著增强。抓住扩内需、保增长的历史机遇，策划实施了总投资200亿元以上的“两区三村”改造建设工程，已累计开工项目291个，完成安置房面积874万平方米，7万多户城乡居民陆续乔迁新居，促统筹、惠民生、拓空间、带产业等多重功效日益显现。深入实施农村殷实小康十大工程，社会主义新农村建设取得显著成就。全面完成大中小型水库除险加固，5年新建改造农村公路2320公里，3008个行政村的群众喝上了自来水，水、电、路、通信、广电“村村通”和城乡一体的公共服务水平不断提高。

“十一五”时期，我们始终坚持加强节能减排和环境保护，生态文明建设取得新成效。坚持把节能降耗作为关键，把环境保护作为“命门”，以前所未有的力度狠抓工作推进和落实。严格目标责任约束，依法淘汰落后产能，切实加强节能减排技术改造，大力发展循环经济。先后淘汰水泥落后产能1100万吨、钢铁落后产能302万吨、建陶落后产能7750万平方米，关停“土小”企业3800多家。组织实施两轮“碧水蓝天行动计划”，完成环保投入260亿元，是“十五”期间的1.6倍。深度治理大气污染，空气质量良好率显著提高。新改扩建14座城镇污水处理厂，出水水质全部达到一级A排放标准，全市8条主要河流水质全面达到恢复鱼类生长的要求。建成市垃圾焚烧发电厂，城市生活垃圾全部实现无害化处理。全面提高大环境绿化水平，5年新增林地3万公顷、园林绿地2000公顷，全市森林覆盖率达到35%，建成区绿化覆盖率达到42.2%，成功创建为国家园林城市和全国绿化模范城市。组织实施四宝山以及孝妇河、猪龙河、沂河、淄河等重点区域、重点流域生态修复工程取得重大成果。深入开展城乡环境综合整治，秸秆全面禁烧及综合转化利用工作成果不断巩固扩大，循环农业示范市建设取得明显成效。现在可以肯定地说，我们能够全面完成“十一五”节能减排各项目标任务，让淄博天更蓝、地更绿、水更清、气更爽的目标正在加快变为现实！

“十一五”时期，我们始终坚持用改革的办法破解发展难题，改革开放实现新突破。扎实推进重要领域和关键环节改革，着力消除制约老工业城市转型发展的体制机制障碍。市县政府机构改革基本完成，乡镇布局调整和机构改革稳步实施，扩权强镇改革顺利启动，区县域发展战略日益完善，经济社会发展活力明显增强。企业改革不断深化，创造性地组织实施一系列重大资产重组，上市公司历史遗留问题全部解决，股权分置改革全面完成，“淄博板块”健康发展壮大，5年新增上市公司8家，直接融资额达126亿元。抓住国家建立多层次资本市场的历史机遇，设立齐鲁股权托管交易中心，全省性股权交易市场建设迈出关键步伐。基本完成集体林权制度改革主体任务，其他各项改革取得积极成效。有效应对国际金融危机冲击，开放型经济水平不断提高。“十一五”期间，实际利用外资23.8亿美元，完成出口162亿美元，分别是“十五”时期的1.62倍和2.7倍，中海外、华润、茂业、PPG等一大批国内外著名企业进入淄博，宏达矿业成功收购秘鲁邦沟铁矿。成功举办5届陶博会和新材料技术论坛，“新材料名都”和“淄博陶瓷·当代国窑”品牌影响力不断扩大。区域经济交流合作取得新成果，援川、援藏、援疆等工作成效显著。

“十一五”时期，我们始终坚持保障和改善民生，社会与民生建设取得新成果。各级财政用于民生建设的投入大幅增加，各项民生政策得到全面落实。实施积极的就业政策，5年累计新增城镇就业59万人次，农村劳动力转移就业39万人次。覆盖城乡的社会保障体系初步形成，保障水平逐步提高，城镇5项社会保险在全国同类城市中率先实现市级以上统筹，国有(集体)破产关闭企业退休人员医疗保险问题得到全部解决，新型农村合作医疗、新型农村养老保险实现全覆盖，城乡低保不断提标扩面，多层次住房保障体系逐步建立。5年来，我们全面实行了真正免费的义务教育，初步建立了从小学到大学的家庭经济困难学生资助体系；启动了医药卫生体制改革，政府办基层医疗机构实现国家基本药物零差率销售；组织实施了中小学布局规划调整、危房改造、标准化建设以及县乡卫生院、村卫生室改造提升等一大批民生和社会建设重点工程，突发公共卫生事件应急机制不断健全完善，低生育水平保持稳定，城乡教育、医疗条件显著改善。成功协办和承办第十一届全运会、第二十二届省运会、省第八届残运会、亚青赛等重大体育赛事，全民健身深入开展，竞技体育连创佳绩。群众性精神文明创建活动蓬勃深入，文化事业和文化产业繁荣发展，被命名为创建全国文明城市工作先进市和全国未成年人思想道德建设先进市。国防动员和民兵预备役工作扎实有效，双拥工作实现“六连冠”。固本强基维稳工程深入实施，“平安淄博”建设成效显著，安全生产形势保持稳定，食品药品安全和质量监管不断加强，应急管理体制日益完善，荣获全国社会治安综合治理优秀市称号。妇女儿童、慈善、残疾人、红十字、仲裁、老龄、民族宗教、外事、侨务、对台、史志、档案、人防、防震减灾、气象、统计、新闻出版、广播电视等各项事业都取得了新成绩、实现了新发展。

在推动经济社会又好又快发展的同时，我们始终高度重视转变政府职能、加强自身建设，法治政府、责任政府、阳光政府和服务型政府建设取得新成效。深入推进依法行政，不断完善科学化、民主化、法治化决策机制，深化行政审批制度改革，全面推行政务公开，严格规范行政执法行为，加大行政问责力度。自觉接受人大及其常委会的监督和政协的民主监督，虚心听取各民主党派、工商联和社会各界的意见，认真办理人大代表建议和政协委员提案。严格落实党风廉政建设责任制，强化行政监察和审计监督，严肃查处违法违纪案件。切实加强公务员队伍建设，大力弘扬认真专业务实政风，不断健全推进落实的工作机制，行政效能和服务水平进一步提高。刚刚过去的2010年，全市上下认真贯彻落实党的十七大和十七届五中全会精神，统筹推进保增长、转方式、调结构、惠民生各项工作，胜利完成了市十三届人大三次会议确定的各项目标任务。全市地区生产总值比上年增长13.7%，地方财政收入增长26.1%，规模以上固定资产投资增长22.6%，社会消费品零售总额增长18.8%，外贸进出口与实际利用外资分别增长39.1%、11.8%，城市居民人均可支配收入和农民人均纯收入分别增长13%、14.75%，为"十一五"发展画上了一个圆满的句号。

各位代表！过去5年的发展历程波澜壮阔。在中共淄博市委的坚强领导下，我们积极作为、化危为机，坚决贯彻落实中央和省委、省政府一系列重大决策部署，积极应对国际金融危机冲击，谱写了在逆境中奋进、在转型中发展的壮丽篇章；我们万众一心、顾全大局，以顽强的作风和一流的工作，出色完成了支援北川灾后重建以及"4·28"救援处置等重大急难险重任务，彰显了淄博城市精神，为淄博和全省人民增了光添了彩；我们全力以赴、众志成城，成功举办了第二十二届省运会、亚青赛等一系列重大赛事，向省委、省政府和全省人民兑现了举办一届有特色、高水平、精彩圆满体育盛会的庄严承诺，充分展示了淄博科学发展、和谐发展的成就，极大地提振了全市人民的自信心和自豪感。这些大事、盛事、难事，必将在淄博经济社会发展史上留下浓墨重彩的一页！

过去的5年，是老工业城市加速转型发展的5年，是淄博新的竞争优势明显增强的5年，是人民群众得到更多实惠的5年，是我们在建设殷实和谐经济文化强市的道路上阔步前进的5年。如今的淄博，经济繁荣，社会和谐，政通人和，人心思上。这样的大好局面，得益于党中央、国务院和省委、省政府的科学决策和亲切关怀，胡锦涛总书记、温家宝总理亲临我市视察，给全市人民极大鼓舞和有力鞭策。这样的大好局面，得益于市委的正确领导，得益于市人大、市政协和社会各界的大力支持，得益于全市人民团结拼搏、励精图治、奋发努力。在此，我代表市人民政府，向全市人民，向各民主党派、工商联、各人民团体和社会各界人士，向驻淄部队、武警官兵、政法干警和中央、省驻淄单位，向海内外所有关心支持淄博发展的同志们、朋友们，表示衷心的感谢和崇高的敬意！

在充分肯定成绩的同时，我们也清醒地看到，我市经济社会发展还面临一些困难和问题，主要是：经济结构性矛盾依然比较突出，自主创新能力和产业竞争力还不够强，转变发展方式任务繁重；资源环境和发展空间约束增强，节能减排压力依然较大，推动可持续发展面临新的挑战；统筹城乡一体化和促进区域协调发展任务艰巨，保障和改善民生财政压力很大。同时，面对科学发展的新形势新要求，政府职能还需进一步转变，依法行政的能力还需进一步提高，作风效能建设还需进一步加强。对这些困难和问题，我们高度重视，要采取更加扎实有效的措施，努力加以解决。

二、"十二五"时期经济社会发展的总体思路和目标任务

从今年开始，已进入第十二个五年规划时期。根据党的十七大、十七届五中全会精神和市委十届十一次全会精神，市政府编制了《淄博市国民经济和社会发展第十二个五年规划纲要(草案)》。《纲要(草案)》及《说明》已印发大会，请一并予以审议。

"十二五"时期是全面建设小康社会的关键时期，是深化改革开放、加快转变经济发展方式的攻坚时期。今后5年，我们要高举中国特色社会主义伟大旗帜，以邓小平理论和"三个代表"重要思想为指导，深入贯彻落实党的十七大和十七届三中、四中、五中全会精神，以科学发展为主题，以加快转变经济发展方式为主线，以富民强市为目标，进一步坚持内涵发展，突出加强结构调整，突出统筹城乡发展，突出改善民生维护稳定，深化改革开放，着力推动淄博老工业城市新的转型发展，不断开创殷实和谐经济文化强市建设新局面。

——以科学发展为主题，就是始终坚持发展是硬道理的本质要求，聚精会神搞建设，一心一意谋发展，更加注重以人为本，更加注重全面协调可持续发展，不断增创新优势，实现新跨越。

——以加快转变经济发展方式为主线，就是把加快转变经济发展方式贯穿到"十二五"发展全过程和经济社会各领域，痛下决心、坚定不移打好转方式调结构这场硬仗，切实做到在发展中促转变、在转变中谋发展。

——以富民强市为目标，就是坚持从人民群众的根本利益出发谋发展、促发展，坚持经济与文化融合发展，强市与富民有机统一，切实做到发展为了人民，发展依靠人民，发展成果由人民共享。

——进一步坚持内涵发展，突出加强结构调整，突出统筹城乡发展，突出改善民生维护稳定，就是将这一符合科学发展观要求、符合淄博发展阶段性特征的总体工作思路长期坚持下去，努力走出一条具有淄博特色的科学发展新路子。

——着力推动淄博老工业城市新的转型发展，就是坚

持转方式、调结构、促增长有机统一,坚持规模、质量、效益有机统一,坚持产业布局、城镇建设、生态保护和谐统一,全面提高内涵发展、科学发展水平。

根据这一指导思想,综合考虑未来发展趋势和条件,《纲要(草案)》提出了"十二五"时期的主要发展目标,主要包括5个方面。一是经济保持平稳较快发展,地区生产总值年均增长12%左右,到2015年力争突破5000亿元;地方财政收入年均增长15%左右,到2015年突破300亿元。二是结构调整取得重大进展,服务业增加值占地区生产总值的比重提高到43%,高新技术产业产值占规模以上工业总产值的比重每年提高1个百分点以上,全面完成节能减排任务,初步建立起以战略性新兴产业和现代服务业为主导的产业体系。三是统筹城乡发展迈出更大步伐,"四个层级"的新型城镇化格局基本形成,城镇化率提高到68%,生态和谐宜居的城市特色更加彰显。四是群众生活更加殷实富裕,城市居民人均可支配收入和农民人均纯收入年均分别增长12%和13%左右,实现城乡群众收入与经济发展同步增长。五是社会事业协调发展,社会管理明显加强,社会更加和谐稳定。

各位代表!深入分析国内外发展形势,"十二五"时期仍然是可以大有作为的重要战略机遇期,我们既面临难得的历史机遇,也面临诸多可以预见和不可预见的风险与挑战。我们要切实增强机遇意识和忧患意识,科学把握发展规律,加快转变发展方式,着力推动淄博老工业城市新的转型发展,实现科学发展、富民强市新跨越。这是我市社会主义现代化建设承前启后、继往开来的重大历史使命,是全市人民过上更加美好生活的新期待新要求。我们坚信,有市委的坚强领导,有"十一五"发展打下的良好基础,有广大人民群众的信任和支持,只要我们同心同德、奋发进取,充满激情、科学创业,就一定能够战胜各种艰难险阻,把"十二五"美好蓝图变为现实,谱写殷实和谐经济文化强市建设的新篇章!

三、2011年经济社会发展的目标任务和工作重点

2011年是建党90周年,也是"十二五"开局之年,做好今年工作具有十分重要的意义。考虑到与"十二五"发展目标相衔接,今年经济社会发展的主要预期目标建议为:地区生产总值增长12%左右,地方财政收入增长15%左右,规模以上固定资产投资增长20%左右,社会消费品零售总额增长18%左右,外贸进出口与实际利用外资均增长12%左右,城市居民人均可支配收入和农民人均纯收入分别增长12%和13%左右,人口自然增长率控制在2.6‰以内,城镇登记失业率控制在4%以内,居民消费价格涨幅控制在4%左右。万元生产总值能耗、二氧化硫、化学需氧量、氮氧化物、氨氮排放量削减目标,按照省下达的"十二五"总量控制任务分解到各年度,作为约束性指标确保完成。

重点抓好以下5个方面的工作:

(一)努力保持经济平稳较快发展。深入把握积极稳健、审慎灵活的宏观经济政策取向,贯彻落实好积极的财政政策和稳健的货币政策,始终把保持经济平稳较快发展,作为一项长期性、全局性的重要战略任务,牢牢抓在手上。

抓好即期经济运行。加强对重要生产要素和生活资料的组织协调,确保城乡居民生活和企业正常生产的需求。积极帮助企业加大市场开拓力度,特别要研究利用好国家拉动内需的政策,扩大我市大宗产品的国内市场份额。加强市场与价格调控监管,保障重要生活必需品供应。及时采取临时价格补贴等措施,对相关困难群体进行补助,加快建立社会救助和保障标准与物价波动挂钩的联动机制。

促进投资、消费、出口协调拉动。一是保持有效投资的适度较快增长。充分发挥投资拉动经济增长的主导作用,把握投资重点,优化投资结构,促进投资稳定增长。加快推进扩内需、保增长结转项目建设,确保按期竣工达效。健全重大项目推进机制,完善建设条件,强化要素支撑,启动实施一批"十二五"规划重点项目。二是更加注重发挥消费对经济增长的拉动作用。认真落实中央和省关于收入分配制度改革的要求,努力实现居民收入增长与经济发展同步、劳动报酬增长与劳动生产率提高同步,增强居民消费能力。完善城乡流通网络,加快构建现代流通体系,不断优化消费环境,促进消费结构优化升级。三是稳定和拓展外需。加快出口结构转型升级,大力培育机电、医药、纺织、轻工等特色产业出口基地,扩大机电产品和高新技术产品出口。支持高新区等服务外包产业聚集区发展,扩大服务贸易规模。增加能源资源性产品、先进技术装备以及关键零部件进口。继续鼓励具有比较优势的企业"走出去"投资办厂,建设境外资源生产供应基地,扩大对外工程承包,拓展经济发展空间。

做好财税金融工作。强化效益优先理念,加强财政、信贷、产业、土地和节能、环保政策的协调配合,加大对优质财源项目的支持力度,合力推动转方式、调结构、增财源。依法加强税收征管,加大综合治税和非税收入管理力度,提高国有资产和政府资源运营收益。优化支出结构,严格控制一般性支出,集中财力保重点、保民生。进一步优化金融生态环境,完善政银企协作机制,支持金融机构创新金融产品、优化信贷投向,更好地为保发展、转方式服务。加快地方金融体系建设,支持地方金融机构创新发展、做大做强。

(二)推动结构调整实现新突破。经济结构的战略性调整是推进发展方式转变的主攻方向,是一项长期而艰巨的重要任务,必须以更大的决心和力度加以推进,务求取得实质性进展。

着力调整优化工业结构。坚持改造提升传统产业与培植壮大新兴产业"双轮驱动",切实提高淄博工业整体素质和竞争力。一是加快传统产业改造升级。启动实施新一轮技改计划,建立重大装备改造目录,逐年组织实施。每年重点扶持30个左右设备投资额在2亿元以上,规模、效益指标在国内同行业领先的重点技术改造项目,加快提升传统产业的技术装备和工艺水平。年内力争完成企业技改投资

670亿元以上。通过技术改造，着力培植龙头企业，培育名牌产品，拉长产业链，提高产业集中度，壮大优势产业集群。深入推进工业化、信息化“两化融合”，在重点行业培植15家信息化示范企业，扶持一批“两化融合”项目，以信息化促进传统产业改造升级。抓住时机引进更多的行业领军企业、国内外前沿技术和优质资本，做足做活“引进优质增量，盘活提升存量，扩大优化总量”这篇大文章。二是大力培育战略性新兴产业。积极实施新兴产业倍增工程，3年内筹措新兴产业专项资金3亿元，全力支持新材料、新能源、新医药等一批重大核心关键技术研发及产业化项目，加速形成技术与规模优势，提高核心竞争力，争取到2012年，新兴产业产值在2009年基础上翻一番。壮大创新成长型企业群体，增强对新兴产业的拉动作用。建立支持新兴产业跨越发展的体制机制，对重大革命性技术成果以及能够带来巨大市场效益的产业化项目，从土地、融资、人才、服务等各个方面研究采取优惠政策，全力以赴予以保障支持。

加快服务业提质增效。坚持壮大规模与提高质量并重，力争全市服务业增加值占比提高2个百分点左右，服务业对就业和地方财政的贡献明显提高。一是着力构建服务业跨越发展的优质载体。立足优势、突出特色，编制实施全市重点服务业发展规划，加快鲁中物流“旱码头”、全省性股权交易市场和国内外知名旅游品牌城市建设步伐。加大政策倾斜和要素保障力度，着力扶持一批既与现代制造业密切相关、又能有效提升城市功能、显著增加地方财源的高端生产性服务业和生活性服务业项目。集中力量推进文昌湖旅游度假区建设，争取用5年左右时间，将这一区域建设成为统筹城乡示范区、高端服务业聚集区，带动全市服务业规模扩张和业态提升。二是完善政策体系。认真落实省政府关于支持服务业跨越发展的30条政策，结合我市实际，研究制定配套措施，为服务业发展创造良好环境。进一步推动服务业对外开放，积极引进优质资本和著名品牌，带动服务业转型升级。三是加快推进大型生产企业剥离非核心业务。落实优惠政策，加快推进重点制造业企业非核心业务的剥离工作，培育一批面向生产、独立运营、单独纳税的生产性服务业群体。

加快发展精准农业和都市农业。积极推进农业转方式调结构，加快构建高产、优质、高效、生态、安全的现代农业产业体系，促进农业持续增效、农民持续增收。一是提高粮食综合生产能力。深入开展粮食高产创建活动，加强桓台、高青、临淄“全国新增千亿斤粮食生产能力规划县”以及沂源、临淄全国旱作农业示范基地项目建设，改造提升百万亩优质专用粮食基地。二是启动实施蔬菜、畜牧、果业、苗木花卉四大产业振兴计划。整建制推进沂源、博山和淄川东南部有机农产品生产区建设，以10万头山东黑牛产业化工程为龙头，加快建设高青黄河三角洲高效生态畜牧区，推进农业产业化、标准化、品牌化。三是大力发展都市农业。注意搞好与城建规划、土地利用规划、生态建设规划的有机衔接，突出抓好中心城区核心都市农业项目区和百家市级示范园区建设，丰富都市农业内涵，提高农业综合效益。四是进一步巩固农业基础地位。全面落实各项强农惠农政策，拓宽农民增收渠道。抓住用好国家启动新一轮水利设施建设、省里启动现代水利示范省建设的机遇，积极争取中央和省投资，加紧规划建设一批水利项目。今年再解决8.5万农村人口饮水安全问题。继续深化农村集体林权制度改革，积极稳妥推进农村土地承包经营权流转市场建设，大力发展农民专业合作社，增强农业和农村发展活力。

去年入冬以来，我市遭遇历史罕见的特大干旱，目前旱情还在进一步发展。我们要切实加强组织领导，动员全社会力量加大资金、科技、物资投入，确保大旱之年农业丰收、人畜饮水安全，坚决打好抗旱夺丰收、保发展、保民生这场硬仗。

*（三）强化转方式调结构的有效支撑。*打好转方式调结构这场攻坚战，需要切实强化关键因素、重要条件的有力支撑。为此，必须在以下5个方面狠下工夫：

坚定不移抓好节能减排。进一步健全节能减排长效机制，强化节能减排目标责任考核，根据省下达我市的“十二五”和2011年节能减排目标，逐级分解落实到各区县、各有关部门和重点企业，加强督促检查，确保不折不扣地完成。加大淘汰落后产能力度，坚决关停能耗高、污染重、不具备安全生产条件的“土小”企业，确保完成省下达给我市的淘汰落后产能计划。加大对节能减排新技术、新工艺、新产品以及发展循环经济重点企业的扶持力度，加快重点装备节能减排技术改造，积极发展节能环保产业，加强公交、建筑以及公共机构等重点领域节能工作，积极稳妥地推进资源性产品价格和环保收费改革，加快构建低碳产业体系和绿色生活方式。把优化能源消费结构摆上重要位置，建设中石油沧淄线与泰青威天然气管线连接线工程，稳步推进清洁能源替代工作。

切实改善城乡生态环境。以创建国家环保模范城市为目标，全面提升城乡环境质量。一是加大污染治理力度。深度实施大气污染治理再提高工程，积极推进小电厂整合、大电厂替代发电工作，有效防治二氧化硫、粉尘、烟尘和扬尘污染。新建扩建改造一批城镇污水处理厂，加大城区雨污管网改造力度，污水处理能力提高到85万吨/日。继续抓好重点流域综合整治，确保全市主要河流水质稳定达标。大力加强水源地保护、农村面源污染治理，尽快完善城乡垃圾一体化处理体系，切实保障环境安全。大力推广农村沼气，巩固秸秆禁烧和转化利用成果。加大结构减排、管理减排力度，严厉打击环境违法行为。二是扎实推进生态建设。重点实施“两库三河一山一湿地”生态建设工程、“清水润城”工程和“森林围城”工程，高标准完成中心城区大外环绿化等重点项目，全年完成造林6667公顷，新增园林绿地280公顷以上，加快创建国家生态园林城市。

着力增强创新发展能力。抓住我省开展国家技术创新工程试点的机遇，进一步完善创新体系。一是大力推进创新平台建设。组织开展“技术中心提升计划”，支持东岳膜工程研发中心建设，提升氟硅材料和医疗设备两大技术创新联盟的运作水平，加快组建化工行业技术创新联盟，提高集成创新能力。支持高新区创建国家创新型科技园区，切实发挥其辐射、带动功能。二是围绕提升产业核心竞争力，深化产学研合作。加强技术攻关，组织实施一批重大技术创新项目，重点抓好与山东理工大学等高等院校、科研院所在新能源汽车、超级电容、集成电路、大功率磁悬浮电动机等方面的联合攻关，力求取得实质性突破。三是优化创新环境。以建设国家知识产权工作示范市为契机，提高知识产权创造、运用和保护工作水平。设立市政府企业管理创新奖，推动企业管理创新。坚持人才优先、以用为本，加强高层次人才和高技能人才队伍建设，激发全社会创新活力。

大力推进集约发展。当前，我市发展面临的空间约束日益强化，这是影响可持续发展的重大瓶颈制约，必须高度重视优化产业布局、促进集约发展。一是提高园区集约集聚发展水平。切实加强新一轮城市总体规划、土地利用总体规划和年度计划、产业布局规划之间的有效衔接，以现有省级以上园区为主要载体，完善园区考核办法，创新园区利益分配机制，激励企业向园区集中，努力把重点园区建设成为高端高质高效项目和产业的聚集区。二是提高土地节约集约利用水平。深化国土资源管理改革试点，强化用地规划管控，加大存量土地盘活力度，优先保障重点项目建设用地。积极稳妥推进农村土地综合整治，进一步将土地综合整治与增减挂钩和农村住房建设有机结合起来，在尊重农民意愿、维护农民合法权益的前提下，加大启动资金投入，加快工作推进，提高规范整治水平。

创新投融资体制。政府投资要更加注重讲求收益和效率，发挥“四两拨千斤”的引导带动功能。切实放宽市场准入，进一步激活民间投资。毫不放松地抓好招商引资工作，突出抓好产业招商，加大股权并购、境外上市力度，扩大招商引资规模，优化利用外资结构，显著提高新兴产业和现代服务业利用外资比重。大力培育上市资源，推动具备条件的企业尽快实现上市，为转方式调结构提供坚实支撑。按照立足鲁中、辐射全省的要求，支持齐鲁股权托管交易中心健康快速扩容，全面提升监管运营水平，更好地发挥全省性股权交易市场的功能。

（四）扎实推进城乡统筹发展。坚持把统筹城乡发展作为转变经济发展方式的重要依托，科学把握新型城镇化发展趋势，加快生态和谐宜居城市建设，提高统筹发展水平。

进一步强化规划引控。贯彻落实国家主体功能区战略，深度对接全省“一蓝一黄”重大区域发展规划，抓紧编制完善全市主体功能区规划，明晰优化开发区、重点开发区、限制开发区和禁止开发区，形成全面、协调、可持续的空间开发建设格局。启动实施全市新一轮土地利用总体规划和城市总体规划，突出抓好“四个层级”控制性详细规划的编制，按照“六个一体化”要求，编制完善产业、生态、基础设施、公共服务等专项规划，实现发展目标、国土指标与规划坐标的有机统一。全面提升城市设计水平，进一步彰显城市特色，提升城市形象。

着力提升城镇功能。坚持“中心凸显、十字展开、组团发展”，协调推进新城区建设和老城区改造，全面提高城市现代化水平。一是加快新城区建设步伐。集中力量推进市文化中心建设，加快提升新城区商务、行政、文体功能，高质量建设新城区水系，启动中心城区百栋高层建筑建设工程，进一步推升中心城区建设发展水平。二是加大旧城改造力度。探索对老城区实行一个开发主体、连片综合开发新模式，集中推进中心城区城市综合体建设，打造功能现代、辐射力强的高端服务业聚集区。加大老旧居住区综合整治力度，基本完成主要道路两侧建筑物立面整治和背街小巷环境整治，进一步改善城市面貌。三是全面完成“两区三村”改造建设任务。如期完成3年改造建设计划，确保群众和谐还迁，兑现党委、政府向广大群众的郑重承诺。同时，与中心镇改革发展试点有机结合，加强中心镇、中心村规划建设，培育一批有一定产业基础、辐射带动能力强、特色鲜明的经济强镇、文化名镇和区域重镇。四是加强重要基础设施建设。组织实施一批公路交通、城区路网改造和农村公路建设重点工程，实现中心城区大外环东、北、西三面贯通。深化公交优先战略，创造安全快捷、低碳环保的出行环境。积极推进轻轨交通规划设计，推动晋豫鲁铁路通道沂源段、寿平铁路桓台段顺利建设。加快南水北调淄博段建设步伐。完善城乡一体化供水体系，确保城乡居民饮水安全。

提高城市管理水平。强化规划执法，确保规划的严肃性和权威性，坚决查处各类违规违章建设。加强市级数字化城市管理平台建设，构建网格化、即时性、全覆盖的城市管理长效机制，提高城市管理的精细化、规范化、科学化水平。深入实施城乡环境综合整治，抓好村镇硬化、绿化、净化、亮化，进一步改善城乡环境质量。

（五）加强社会建设切实保障民生。大力加强社会建设与管理创新，建立健全公共服务体系。全面落实国家和省有关保障和改善民生的决策部署，调整优化财政支出结构，将更多的财力投向民生支出，在改善民生上多办实事。

促进就业稳定增长。实施就业优先发展战略，多渠道开发就业岗位，最大限度增加就业容量。落实各项就业扶持政策，推进“三支一扶”“服务社区计划”等基层就业项目，突出抓好高校毕业生等重点群体就业工作。加快规划建设统一规范的市级人力资源市场，完善职业介绍和培训补贴政策，加强创业孵化基地建设，提高劳动者就业、创业能力。力争年内新增城镇就业7.6万人，新增农村劳动力转移就业6.2万人。

健全社会保障体系。一是提高社会保障水平。根据省政府要求落实好市县配套资金，按期实现国家新农保全覆盖。选择有条件的区县开展城镇居民养老保险试点。加快建立社会保险待遇与经济发展、居民收入增长相联系的正常调整机制，稳步提高社会保障水平。较大幅度提高城乡低保、城镇居民医保、“新农合”财政筹资和公共卫生服务人均标准。继续提高企业退休人员养老金水平，提高失业保险金标准，调整工伤人员伤残津贴、护理费和供养亲属抚恤金标准。落实集中和分散抚养孤儿基本生活费财政支付政策。二是推进保障性住房建设。大规模推进公租房等保障性安居工程建设，多渠道增加保障性住房投入，积极开展公积金支持保障性住房建设试点。通过新建、改建等方式新增各类保障性住房8700套，新增廉租住房补贴500户。

加快发展社会事业。认真组织实施全市中长期教育改革和发展规划纲要，全面推进素质教育，加快普及学前三年教育，大力发展职业教育，积极开展教育改革试点，努力在促进教育公平的基础上增加优质教育资源。提高农村中小学生均公用经费补助标准和寄宿生生活费补助标准，提高各类高校和职业学校的生均拨款水平，提高高校助学金标准。继续深化医药卫生体制改革，着力抓好基本药物制度建设和公立医院改革试点，尽快启动市医疗中心规划设计工作，加快构建新型城市卫生服务体系和农村三级医疗卫生服务网络。健全激励和制约并重的利益导向机制，稳定低生育水平。健全食品药品监管网络，提高食品药品质量安全水平。抓好全市文化体制改革和文化产业振兴大会决策部署的落实，繁荣发展文化事业，加强公共文化服务体系建设，加快把文化产业打造成为国民经济新的支柱性产业。促进妇女儿童、老龄、残疾人、慈善、红十字等各项事业健康发展。努力争创全国文明城市。加强国防动员、民兵预备役和人民防空建设，深入推进双拥共建，努力实现“七连冠”。统筹群众体育、竞技体育、体育产业协调发展，做好第七届全国城运会协办工作。

推进社会管理创新。适应社会结构加快变动、利益格局深刻调整的新形势，科学整合社会管理资源，创新社会管理方式。深入实施第三个社区建设三年规划，增强社区的管理和服务功能。加强流动人口、网络虚拟社会和社会组织管理服务工作。大力实施固本强基维稳工程，推动“法治淄博”建设，以群众工作统揽信访工作，着力解决涉及群众利益的突出问题。完善社会治安防控体系，依法防范和严厉打击各类违法犯罪活动，不断提高人民群众的安全感和对社会治安的满意度。扎实开展“安全生产基层基础深化年”活动，坚决遏制较大以上安全生产事故。加强突发事件应急管理，提高预防预警和应急处置能力。

四、加强政府自身建设

面对“十二五”时期经济社会环境的新变化和人民群众的新期待，必须着力转变政府职能，切实提高依法行政水平和行政效能，加快建设法治政府、服务政府。

（一）深化行政管理体制改革。深入推进扩权强县、扩权强镇改革，巩固发展市县政府机构改革和乡镇机构改革成果，搞好经济发达镇行政管理体制改革和中心镇发展改革试点，增强区域发展内生动力。积极稳妥地推进事业单位分类改革。进一步减少和规范行政审批，强化各级行政服务中心“一站式”服务功能，着力推进行政审批“两集中、两到位”和建设项目联合审批改革，加强电子政务建设，推动政府管理与服务创新。

（二）提高依法行政水平。更加注重加强制度建设，强化对行政权力运行的监督和制约，加快建设法治政府。健全重大行政决策规则，完善风险评估机制，推进决策的科学化、民主化、法治化。进一步规范行政执法，严格依照法定权限和程序行使权力、履行职责，严格规范行政裁量权行使，避免执法的随意性。加强行政复议工作，依法化解社会矛盾纠纷。自觉接受人大及其常委会的监督、政协的民主监督，高度重视舆论监督，依法保障人民群众监督政府的权力。强化行政监察和审计监督，严格行政问责，对有令不行、有禁不止、行政不作为、乱作为、失职渎职等行为，依法依纪严肃追究有关责任人直至主要行政负责人的责任，坚决做到有错必纠、有责必问、从严治政。完善依法行政考核制度。全体政府工作人员特别是领导干部要带头学法、遵法、守法、用法，做依法行政的表率。

（三）大力转变工作作风。面对复杂多变的经济形势和艰巨繁重的工作任务，各级政府及其部门要密切关注、准确把握宏观经济政策变化，更加善于发现机遇、抓住机遇、用好机遇，善于化挑战为机遇、变压力为动力，牢牢掌握工作主动权。进一步深化作风效能建设，把认真专业务实的要求融入到推动改革发展的具体工作中，体现到一个个工作项目上，狠抓落实，务求实效。健全完善与转变经济发展方式、促进内涵发展相适应的工作考核和绩效评价体系，树立正确导向，严格考核奖惩，确保各项任务目标顺利实现。

（四）加强廉洁勤政建设。深入推进反腐倡廉制度创新，严格执行党风廉政建设责任制，加大查办违纪违法案件工作力度，坚决查处和纠正损害群众利益的不正之风，维护社会公平正义，提高政府公信力。弘扬艰苦奋斗、勤俭节约的优良作风，加强节约型机关建设，各级行政性支出做到零增长，努力降低行政成本，把有限的资金和资源更多地用在发展经济和改善民生上。全体政府工作人员特别是领导干部，要牢记为人民服务的根本宗旨，严格执行廉洁自律各项规定，加强修养，自警自励，秉公用权，以廉洁勤政的实际行动取信于民，树立和维护政府的良好形象。

各位代表，我们已经踏上“十二五”改革发展的新征程。站在新的历史起点上，我们倍感肩负的使命重大而光荣。让我们更加紧密地团结在以胡锦涛同志为总书记的党中央周围，以邓小平理论和“三个代表”重要思想为指导，深入贯彻落实科学发展观，在中共淄博市委的坚强领导下，埋头实干，锐意进取，为夺取全面建设小康社会新胜利而努力奋斗！

2010年淄博市国民经济和社会发展统计公报

淄博市统计局

（2011年2月15日）

2010年，是有效巩固和扩大应对国际金融危机冲击成果的一年，是积极推进发展方式转变实现经济平稳较快增长的一年，也是“十一五”规划制定的主要目标任务顺利完成的一年。一年来，全市上下深入贯彻落实科学发展观，坚定不移地走内涵发展之路，突出加强结构调整，突出统筹城乡发展，突出改善民生和维护稳定，积极作为，科学创业，经济实力不断增强，结构调整取得积极进展，殷实和谐经济文化强市建设取得新成就。

一、综合

经济在调整中较快发展。初步核算，全市实现地区生产总值（GDP）2866.75亿元，按可比价格计算，比2009年增长13.7%，增幅较2009年提高0.5个百分点。其中，第一产业增加值105.3亿元，增长4.7%；第二产业增加值1766.57亿元，增长12.4%；第三产业增加值994.88亿元，增长17.4%。三次产业比例由2009年的3.6∶62.8∶33.6调整为3.7∶61.6∶34.7。人均生产总值63464元，增长13.5%，按年均汇率折算为9430美元。

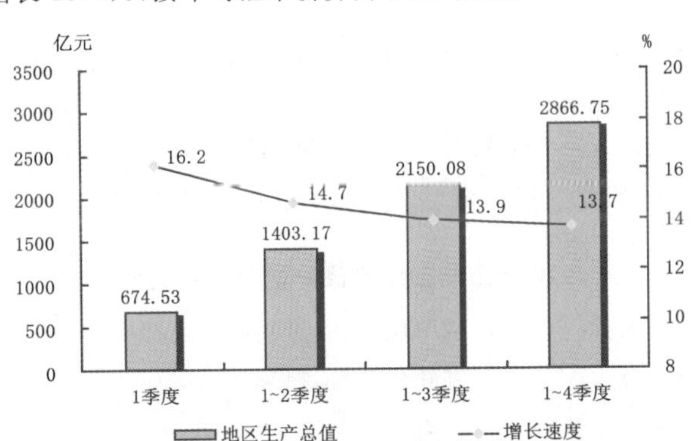

图1　2010年各季度地区生产总值及其增长速度

就业局势基本稳定。全年城镇新增就业13.9万人，比2009年增加2.7万人；农村劳动力转移就业9.5万人，比2009年增加2.1万人。失业人员再就业6.7万人，其中困难群体再就业0.6万人。城镇登记失业率控制在4%目标范围内，为2.72%，低于2009年0.11个百分点。

物价涨势平稳。全年居民消费价格同比上涨2.7%；服务项目价格上涨0.5%，消费品价格上涨3.4%。八大类消费品价格呈“五涨三降”格局。其中，食品类涨幅最大，上涨9.4%。生产价格高位运行。工业品出厂价格上涨10.69%，原材料燃料动力购进价格上涨16.91%。房屋销售价格上涨8.8%。

2010年各类价格指数（%）（以2009年同期为100）

居民消费价格指数	102.7
食品类	109.4
烟酒及用品	103.2
衣着类	96.8
家庭设备用品及维修服务	100.6
医疗保健和个人用品	101.3
交通和通信	98.7
娱乐教育文化用品及服务	99.1
居住	102.6
工业品出厂价格指数	110.69
原材料购进价格指数	116.91

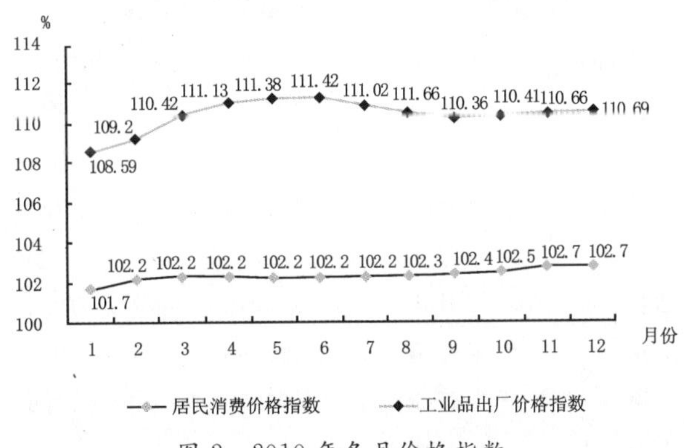

图2　2010年各月价格指数

企业发展信心较强。企业家信心指数和企业景气指数高位运行。季度企业家信心指数依次为139.8%、138.1%、144.6%、143.5%，季度企业景气指数依次为133.0%、136.9%、142.7%、139.8%，两项指数均处于“较为景气”区间。

招商引资水平提升。全年组织参与各类招商活动245次，比2009年增加56次。外来投资3000万元以上项目

158个，实际到位外来投资212.5亿元，增长11.8%。大项目招商引资实现新突破。外来投资过亿元项目46个，实际到位投资141.9亿元，比2009年增加31.4亿元，占全市外来投资总额的66.8%。服务业、新兴产业招商成绩显著。服务业项目引进外来投资58.5亿元，增长20.4%；新兴产业项目30个，到位外来投资79.9亿元，占工业项目利用外来投资的53.4%。股权招商、上市融资取得新进展，为全市企业发展创造了条件。

名牌带动战略深化。年末，拥有国家级质检中心1个，省级质检中心新增1个，达6个；拥有全省优质产品生产基地2个，全省龙头骨干企业3个；中国名牌产品30个，山东名牌产品156个；山东省服务品牌新增3个，达13个；新增中国地理标志产品保护认定1个，达2个；中国驰名商标新增7个，达到41个。

二、农林牧渔业

农林牧渔业全面增长。农林牧渔业总产值达188.4亿元，比2009年增长4.7%。其中，农业总产值130.6亿元，林业总产值9.7亿元，牧业总产值39.5亿元，渔业总产值3.3亿元，农林牧渔业服务业总产值5.3亿元，分别增长3.9%、1.1%、7.9%、3.1%和7.1%。

主要农牧产品质优量增。粮食连续8年增产增收，总产量达到175.45万吨，比2009年增长7.5%。畜牧业生产平稳增长，肉类总产16.8万吨，增长10.3%。品牌农业、有机农业发展势头良好，都市农业顺利起步。全年新认证无公害农产品13个，总数达33个；新认证绿色农产品9个，总数达到107个；新认证有机农产品37个，总数达到73个；新增国家地理标志农产品2个，总数达到8个。

2010年主要农牧产品产量及增长速度

产品名称	计量单位	2010年	比2009年±%
粮食	万吨	175.45	7.5
夏粮	万吨	75.41	16.6
秋粮	万吨	100.04	1.6
棉花	万吨	0.96	-9.6
油料	万吨	2.19	10.4
蔬菜	万吨	217.95	-2.8
水果	万吨	97.22	12.6
肉类	万吨	16.8	10.3
禽蛋	万吨	7.03	2.2
奶类	万吨	12.2	4.9

农业产业化水平提高。全年新增市级重点龙头企业24家，总数达到122家；新增农民专业合作社334家，总数达到1094家；新增农机合作社42家，总数达到124家，其中被列为省级规范化作业推进项目7个。

农村生产生活条件改善。农业机械化装备及服务能力提高。全年农机总值达到27.1亿元，比2009年增长5.37%；农机总动力334.47万千瓦，增长2.5%，其中农用排灌动力84.51万千瓦。农田水利建设得到加强，有效灌溉面积达12.59万公顷，增长0.58%，其中节水灌溉面积6.97万公顷，增长0.85%。农村生活设施不断改善。全年用电量53.38亿千瓦小时，增长3%；实现村村通电话、通汽车率均为100%，通自来水率为96.3%；沼气用户达87413户，新增10056户。

三、工业和建筑业

工业生产较快增长。年末，全市规模以上工业企业达3436家，比2009年增加74家。规模以上工业企业增加值比2009年增长16.2%，增速比2009年加快1.3个百分点。分轻重工业看，轻工业增长16.6%，重工业增长16.1%；分行业看，37个行业大类中有35个行业实现增长。产销衔接良好，产销率为98.03%。

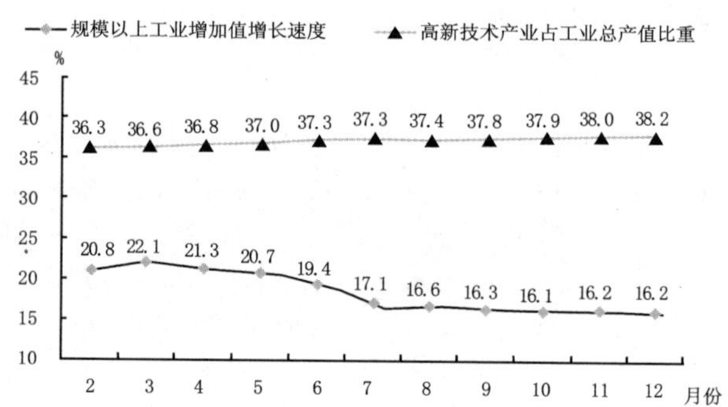

图3　2010年各月工业生产和高新技术产业发展情况

工业产品产量增长面扩大。在调度的171种工业产品中，产量增长的有126种，占74%，比2009年提高17.12个百分点。其中，氧化铝增长80.26%；日用陶瓷增长60.77%；布增长45.39%；平板玻璃增长33.18%。

2010年主要工业产品产量及增长速度

产品名称	计量单位	2010年	比2009年±%
原煤	万吨	1476.55	4.06
布	万米	110667.44	45.39
原油加工量	万吨	1445.67	8.09
乙烯	万吨	85.57	12.58
合成橡胶	万吨	36.51	36.81
化学药品原药	万吨	6.96	13.43
中成药	吨	910.00	6.06
化学纤维	万吨	12.90	8.01
塑料制品	万吨	48.40	31.32
水泥	万吨	1820.35	6.46

瓷质砖	万平方米	76614.01	-7.78
陶质砖	万平方米	6393.52	-10.63
平板玻璃	万重量箱	2238.17	33.18
日用陶瓷	万件	149029.76	60.77
钢材	万吨	278.46	-3.34
十种有色金属	万吨	5.83	305.71
氧化铝	万吨	203.11	80.26
泵	万台	31.59	25.79
汽车	辆	68776.00	11.34
集成电路	万块	20073.18	21.78
电子元件	万只	362950.00	26.28
发电量	亿千瓦小时	233.90	19.54

工业效益显著改善。全年规模以上工业实现主营业务收入7709.86亿元,同比增长31.1%;实现利税966.72亿元,增长38.3%,其中利润560.84亿元,增长50.1%,利润增幅分别高出主营业务收入增幅和利税增幅19和11.8个百分点。规模以上工业经济效益综合指数达到327.82%,比2009年提高29.35个百分点;亏损企业亏损额比2009年减少32.9%。

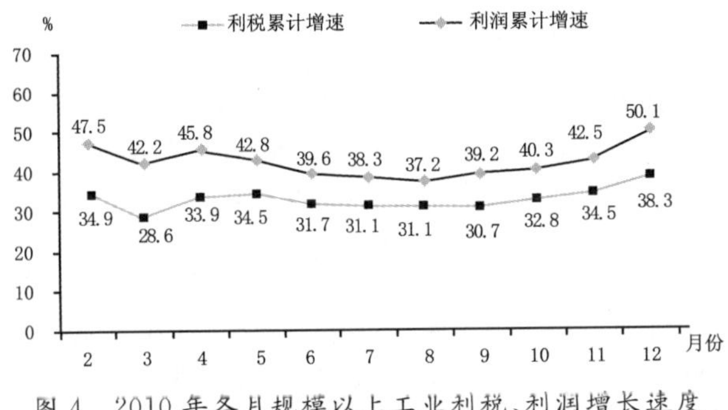

图4 2010年各月规模以上工业利税、利润增长速度

工业转型升级步伐加快。高新技术产业总产值突破3000亿元大关,达到3024.48亿元,占规模以上工业总产值的38.18%,较年初提高2.38个百分点;装备制造业增加值332.85亿元,增长25.28%,装备制造业增加值占比由上年的18.19%提高到18.41%;六大战略性新兴产业效益高速增长,实现主营业务收入增长41.6%,利税增长54.2%,其中利润增长59.2%,收入、利税、利润增速分别高出全市平均水平10.5、15.9和9.1个百分点。

建筑业生产提速。全市资质内建筑企业完成建筑业总产值505.2亿元,增长23.2%,增速比2009年同期提高2.6个百分点。其中,国有及国有控股企业完成建筑业总产值31.1亿元,增长22%;非国有企业完成建筑业总产值472.1亿元,增长23.3%。全年建筑业企业签订合同额712亿元,增长34.1%。其中,当年新签合同额为535.5亿元,增长40.7%。

四、固定资产投资

投资规模扩大,结构进一步优化。全年规模以上固定资产投资1290.92亿元,增长22.6%。其中,第一产业投资24.75亿元,增长11.6%;第二产业投资658.16亿元,增长18.5%;第三产业投资608.01亿元,增长27.9%。三次产业投资结构由2009年的2.1∶52.4∶45.5调整为1.9∶51∶47.1。民间投资1072.46亿元,增长25.6%,增幅比规模以上投资快3个百分点。民间投资占规模以上投资的比重为83.1%,占比较2009年提高1.8个百分点;高新技术产业投资215.3亿元,增长63.4%,占规模以上工业投资的33.4%,占比较2009年提高8个百分点。内涵效益型投资强力增长,全年完成技术改造投资624.05亿元,增长77.8%,占规模以上工业投资的48.3%,占比较2009年提高15.2个百分点。

房地产开发销售两旺。全年房地产开发投资166.99亿元,增长18.8%,增幅比2009年提高3个百分点。房屋施工面积1254.74万平方米,增长2.59%;房屋销售面积654.99万平方米,增长38.33%;实现房屋销售额240.29亿元,增长73.97%。

五、国内贸易

消费品零售额过千亿元大关。全年社会消费品零售额突破千亿元大关,达到1005.68亿元,比2009年增长18.8%,扣除价格因素,实际增长15.7%。分行业看,批发零售业881.6亿元,增长18.7%;住宿餐饮业124.1亿元,增长18.9%。市场规模化程度继续提高。年末,限额以上批发零售住宿餐饮企业单位数达到1449家,比2009年增加295家,实现零售额647.5亿元,增长28.9%。城乡市场共同繁荣。城镇市场零售额859.45亿元,比2009年增长18.8%;乡村市场零售额146.22亿元,增长18.4%。非公有经济零售额659.73亿元,增长17.5%,市场份额达65.6%。其中,个体私营经济零售额655.43亿元,增长17.4%,市场份额为65.2%,是市场繁荣活跃的支柱力量。

热点商品销售旺盛。基本生活类商品零售额平稳增长,粮油、食品、饮料、烟酒类增长22.3%;服装、鞋帽、针纺织品类增长23.2%。升级类商品零售额快速增长,家用电器和音像器材类增长27.9%;建筑及装潢材料类增长42.4%;家具类增长27.2%;五金、电料类增长35.5%;汽车消费增长27.0%,汽车消费额占比达22.1%,占比居各类商品之首。

六、对外经济

对外贸易实现恢复性高位增长。全年实现进出口总额67.2亿美元,比2009年增长39.1%,比2008年增长18.1%。其中,出口总额40.3亿美元,比2009年增长31.6%,比2008年增长10.96%。各行业出口均增长,石化、医药、农产品增长迅速。美国仍然是全市第一大出口市场，占出口总额的20.0%，其次是欧盟和东盟，分别占17.3%和12.8%。从出口企业类型看，三资企业出口占主导地位，累计完成21.25亿美元，比2009年增长26.8%。从出口贸易方式看，一般贸易出口完成28.12亿美元，增长33.3%，占全市出口总额的69.7%；加工贸易出口12.19亿美元，增长28.0%。大宗资源性商品进口增长较快，价格普遍上涨。铁矿砂、铝矿砂、生皮及皮革、棉花进口增长明显，有机化学品、生皮及皮革、纸浆、铁矿砂、棉花平均价格上涨明显，同比涨幅均在46%以上。东盟是淄博市第一大进口市场，占进口总额的24.0%。

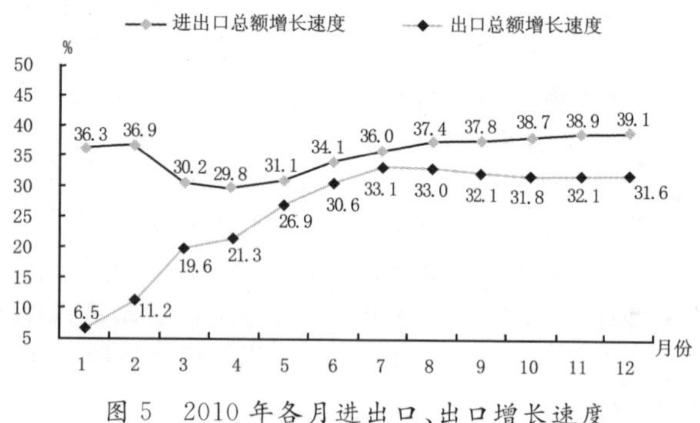

图5　2010年各月进出口、出口增长速度

利用外资快速增长。全年新批外商投资企业29家，新批1000万美元以上项目24个。全年实际利用外资5.86亿美元，增长11.8%，增幅比2009年提高1.2个百分点；实际到账外资4.48亿美元，增长15.7%。

七、交通、邮电和旅游

公路运输能力提高。年末，全市公路通车里程达10317公里，其中高速公路通车里程达206公里。机动车保有量1055047辆，增加71593辆；其中，个人拥有汽车373264辆，增加68290辆。全市公共汽车线路达298条，增长10%，其中市区公交线路达189条；营运公交车2739辆，出租车达6488辆。全年公路客运量3.95亿人次，增长6%；货运量2.73亿吨，增长5.62%。公路客运周转量为133.71亿人公里，增长5.85%；货运周转量为843.21亿吨公里，增长8.17%。

邮电通信业发展势头良好。年末，全市邮政业务总量3.08亿元，函件总数达3073.21万件。电信业务总量29.79亿元人民币，增长36.15%，光缆线路总长度达3.89万公里。年末固定电话用户90.19万户，减少11.23%；移动电话用户512万户，增长25.43%。国际互联网用户达55万户，增长20.61%。

信息产业迅速成长。全市现有电子信息企业（电子信息产品制造业和软件业）177家。电子信息产业实现主营业务收入、利税、利润依次为300.67亿元、39.23亿元、27.09亿元，分别增长37.92%、72.82%、92.81%，其中软件业实现主营业务收入、利税、利润达3.49亿元、1.34亿元、0.79亿元，分别增长35.27%、89.03%和80.49%。拥有省级电子制造产业基地（园区）3个，软件产业园1个，认证软件企业累计33家，登记软件产品累计118个，软件著作权累计120个。

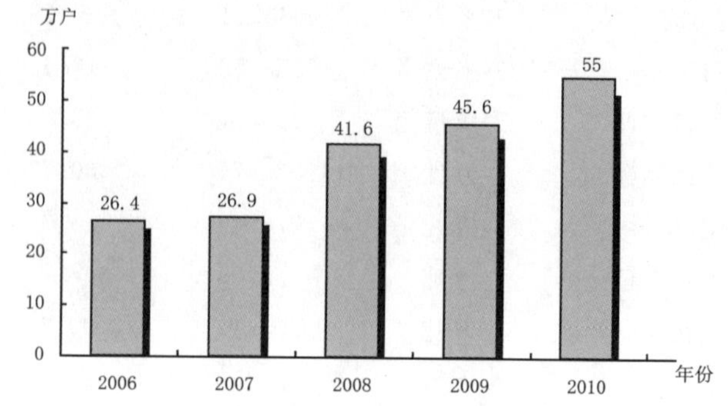

图6　2006～2010年国际互联网用户数

旅游业蓬勃发展。年内新发展国家A级旅游区（点）2处，总量达到30处，其中AAAA级旅游区（点）7处、AAA级旅游区（点）12处、AA级旅游区（点）11处。全年实现旅游外汇收入0.92亿美元，增长57.8%；国内旅游收入207.4亿元，增长31.2%。接待海外游客17.13万人次，增长36.7%。其中，外国人达11.49万人次，增长36.6%；香港、澳门、台湾同胞游客达56451人次，增长29.9%。接待国内游客2544.2万人次，增长23.7%。

八、财政、金融和保险

财政收支规模扩大。全年实现境内财政总收入398.19亿元，增长26.01%。地方财政一般预算收入162.4亿元，增长26.11%；税收占地方财政收入比重为71.75%，比2009年提高0.34个百分点。地方财政支出201.88亿元，增长24.64%。财政支出重点领域保障加强，住房保障支出、交通运输、环境保护、科学技术、医疗卫生、文化体育与传媒、农林水事务等分别增长865.97%、86.8%、32.22%、30.67%、28.55%、28.03%和25.68%。全年完成税收总额333.4亿元，增长25.0%。其中，国税收入突破200亿元大关，达230.9亿元，增长22.5%；地税收入逾百亿元，达102.5亿元，增长31.1%。

金融市场运行平稳。年末，人民币各项存款余额2470.56亿元，比年初增加325.35亿元，同比少增147.23亿元。其中，企业存款余额691.25亿元，居民储蓄存款余额1311.19亿元。人民币各项贷款余额1686.13亿元，比年初增加290.84亿元，同比少增30.83亿元。信贷投放结构改善。短期贷款余额918.24亿元，比年初增加168.43亿元，同比多增53.03亿元。中长期贷款余额650.58亿元，比年初增加149.67亿元，同比少增53.89亿元，新增额占全部新增贷款的51.46%，比2009年降低11.82个百分点。个人消费贷款余额249.49亿元，比年初增加60.13亿元，同比少增3.42亿元。

保险业快速发展。现有商业保险分支机构37家，其中财产保险机构17家，人寿保险机构20家。从业人员达2.4万人，比2009年增长9.1%。保险业总资产达105.03亿元，增长29.77%。实现保费收入63.34亿元，增长33.51%。其中，产险保费收入19.94亿元，增长40.6%；寿险保费收入43.41亿元，增长30.49%。支付各项赔款与保险金10.18亿元，增长20.63%。其中，产险赔付7.74亿元，增长13.15%；寿险赔付2.45亿元，减少59.26%。保险深度为2.21%，提高0.35个百分点。保险密度为1500元，人均提高350元。

九、科学技术

科技事业成果丰硕。全年取得重要科技成果198项，其中农业领域11项，工业领域128项，医疗卫生领域51项。获得省以上科学技术奖17项，其中国家科学技术进步奖1项。全年签订技术合同300项，新增253项；技术合同成交金额达6.08亿元，增加3亿元。国内专利申请量和授权量大幅增加。专利申请量7125件，增长20.19%，专利授权量3488件，增长107.13%，其中发明专利授权量281件，增长13.77%。

创新平台建设积极推进。按新办法认定的高新技术企业达到136家，增加43家。年内新增10家院士工作站，累计达27家；新增4家博士后科研工作站(分站)，累计达29家；现有省级重点实验室4个，增加3个；市级工程技术研究中心和企业技术研究中心282家，增加60家；省级以上工程技术研究中心和企业技术研究中心达到165家，增加23家，其中国家级增加1家，达到8家。

科技人才队伍壮大。全市拥有突出贡献的国家级中青年专家1人，省级中青年专家22人，享受国务院政府特殊津贴专家73人；院士工作站进站院士增加6人，达22人。年末，取得高级专业技术资格累计达28100人，中级专业技术资格93800人，山东省首席技师14人，技师、高级技师累计达13856人。

十、教育、文化、卫生和体育

教育事业稳步发展。学前三年教育入园率为98.96%，学前一年入园率达100%，学龄儿童入学率达100%。义务教育阶段小学招生44681人，毕业49678人，小学在校生辍学率为0；初中毕业生50134人，初中毕业生普通高中升学率为66.85%，初中在校生辍学率为0.62%。高中阶段教育(包括普通高中、中等职业学校、技工学校)招生74260人，在校生170851人，普通高中、中等职业学校和技工学校占高中阶段在校学生总数的比例分别为51.59%、35.29%和13.12%。普通高等教育本专科共招生31229人，比2009年减少2502人；在校生102359人，毕业生29093人，分别比2009年增加1786人和2871人。

2010年各类教育基本情况

表1—01

学校类别	学校数(所)		专任教师(人)		招生数(人)		在校学生(人)		毕业生(人)	
	数量	增减	人数	增减	人数	增减	人数	增减	人数	增减
普通高等教育	8	持平	5245	4	31229	-2502	102359	1786	29093	2871
中等职业学校	29	-1	2320	-117	29687	-858	60294	-442	25954	4880
普通中学	198	-10	20093	-193	82918	2110	298244	4623	75602	6506
高中	34	-8	5315	-46	33516	4950	88143	6671	25458	-1793
初中	164	-2	14778	-147	49402	-2840	210101	-2048	50134	8245
小学	357	-23	15732	-274	44681	710	230327	-4525	49678	-3078
特殊教育学校	10	持平	308	1	119	-20	1327	-53	110	-20
幼儿园	757	-14	7372	882	42994	6585	116533	13286	35243	1073

文化事业繁荣发展。现有各种艺术表演团体3个，文化站88个，文化(艺术)馆9个，博物馆15个，公共图书馆9个；省级文化产业示范基地6个。拥有全国统一编号报纸7种，刊物8种；省内部资料8种。有线电视用户和数字电视用户分别达到99万户和53.11万户，比2009年增加7.73万户和4.01万户。广播、电视人口覆盖率分别达到100%和99.3%。“全球通”电影城观影人数首次进入全国50强。

卫生服务能力提升。年末，拥有卫生机构1449个，较2009年增加63个；其中医院124个，增加1个；社区卫生服务中心172个，增加16个；乡镇卫生院94个，妇幼保健机构9个，专科疾病防治机构4个，疾病预防控制机构9个，卫生监督机构10个。各类卫生机构拥有床位2.3万张，卫生技术人员2.64万人，分别增加0.18万张和0.13万人；其中执业医师及执业助理医师达1.1万人，注册护士0.98万人。甲、乙类法定报告传染病发病人数6582人，下降14.39%；报告传染病发病率152.54/10万，死亡率为0.12/10万，发病率和死亡率分别比2009年降低13.32/10

万和0.2/10万。

体育盛会大展风采。建设一流的体育场馆设施，营造一流的城市环境，提供一流的服务保障，成功举办了第二十二届省运会、亚青赛等大型赛事。该届省运会淄博市共派出1458人参赛，比二十一届增加560人，参赛项目达25个。共获得奖牌613枚，比二十一届省运会增加153枚，其中金牌293枚、银牌145枚、铜牌175枚，分别比二十一届增加108枚、14枚和31枚。

十一、城乡建设

"两区三村"改造加快推进。全年"两区三村"住房整治工程总投资85.4亿元，比2009年增加44.8亿元；安置户数达60413户，增加30132户。其中，"两区一村"整治改造项目70个，占地面积（或规划建筑面积）5万平方米以上的改造项目30个，增加14个。完成拆迁面积217.73万平方米，增加107.73万平方米，完成安置房面积197.27万平方米，增加123.27万平方米。城郊农村住房建设和农村危房改造顺利进行。当年城郊村开工拆迁村庄153个，开工建设村庄203个；完成农村危房安置改造10677户，增加2613户。

保障性安居工程顺利实施。全年经济适用房施工面积58.19万平方米，竣工14.6万平方米，竣工住房1745套；全年开工建设廉租住房2.79万平方米，竣工2.12万平方米，新增廉租住房保障1476户。

市政建设再上新台阶。围绕省运会召开进行一系列城建重点项目建设，市政公用基础设施完成投资37.91亿元，增长24.05%。建成区面积达269平方公里，比2009年增加7.01平方公里。扩建、改建道路56条，年末城市道路长达1509.59公里。新建1座城市污水处理厂，达14座；新增日污水处理能力4.9万吨，污水处理能力达79.8万吨/日，城市污水处理率达到92%。城市平均每天供水84.58万吨，供应液化气、煤制气、天然气总量分别为5万立方米、1.67万立方米、5.23万立方米。城市使用液化气、煤制气、天然气总共64.4万户。

城市园林绿化水平提高。年末，建成区园林绿地面积达8084公顷，其中，公园绿地面积2371公顷。年内新增园林绿地286公顷，其中公园绿地100公顷。建成区绿化覆盖率达42.2%，绿地率达36.3%，人均公园绿地面积达15.92平方米。

十二、资源、环境和安全生产

土地资源节约利用。年末，全市土地面积59.65万公顷，其中耕地面积21.22万公顷，林地面积10.49万公顷。全年建设用耕地为1090公顷，年内生态退耕面积8.93公顷。农用地、建设用地面积分别为42.09万公顷、11.50万公顷。

水资源集约利用。全市多年平均水资源总量达12.02亿立方米，其中地下水资源量9.45亿立方米，年开采地下水7.27亿立方米。全年用水量10.54亿立方米，比2009年增加1.1亿立方米。其中，生活用水1.26亿立方米，增加0.15亿立方米；工业用水2.37亿立方米，与2009年持平；农业用水6.27亿立方米，增加0.58亿立方米；生态用水0.63亿立方米，增加0.36亿立方米。

林业生态建设扎实推进。当年造林面积1.09万公顷，比上年增长23%；森林覆盖率达35%，比2009年提高0.6个百分点；林木蓄积量528.48万立方米，比2009年增长5%；现有县级以上自然保护区10个。

大气环境治理成效显著。大气可吸入颗粒物年日平均值0.083毫克/立方米，减少0.008毫克/立方米；大气二氧化硫年日平均值0.045毫克/立方米，减少0.007毫克/立方米；大气二氧化氮年日平均值0.029毫克/立方米，减少0.004毫克/立方米。

气象地震服务能力较强。全年平均气温为13.3℃，比上年降低0.5℃。平均降水量622.1毫米，减少78.8毫米。有效实施飞机人工增雨作业，累计影响面积3885平方公里。地震台网的观测效能较高，强震台8个，测震台7个。全市拥有自动气象站8个。

安全生产形势稳定。全年各类生产安全事故2096起，比2009年下降21.0%；死亡人数389人，下降2.0%；经济损失为2437万元，下降18.45%。道路交通万车死亡人数为3.41人，增长8.82%。

十三、人口、居民生活和社会保障

人口增长低速平稳。年末，全市户籍人口总户数达143.49万户，总人口为422.4万人；出生人口3.78万人，出生率为8.97‰；死亡人口3.34万人，死亡率为7.92‰；自然增长率为1.05‰；出生人口性别比为100.02。

城镇居民生活水平提高。全市城镇居民人均可支配收入为21784元，增长13.0%，扣除价格因素，实际增长10.03%。城镇居民人均消费支出13724元，增长8.16%。其中，食品支出3918元，增长3.6%。城镇居民恩格尔系数为28.55%。城镇居民人均住房建筑面积为32.66平方米，增长0.37%。

2010城镇每百户居民家庭主要耐用消费品拥有量

消费品名称	单位	数量
摩托车	辆	38
家用汽车	辆	17
洗衣机	台	99
电冰箱	台	103
彩色电视机	台	115
家用电脑	台	81
组合音响	套	25
照相机	架	56

空调器	台	101
淋浴热水器	台	88
普通电话	部	78
移动电话	部	195

农村居民生活条件改善。全市农民人均纯收入9195元,比2009年增长14.8%。其中,工资性收入5145元,增长14.4%;经营性收入3306元,增长15.0%;财产性收入425元,增长2.6%;转移性收入319元,增长40.3%。人均生活消费支出5676元,增长9.8%。其中,食品支出1864元,增长7.5%。农村居民恩格尔系数为32.84%。农村居民人均生活用房面积35.55平方米,增长2.66%。

2010年农村每百户居民家庭主要耐用消费品拥有量

消费品名称	单位	数量
摩托车	辆	78
汽车(生活用)	辆	7
洗衣机	台	83
电冰箱	台	79
彩色电视机	台	111
家用计算机	台	32
照相机	架	23
空调机	台	33
热水器	台	60
电话机	部	68
移动电话	部	173

社会保障水平提高。社会保险覆盖面进一步扩大。年末,城镇职工基本养老、医疗、失业、工伤和生育保险参保人数分别达到97.6万人、112.3万人、65.4万人、86.0万人和54.0万人,依次比2009年末增加5.7万人、0.5万人、4.9万人、17.4万人和3.7万人。城镇居民基本医疗保险参保人数80万人,增加4万人;新型农村合作医疗参保人数233.9万人,增加0.9万人,参保率达到99.94%。失业保险金标准由每人每月405元提高至490元。城乡低保标准和补助水平逐步提高。城镇月最低生活保障标准由261元提高至316元,保障人数3.65万人,增加0.9万人。农民最低生活年保障标准由1000元提高至1328元,保障人数8.13万人,增加0.6万人。社会救助事业稳步发展。拥有收养性社会福利单位195个,各类社会福利院床位数达20957张,收养13399人。社区服务中心199个,城镇各种社区服务设施12383个。

注:1. 本公报中数据均为初步统计数或初步核算数。
2. 全年生产总值、各产业增加值绝对数按现价计算,增长速度按不变价(可比价)计算。
3. 人均地区生产总值按常住人口计算。
4. 景气区间的划分标准为:180以上为“非常景气”区间,[180,150]为“较强景气”区间,[150,120]为“较为景气”区间,[120,110]为“相对景气”区间,[110,100]为“微景气”区间,100为景气临界点。
5. 资质内建筑企业是指具有总承包和专业承包的建筑企业(含劳务分包企业)。
6. 对外贸易使用商务局统计数据。
7. 邮政业务总量不包括淄博市邮政银行、淄博市速递物流公司数据。
8. “两区一村”工程指棚户区、老旧工矿居住区和城中村住房整治改造。
9. 多年平均水资源总量是指当地多年平均降水量形成的地表和地下产水量,即地表径流量与降水入渗补给量之和。
10. 人口自然增长率按公安局户籍人口计算。
11. 恩格尔系数是指食品支出占消费支出总额的比重。
12. 根据省有关规定,全年能耗数据待省统计局审核评估后另行发布。

本部类编　辑:赵建国
副主编:徐　杰
校　对:马震刚
杨　凤

大　事　记

淄博市十大新闻
（以时间先后为序）

一、6月，淄博市被表彰为全国绿化模范城市

近年来，淄博市大力推进植树造林绿化，通过荒山绿化、平原绿化、绿色通道等林业重点工程带动大环境绿化进程，特别是四宝山生态恢复绿化工程，用两年时间绿化了1067公顷可绿化山体。截至2010年年底，全市林地面积发展到19.8万公顷，森林覆盖率达34%；城市建成区绿化覆盖率、城市绿地率分别达41.7%和35.6%，人均公共绿地15平方米。

二、淄博市被认定为全国首个新材料名都

9月6日，第十届中国（淄博）国际陶瓷博览会・第九届中国（淄博）新材料技术论坛暨国际科技成果招商洽谈会开幕式上，淄博市获得中国材料研究学会授予的全国首个"新材料名都"称号。这是继"淄博陶瓷 当代国窑"之后，淄博市获得的又一张靓丽的城市名片。近年来，淄博市大力发展新材料产业，1～9月，新材料产业实现产值1300亿元，占全市高新技术产业产值的比重达到57.9%，逐步成为全市的支柱产业。

三、淄博市圆满完成北川新县城建设任务

9月25日，山东省对口援建北川新县城工程项目整体移交。在北川新县城建设过程中，淄博市共承担援建项目7个，总投资4.42亿元；承担北川委托项目2个，总投资2.42亿元。9个项目均获四川省最高质量奖——"天府杯"奖，新北川宾馆和永昌小学分别成为北川新县城十大标志工程之一。淄博市全力以赴支援北川灾后恢复重建工作，"创一流、争第一"，出色完成了党中央、国务院"三年重建任务两年基本完成"的光荣任务。

四、淄博市成功举办第二十二届省运会、亚青赛等一系列重大赛事

10月17日，2010年亚足联U19青年足球锦标赛在市体育中心落下帷幕。2010年，淄博市举全市之力成功举办山东省第二十二届运动会、第二届老年人运动会、第八届残疾人运动会和亚足联U19锦标赛决赛等一系列重大赛事，向省委、省政府和全省人民兑现了举办一届有特色、高水平、精彩圆满体育盛会的庄严承诺，充分展现了淄博市科学发展、和谐发展的成果。

五、淄博市"新农保"提前实现全覆盖

11月3日，淄博市顺利实现新农保全覆盖，比国家规定的2020年实现全覆盖提前了10年，预计120多万农村居民从中受益。2008年10月，淄博市在全省率先试点"新农保"，政府出资为农村居民养老。"新农保"使农民逐步告别依靠土地和家庭养老的传统模式，转向社会化养老。淄博市正在探索建立新农保与各项社会保险制度的衔接办法，以实现养老保险的广覆盖、可转移。

六、淄博市文化体制改革全面推进，文化产业繁荣发展

11月26日，市委、市政府召开全市文化体制改革和文化产业振兴大会。近年来，淄博市高度重视发展文化产业，文化体制改革全面推进，组建淄博市文化出版局和淄博市文化市场执法局，理顺了文化管理和执法体制。1～10月，全市在建规模以上文化产业项目共68个，总投资209.88亿元，完成投资29.27亿元。淄博报业传媒集团、淄博广播影视传媒集团顺利组建，全市文化产业呈现蓬勃发展的喜人景象。

七、淄博市国税（国内）收入突破200亿元

11月29日，市政府召开新闻发布会，宣布截至11月底，淄博市国税（国内）收入突破200亿元。全年国税（国内）收入同比增长20.7%，是淄博市国税工作具有里程碑意义的新跨越。

八、市委十届十一次全会审议通过"十二五"规划建议

12月6日，中共淄博市委十届十一次全体会议召开。全委会提出了淄博市"十二五"发展的指导思想和基本要求。即制定"十二五"规划，必须高举中国特色社会主义伟大旗帜，以科学发展为主题，以加快转变经济发展方式为主线，以富民强市为目标，进一步坚持内涵发展，突出加强结构调整，突出统筹城乡发展，突出改善民生维护稳定，深化改革开放，着力推动淄博老工业城市新的转型发展，不断开创殷实和谐经济文化强市建设新局面。

九、淄博市“两区三村”改造项目扎实推进

12月13日，山东省规模最大的棚户区一次性改造工程——淄博市张店区洪沟片区1350余套安置房选房工作顺利结束，部分居民陆续搬迁入住。这是淄博市实施“两区三村”（棚户区、老工矿区、城中村、城郊村、农村危房）改造工程，扩内需、惠民生，推进新型城镇化进程的一部分。截至年底，淄博市“两区三村”工程投资超过150亿元，开发面积超过810万平方米，安置近7万户，初步显现了拉动经济增长、促进城乡统筹、改善城市环境、拓展发展空间的多重功效。

十、淄博市转方式调结构迈出坚实步伐

12月28日，全市经济工作会议召开，预计全年全市规模以上固定资产投资增长22.5%；全年地区生产总值完成2860亿元左右，同比增长13.5%；财政收入160亿元，同比增长25%。2010年，市委、市政府坚持内涵式发展，突出加强结构调整、突出统筹城乡一体化发展、突出改善民生维护稳定，经济社会实现平稳较快发展。

（淄博市新闻工作者协会、淄博市新闻学会）

1～12月大事

1　月

1日　《淄博市地方史志工作条例》施行。该条例于2009年11月28日，经山东省第十一届人大常委会第十四次会议审查批准，由淄博市人民代表大会常务委员会于11月30日公布，自2010年1月1日起施行。这是山东省的第二部地方史志工作条例，也是全国第一部市级地方史志工作法规。

6日　市政府机构改革动员大会在张店召开。会议对市政府机构改革工作作出动员部署。

7～8日　同济大学党委书记周家伦一行到淄博市考察，代表同济大学与市政府签署长期战略合作协议。

11日　淄博市召开市人大设立常委会30周年纪念大会。

18～21日　中国人民政治协商会议第十届淄博市委员会第三次会议在淄博人民会堂举行。市政协主席岳长志向大会作常委会工作报告。

19～22日　淄博市第十三届人民代表大会第三次会议在淄博人民会堂举行。市长周清利代表市人民政府向大会作政府工作报告；市人大常委会第一副主任刘池水代表市人大常委会向大会作工作报告。

22日　2个集体和10名个人（爱心姥姥、淄矿集团矿山救护大队，王毅、王延国、刘树红、杨小芹、李秀芬、肖桂珍、金海军、徐擎擎、鹿成滨、鲍必骥）被评选为2009“感动淄博”年度人物。

2　月

3～5日　团中央书记处书记周长奎到沂源县调研共青团基层组织建设。

9日　副省长贾万志率省直有关部门负责人到沂源县走访慰问城乡困难职工群众和新中国成立前入党的老党员、生活困难党员，并就森林防火、有机农产品基地建设情况进行调研。

13～19日　春节黄金周期间，淄博市接待游客96.64万人，实现旅游收入4.87亿元，同比分别增长22%和26.5%。

24日　全市创建国家环保模范城市动员大会召开。会议动员全市上下统一思想、明确任务，强化措施、务实进取，全力创建国家环保模范城市。

3　月

5日　省委常委、副省长王军民到淄博市调研建材下乡、农村散装水泥推广使用工作。

7～8日　德州市党政代表团到淄博市参观考察。

10～11日　省委常委、副省长王仁元到淄博市调研，并主持召开全省八市一季度经济运行分析座谈会。

17日　招商银行淄博分行开业，副省长王随莲出席揭牌仪式。

△由上海世博会事务协调局授权、博山国华瓷器有限公

司制作生产的1万套“一轴四馆”(世博轴、中国国家馆、世博会主题馆、世博中心和世博会文化中心)马克杯启运上海。

18日　全市道路建设、园林绿化暨学校建设等一批重点工程开工。市领导刘慧晏、周清利为淄博中学开工奠基。

19日　全省深入学习实践科学发展观活动总结大会召开。会议对全省学习实践活动进行总结,对巩固扩大活动成果、进一步贯彻落实科学发展观作出安排部署。在淄博分会场,周清利主持会议,刘慧晏作重要讲话。

20日　全省体育工作会议在淄博市召开。省委副书记、省长姜大明致信祝贺。

22～23日　2010年中国耐火材料行业协会年会和产业发展创新论坛在淄博市召开,中国耐火材料行业协会会长田学光出席。

26日　吉林省四平市考察团到淄博市参观考察。

31日　黄河三角洲高效生态经济区高青重点建设项目开工暨10万头高青黑牛繁育项目奠基仪式举行。省长助理、省黄河三角洲高效生态经济区建设办公室主任陈光出席。

4　月

1日　由国家工业和信息化部节能与综合利用司、中国有色金属工业集团、中国资源综合利用协会、山东省经信委主办,中国铝业公司协办,中铝山东企业承办的全国氧化铝赤泥综合利用技术现场交流会在淄博市召开。

7日　市委召开常委会议,传达学习全党深入学习实践科学发展观活动总结大会精神,研究贯彻落实意见。

7～20日　以市委书记、市人大常委会主任刘慧晏为团长的市友好经贸代表团赴瑞典、瑞士、英国进行友好访问和经贸洽谈。

8日　吉林省通化市经贸考察团到淄博市考察。

8～10日　在重庆市举行的重庆·山东经贸合作活动上,淄博市签约合作项目24个,合同金额50亿元。

11日　《淄博日报》讯:临淄齐国故城遗址博物馆藏品“汉代波斯多瓣银盒”作为山东省唯一参展文物赴上海世界博览会中国馆展出。

11～12日　河南省三门峡市党政考察团到淄博市参观考察。

12～13日　全省人大财经工作座谈会在淄博市召开,省人大常委会副主任鲍志强出席会议并讲话。

20～21日　国家外国专家局副局长陆明到淄博市调研引智项目开展情况。

29日　坐落于山东扳倒井集团厂区的齐鲁酒文化博物馆开馆。

30日　中华慈善淄博医院揭牌暨中华慈善援助血液透析净化中心授牌仪式在市第八人民医院举行。中华慈善总会会长范宝俊出席仪式。

5　月

6日　山东省淄博地质勘察院成立。

6～8日　全国政协副主席、全国工商联主席黄孟复到淄博市调研指导企业“走出去”工作。

10日　淄博市在香港举行2010(香港)淄博招商说明会暨项目签约仪式。签约项目31个,总投资额31.8亿美元。

11日　在2010(香港)山东周活动启动仪式暨山东—香港国际投资贸易洽谈会开幕式上,淄博市签订项目4个,总投资12.9亿美元。

18日　淄博齐翔腾达化工股份有限公司在深圳证券交易所上市。

18～19日　济宁市党政考察团到淄博市参观考察。

19～21日　山东省首届普通高等学校武装部部长集训暨驻淄高校大学生军训成果汇报会在淄博市举行。省委常委、省军区司令员谈文虎,省军区政委南兵军,省军区副司令员陈文荣,省军区政治部主任周和平出席。

21日　“法治淄博”建设动员大会在淄博人民会堂召开。

27日　省委书记、省人大常委会主任姜异康在淄博市主持召开省委转方式调结构重大问题调研座谈会。淄博市、泰安市、临沂市和章丘市、桓台县、沂水县、济南高新区以及5家企业的负责人先后发言。

6　月

2日　泰安市党政考察团到淄博市参观考察。

3日　民盟山东省八届十六次常委会议在淄博市召开。省人大常委会副主任、民盟山东省委主委温孚江主持会议。

3~4日　省政协副主席乔延春一行到淄博市就农民专业合作社发展情况进行调研。

4～5日　致公党中央常务副主席王钦敏率致公党中央考察团到淄博市就生物质能源科技创新与产业化发展进行调研。

5日　淄博市在淄博人民会堂举行"法治淄博"讲座。司法部副部长张苏军作了题为"深入开展区域法治创建活动,加快社会主义法治国家建设进程"的专题讲座。

10日　环境保护部副部长周建到淄博市就环境保护、生态建设工作进行调研。

12日　宁夏回族自治区石嘴山市政府代表团到淄博市考察。

13日　市委、市政府召开迎省运誓师大会,会议动员全市上下积极行动起来,全面完成各项筹备任务,确保办成一届有特色、高水平的省运会。同日,市体育中心交付,市第七届体育大会开幕。

14日　省委副书记、省长姜大明到淄博市视察指导"三夏"生产,并就现代畜牧业发展等问题进行调研。

18日　市委书记、市人大常委会主任刘慧晏面对全国网络媒体,全面阐述了淄博市融入黄河三角洲高效生态经济区建设的思路和措施。

21日　淄博市与中国化工集团签订投资发展合作框架协议;中国化工集团淄博化工新材料基地奠基。

24～25日　在东营市召开的首届黄河三角洲高效生态经济区经贸洽谈会上,淄博市代表团签约项目3个,总投资额23亿元。

30日　东岳集团历经8年科研攻关的离子膜在该公司万吨氯碱装置上应用成功,此举标志着氯碱用离子膜完全实现国产化。全氟离子膜工程技术研究被列为国家"十一五"科技支撑计划重大项目。

7　月

1日　山东省第二十二届运动会女子柔道项目开赛仪式在市体育中心综合体育馆举行。

5日　江西省景德镇市党政代表团到淄博市参观考察。

6～7日　副省长王随莲到淄博市就深化医药卫生体制改革和食品卫生安全工作进行调研。

9～14日　市委举办理论学习中心组读书会。会议学习贯彻中央关于加快经济发展方式转变的重大决策部署和省委理论学习中心组读书会、省委九届十次全体会议精神,分析形势,交流研究加快经济发展方式转变和统筹城乡发展,扎实推进殷实和谐经济文化强市建设的思路措施。

15日　副省长贾万志到淄博市检查指导小清河防汛工作。

△中国共产党淄博市第十届委员会第九次全体会议在张店举行。全委会审议通过中共淄博市委、淄博市人民政府《关于贯彻落实省委省政府〈关于加快经济发展方式转变若干重要问题的意见〉的意见》《关于加快推进统筹城乡发展的意见》;市委书记刘慧晏作重要讲话,对加快转方式调结构、统筹城乡发展、改善民生维护稳定和加强党的建设提出明确要求;市委副书记、市长周清利就推动经济社会发展、抓好工作落实,作出安排部署。

27～31日　山东省第十一届中学生运动会在淄博市举行,淄博市代表团获总成绩第一名。

是月　淄博市最后一条立窑水泥生产线——淄川宝山水泥厂3号窑被拆除,标志着淄博市告别立窑水泥生产时代。

8　月

4日　位于淄博高新区傅山村的淄博市首家公用型保税仓库——淄博保税物流公用型保税仓库揭牌。

16～17日　2010年“姚家峪杯”山东·博山全国汽车场地越野锦标赛在博山区太阳山国际赛车场举行。有12个省市的23支车队、83名选手参加了比赛。

25日　淄博市召开全市创建全国绿化模范城市工作总结表彰会议。市委书记、市人大常委会主任刘慧晏,全国绿委办秘书长曹清尧为“全国绿化模范城市”揭牌。

27～29日　市委书记、市人大常委会主任刘慧晏率淄博市考察团到四川省北川羌族自治县,学习北川人民抗震救灾、恢复重建的伟大精神,看望慰问淄博市援建人员和北川干部群众,实地考察对口援建工作。

29～30日　由监察部副部长郝明金率领的国务院节能减排督查组到淄博市对节能减排工作进行专项督促检查指导。

是月　淄博鲁山上园茶厂开发出山东省第一种红茶。

9　月

1日　武警部队参谋长牛志忠中将到市武警支队桓台县中队视察指导工作。

△中国·淄博太空港生态文化产业园项目签约,项目总投资60亿元,是集航天体验、太空港主题公园、山体绿化、生态休闲及商业配套设施等于一体的综合性建设项目。

3日　省委书记、省人大常委会主任姜异康到桓台县就深入开展创先争优活动进行调研。

△科技部副部长曹健林到东岳集团就全氟离子膜项目作专题调研。

3～6日　山东省第二届老年人运动会在淄博市体育中心综合体育馆举行。

5日　位于中国陶瓷馆内的“当代国窑馆”开馆,“国窑网”同时开通。

6日　第十届中国(淄博)国际陶瓷博览会·第九届中国(淄博)新材料技术论坛暨国际科技成果招商洽谈会在淄博国际会展中心开幕。开幕式上,淄博市被中国材料研究学会授予“新材料名都”称号。副省长李兆前出席开幕式。

19日　山东省第二十二届运动会开幕式在淄博市体育中心体育场举行。省委书记、省人大常委会主任姜异康宣布大会开幕。

20日　全省群众体育先进表彰大会在淄博市召开。省委书记、省人大常委会主任姜异康会见与会代表。

26日　山东省第二十二届运动会闭幕。淄博市代表团以9811.75分的成绩获得总分第一名,实现了淄博市竞技体育的历史性突破。

△省委副书记、省政协主席刘伟到淄博市调研,检查指导秋季农业生产。

29日　晋豫鲁铁路通道淄博沂源段开工。市委书记、市人大常委会主任刘慧晏宣布项目开工,市长周清利致辞。该项目途经沂源县7个乡镇,全长54公里,总投资43亿元。

10　月

1～7日　国庆节黄金周期间,淄博市各景区迎来客流高峰,共接待游客256.54万人次、实现旅游收入20.06亿元,同比分别增长33.1%和25.3%,并创历史新高。

2日　民革中央副主席、最高人民法院副院长万鄂湘到淄博市调研。

3日　2010年亚足联U19青年足球锦标赛在淄博市体育中心体育场开幕。

4～5日　英国萨里郡友好经贸代表团到淄博市访问。市委书记、市人大常委会主任刘慧晏,市长周清利分别会见代表团一行。

11～12日　参加全省转方式调结构现场观摩会中片区会议的省领导姜大明、焉荣竹、高晓兵、郭兆信、李兆前、齐乃贵到淄博市现场观摩指导。

12日　博山杯全国汽车场地越野挑战大奖赛暨博山孝文化旅游节在博山区太阳山国际赛车场开幕。开幕式上,博山区被中国陶瓷工业协会和中国日用玻璃协会授予中国陶琉文化城称号。

15日 副省长贾万志到博山区调研有机农业发展情况。

△由中国经济社会理事会主办的低碳经济与转变经济发展方式座谈会在原山大厦举行。全国政协副主席陈宗兴、山东省副省长贾万志出席会议并讲话。

△亚足联主席穆罕默德·哈曼、亚足联副主席张吉龙到淄博市出席亚足联U19青年足球锦标赛有关活动。

16日 韩国广州市政府友好代表团到淄博市参观考察经济社会发展情况,探讨两市在体育、陶瓷和经贸等领域的交流与合作。

17日 2010年亚足联U19青年足球锦标赛在淄博市体育中心体育场闭幕。朝鲜队在决赛中以3:2战胜澳大利亚队夺冠。国际足联副主席郑梦准、亚足联主席穆罕默德·哈曼、亚足联副主席张吉龙出席颁奖仪式。

23日 山东省第八届残疾人运动会在淄博市体育中心综合馆开幕。省委副书记、省政协主席刘伟宣布山东省第八届残疾人运动会开幕。

25日 在荷兰鹿特丹举行的第四十二届世界体操锦标赛单杠决赛中,淄博籍选手张成龙以16.166分的成绩夺冠,成为山东省体操历史上第一位男子单项世界冠军。此前,他作为中国队主力队员参加男子团体比赛并夺得冠军。

26～27日 中共中央纪委副书记黄树贤在省委副书记、省政协主席刘伟陪同下到淄博市考察调研。

27日 山东省第八届残疾人运动会闭幕。副省长李兆前出席闭幕式并宣布大会闭幕。淄博代表团获得金牌90枚、奖牌124枚、总分994分,均列各代表团第一位。

28～29日 全国环保系统办公室主任座谈会在淄博市召开。环境保护部副部长周建出席会议并讲话。

29日 位于淄博新城区核心区的淄博市文化中心奠基。项目总占地面积34.95万平方米,由图书档案方志规划展示中心、公共活动中心、文博展示中心、大剧院组成。

30日 全国宗教人士专项工作培训班在淄博市开班。国家宗教事务局副局长蒋坚永出席开班仪式。

△全国首届薛凤祚学术思想研讨会在临淄区召开,省委原副书记王修智出席开幕式。

31日～11月1日 东营市党政考察团到淄博市参观考察。

11 月

3日 淄博市实现新型农村社会养老保险全覆盖,比国家规定期限提前10年。

8日 全省政协经济委员会工作座谈会在淄博市召开。省政协副主席齐乃贵出席会议并讲话。

9日 中共中央统战部副部长尤兰田到淄博市就民主党派工作进行调研。

△在湖南醴陵举行的第二届中国陶瓷艺术大师评审会上,淄博市的何岩等8人被评选为中国陶瓷艺术大师。

15～17日 淄博籍选手张成龙在广州举行的第十六届亚洲运动会上,夺得体操男子团体、自由体操、单杠3枚金牌。

17～18日 中国关心下一代工作委员会调研座谈会在淄博市召开。全国人大常委会原副委员长、中国关工委主任顾秀莲出席会议并讲话,省委副书记、省政协主席刘伟出席会议并致辞。

24～25日 济南军区政治部主任张烈英到淄博市调研指导工作。

25～26日 全国妇联节能减排家庭社区行动工作推进会在淄博市召开。全国妇联副主席洪天慧出席会议并讲话,副省长李兆前致辞。

26日 市委、市政府召开全市文化体制改革和文化产业振兴大会。市委书记、市人大常委会主任刘慧晏在讲话中,要求全市在加快文化产业发展、健全完善公共文化服务体系、深化文化体制改革三方面实现新突破。

29日 淄川供电部南城供电所成为山东省首家“质量卓越供电所”。

是月 宁夏石嘴山淄博工业园项目启动。该项目是淄博市与石嘴山市合作建设的西部地区承接东部地区产业转移工业区,规划面积1000公顷。

12 月

4 日 淄博市与西安邮电学院战略合作协议暨西安深亚电子公司与山东凯瑞投资公司集成电路设计合作协议签字仪式在齐盛国际宾馆举行。

5 日 越南司局级干部考察团到淄博市参观考察。

6 日 中国共产党淄博市第十届委员会第十一次全体会议在张店举行。全委会深入学习中共十七届五中全会和省委九届十一次全体会议精神，研究部署贯彻落实意见；听取和讨论市委书记刘慧晏受市委常委会委托作的工作报告；审议通过《中共淄博市委关于制定淄博市国民经济和社会发展第十二个五年规划的建议》。

9～14 日 市委副书记、市长周清利率市经贸代表团赴深圳、香港开展经贸活动。

10 日 山东齐峰特种纸业股份有限公司在深圳证券交易所上市。至此淄博市在境内外上市公司达 19 家，上市股票 21 支。

13 日 淄博市政府与重庆市石柱县政府签署《共同推进东西扶贫协作框架协议》。

14 日 在广州举行的 2010 亚洲残疾人运动会上，淄博籍运动员贾倩倩获女子标枪 F37/38 级别冠军，并以 30.40 米的成绩打破亚洲纪录。

17 日 鲁商集团旗下的山东一卡通科技有限公司淄博分公司开业并在淄博市正式发行山东一卡通。

21 日 淄博市文学艺术界第五次代表大会召开。

25 日 淄博市社会科学界第五次代表大会召开。

28 日 金晶集团获第二届山东省省长质量奖。

本部类编　写：赵建国
副主编：安永善
校　对：范立学
张爱云

淄 博 概 况

地理　历史

【位置面积】 淄博市位于北纬35°55′20″～37°17′14″，东经117°32′15″～118°31′00″之间，地处鲁中，南依沂蒙山区，北临华北平原，东接潍坊，西与省会济南接壤。市域形态南北狭长，南北最大纵距151公里，东西最大横距87公里。地理位置适中，交通发达，是沟通中原地区和山东半岛的咽喉要道，是山东省重要的交通枢纽城市。全市土地面积5965平方公里，人口密度708人/平方公里。

【自然条件】 1. 地质。地处华北地台鲁西台北斜鲁中隆断区的北缘，为一向斜构造，称“淄博向斜”。构造特征是褶皱平缓舒展而不甚发育，除较高一级的“淄博向斜”外，其他系与“淄博向斜”相伴生的次级小型褶皱；区内断层构造较为发育，尤以张性正断层为甚，纵横切割。岩浆岩石分布面广，并具有多期活动的特点。主要有金岭闪长岩杂岩体、昆仑辉长岩体等。2. 地形。地势南高北低，南部及东西两翼山峦起伏跌宕，中部低陷向北倾伏，南北落差千余米。以胶济铁路为界，以南大部分为山区、丘陵，岩溶地貌发达；以北大部分为山前冲积平原和黄泛平原，土地平坦肥沃。北部有黄河、小清河流经，发源于淄博的河流有沂河、淄河、孝妇河等。全市山区、丘陵、平原面积分别占全市总面积的42%、29.9%和28.1%。3. 气候。地处暖温带，属半湿润半干旱的大陆性气候。2010年平均降水量为622.1毫米，平均气温13.3℃，平均日照时数为2103小时。全年无霜期195天。　（韩　冰）

【自然资源】 1. 土地资源。全市土地总面积5965平方公里。其中，土壤面积5174平方公里，土地利用率78.47%。全市农业用地4161平方公里，非农业用地827平方公里。在农业用地中，耕地面积2018平方公里，林地面积1523平方公里，果园面积62平方公里。在总土地面积中，山丘、涝洼、平原、荒滩、水面，各占45.2%、13.8%、33.2%、6.7%、1.1%；在土壤面积中，主要有棕壤、褐土、砂姜黑土、潮土、盐土，分别占13.6%、62.5%、7.5%、16.2%、0.2%。2. 生物资源。全市生物资源种类繁多。据不完全统计，共有生物615科、3753种。其中，微生物151科、618种；植物156科、1645种；动物308科、1490种。极具价值的种类有食用菌30多种，农作物品种218种，木本植物421种，药材植物778种，饲草植物415种，水生动植物102种，畜禽86个品种，野生动物有240多个品种，病虫及天敌资源2165种。3. 水资源。水资源有地表水和地下水。大气降水是水资源的主要补给源。全市多年平均水资源总量12.02亿立方米。地下水资源量9.45亿立方米。4. 矿产资源。淄博市矿产资源丰富，种类繁多。已发现矿产53种，已探明储量和开发利用的有22种。在已探明储量的矿产中，主要有煤、铁、铝矾土、耐火黏土、石灰岩、陶瓷土、重晶石、石类等矿藏和铝、钴、金、银等多种稀有贵重金属。还有大量的赤泥、煤矸石、粉煤灰等再生资源。许多矿种储量大、分布广、品位高，在全省占有重要位置。其中，铝矾土占全省的90%，耐火黏土储量占全省的45.9%，铁矿富矿储量占全省的25%，石灰岩、陶瓷土是省内主要产地。5. 能源资源。淄博市有丰富的石油和天然气资源。高青油田东西长约6.2公里，南北长约9.3公里，面积58平方公里，共发现7套含油层系，含油断块14个，面积10.5平方公里，储量1469万吨。金家油田面积110平方公里，5个含油层总厚度10米～28米，固定含油面积22.7平方公里，埋深200米～1100米，储量3171万吨。另外，还有高青县的花沟气田等。

【历史沿革】 1945年8月成立淄博特区，设专员公署，隶属鲁中行政区，此为淄博成为政区名称之始。9月撤销。1946年1月二次成立，7月又撤销。1948年3月淄博全境解放，8月再次成立淄博特区，隶属鲁中南行政区。1949年7月成立淄博工矿特区。1950年5月成立淄博专区。1953年改为淄博工矿特区。1955年3月改为淄博市。1959年1月淄博市与惠民专区合并组建淄博专区，淄博市改为专区辖市。1961年1月淄博市与惠民专区分设，恢复为省辖市。市级机关由博山区迁到张店区。　（年　间）

政区　人口　民族

【行政区划】 2010年，全市先后两次进行区划调整。全市区划建制为五区三县、59个镇、29个街道。调整后的全市镇、街道名录如下。张店区13个镇、街道(6镇、7街道)：中埠镇、马尚镇、南定镇、沣水镇、傅家镇、房镇镇和车站街道、公园街道、杏园街道、和平街道、科苑街道、体育场街道、四宝山街道(高新区)。淄川区13个镇、街道(9镇、4街道)：岭子镇、双杨镇、罗村镇、龙泉镇、寨里镇、西河镇、太河镇、昆仑镇、洪山镇和般阳路街道、将军路街道、松龄路街道、钟楼街道。博山区10个镇、街道(7镇、3街道)：白塔镇、域城镇、八陡镇、源泉镇、石马镇、博山镇、池上镇和城东街道、城西街道、山头街道。周村区10个镇、街道(5镇、5街道)：王村镇、萌水镇、南郊镇、北郊镇、商家镇和城北路街道、永安路街道、丝绸路街道、青年路街道、大街街道。临淄区12个镇、街道(7镇、5街道)：齐都镇、皇城镇、敬仲镇、朱台镇、凤凰镇、南王镇、金岭回族镇和辛店街道、闻韶街道、雪宫街道、稷下街道、齐陵街道。桓台县9个镇、街道(7镇、2街道)：果里镇、马桥镇、唐山镇、田庄镇、荆家镇、新城镇、起凤镇和索镇街道、少海街道。高青县9个镇、街道(7镇、2街道)：木李镇、青城镇、高城镇、黑里寨镇、唐坊镇、常家镇、花沟镇和田镇街道、芦湖街道。沂源县12个镇、街道(11镇、1街道)：南麻镇、南鲁山镇、鲁村镇、悦庄镇、大张庄镇、燕崖镇、中庄镇、西里镇、东里镇、张家坡镇、石桥镇和历山街道。

2010年淄博市行政区划表

表3—01

区　县	镇(个)	街道(个)	自然村(个)	土地面积(平方公里)
淄博市	59	29	3569	5965
张店区	6	7	155	360
淄川区	9	4	379	960
博山区	7	3	209	698
临淄区	7	5	414	664
周村区	5	5	227	307
桓台县	7	2	326	509
高青县	7	2	767	831
沂源县	11	1	1092	1636

(张晓东)

【人口】 截至2010年底，全市总人口4223592人，比2009年增加9535人，总人口中男性2112013人，女性2111579人，人口性别比100.02∶100.00。全年人口净迁入4328人，机械增长率1.03‰。 (计　生)

2010年淄博市人口变动情况

表3—02

地　区	总户数(户)	总人口(人)	出生人口(人)	出生率(‰)	死亡人口(人)	死亡率(‰)	自然增长率(‰)
全市	1434887	4223592	37844	8.97	33417	7.92	1.05
淄川区	239355	672798	5465	8.12	5039	7.49	0.63
张店区	220786	622033	5861	9.46	3014	4.86	4.59
博山区	167082	459462	3193	6.93	4504	9.78	−2.85
临淄区	197443	610140	5296	8.69	4709	7.73	0.96
周村区	107754	320307	2600	8.12	2167	6.77	1.35
桓台县	158136	497605	4837	9.73	4380	8.81	0.92
高青县	103964	365174	4093	11.20	4657	12.74	−1.54
沂源县	205180	564794	5011	8.88	4279	7.58	1.30
高新区	35187	111279	1488	13.60	668	6.11	7.50

(统　计)

【民族】 淄博市属少数民族散、杂居地区，有回族、满族、蒙古族、朝鲜族等少数民族。是年，少数民族城市人口与农村人口比例各为50%。全市有1个民族镇，即临淄区金岭回族镇，为全省4个民族镇之一；4个民族工作重点镇(办)，即沂源县西里镇、沂源县东里镇、临淄区闻韶街道办事处、周村区永安街道办事处；10个民族村(居)，其中9个回族村(居)、1个蒙古族村，分别为：临淄区金岭回族镇的金南居委会、金岭一村、金岭四村，齐陵街道办事处的刘营蒙古族村(全省唯一的蒙古族村)；张店区马尚镇的马尚回民新村；周村区永安办事处的灯塔居委会；沂源县东里镇的东村，西里镇的柳枝峪村、辛庄村、大刘庄村。

(胡艳霞　张闻涛)

组织机构

市级领导班子

中国共产党淄博市委员会

书　　记　刘慧晏
副 书 记　周清利
　侯法生
　李迎春(挂职，3月任职)
　陈家金(12月任职)
常　　委　刘慧晏
　周清利
　侯法生
　李迎春(挂职，3月任职)
　陈家金
　韩世幸(5月离任)
　王顶岐
　周连华
　岳华东(12月任职)
　赵启全
　郭利民
　陈　勇
　魏艳菊(女)
　林建宁
　刘中会
　张顺华(5月任职)
特邀咨询　冯梦令
　常志钧
秘 书 长　林建宁
副秘书长　巴新福
　周京明
　张爱民
　魏坤隆
　陈保会
　张承友
　田建民
　翟乃利
　王正全
　明子春
　王玉春
　杜振波(9月任职，12月离任)

淄博市人民代表大会常务委员会

主　　任　刘慧晏
第一副主任　刘池水
副 主 任　吴明君
　林春明
　韩家华
　薛安胜
　曹在堂
　王世庆
　张庆盈(女)
党组书记　刘慧晏
党组副书记　刘池水
　吴明君
特邀立法咨询　常大鹏
秘 书 长　王敦浦
副秘书长　王兹水
　刘传忠
　程嗣福
　逯平之
　聂建军
　李汝池
　朱洪亮

淄博市人民政府

市　　长　周清利
副 市 长　王顶岐
　周连华
　岳华东(12月离任)
　刘有先
　段立武(女)
　饶明忠
　林建宁(1月离任)
　庄　鸣(12月任职)
　唐福泉(1月任职)
特邀咨询　宋锡坤
市长助理　庄　鸣(12月离任)
　邹光平(12月离任)
　蒲绪章(12月离任)
　李跃刚(挂职)
　邵珠东(挂职，7月任职)
党组书记　周清利

党组副书记　王顶岐
周连华
秘书长　蒲绪章
副秘书长　王新平(1月离任)
刘秉敏(1月任职)
张鲁辛
薛福民(12月离任)
张志超(12月离任)
刘新胜
刘丙伦(1月离任)
周献珍(12月离任)
赵水清
贾光杰
沙向东
郑广庆
孙中华
王锡良(12月离任)
霍自国
闫桂新(1月任职)

中国人民政治协商会议淄博市委员会

主席　岳长志
副主席　王同和
荣　玮
王法亮
高峰岭
张建祥
尚秋云(女)
董学武
达建文
党组书记　岳长志
党组副书记　王同和
秘书长　李先坤
副秘书长　李务习(1月离任)
常承村(兼)
王庆生
于秀栋
王怀宾
张义堂

中国共产党淄博市纪律检查委员会

书记　赵启全
常务副书记　孙兴贵(6月离任)
副书记　张维政
胡博生
穆若英(6月任职)
常委　赵启全
孙兴贵(6月离任)
张维政
胡博生
穆若英(6月任职)
陈凤勤
赵中华
王建军
刘　涌
崔平生
秘书长　王建军
副秘书长　白念博(4月任职)

市委工作机构

办公厅

主任　周京明
副主任　杨　刚

督查室

主任　魏坤隆
副主任　耿庆玮
张元森

机要局

局长　任汝刚

保密委员会办公室(市政府保密局)

主任(局长)　陈保会
副主任(副局长)　孙玉海

组织部

部长　刘中会
常务副部长　曹家才
副部长　车　立(4月离任)
王亚黎
张守华
段名钰
贾素英(女)
刘　伟(9月任职)

组织员办公室

主任　车　立(兼,4月离任)
副主任　刘　伟(9月离任)
路玉田

宣传部

部长　郭利民
常务副部长　赵新法(9月离任)
李贡平(9月任职)
副部长　李贡平(9月离任)
张洪兴
张守君(女)
朱建伟
于康梅(女)

市精神文明建设委员会办公室

主任　张守君(女)

副主任　王东宏
　　　　巩绪民

对外宣传办公室(市政府新闻办公室)

主任　傅斌

统一战线工作部

部长　王同和(12月离任)
　　　魏艳菊(女,12月任职)

常务副部长　常承村

副部长　于精忠(兼,满族)
　　　　国先彧
　　　　康振东
　　　　路盛芝
　　　　吕爱国

政法委员会

书记　陈家金(12月离任)
　　　岳华东(12月任职)

常务副书记　王树银(12月任职)

副书记　刘维远
　　　　张翠芬(女)
　　　　许传杰
　　　　朱辉(12月任职)

市社会治安综合治理委员会办公室(与政法委合署)

副主任　邢书军

市维护稳定工作领导小组办公室

主任　王树银

副主任　周庆涛
　　　　王爱玲(女)

政策研究室

主任　张爱民

副主任　孙玉昌(3月离任)
　　　　李建民
　　　　王允永

市机构编制委员会办公室

主任　张守华

副主任　丁乃河(4月离任)
　　　　李克忠
　　　　孙庆元(4月任职)

台湾工作办公室(市政府台湾事务办公室)

主任　韩祥亮

副主任　吴振青(女)
　　　　王树贤

市直机关工作委员会

书记　田建民

副书记　许敏(12月离任)
　　　　高杰
　　　　刘晓明

市政府工作部门

办公厅

主任　王新平(1月离任)
　　　刘秉敏(1月任职)

副主任　赵兰弟(1月任职)
　　　　田茂庚
　　　　闫桂新(1月离任)
　　　　杜德俊
　　　　范桂君(1月任职)

党组书记　蒲绪章

党组副书记　王新平(4月离任)
　　　　　　刘秉敏

发展和改革委员会

主任　李树民

副主任　李延永
　　　　张学武
　　　　张宇信
　　　　姜延海(5月离任)
　　　　袁晖
　　　　王瑛
　　　　梁云宏(1月任职)
　　　　于道琪
　　　　张玉宝
　　　　齐孝福

党组书记　李树民

党组副书记　李延永
　　　　　　张学武

经济贸易委员会(市委经济贸易工作委员会)(2009年12月撤销)

主任　高晓峰(1月离任)

副主任　韩大力(兼,1月离任)
　　　　刘秉敏(1月离任)
　　　　赵悦杰(1月离任)
　　　　张广家(1月离任)
　　　　于明磊(1月离任)

经济和信息化委员会(市委经济和信息化工作委员会)

主任　高晓峰(1月任职)

副主任　魏玉蛟(1月任职)
　　　　韩大力(兼,1月任职)
　　　　赵悦杰(1月任职)
　　　　张广家(1月任职)
　　　　于明磊(1月任职)

工委书记　高晓峰

工委副书记　魏玉蛟
　　　　　　马小平

经济和信息化委员会信息产业处(市政府信息化办公室)

处　长(主任)　魏玉蛟(10月任职)
副处长(副主任)　马春安(10月任职)
范继英(女,10月任职)
毕　泉(10月任职)

教育局
局　　长　张洪亮(10月离任)
赵新法(10月任职)
副局长　张景春
尹玉法
唐　勋
党委书记　张洪亮(9月离任)
赵新法(9月任职)

科学技术局
局　　长　周元军
副局长　王纯国
牛圣银
周献忠
毕红卫(女)
张旭东
党委书记　周元军

知识产权局
局　　长　王纯国(兼)
副局长　曹修琦
胡庆乙

公安局
局　　长　岳华东(兼)
政　　委　桑培伦
常务副局长　桑培伦
副局长　于洪德
周立华
顾国星
许文安
倪　强
柳　奇
党委书记　岳华东
党委副书记　桑培伦
于洪德

监察局(与市纪委机关合署办公)
局　　长　孙兴贵(1月离任)
张维政(1月任职)
副局长　陈凤勤
张京河
赵中华
刘　涌

派驻第一监察室
主　　任　韩晓华(10月任职)
副主任　王　辉
张寅玲(女)
张小博
寇宗华

派驻第二监察室
主　　任　丁莉莎(女)
副主任　王雪巍
王以忠
陈思海
李德武

派驻第三监察室
主　　任　宋　娟(女)
副主任　朱永常
徐　可
陈　晶
李　润

派驻第四监察室
主　　任　林永春
副主任　刘德明(10月离任)
孙　燕(女)
梁永泉
韩志农

派驻第五监察室
主　　任　薛　南(女)
副主任　王　瑛(10月离任)
张成让
李富广
王新成

派驻第六监察室
主　　任　吕成法
副主任　花　东
王　鹏
段庆峥
蔡延凤(女)

派驻第七监察室
主　　任　成亮文
副主任　刘路生
吕　浩
彭光坤
姜艳艳(女)

派驻第八监察室
主　　任　黄宗光
副主任　谷　虹(女)
宗福顺
刘希全(10月离任)
张　华

民政局
局　　长　耿衍飞
副局长　成锡钶
张兴忠

邓红双(女)
孙清海(4月离任)
罗新生(1月任职,10月离任)
白全永
党委书记　耿衍飞
党委副书记　成锡钶

司法局
局长　王正全(1月离任)
陈维刚(1月任职)
副局长　郑建业
徐长厚
周黎明(4月离任)
贾　刚
党委书记　陈维刚

财政局
局长　王修德
副局长　卜德兰
孙兆科
王昌晖(女)
王守恕
党组书记　王修德
党组副书记　卜德兰

国有资产管理委员会办公室
主任　卜德兰(兼)
副主任　魏　波
孙鸣文

人事局(2009年12月撤销)
局长　张守华(1月离任)
副局长　丁乃河(1月离任)
孙　戈(1月离任)
赵林超(1月离任)
李克忠(1月离任)

劳动和社会保障局(2009年12月撤销)
局长　孙树仁(1月离任)
副局长　韩发磊(1月离任)
朱拥军(1月离任)
孟丽莉(女,1月离任)

人力资源和社会保障局
局长　孙树仁(1月任职)
副局长　韩发磊(1月任职)
孙　戈(1月任职)
朱拥军(1月任职)
孟丽莉(女,1月任职)
赵林超(1月任职)
党委书记　孙树仁
党委副书记　韩发磊

国土资源局
局长　王同顺
副局长　宋长清
孙　恒
马　红(女)
郭　刚
党委书记　王同顺
党委副书记　董云波

建设委员会(2009年12月撤销)
主任　刘东军(1月离任)
副主任　赵衍杰(1月离任)
杨继明(1月离任)
周　军(1月离任)
林治国(1月离任)
刘建业(1月离任)

住房和城乡建设局
局长　刘东军(1月任职)
副局长　赵衍杰(1月任职)
杨继明(1月任职)
周　军(1月任职)
林治国(1月任职)
刘建业(1月任职)
党委书记　刘东军
党委副书记　赵衍杰
邵克武(12月任职)
蔡玉亭

交通局(2009年12月撤销)
局长　孙家友(1月离任)
副局长　牛少成(1月离任)
高林海(1月离任)
任迎远(1月离任)
高天长(1月离任)
王建华(1月离任)
王　兴(1月离任)

交通运输局
局长　孙家友(1月任职)
副局长　牛少成(1月任职)
高林海(1月任职)
任迎远(1月任职)
高天长(1月任职)
任永慧(女,1月任职)
王建华(1月任职)
王　兴(1月任职)
党委书记　孙家友
党委副书记　牛少成

农业局
局长　王子林(1月离任)
王恩明(1月任职)
副局长　于根亭(1月离任)
张连波(1月任职)

朱卫东
杨明永
李洪锴
王　强(援藏)
党委书记　王子林(4月离任)
王恩明(4月任职)
党委副书记　张连波

水利与渔业局
局　长　赵有梅(1月离任)
王永胜(1月任职)
副局长　马家军(回族)
张连波(1月离任)
苗其山
蒋卫霞(女)
党委书记　赵有梅(4月离任)
王永胜(4月任职)
党委副书记　孙即顺
王　强(12月任职)

林业局
局　长　孙来斌
副局长　鹿子林(6月离任)
于学祥
王允刚
国建忠
党委书记　孙来斌

森林公安局
局　长　王尊庆
政　委　张振伟

对外贸易经济合作局(2009年12月撤销)
局　长　王　博(1月离任)
副局长　丁晓军(1月离任)
刘大力(1月离任)
傅　军(1月离任)
毛中强(1月离任)

商务局
局　长　王　博(1月任职)
副局长　丁晓军(1月任职)
刘大力(1月任职)
傅　军(1月任职)
毛中强(1月任职)
党委书记　王　博
党委副书记　丁晓军

文化局(2009年12月撤销)
局　长　曹庆文(1月离任)
副局长　赵淑慧(女,1月离任)
李玉福(1月离任)
宓传庆(1月离任)

文化出版局
局　长　曹庆文(1月任职)
副局长　李　波(1月任职,10月离任)
李玉福(1月任职)
宓传庆(1月任职)
党委书记　曹庆文

卫生局
局　长　李　敏(女)
副局长　王立春
肖洪涛
孙　辉
刘观湘(2月任职)
党委书记　李　敏(女)

人口和计划生育委员会
主　任　马国舟
副主任　邢善富
于永平
刘志强
党组书记　马国舟

审计局
局　长　王振升
副局长　杜贞耐
梅立凯
房　虹(女,10月任职)
党组书记　王振升
党组副书记　杜贞耐(12月任职)

环境保护局
局　长　李　洋
副局长　谢锡锋
于照春
吴国栋
李学太
党组书记　李　洋
党组副书记　谢锡锋

民族宗教事务局
局　长　于精忠(满族)
副局长　王爱军(女,回族)
张文堂
党组书记　于精忠(满族)

体育局
局　长　翟慎政
副局长　徐俊国
高义波
张洪德
高凤兰(女,1月任职)
董武德
党组书记　翟慎政
党组副书记　徐俊国

高义波

统计局

局　　长　刘玉玺(1月离任)
邱承江(1月任职)

副 局 长　康振东(1月离任)
盛明三
邱承江(1月离任)
崔　峰(女,1月任职)
张成旭(1月任职)

党组书记　刘玉玺(4月离任)
邱承江(4月任职)

规划局

局　　长　徐建祥

副 局 长　杜春雷
南自立
鹿斌佐
王　成

党委书记　徐建祥

旅游局

局　　长　常传喜

副 局 长　乔聚文
李庆国(1月离任)
荆茂彬

党组书记　常传喜

市政府外事办公室(市政府港澳事务办公室)

主　　任　王先义

副 主 任　魏向群
赵红霞(女)
王建忠

党组书记　王先义

市政府侨务办公室(市归国华侨联合会与其合署)

主　　任　王明智

副 主 任　郝　芳(女)
宋作平
岳纪玲(女)

党组书记　王明智

市政府法制办公室(市政府行政复议办公室)

主　　任　张志超

副 主 任　徐和平
任良成
周继轲
赵常华(女)

党组书记　徐和平

市政府金融证券工作办公室

主　　任　胡希德

副 主 任　邵世文
屈会美(女,1月任职)
李　雪(女)
张　颖(2月任职)

党组书记　胡希德

人民防空办公室

主　　任　王嗣忠

副 主 任　刘薛生
崔永军
阚淑华(女,1月任职)
田晨光

党组书记　王嗣忠

安全生产监督管理局

局　　长　勾东升

副 局 长　王刚云
高学光(1月离任)
马　力(1月离任)
王　瑛(10月任职)
杨　海(1月任职)

党组书记　勾东升

城市管理行政执法局

局　　长　温　义(1月离任)
刘丙伦(1月任职)

副 局 长　徐同海
孙立国
刘德明(10月任职)

党组书记　温　义(4月离任)
刘丙伦(4月任职)

食品药品监督管理局

局　　长　王少华

副 局 长　王立民
刘雨春(12月任职)
安烈忠
刘德鹏

党委书记　王少华

党委副书记　王立民

物价局

局　　长　石广博

副 局 长　单连荣
赵淑温
路荣伟

党组书记　石广博

市中级人民法院

院　　长　刘亚宁

副 院 长　姜乐亭
于晓东
陶志民
马学炬(回族)
张　敏

王淑玲(女)
党组书记　刘亚宁
党组副书记　姜乐亭

市人民检察院

检察长　马爱国
副检察长　靳承家
孙昆峰
刘洪海
毛　军(女)
韩　敏
党组书记　马爱国
党组副书记　靳承家
谭振民

人民团体

淄博市总工会
主　席　薛安胜
常务副主席　郭乃焕
副主席　葛泓泉
刘　蓬(女)
马瑞才
党组书记　薛安胜(12月离任)
王世庆(12月任职)
党组副书记　郭乃焕
秘书长　宋海杰

共青团淄博市委员会
书　记　魏艳菊(女,12月离任)
马召芹(女,12月任职)
副书记　马召芹(女,12月离任)
张守伟
张　华(12月离任)
党组书记　魏艳菊(女,12月离任)
马召芹(女,12月任职)
秘书长　赵晓煜

淄博市妇女联合会
主　席　翟乃翠(女)
副主席　卞　军(女)
许艳萍(女)
崔云芝(女)
党组书记　翟乃翠(女)
秘书长　刘　虹(女)

淄博市科学技术协会
主　席　王维华
副主席　袁盛刚
王克伟
鹿　林(不驻会)
姚　德(不驻会)
徐丙垠(不驻会)
刘昌俊(不驻会)
孙希奎(不驻会)
侯　健(不驻会)
许尚峰(不驻会)
党组书记　王维华

淄博市文学艺术界联合会
主　席　宗俊海
副主席　姜　岩
何象斌
李　波(不驻会,12月离任)
王金铃(不驻会,12月离任)
刘统爱(不驻会,12月离任)
王建新(不驻会,12月任职)
宓传庆(不驻会,12月任职)
赵长刚(不驻会)
唐秀玲(女,不驻会)
巩武威(不驻会,12月离任)
吕其顺(不驻会,12月任职)
郝永勃(不驻会,12月任职)
范　杰(不驻会,12月任职)
党组书记　张洪兴(兼)
党组副书记　宗俊海

淄博市社会科学界联合会
主　席　王春林
副主席　王建新
王　远
司文秀(女,12月任职)
王学真(不驻会)
鹿　林(不驻会,12月任职)
孙学海(不驻会)
张承友(不驻会,12月离任)
李建民(不驻会,12月任职)
白元廷(不驻会,12月离任)
李树博(不驻会,12月任职)
张士友(回族,不驻会,12月离任)
王克林(不驻会,12月任职)
杨　林(不驻会,12月任职)
王亮方(不驻会)
党组书记　赵新法(兼,9月离任)
李贡平(兼,9月任职)
党组副书记　王春林
王　远

淄博市归国华侨联合会(政府侨办与其合署)
副主席　魏光利
黄钟煦(不驻会)
王昌晖(女,不驻会)

淄博市工商业联合会

会　　长　董学武
副 会 长　国先彧(不驻会)
陈　辉(4月离任)
范家平(1月任职)
谭培泉(不驻会)
赵　军(不驻会)
戴继峰(不驻会)
石光华(不驻会)
孙龙平(不驻会)
王勉山(不驻会)
李俊笃(不驻会)
崔政亮(不驻会)
赵鸿富(不驻会)
李学峰(不驻会)
张建宏(不驻会)
刘启仁(不驻会)
张希忠(不驻会)
党组书记　国先彧(兼)
党组副书记　陈　辉(4月离任)
秘 书 长　祝　云(女)

淄博市残疾人联合会

理 事 长　刘　平
副理事长　李丙富
马海通(2月任职)
党组书记　刘　平

淄博市红十字会

会　　长　段立武(女,兼)
常务副会长　王长春(女)
副 会 长　王立春(不驻会,1月任职)
王修德(不驻会,1月任职)
王济雨(不驻会,1月任职)
王振升(不驻会,1月任职)
刘新胜(不驻会,1月任职)
张守华(不驻会,1月任职)
张洪亮(不驻会,1月任职)
张爱民(不驻会,1月任职)
张鲁辛(不驻会,1月任职)
赵新法(不驻会,1月任职)
段名钰(不驻会,1月任职)
姜延海(不驻会,1月任职)
耿衍飞(不驻会,1月任职)
桑培伦(不驻会,1月任职)
党组书记　王长春(女)

淄博市慈善总会

会　　长　刘有先(兼)

市人大常委会、政协、纪委工作机构

市人大常委会工作机构

办公厅

主　　任　王兹水
副 主 任　李庆国(1月任职)
吴宗乐
刘晓明(1月离任)
姜　华(女)
周国桥(1月任职)

人事代表工作室

主　　任　李汝池
副 主 任　谭启梅(女)
王永勤

研究室

主　　任　杨志军
副 主 任　程　皓

法制委员会

主任委员　王世庆(兼)
副主任委员　王文玲
李胜利
逯平之(兼,3月任职)

法制工作委员会

主　　任　王文玲(1月离任)
逯平之(1月任职)
副 主 任　于克勤(1月离任)
尹　达

内务司法委员会

主任委员　林春明(兼)
副主任委员　赵希成
王永新
程嗣福

内务司法委员会工作室

主　　任　程嗣福
副 主 任　陈福菱(女,回族)

财政经济委员会

主任委员　曹在堂(兼)
副主任委员　侯瑞铜(兼)
张亚平
周祖兴

财政经济委员会工作室

主　　任　侯瑞铜
副 主 任　王化福
焦振军

农业与农村委员会

主任委员　林春明(兼)
副主任委员　刘传忠(兼)
申文良

沈滋毅

农业与农村委员会工作室

主　　任　刘传忠

副 主 任　陈长升

魏秀芹(女)

城乡建设环境保护委员会

主任委员　韩家华(兼)

副主任委员　梅学峻(女)

张可君

聂建军(兼,3月任职)

城乡建设环境保护委员会工作室

主　　任　聂建军

副 主 任　王志勇

教育科学文化卫生人口委员会

主任委员　薛安胜(兼)

副主任委员　刘　峰

陈继华

张照青

教育科学文化卫生人口委员会工作室

主　　任　张照青(10月离任)

副 主 任　李　静(女,6月离任)

秦利学(女,1月任职)

民族侨务外事委员会

主任委员　韩家华(兼)

副主任委员　司志峰(兼)

王旭泽

民族侨务外事委员会工作室

主　　任　司志峰

副 主 任　王秀光(女)

昃欣萍(女)

市政协工作机构

办公厅

主　　任　于秀栋(兼)

副 主 任　金晓莉(女)

研究室

主　　任　董　琨(1月任职)

副 主 任　董　琨(1月离任)

提案委员会

主　　任　张义堂

副 主 任　丁乃河(兼)

卜德兰(兼)

王　军(兼)

王济众(兼)

王新平(兼)

车　立(兼)

李美英(女,兼)

张玉兰(女,兼)

人口资源环境委员会

主　　任　周安颇

副 主 任　王同顺(兼)

李　洋(兼)

张振宝(兼)

范玉美(女,兼)

赵有梅(兼)

赵衍杰(兼)

崔建国

路跃成(兼)

文史资料委员会

主　　任　李务习(1月离任)

李美英(女,1月任职)

副 主 任　丁　涛(兼)

王春林(兼)

刘继海(兼)

毕谦祥(1月离任)

赵新法(兼)

翟乃利(兼)

樊　萍(女)

经济科技委员会

主　　任　王庆生

副 主 任　马立山(兼)

王子林(兼)

王怀宾(兼)

王衍明(兼)

李延永(兼)

周元军(兼)

常　红(女)

韩　林(兼)

潘荣文(兼)

高庆云

文教卫体委员会

主　　任　孙永绥

副 主 任　李　敏(女,兼)

张　玉(女,10月离任)

张洪亮(兼)

孟鸿声(兼)

高义波(兼)

曹庆文(兼)

社会法制委员会

主　　任　张学信(10月离任)

副 主 任　于精忠(兼)

王正全(兼)

牟志斌(兼)

胡博生(兼)

赵荣生(兼)

耿衍飞(兼)

杨士进

台港澳侨和外事委员会

主　　任　林　榕

副 主 任　王　博(兼)

王先义(兼)

王明智(兼)

林红霞(女,高山族,兼)

姜闽英(女)

韩祥亮(兼)

委员活动工作室

主　　任　王志凤(女)

副 主 任　苏少龙

市纪委工作机构

办公厅

主　　任　崔平生(4月离任)

杨新胜(4月任职)

综合监察室

主　　任　荆培鲁(4月离任)

杨德俊(4月任职)

研究室

主　　任　李德波

干部管理室

主　　任　王学刚(12月离任)

信访室(市国家行政机关工作人员违法违纪举报中心)

主　　任　贾宝成

案件审理室

主　　任　吉　凯

党风廉政建设室

主　　任　吴秀峰(女)

纠正部门和行业不正之风室(市纠正部门和行业不正之风办公室)

主　　任　荆培鲁(4月任职)

执法监察室

主　　任　王京海

宣传教育室

主　　任　乔　华(女,4月任职)

政策法规室

主　　任　孙　斌

纪检监察一室

主　　任　王　彬(4月任职)

纪检监察二室

主　　任　韩纪彬(4月离任)

孙春生(4月任职)

经济环境和机关效能投诉中心

主　　任　陈凤勤

副 主 任　周心广

杨德俊(4月离任)

车春雷(4月任职)

案件监督管理室

主　　任　赵建波

机关党委

专职副书记　王　莉(女)

派驻第一纪检组

书　　记　韩晓华

副 书 记　王　辉

张寅玲(女)

张小博

寇宗华

派驻第二纪检组

书　　记　丁莉莎(女)

副 书 记　王雪巍

王以忠

陈思海

李德武

派驻第三纪检组

书　　记　宋　娟(女)

副 书 记　朱永常

徐　可

陈　晶

李　润

派驻第四纪检组

书　　记　林永春

副 书 记　刘德明(9月离任)

孙　燕(女)

梁永泉

韩志农

田旭东(12月任职)

派驻第五纪检组

书　　记　薛　南(女)

副 书 记　王　瑛(9月离任)

张成让

李富广

王新成

派驻第六纪检组

书　　记　吕成法

副 书 记　花　东

王　鹏

段庆峥

蔡延凤(女)

派驻第七纪检组

书　　记　成亮文

副 书 记　刘路生

吕　浩

彭光坤

姜艳艳(女)

派驻第八纪检组

书　　记　黄宗光
副 书 记　谷　虹(女)
　　　　　宗福顺
　　　　　刘希全(9月离任)
　　　　　张　华

市委、市政府直属事业单位及经济组织

市委党史资料征集研究委员会

主　　任　侯希杰(9月离任)
　　　　　司志兰(女,12月任职)
副 主 任　司志兰(女,12月离任)
　　　　　孟海滨
　　　　　韩国华

市委党校

校　　长　刘慧晏(兼)
常务副校长　明子夫
副 校 长　刘继海
　　　　　刘昕剑
　　　　　张志忠
　　　　　孙学海
　　　　　阚兆国
　　　　　庞允悌
党委书记　明子夫
党委副书记　张洪超

淄博日报社

社　　长　李贡平(9月离任)
　　　　　任传斗(9月任职)
总 编 辑　任传斗(9月离任)
　　　　　潘海涛(9月任职)
副 社 长　潘海涛(9月离任)
　　　　　王　胜
副总编辑　孙廷国
　　　　　鞠庆田
　　　　　张其林
　　　　　毕玉国
党委书记　李贡平(9月离任)
　　　　　任传斗(9月任职)
党委副书记　任传斗(9月离任)
　　　　　潘海涛

市委农村工作领导小组办公室

主　　任　王正全
副 主 任　孙玉昌(3月任职)

广播电视总台(局)

台(局)长　吴兆金
副台(局)长　徐和峰
　　　　　王增福
党委书记　吴兆金
党委副书记　徐和峰
　　　　　王增福

新闻出版局(同时挂版权局牌子,2009年12月撤销)

局　　长　(空缺)
副 局 长　司志兰(女,1月离任)
　　　　　李炳平(1月离任)
　　　　　魏凡龙(1月离任)

文化市场执法局(2009年12月成立)

局　　长　刘长江(1月任职)
副 局 长　李炳平(1月任职)
　　　　　魏凡龙(1月任职)
党组书记　刘长江(4月任职)

煤炭工业管理局

局　　长　路跃成
副 局 长　董以琦
　　　　　何　沛
　　　　　张兆兴(1月任职)
党组书记　路跃成

地震局

局　　长　王　健
副 局 长　张志毅
　　　　　罗玉芹(女)
党组书记　王　健

老龄工作委员会办公室

主　　任　吕宜民
副 主 任　刘光武
　　　　　尹　智(4月离任)
　　　　　吕传令(1月离任)
党组书记　吕宜民

淄博仲裁委员会办公室

主　　任　刘　强
副 主 任　张景民
　　　　　马　龙
　　　　　傅国普
党组书记　刘　强
党组副书记　张景民

山东省陶瓷公司

经　　理　韩克新
副 经 理　李　雷

物资集团总公司

总 经 理　刘绵昌
副总经理　任应城
　　　　　许　博
党委书记　刘绵昌

商业集团总公司

总 经 理　张　波
副总经理　程　忠
　　　　　曹卫国(12月离任)

党委书记　张　波

供销合作社联合社

主　　任　宋少飞

副 主 任　伊永祥

孙树田

监事会主任　伊永祥

监事会副主任　谭立斌

党委书记　宋少飞

信息产业局(9月撤销)

局　　长　魏玉蛟(10月离任)

副 局 长　耿新伟(10月离任)

马春安(10月离任)

范继英(女,10月离任)

党组书记　魏玉蛟(9月离任)

住房公积金管理中心

主　　任　孙忠廷

副 主 任　巩庆民

李　涛

党组书记　孙忠廷

畜牧兽医局

局　　长　张洪范

副 局 长　徐建光

张志祥

党组书记　张洪范

农业综合开发办公室

主　　任　王本富(4月离任)

姜延海(5月任职)

副 主 任　李士堂

张传勇

李东标

党组书记　王本富(4月离任)

姜延海(4月任职)

中心城区旧城改造办公室(9月成立)

主　　任　孙中华(10月任职)

副 主 任　闫德刚(10月任职)

边立群(10月任职)

党组书记　邵克武(12月任职)

部门管理或领导的单位

市委、市政府信访局(市委群众工作部)

局　　长　翟乃利

部　　长　翟乃利(12月任职)

副 局 长　王希森

宗可胜

张　涛

安桂芳(女)

副 部 长　王希森(12月任职)

宗可胜(12月任职)

张　涛(12月任职)

安桂芳(女,12月任职)

档案馆(局)

馆(局)长　闫佳敏(女)

副馆(局)长　沈凤英(女)

毕研一

党组书记　闫佳敏(女)

市委接待处(市市级机关事务管理局)

处　　长　周京明(兼,9月离任)

孙晓东(9月任职)

局　　长　孙晓东(12月任职)

副 处 长　王汉国

李　洁(女)

市委老干部局

局　　长　段名钰

副 局 长　王业俊

孙建国

徐文勇

市级机关干部休养所

所　　长　王业俊(兼)

副 所 长　王佃龙(9月离任)

刘　军

方迎春(女)

政府研究室

主　　任　张鲁辛(12月离任)

副 主 任　李树博

白元廷(6月离任)

高乾长

地方史志办公室

主　　任　董振忠

副 主 任　郭能勇(1月离任)

安永善

徐　杰

党组书记　董振忠

粮食局

局　　长　王永胜(1月离任)

于根亭(1月任职)

副 局 长　王延科

杨士鹏(1月任职)

党委书记　王永胜(1月离任)

于根亭(1月任职)

党委副书记　袁长顺

招商局

局　　长　贾　刚

副 局 长　张建东

王玉周

孙国强

夏　磊

党组书记　贾　刚

经济协作办公室（2009年12月撤销）

主　　任　高晓峰（1月离任）
副 主 任　钟　群（1月离任）
王向阳（1月离任）
孔祥礼（1月离任）

经济合作局

局　　长　高晓峰（1月离任）
副 局 长　钟　群（1月任职）
王向阳（1月任职）
王化虎（1月任职）
孔祥礼（1月任职）
党总支书记　高晓峰（12月离任）
魏玉蛟（12月任职）
党总支副书记　钟　群

公用事业管理局

局　　长　谢贤云
副 局 长　聂曙光
苏嗣君
党委书记　赵衍杰（12月任职）
党委副书记　谢贤云

服务业办公室

主　　任　李延永
副 主 任　宋卫民
李庆洪
吕　伟
翟作彪（1月任职）
党组书记　李延永

中小企业局（乡镇企业管理局）

局　　长　韩大力
副 局 长　孙　钰（1月离任）
孟繁远
李　勇
刘　敏（女）
党总支书记　韩大力

机械行业协会

会　　长　董存良
副 会 长　赵增永
周龙贤
党总支书记　董存良

轻工行业协会

会　　长　邱万勇
副 会 长　蔡志刚
何雅英（女）
党总支书记　邱万勇

纺织行业协会

会　　长　赵　鹏
副 会 长　刘贵华
刘锋章（蒙古族）
党总支书记　赵　鹏
党总支副书记　刘贵华

建材冶金行业协会

会　　长　侯　勇
副 会 长　黄业嵩
冯翠云（女）
张志勇
党总支书记　侯　勇

化工行业协会

会　　长　乔昌明
副 会 长　段秀庆
霍同高
赵恩俊
党总支书记　乔昌明

陶瓷行业协会

会　　长　韩克新
副 会 长　李　雷
崔　刚
党总支书记　韩克新

医药行业协会

会　　长　李祥麟
党总支书记　李祥麟

房产管理局

局　　长　杨继明
副 局 长　周茂双
高　燕（女）
孙志杰
党委书记　杨继明

南水北调工程建设管理局（引黄供水工程指挥部）

局　　长　王绍臣
副 局 长　翟海波
李　晶（1月任职）

农业机械管理局

局　　长　许子森
副 局 长　齐英玉
王守山
党委书记　许子森

民主党派

中国国民党革命委员会淄博市委员会

主　　委　饶明忠
副 主 委　丁修海
王怀宾
王建国
张庆盈（女）
秘 书 长　王怀宾（兼）

中国民主同盟淄博市委员会

主　　委　达建文

副 主 委　樊　萍(女)

林红霞(女,高山族)

马志忠

秘 书 长　高　清

中国民主建国会淄博市委员会

主　　委　王法亮

副 主 委　李军生

冯彦博(10月离任)

王　军

林治国

秘 书 长　王　军(兼)

中国民主促进会淄博市委员会

主　　委　荣　玮

副 主 委　禚淑萍(女,10月任职)

姜尚敬

孟鸿声(12月离任)

孙晓萍(女)

秘 书 长　孟鸿声(兼,12月离任)

中国农工民主党淄博市委员会

主　　委　张京河

副 主 委　高晓霞(女,10月离任)

曹元成

李居富

郑　杰

张振宝(10月任职)

秘 书 长　张振宝

致公党淄博市委员会

主　　委　吴宗杰

副 主 委　刘玉泽(女)

秘 书 长　丁　涛(1月离任)

九三学社淄博市委员会

主　　委　王济众

副 主 委　曹新忠

郭洪玉

孟　强

张店区

区　委

书　　记　许建国

王　咏(12月任职)

杜振波(援藏,9月离任)

副 书 记　王　咏(12月离任)

沙向东(12月任职)

邵克武(12月离任)

徐　磊(12月任职)

刘立锋(挂职,3月任职)

常　　委　许建国(12月离任)

王　咏

沙向东(12月任职)

邵克武(12月离任)

徐　磊(12月任职)

刘立锋(挂职,3月任职)

孔令亮(12月离任)

傅曙光(女)

王立军

杜振波(援藏,9月离任)

杜海圣

汪德法

孙激波

赵晨光(12月任职)

徐俊杰

吕　惠

区人大常委会

主　　任　许建国

第一副主任　王玉美(女,1月离任)

杨爱群(1月任职)

副 主 任　徐国庆

魏爱英(女,1月离任)

杨全华

陈长鹏(1月任职)

区政府

区　　长　王　咏(12月离任)

代理区长　沙向东(12月任职)

副 区 长　沙向东(12月任职)

王立军

杜海圣

王　勇

刘玉泽(女)

岳　杰

刘承志

区政协

主　　席　周　明

副 主 席　赵　峰

王建国

庄步才

曹维淮

禚淑萍(女)

区纪委

书　　记　傅曙光(女)

淄川区

区　委

书　　记　丛锡钢(12月离任)

杨洪涛(12月任职)

白平和(援藏,4月任职)
副 书 记 杨洪涛(12月离任)
李新胜(12月任职)
祁连山
常 委 丛锡钢(12月离任)
杨洪涛
李新胜(12月任职)
祁连山
阎炳义
王召槐
胡志峰
白相房
张学峰
李 涌(12月任职)
冯丽萍(女)
白平和(援藏)
杨福信(6月离任)
杨国明(6月任职)

区人大常委会
主 任 蒋宗海(1月离任)
丛锡钢(1月任职)
第一副主任 陈涟元(1月任职)
副 主 任 王秉忠
司衍会
李兰珉
唐凤德
车献芸(女)

区政府
区 长 杨洪涛(12月离任)
代理区长 李新胜(12月任职)
副 区 长 李新胜(12月任职)
王召槐
白平和(援藏)
白相房(1月离任)
李 涌
苗 波(女)
司继长
孙月东(12月任职)

区政协
主 席 李淑湘
副 主 席 魏心东(1月离任)
苏成宝
李 玲(女)
于加宁
郭尚书
崔爱农
贾元柱(1月任职)

区纪委
书 记 冯丽萍(女)

博山区

区 委
书 记 王树槐
副 书 记 刘荣喜
徐 磊(12月离任)
周茂松(12月任职)
常 委 王树槐
刘荣喜
徐 磊(12月离任)
穆若英(女,5月离任)
周茂松
任书升
朱庆雷
宗志坚
周庆德
郑德庆
王培勇
张 华(12月任职)
成 文(女,5月任职)

区人大常委会
主 任 王树槐
第一副主任 宋元爱(女)
副 主 任 黄汝丰
冯彦博(1月离任)
焦方乾
孙昆华

区政府
区 长 刘荣喜
副 区 长 任书升
宗志坚
段迎春(女)
李 森
王培勇(1月离任)
齐进山
李同军(1月任职)

区政协
主 席 崔振德
副 主 席 李继唐
穆秋萍(女,1月离任)
杨 博(女)
韩祥才
李玉森(1月任职)
丁修海
张新清

区纪委

书　　记　穆若英(女,5月离任)

朱庆雷(5月任职)

周村区

区　委

书　　记　王树武(12月离任)

韩昆山(12月任职)

副 书 记　韩昆山(12月离任)

常跃之(12月离任)

杜振波(12月任职)

陈思林(12月任职)

常　　委　王树武(12月离任)

韩昆山

常跃之(12月离任)

杜振波(12月任职)

陈思林

李作霖(12月离任)

于　军

曲　明(女)

阚金智

邢　强(12月任职)

朱　辉(12月离任)

宋呈远

刘长民

张　亮(12月任职)

蔡华刚(12月任职)

苏建斌(挂职,6月任职)

区人大常委会

主　　任　王树武

第一副主任　周克达

副 主 任　李军生

周　勇

尚坤宗

韩桂芳(女)

区政府

区　　长　韩昆山(12月离任)

代理区长　杜振波(12月任职)

副 区 长　杜振波(12月任职)

陈思林

于　军

苏建斌(挂职,6月任职)

解翠红(女)

尹　鹏

张　亮(援藏)

蔡华刚

耿玉河

区政协

主　　席　康仲新

副 主 席　王翔宇

曹元成

李玉清(女)

黄永志

崔来远

张继胜

区纪委

书　　记　曲　明(女,12月离任)

邢　强(12月任职)

临淄区

区　委

书　　记　唐福泉(4月离任)

毕荣青(女,4月任职)

副 书 记　毕荣青(女,4月离任)

宋振波

刘建萍(女,挂职,3月任职)

巩曰锋(4月任职)

潘　清(援藏,6月任职)

常　　委　唐福泉(4月离任)

毕荣青(女)

宋振波

刘建萍(女,挂职,3月任职)

巩曰锋

潘　清(援藏,6月任职)

申佃军

许　刚

孙海青(女)

聂玉彬

王义朴

曹丕祯

周尔清

董红光(4月任职)

区人大常委会

主　　任　唐福泉(5月离任)

毕荣青(女,5月任职)

第一副主任　李胜联

副 主 任　马运贵

路剑三

王延珍

徐秋月(女)

区政府

区　　长　毕荣青(女,5月离任)

宋振波(5月任职)

副 区 长　巩曰锋(5月离任)

许　刚

孙海青(女,5月任职)
齐昌成
王克林
马克久(回族)
张召才(5月任职)

区政协
主　　席　王秀荣(女)
副 主 席　王新荣
于　海
武守南
于星光
崔来祥
苗　玉

区纪委
书　　记　聂玉彬

桓台县

县　委
书　　记　陈　勇
副 书 记　王可杰
刘春杰
周鹏飞(挂职,3月任职)
常　　委　陈　勇
王可杰
刘春杰
周鹏飞(挂职,3月任职)
翟惠博
王秀辉
高连义
伊茂彦
蒲先农
赵　霞(女)
孙长顺
王路军

县人大常委会
主　　任　尹德喜(1月离任)
任德盈(1月任职)
副 主 任　张　明(1月离任)
胡　峰
王　玲(女)
李崇伦
李向东
邵明义

县政府
县　　长　王可杰
副 县 长　高连义
伊茂彦
马　靖(女)
张成利
王金栋
何向东

县政协
主　　席　任德盈(1月离任)
张　明(1月任职)
副 主 席　荆树璞
张连勋(1月离任)
裴培科
毕玉秀(女)
崔亦伦
荆　锐
王子义(1月任职)

县纪委
书　　记　翟惠博

高青县

县　委
书　　记　李灿玉
副 书 记　徐培栋
侯全明(12月离任)
刘忠远(12月任职)
常　　委　李灿玉
徐培栋
侯全明(12月离任)
刘忠远
边江风(女)
工克海
李　勇
孙英涛(12月任职)
于新华
满　军
崔玉栋
杜全章(6月离任)
李厚海(6月任职)
邢　强(12月任职,12月离任)

县人大常委会
主　　任　李灿玉
第一副主任　曹国孝(1月离任)
刘云燕(1月任职)
副 主 任　张　瑞
耿瑞光(1月任职)
王智平(1月任职)
王江宁(1月离任)
孙元荣(女)

县政府
县　　长　徐培栋
副 县 长　刘忠远(12月离任)

王克海
崔玉栋(12月任职)
白明河(1月离任)
崔新花(女)
孙英涛(12月离任)
刘　军(12月任职)
侯本兵
邢　强(挂职,12月离任)
高连家(1月任职)

县政协
主　　席　陈国华(女,1月离任)
　　　　　侯全明(1月任职)
副 主 席　孙玉峰(1月离任)
　　　　　白明河(1月任职)
　　　　　王永民
　　　　　李俊国
　　　　　吴志明
　　　　　李梅杰
　　　　　于凤云(女)

县纪委
书　　记　李　勇

沂源县

县　委
书　　记　韩国祥(12月离任)
　　　　　苏　星(12月任职)
副 书 记　苏　星(12月离任)
　　　　　谭秀中
　　　　　许鸣界(挂职,3月任职)
　　　　　陆汉明(12月任职)
常　　委　韩国祥(12月离任)
　　　　　苏　星
　　　　　谭秀中
　　　　　许鸣界(挂职,3月任职)
　　　　　陆汉明
　　　　　刘传新(12月离任)
　　　　　李明涛
　　　　　李庆彪(12月任职)
　　　　　邹宗森
　　　　　王学刚(12月任职)
　　　　　王龙辉
　　　　　周士亮
　　　　　吕明艳
　　　　　黄雪颂(女,4月任职)
　　　　　刘东生(挂职,12月离任)

县人大常委会
主　　任　韩国祥
第一副主任　赵希忠
副 主 任　曹秀芹(女)
　　　　　王兴隆(1月离任)
　　　　　郭宝庆
　　　　　何剑明(1月任职)
　　　　　苗希峰

县政府
县　　长　苏　星(12月离任)
代理县长　谭秀中(12月任职)
副 县 长　谭秀中(12月任职)
　　　　　刘传新(12月离任)
　　　　　李明涛
　　　　　陈兆爱(女)
　　　　　李庆彪
　　　　　王怀志
　　　　　陈保华
　　　　　胡敬涛(12月任职)
　　　　　崔伟春(援藏,6月任职)
　　　　　刘东生(挂职,12月离任)

县政协
主　　席　谭秀中
副 主 席　董玉贞(女)
　　　　　陈传禄
　　　　　朱万玲
　　　　　秦明兰(女)
　　　　　张和慈
　　　　　张振军

县纪委
书　　记　邹宗森

淄博高新技术产业开发区

中共淄博高新技术产业开发区工作委员会
书　　记　庄　鸣
副 书 记　韩志强
　　　　　孙兆海
　　　　　李新胜(12月离任)
　　　　　陈德诚

淄博高新技术产业开发区管委会
主　　任　庄　鸣
常务副主任　韩志强
副 主 任　李新胜
　　　　　鹿奉俊
　　　　　程光磊
　　　　　牛圣银
　　　　　孙　刚

纪委(监察局)
书　　记　孙兆海
局　　长　张新平(10月离任)
　　　　　花光常(10月任职)

党委、管委会办公室
主　　任　侯希智(9月离任)
郭　成(9月任职)
组织人事部(人力资源和社会保障局)
部　　长　郭　成(9月离任)
张新平(9月任职)
局　　长　郭　成(10月离任)
张新平(10月任职)
经济发展局
局　　长　逄锦波
规划建设土地局
局　　长　张永泉
财政局
局　　长　杜玉林
审计物价局
局　　长　焦　刚
地方经济社会事业管理局
局　　长　花光常(10月离任)
解　典(10月任职)
开发区人民法院
院　　长　孙星光
副 院 长　张明洲
朱玉生
党组书记　孙星光
开发区人民检察院
检 察 长　李家玉
副检察长　马连生
纪善明
党组书记　李家玉
市公安局开发区分局
局　　长　伊若健
政　　委　董俊生
副 局 长　邢延明
张健华(10月离任)
聂玉鸿
赵化林
党委书记　伊若健
党委副书记　董俊生
邢延明

淄博齐鲁化学工业区

中共淄博齐鲁化学工业区工作委员会
书　　记　唐福泉(2月离任)
毕荣青(女,2月任职)
副 书 记　毕荣青(女,2月离任)
宋振波
巩曰锋(4月任职)
淄博齐鲁化学工业区管理委员会
主　　任　毕荣青(女,5月离任)
宋振波(5月任职)

淄博市文昌湖旅游度假区(2010年11月成立)

中共淄博市委文昌湖旅游度假区工作委员会
书　　记　常跃之(12月任职)
副 书 记　杜春雷(12月任职)
朱洪岭(12月任职)

中国人民解放军淄博军分区

党委第一书记　刘慧晏
书　　记　韩世幸(4月离任)
张顺华(4月任职)
副 书 记　鞠洪仑(8月离任)
刘春国(8月任职)
司 令 员　鞠洪仑(8月离任)
刘春国(8月任职)
政治委员　韩世幸(4月离任)
张顺华(4月任职)
副司令员　阎相宣
油朝康
副政治委员　赵光军
刘炳才
参 谋 长　李　峰
政治部主任　栾春胜
后勤部部长　荆树富

中国人民武装警察部队淄博市支队

支 队 长　黄顺生
第一政委　岳华东(兼)
政　　委　荣先锋
副支队长　郑洪启
副 政 委　薛若卫(3月离任)
赵　剑(3月任职)
参 谋 长　吕　军
政治处主任　赵　剑(3月离任)
王　冰(3月任职)
后勤处处长　胡延东(3月离任)
杨崇华(3月任职)

部属、省属单位

中国石化集团资产经营管理有限公司齐鲁石化分公司
经　　理　常振勇(7月离任)
李安喜(7月任职)
副 经 理　席秀海
吴　耘
翟丕沐

党委书记　席秀海
党委副书记　王洪亮
　刘长新(12月离任)

中国石油化工股份有限公司齐鲁分公司
经　　理　常振勇(7月离任)
　李安喜(7月任职)
副经理　张绍光
　孟祥德

山东铝业公司
经　　理　王再云
副经理　于　健
　张正基
党委书记　尹雪春

中国铝业股份有限公司山东分公司
总经理　刘兴亮(6月离任)
　王再云(6月任职)
副总经理　尹雪春
　高贵超(3月离任)
　刘昌俊
　王克岳
　孙　波

淄博矿业集团有限责任公司
董事长　马厚亮(8月离任)
　张寿利(8月任职)
总经理　张寿利
副总经理　张传业
　张　文
　段绪兵
　赵清珠
　徐其端
　张若祥
　孙清华
党委书记　马厚亮(8月离任)
　张寿利(8月任职)
党委副书记　张寿利(8月离任)
　张道伦

淄博市邮政局
局　　长　宋立华
副局长　李勇林
　刘洪光
党委书记　宋立华

中国联合网络通信有限公司淄博市分公司
总经理　魏德胜
副总经理　邢福俊
　李永涛
　韩金祥
　周　波
　李国庆
党委书记　魏德胜
党委副书记　邢福俊

中国移动通信集团山东有限公司淄博分公司
总经理　孙晓燕(女)
副总经理　秦志敏(女)
　刘　鹏
党委书记　李建新

淄博市气象局
局　　长　贺业坤
副局长　王俊华
　臧传花(女)
党组书记　贺业坤

淄博供电公司
总经理　徐　峰
副总经理　于金涛(7月任职)
　文鸣鑫(6月离任)
　王照晨
　张　鑫
　朱薪志(6月离任)
　赵　峰(7月任职)
党委书记　于金涛(7月任职)
党委副书记　徐　峰

淄博市国家税务局
局　　长　张文泉
副局长　王衍明
　王　莉(女,10月离任)
　杨　林
　刘普照
党组书记　张文泉

淄博市地方税务局
局　　长　于　波
副局长　潘荣文
　衣建军
　赵德森
　石光华
党组书记　于　波

淄博市工商行政管理局
局　　长　王传新
副局长　张传孝(8月离任)
　栾召金
　吕丕军(11月任职)
　王光春
　刘成亮
党委书记　王传新
党委副书记　栾召金(11月任职)

淄博市质量技术监督局
局　　长　林　平
副局长　赵　军

刘宁博(3月任职)
王 磊
张同秀(女)
党组书记 林 平

淄博市国家安全局
局 长 赵水清
党委书记 赵水清

中国人民银行淄博市中心支行(与国家外汇管理局淄博中心支局合署)
行 长 张光森
副行长 崔玉林
徐 宁
刘 洁(女)
孙广明
党委书记 张光森
党委副书记 崔玉林

中国银行业监督管理委员会淄博监管分局
局 长 于树明(12月任职)
副局长 于树明(12月离任)
姜立惠
郭传刚
党委书记 于树明(12月任职)
党委副书记 于树明(12月离任)

中国工商银行淄博市分行
行 长 赵玉良
副行长 王国友
王立亭
石志国
李新武(7月离任)
祝广成
党委书记 赵玉良

中国农业银行淄博市分行
行 长 李长波
副行长 宋作家
韩文英
张海山
韩怀德
白 明(10月离任)
党委书记 李长波
党委副书记 宋作家

中国建设银行淄博市分行
行 长 马天军(2月离任)
张凌波(2月任职)
副行长 邵 磊
张兆鹏
吴广庆
魏成花(女)
党委书记 马天军(2月离任)
张凌波(2月任职)

中国农业发展银行淄博市分行
行 长 柴洪德(3月离任)
张志强(3月任职)
副行长 李 钢
杨庆岭
李长红(2月任职)
党委书记 柴洪德(3月离任)
张志强(3月任职)

中国银行淄博分行
行 长 李进生
副行长 刁玉波(4月离任)
朱国庆
王 军
张 铭(6月任职)
党委书记 李进生
党委副书记 杨京连

交通银行淄博分行
行 长 韩会雷(3月离任)
副行长 孙传刚(3月任职)
鲁林法
桑 剑(3月任职)
党委书记 韩会雷(3月离任)

中国人民保险公司淄博分公司
总经理 赵德亭
副总经理 张建国
孙 涛(8月任职)
毕德丽(女,5月任职)
党委书记 赵德亭

中国人寿保险股份有限公司淄博分公司
总经理 王 杰(12月离任)
康小川(12月任职)
副总经理 关明明
张仕祯
黄 斌(9月任职)
党委书记 王 杰(12月离任)
康小川(12月任职)

中国太平洋财产保险股份有限公司淄博中心支公司
总经理 关庆杰
副总经理 赵 波
周 玮(女)
李 华(女)
党委书记 关庆杰

中国太平洋人寿保险股份有限公司淄博中心支公司
总经理 张玉坤(5月离任)
王宗民(5月任职)
副总经理 贾方纪(5月任职)
党委书记 张玉坤(5月离任)

王宗民(5月任职)

中国平安保险股份有限公司淄博支公司(寿险)

总 经 理　王　孟

副总经理　翟　敏(女)

刘　刚(3月任职)

党支部书记　王　孟

中国平安保险股份有限公司淄博支公司(财险)

总 经 理　宁延庆(10月任职)

副总经理　宁延庆(10月离任)

毕新宇(女)

李丰生(2月任职)

党支部书记　刘俊龙

中华人民共和国淄博出入境检验检疫局

局　长　李金山

副 局 长　王克刚

张承文

党组书记　李金山

中华人民共和国淄博海关

关　长　邱　林

副 关 长　毛　峰(3月离任)

刘禄玲(3月任职)

王　宏(女)

党组书记　邱　林

淄博市丝绸公司

经　理　焦连栋

副 经 理　曹永志

党委书记　焦连栋

淄博市烟草专卖局(公司)

局　长　王洪波(7月离任)

谢　云(7月任职)

总 经 理　王洪波(7月离任)

谢　云(7月任职)

副 局 长　翟汉臣

副总经理　翟　义

王健民

马天任

闫厚强(挂职)

党委书记　王洪波(7月离任)

谢　云(7月任职)

淄博黄河河务局

局　长　李振玉

副 局 长　丁惠新

赵建勇

冷继省

党组书记　李振玉

党组副书记　丁惠新

国家统计局淄博调查队

队　长　盛明三

副 队 长　李　锐

党组书记　刘玉玺(6月离任)

盛明三(6月任职)

党组副书记　盛明三(6月离任)

中国电信集团公司山东省淄博市电信分公司

总 经 理　孙明泉

副总经理　张继东

姚鲁生

林　琦(4月离任)

尹常青(4月任职)

党委书记　孙明泉

(王洪波　王建军　整理)

经济和社会发展

【国民经济】 2010年,全市地区生产总值完成2866.75亿元,比2009年增长13.7%。农业平稳发展,粮食生产连续8年获得丰收,粮食总产175.5万吨,增长7.5%;蔬菜、林果、畜牧等主导产业发展步伐加快,市级以上农业龙头企业发展到122家,已认证市级农业标准化生产基地6.67万公顷,无公害农产品、绿色食品、有机农产品和农产品地理标志数量达到221个。成功创建为全国绿化模范城市。工业保持较快发展,规模以上工业增加值1808.31亿元,增长16.18%。服务业发展开始提速,服务业增加值占地区生产总值的比重达到34.7%,提高1.1个百分点。经济效益继续提高,全市规模以上工业销售收入、利税、利润分别为7709.86亿元、966.72亿元和560.84亿元,分别增长31.1%、38.28%和50.09%。财税收入增长较快,全市境内财政总收入达到398.19亿元,增长26.01%;其中地方财政收入162.4亿元,增长26.11%。金融运行比较平稳,全市金融机构各项人民币存款余额2470.56亿元,比年初增加325.35亿元;各项贷款余额1686.13亿元,比年初增加290.84亿元。城乡居民收入继续增加,城镇居民人均可支配收入和农民人均纯收入分别为21784元、9195元,分别增长13%和14.75%。

【经济结构调整】 产业布局调整力度加大。中心城区东部化工区搬迁改造进展顺利,新建化工园区基础设施完成90%以上,村庄搬迁基本完成,企业搬迁项目全面开工。自主创新能力建设得到加强,高新技术产业较快发展。新增省级以上各类研发中心23家、院士工作站10家、博士后流动工作站4家;组织实施一批技术改造项目,实现技改投资624.05亿元;全市规模以上高新技术产业产值3024.48亿元,同比增长36.41%,占规模以上工业总产值的比重达到38.18%,比2009年年末提高2.38个百分点。现代服务业发展进一步加快。组织实施42个现代服务业项目,文昌湖省级旅游度假区、中心城区城市综合体等一批重大项目签约实施。节能减排和环境整治取得显著成效。重点行业、重点企业能耗不断下降，全面完成省政府下达的“十一五”时期节能任务目标；全面启动创建国家环境保护模范城市工作，整治污染企业1576家，关停土小企业687家，全市8条重点河流、15个重点河流断面基本达到恢复鱼类生长要求，饮用水源地水质达标率100%，完成省政府下达的“十一五”期间主要污染物减排任务目标。需求结构趋于均衡。投资结构进一步优化，全市规模以上固定资产投资1290.92亿元，同比增长22.6%。其中，服务业投资所占比重达到47.1%，同比提高1.6个百分点。消费拉动作用增强，全市社会消费品零售总额1005.68亿元，同比增长18.8%；居民消费价格上涨2.7%，低于全国、全省水平。

【城乡建设统筹发展】 生态和谐宜居城市建设加快推进。抓住承办第二十二届省运会契机，圆满完成体育中心和运动员公寓等重大项目建设。先后启动实施城市路网提升、园林绿化、城区亮化、环境综合整治等城市建设重点项目，城市面貌焕然一新。对56条城区道路进行新建、改建，中心城区6条主干道路建设及改造工程提前竣工通车；组织实施植物园景观提升等城市园林绿化工程，新增园林绿地286公顷；“两区三村”改造工程进度加快，累计开工建设棚户区、老旧工矿区、城中村项目89个，完成安置房面积271.28万平方米；完成农村住房68300户、农村危房改造18741户。城乡垃圾一体化工程进展顺利，组织实施24座城乡生活垃圾中转站和卫生填埋场建设；实施3座城市污水处理厂升级改造和3座乡镇污水处理厂建设工程，污水处理厂处理率位居全省前列。城乡交通设施建设力度加大。中心城区大外环和干线公路升级改造加速推进，张博路附线北延长线等7个公路重点项目进展顺利。水利设施建设得到加强，“引太入张”供水工程及孝妇河提升改造工程进展顺利，田庄水库等大中型水库和58座小型水库除险加固工程全面完成。建设农村殷实小康十大工程取得新进展，优势绿色农产品基地建设、农业服务体系工程、农村社保网络建设工程、农村人居环境建设工程等顺利推进。

【体制改革】 综合配套改革扎实推进，桓台县全省经济体制改革县级试点总体工作方案由省政府批准；农村各项改革继续深入，农村土地承包经营权流转面积达到1万余公顷；企业上市融资取得新突破，蓝帆股份有限公司等4家企业成功上市，鲁信高新股份有限公司完成增发，合计融资近70亿元。金融创新力度加大，全省性股权交易市场建设取得积极进展，齐鲁股权托管交易中心挂牌企业17家、托管企业78家，新增小额贷款公司3家。

【对外开放】 对外开放不断扩大，全市实现外贸进出口67.23亿美元，同比增长39.1%，其中出口40.32亿美元，同比增长31.6%；实际利用外资5.86亿美元，同比增长11.8%；对外经济交流和合作继续扩大，成功组织参加“西洽会”“青洽会”等经贸活动，成功举办陶博会、新材料技术论坛，利用国外贷款1900万美元。

【社会各项事业发展】 就业和社会保障工作得到加强。城镇新增就业13.9万人，年末城镇登记失业率为2.72%，全市参加社会保险人数累计达660.4万人次，市级“新农保”实现全覆盖，参保人数达到125.6万人。社会救助体系进一步健全，农村低保标准提高到每人每年1250元以上，城市低保标准提高到每人每月316元，农村五保对象集中供养率达到86.3%。教育、文化、卫生等各项社会事业全面发展。素质教育深入实施，教育管理水平进一步提升；淄博中学、市特教中心、张店八中等学校建设及校舍安全工程、农村中小学“两热一暖一改”工程（喝热水、吃热饭、冬季取暖和厕所改造）、农村中小学教学仪器更新工程等教育重点工程进展顺利。医药卫生体制改革加快推进，政府办基层医疗机构基本实现国家基本药物零差率销售，成为全省首批在所有区县启动实施基本药物制度的城市；市中医院病房楼、市精神卫生中心病房楼扩建等重点项目及沂源县医院门诊楼等16个中央投资项目顺利实施；新型农村合作医疗制度不断完善，参合人数233.9万人，参合率达99.4%。公共文化服务体系建设进一步加强，市文化中心建设正式启动，新改建乡镇综合文化站16个，完善农村文化信息共享工程服务点129个，建设农村文化大院（社区文化中心）106处。成功承办第二十二届省运会、2010年亚青赛、省老年人运动会、省残运会等大型赛事，在第二十二届省运会上取得总分和奖牌总数全省第一、金牌数全省第二的历史性突破。圆满完成对口援建北川的各项任务。创建全国文明城市工作取得丰硕成果。 （孙鹏伟）

社会主义精神文明建设

【概况】 2010年，全市精神文明建设工作紧紧围绕全市工作大局和中心工作，以建设社会主义核心价值体系为根本，以提高市民文明素质和城市文明程度为目标，以争创全国文明城市为抓手，广泛开展群众性精神文明创建活动，为建设殷实和谐经济文化强市提供强大的精神动力。是年，在中央文明办组织的城市公共文明指数和未成年人思想道德建设工作测评中，淄博市分别取得地级城市第十一名和第九名的好成绩。淄博市乡村少年宫成为全国未成年人思想道德建设知名品牌，被列入全国“十二五”期间精神文明建设规划，并作为全国、全省宣传思想政治工作创新案例广泛推广。

【公民思想道德建设】 1月6日，启动全市道路交通安全宣传月活动。市文明办与市交通运输局、市公安局交警支队等单位共同开展"迎省运、迎测评文明出行"主题活动，组织道路交通安全宣传月系列新闻宣传、公共场所和窗口单位的"阵地"宣传、交通安全宣教基地警示教育、交通安全展板和摄影作品巡展、交通安全"五进"（进农村、进社区、进单位、进学校、进家庭）等活动，开展现场咨询、文明劝导、演讲比赛、知识讲座、文艺演出等活动。活动期间，共发放宣传材料30万份，组织活动1000余场次，受教育群众59万人。1月15日，市文明办与淄博晚报社、市老龄委等单位组织"文姜孝老和谐号"爱心传递活动，在全社会大力倡导敬老爱老助老的良好道德风尚。1月20日，"放飞梦想"绿色手机文化创作传播活动全面启动。其间，开展绿色手机文化进社区、进学校、进军营活动。3月18日和3月20日，淄博市高等院校"放飞梦想 无愧青春"绿色手机文化自律承诺签约活动分别在淄博市技师学院和山东理工大学举行。6000余名学生郑重签下自己的名字，表示要共同抵制不良手机文化。与淄博电视台举办"放飞梦想"绿色手机文化创作传播大赛，全市有20万手机用户参加活动，共提交短信作品94485条、彩信作品15564条、动漫作品310个、短剧作品51个，总计作品数量110410个（条）。在山东省举办的"放飞梦想"绿色手机文化创作传播活动评选中，荣获彩信作品一等奖和动漫作品一等奖，桓台县新城中学荣获短信传播优秀组织工作奖。3月26日，市文明委印发《关于开展"迎省运、迎世博、讲文明、树新风"活动的意见》，在全市广泛开展"迎省运、迎测评、讲文明、树新风"活动。向广大市民发出"迎和谐省运、树文明新风"倡议，组织市民文明素质提升、城乡环境综合治理、服务水平提高、文明交通整治、志愿服务奉献、宣传教育引导等六大活动，实施社会治安、交通秩序、环境卫生、市容市貌、集贸市场、窗口服务等六大整治行动。深入开展道德模范学习宣传活动。组织"我推荐、我评议身边好人"活动，丁霖、田元杰、刘效华等30人入选2010年"中国好人榜"。9月25～26日，在全省组织的"道德的传承——全国道德模范与身边好人"现场交流活动中，孙建博、孙守年、王亮方等应邀参加了活动，中央和省主要新闻媒体对他们的先进事迹进行集中采访和宣传报道。广泛开展道德模范基层巡讲活动。组织省、市级10余名道德模范代表，深入农村、社区、学校、企业，与基层干部群众进行面对面地交流践行道德规范的心得体会。全年道德模范代表深入基层宣讲200余场，直接听众5万余人。对全市第二届道德模范的先进事迹进行集中宣传，出版全市第二届道德模范风采录——《道德楷模》。

【城市公共文明指数测评工作】 是年，成立以市委、市政府主要领导任总指挥，以各区县和市直有关部门主要负责人为成员的全市迎接评比工作领导小组，下设服务保障、测评材料、现场迎评、问卷调查和迎评宣传5个工作小组，具体负责测评任务的落实。根据文明城市测评体系相关内容，成立由市各大班子领导任组长的7个专业督导组，分别就测评工作各项任务落实情况进行专门督导。成立29个现场工作组，具体负责各个测评点，对每一个测评点都落实到具体的单位和人员，形成纵到底、横到边的迎评网络。加强宣传发动。4月30日和7月19日，两次召开全市迎接全国城市公共文明指数暨未成年人思想道德建设测评动员大会。7月20日，制定印发《迎接城市公共文明指数和未成年人思想道德建设工作测评宣传报道方案》，在报纸、电台、电视台、网络等新闻媒体开设专题、专栏，进行全方位、全时段的宣传。7月21日，与市教育局联合下发《关于组织全市中小学生参与创建全国文明城市活动的通知》，印发50余万份《淄博市创建文明城市工作委员会办公室致全市中小学生的一封信》，在全市开展"小手拉大手，共创文明城"活动，通过广大中小学生的积极参与，进一步深化迎接测评的社会宣传工作。7月22日，向全市窗口单位发出《关于在公共场所电子屏幕滚动播出创城口号和温馨倡议的通知》，充分利用全市楼宇、公共场所、窗口单位、商场、营业网点、公交车等电子屏幕，滚动播出标语口号和温馨提示。同时，向全市290万手机用户群发温馨提示，倡议广大市民积极投身到文明城市创建之中。制作一批公益广告，在人群聚居地区悬挂横幅5000余条，印发"明白纸"100多万份，为迎测工作营造浓厚的宣传氛围。开展集中整治活动。深入开展2010年"为民创城"百件实事活动，重点解决一批群众关心的热点、难点问题，让人民群众充分享受到创城带来的实惠。5月5日，市文明委印发《关于在全市窗口行业开展"四有序"活动的通知》，在全市窗口行业广泛开展以"窗口服务规范有序、服务环境整洁有序、服务管理科学有序、创建活动扎实有序"为主要内容的"四有序"活动，全面提升窗口行业的文明服务水平。7月14～25日，围绕城市公共文明指数，对5个区和高新区的公共环境、公共秩序、公益行动、人际关系和未成年人思想道德建设工作等进行模拟测评。共考察测评点2000余个，发放调查问卷1万余份，调查市民1000余户，被审测评材料1.5万余份。8月16日开始，利用两周的时间对各区县迎评工作进行现场督导检查，每天一汇总，每天一通报，对发现的问题及时下发督办通知单，共下发督办单100余份，切实解决测评中的遗留问题。8月31日至9月1日，全国城市公共文明指数和未成年人思想道德建设工作测评组对淄博市进行测评。测评期间，抽取12个社区进行问卷调查。10月26日，新华社和中央各主要媒体公布全国城市公共文明指数和未成年人思想道德建设工作测评结果，淄博市分别取得全国地级城市第十一名和第九名的好成绩。

【未成年人思想道德建设】 7月30日，召开全市未成年人思想道德建设经验交流会，印发市委、市政府《关于进一步加强乡村少年宫建设工作的意见》。市文明办、市教育局等部门联合对乡村少年宫建设情况进行集中调研，市、区两级财政对已建成的乡村少年宫进行奖励，全市已建成乡村少年宫150所。举办乡村少年宫成果展示活动，组织优秀乡村少年宫达标评选，表彰一批乡村少年宫辅导员，进一步推动乡村少年宫的健康发展。淄博市创造的乡村少年宫建设经验，被列入全国精神文明建设和未成年人思想道德建设“十二五”规划，并作为全国、全省宣传思想文化创新工作进教材、进课堂。12月8日，市委副书记、市长周清利在全国未成年人思想道德建设工作视讯会议上，作为全国地市级城市唯一代表作了题为《以“乡村学校少年宫”建设为抓手，扎实推进农村未成年人思想道德建设》的典型发言。市文明办先后6次在全国、全省文明办主任培训班上作经验介绍。淄博市乡村少年宫成为全国未成年人思想道德建设的知名品牌。年内，全国有17个省(自治区)、69个地级市、68个县(市、区)，共3200余人到淄博市参观学习乡村少年宫建设经验。社会文化环境不断得到净化。在公共场所设立宣传栏和宣传橱窗，利用市属新闻媒体对净化社会文化环境工作进行坚持不懈地宣传，形成全社会齐抓共管、共同参与的浓厚氛围。建立健全责任追究和巡查举报制度，对图书音像和网吧等经营场所进行经常性地检查，并向社会公布举报电话，鼓励广大市民进行举报。深入开展集中整治活动。组织宣传、文化、教育、广电、工商、公安、新闻出版等部门，广泛开展净化社会文化环境“百日集中整治”行动，重点对网吧、校园周边环境、荧屏声频、非法出版物、互联网等文化市场进行集中整治。活动期间，共收缴非法出版物2000余册，对10余家网吧进行停业整顿。主题实践活动成效明显。以“做一个有道德的人”为载体，广泛开展系列主题教育活动。在春节、元宵节、清明节、端午节、七夕节、中秋节、重阳节传统节日期间，组织全市中小学生开展“我们的节日·中华长歌行”活动，全市共组织举办“诵读经典、爱我中华”210余场，在“中华颂——2009经典诵读”大赛山东省决赛中，淄博市代表队获得集体组冠军。以网上签名寄语活动为载体，动员广大少年儿童积极参与“传唱优秀童谣，做有道德的人”网上签名寄语活动，深化“做一个有道德的人”主题活动。

【志愿服务活动】 1月27日，在全市农村精神文明建设经验交流会上印发《关于开展“志愿服务传文明，携手建设新农村”活动实施意见》，将全市各类技术人员组成100余个志愿服务小组，与100余个经济条件相对落后的村居结成共建对子，广泛开展科技助农、文化助农、法律助农、卫生助农、信息助农“农村五助”志愿服务活动。全年共提供致富信息10余万条，培训人员10余万人次，帮助新上项目近百个。市“志愿服务传文明，携手建设新农村”志愿服务活动受到中央和省文明办的宣传推介。扎实做好关爱空巢老人志愿服务工作。4月21日，下发《关于印发〈全市“六心助老”——关爱空巢老人志愿服务行动实施方案〉的通知》，在全市组织开展爱心照料、诚心交流、热心帮扶、真心奉献、孝心关爱、恒心助老关爱空巢老人志愿服务活动，全市有300多个社区建立志愿者档案，制定帮扶计划，设立工作台账，有1000多名社区志愿者与数百名空巢老人开展“一对一”“一对多”或“多对一”的结对帮扶活动，开展生活照料、精神慰藉、健康保健、法律援助、应急救助、文化娱乐等“六大关爱”服务。5月7日，承办中央文明办、民政部、全国妇联、中国志愿服务基金会在淄博市举办的“老吾老以及人之老——淄博市关爱空巢老人志愿服务行动”启动仪式，共为中国志愿基金会募集善款100多万元。深入开展专题性志愿服务活动。在春节、重阳节期间，会同淄博晚报社、市老龄办等单位，组织志愿者广泛开展敬老爱老志愿服务活动。7月23日、8月3日，先后下发《关于动员志愿者在文明城市测评期间广泛开展志愿服务活动的通知》《关于迎接全国城市公共文明指数测评期间在全市开展志愿服务活动的方案》，紧紧围绕第二十二届省运会和迎接城市公共文明指数测评等重点工作，组织广大志愿者，集中开展清除城市“牛皮癣”、白色垃圾、环保宣传、节能减排等活动，组织志愿者深入城市广场、街道社区、农村乡镇、学校厂矿，广泛开展消防宣传、交通劝导、卫生检查、无偿献血等活动。

【农村精神文明建设】 自1月11日起，在全市范围内组织开展新农村文明信用工程创建活动。通过自愿报名、村民评议、村委会推荐、区县文明办和农村信用社联合考核等程序，全年共评定文明信用农户24.13万户，文明信用工商户1.14万户，文明信用企业2026户，文明信用村601个，文明信用乡(镇)18个，文明信用区(县)1个，累计发放贷款264亿元。组织开展“文明集市”创建活动，促进农村集市在环境卫生、服务质量、基础设施、公共秩序等方面的根本好转。淄博市创建文明集市的经验做法，得到中央和省文明办的充分肯定，成为全国2010年农村精神文明创新案例。组织开展文明共建活动。在中央文明办组织的全国经济强村精神文明建设座谈会上，全国文明村——张店区城东村在会上作了《提高文明素养，共享文明成果》的典型发言。以科技、文化、卫生、信息、道德、法律等为主要内容，广泛开展“六进农家”活动，淄博市的经验做法，被《山东精神文明建设通讯》独条刊发，并向全省推广。

【群众性精神文明创建】 制定《全市群众性精神文明创建管理办法》，修订完善文明单位、文明村镇、文明机关、文明社区管理规定及测评标准。根据新修订的测评体系和测评办法，对全市200多个省级文明单位、文明机关进行检查验收，发现一批典型，推动群众性精神文明创建活动的深入开展。加强对群众性精神文明创建活动的指导。10月28～29日，举办全市精神文明创建报告会暨经验交流会和全市省级文明单位、文明机关培训班。加强信息调研工作。印发《关于开展新形势下精神文明建设调研活动的通知》，确定重点调研课题，有2个调研课题被省文明办编入《山东省精神文明建设研究》。印发《关于进一步加强精神文明建设信息宣传工作的通知》和《关于加强精神文明建设信息考核工作的意见》，进一步调动各区县和各级文明单位信息上报的积极性和主动性。全年共在山东省文明办《山东精神文明建设通讯》发稿11篇，在齐鲁文明网刊发稿件167篇，在

中国文明网刊发信息类文章34篇。（信德鹏）

“十一五”时期经济社会发展成就

【综合经济实力】 全市地区生产总值5年年均增长14.3%（按可比价格），按现价计算比2005年翻一番，提前一年实现比2000年翻两番目标；人均地区生产总值达到63464元人民币，按年均汇率折算为9430美元；境内财政总收入达到398.19亿元，其中地方财政收入162.4亿元，提前一年实现比2005年翻一番目标，年均增长20.4%；完成规模以上固定资产投资1290.92亿元，年均增长14.7%，5年累计完成4270.7亿元；实现社会消费品零售总额1005.68亿元，年均增长18.5%。

【产业转型升级】 现代农业发展取得积极成效。农业产业化、标准化、外向化水平明显提升，初步形成南部林果、中药材、越夏菜，北部优质粮棉、畜牧养殖和中东部蔬菜三大优势经济板块，标准化基地面积突破6.7万公顷（100万亩），“三品一标”数量达到221个，进入全国循环农业示范市行列。工业转型升级扎实推进。累计完成技改投入2015.64亿元，组织实施“5年1500亿元”技改计划，企业技术装备水平大幅提升。科技创新体系建设进一步加强，被批准为国家知识产权工作示范城市，成功跻身中国城市综合创新力50强和最具创新绩效城市行列，新增省级以上企业研发机构104家，总数达到172家，其中国家级8家，数量居全省第1位；新增中国名牌产品19个、中国驰名商标34个，总数分别达到30个和41个。新兴产业占工业比重达到30%，高新技术产业产值占规模以上工业总产值比重由2005年的27.1%提高到38.2%，被列为国家级新材料成果转化及产业化基地，国家级生物医药、功能玻璃、先进陶瓷、泵类等特色产业基地和山东省功能玻璃、生物医药高技术产业化基地。8家企业进入全省工业企业100强，5家企业进入全国企业500强。服务业发展步伐加快。5年累计完成服务业投资1822.35亿元，现代物流、文化、旅游、金融保险等现代服务业迅速发展，一批外埠银行和著名连锁超市入驻淄博，启动了文昌湖省级旅游度假区、中心城区城市综合体、淄博保税物流中心等一批重大项目，生产性服务业增加值占服务业比重提高6.3个百分点。全市三次产业比重由2005年的4.2∶66.8∶29调整为3.7∶61.6∶34.7。

【重大基础设施建设】 交通网络日臻完善。济青高速公路南线沂源段、胶济客运专线、胶济铁路电气化改造、晋豫鲁铁路通道过境沂源项目、309国道改造、中心城区大外环等一批交通干线工程相继实施，形成“干支相连、区域相通、城乡通达、顺畅便捷”的现代综合交通运输网络，全市境内铁路营运里程达到345.4公里，公路通车里程10317公里。信息网络基础设施建设进一步加强，联通、移动、电信、广电等骨干网络快速发展，建成传输光缆总长度54万芯公里，传输网络覆盖全市城区和乡镇，容量、性能、服务能力大幅提升。能源供给能力不断增强。在关停小火电91.8万千瓦的情况下，全市新增电力装机容量120万千瓦，总容量达到420万千瓦，华能白杨河热电公司、华电淄博热电公司和淄博天源热电公司3个2×30万千瓦电源项目相继建设，电源结构明显优化；形成以中石油、中石化两大气源为保障，中石油沧淄线和中石化济青线“十”字交叉的天然气管网干线结构，年供气能力达到6.5亿立方米。重大水利基础设施建设得到加强。启动实施南水北调淄博市续建配套工程，全面完成大中小型水库除险加固工程，实施淄博市同源同网饮水安全暨“引太入张”供水工程，累计解决了112.4万农村人口饮水安全问题。

【城乡面貌新变化】 按照“中心凸显、十字展开、组团发展”的要求，修编完成淄博市城市总体规划和土地利用总体规划，中心城区、组团城区和城镇组群协调发展的格局初步形成。中心城区建设步伐加快，旧片区改造、立面整治、城市干道改造全面推进，老城区面貌焕然一新；新城区“五纵六横”路网建设全面完成，市体育中心、运动员公寓竣工启用，客运中心完工，新城区框架全面形成；淄川、博山、临淄、周村、桓台5个组团城区和高青、沂源2个县城的特色日益鲜明，马桥、双杨等一批中心镇初具规模。全市建成区面积由2005年的226.35平方公里扩大到269平方公里，城镇化水平达到62.5%。全面实施建设农村殷实小康十大工程，新建改造农村道路2320公里，在全省率先实现村村通自来水和通广播电视的目标；“两区三村”改造工程累计开工项目291个，完成安置房面积874万平方米。生态环境建设继续加强，启动新一轮碧水蓝天行动计划，实施中心城区东部化工区搬迁改造和南部建材区综合整治工程，全面完成水泥、石灰窑、砖瓦窑等落后生产线的淘汰任务，淘汰“土小”企业3800余家。全面实现秸秆禁烧。实施孝妇河、淄河、沂河、猪龙河、范阳河等骨干河道综合治理，治理水土流失面积150.98平方公里，提前3年完成四宝山基础绿化目标。全市建成区绿化覆盖率和城市绿地率分别达到42.2%和36.3%，先后创建成为国家园林城市和全国绿化模范城市。“十一五”期间节能减排各项任务目标全面完成。

【改革开放】 老工业城市体制性、机制性矛盾得到有效解决，市属企业破产重组全部完成。企业产权制度改革不断深化，全面完成上市公司股权分置改革，上市公司历史遗留问题全部得到解决。新增上市公司8家，全市境内外上市企业达到19家，发行股票21只。非上市公司股权交易市场建设取得积极进展，淄博股权托管中心和淄博齐鲁股权交易中心正式挂牌运营，39家中小企业成功实现在天津股权交易所及齐鲁股权托管交易中心挂牌交易。政府融资平台建设成效显著，全市资产运营公司融资能力达到100亿元以上。管理体制创新取得积极成效，对淄川、博山、周村3个老工业区调整下放了经济社会管理权限，争取高青县成功列入国家黄河三角洲高效生态经济区发展规划。桓台县成功列入全省综合配套改革试点县。市县政府机构改革基本完成。全面实施增值税转型改革和燃油税费改革，深入推进省直管县财政体制改革试点，小额贷款公司、村镇银行、信用担保体系建设等走在全省前列。对外开放向纵深推进。2010年全市进出口总额达到67.2亿美元，年均增长16.5%，其中出口40.3亿美元，年均增长14.9%；5年累计到位外来投资895.2亿元人民币，其中实际利用外商直接投资23.8亿美元。“走出去”战略迈出新步伐，宏达矿业股份公司成功收购秘鲁邦沟铁矿，传统产业向境外投资建厂和向西部地区有序转移取得新突破。对外交流与合作继续扩大，成功举办5届陶博会、新材料论坛等大型经贸交流活动，扎实开展援藏、援川和支持菏泽东明县等对口支援工作。

【社会民生建设】 全市城乡居民收入5年年均分别增长12.6%和12.9%。把促进就业放在保民生的重要位置，5年累计新增城镇就业59万人次，转移农村劳动力39万人次，城镇登记失业率控制在3.5%以内。社会保障体系进一步完善，在全国同类城市中率先实现城镇5项社会保险市级统筹，城镇养老保险覆盖率达90%以上，医疗保险实现全覆盖。社会保险基金累计结余88亿元，住房公积金达到102.3亿元，分别比2005年增加77.83亿元和71.3亿元。提高企业退休人员养老金、失业保险金、工伤保险待遇和城市低保标准，实现城乡低保应保尽保，全部解决国有（集体）破产关闭企业退休人员的医疗保险问题。新型农村合作医疗、新型农村社会养老保险实现全覆盖。全面实施农村低保制度，城乡低保不断提标扩面。全面实行真正免费的义务教育，免除城乡义务教育阶段学生杂费，初步建立从小学到大学的家庭困难学生资助体系。教育基础设施建设得到加强，新建一批中小学校，建成淄博师专、淄博职业学院和原淄博科技职业学院新校区。公共卫生和医疗服务体系不断完善，完成61处乡镇卫生院、1200处村卫生室、178处社区卫生服务机构改造建设任务，一批市级医院新建扩建项目相继完成。医药卫生体制改革扎实推进，公办基层医疗机构基本实现国家基本药物零差率销售。人口和计划生育工作得到加强，稳定了低生育水平，人口自然增长率控制在4‰以内。启动文化建设五大工程，国家和省精品工程获奖数量连续3年居全省首位，群众文艺活动蓬勃开展，文化设施建设得到加强。非物质文化遗产申报工作取得显著成绩，分别有8个和28个项目纳入国家和省级非物质文化遗产名录。成功协办和承办第十一届全运会、第二十二届省运会、省第八届残运会、2010年亚足联U19青年足球锦标赛决赛等重大赛事。大力实施安康居住工程，加大经济适用房建设力度，累计为1.1万余户城市低收入住房困难家庭提供廉租住房保障。坚持为人民群众办实事、办好事，在城乡居民教育、医疗、保险、住房、食品药品安全等方面为群众办实事52件。扎实开展社会治安综合治理，完善社会矛盾预防和化解机制，荣获全国社会治安综合治理优秀城市。实施创建文明城市“四大工程”（城乡综合整治、创建服务品牌、城乡社区建设、市民素质教育）、文明淄博建设“十大行动”（营造环境、文明养成、繁荣文化、塑造品牌、科学普及、诚信友爱、容貌整洁、环境保护、奉献爱心、健康成长），荣获创建全国文明城市工作先进城市和全国未成年人思想道德建设先进市称号，成功创建全国红十字服务示范市。全面加强应急管理工作，成功处置“4·28”胶济铁路重特大交通安全事故，预防和处置突发事件能力明显增强。国防动员、人民防空、民兵预备役建设、双拥共建和优抚安置工作成效显著，获得全国双拥模范城“六连冠”。妇女儿童、慈善、残疾人、红十字、仲裁、老龄、民族宗教、外事、侨务、对台、史志、档案、防震减灾、气象、统计、新闻出版、广播电视等各项社会事业都取得新成绩。

（王庆伟　魏新军）

淄博市国民经济和社会发展统计资料

说明：淄博市国民经济和社会发展统计资料是根据2010年快报数字整理的。资料中所有价值指标除注明不变价外，均按当年价格计算，指数按可比价格计算。表中的“空格”表示该项数据不详，“—”表示无该项数据，“#”表示其中项。

行政区划及人口密度

表3—03

地　区	镇、街道(个)	镇(个)	街道(个)	居委会(个)	村民委员会(个)	自然村(个)	土地面积(平方公里)	人口密度(人/平方公里)
全　市	88	59	29	449	3102	3569	5965	708
市辖区	58	34	24	408	1382	1384	2989	935
淄川区	13	9	4	81	379	379	960	671
张店区	13	6	7	116	156	155	360	2037
博山区	10	7	3	111	209	209	698	658
临淄区	12	7	5	67	414	414	664	919
周村区	10	5	5	33	224	227	307	1209
桓台县	9	7	2	15	335	326	509	978
高青县	9	7	2	11	759	767	831	439
沂源县	12	11	1	15	626	1092	1636	345

注：1. 原淄川区商家镇划归周村区；2. 人口密度按户籍人口计算。

综合指标

表3—04

指　标　名　称	单位	2010年	比2009年增长(%)	指　标　名　称	单位	2010年	比2009年增长(%)
年末总人口(户籍)	万人	422.36	0.2	交通运输、仓储及邮政业	亿元	205.53	8.2
地区生产总值	亿元	2866.75	13.7	批发和零售业	亿元	244.20	28.8
第一产业	亿元	105.30	4.7	住宿和餐饮业	亿元	67.23	35.2
第二产业	亿元	1766.57	12.4	金融业	亿元	65.45	7.8
工业	亿元	1612.07	12.0	房地产业	亿元	97.34	11.4
建筑业	亿元	154.50	17.9	营利性服务业	亿元	104.76	27.3
第三产业	亿元	994.88	17.4	非营利性服务业	亿元	210.37	9.0

续表 3—04

指标名称	单位	2010 年	比 2009 年增长(%)	指标名称	单位	2010 年	比 2009 年增长(%)
地区生产总值构成				非公有制增加值占 GDP 的比重	%	66.0	1.4
第一产业	%	3.7	0.1	地方财政收入占 GDP 比重	%	5.7	0.5
第二产业	%	61.6	-1.2	税收占地方财政收入比重	%	71.7	0.4
第三产业	%	34.7	1.1	进出口总值占 GDP 比重	%	15.7	2.4
人均地区生产总值	元	63464	13.5	出口总值占 GDP 比重	%	9.5	1.0

注:单位是%的增长栏为比 2009 年增减百分点。

农林牧渔业主要指标

表 3—05

指标名称	单位	2010 年	比 2009 年增长(%)	指标名称	单位	2010 年	比 2009 年增长(%)
一、种植业				家禽存养数	万只	1401.42	14.4
粮　食	万吨	175.45	7.5	三、渔业			
夏　粮	万吨	75.42	16.6	水产品产量	万吨	2.35	2.0
秋　粮	万吨	100.03	1.6	四、其他			
棉　花	万吨	0.96	-9.6	农机总动力	万千瓦	334.47	2.5
油　料	万吨	2.19	10.4	#农用排灌动力	万千瓦	84.51	1.0
蔬　菜	万吨	217.95	-2.8	化肥使用折纯量	万吨	9.87	-11.0
瓜、果类	万吨	191.89	4.8	农村用电量	亿千瓦时	53.38	3.0
#水果	万吨	97.22	12.6	有效灌溉面积	万公顷	12.59	-0.6
二、畜牧业				五、农林牧渔业总产值	亿元	188.41	4.7
肉类总产量	万吨	16.80	10.3	农业总产值	亿元	130.63	3.9
奶类产量	万吨	12.20	4.9	林业总产值	亿元	9.72	1.1
禽蛋产量	万吨	7.03	2.2	牧业总产值	亿元	39.47	7.9
牛年底存栏	万头	14.17	20.3	渔业总产值	亿元	3.31	3.1
猪年底存栏	万头	62.79	8.0	农林牧渔业服务业	亿元	5.29	7.1
羊年底存栏	万只	59.36	8.5				

企业景气指数

表 3—06

分　组	一季度	二季度	三季度	四季度
总体状况	133.0	137.0	142.7	139.8
按行业分				
工业	124.6	134.6	138.3	137.7
建筑业	150.9	158.1	160.9	159.5
交通运输、仓储和邮政业	122.2	122.2	133.3	111.1
批发和零售业	181.8	143.2	163.3	163.3
房地产业	138.1	147.6	152.4	152.4
社会服务业	153.3	146.7	146.7	140.0
信息传输、计算机服务和软件	171.4	151.4	170.0	151.4
住宿和餐饮业	143.5	147.8	147.8	143.5
按企业登记注册类型分				
国有企业	122.4	136.1	138.7	138.7
集体企业	128.6	114.3	100.0	114.3
股份合作企业	154.6	154.6	154.6	136.4
联营企业	100.0	100.0	100.0	100.0
有限责任公司	130.6	138.0	144.5	140.5
股份有限公司	156.4	148.6	153.1	157.5
私营企业	155.6	144.4	155.6	166.7
其他内资企业	166.7	144.4	144.4	144.4
外商及港、澳、台投资企业	141.4	121.4	150.0	91.4

企业家信心指数

表 3—07

分　组	一季度	二季度	三季度	四季度
总体状况	139.8	138.1	144.6	143.5
按行业分				
工业	133.9	134.0	138.0	137.8
建筑业	158.3	158.3	162.5	163.8
交通运输、仓储和邮政业	133.3	133.3	155.6	144.4
批发和零售业	161.0	142.9	152.3	168.2
房地产业	152.4	147.6	157.1	147.6
社会服务业	166.7	160.0	180.0	153.3
信息传输、计算机服务和软件	181.4	170.0	180.0	158.7
住宿和餐饮业	143.5	152.2	147.8	139.1
按登记注册类型分				
国有企业	122.5	139.5	139.5	136.3
集体企业	128.6	100.0	114.3	100.0
股份合作企业	163.6	154.6	145.5	172.7
联营企业	100.0	100.0	100.0	100.0
有限责任公司	144.9	135.7	148.7	140.7
股份有限公司	153.8	145.3	152.1	148.7
私营企业	177.8	188.9	177.8	177.8
其他内资企业	166.7	155.6	144.4	155.6
外商及港、澳、台投资企业	121.4	150.0	160.0	158.7

规模以上工业主要指标

表 3－08

指标名称	单位	2010年	比2009年增长(%)	指标名称	单位	2010年	比2009年增长(%)
工业企业单位数	个	3436	2.2	重工业	亿元	1481.07	16.09
#亏损企业	个	107	-22.46	#制造业	亿元	1608.96	16.81
工业总产值	亿元	7922	30.51	#大中型工业企业	亿元	859.22	12.52
#高新技术产业产值	亿元	3022.11	36.82	#国有企业	亿元	155.66	13.36
占规模以上工业产值的比重	%	38.15	2.35	#非公有制企业	亿元	1024.27	19.30
工业增加值	亿元	1808.31	16.18	工业销售产值	亿元	7765.59	30.17
#轻工业	亿元	327.24	16.58	#出口交货值	亿元	318.70	20.02

规模以上工业主要经济指标

表 3－09

指标名称	单位	2010年	比2009年增长(%)	指标名称	单位	2010年	比2009年增长(%)
应收账款净额	亿元	272.34	19.10	利税总额	亿元	966.72	38.28
产成品存货	亿元	152.03	8.70	#利润	亿元	560.84	50.09
流动资产平均余额	亿元	1615.44	18.61	实缴税金总额		356.09	24.17
固定资产净值平均余额	亿元	1262.74	8.39	应缴增值税		290.05	30.22
资产合计	亿元	3812.03	17.85	工业经济效益综合指数	%	327.82	29.35
负债合计	亿元	2070.83	16.64	总资产贡献率	%	29.03	4.69
主营业务收入	亿元	7709.86	31.10	资本保值增值率	%	119.32	4.85
#出口产品	亿元	307.60	35.71	资产负债率	%	54.32	-0.56
#销往省外产品	亿元	932.27	29.63	流动资产周转率	%	5.19	0.73
#销售税金及附加	亿元	115.83	12.78	成本费用利润率	%	7.95	0.97
管理费用	亿元	222.43	29.53	全员劳动生产率	元/人	251377.16	增加15139.21元
财务费用	亿元	74.91	14.54	产品销售率	%	98.03	-0.26
亏损企业亏损额	亿元	15.79	-32.90				

主要工业产品产量

表 3－10

指标名称	单位	2010年	比2009年增长(%)	指标名称	单位	2010年	比2009年增长(%)
原煤	万吨	1476.55	4.06	塑料薄膜	万吨	16.03	34.40
洗煤	万吨	106.18	221.07	水泥	万吨	1820.35	6.46
原油加工量	万吨	1445.67	8.09	平板玻璃	万重量箱	2238.17	33.20
发电量	亿千瓦时	233.90	19.54	汽车	万辆	6.88	11.3
钢材	万吨	278.46	-3.34	日用陶瓷	万件	149029.76	60.77
生铁	万吨	468.33	2.04	电饭锅	万个	31.61	34.80
10种有色金属	万吨	5.83	304.90	化学纤维	万吨	12.90	8.01
纯碱	万吨	2.74	-6.50	纱	万吨	17.12	6.40
烧碱	万吨	94.07	14.60	布	万米	110667.44	45.5
乙烯	万吨	85.57	12.58	啤酒	万千升	28.87	10.10
化肥	万吨	27.36	-31.81	白酒	万千升	2.98	14.60
化学农药	万吨	3.47	1.20	机制纸及纸板	万吨	181.74	22.40

固定资产投资

表 3—11

指标名称	单位	2010年	比2009年增长(%)	指标名称	单位	2010年	比2009年增长(%)
规模以上固定资产投资	亿元	1290.92	22.6	水利管理业	亿元	8.07	44.3
＃住宅投资	亿元	195.16	30.4	第二产业	亿元	658.16	18.5
＃地方投资	亿元	1251.52	22.2	工业	亿元	644.86	18.8
＃非公有投资	亿元	954.34	29.1	能源工业	亿元	81.38	-1.8
＃民间投资	亿元	1072.46	25.6	煤炭	亿元	2.72	-32.9
按建设性质分				石油	亿元	44.18	22.1
＃新建	亿元	63.00	-18.7	电力	亿元	34.48	-19.0
扩建	亿元	347.62	-14.3	原材料工业	亿元	200.43	31.7
改建	亿元	624.05	77.8	冶金	亿元	34.24	23.6
按构成分				化工	亿元	166.19	33.5
建筑工程	亿元	537.96	27.9	机械电子工业	亿元	162.59	37.7
安装工程	亿元	96.18	14.8	机械	亿元	158.39	37.8
设备工器具购置	亿元	535.65	35.8	电子	亿元	4.20	33.4
其他费用	亿元	121.13	9.5	轻纺工业	亿元	54.76	-19.7
按隶属关系分				轻工	亿元	40.79	-26.9
中央、省属	亿元	57.59	-11.0	纺织	亿元	13.97	12.6
市属	亿元	50.78	26.4	其他工业	亿元	145.70	19.7
区县属及以下	亿元	1182.55	24.7	建筑业	亿元	13.30	6.8
商品房销售面积	万平方米	654.99	38.3	第三产业	亿元	608.01	27.9
＃住宅	万平方米	604.94	35.6	＃交通运输仓储邮电通信业	亿元	58.93	62.6
商品房销售额	亿元	240.29	74.0	批发零售餐饮业	亿元	67.88	55.8
＃住宅	亿元	220.57	73.6	金融业	亿元	1.67	—
＃高新技术产业	亿元	215.30	63.4	房地产业	亿元	266.28	31.6
第一产业	亿元	24.75	11.6	环境和公共设施管理业	亿元	66.95	27.4
农林牧渔业	亿元	16.68	0.6				

社会消费品零售额

表 3—12　　单位：亿元

指标名称	2010年	比2009年增长(%)	指标名称	2010年	比2009年增长(%)
社会消费品零售额	1005.68	18.8	按经济成分分组		
按销售单位所在地分组			公有经济	345.95	21.3
城镇	859.45	18.8	＃国有经济	217.89	22.1
＃城区	611.64	19.3	集体经济	128.06	19.8
乡村	146.22	18.4	非公有经济	659.73	17.5
按行业分组			＃私有经济	655.43	17.4
批发业	125.32	25.1	＃个体经济	289.70	6.1
零售业	756.28	17.7	港澳台经济	1.90	20.5
住宿业	10.84	16.9	外商经济	2.40	25.6
餐饮业	113.23	19.1			

限额以上批发和零售业商品销售分类情况

表 3—13

单位:亿元

指标名称	2010年	比2009年增长(%)	指标名称	2010年	比2009年增长(%)
合　计	589.39	27.6	中西药品类	7.48	79.4
粮油、食品、饮料、烟酒类	60.78	22.3	文化办公用品类	3.08	1.1
服装、鞋帽、针纺织品类	99.81	23.2	家具类	70.60	27.2
化妆品类	4.13	19.5	通信器材类	8.20	20.9
金银珠宝类	5.79	19.2	煤炭及制品类	3.70	60.3
日用品类	50.59	25.3	石油及制品类	29.63	40.3
五金、电料类	5.40	35.5	建筑及装潢材料类	18.73	42.4
体育、娱乐用品类	1.06	-7.0	机电产品及设备类	6.21	48.0
书报杂志类	5.93	32.7	汽车类	130.41	27.0
电子出版物及音像制品类	0.18	7.4	其他类	38.17	32.0
家用电器和音像器材类	39.47	27.9			

地方财政收支

表 3—14

单位:万元

指标名称	2010年	比2009年增长(%)	指标名称	2010年	比2009年增长(%)
地方财政收入	1623955	26.11	国防	5865	17.30
税收收入	1165175	26.72	公共安全	121551	26.34
增值税	229030	14.23	教育	401738	14.02
营业税	246577	30.89	科学技术	48373	30.67
企业所得税	134684	64.16	文化体育与传媒	33421	28.03
个人所得税	32203	33.36	社会保障和就业	240991	14.80
资源税	13509	23.83	医疗卫生	125902	28.55
城市维护建设税	86704	12.03	环境保护	71018	32.22
房产税	30593	5.43	城乡社区事务	170652	29.55
城镇土地使用税	94202	9.00	农林水事务	179402	25.68
耕地占用税	50932	-43.14	交通运输	57584	86.80
契税	183946	120.60	资源勘探电力信息等事务	82314	32.83
非税收入小计	458780	24.61	商业服务业等事务	48723	120.01
专项收入	66049	2.35	金融监管支出	1142	-3.87
行政事业性收费收入	126472	43.62	国土资源气象等事务	13142	126.47
其他非税收入	266259	23.50	住房保障支出	6018	865.97
地方财政支出	2018768	24.64	粮油物资储备管理事务	4875	-21.90
一般公共服务	281506	14.10	其他支出	124551	36.10

进出口与利用外资

表 3—15

指 标 名 称	单位	2010 年	比 2009 年增长(%)	指 标 名 称	单位	2010 年	比 2009 年增长(%)
进出口总值	万美元	672331	39.1	加工贸易	万美元	121926	28.0
进口总值	万美元	269143	51.9	#国有企业	万美元	32424	18.9
#一般贸易	万美元	194021	42.1	外商投资企业	万美元	212509	26.8
加工贸易	万美元	54162	44.3	其他企业	万美元	158255	42.1
#国有企业	万美元	58068	100.2	利用外资			
外商投资企业	万美元	73991	43.9	批准项目个数	个	29	-19.4
其他企业	万美元	137084	41.6	实际利用外资	万美元	58600	11.8
出口总值	万美元	403188	31.6	外商直接投资实际到账	万美元	44838	15.7
#一般贸易	万美元	281164	33.3				

运输、邮电及旅游业

表 3—16

指 标 名 称	单位	2010 年	比 2009 年增长(%)	指 标 名 称	单位	2010 年	比 2009 年增长(%)
公路通车里程	公里	10317	0.23	外国人	万人	11.5	36.6
公路客运量	万人	39486	6.00	香港同胞	万人	2.5	23.5
公路货运量	万吨	27317	5.62	澳门同胞	万人	0.1	87.4
公路客运周转量	万人公里	1337062	5.85	台湾同胞	万人	3.0	34.2
公路货运周转量	万吨公里	8432123	8.17	国内游客	万人	2544.2	23.7
邮政业务总量	亿元	3.08	-25.78	旅游总收入	亿元	213.5	31.7
电信业务总量	亿元	29.79	36.15	旅游外汇收入	万美元	9205.8	57.8
游客总人数	万人	2561.7	23.8	国内旅游收入	亿元	207.4	31.2
国际游客	万人	17.1	36.7				

注:邮政业务总量不包括淄博市邮政银行、速递物流公司数据。

国税税收收入

表 3—17　　单位:万元

指 标 名 称	2010 年	比 2009 年增长(%)	指 标 名 称	2010 年	比 2009 年增长(%)
税收收入合计	2309449	22.52	#金融	—	—
一、国内税收收入	2146393	21.56	保险	—	—
1. 国内“两税”	1812180	18.42	3. 企业所得税	247853	47.98
国内增值税	1211051	18.12	4. 个人利息所得税	1407	-79.33
国内消费税	601129	19.03	5. 车辆购置税	84953	38.98
2. 营业税			二、海关代征	163056	36.69

地税税收收入

表 3—18

单位：万元

指 标 名 称	2010 年	比 2009 年增长(%)	指 标 名 称	2010 年	比 2009 年增长(%)
总计	1024547	31.11	城镇土地使用税	94202	9.00
1. 税收收入合计	946785	32.54	土地增值税	27414	42.06
营业税	308222	30.89	车船税	13149	27.66
企业所得税	183524	75.82	2. 其他收入合计	77762	15.86
个人所得税	127405	41.90	教育费附加	56299	15.22
资源税	13510	23.85	地方教育费附加	18744	16.35
城市维护建设税	126537	14.41	文化事业建设费	459	33.82
房产税	30592	5.42	税务部门其他罚没收入	181	-26.72
印花税	21778	25.41	残疾人保障金收入	2079	33.70

金融机构存贷款

表 3—19

单位：亿元

指 标 名 称	2010 年末	比年初增减额	指 标 名 称	2010 年末	比年初增减额
金融机构存款余额	2470.56	325.35	＃个人贷款及透支	148.24	36.37
企业存款	691.25	66.35	＃个人消费贷款	19.72	5.83
活期存款	493.27	38.57	单位普通贷款及透支	690.59	102.56
定期存款	197.98	27.78	＃经营性贷款	685.33	100.48
财政存款	26.40	1.72	固定资产贷款	5.26	2.09
机关团体存款	158.41	31.62	贸易融资	79.11	29.49
居民储蓄存款	1311.19	126.22	长期贷款	650.58	149.67
活期储蓄	455.04	71.68	＃个人贷款	253.12	56.48
定期储蓄	856.15	54.54	＃个人消费贷款	229.78	54.30
农业存款	26.51	17.64	单位普通贷款	397.46	95.46
委托存款	6.54	1.13	＃经营贷款	115.36	52.98
其他存款	250.26	80.66	固定资产贷款	282.09	42.48
金融机构贷款余额	1686.13	290.84	票据融资	116.49	-26.40
短期贷款	918.24	168.43	各项垫款	0.82	-0.87

注：本表数据口径为人民币存贷款。

城市居民生活

表3—20

指　标　名　称	单位	2010年	比2009年增长(%)	指　标　名　称	单位	2010年	比2009年增长(%)
平均每户家庭人口数	人	2.73	0.7	＃食品支出	元	3918	3.6
每一就业者负担系数(含本人)	人	1.32	-27.9	衣着支出	元	1910	37.6
年末人均现住房建筑面积	平方米	32.66	0.4	居住支出	元	1831	7.2
家庭总收入	元	23232.57	13.9	家庭设备、用品及服务支出	元	1143	20.8
＃可支配收入	元	21784	13.0	医疗保健支出	元	618	-38.7
＃工资性收入	元	14198	13.0	交通和通信支出	元	2313	10.6
工资及补贴收入	元	139831	11.6	娱乐教育文化服务支出	元	1534	4.1
其他劳动收入	元	215	637.9	杂项商品和服务支出	元	455	57.3
经营净收入	元	2400	1.9	购房与建房支出	元	159	-57.9
财产性收入	元	760	106.0	转移性支出	元	1886	6.60
转移性收入	元	5874	15.0	财产性支出	元	37	31.1
借贷收入	元	10006	-11.6	社会保障支出	元	1397	28.4
家庭总支出	元	17203	7.9	年存入储蓄款	元	15073	10.4
消费支出	元	13724	8.2	年末手存现金	元	2895	12.2

注:家庭收支均为人均指标。

农村居民生活

表3—21

指　标　名　称	单位	2010年	比2009年增长(%)	指　标　名　称	单位	2010年	比2009年增长(%)
平均每户常住人口数	人	3.31	-0.02	财产性收入	元	425	2.59
每一就业者负担系数(含本人)	人	1.42	0.01	转移性收入	元	319	40.38
人均年末生活用房面积	平方米	35.44	2.34	总支出	人	7905	7.59
总收入	元	11021	13.52	家庭经营费用支出	人	1468	9.41
纯收入	元	9195	14.75	购置生产性固定资产支出	元	118	-24.72
工资性收入	元	5145	14.41	生活消费支出	元	5676	9.78
＃在本乡地域内劳动得到收入	元	3937	17.95	＃服务性支出	元	1751	4.60
外出从业得到收入	元	682	8.11	＃食品	元	1491	5.99
家庭经营纯收入	元	3306	15.01	衣着	元	453	13.82
第一产业纯收入	元	2246	17.08	居住	元	1205	11.36
＃农业收入	元	2105	22.60	家庭设备、用品	元	356	14.71
牧业收入	元	115	-47.15	交通和通信	元	584	15.68
非农产业纯收入	元	1060	10.86	文化教育、娱乐	元	613	4.32
第二产业纯收入	元	218	-6.36	医疗保健	元	474	4.81
第三产业纯收入	元	842	16.40	其他商品和服务	元	126	26.21

注:家庭收支均为人均指标。

人口和劳动工资

表3—22

指标名称	单位	2010年	比2009年增长(%)	指标名称	单位	2010年	比2009年增长(%)
年末总人口(户籍)	万人	422.36	0.23	城镇单位在岗职工工资总额	亿元	203.73	14.30
人口出生率	‰	8.97	0.87	♯企业	亿元	140.61	14.88
人口死亡率	‰	7.92	0.66	事业	亿元	45.81	16.62
人口自然增长率	‰	1.05	0.21	机关	亿元	16.91	2.65
城镇单位在岗职工人数	万人	60.11		城镇单位在岗职工平均工资	元	33892	13.15
♯企业	万人	45.49		♯企业	元	30906	15.07
事业	万人	10.44		事业	元	43869	10.06
机关	万人	4.04		机关	元	41815	2.76

注:人口出生率、死亡率及自然增长率增长栏为比2009年增减千分点。

价格指数

表3—23

指标名称	以2009年为100	指标名称	以2009年为100
居民消费价格指数	102.7	服务项目价格指数	100.5
食品类	109.4	商品零售价格指数	102.2
♯粮食	113.6	工业品出厂价格指数	110.69
烟酒及用品	103.2	♯生活资料出厂价格指数	103.21
衣着类	96.8	原材料购进价格指数	116.91
家庭设备用品及维修服务	100.6	固定资产投资价格指数	101.35
医疗保健和个人用品	101.3	♯建筑安装、装饰工程	102.05
交通和通信	98.7	房屋销售价格指数	108.8
娱乐教育文化用品及服务	99.1	房屋租赁价格指数	101.2
居住	102.6	土地交易价格指数	104.7

教育

表3—24

指标名称	单位	2010年	2009年	指标名称	单位	2010年	2009年
普通高等学校数	所	8	8	招生数	人	82918	80808
教职工数	人	7240	7744	毕业生数	人	75602	69096
招生数	人	31229	33731	在校生数	人	298244	293621
毕业生数	人	29093	26222	小学个数	所	357	380
在校生数	人	102359	100573	教职工数	人	17365	17489
中等专业学校数	所	2	2	招生数	人	44681	43971
教职工数	人	620	517	毕业生数	人	49678	52239
招生数	人	6322	6159	在校生数	人	230327	234852
毕业生数	人	7197	10425	学龄儿童入学率	%	100.00	100.00
在校生数	人	17211	19211	小学毕业升学率	%	99.44	100.00
普通中学校数	所	198	208	幼儿园数	所	757	771
教职工数	人	23751	24062				

科技、卫生、文化

表 3－25

指　标　名　称	单位	2010 年	2009 年	指　标　名　称	单位	2010 年	2009 年
重要科技成果数	项	198	175	卫生机构床位数	张	22960	21179
＃国际领先先进水平	项	44	48	＃乡镇卫生院床位数	张	4234	3877
国内领先先进水平	项	154	127	卫生技术人员	人	26351	25102
＃农业	项	11	9	＃医生	人	11043	10703
工业	项	128	109	护师、护士	人	9839	9408
医卫	项	51	47	公共图书馆机构数	个	9	9
其他	项	8	10	博物馆机构数	个	15	15
卫生机构数	所	1463	1386	广播覆盖率	％	100	100
＃医院及卫生院数	所	218	217	电视覆盖率	％	99.30	99.29

城市建设

表 3－26

指　标　名　称	单位	2010 年	2009 年	指　标　名　称	单位	2010 年	2009 年
市政公用基础设施完成投资	亿元	37.91	29.45	燃气普及率	％	97.7	97.67
年末城市道路面积	万平方米	3135	3115	集中供热面积	万平方米	2990	2987.6
人均拥有道路面积	平方米	16.9	16.88	人均公共绿地面积	平方米	15.95	15
年末营运公交车总数	辆	2739	2732	建成区绿化覆盖率	％	42.2	41.7
年末实有出租汽车	辆	6488	6488	污水处理能力	万立方米/日	79.8	78.9
城区供水综合生产能力	万立方米	105	153.27	污水处理率	％	92	92
用水普及率	％	99.89	99.88				

社会保障

表 3－27

指　标　名　称	单位	2010 年	2009 年	指　标　名　称	单位	2010 年	2009 年
城镇新增就业数	人	139348	112308	＃机关事业	万元	109241	105818
转移农村劳动力人数	人	94685	73314	企业	万元	326552	259765
城镇登记失业率	％	2.72	2.83	农村养老保险参保人数	人	1651496	996823
城市低保人口	人	36470	35550	收缴农村养老保险费	万元	50096	22534
农村贫困人口(农村低保人口)	人	81342	75267	农村养老保险发放人数	人	489709	243826
城镇养老保险参保人数	人	976439	919076	农村养老保险发放额	万元	21064	10176
＃机关事业	人	123847	123677	城镇职工医疗保险参保人数	人	1123092	1118352
企业	人	852592	795399	城镇居民医疗保险参保人数	人	800161	760326
收缴养老保险费	万元	455589	402802	失业保险参保人数	人	653862	605402
＃机关事业	万元	102574	104460	工伤保险参保人数	人	859729	686226
企业	万元	353015	298342	生育保险参保人数	人	540110	503081
发放养老金	万元	435793	365583				

注：该表资料为年报数。

（市统计局）

本部类编　辑：王　娟

副主编：徐　杰

校　对：王　峰

赵建国

政党　政务

中国共产党淄博市委员会

·重要会议·

1月6日，市政府机构改革动员大会召开。

1月13日，市委召开民主协商会，邀请市各民主党派、工商联和无党派人士，就市十三届人大三次会议和市政协十届三次会议有关人事安排事项进行民主协商。

2月20日，市委召开常委会议，学习胡锦涛、温家宝、习近平、李克强等中央领导在省部级主要领导干部深入贯彻落实科学发展观加快经济发展方式转变专题研讨班上的重要讲话，安排部署工作。

2月22日，全市社区工作会议召开。

2月24日，全市创建国家环保模范城市动员大会召开，动员全市上下全力创建国家环保模范城市，努力开创殷实和谐经济文化强市建设新局面。

2月25日，全市农村工作会议召开。

2月26日，市委、市政府召开淄博市承办山东省第二十二届运动会动员大会。

3月16日，市委、市政府召开全市防范和处理邪教工作会议。

3月23日，全市工业转方式调结构暨"双百工程"大会召开，动员全市着力转方式调结构，推动工业经济内涵发展。

3月24日，全市对外开放暨招商引资工作会议召开，通报2009年度全市招商引资任务完成情况和外经贸工作考核情况，研究部署2010年工作任务。

4月28日，召开市委常委扩大会议，传达贯彻省委、省政府有关会议精神，进一步总结一季度工作，通报2009年度全市目标管理考核情况，分析形势，研究部署工作任务。

5月5日，市委、市政府召开全市科学技术奖励暨科技工作会议，通报嘉奖为淄博市科技事业发展和现代化建设作出突出贡献的先进典型，研究部署科技和人才工作。

5月21日，"法治淄博"建设动员大会召开。

6月13日，市委召开常委扩大会议，传达学习省委理论学习中心组读书会、省委九届十次全会、全省黄河三角洲高效生态经济区建设工作会议、全省人口和计划生育工作会议精神，研究贯彻落实意见。

6月13日，市委、市政府召开迎省运誓师大会，隆重庆祝省运会倒计时100天、市体育中心落成交付和市第七届体育大会开幕。

7月15日，市委十届九次全体会议召开。深入学习贯彻中央关于加快经济发展方式转变的重大决策部署和省委九届十次全体会议精神，审议通过市委、市政府《关于贯彻落实省委省政府〈关于加快经济发展方式转变若干重要问题的意见〉的意见》《关于加快推进统筹城乡发展的意见》。

8月24日，全市人才工作会议召开。

10月19日，市委召开常委会议，传达学习党的十七届五中全会精神，研究制定贯彻落实意见。

11月26日，市委、市政府召开全市文化体制改革和文化产业振兴大会。

12月6日，市委十届十一次全体会议召开。深入学习党的十七届五中全会和省委九届十一次全体会议精神，听取和讨论市委书记刘慧晏受市委常委会委托作的工作报告；审议通过《中共淄博市委关于制定淄博市国民经济和社会发展第十二个五年规划的建议》。

12月15日，市委召开常委会议，传达学习中央经济工作会议精神，研究贯彻落实意见。

12月16日，市委、市政府召开全市群众工作会议，研究部署做好新形势下群众工作的任务措施。

12月28日，全市经济工作会议召开。会议的主要任务是深入学习贯彻党的十七届五中全会精神，总结2010年经济工作，研究部署2011年经济发展任务。（李　真）

·重要决策和工作部署·

2月22日，市委、市政府印发《关于进一步加强环境保护工作的意见》。提出环境保护工作的重大意义、指导思想、目标任务、着力解决的突出问题和具体措施，对进一步改善全市环境质量进行全面部署。

2月24日，市委、市政府印发《关于突出城乡统筹深化"建设农村殷实小康十大工程"的实施意见》。提出全市新农村建设和农业农村工作的总体要求、主要目标和具体措施，对全市新农村建设和农业、农村工作进行全面部署。

2月24日，市委、市政府印发《关于深化集体林权制度改革的实施意见》。提出深化集体林权制度改革的指导思想、基本原则、改革范围、总体目标、主要任务、配套政策和保障措施。

3月23日，市委、市政府印发《关于加强招商引资工作 加快推进经济发展方式转变的意见》。

3月23日，市委、市政府印发《关于2010年全市党风廉政建设和反腐败工作实施意见》。提出2010年全市党风廉政建设和反腐败工作的指导思想、任务要求、保障措施等。

6月4日，市委、市政府印发《关于加快发展都市农业的意见》。提出加快发展都市农业的重要性、必要性、指导思想、基本原则、任务目标和政策措施等。

7月19日，市委、市政府印发《关于进一步加强乡村少年宫建设工作的意见》。

7月23日，市委、市政府印发《关于认真贯彻落实鲁发〔2010〕7号文件 进一步推进全市反腐倡廉制度建设的通知》。

8月2日，市委、市政府印发《关于贯彻落实省委、省政府〈关于加快经济发展方式转变若干重要问题的意见〉的意见》。

8月3日，市委、市政府印发《关于加快推进统筹城乡发展的意见》。

9月20日，市委、市政府印发《关于健全完善人口和计划生育利益导向政策体系的意见》。

11月15日，市委、市政府印发《关于持续增加农民收入的实施意见》。明确持续增加农民收入的总体要求、任务目标和相关措施，就全市持续增加农民收入工作进行全面部署。

12月10日，市委、市政府印发《关于印发〈"法治淄博"建设纲要〉的通知》。提出"法治淄博"建设的指导思想、基本原则、总体目标、行动进程、主要内容和保障措施等，就扎实推进"法治淄博"建设进行全面部署。

12月30日，市委、市政府印发《关于加快培育建设中心镇的若干意见》。提出加快培育建设中心镇的指导思想、基本原则、中心镇的确定和发展目标、中心镇的发展模式、主要任务、政策措施和保障机制。 （李 真）

·组织工作·

【全市组织工作会议】 1月14日召开，会议传达全省组织部长会议精神，回顾总结2009年全市组织工作，表彰2009年度全市组织工作创新奖，对2010年全市组织工作进行安排部署。市委常委、组织部部长刘中会出席会议并讲话。

（李 锋 于 君）

【组织工作创新】 年内，在全面研究部署的基础上，确定一批重点创新项目，通过务虚研讨、会议交流、点评观摩等方式，全力推动组织工作创新。开展创新亮点工作点评展示、星级评定活动，全年评选创新亮点工作107项，34项工作被挂星展示。开展全市组织工作创新奖评选活动，评选出创新成果14项，提名奖8项。淄川区建立"责任落实、分类分步治理、动态管理"三项机制，对难点村进行综合治理、集中突破，其成果《建立"三项机制"，集中突破难点村》被评为2010年度山东组工创新奖，并在全省组织部长会议上受到表彰。 （郑祥军 于 君）

【对外宣传】 年内，设立宣传科，与研究室合署办公。建立组织部门新闻发言人制度，成立组织部门宣传工作领导小组及联席会议，对重点创新组织工作进行集中宣传。在《求是》《国内动态清样》《内部参考》《组织人事报》《大众日报》等刊发一批有影响的稿件。 （杨发磊 郑祥军）

【重点课题研究】 年初，研究确定19个重点调研课题，进行分解部署，扎实开展课题研究，形成一批高质量的课题研究报告。完成中组部《基层党内民主发展研究》重点调研课题，获中组部2010年度重点课题成果二等奖和省委组织部2010年度重点课题成果一等奖。 （李 锋 于 君）

【"组工干部下基层"活动】 是年，继续在全市组织部门开展"组工干部下基层"活动，由各副部长带队，深入区县、市直部门（单位）与市管干部进行谈心谈话。扎实开展组工干部"三帮扶"活动（市委组织部副县级以上干部，区县委组织部副科级以上干部，每人至少联系帮扶一个后进村、一个贫困户、一个困难学生），全市组织系统有97名干部联系帮扶108个后进村。 （于 君）

【选聘高校毕业生到村任职】 是年，先后组织完成网上报名、资格审查、笔试、面试、体检、考察等工作，全市选聘168名高校毕业生到村任职，并印发《全市大学生"村官"管理办法（试行）》。 （纪志远）

【选派第六批援藏干部】 4月，经过报名、与单位负责人和本人沟通、初始筛选评价、笔试、面试、考察、差额票决等环节，选派第六批援藏干部7名。这是淄博市首次采用竞争性方式选拔援藏干部。 （何恒斌 周宏伟 刘胜虎）

【选调生工作】 是年，录用选调生51名，其中组织系统37名，公、检、法系统14名；硕士研究生17名，博士研究生1名。10月31日～11月20日，举办全市2009～2010年省委组织部选调生培训班，114 人参加培训。11 月底～12 月，组织从基层选调生中考选部分市直机关工作人员工作，经过报名、资格审查、笔试、面试、考察、体检等环节，录取 15 人。（何恒斌　周宏伟　刘胜虎　向志强）

【选派机关年轻干部到村任职】 5 月，全市选派 40 名（市直机关、区县直机关各 20 名）年轻干部到 20 个村担任副书记。7 月，组织到村任职干部培训班。

（何恒斌　刘胜虎　向志强）

【公开选拔部分乡镇（街道）党政领导班子成员】 5～6 月，组织公开选拔部分乡镇（街道）党政领导班子成员。全市 404 人按 A（村书记）、B（乡镇中层正职等）两类报名，选拔录用 8 人。（何恒斌　周宏伟　李厚永　刘胜虎）

【事业单位选用博士生工作】 是年，充分利用报考市选调生的博士资源，按专业筛选部分博士资料，经过反复沟通衔接、组织博士见面会、"一对一"双向选择洽谈、实地考察等程序，8 名博士与有关部门、单位签订就业协议书，涉及经济、环保、化工、新材料、生物制药等专业。

（何恒斌　刘胜虎　向志强）

【公务员招考】 是年，组织全市 2010 年国家公务员招考录用工作，经过笔试、面试、政审、体检、公示等程序，录用 526 人。（何恒斌　周宏伟）

【第二十二届省运会、第八届省残运会执委会组织人事工作】 是年，从全市选调 280 余名优秀干部，组建省运会执委会 1 室 19 部的工作机构。召开省运会执委会党建工作专题会议，成立省运会执委会党委和 20 个基层党支部。先后组织 2 批业务骨干专程赴北京体育大学进行集中学习培训，邀请高层次专家、教授到淄博辅导，提高承办大型赛事活动的能力和水平。先后制定执委会组织机构管理、人员管理、资产管理等规章制度，建立分项督促检查和目标考核、奖励机制，保证各项工作高效有序运行。对党员干部在省运会等赛事筹备、承办工作中发挥作用和实际表现情况进行全程跟踪考察，出具书面鉴定材料。（何恒斌　刘胜虎）

【竞争性选拔干部】 年内，公开选拔 13 名副县级干部，组织市纪委、市检察院、高新区进行县级干部竞争上岗，选拔干部 16 名。注重创新方式方法，实行全程量化、全程差额、全程监督，在面试环节采取"大评委制"，有关做法被新华社《内部参考》等刊发。采取"两公开四差额"方式，选任区县委书记建议人选 5 名、区县长人选 5 名，指导区县选任乡镇党政正职 41 名。（陈燎原　李　杰）

【后备干部培养】 公开选拔的 10 名副县级干部全部安排到区县经济开发区或乡镇挂职党委副书记，遴选 8 名副县级后备干部到区县信访局挂职副局长。确定 330 名县级副职后备干部。研究提出实施分类培养、强化教育培训、分批挂职锻炼、交流轮岗锻炼、实行动态管理、加强组织领导 6 个方面的意见。

（范新刚　陈燎原　李　杰　王建军　杨新国）

【市直机关科级领导职位竞争上岗】 研究制定《淄博市市直部门科级领导职位竞争上岗暂行办法》，对市直部门科级领导职位竞争上岗的范围和形式、资格条件、基本程序等作出具体规定。年内，指导 18 个市直部门（单位）通过竞争上岗选拔科级领导干部 118 人。

【团职军转干部安置工作】 广泛征求驻地部队意见，修订《淄博市团职军转干部实行考试考核办法安置意见》，对团职军转干部继续实行考试考核相结合的办法择优安置，做到公开考试考核办法、公开安置计划、公开考试考核成绩、公开排列名次、公开安置去向。年内，20 名师团职军转干部得到妥善安置。（范新刚　许邦友）

【2009 年度领导班子和领导干部考核】 对 8 个区县和高新区、89 个市直部门领导班子、925 名县级干部（含提前离岗干部 177 人）进行考核，4365 名干部群众参加民主测评会议，与 2666 人（其中包括基层干部群众 780 人）进行个别交谈。考核市属企事业单位 159 家，领导干部 704 名，7456 人参加民主测评，考核组与 3094 人进行个别谈话，研究确定 67 个领导班子、151 名领导干部为优秀等次。

（战化水　孙启娜　袁长会
王玉杰　李海霞　岳　嵩）

【企事业单位重点项目、重要工作备案登记和跟踪制度】 5 月，对企事业单位承担的重点项目、重要工作实行备案登记管理。经过分析筛选，从 350 项工作项目中确定 68 项实行重点管理，将承担和组织实施项目的 289 名干部作为跟踪考察对象，全面了解、掌握和评价干部在重点工作项目中作用发挥、现实表现和工作实绩情况。该做法被《山东组工信息》报道。（马　忠　孙启娜）

【四项监督制度学习宣传】 先后印发《关于加强四项监督制度学习宣传工作的实施意见》和《关于开展四项监督制度新一轮学习宣传工作的通知》。在《淄博日报》刊发四项监督制度全部内容和 100 道知识竞赛题，组织 25981 人参加竞赛答题。组织召开全市学习贯彻四项监督制度、进一步提高选人用人公信度视频会议，发放四项监督制度单行本 2300 余册。举办全市领导干部四项监督制度专题培训班，180 余人参加培训，分 3 期组织全市所有副县级以上干部进行四项监督制度考试。

【市县一体化"12380"举报网站】 依托淄博组工网，建立开通市县一体化“12380”举报网站，主要受理反映全市各级领导班子和领导干部违反《党政领导干部选拔任用工作条例》及相关法规选人用人和领导干部政治、思想、作风、廉洁自律等方面问题的举报。年内，受理查核反馈群众举报85件次。

【干部日常管理监督】 严格落实对拟提拔重用干部进行廉政鉴定的有关规定，委托市纪委对129名拟提拔重用干部进行廉政鉴定。委托市审计局对26人进行离任经济责任审计，对36人进行任中经济责任审计。会同有关部门，首次开展对部分区县委书记的同步经济责任审计工作，强化对主要领导干部、人财物管理使用等关键对象的监督。完善及时发现问题机制和诫勉谈话与函询制度，落实经常谈心谈话制度，对干部出现的苗头性、倾向性问题早提醒。年内，对2名干部进行函询。

（袁长会　王玉杰　李海霞　岳　嵩）

【信息与网络建设】 3月，承办全省组织系统信息化及“大组工网”建设工作座谈会。完成各区县委组织部“大组工网”单点接入工作，对专网管理员进行登记注册和集中培训，逐步推进“大组工网”建设。开通“淄博组工”“淄博党建”等外网网站，及时起草修订《“淄博组工”外网网站管理办法》，对信息管理员进行业务培训。组织各单位依托政务内网，对市管干部家庭信息进行更新维护。9月，按照省委组织部要求对全市2000余名市管干部的身份证号码、职务属性、全日制和在职学历学习起止时间等干部信息数据进行采集充实和更新维护。（翟煜民　李淑爱　韩立峰）

【党内统计和干部统计】 高质量完成2009年度党内统计、干部统计各项工作，在全省党员统计、干部统计年报表评审通报中被特别提出表扬，被评为2009年度党内统计工作全优报表单位。11月，市委组织部被表彰为全省党内统计工作先进集体。（韩立峰　霍　强）

【市直部门干部专题培训】 年初，印发2010年市直有关部门专题培训班计划的通知，对22个专题培训计划进行审批。年内，举办大型运动会统筹策划与应急管理、环境保护、新能源及节能减排、组工干部能力提升等30个专题培训班次，培训干部2500余人次。确定金融证券、企业高级管理人员等12个项目化运作班次，通过招投标、委托培训等形式开展培训。

【省级以上培训学员选调工作】 年内，选调学员191人次参加省级以上培训。其中，副厅级以上21人次，县级干部120人次。国家级调训8人次，省委党校58人次。另外，选派4人参加出国培训，6人考取省委党校党政干部研究生。

【启动干部在线学习】 是年，依托山东干部学习网建立淄博专区，在试点基础上，召开全市会议进行动员部署，在全市展开干部在线学习。全市县级干部、市属国有企业党政主要负责人、各级组织部门干部2212名干部首批参加在线学习。11月，举办全市公共危机管理与舆情应对在线学习培训班，382名干部参加学习。

【机关干部能力提升讲坛】 是年，在市直机关开设机关干部能力提升讲坛，机关干部轮流登讲台，从政治理论、业务工作和个性课题三方面，根据岗位需要和自身特长自主选讲。全市市直机关举办讲坛1213次，受众干部达8000余人，其中部门主要负责人带头讲课142人次。

【岗位特需培训】 明确6种岗位角色变化较大的干部（长期担任副职的提拔到正职、长期在乡镇工作的到市直部门、长期在部门工作的到乡镇、长期在党委系统工作的到政府系统、长期在政府系统工作的到党委系统、长期从事业务工作的到管理岗位），量身定制培训计划，聘请专家开展“一对一”或“一对多”岗位特需培训。年内，对2名长期担任副职提拔到正职的市直部门干部以及7名公开招考到乡镇挂职、缺乏乡镇领导工作经历的副县级干部进行培训。

【新疆喀什受援县干部考察培训】 按照省委组织部统一安排，9～10月，新疆喀什地区疏勒县、岳普湖县、麦盖提县近400名干部分5期到淄博市参观考察城市规划、小城镇和新农村建设、旧村改造以及农机生产等工作。

【全市干部教育师资库】 5月，印发《关于申报淄博市干部教育兼职教师人选的通知》，建立全市干部教育师资库，年内入库教师261人。其中，市内204人，市外57人；厅级领导干部4人，县级领导干部72人，企业主要负责人7人。

（冯炳涛　牛　涛）

【村级组织活动场所建设】 年初，组织对全市村级组织活动场所建设情况进行摸底排查，79个村被纳入2010年新一轮建设规划。年底，79个村级组织活动场所主体工程及办公用品配置等均通过检查验收，实现村级组织活动场所覆盖全部行政村的目标。（张栾琳）

【全市人才工作会议】 8月24日召开，会议深入学习贯彻全国、全省人才工作会议精神，总结全市人才工作，通报杰出人才和优秀创新团队，研究部署人才工作任务。首次拿出375万元重奖杰出人才和优秀创新团队，授予张永明、王方水、董雅娟等3人淄博市杰出人才奖，每人奖励50万元；授予张学义、齐涛、何岩、曾照香、任志鸿等5人淄博市杰出人才提名奖，每人奖励5万元；授予山东东岳集团含氟功能膜材料创新团队等10个团队淄博市优秀创新团队称号，每个团队奖励20万元并记集体二等功。

2010年8月24日，全市人才工作会议重奖杰出人才（市委组织部 供稿）

【引进海外优秀人才】 积极推进引进海外优秀人才"515"计划，全年引进海外人才160余名，其中王星、董雅娟、李湛江3人入选省"万人计划"第一层次，被聘为泰山学者海外特聘专家。将招商引资项目与招才引智同步推进，举办中国（淄博）新材料技术论坛暨国际科技成果招商洽谈会，邀请到院士及中外专家402人，签订各类技术合作项目868项。（李碧录）

【远程教育】 制定《关于在全市开展远程教育"六进"工作的意见》，全年新建远程教育"六进"站点341个，其中进社区118个，进企业161个，进基地31个，进合作社（协会）20个，进市场9个，进工地2个。印发《关于实施"153"示范带动工程，进一步提高远程教育学用工作水平的意见》，在全市创建10个左右的省级优秀站点、50个左右的市级优秀站点和300个左右的区县级优秀站点。年内，评选出36个市级远程教育优秀站点，进行通报表彰，并给予一定的物质奖励。（苏学凯 樊德欣）

·宣传工作·

【理论学习】 举办全市学习党的十七届五中全会精神报告会和理论骨干培训班，成立全市学习党的十七届五中全会精神宣讲团，开展形式多样的学习宣传贯彻党的十七届四中、五中全会精神活动。加强全市党委（党组）中心组学习，建立"三学制度"（督学、参学、述学）。制定《关于推进全市学习型党组织建设的实施意见》，在淄川区先行试点的基础上，突出重点，分清层次，对全市学习型党组织建设做出整体安排部署，并举办全市创建学习型党组织研讨班。《人民日报》《经济日报》《光明日报》《大众日报》和中央电视台等主要新闻媒体报道淄川区建设学习型党组织的经验做法。创办"淄博干部学习网"。制定完善《淄博市理论宣教研究基地管理办法》。全市建立市级理论宣教研究基地60家，省级基地4家，省委讲师团在淄博市召开全省理论宣教研究基地座谈会，总结推广淄博市的经验。

【舆论引导】 1. 加强对新闻宣传工作的动态管理和调控，主动做好热点敏感问题的舆论引导，稳妥把握入学入托、就业、食品安全、矿震等敏感问题的宣传报道，审慎有效地处理《新京报》《东方早报》和央视网等媒体关注绿赛尔乳业，《消费日报》关注鲁中公路建设有限公司所属事业身份人员上访等有关问题的采访报道。2. 围绕全市大局，为加快转调和统筹城乡发展营造良好舆论氛围。策划组织市委十届九次、十次、十一次全会和市人代会、市政协会以及全国农村工作会议等重要会议的宣传报道，完成省运会、亚青赛、省残运会、陶博会等重大活动的宣传任务。组织建设学习型党组织、创先争优争做淄博先锋、坚持内涵发展、建设生态和谐宜居城市等事关全局、意义重大的主题宣传。3. 组织协调对上宣传。协调组织14家中央、省级主流新闻媒体到淄博开展"中国新材料名都"集中采访活动，在上级媒体刊发一大批重头稿件，进一步扩大淄博影响，提升淄博对外形象。全市累计对外发稿11000多篇（条），在《大众日报》发稿近280篇，刊发头版头条8篇；淄博电视台在中央电视台、山东电视台发稿数量继续保持全国、全省地级市领先水平；淄博人民广播电台再次获得中央人民广播电台特殊贡献奖和山东人民广播电台集体记者一等奖。

【精神文明建设】 推进城市公共文明指数测评工作，在2010年全国城市公共文明指数测评中，淄博市位列地级市第十一名。推进全市新农村建设"文明信用工程"和建设殷实小康"农村精神文明建设工程"，有效地改善农村环境面貌，促进农村文明风尚的形成和新农村建设。在2010年全国未成年人思想道德建设测评中，淄博市取得地级市第九名的成绩，作为全国地级城市唯一代表在全国未成年人思想道德建设视讯工作会议会作典型发言。志愿服务活动范围扩大，人数增加，全市注册志愿者人数60余万人，占全市总人口的15%以上。

【公民道德建设】 把"四德"建设作为推进社会主义核心价值体系建设的基础性工程，组织开展"四德践行日"系列公益活动，举办"迎省运，文明交通我参与"主题活动、公民道德宣传月活动、"历史的选择"青少年读书教育等活动。成立全市社区思想政治工作研究会。积极开展"学习型企业文化建设年"主题活动。继续抓好民营企业以及新经济组织的思想政治工作和企业文化建设，民营企业思想政治工作"六个有"（有组织、有队伍、有制度、有阵地、有活动、有经费）和企业文化"六个一"（选配一名政工师、出版一份企业报刊或简报、编辑一本企业文化手册、制作一部反映企业整体形象的宣传片、创作一首企业之歌、建设一个活动阵地）

建设活动取得显著成效。深入开展百城万店无假货活动。组织开展迎省运社会宣传周活动，加强省运会环境布置工作，为迎接省运会，全市发放宣传画册3000余套，致居民的一封信5000余份，设置道旗1600杆、3200幅，文化墙6处，在高速公路路口设立迎省运大型广告牌，对全市近300个候车亭、36个城市指南统一制作迎省运宣传栏等。丁霖、田元杰、刘效华等30人入选中国文明网"10月好人榜"。成功举办2009"感动淄博"年度人物颁奖典礼。组织开展"百名记者深入基层推出百名典型"活动。开设"典型之窗——双百活动在基层"专栏，推出沂源县"突出抓好镇村规范化建设，全力维护农村社会和谐稳定"和桓台县社区实施固本强基维稳工程等先进典型。

【文化建设和文化事业】 年内，组织实施"231"战略。"两带动"，实施文化产业项目带动战略和文化品牌带动战略；"三推进"，推进现代印刷发行物流基地、工艺美术和文博基地、创意会展基地建设；"一提升"，全面提升淄博市文化产业的竞争力。抓好"326工程"：培植30个重点文化产业项目；打造20个文化品牌（培育10个地域性文化品牌，塑造10个文化产业型品牌）；扶持做大做强60家文化企业。

组织召开全市文化体制改革和文化产业振兴大会，印发《淄博市关于促进文化产业振兴的实施意见》和《淄博市关于促进文化产业发展的若干政策》等10个文件，为文化产业发展创造良好环境。2010年，全市有规模以上重点文化产业项目80个，总投资213.88亿元，完成投资51.05亿元。《光明日报》头版头条刊登《山东淄博 文化带来新机遇》。组团参加第三届山东省文化产业博览交易会，组织开展"创意淄博"建设系列活动。组建成立市文化广电新闻出版局、市文化市场执法局、市文化市场执法支队；整合广播电视、报业资源，组建淄博市广播电视总台、淄博市广播影视传媒集团、淄博报业传媒集团；指导公益性文化单位进行内部机制体制改革，引导经营性文化单位加快转企改制步伐。7月26日，淄博市被省文化体制和文化产业发展工作领导小组表彰为"文化体制改革工作先进市"，天鸿书业、荣宝斋淄博分公司等2家企业被省委、省政府表彰为全省文化改革发展先进单位。

牵头组织全市元旦、春节、元宵节期间的群众文化活动。组织全市"迎省运、庆国庆"系列群众文化活动，组织2010年全市文化、科技、卫生"三下乡"活动，协调组织山东籍书画艺术家孙其峰艺术作品山东特展。完成第九届全省"文艺精品工程"评选表彰工作。印发《关于建立精神文明建设"文艺精品工程"创作生产长效机制的实施意见》，协调组织重点文艺作品的创作排演工作。参与协调电视剧《旱码头》的播出工作。

【对外宣传】 积极做好重大主题宣传，重点推介都市农业、新材料名都建设、推进老工业城市科学发展的经验和做法。同时营造舆论强势，做好重大活动的对外宣传。精心组织黄河三角洲高效生态经济区规划建设主题采访团采访报道工作，组织陶博会·新材料技术论坛的对外宣传工作，圆满完成省运会、省残运会、亚青赛记者接待和新闻宣传工作，树立和展示淄博良好对外城市形象。编辑制作《山东淄博经贸合作推介项目册》，积极服务全市招商引资工作。开展"网络媒体淄博行"采访活动，加大对外宣传推介淄博的力度。打造"齐风陶韵·生态淄博"城市品牌。圆满完成市委、市政府赴渝、赴港招商经贸活动的宣传。精心组织做好全国网络媒体赴高青采访考察黄河三角洲高效生态示范区建设工作。

【网络管理】 加强网上宣传和舆论引导，设立淄博市网络好新闻奖。2010年收集报送人民网、新华网、大众网等国家和省级重点新闻网站登载淄博市的重要新闻1500多条。加强网上舆情监控，投资150万元购置舆情监控设备，实施舆情联防联控，加强对突发事件和热点敏感问题的分析研判和重点跟踪工作。跟踪监控《绿赛尔产品三聚氢胺超标事件》《淄博技师学院220名教职工上访维权事件》《山东勾兑花生油借邮政物流销全国，年获利千万元》等新闻和论坛热点，对有关负面新闻报道和论坛帖文协调撤稿，及时消除网上不良影响。编辑上报《舆情信息周报》49期，编报《今日舆情报告》244期，报送各类论坛中网民关注的民生问题148件，为领导决策和有关问题的解决提供依据，消除网上负面信息炒作的根源，保障网络舆情的稳定。举办"精彩淄博"网络作品大赛，加强网上舆论阵地建设。

【舆情信息】 上级部门刊发调研和经验文章10篇，领导署名文章2篇。加强舆情信息队伍建设，举办舆情信息员培训班。加大对中央和省、市重大决策部署思想反映、宣传思想战线重要工作情况、意识形态领域重要动态情况、社会热点难点问题信息的报送力度。全年完成舆情分析课题5项，刊发舆情信息2000余条。市委宣传部被省委宣传部表彰为全省调研工作先进单位、部刊工作先进单位和舆情信息工作先进单位，在全省舆情信息工作会议上作典型发言，并作为中宣部特邀代表参加全国舆情信息工作培训班。编辑出版《淄博宣传》6期。 （郭 昱）

·统战工作·

【基层基础建设年】 是年，将基层基础建设年活动作为统领全市统战工作的主线，组织全市统战系统领导干部赴临沂市参观学习，确定张店区作为基层基础建设活动试点。市、区县、乡镇（街道）及村居（社区）全部建立统战工作领导机构和工作机构，工作网络全部建立健全。全市8个区县的85个乡镇、街道办事处全部明确专兼职统战委员和统战工作联络员，队伍建设整齐规范。全市各级投入140余万元，建成统战办公室和活动室200余间，配备办公设施，建立健全各种规章制度和工作档案。11月，顺利通过省委统战部双基建设年活动督查组的验收，张店区委统战部、临淄区委统战部、桓台县委统战部等6个单位被评为全省基层统战工作基础建设先进单位，3名基层统战干部被评为先进个人。

【民主党派和工商联工作】 积极推广规范化支部、星级支部建设的成功经验，开展先进基层组织评选活动，授予27个党派基层组织活动室规范化活动室称号。按照全省民主党派工作座谈会精神和有关要求，协助对民建、民进、农工党和九三学社市委领导班子进行调整充实。组织收听收看全国进一步加强和改进工商联工作电视电话会议，以行业商会党组织建设为重点，建立非公有制经济组织党工委，大力推进民营企业党建工作。

2010年5月19日，召开市政府部门与民主党派工商联对口联系工作会议　　（市委统战部　供稿）

【党外代表人士工作】 是年，以党外博士工作为抓手，建立起141人的党外博士人才库，确定40名重点工作对象，成立博士咨询团，开展建言献策共谋发展、科技智力服务淄博活动，邀请市发改委举办全市"十二五"规划征求党外博士意见座谈会，引导党外博士积极献计献策。举办区县非公有制经济人士综合评价软件操作员培训班，健全完善全市非公有制经济代表人士综合评价体系。

【服务经济建设】 充分发挥"强班子、建队伍、树形象"、"科学参政议政"、"做挚友诤友"、"1+1+1"（发挥统战、高校优势，服务民营经济发展）、"三村建设"（民企帮村、村企共建和社会服务整村推进）、"民族团结、宗教和谐"等六大活动平台作用，着力推动服务科学发展和实现自身科学发展。开展参政议政重点课题调研，形成13篇议政报告，其中10篇得到市委、市政府主要领导批示。协助非公有制企业与驻淄博高校开展项目对接、技术合作，促成28家民营企业聘请18名高校专家教授为企业科技顾问，6家民营企业与高校建立合作关系。再次争取援建5所海联新农村卫生室并顺利通过验收，促进农村医疗卫生条件改善。组织、引导7个民主党派和40余家民营企业分别与179个村结成共建对子，落实建设道路、桥梁、种养殖基地、文化书屋、卫生室等帮扶项目69项。

【民族宗教工作】 开展第十次民族团结进步宣传月活动，广泛宣传党的民族政策知识，促进全市各民族团结进步。加大对宗教界代表人士教育培训，组织举办全市构建和谐宗教关系培训班，市、区爱国宗教团体主要负责人、全市宗教活动场所负责人、有关宗教教职人员70余人参加培训。积极争取党委、政府支持，大力协调有关部门，认真落实宗教房产政策，切实解决天主教活动场所、资金等方面实际困难，召开各爱国宗教团体负责人座谈会，认真做好宗教界代表人士思想政治工作，为圆满完成祝圣工作奠定坚实基础。组织召开由淄博、东营、滨州3市有关领导和部门参加的周村教区祝圣工作会议，全力做好天主教周村教区助理主教祝圣工作，天主教周村教区祝圣工作取得圆满成功，得到中央统战部和省、市委主要领导的充分肯定。

【调研宣传】 以全省统战理论调研宣传"四新工程"（调查掌握新情况，研究探讨新问题，总结一批新经验，推出一批新成果）评选活动为抓手，认真做好调研宣传工作。推选9篇调研宣传成果参加全省统战理论调研宣传"四新工程"评选，1篇获宣传成果一等奖，1篇获调研成果二等奖，2篇分获调研和宣传成果三等奖，1篇获调研成果优秀奖，再次荣获全省统战理论调研宣传"四新工程"先进单位称号。信息工作继续保持全省先进位次，连续第三年荣获全省一等奖。

（康秀霞）

·对台工作·

【对台经济】 2010年，新批台资项目10个，总投资15950万美元，合同利用台资12350万美元，实际利用台资10560万美元，招商引资7100万元人民币。组织参与鲁台会、陶博会、鲁台经贸文化交流周暨台湾山东名品博览会等专题招商活动，促成陶瓷电容、半钢汽车轮胎生产线项目等17项合作协议，总投资5亿元人民币的山东力合美电子科技有限公司奠基，台湾蓝天集团百脑汇电子有限公司落户。排查调处台商台企纠纷，临淄珙荣石灰投诉案、山东大鸿制釉与寿光某企业的经济纠纷、淄博市某网站对旺旺集团的负面报道纠纷等均得到妥善解决，13起历史台商投诉案件全部结案。会同市人大民族侨务外事委员会对全市实施《中华人民共和国台湾同胞投资保护法》情况进行调研，并代表市政府向市人大常委会报告淄博市贯彻实施该法情况。

【交往交流】 开展"活动入岛年"活动，全市自组26个团组267人赴台交流，比2009年分别增加189%和377%，有3个团组规模超过20人，与台方5个相关单位缔结友好合作关系。赴台县以上领导干部82人，其中厅级11人，正县级31

人，副县级40人。31人（含正县级3人）分别随山东省相关团组赴台考察。52批799人次的台湾团组到淄博，在经贸、教育、文化、体育、医疗等领域与相关单位进行交流与合作洽谈。12月25～26日，淄博职业学院促成的“2010年海峡两岸职业技术院校校长高峰论坛”举办，台湾承办方修平技术学院等5所院校校长到淄博参加论坛。淄博市中心医院36人单独组团赴台参访，深化淄台医疗卫生领域交流合作。

【对台宣传和涉台教育】 全年分别向涉台刊物、网络以及淄博市新闻媒体发送稿件25篇（幅）。邀请东森电视台到淄博采访拍摄有关“沂源全蝎”的专题片。为高青县党校乡镇干部培训班作台湾形势报告。

【台属工作】 年内，认真落实惠及台胞的政策措施，为台胞提供细致周到的服务。对全市暂住台胞和定居台胞进行调查摸底，逐一建立档案。指导台联、台协组织加强自身建设，发挥好职能作用，淄川区台联会被评为“山东省优秀台联会”。 （刘登成）

·政策研究工作·

【综合服务】 年内，起草市委领导讲话20余篇，包括在学习实践科学发展观活动全国总结会淄博分会场的讲话和主持词、在全市农村工作会议上的讲话、在蓝矾股份深圳上市仪式上的讲话、致侨联常委会的一封信、全国厂务公开民主管理工作淄博分会场电视电话会议讲话、中央统战部考察调研座谈会讲话、在全市文联和社联五次代表大会闭幕式上的讲话等。协助市委领导做好有关工作，协调全市有关群团组织等部门的换届工作。撰写领导署名文章，主要起草《坚持内涵发展 突出三大重点 奋力建设殷实和谐经济文化强市》《继续扎实推进节能减排家庭社区行动》等，在省、市级以上刊物发表。积极争取对上发稿，先后在《山东通讯》《调查与研究》《山东省情手册》等刊物发表《抢抓机遇　积极作为 加快融入黄河三角洲高效生态经济区建设》《关于沂源县高新技术产业发展的调研报告》《张店区和谐社区建设经验调查》《淄博经济社会发展的主要情况》等。

【调查研究】 1. 牵头组织多项大型调研活动。主要有关于全市统筹城乡发展、转方式调结构、加快培育建设中心镇等系列调研活动，起草完成市委、市政府《关于加快推进统筹城乡发展的意见》《关于加快经济发展方式转变若干重要问题的意见》《关于加快培育建设中心镇的若干意见》《关于在部分经济发达镇开展行政管理体制改革和启动中心镇发展改革试点的意见（试行）》《关于加快我市物流产业发展的意见》等。2. 重点热点问题调研。先后牵头组织关于基层党建、医药产业、纬度经济、轨道交通等调研，形成《关于基层党组织建设的调查和思考》《把我市医药产业打造成为全国品牌产业集群》《关于纬度、光线与区域经济发展研究》《关于我市发展轨道交通的几点思考》《关于我市燃料电池的研发与应用前景分析》《桓台县城乡供水“同网同质”一体化的调查》等。3. 重大工作经验、重大典型的调研推广。主要抓好《淄博市社会保障经验的调研》《淄博公路系统如何争创全省一流的经验》《全市农村卫生发展情况的调研》《张店区和谐社区建设的经验调查》《张店区地税分局推行行政问责制情况的调查》《对凤凰镇大薄村村级文化建设的调查》和《北博山镇镇村一体化发展的探索》等工作经验和典型。4. 继续深化研究城乡统筹发展问题。形成《关于依托“四个层级”加快推进中心镇、中心村建设的思考》《关于推进强镇扩权建设示范镇促进城乡统筹一体化发展的几点思考》《关于强化产业支撑促进城乡一体化发展的几点思考》等成果。

【办刊工作】 全年编辑出版《淄博工作》12期，编辑修改文字120万字。编发《决策参考》32期，合计18万字；编发《全省各市每周工作动态》52期，合计25万字；编发《呈阅件》10余期，合计7万字。 （郑海岩）

·保密工作·

【宣传教育】 年内，坚持把学习宣传新修订的《中华人民共和国保密法》作为重点工作，转发中央宣传部、国家保密局、司法部、全国普及法律常识办公室《关于开展新修订〈保密法〉学习宣传活动的通知》。全市征订《保密法》7069册、《保密法》释义791册、《保密法》宣传挂图670套，实现党政机关、企事业单位领导干部和涉密人员人手一册的目标。6月，举办全市保密干部培训班。8月，举办全市保密局（办）局长、各大企业、高等院校保密办主任培训班。组织党政机关、企事业单位领导干部和涉密人员学习《保密技术防范常识》（图文本）、观看《现代办公设备泄密窃密技术演示》保密教育片，宣传普及现代办公条件下的保密防范知识。定期到党政机关和军工企业宣讲保密形势，配合新修订的《保密法》学习宣传活动，强化典型案例警示作用，开展案例教育51次，受教育人数达2000余人。做好全市“五五”保密法制宣传教育检查验收。

【技术防范】 安排有关人员参加全省保密技术培训班。做好全市保密科学技术“十一五”发展规划总结验收工作。继续做好计算机和移动存储介质的保密检查工作。联合市公安局、市安全局、市经信委等单位，对五区三县、高新区和市委办公厅、市政府办公厅等40多家市直部门和单位300余台计算机、200余个移动存储介质进行保密检查。加强政府信息公开门户网站保密管理，开展专项保密检查，确保涉密信息不公开，公开信息不涉密。进一步完善提高涉密办公计算机非法外联监控系统，加强对个别违规外联单位的查处，为各部门、单位的300余台涉密和内部办公计算机安装违规外联监控软件，有效地阻止涉密及内部办公计算机的违规外联行为，确保党政机关涉密网络和内部办公网安全。做好第二十二届省运会和全市重大会议活动的技术保障服务工作。加强对3G移动终端、现代办公设备保密管理，为市委、市政府各类重要会议提供手机信号屏蔽服务。

【督查管理】 5月，组织全市12000多人参加保密知识竞赛，3个单位和15人受到省保密局表彰。抓好涉密载体清理情况检查工作，印发《关于全市组织开展涉密载体清理情况检查的通知》，并对各部门、单位开展涉密载体清理情况进行检查。加强公文资料的回收监销工作，全年回收销毁涉密和内部公文资料12吨。协助有关部门做好高考和各类专业资格考试试卷保密室的保密检查工作。配合市国土局、市新闻出版局、市信息产业局等部门，做好全市地理信息市场专项整治检查及网络信息安全保密工作。抓好武器装备科研生产单位保密资格认证和复审工作，督促武器装备科研生产单位加强日常保密管理工作。做好党政专网日常管理，及时为市领导和第二十二届省运会运动员公寓安装专网保密电话。

（李兆军）

·离休干部管理工作·

【基本情况】 截至年底，全市有离休干部4250人，其中机关1328人，事业单位1144人，企业单位1778人；红军时期参加工作1人，抗日战争时期参加工作829人，解放战争时期参加工作3420人；享受局级待遇2人，享受副局级待遇105人，享受处级待遇265人，享受副处级待遇1471人，享受科级及其他待遇2407人。

【落实政治待遇】 1. 坚持情况通报制度。1月14日、7月22日，市委书记、市人大常委会主任刘慧晏代表市委、市政府向老干部通报全市经济社会发展情况，并广泛听取老干部的意见和建议。2. 坚持走访慰问制度。春节前夕，走访慰问40名担任过市级领导职务的离退休干部、3名驻淄博老红军和66名市直行政14级以上老干部和遗属；八一前夕，走访慰问44名驻淄博老红军、军休干部及遗属；召开庆七一离退休干部座谈会。3. 坚持报告会和参观考察制度。5月、10月，两次组织担任过副市级以上领导职务的离退休干部到博山区、周村区、临淄区和高新区参观考察经济社会发展情况；6月上旬，邀请国内知名保健专家为离退休干部作保健讲座。

【落实生活待遇】 年初，进行离休干部医疗统筹金缴纳情况检查，协调落实鲁中交运集团20名离休干部医疗统筹金纳入财政负担。5月，协调财政、卫生、人力资源和社会保障部门解决市直离休干部超支医疗费2700万元。设立帮扶基金，制定《淄博市市直离退休干部及遗属特殊困难帮扶救助办法》，为32名生活困难离退休干部及遗属发放救助金9.3万余元，为240名特困离退休干部遗属缴纳年度医疗保险4.2万余元。为市第八医院、市交通技校、市计生委、齐鲁建陶、纺织行办等单位离休干部落实医疗统筹金及各类生活补贴津贴等65万余元；协调做好山东汽车齿轮总厂、齐鲁建陶等省属企业9名离休干部移交安置工作。为军休干部及遗属发放服装费、取暖费等各类补贴24万余元。

【开展活动】 组织参加全省离退休干部摄影图片展，获优秀组织奖和一、二等奖各1名，三等奖2名，优秀奖5名。参加全省老干部优秀文艺节目汇演，获优秀组织奖及团体、个人多个奖项。在淄博电视台举办全市老干部工作政策业务知识竞赛。举办2期市直离退休干部党支部书记培训班。组织离退休干部开展“迎新春、促和谐，送春联进社区”和文化下乡活动，先后到张店区科技苑社区、淄川区岭子镇义务写春联近1300余幅，捐赠图书200余册。

【服务管理】 继续实施离退休干部党建工作示范点创建工程，对各单位申报的第三批11个示范点进行考核和命名挂牌。开展无障碍设施进家庭活动，为33名自理能力差的离休干部安装配送轮椅、可视门铃等扶助器具87件。拓展离退休干部学习活动空间，市老干部活动中心、老年人大学全年开设6大类专业50个教学班，招收学员3119人次，课时达到3300学时，举办各种活动、演出227场次。做好老干部信访工作，全年处理老干部信件14封，接待到访100多人次，解决问题近百个。在全省老干部局长理论学习读书会上，介绍淄博市落实离休干部两项待遇的经验做法。

【调研宣传】 年内，围绕老干部工作重点课题，撰写调研文章16篇，《以改革创新精神推动老年教育事业蓬勃发展》《以精神文化为引领全面提升机关建设水平》分别获得中组部“做好新形势下老干部工作征文”一、二等奖。在省委老干部局《情况反映》《老干部工作通讯》刊发老干部工作信息28篇（条），在中央和省、市各媒体刊发通讯信息32篇（条）。编发全市《老干部工作信息》26期。11月，市委老干部局被省委组织部、省委老干部局、省人力资源和社会保障厅表彰为全省离退休干部统计先进集体。

（孙业忠　张妍）

·党史工作·

【党史编研】 编辑出版新中国成立后淄川区委第一任书记的传记——《孟金山》。确定《中共淄博地方史》三卷25个相关专题，启动20多个子项的撰写。完成省委党史研究室下达的《山东的抗美援朝运动》和《山东的拨乱反正》

两个专题。

【重点宣教】 筹划组织纪念淄博市成立55周年人物采访，对在建市55年经济社会发展中具有代表性的10人进行专访，形成15万字的历史资料；开展淄博抗美援朝资料征集工作，征集参战人、当事人各类文稿17篇、2万余字；在淄博党史网站开辟“淄博南下干部”专题，展示20位淄博干部的南下历程；山东新闻网、淄博政府网、淄博新闻网等网络媒体转载《孟金山》部分内容，产生较大影响。

【遗址普查】 按照省委党史研究室统一部署，集中开展淄博市党史遗址普查工作，对全市各区县党史遗址进行全面调查、审核、登记，普查革命遗址163处。 （郑功臣）

·党校工作·

【建设全省一流党校】 干部培训和教学工作形成独特优势，在省委组织部举办的第三期全省县（市、区）委书记转方式调结构专题培训班上作情况介绍；学员管理工作在全省泰安会议上作经验介绍；科研工作第四次蝉联优秀组织奖，连续8年稳居全省前列；研究成果发表在《人民日报》《求是》，实现历史性突破；跨入省级精神文明单位行列。

【干部培训和教学】 年内，按照“以短期培训为主、以小班教学为主”原则，开设主体班次13个，培训轮训干部976人，圆满完成年度培训计划。通过领导点题、部门会商、问卷座谈等形式强化“三个需求”调研，力求更好地“讲淄博话、明淄博理、做淄博事”；进一步完善“小班额、专题化、重点调、研究式”的培训模式；教学规律研究继续深化，形成《党校教学规律研究10稿》等成果；以团队形式打造精品课，把教研人员的注意力和关注点引向对重大现实问题的研究。

【科研工作】 年内，立、结各级各类课题30余项，其中省级课题10项。发表论文80余篇，1/2为省级以上刊物；49项成果获省、市奖励，首次获得山东省社科优秀成果二等奖；6项成果进入市领导视野，其中5项获肯定性批示。《科研工作研究心得9篇》以党校文件印发；5篇经验文章在中央党校《学习时报》和《山东党校通讯》发表；44项成果辑成《直面前沿：理论与现实问题探索》。

【业余函授教育】 超额33%完成党校系统内最后一次专升本招生任务；在职研究生新生注册率和应届生毕业率均达100%；两次教案抽查均以全优成绩居全省首位。

（张立国）

·市直机关党的工作·

【建设学习型机关党组织】 从3月开始，在市直机关以“四个一”（日阅一文、月写一篇、季读一书、半年一讲）活动为载体，推动学习型机关党组织建设。在《淄博日报》开辟专栏，每周一期，刊登党员干部读书学习文章73篇，推荐新书好书51本。在《人民公仆》、淄博机关建设网开辟专栏，在《机关党建信息》设立专辑，召开经验交流会，推广宣传各部门的经验做法。专门举行赠书仪式，向市直各部门赠送荐书台110个、《把信送给加西亚》8895本。举办“半年一讲”讲坛，12名机关党员干部从不同角度阐述读书学习体会、感想和收获，市直机关干部1200余人参加讲坛。开展“我最喜欢的书”“最感动我的佳作”评选，网上投票点击率分别达1751094次和1374444次，收到市直100个部门评选选票4000份，评选出市直机关“我最喜欢的书”10本、“最感动我的佳作”10篇，并向市直各部门赠送评选出来的优秀书刊4000本。

【建设机关文化】 印发2010年实施意见及考核细则，选树培养市人防办、市国土资源局等一批典型，20个市直部门建立文化走廊。总结表彰2009年度建设机关文化、塑造机关精神先进集体和个人。开展单位精神（品牌）巡礼宣传活动，在《淄博工作》开设专栏，宣传市直10个单位的经验做法。编印《单位有精神、科室有理念、人人有格言——市直机关建设机关文化塑造机关精神文集（2010年卷）》。做好区县直机关建设机关文化塑造机关精神的指导工作，组织协调有关部门向30多个区县直部门介绍机关文化建设方面的经验做法。

【党建质量标准化管理】 印发《2010年全市机关党建质量标准化管理工作实施意见》，完善考评细则。通过召开座谈会、个别了解等形式，对区县、市直部门开展党建质量标准化管理工作情况进行调度、督导，培养选树一批典型。设计编印新的“两簿一册”，发放到596个机关党组织、1024个党小组和9470名党员。加大标准化党员活动室建设指导、督导力度，104个部门全部建立党员活动室，其中建成使用标准化党员活动室33个。指导市人防办等单位做好党建质量标准化管理认证工作，制定认证内容及标准。市直104个部门（单位）召开组织生活会780余次，组织上党课360余次，其中部门“一把手”上党课296次。

【岗位练兵技能比武】 全市机关15100名干部参加岗位练兵应知应会知识全员考试。举办岗位练兵公共项目比武，市直98个部门和各区县1403名干部参加，其中县级干部271名。市直101个部门结合业务职能确定专业练兵项目175项，举办各类培训班、讲座、论坛380场次，16350人次参加学习培训。市国税局、市检察院、市环保局等12个部门举办行业系统业务比武，评出专业能手180名。

【基层党组织建设】 与市委组织部共同制定实施《淄博市市直机关党的基层组织公推直选办法（试行）》，及时指导任届期满的21个基层党组织进行换届公推直选，印发《2010年全市机关党建有关项目考评办法》。发展党员87人、转正77人，分两期对128名入党积极分子进行集中培训。召开市直机关纪念建党89周年大会，对党内先进予以表扬。认真落实《市直机关党组织专职副书记管理暂行办法》，调整充实党务干部19名，召开离职党务干部座谈会。举办82名机关党务干部参加的培训班。

【机关作风建设】 春节假期后首个工作日，工委班子成员带队分5个督促检查小组，对市直机关102个部门学习、工作情况进行督查。淄博日报社、淄博电视台派记者随督查组对督查情况进行跟踪报道。组织开展对市直128个单位目标管理考核的社会评价工作，发放评价表11000余份，收集362名社会各界代表反映的书面意见400余条，梳理归纳69条，督促有关部门做好整改落实，使社会评价中的问题逐一得到解决和答复。

【群团工作】 广泛开展"慈心一日捐"活动，市直各部门干部职工踊跃捐款228.5万元，组织为甘肃舟曲灾区"送温暖献爱心"捐助活动，捐款57.8万元。举办市直机关第七届运动会，市直79个部门1834名干部职工参加。在市直机关恢复工间操制度。共青团组织深化青年志愿者活动，创建"市直机关青年林"。对机关团组织进行集中换届选举，举办团干部培训班，建立团干部QQ工作群。举办"庆五四"登山比赛和"相约青春、携手同行"青年联谊活动；妇女组织深化"巾帼文明岗"和"五好文明家庭"创建活动。

（郑功卓　孔庆宏）

·信访工作·

【概况】 2010年，全市信访总量比2009年下降30%，其中市信访局接待群众到访起数、人数比2009年分别下降30.1%和28.7%，接待群众到市集体访起数、人数同比下降62.6%和30.1%；群众到省进京信访登记率继续保持在较低水平，无登记进京集体访。市级受理人民信访一次性办结率达95%，重复信、越级信和联名信同比下降0.4%、3.6%和1.9%。群众初信初访案件到期结案率达92%；年内集中整治的70件信访积案全部结案。完成228件全市党政一把手每月处理一件信访案件的督办上报工作，上报率100%；中央、省、市领导批示、公开接访等重要信访案件到期结案率100%；完成中央、省联席办交办的131件重要信访案件的交办、督办及查结上报工作，案件按期上报率和案卷材料合格率均达到100%。信访信息被中央联席办简报等国家级刊物及省《信访情况》《山东信访》等刊物采用40余篇，信访数字统计和矛盾纠纷排查情况按时报送率均达到100%。在各级"两会"、第二十二届省运会、亚青赛、世博会等重要敏感期，圆满完成各项安全保卫任务。

【强化信访责任主体】 市委、市政府与各区县、高新区及市直有关部门签订《2010年度信访工作目标责任书》，印发《2010年全市信访工作要点》。市委、市政府主要领导以及各分管领导先后对信访稳定工作作出批示60余次，主动过问和处理重大信访问题，累计阅批人民信访800余件，先后有20位市领导12次到市信访局公开接访。完善落实各级工作机制尤其是信访工作例会制度。落实各级考核机制尤其是信访工作"一票否决"权的运用，年内先后对9个单位实行信访工作"一票否决"。

【信访基础工作】 深入开展"信访基层基础规范化建设年"活动，总结推广沂源县村级"三层"调解网络（家族调解员、村民小组调解组、村调解委员会）、沂源县鲁村镇干部驻村办公、临淄区齐都镇"问计于民"、高新区四宝山街道办事处"绿色服务通道"等典型做法，其中沂源县建立村级"三层"调解网络、有效化解基层矛盾的做法受到新华社关注，中央联席会议《参阅件》刊发。印发《关于进一步加强领导干部定期接待群众来访工作的通知》，各区县参与定期接访的县级党政领导干部达1775人次，接待群众来访1811起、9083人次，领导干部接访案件累计结案率达90%以上。加强矛盾纠纷排查化解工作，先后调整265名不称职的基层联络员，基层联络员上报市信访局各类预警信息6572条，排查各类矛盾纠纷2617起，化解率达90%以上。

【信访法规宣传】 4月24日，举办市暨张店区《信访条例》集中宣传日活动，组织近60家单位，展出各类宣传图板600多块，悬挂宣传条幅70余条，发放各类"明白纸"和宣传资料1万多份，接受群众现场咨询1600余人次。中央电视台5月4日《新闻联播》报道集中宣传日活动情况。各区县先后组织宣传车150余台次，深入农村大集或群众比较集中的地方巡回宣传。4～6月，在全市组织开展深入推进领导干部定期公开接访集中宣传活动。

【健全完善信访机制】 12月16日，召开全市群众工作会议，对用群众工作统揽信访工作作出总体部署，印发《关于进一步加强和改进新时期群众工作的意见》，组建"四级"群众工作网络。在继续坚持对来市集体访实行周专报、周调度、月分析的同时，每月还向区县分管领导和信访部门通报各区县发生的赴市到省进京上访情况。建立信访风险评估机制，市委办公厅、市政府办公厅印发《关于建立重大决策信访风险评估机制的实施意见》。完善分析研判制度，做好情况调度工作。

（张　倩）

·接待工作·

【概况】 全面落实"认真、专业、务实"的工作要求，坚持"工作扎实、业务精干、作风顽强、形象良好"的服务理念，理顺"接待工作、宾馆管理、自身建设"三条工作主线。年内，接待来宾 1302 批、40329 人次，其中副国级领导 4 名，省部级领导 96 名，厅级领导 182 名。接待车辆安全行驶 20 余万公里。

【重大接待活动】　政务接待方面，圆满完成国家领导人巡视督导，国家有关部委、省各大班子、省直部门有关领导调研指导，以及省委转方式调结构重大问题调研座谈会等一系列接待服务工作。行政接待方面，密集组织完成省运会、亚青赛、省第二届老年人运动会、省第八届残疾人运动会以及省中学生运动会等五大赛事的接待服务工作。经贸接待方面，牢固树立“一盘棋”思想，积极推介全市发展变化和改革开放的巨大成就，先后完成中国海外集团、华润集团、光大集团、加拿大 CTC 公司等国内外投资集团到淄博市洽谈经贸合作的接待服务工作。　（李建波）

淄博市人民代表大会常务委员会

【淄博市第十三届人民代表大会第三次会议】　1 月 19～22 日举行，与会代表 407 名。听取审议市长周清利所作的政府工作报告；审议市人民政府关于淄博市 2009 年国民经济和社会发展计划执行情况与 2010 年计划草案的报告；审查、批准淄博市 2009 年国民经济和社会发展计划执行情况的报告与 2010 国民经济和社会发展计划；审议市人民政府关于淄博市 2009 年预算执行情况和 2010 年预算草案的报告；审查、批准淄博市 2009 年预算执行情况的报告和 2010 年预算草案；听取审议刘池水所作的市人大常委会工作报告；听取审议刘亚宁所作的市中级人民法院工作报告；听取审议马爱国所作的市人民检察院工作报告。会议经过表决，一致通过关于上述各项报告的决议。

【重要会议】　市十三届人大常委会第十七次会议。1 月 12 日举行，表决通过市人大常委会工作报告（审议稿）、市十三届人大三次会议议程（草案）、市十三届人大三次会议主席团和秘书长名单（草案）、关于市十三届人大三次会议列席人员范围的决定、关于接受林建宁辞去淄博市人民政府副市长职务的决定。补选省人大代表。表决通过人事任免案。

市十三届人大常委会第十八次会议。3 月 23 日举行，听取审议市政府关于贯彻落实《关于批准淄博市棚户区、老旧工矿居住区及城中村改造项目贷款事项的决议》和《关于批准建立淄博市城郊农村住房建设基金的决议》情况的报告。审议通过人事任免案。

市十三届人大常委会第十九次会议。4 月 30 日举行，听取关于《淄博市人大常委会关于建设“法制淄博”的决议（草案）》的说明，审议市人大常委会主任会议关于提请审议《淄博市人大常委会关于建设“法制淄博”的决议（草案）》的议案；听取审议市政府关于市“五五”普法、“四五”依法治市工作情况的报告和市政府关于贯彻实施《中华人民共和国台湾同胞投资保护法》情况的报告。会议表决通过《淄博市人大常委会关于建设“法制淄博”的决议》。

市十三届人大常委会第二十次会议。6 月 29～30 日举行，听取审议市政府关于 2009 年市级预算执行和其他财政收支的审计工作报告、市政府关于淄博市 2009 年财政决算和 2010 年 1 至 5 月份预算执行情况及预算调整方案的报告、市政府关于淄博市 2010 年 1 至 5 月份国民经济和社会发展计划执行情况的报告、市人大财政经济委员会关于 2009 年市级决算和 2010 年预算调整方案的审查报告、市人大常委会视察组关于全市“两区三村”等住房建设改造情况的视察报告、市政府关于全市高新技术产业发展情况的报告、市法院关于全市法院知识产权审判工作情况的报告、市检察院关于全市乡镇检察室建设工作情况的报告。会议表决通过关于批准淄博市 2009 年市级决算的决议，关于批准淄博市 2010 年预算调整方案的决议。表决通过人事任免案。

市十三届人大常委会第二十一次会议。8 月 30 日举行，审议市人大常委会关于提请审议《淄博市人民代表大会常务委员会规范性文件备案审查办法（草案）》的议案，听取审议市政府关于全市医药卫生体制改革实施进展情况的报告、关于“关注老年事业发展，积极应对老龄化社会问题”议案办理情况的报告、关于“突出加强技术创新，改造提升传统产业”议案办理情况的报告、关于“推进体制创新，整合资源，促进全市旅游业健康发展”议案办理情况的报告、关于办理《市人大城环委关于对全市矿产资源采空区进行全面调查的建议》情况的报告。表决通过《淄博市人民代表大会常务委员会规范性文件备案审查办法》。

市十三届人大常委会第二十二次会议。9 月 29 日举行，听取市政府关于《淄博市机动车维修管理条例（修订草案）》的说明、关于《淄博市新型墙体材料与建筑节能管理条例（修订草案）》的说明，审议市政府关于提请审议《淄博市机动车维修管理条例（修订草案）》的议案、市政府关于提请审议《淄博市新型墙体材料与建筑节能管理条例（修订草案）》的议案。

市十三届人大常委会第二十三次会议。10 月 28～29 日举行，听取市人大法制委员会关于《淄博市机动车维修管理条例（修订草案）》审议结果的报告，审议《淄博市机动车维修管理条例（修订草案修改稿）》；听取市人大法制委员会关于《淄博市新型墙体材料与建筑节能管理条例（修订草案）》审议结果的报告，审议《淄博市新型墙体材料发展应用与民用建筑节能条例（修订草案修改稿）》；听取关于《市人大常委会关于废止部分地方性法规的决定（草案）》的说明，审议市人大常委会主任会议关于提请审议《市人大常委会关于废止部分地方性法规的决定（草案）》的议案；听取审议市人大常委会视察组关于加强结构调整、改造提升传统产业情况的视察报告，市政府关于“加强太河水库水源地保护，确保城乡居民饮用水安全”议案办理情况的报告，市人大内务司法委员会关于市十三届人大三次会议主席团交付审议的第1号议案审议结果的报告，市人大财政经济委员会关于市十三届人大三次会议主席团交付审议的第2号议案审议结果的报告，市人大民族侨务外事委员会关于市十三届人大三次会议主席团交付审议的第3号议案审议结果的报告，市政府关于全市节能降耗工作情况的报告、关于全市主要污染物减排工作情况的报告。会议表决通过《淄博市机动车维修管理条例》《淄博市新型墙体材料发展应用与民用建筑节能条例》《关于废止部分地方性法规的决定》。表决通过人事任免事项。

市十三届人大常委会第二十四次会议。12月27日举行，审议市人大常委会主任会议关于提请审议《淄博市人民代表大会代表议案处理办法(草案)》《淄博市人民代表大会常务委员会关于召开淄博市第十三届人民代表大会第四次会议的决定(草案)》的议案，听取审议市政府关于市十三届人大三次会议代表建议、批评和意见办理情况的报告，审议市人大常委会主任会议关于提请审议岳华东辞去淄博市人民政府副市长职务的报告。表决通过《淄博市人民代表大会代表议案处理办法》《淄博市人民代表大会常务委员会关于召开淄博市第十三届人民代表大会第四次会议的决定》《淄博市人民代表大会常务委员会关于接受岳华东辞去淄博市人民政府副市长职务请求的决定》。审议通过人事任免案。

【重大决议、决定】 一、淄博市人民代表大会常务委员会关于接受林建宁辞去淄博市人民政府副市长职务的决定。

二、淄博市人民代表大会常务委员会关于批准建设“法制淄博”的决议。

三、淄博市人民代表大会常务委员会关于批准淄博市2009年市级决算的决议和淄博市2010年预算调整方案的决议。

四、淄博市人民代表大会常务委员会表决通过《淄博市人民代表大会常务委员会规范性文件备案审查办法》。

五、淄博市人民代表大会常务委员会表决通过《淄博市人民代表大会代表议案处理办法》。

六、淄博市人民代表大会常务委员会关于召开淄博市第十三届人民代表大会第四次会议的决定。

七、淄博市人民代表大会常务委员会关于接受岳华东辞去淄博市人民政府副市长职务请求的决定。

【地方立法】 年内，市人大常委会修订通过《淄博市机动车维修管理条例》《淄博市新型墙体材料与民用建筑节能条例》2件地方性法规。

【工作监督】 1. 经济工作监督。10月，专门组织开展加强结构调整、改造提升传统产业情况视察，听取市政府和相关区县的汇报，实地考察16家企业，提出强化结构调整、突出消费拉动、大力发展服务业、健全完善内涵发展的长效机制等方面的意见和建议。适时听取审议市政府关于全市高新技术产业发展情况、实施《中华人民共和国台湾同胞投资保护法》情况等专项工作报告，对全市有机农业、循环农业、农村少数民族经济合作组织建设情况等进行调研。继续抓好淄博环保世纪行，组织两次大型集中采访活动。2. 民生问题监督。听取审议市政府关于医药卫生体制改革实施进展情况、贯彻落实《关于批准淄博市棚户区老旧工矿居住区及城中村改造项目贷款事项的决议》和《关于批准建立淄博市城郊农村住房建设基金的决议》情况等专项工作报告。对“两区三村”住房建设改造情况进行视察，提出要加大机制创新，依法加强审计监督，运筹、运用好项目资金，确保全市“两区三村”改造及保障性住房建设任务如期完成等方面的建议和意见。实地查看太河水库上游两个流域面源污染情况，并在常委会第二十三次会议上听取审议市政府关于“加强太河水库水源地保护，确保城乡居民饮用水安全”议案办理情况的汇报。两次视察第二十二届省运会场馆和设施建设情况。就蔬菜生产、动物防疫、防震减灾等工作情况进行视察，提出意见和建议。3.“法治淄博”建设的监督。听取审议市政府关于在全民中开展“五五”普法、“四五”依法治市工作情况的报告，市法院关于知识产权审判工作、市检察院关于乡镇检察室建设工作情况的报告，对全市公安“三项建设”等工作情况进行视察，提出进一步提高公民法律意识、加强社会基层单位依法治理、强化普法工作保障机制等意见。主任会议成员和部分委员视察市法院、检察院、公安局的工作，督促全面加强自身建设，提高公正司法水平和依法办事能力。积极做好规范性文件备案审查工作，制定《淄博市人民代表大会常务委员会规范性文件备案审查办法》，进一步明确规范性文件备案审查的范围、程序、标准、方式。4. 专项工作评议。确定对全市节能降耗和主要污染物减排工作进行专项评议，到6家重点企业进行实地查看，向60余个市直部门及百名人大代表广泛征求意见和建议，在此基础上，常委会第二十三次会议分别对节能降耗工作和主要污染物减排工作进行专项评议和满意度测评。

【依法行使任免权】 年内，任免国家机关工作人员73人，其中任职38人，免职35人。

【信访工作】 全年受理和交办人民群众信访908件，其中信件410件(次)，到访498件(次)、650人次。

【代表工作】 市十三届人大三次会议主席团确定“关注老年事业发展，积极应对老龄化社会问题”“突出加强技术创新，改造提升传统产业”“推进体制创新、整合资源、促进全市旅游业健康发展”3件代表议案。市十三届人大三次会议期间和闭会后，代表提出建议、批评和意见137件，所有建议全部办理完毕并答复代表。继续在人大代表中深入开展争做“人民意愿的代言人、履行职责的明白人、经济发展的带头人、公益事业的热心人”活动。创新开展代表“访选民、听意见、提建议”活动。年内，代表走访联系选民7100多人次，咨询247个单位，整理、收集意见建议726条。根据省人大常委会安排，组织驻淄博全国和省人大代表分别对淄博市转方式调结构、“十一五”发展规划目标任务的完成和“十二五”规划纲要编制及市法院、检察院的工作情况进行调研和视察。按照有场所、有制度、有计划、有档案的“四有”标准，进一步抓好省、市人大代表小组活动室的建设工作，指导、协助代表小组开展活动。主任会议成员开展集中走访联系市代表活动，听取代表对经济社会发展等各方面工作的意见和建议。及时给代表寄送资料，通报常委会和“一府两院”工作情况，为代表知情知政提供保障。

【公民旁听常委会会议】 继续实行公民旁听常委会会议制度，全年先后有4名公民旁听常委会会议。（巨荣俊）

淄博市人民政府

·重要会议·

1月4日，召开第33次市政府常务会议。听取市政府办公厅关于提交市十三届人大三次会议审议的《政府工作报告》（讨论稿）及有关情况说明的汇报。

1月8日，召开第34次市政府常务会议。听取市安监局关于全市安全生产工作会议筹备等有关情况的汇报、市林业局《关于深化集体林权制度改革的实施意见（审议稿）》及说明的汇报、市质监局关于山东省首届省长质量奖颁奖大会精神及贯彻落实意见的汇报、市人力资源和社会保障局关于给予市政府节约能源办公室记集体二等功建议的汇报、市环保局《关于进一步加强环境保护工作的意见（送审稿）》及有关情况的汇报。

1月23日，召开第35次市政府常务会议。研究市政府部分领导成员工作分工和《市政府领导工作补位制度》。

2月27日，召开第36次市政府常务会议。听取市科技局关于2009年淄博市科学技术奖评审情况的汇报，听取市经济和信息化委员会关于全市2009年度工业百强企业考核情况、关于2009年度百项重点工业项目优秀竣工项目评选及2010年度百项重点工业项目筛选情况的汇报，听取市招商局和市商务局关于全市对外开放暨招商引资工作会议筹备等有关情况的汇报。

4月23日，召开第37次市政府常务会议。听取市总工会关于淄博市劳动模范和先进工作者评选情况的汇报、市计生委关于全市人口和计划生育工作情况的汇报、市司法局关于法治淄博建设有关情况的汇报。

7月5日，召开第38次市政府常务会议。听取市委政研室《关于贯彻落实〈省委省政府关于加快经济发展方式转变若干重要问题的意见〉的意见（审议稿）》和《关于加快推进统筹城乡发展的意见（审议稿）》的汇报、市物价局关于市直直管公有住房租金标准调整等有关情况的汇报、市民政局关于提高全市农村低保标准等有关情况的汇报、市经济和信息化委员会关于淄博市节能工作会议筹备等有关情况的汇报、市发改委关于《淄博市重大建设项目管理试行办法（审议稿）》和《淄博市政府投资项目稽查试行办法（审议稿）》及说明的汇报。

8月22日，召开第39次市政府常务会议。听取市安监局关于《淄博市企业安全生产管理规定（审议稿）》及说明的汇报、市林业局和市人力资源和社会保障局关于创建全国绿化模范城市工作总结表彰会议筹备等有关情况的汇报、市法制办关于《淄博市机动车维修管理条例（修订草案）（审议稿）》和《淄博市新型墙体材料与建筑节能管理条例（修订草案）（审议稿）》及说明的汇报、市经济和信息化委员会关于在宁夏回族自治区石嘴山市筹建“淄博工业园”等有关情况的汇报。

10月10日，召开第40次市政府常务会议。听取市法制办关于政府规章清理工作情况的汇报。

11月10日，召开第41次市政府常务会议。听取市金融办关于建设全省性股权托管交易市场等有关情况的汇报。

12月7日，召开第42次市政府常务会议。听取市发改委关于《淄博市国民经济和社会发展第十二个五年规划纲要（草案）》及指标说明等有关情况的汇报。

12月17日，召开第43次市政府常务会议。听取市人力资源和社会保障局关于全省“新农保”试点工作会议精神及贯彻意见的汇报、市教育局关于《淄博市中长期教育改革和发展规划纲要（2010～2020年）》（审议稿）及说明的汇报、市委政研室关于《关于加快培育建设中心镇的若干意见（审议稿）》和《关于在部分经济发达镇开展行政管理体制改革和启动中心镇发展改革试点的意见（试行）（审议稿）》的汇报、市财政局关于发放城乡低保对象和农村五保供养对象一次性临时补贴等有关情况的汇报、市法制办关于《淄博市煤炭管理办法（审议稿）》及说明的汇报。

12月31日，召开第44次市政府常务会议。研究市政府部分领导成员工作分工等有关问题，听取市人力资源和社会保障局关于淄博市对口支援北川灾后恢复重建工作先进集体和先进个人评选情况的汇报、市法制办关于全省依法行政工作会议精神及贯彻意见的汇报。

（岳端杰　陈洪文）

·重要决策和工作部署·

1月5日，市政府办公厅印发《关于在全市开展城乡消防安全基础建设推进年活动的意见》。

1月9日，市政府办公厅印发《中心城区取用水专项整治行动实施方案》。

1月10日，市政府印发《2010年安全生产工作要点》。

1月21日，市政府办公厅转发市科技局、市经济和信息化委员会《关于加快我市新材料产业集群发展的指导意见(2010～2012年)》。

1月22日，市政府印发《创建国家环境保护模范城市工作方案》。

1月22日，市政府办公厅转发市经济和信息化委员会《关于加快淄博市新能源装备产业发展的指导意见(2010～2012年)》。

1月23日，市政府办公厅印发《关于下达淄博市2010年淘汰落后产能工作任务的通知》。

2月1日，市政府办公厅转发市经济和信息化委员会《关于加快淄博市船舶配套工业发展的指导意见(2010～2012年)》。

2月20日，市政府办公厅印发《2010年度全市环境保护重点工作》。

2月20日，市政府办公厅印发《淄博市车用燃气设施安全监督管理办法》。

2月25日，市政府办公厅印发《淄博市2010年农村住房建设与危房改造工作计划》。

2月26日，市政府办公厅印发《淄博市标准化资助奖励办法》。

3月1日，市政府办公厅印发《关于全市基层医疗卫生机构编制人员管理等有关问题的通知》。

3月5日，市政府印发《关于进一步加强企业管理工作的意见》。

3月8日，市政府印发《关于实施标准化战略的意见》。

3月11日，市政府办公厅印发《关于公布2010年淄博市廉租住房货币补贴相关标准的通知》。

3月11日，市政府办公厅印发《关于做好2010年度全市"两区一村"整治改造工作的通知》。

4月1日，市政府印发《淄博市2010年国民经济和社会发展计划》。

4月1日，市政府办公厅印发《关于进一步加强市政府部门与民主党派工商联对口联系工作的意见》。

4月6日，市政府印发《关于扶持中医药事业发展的实施意见》。

4月21日，市政府办公厅印发《关于加快推进城市居民供热工作的通知》。

4月27日，市政府办公厅印发《中心城区南部工矿区环境整治实施方案》。

4月27日，市政府办公厅转发市教育局、市财政局《关于实行初中学生综合素质评价制度深化高中阶段学校招生制度改革的意见》。

4月29日，市政府办公厅印发《关于实行新增能源消费总量预告预警制度的通知》。

5月3日，市政府印发《关于加快技术创新工程建设推进高新技术产业发展的实施意见》。

5月3日，市政府印发《关于2009年度淄博市科学技术奖励的决定》。

5月7日，市政府印发《淄博市节能降耗工作预警调控方案》。

5月17日，市政府办公厅转发市纠风工作领导小组办公室《2010年全市纠风工作要点》。

5月20日，市政府印发《淄博市深化矿产资源开发整合实施方案》。

5月22日，市政府办公厅印发《2010年全市食品安全整顿工作实施方案》。

6月7日，市政府印发《关于做好2010年全市普通高等学校毕业生就业工作的通知》。

6月7日，市政府办公厅印发《关于深化行政执法责任制工作的实施意见》。

6月15日，市政府印发《关于调整博山区临淄区桓台县高青县沂源县部分行政区划的通知》。

6月18日，市政府印发《2010年淄博市黄河防汛预案》。

6月18日，市政府办公厅印发《淄博市城乡建设用地增减挂钩试点管理办法》。

6月26日，市政府办公厅印发《关于进一步加强城市流浪乞讨人员救助管理工作的通知》。

7月10日，市政府办公厅印发《关于提高农村居民最低生活保障标准的通知》。

7月16日，市政府印发《淄博市重大建设项目管理试行办法》《淄博市政府投资项目稽查试行办法》。

7月16日，市政府印发《关于调整市直直管公有住房租金标准的通知》。

7月16日，市政府公布淄博市第四批市级重点文物保护单位名单。

7月23日，市政府印发《关于统筹城乡加快推进供销合作社改革发展的意见》。

7月23日，市政府印发《淄博市知识产权战略纲要》。

7月27日，市政府办公厅转发市经济和信息化委员会、市财政局、市住房和城乡建设局《关于进一步做好农村推广散装水泥工作的意见》。

7月29日，市政府公布2010年市重大项目名单。

7月30日，市政府办公厅印发《淄博市城市供水经营许可管理规定》。

8月6日，市政府办公厅印发《关于以保障省运会环境质量为重点开展环保专项行动的通知》。

8月8日，市政府印发《淄博市学校幼儿园安全管理规定》。

8月9日，市政府办公厅印发《淄博市医药卫生体制改革2010年重点工作安排》。

8月18日，市政府办公厅印发《关于进一步加强石油天然气管道安全监管工作的通知》。

8月25日,市政府办公厅转发市公安局《学校幼儿园安全监督工作规范》。

8月30日,市政府办公厅印发《淄博市农村公共供水管理办法》。

9月3日,市政府印发《关于做好第一次水利普查工作的通知》。

9月13日,市政府办公厅印发《关于进一步加快全市社会信用体系建设的意见》。

10月9日,市政府办公厅转发市住房和城乡建设局《学校幼儿园建筑工程安全管理办法》。

10月15日,市政府印发《关于在校大学生基本医疗保险参保缴费有关问题的通知》。

10月23日,市政府印发《关于结合事业单位招聘征集部分普通高等院校毕业生入伍的意见》。

10月28日,市政府办公厅印发《关于推行以仲裁调解方式解决道路交通事故损害赔偿争议工作的意见》。

11月6日,市政府印发《关于调整部分区县乡镇街道办事处行政区划的通知》。

11月6日,市政府印发《关于调整淄川区和周村区部分行政区划的通知》。

11月7日,市政府印发《关于贯彻鲁政发〔2010〕87号文件进一步加强学校安全管理工作的意见》。

11月9日,市政府办公厅印发《淄博市打击侵犯知识产权和制售假冒伪劣商品专项行动实施方案》。

11月17日,市政府办公厅印发《关于提高城市居民最低生活保障标准的通知》。

11月19日,市政府印发《关于保持全市房地产市场平稳健康发展的意见》。

11月20日,市政府公布第三批市级非物质文化遗产名录。

11月23日,市政府办公厅转发市财政局、市国土资源局《淄博市耕地开垦费征缴使用管理暂行办法》《淄博市土地整理项目资金管理暂行办法》。

11月29日,市政府印发《关于调整城镇基本医疗保险有关政策的通知》。

11月29日,市政府印发《淄博市城镇基本医疗保险普通门诊统筹办法》。

12月7日,市政府印发《关于稳定消费价格总水平保障群众基本生活的通知》。

12月19日,市政府印发《关于认真贯彻落实鲁政发〔2010〕80号文件加快服务业跨越发展的意见》。

12月24日,市政府办公厅印发《淄博市企业非核心业务剥离工作实施方案》。

12月28日,市政府印发《淄博市企业职工中独生子女父母退休养老补助社会统筹办法》。

12月28日,市政府办公厅印发《淄博市生猪定点屠宰厂(场)设置规划》。

12月30日,市政府印发《关于贯彻中央和省文件精神加强政府融资平台公司管理有关问题的意见》。

12月30日,市政府印发《关于实施蔬菜等四大产业振兴计划的意见》。 (刘 涛)

·为人民群众所办实事·

一、建立健全家庭经济困难学生资助政策体系,关注弱势群体,促进教育公平;调整优化城乡中小学布局,解决城区部分学校班额过大问题。1.加大对家庭经济困难学生资助力度。年内,全市安排义务教育经费保障资金3.1亿元,为44.3万名学生免除杂费,为近31万名农村学生免费提供教科书。发放“一免一补”资金600余万元,资助1万余名家庭经济困难学生。落实4000余名城市义务教育家庭经济困难学生,享受免除教科书费和寄宿生生活补助资金128万元。各级财政投入资金近6700万元,为市属高校、中职学校、高中学校的5万余名学生发放奖、助学金。利用2009年度“慈心一日捐”资金120万元,为906名中小学家庭经济特困学生发放资助金,其中孤儿学生178名。积极推进生源地信用助学贷款工作,为全市5218名在校大学生办理贷款2935万元。做好应届大学生应征入伍补偿工作,有6所市属高校的151名和淄博市生源地的472名大学毕业生应征入伍享受补偿学费政策。2.建设一批城乡中小学校。开工建设13所学校,计划投资7.9亿元。至年底,完成投资1.528亿元。其中,淄博中学11个单体建筑封顶,6个单体主体过半;市特殊教育中心10个单体工程竣工,行政楼主体完工;张店八中主体建筑完工;张店区祥瑞苑小学、临淄中学竣工投入使用;淄博新区学校正在办理规划审批;高新区华侨城学校、高青一中初中部等项目开工建设。投资937万元,完成热水热饭项目18个、取暖项目32个,实现取暖改造面积41657平方米,改造生态(水冲)厕所22座。

二、抓好孝妇河综合治理和猪龙河综合整治一期工程。孝妇河综合治理工程规划治理河道38.95公里,治理排污口261个,预算总投资46032万元。至年底,孝妇河排污口综合整治工程和河道提升改造中的水利工程全部建成,完成投资3.2亿元。

三、实施百座水库除险加固工程,提前一年完成全市小型病险水库除险加固任务。完成58座小型病险水库除险加固任务,概算总投资8981.49万元。至年底,工程按计划投资全部完工,并通过竣工验收。

四、全面启动中心城区东部化工区布局优化工程。1.园区基础设施项目顺利推进。至年底,累计完成投资4.5亿元。湖田园区道路工程(一期)路基施工、污水主管道完成工程量的90%以上;北部雨水排洪沟完成工程量的80%;供水工程、供电工程、供汽工程、燃气工程等均形成实物工作量。南王园区确定施工方案、工程勘探和规划设计。2.企业迁建项目取得积极进展。民基化工办理完土地手续，氯乙酸项目完成初步设计，环氧氯丙烷项目安评、环评报告通过专家评审，开始地基施工；新华制药吡唑酮系列产品、茶碱系列产品、新达胶囊项目和头孢拉定项目完成搬迁，巴比妥系列产品生产线建成，阿司匹林系列及配套产品项目办理完土地手续并进行基础施工；蓝星东大4个搬迁项目编制完成可研报告；中化集团新材料基地项目正式落户淄博，完成总规控制设计报告，完成一期项目30万吨/年聚醚多元醇项目、30万吨/年环氧丙烷项目、25万吨/年环氧乙烷项目可研报告；大成农药9个搬迁规划项目编制完成可研报告。3. 园区内村居、企业搬迁实现突破性进展，园区招商引资工作进展顺利。 （徐善新）

·市民投诉暨市民建议征集工作·

【概况】 全年受理市民投诉电话、短信56390件，市长公开信箱电子邮件709件，群众来信93件。办理市民建议225件、人民网淄博视窗留言78条，办结率均达95%以上。办理领导批示件87件，承办省长信箱来件91件，办结率100%。

【“12345”市长专线系统平台】 5月4～23日，与淄博移动公司合作，投资100余万元对“12345”市长专线系统进行大规模升级改造，改造后系统容量增加40倍、受话能力增加1倍，接入能力达98%，话务处理能力达95%；开发软件新增咨询信息管理、坐席监控、回访反馈等十余项先进功能。选择淄博移动、淄博铁通公司作为服务外包合作单位，由两家公司择优选派业务骨干承担“12345”市长专线电话的日常受话等工作。5月28日，市政府召开新闻发布会，向社会各界通报有关情况，各有关新闻媒体到市民投诉中心实地采访，进行广泛的宣传报道。

【强化督办落实】 通过回访、二次回访等形式检查督促各有关承办单位提高办理质量和效率。加大督办力度，针对群众反映比较集中的各类热点、难点问题，加大与有关区县和部门的协调力度，全程跟踪督办，解决一大批事关群众切身利益的突出问题。年内，市民投诉中心为群众办实事7900余件次，收到市民表扬和感谢电话730余个。

【调研工作】 每月汇总分析当月投诉情况，全面掌握投诉重点、难点问题，对领导关注、市民关心的问题，制定出详细的调研计划，确定3～5项调研题目。《农村饮用水安全和规范化管理亟待引起重视》《关于加强餐厨废弃物管理的建议》《居民区内私开小餐馆小旅馆问题须引起重视》《应采取措施加强对洗车行业的规范管理》等调研成果进入领导决策。通过各种形式向市领导提供有价值的调研报告和有关信息材料700余件(条)。

【市民建议征集】 通过正常渠道和新闻媒体，扩大市民建议征集工作的社会影响力，征集到一批有层次、有分量的市民建议，涉及到城建、交通、环保、规划、教育、劳动保障等多个方面，《关于发展我市再制造产业的建议》《关于应急管理工作的几点建议》等被各级政府吸纳或参考。（郑 强）

·应急管理工作·

【灾害预警信息发布】 3月，市政府办公厅印发《关于进一步加强和规范气象灾害预警信息发布工作的通知》，明确预警信息发布的主体、内容、渠道、时限等，完善“政府主导、部门联动、社会参与”的气象预警发布及联动机制。年内发布气象预警信息54次，发布地震、矿震震情9次。

【突发事件处置】 全年发生9起较大以上突发事件，各级、各有关部门迅速反应，准确判断，科学调度，处置得力，最大限度地使各类事故损失降到最低。如“4·11”青兰高速公路沂源县境内交通事故、“7·24”周村区阿泰斯克公司爆燃事故、“11·8”桓台县重大交通事故等，都得到有效妥善处置。

【宣教培训】 市政府办公厅印发《关于做好应急管理培训工作的通知》，在全市开展应急管理万人培训计划，组织举办全市领导干部应急管理专题培训班。5月，举行“5·12防灾减灾日”应急管理知识电视竞赛。11月，举办应急管理知识网络竞赛。

【应急平台建设】 4月，按照“整合资源、平战结合、分期建设、逐步建设”原则，总投资398.6万元，正式开工建设市政府应急平台。9月，投入试运行。

【应急管理示范点建设】 2月，市政府办公厅印发《关于开展市级应急管理示范点创建活动的通知》，在乡镇、社区、学校、企业开展以隐患监控、应急救援、应急保障、科普宣教等为主要内容的应急管理示范工程。年底，对28个首批市级应急管理示范点进行授牌。

【山东省多种灾害救援队抢险救援应急演练】 10月29日，依托驻军某部组建的全省唯一一支“多种灾害救援队”在淄博市举行抢险救援应急演练。市委、市政府领导现场观摩此次演练，目的在于加强军地合作，提升整体救援能力。 （周洪刚）

·法制工作·

【政府立法】 1. 把节约资源、保护环境、发展循环经济、改善和发展民生作为政府立法工作重点。审查地方性法规草案和政府规章草案7部，其中《淄博市机动车维修管理条例》《淄博市新型墙体材料与建筑节能管理条例》已颁布。

对《淄博市政府投资项目稽查试行办法》《淄博市企业安全生产管理规定》等89件规范性文件进行合法性审查;答复上级机关立法征求意见4件。2. 严格按照《山东省规章和规范性文件备案规定》《淄博市规范性文件制定和备案办法》规定,上报备案政府规章2件,市政府规范性文件14件,审查各区县政府和市直各部门报备的规范性文件43件,规章和规范性文件的报备率、及时率和规范率均达到100%。作为全国8个规章电子文本报备试点单位之一,在11月召开的全国法规规章电子文本报备会议上作典型发言,介绍淄博市的经验和做法。3. 按照《国务院办公厅关于做好规章清理工作有关问题的通知》《山东省规章清理工作方案》的要求,对市政府2009年12月31日前制定的现行有效的72件政府规章进行清理,经市政府常务会会议审议,废止19件,修改4件,保留49件。做好市政府和市政府办公厅2008年12月31日前发布的规范性文件的清理工作,确定保留200件,废止89件。另外,对市直各部门报送的2009年12月31日前制定的3061件规范性文件进行审查,提出清理意见。

【法制监督协调】 印发《关于深化行政执法责任制工作的实施意见》。重点对全市各行政执法部门、部门管理的执法机构以及文化市场执法局、人力资源和社会保障局等职能调整部门的执法现状、执法程序和执法效果进行监督检查,并针对发现的问题提出意见和建议。按照《山东省人民政府法制办公室关于行政执法证件年审工作安排的通知》要求,组织各区县、各部门做好审证前的培训、考试工作,对全市有效期截至2010年6月30日的行政执法证件进行审验。全年,审验行政执法证件10250个,更改证件信息8467条,注销证件1855个。

【行政复议应诉】 全年受理行政复议申请281件,办结276件,其中,维持58件,撤销6件,经调解后做终止决定的194件,中止审理的4件,驳回和不予受理的14件。选择临淄区作为试点单位,推动行政复议工作重心下移,在乡镇、街道办事处和中心社区、中心村设立行政复议受理点。

【宣传培训】 制定《淄博市关于加强政府法制宣传工作的意见》,建立完善政府法制宣传工作考核奖励机制。全年在各级媒体发稿45篇,编发《淄博政府法制》20期。在《淄博日报》专版刊登题为《二十年风雨历程 二十年事业辉煌》的宣传文章。举办纪念淄博市人民政府法制办公室成立20周年书法展,展示书法作品200余幅,进一步加强政府法制文化建设。组织3期全市申领行政执法证件人员公共法律知识培训班,培训689人。市政府法制办公室被评为全省依法行政宣传工作先进单位。

【行政审批制度改革】 清理调整市级行政许可事项和非行政许可事项。印发《关于落实〈国务院关于第五批取消和下放管理层级行政审批项目的决定〉的通知》。经过清理,拟取消市级行政审批项目22项,下放市级行政审批项目4项,其中涉及区县级审批权限的行政审批项目19项。政府机构改革后,对全市387项市级行政许可项目和市级非行政许可审批项目进行清理和调整,拟定保留251项(行政许可项目225项、非行政许可审批项目26项)。审批事项监管,规范行政许可行为。严格落实首问负责、服务承诺、限时办结、政务公开、一次性告知、过错责任追究等行政许可制度,进一步完善《行政审批服务办事程序流程图》。年内,市行政服务中心受理行政审批事项7.8万余件,按期办结率100%。

【依法行政第四个五年规划】 起草《淄博市人民政府法制办公室关于依法行政第四个五年规划实施情况的报告》。做好全市依法行政第五个五年规划的调研起草论证工作。在全省依法行政工作会议上,临淄区政府、市政府法制办公室、市行政服务中心、淄川区法制局被表彰为全省依法行政先进单位。 (庞月鹏)

·对外及对香港工作·

【因公出国(境)】 年内,全市审核因公出国(境)考察访问、招商引资、经贸合作、技术交流、培训学习、参加会议等团组179批、543人次,出访人数和经费分别比2009年减少12.4%和14.1%,完成在2009年基础上再压缩10%的目标。市(厅)级领导率团出访团组15批,主要有市委书记、市人大常委会主任刘慧晏率友好经贸考察团出访瑞典、瑞士和英国;市委副书记、市长周清利率经贸招商团赴香港参加山东周活动;市政协主席岳长志率经贸考察团出访加拿大、美国和日本;市委副书记侯法生率友好经贸团出访越南、菲律宾和澳大利亚;市委常委、政法委书记陈家金率友好考察团出访美国和加拿大;市委常委、副市长周连华率经贸考察团出访巴西、智利和秘鲁;市委常委、桓台县委书记陈勇率经贸考察团出访英国、西班牙和冰岛;市人大常委会副主任王世庆率友好代表团出访加拿大、巴西和阿根廷;副市长刘有先率友好经贸代表团出访澳大利亚和新西兰;副市长段立武率友好体育交流团出访英国、意大利和希腊;副市长唐福泉率友好经贸考察团出访德国、意大利和西班牙。此外,办理因公证照169批508人次,APEC商务旅行卡15张。

【外宾接待】 是年,全市接待了30多个国家和地区的17万余人到淄博市考察访问、经贸洽谈、技术交流、合作办厂、讲学留学、观光旅游、探亲访友等,同比增长36.7%。重要团组有越南党政干部考察团、日本周南市政府代表团、韩国广州市政府代表团、英国萨里郡友好经贸代表团、亚足联主席代表团、荷兰北荷兰省政府代表团、德国德中友好协会代表团等。

2010 年 7 月 26 日，市长周清利会见日本周南市政府代表团（孙 海 摄）

【友好城市】 年内，新建国际友好合作城市 2 个（英国萨里郡和澳大利亚伊普斯维奇市）；发展国际联络城市 3 个（印尼凌佳岛、越南岘港市和德国莱比锡市）；利用友城渠道建立海外人才服务站 2 个（英国萨里郡和日本周南市）。继续深化与日本周南市、美国伊利市、韩国广州市等友好城市的经贸、教育、文化、议会以及青少年交流与合作。发挥"友城工作联席会议制度"作用，推动多领域交流合作，实现与日本环保合作，对英国、韩国体育交流取得重大突破。全年接待友好城市到访团组 12 批 184 人次，出访友好城市团组 5 批 72 人次。

【涉外管理】 年内，办理签证通知 334 批 473 人次；履行牵头部门职责，加强部门协作，依法妥善处理亚青赛期间球迷抢夺日本国旗等涉外事件 5 起，挽回经济损失 300 余万元；加强对在淄博外籍人员和机构的管理，推荐淄博市荣誉市民姜显松为"山东省荣誉公民"，合力做好在淄博外国专家管理工作，加强境外非政府组织在淄活动管理；按照国家有关文件要求，报批举办国际会议 2 个；加强与外国驻华使领馆特别是日本、韩国驻青岛总领事馆的联系沟通，积极发挥职能作用，切实做好领事保护工作，维护淄博市公民在外合法权益，妥善处理淄博市在美留学生失踪事件；全力做好重大活动涉外工作，圆满完成陶博会、亚青赛等活动涉外指导、外宾邀请、接待和翻译等工作任务。

【刘慧晏率团出访欧洲三国】 4 月 7～19 日，市委书记、市人大常委会主任刘慧晏率团赴瑞典、瑞士和英国进行友好访问和经贸洽谈。出访期间，访问瑞士苏黎世国际足联总部，进一步推介世界足球起源地品牌；考察英国萨里郡，签订淄博市和萨里郡友好合作备忘录；举办留英学生代表座谈会，接受《伦敦时报》《欧洲商报》等多家新闻媒体联合采访；召开伦敦金融招商座谈会，签署交流合作协议 18 项；拜会英国第一位华人市长——红桥市市长陈德良，拜访中英贸易协会、英国投资贸易总署、伦敦证券交易所、英国盈德气体集团等；考察牛津大学和牛津大学博物馆，就举办"淄博陶瓷 当代国窑"陶瓷展进行洽谈；考察伦敦城市轻轨规划与建设，与 Dockadland 轻轨管理集团就轻轨建设有关问题进行交流；与中英文化体育交流协会签署工作协作备忘录，高新区与 PaCathy 咨询公司签署经贸合作协议；考察帕斯托集团，出席帕斯托集团在齐鲁化工区新上 40000 吨/年新戊二醇项目的签字仪式；拜会瑞典前驻华大使博耶・柳根，就加强淄博市与瑞典工商企业界的交流与合作达成共识；与森佩里特集团就在淄博投资建设高档医用乳胶手套项目进行深入探讨，达成合作意向。

【周清利率团出访香港】 5 月 8～14 日，市委副书记、市长周清利率团赴香港进行经贸洽谈和友好访问，参加省政府举办的山东周经贸文化活动，会见、拜访香港知名人士和商界友人 150 余位，成功举办"2010（香港）淄博招商说明会"等一系列经贸活动，签订重点合作项目 35 个，总投资额 44.7 亿美元。其间，随省长姜大明拜访华润集团、光大集团负责人，参观香港市区重建局，参加鲁港经贸合作高层圆桌会议并发言；拜访中联办、香港闽籍同乡会、霍英东集团、新恒基集团、中银香港、中银国际、中国海外建设集团、港中旅、华鲁集团等机构、社团及财团组织，出席省商务厅与香港贸发局合办的品牌创意研讨活动，参观东岳集团香港公司、胜利石油管道香港有限公司等。

2010 年淄博市重要到访团组一览表

表 4－01

到访日期	到访团组	代表团团长	到访目的
3 月 24 日	日本驻青岛总领事团	斋藤法雄	考察访问部分在淄日资企业
4 月 12 日	瑞典柏斯托集团董事会主席团	莱纳特・霍姆	考察富丰同盛化工公司
4 月 13 日	美国福禄代表团	柯钜	考察硅苑科技
5 月 15 日	荷兰北荷兰省常务副省长代表团	亚普・邦德	促进淄博市与北荷兰省友好关系
5 月 21 日	日本和歌山县残疾人事业接洽团	贵志八郎	开拓淄博市在日交流新渠道
5 月 24 日	加拿大友好人士代表团	吕增祥	促进淄博市与加拿大旺市友好关系

续表 4—01

到访日期	到访团组	代表团团长	到访目的
5月30日	美国梅西赫特斯特学院代表团	王大亮	青少年交流，增进两市友好关系
6月11日	日本大野城市友好人士代表团	林恭隆	深入了解淄博市经济社会发展情况
6月13～14日	日本高中师生代表团	日野纯一	加强青少年交流
7月25～28日	日本周南市政府代表团	住田宗士	探讨正式建立友城关系事宜
8月3日	德国德中友好协会代表团	拉特	洽谈淄博市在德国寻找友好城市事宜
10月3～8日	英国萨里郡友好经贸代表团	伊恩·雷克	探讨和推进有关项目的交流与合作
10月16～19日	韩国广州市政府代表团	赵亿东	观看亚青赛；探讨经济、体育、文化相关领域全面交流与合作
10月17日	国际足联副主席团	郑梦准	观看亚青赛决赛及出席颁奖仪式
10月17日	亚足联主席团	哈曼	观看亚青赛决赛及出席颁奖仪式
11月11日	芬兰驻华大使武官团	优峻达	出席美卓淄博服务中心开业典礼
11月24日	越南党政干部考察团	杜玉贤	考察民营企业党建情况，参观山东东岳集团
12月12日	也门驻华大使团	阿卜杜勒马利克·穆阿里米	考察陶瓷企业

（王　宁）

·金融证券工作·

【企业上市和再融资】　年内，蓝帆股份、齐翔腾达、三维工程、齐峰股份4家企业首发上市，融资合计46.8亿元，其中齐翔腾达首发融资18.77亿元。鲁信高新完成定向增发1.7亿股，向上市公司注入资产20亿元；鲁阳股份再融资3.5亿元，博汇纸业再融资9.75亿元。

【场外交易市场建设】　12月29日，由淄博股权托管中心改组设立的齐鲁股权托管交易中心揭牌仪式暨首批14家企业挂牌仪式举行，挂牌的14家企业实现私募融资3.04亿元。齐鲁股权交易中心和淄博股权托管中心在股权规范托管、市场制度建设、私募融资、信息披露、交易和市场监管等方面进行探索和实践。年内，全市25家企业在天津股权交易所挂牌，总股本16.25亿股，私募股权融资达5.32亿元，总市值30多亿元。培育和发展保荐机构、做市商等各类中介服务机构达到48家。与市内6家银行签订“企业挂牌、银信支持”的战略合作协议。淄博股权托管中心完成托管企业70家，开立股东账户13万户，托管股本总额近10亿股。为保证两个中心规范、安全、高效运行，与中国建设银行总行签署三方存管协议，成为国内股权托管机构中最早采用银行第三方存管业务的机构。

【小额贷款公司试点】　年内，7家小额贷款公司（周村中租、高青民福、桓台鲁泰、高新区瑞丰、淄川新兴、临淄广汇、博山德信）获得省金融办批复，实现小额贷款公司在全市各区县、高新区全覆盖的目标。截至年底，全市获省金融办批准设立小额贷款公司达到10家，注册资本合计10.36亿元，运营资金11.11亿元。开业的8家小额贷款公司累计放贷14.23亿元，其中“三农”和中小企业贷款13.39亿元，占94.1%。

【融资性担保公司规范整顿】　按照《山东省融资性担保公司管理暂行办法》要求，做好融资性担保公司规范确认工作。年内，全市12家融资性担保公司的规范确认获得省金融办批复。

【提高金融服务能力】　是年，起草《关于进一步促进我市金融业发展的意见（草稿）》，整理汇总促进金融业发展的各项优惠政策，提出促进全市金融业发展的意见和措施。引进异地银行工作取得新进展，招商银行淄博分行于3月17日正式开业。

淄博市上市公司基本情况表

表4—02

序号	上市公司	上市地	上市时间	上市方式	总股本（万股）	实际流通股（万股）
1	大成股份	上海证券交易所	1995—12—06	A股	21372.64	21372.64
2	金岭矿业(华光陶瓷)	深圳证券交易所	1996—11—28	A股	59543.02	41480.7
3	鲁信高新(四砂股份)	上海证券交易所	1996—12—25	A股	37217.96	20227.89
4	新华制药	深圳证券交易所	1997—08—06	A股	45731.28	14273.15
		香港证券交易所	1996—12—31	H股		15000
5	鲁商置业(万杰高科)	上海证券交易所	2000—01—13	A股	100096.8	33893.55
6	鲁泰A	深圳证券交易所	2000—12—25	A股	99486.48	45295.2
	鲁泰B	深圳证券交易所	1997—08—19	B股	—	32398.92
7	山东药玻	上海证券交易所	2002—06—03	A股	25738.01	25738.01
8	金晶科技	上海证券交易所	2002—08—15	A股	59008.37	36228.47
9	新华医疗	上海证券交易所	2002—09—27	A股	13493.4	13493.4
10	博汇纸业	上海证券交易所	2004—06—08	A股	50457.6	39198.37
11	瑞阳制药	新加坡证券交易所	2005—09—08	S股	—	—
12	鲁阳股份	深圳证券交易所	2006—11—30	A股	23397.87	19929.77
13	东岳集团	香港证券交易所	2007—12—10	红筹股	208362.30	208362.30
14	联合化工	深圳证券交易所	2008—2—20	A股	22298.4	15515.52
15	胜利管道	香港证券交易所	2009—12—18	红筹股	249000	249000
16	蓝帆股份	深圳证券交易所	2010—04—02	A股	8000	2000
17	齐翔腾达	深圳证券交易所	2010—05—18	A股	25956	6500
18	三维工程	深圳证券交易所	2010—09—08	A股	6624.41	1660
19	齐峰股份	深圳证券交易所	2010—12—10	A股	14725	3700

齐鲁股权托管交易中心挂牌公司目录

表4—03

序号	公司名称
1	山东海源达国际贸易股份有限公司
2	淄博鸿嘉铝业股份有限公司
3	淄博恒昌塑胶制品股份有限公司
4	山东红阳耐火保温材料股份有限公司
5	淄博祥盛汽车板簧股份有限公司
6	山东人和健身器材股份有限公司
7	山东上水农业发展有限公司
8	山东华伟银凯建材股份有限公司
9	山东布莱特黑牛科技股份有限公司
10	山东慧科助剂股份有限公司
11	山东省源通机械股份有限公司
12	山东惠工电器股份有限公司
13	德州海利安生物科技股份有限公司
14	滕州市三合机械股份有限公司

（孟令昌）

·经济合作·

【合作项目】 1.参加"中国·天津第十七届投资贸易洽谈会"。6月，有关部门、区县和金晶玻璃、华光陶瓷、新华医疗、保税物流公司等11家企业、50余人组成参会代表团赴天津参会，签订经济合作项目7项，总金额达14.33亿元。2.积极争取天津口岸办建设"无水港"项目。多次邀请天津口岸办到淄博就"无水港"建设项目进行实地考察洽商。6月，在"津洽会"上举行项目签约仪式。3.引进并促成泰安农业项目在高新区落户建设。该项目为食用菌、名贵花卉、中草药、反季节蔬菜、水果生产和新品种开发培育以及科研院所教学实验基地，总投资8000万元，占地63.33公顷，期限30年。其中，一期占地40公顷，投资3000万元。

【友好交往】 1.拓展友好合作新领域。年内，梳理原缔结的26个国内友好城市和2个友好关系城市的基本情况，汇总与各友好城市开展交流与合作的情况，加强与友好城市职能部门的联络、协调与沟通。8月9日，与陕西省铜川市正式签署缔结友好城市协议及《经济合作框架协议》。至此，缔结的国内友好城市达到29个。2. 做好外地驻淄办事机构的日常管理和服务工作。年内办理年审7家、新登记备案2家。重新修订《淄博市外地驻淄办事机构暂行管理办法》，增加和修改31处，10月26日由市政府办公厅正式印发。3. 加强与市政府特邀顾问的联络交流和服务工作。市政府办公厅印发《关于报送市政府聘请经济顾问有关情况的通知》，要求各部门、各有关单位报送经济顾问名单，市政府各部门和单位新聘请经济顾问须经市经济合作局登记、备案，报市政府批准，由市经济合作局统一负责联络交流和服务工作。

【产业梯次转移】 1. 江西省余干县耿瓷集团氧化铝陶瓷新材料转移项目。一期投资2000万元，占地面积3.33公顷，6月完成建设。10月，市代表团参加竣工投产仪式。2. 与陕西省铜川市的产业合作。协商在铜川建设133.33公顷"淄博耐火材料工业园"。铜川市政府申请并经市经济合作局登记核准在淄博设立办事处。3. 在宁夏转移项目的建设。投资建设企业4家，总投资4.06亿元，占地面积41.33公顷。筹建宁夏石嘴山淄博工业园，确定大武口区和惠农区两个工业园区1000公顷的选址及相关工作。8月，在济南山东大厦签署《石嘴山淄博工业园建设协议》。4. 崇正水泥天津静海项目。投资1.2亿元，年产120万吨，采用环保技术，利用粉煤灰、炉渣等材料生产水泥。这是全省首家水泥产品打入天津市场，打破了河北水泥垄断天津市场的局面。

【对口支援】 对口支援西藏。4月24日，参加全省对口支援西藏工作会议并作典型发言。与第六批援藏干部协商制订2010年度援藏(物资)工作计划，初步制订3年援藏工作规划。7月10日，西藏自治区日喀则地区昂仁县发生4.6级地震后，及时向省对口办汇报灾区受灾情况，为昂仁县争取援助资金200万元，支援地震灾区重建。建立援藏干部家庭信息档案，及时了解掌握援藏干部家庭状况，看望慰问援藏干部家属，解除援藏干部的后顾之忧。与援藏干部工作组联合印发15期《援藏工作情况》。

对口支援新疆。重点做好第六届中国新疆喀什·中亚南亚商品交易会参会组织工作。牵头筹备并组织市内28家名优产品生产企业65人参加第六届"喀交会"。与新疆地区参会企业在经贸项目合作、产业转移承接等方面进行广泛协商洽谈，达成合作项目11个，项目总金额10.42亿元。筹备成立新疆淄博企业联谊会。

对口支援三峡库区。按照省政府鲁政办字〔2007〕40号文件要求和《十一五期间山东省淄博市对口支援忠县工作目标协议书》，按时完成2010年度对三峡库区忠县110万元的资金援助任务。3月，认真做好重庆市合川区、忠县和石柱县政府经贸考察团来淄博市参观考察的接待工作。4月，筹备并组团参加在重庆市举办的"重庆山东周"经贸活动，参加山东省对口支援忠县合作项目签约仪式，其中淄博绿环生态科技发展有限公司与忠县政府达成玉米淀粉深加工环保餐具的合作，项目投资额1亿元。4月，市政府领导率领市政府代表团赴重庆市石柱县，举行淄博·石柱友好合作签约仪式，与石柱县签署友好战略合作协议书。

【三峡移民帮扶和稳定】 1月，组织召开三峡移民工作座谈会。3月下旬、6月中旬两次对全市三峡移民信访情况进行专项调查，及时了解掌握三峡移民思想动态和上访情况。年内，分别到博山区、临淄区、桓台县等区县进行移民工作专项调查，了解移民稳定情况。全市三峡移民思想稳定，没有发生移民上访事件，也未发生移民回流库区现象。

【扶贫协作】 11月2日，省政府召开全省扶贫协作重庆工作会议，确定淄博市与重庆市石柱县结为扶贫协作关系市县。11月中旬，与重庆市石柱县政府代表团举行淄博·石柱扶贫协作工作座谈会，双方对开展扶贫协作工作进行初步磋商。11月25～26日，市经济合作局与市医药行业协会联合组织有关医药企业组成淄博医药行业考察团，赴重庆市石柱县、合川区，重点对两区县中药材种植加工产业进行考察，在中药材种植加工领域开展合作。

【信息宣传】 做好与《渤海早报》联合宣传推介淄博的工作。1月，《渤海早报》两期在"环渤海周刊"栏目整版专题宣传介绍淄博市。4月，"环渤海区域市长特派员及新闻媒体工作会议"在淄博市召开，会上举行淄博、潍坊"《渤海早报》工作站"授牌仪式。11月，创立发行内部刊物《经合天地》，建立经济合作局的内部网站。（杨世春）

·史志工作·

【《淄博市地方史志工作条例》实施】 1月1日，《淄博市地方史志工作条例》实施。年内，把宣传贯彻《地方志工作条例》《山东省地方史志工作条例》和《淄博市地方史志工作条例》作为开展史志工作总抓手，结合《淄博市地方史志工作条例》颁布实施，通过报刊、电台、网站、条幅、展板等灵活多样的宣传形式，积极开展宣传周活动。

【史志工作】 1. 全面完成《淄博市志(1986～2002)》终审稿。制定《2010年度〈淄博市志(1986～2002)〉编纂工作方案》，对全年工作目标、工作原则、工作人员及职责分工等作出明确规定。1月，根据2009年12月志稿评议会提出的意见和建议形成志稿修改方案；8月，全面完成400万字文字稿的修改任务；10月，完成对入志照片征集、分类、审定、补充、编排；11月，完成终审稿印制；12月初，将终审稿上报省史志编委会和方志出版社；12月29～30日，省史志编委会召开志稿编审会议，对《淄博市志(1986～2002)》进行评议。2. 区县志审查工作。年内，于5月、12月两次完成对《沂源县志》志稿的审查，9月完成对《博山区志》志稿的终审。3. 基层修志指导工作。年内，对《淄博市地税志》《淄博市中心医院志》《淄博齐都药业公司志》《淄博正华助剂股份有限公司志》《淄博监狱志》《淄博高新区公安志》等一批基层志进行业务培训和编修指导。

12月，市史志办2人被中国地方志指导小组授予全国地方志先进工作者荣誉称号。

【年鉴工作】 1.《淄博年鉴(2010)》出版发行。1月下发组稿方案，6月底全部稿件编辑完毕，9月12日定稿，10月8日出版发行。全书设30个部类(不计目录、索引)，正文65万字，照片(不包括彩页)165幅，图表(统计图和统计表)65幅，条目1200余条。2. 区县年鉴编纂工作。落实市志编纂委员会《关于加强区县年鉴编纂工作的意见》，加强对区县年鉴业务工作的指导。年内，《桓台年鉴(2007～2008)》《周村年鉴(2006～2008)》《临淄年鉴(2010)》出版发行；《博山年鉴(2010)》《高青年鉴(2005～2009)》已经送印；《张店年鉴(2010)》编纂工作进入尾声。全市8个区县中，6个区县编纂出版年鉴，按年度出版的区县年鉴增至3家，在全省处于领先地位。3. 完成《中国城市年鉴》和《山东年鉴》供稿任务，合计约10万字。

1月，《淄博年鉴(2009)》在第三届山东省优秀年鉴评奖中荣获综合特等奖和3个单项特等奖；3月，继2009年后，《淄博年鉴(2009)》再次在全省史志系统“八个一”优秀成果评选中获第一名。

【市情网建设】 对《历史上的今天》等栏目补充更新；完成《淄博年鉴(2009)》《淄博年鉴(2010)》200余万字的资料入库和市政府门户网站的维护管理工作。淄博市情网全年发布史志动态信息24条，发布淄博要闻近300条，其中被省情网“史志动态”栏目采用10余条。截至年底，各区县地情网站充实区域资料信息和史志动态信息1000余条，新增入库文字资料900余万字，图片1000余幅。

【方志馆建设】 年内，根据市文化中心建设办公室要求，对市方志馆面积和功能布局多次进行专题研究，方志馆设计方案基本确定。同时，向市编办提交成立方志馆机构的申请。继续加强资料和信息搜集工作，积极做好志鉴交流及库存志书的管理工作。全年交换、接收外地志鉴资料120余册，累计馆藏文献达到3300余种、20000余册。

【优秀志书点评】 5～9月，根据省史志办统一部署，组织优秀志书点评活动。5月，印发《全市史志系统学习优秀志书活动实施方案》，组织市及各区县业务人员学习《奉贤县续志》《宁阳县志》《长沙县志》。8月17日，举行淄博市史志系统点评优秀志书竞赛，评出优胜奖3名、纪念奖5名。9月，组织3名选手参加省史志办在东营举办的分赛区比赛。

【服务社会】 2月，《淄博概览》出版。根据省史志办部署安排，组织完成《山东省历史地图集》政区、古村镇、自然、社会、经济、文化分册的资料核对工作。选派专人参加《山东省赈灾援建志》编纂工作。参与《山东文化通览·淄博卷》编纂工作。完成中指组部署的淄博市范围内志类图书出版的统计上报工作。

(群　言)

·档案工作·

【档案法制】 市档案局与市监察局、市法制办联合印发《关于开展档案执法检查的通知》。10月，市人大、市监察局、市档案局和市法制办组成联合检查组，对市直16个重点部门贯彻落实《中华人民共和国档案法》《档案法实施办法》《山东省档案条例》和国家档案局8号令等方面情况进行执法检查。加强重点项目档案的管理和指导，配合省人大、省档案局执法调研组对淄博市省属重大建设项目档案管理情况进行执法调研。

【监督指导】 市档案局与市煤炭局联合举办档案人员培训班，与市人力资源和社会保障局联合制定贯彻落实《社会保险业务档案管理规定(试行)》的实施意见，与市工商联联合对部分民营企业办公室负责人和档案人员进行档案业务培训。档案管理考核工作稳步推进，全市有60个单位达到省二级以上标准。市委办公厅、市政府办公厅印发《关于加强政府机构改革中档案管理的通知》，成立文昌湖旅游度假区档案工作领导小组。做好援川援建档案的收集整理工作，与市援川办联合整理档案200多件。

【基础业务】 2010年，先后接收全运会淄博赛区、市电子行办、省运会组委会等10个单位文书档案1297卷、7375件，照片档案588张，声像档案光盘64张，接收胡锦涛、温家宝视察淄博时形成的文件、声像及实物档案66件。参加副部级以上领导人到淄博、重要会议等各类重大活动拍摄76次，拍摄照片10600多张，拆分刻录《淄博新闻》DVD光盘73张。对馆藏已满30年应开放和未满30年可开放的档案进行鉴定划控，向社会开放48000余条。做好档案利用服务，市档案馆接待现场查档682人次，利用2695卷(件)，接听查档热线电话157个，为社会各界提供方便快捷的档案信息服务。

【信息化建设】 全年完成数字化加工扫描39万页。按照市委办公厅、市政府办公厅《关于做好电子档案移交进馆工作的通知》《关于加强电子文件归档和电子档案管理工作的通知》要求，接收市直各部门电子文件和电子档案9727卷、3198件。

【宣传教育】 年内，先后在《中国档案报》、人民网等媒体发稿126篇。与《淄博晚报》联合推出《家庭档案里的故事》专栏，对部分家庭建档优秀示范户进行集中宣传。市档案局被评为全省档案宣传工作先进集体。举办全市档案人员岗位资格培训班。12月27日，召开淄博市档案学会第六次会员代表大会暨第一次年会，审议通过第五届理事会工作报告，修订《淄博市档案学会章程》，选举产生新一届理事会领导机构，对评选出的优秀论文进行表彰。

【林权制度改革档案】 提前介入、及时了解掌握林权改革试点工作中档案材料的形成和管理情况，与市林业局密切配合，建立区、镇、村三级示范点，印发《关于加强集体林权制度改革档案工作的意见》，确保林改试点档案的齐全、完整、规范。6月3日，市档案局在全省试点单位淄川区召开全市集体林权改革档案工作现场会，总结集体林权改革建档工作经验，确保集体林权改革档案工作深入开展。

2010年6月3日，全市集体林权改革档案工作现场会召开　　（李雯　摄）

【第二十二届省运会档案工作】 省运会筹备阶段，制定《山东省第二十二届运动会档案管理办法》等，建立档案工作网络，加强对档案工作人员的培训。比赛期间，深入区县各个赛区进行督促指导，强化对省运会档案的收集和归档，使其成为历次重大活动档案收集工作中最系统、最全面、最完整的一次。各项赛事结束后，整理文书档案、照片档案、声像档案、实物档案等1947卷(件)，顺利移交市档案馆，并向省体育局移交副本。

2010年11月15日，市档案馆接收整理第二十二届省运会档案　　（李雯　摄）

【全省档案编研工作座谈会】 4月20日在淄博市召开，省档案局领导及全省17个市的档案局分管局长、编研处(科)长37人参加会议。淄博、青岛、济南、日照、威海5个市档案局(馆)相关负责人分别作典型发言。

（吕鹏　徐驰）

中国人民政治协商会议淄博市委员会

【中国人民政治协商会议第十届淄博市委员会第三次会议】 1月18～21日召开。应到委员416名，实到405名。听取并批准主席岳长志所作的政协第十届淄博市委员会常务委员会工作报告；听取并批准副主席王同和所作的政协第十届淄博市委员会常务委员会提案工作报告；列席市第十三届人民代表大会第三次会议，听取和讨论市长周清利所做的市政府工作报告及其他有关报告；审议通过市政协十届三次会议关于常委会工作报告的决议、市政协十届三次会议关于常委会提案工作报告的决议、市政协提案委员会关于市政协十届三次会议提案审查情况的报告和政协第十届淄博市委员会第三次会议决议。会议期间，收到提案337件，经审查立案330件。会议表彰市政协十届二次会议以来的28件优秀提案。增补王子林、王新平、刘玉泽(女)、刘玉玺、齐昌成、孙兴贵、李敏(女)、张洪亮、范杰、周元军、赵有梅、曹庆文、曹新忠、温义为常委。

【重要会议】 中国人民政治协商会议第十届淄博市委员会常务委员会第十一次会议于1月19日举行。审议增补十届市政协常务委员候选人协商名单；审议大会选举办法(草案)及总监票人、监票人名单(草案)。会议决定：同意于康梅(女)、李保海、罗亮森、韩乃舜因工作变动辞去中国人民政治协商会议第十届淄博市委员会委员职务；同意于康梅(女)、韩乃舜、丁涛因工作变动等原因辞去中国人民政治协商会议第十届淄博市委员会常务委员职务，并提交全会备案；同意增补孙兴贵、李美英(女)、张守伟、曹新忠、董琨、温义为政协第十届淄博市委员会委员；同意董琨任政协淄博市委员会研究室主任(试用期一年)；李美英任政协淄博市委员会文史资料委员会主任(试用期一年)，不再担任政协淄博市委员会提案委员会副主任职务；李务习不再担任政协淄博市委员会副秘书长、文史资料委员会主任职务；毕谦祥不再担任政协淄博市委员会文史资料委员会副主任职务。

中国人民政治协商会议第十届淄博市委员会常务委员会第十二次会议于1月20日举行。听取市政协十届三次大会秘书处关于各组讨论情况的汇报，审议增补十届市政协常务委员候选人名单(草案)、大会选举办法(草案)及总监票人和监票人名单(草案)、市政协十届三次会议决议(草案)、市政协十届三次会议关于常务委员会工作报告的决议(草案)、市政协十届三次会议关于常务委员会提案工作报告的决议(草案)、市政协提案委员会关于十届三次会议提案审查情况的报告(草案)。

中国人民政治协商会议第十届淄博市委员会常务委员会第十三次会议于3月22日举行。传达学习贯彻十一届全国人大三次会议精神和全国政协十一届三次会议精神；研究安排政协工作，通报市政协2010年工作要点。会后举办"低碳经济与低碳社会"专题讲座。

中国人民政治协商会议第十届淄博市委员会常务委员会第十四次会议于7月23日举行。听取副市长唐福泉关于全市上半年经济社会发展情况的通报，传达学习市委十届九次全体会议精神，审议通过《政协淄博市委员会关于提高全市医疗卫生服务水平的建议案》，听取市政协文教卫体委员会关于全市历史文化遗产普查与保护利用专题调研情况的汇报。

中国人民政治协商会议第十届淄博市委员会常务委员会第十五次会议于11月9日举行。传达学习中共十七届五中全会精神，听取市政协经济科技委员会关于转方式调结构系列调研情况汇报，为制定全市"十二五"发展规划进行专题议政。

中国人民政治协商会议第十届淄博市委员会常务委员会第十六次会议于12月27日举行。听取副市长唐福泉关于市政府办理市政协十届三次会议以来的提案工作情况的通报，传达学习市委十届十一次全会精神，听取市政协文教卫体委员会关于全市食品安全监管视察情况汇报，通过关于召开政协第十届淄博市委员会第四次会议的决定、市政协十届四次会议议程和日程草案、政协第十届淄博市委员会常务委员会工作报告并推举岳长志担任报告人、政协第十届淄博市委员会常务委员会提案工作报告并推举张建祥担任报告人、市政协十届四次会议秘书长和副秘书长及常务委员轮值名单。

【履行职能】 是年，以转方式调结构为主题，确定发展战略性新兴产业、加强企业自主创新、发展低碳经济促进节能减排、推进现代物流业发展、发展有机特色品牌农业等系列调研课题，作为政协促进转变经济发展方式的重点任务。成立5个专题调研组，召开各类座谈会40多次，实地考察200多家企业，形成系列专题调研报告。如关于推进全市战略性新兴产业科学发展的报告，提出促进战略性新兴产业发展的若干政策、把现代服务业纳入战略性新兴产业发展重点、强化战略性新兴产业人才支撑、抓好战略性新兴产业重点项目建设等建议；关于推进全市低碳经济科学发展的报告，提出制定全市发展低碳经济的主要目标、建立发展低碳经济长效机制、构建循环经济产业体系、积极倡导低碳生活方式等建议；关于进一步加强全市企业自主创新的报告，提出加强自主创新人才队伍建设、强化企业在自主创新中的主体地位、优化外部环境和提供政策保障等建议；关于推进全市现代物流业科学发展的报告，提出加快物流信息化现代化建设、培养一批优势规模物流企业、构筑完善的综合交通运输体系等建议；关于推进全市有机特色品牌农业发展的报告，提出健全有机特色品牌农业的工作机制、强化有机农产品品牌建设、创新经营模式等建议。有关职能部门在"十二五"规划的制定中，参考或吸纳报告的有关建议。组织对东部化工园区建设、委员办企业或项目、农民专业合作社等多项视察。

就提高全市医疗卫生服务水平、食品安全监管、促进就业、社会救助、城市社区建设、预防和减少青少年违法犯罪、老龄工作、第二十二届省运会备战参赛工作、人防工程建设等问题，开展一系列调研、视察或考察活动，形成一批高质量的调研视察成果。就提高全市医疗卫生服务水平开展专题调研，着重就加强医疗卫生设施建设、卫生资源整合利用、名医名科名院建设、医疗卫生体制改革、人才队伍建设等方面的问题进行深入分析，从规划和制度、政策层面，提出完善"十二五"卫生事业发展规划、在新区规划建设淄博市医疗中心、突破卫生医疗人才瓶颈、打造优势专科和品牌专业、全面提升基层卫生服务能力等有价值的意见建议，并经市政协十届十四次常委会议专题协商议政，形成《关于提高全市医疗卫生服务水平的建议案》，得到市委、市政府充分肯定，主要内容在"十二五"规划中被借鉴采纳。组织市和区县两级政协委员联合开展食品安全监管专项视察，提出倡导树立社会化监管理念、加大对农村食品安全的监管力度、加强食品安全技术服务体系、加快食品安全监管的立法进程等建议，增强职能部门和社会各界关心食品安全监督的责任意识。在城市社区建设重点调研的基础上，对社区建设进行跟踪视察，进一步提出促进社区建设的意见和

2010年11月26日，部分市政协委员视察农民专业合作社发展情况 (孙 前 摄)

建议。针对全市促进就业工作，提出加大就业创业扶持力度、关注做好重点群体就业、加强公共就业服务体系建设、规范发展各类专业性职业中介机构等建议。提出健全社会养老服务保障体系、建立健全老龄事业经费投入机制、落实优待老年人政策规定等建议。

【提案工作】 年内，市政协收到提案357件，经审查立案345件，其中民主党派、工商联提案54件，人民团体提案2件，界别提案4件，专委会提案3件，委员提案282件；经济建设方面的提案175件，科教文卫体方面的提案81件，劳动人事、社会保障和民主法制等方面的提案89件，分别占立案总数的50.7%、23.5%、25.8%。所立提案分别送交67个单位办理。在立案的345件提案中，解决的131件，正在解决和列入计划解决的188件，留作参考的26件，分别占立案总数的38%、54.5%、7.5%。关于发展低碳经济、调整产业结构的提案，完善新型农村合作医疗制度的提案，关于解决企业退休人员冬季取暖困难的提案等得到落实。

【为全市“十二五”规划建言献策】 1. 专门召开主席会议，听取全市规划纲要编制情况，就“十二五”规划的发展思路、产业区域规划布局、节能降耗和环境保护、统筹城乡发展、社会事业管理、企地融合发展、保障和改善民生、规划实施的考核机制和保障措施等方面发表意见。2. 召开常委会议，就“十二五”规划发展进行专题议政，26位常委、委员代表各区县政协、市各民主党派、工商联、政协有关界别和专委会，提出大力发展民营经济、充分发挥大型企业的带动作用、提高工业园区化水平、发展优势产业集群、推动企业自主创新，突出县域经济的战略地位、稳步推进淄博新区建设、发挥中心城区辐射带动作用、推进服务业重点项目建设、大力发展生产性服务业、积极探索新兴服务业态、加快社会保障体系建设、高度重视社会养老问题等37条建议，进一步丰富“十二五”规划的内容和思路。3. 广大委员积极建言献策，历次调研、视察、考察等活动都把为“十二五”科学发展建言作为重要内容。

【服务社会】 做好全市文史资料电子版的编辑和《山东区域文化通览·淄博卷》的启动编纂工作。《淄博历史文化遗产博览》刊印。全年编发、报送社情民意信息及其他信息120篇，其中十多篇被省政协和全国政协采用。成立淄博市人民政协理论与实践研究会。健全完善宣传工作制度、升级改版市政协网站、开展第六届“宣传人民政协好新闻”评选等工作和活动，市政协被省政协评为宣传工作先进单位。进一步加强与各民主党派、工商联和无党派人士合作共事。充分发挥少数民族和宗教界委员的重要作用，广泛宣传党和国家的民族宗教政策，积极促进民族团结、宗教和睦。充分发挥桥梁、纽带作用，畅通联系各界群众的渠道，宣传政策，协调关系，化解矛盾，理顺情绪，积极协助党委、政府做好新形势下的群众工作。做好港澳台侨和海外联谊工作，组织委员赴台开展经贸文化交流，拓展同台湾有关党派团体、社会组织、各界人士的联系和沟通，促进淄博台湾经济和文化交流合作。做好上级政协和外地政协到淄博视察、考察、调研接待服务工作。承办全省政协经济委员会工作座谈会，密切同各级政协组织的联系和交流。

（赵秀秀）

中共淄博市纪律检查委员会

【重要会议】 2月5日，全市反腐倡廉工作暨市纪委十届五次全体会议召开。市委书记、市人大常委会主任刘慧晏出席会议并作重要讲话，市委副书记、市长周清利主持会议。市委常委、市纪委书记赵启全代表市纪委常委会作工作报告。会议传达学习省纪委九届六次全会精神，总结2009年的工作，研究部署2010年党风廉政建设和反腐败工作任务。

4月7日，全市中央扩大内需政策落实暨治理工程建设领域突出问题检查整改工作调度会召开，市委副书记、市长周清利主持会议并作重要讲话。

5月28日，全市纪检监察信息工作会议召开。

6月12日，全市工程建设领域突出问题专项治理工作会议召开。市委常委、副市长周连华出席会议并讲话。市委常委、市纪委书记赵启全主持会议。

8月20日，全市工程建设领域突出问题专项治理工作会议召开。

8月30日，市纪委十届六次全体会议召开。传达学习省纪委理论学习中心组读书会暨反腐倡廉建设创新经验交流会和市委十届九次全会精神，研究部署工作任务。

9月15日，全市纪检监察派驻机构统一管理工作调研座谈会召开。市委副书记李迎春出席会议并讲话，市委常委、纪委书记赵启全主持座谈会。

10月25日，全市中央投资项目管理工作会议召开。市委副书记、市长周清利主持会议并讲话。

【治理工程建设领域突出问题】 3月10日、9月13日，省治理工程建设领域突出问题工作检查组到淄博市检查指导工作，对投资5000万元以上的部分项目进行抽查。3月10～11日，省检查组实地对淄博市孝妇河流域及北支新河流域治污减排工程项目、102省道淄博段改道建设项目、淄博市城乡同源同网饮水安全供水工程净水厂建设项目进行检查。

【领导干部廉洁自律】 2010年，组织领导干部述职述廉

9052人次，任前廉政谈话1597人次，报告个人住房、投资、配偶和子女从业等情况12977人次，对142名拟提拔重用的县处级干部进行廉政鉴定。对各区县、高新区和市直部门、单位落实党风廉政建设责任制情况进行检查考核。严格落实公务用车管理制度。落实中央关于党政机关厉行节约八项要求、坚决制止公款出国（境）旅游、改进公务接待等文件规定。全市党政干部因公出国（境）团组、人次、经费分别比2009年同期压缩14.6%、12.2%和14.1%。继续深入实施新农村建设勤廉工程，创建农村基层党风廉政建设示范村628个，受理涉农信访894件，查处基层党员干部168人。

【教育监督】 学习宣传贯彻《中国共产党党员领导干部廉政从政若干准则》，开展"增强制度意识、争做执行表率"主题教育活动，在全市党政机关开展知识测试和竞赛活动。组织3万多名党员干部参观党员干部革命传统教育、警示教育和齐文化廉政教育三大基地。开展廉政文化创建活动，组织创作廉政教育戏剧《桐花雨》在全市展演。完成中央部署的地方党委委员、纪委委员提出罢免或撤换要求处理办法试点工作。以开展"信访监督年"活动为载体，以查办信访问题为手段，督促全面落实警示提醒、质询诫勉、责令纠错三项制度，先后对64名党员干部进行警示诫勉。全市反映县处级干部的信访举报数量大幅下降，2010年比2008年下降68.6%。

【查办案件】 年内，全市各级纪检监察机关受理群众信访举报1597件次，立查案件424起，查处违纪金额2994万元，处分党员干部367人，其中县处级干部4人，乡科级干部41人。完善信访矛盾排查机制，做到早发现、早控制、早解决，妥善处理重点信访问题90件。市纪委严肃查处一批有影响的案件，涉嫌违法犯罪的移送司法机关依法处理。认真处理上级纪委和市委、市政府交办的重要信访案件，妥善解决一批疑难复杂案件，29起遗留信访积案全部查清办结。加强案件监督管理和案件审理，形成一批规范办案的制度性成果。

【源头治理】 深入开展"制度创新年"活动，着力提高制度的执行力，增强制度的实效性。探索试行廉政风险防范管理制度，在具有行政管理、行政审批、行政许可、行政执法职能及管理人、财、物的部门，针对领导干部和关键岗位工作人员，组织查找廉政风险点、制定完善防范措施、实施有效监督管理、严格检查考核，逐步建立规范权力运行的预防机制。督促有关部门继续推进行政审批制度改革，取消和调整行政审批事项136项。严格落实《党政领导干部选拔任用工作责任追究办法（试行）》等四项监督制度，有效防止选人用人上的不正之风。进一步加强电子监察平台建设，实现市直48个职能部门与区县、高新区行政审批电子监察系统的联网运行，全市2941个行政许可审批事项纳入电子监察。完善行政审批违规纠错机制，通过发送预警信息、电子监察通知书、电子监察告诫书，对部门行政审批情况每月进行效能评价、考核通报，有效规范行政审批行为，大幅提升审批事项提前办结率。电子监察平台开通运行后，受理行政许可审批事项23.8万件次，市级行政审批效能评价成绩从83分提高到97.6分。

【执法监察】 会同有关职能部门，专门成立9个检查组，对扩内需促增长政策落实情况集中开展4轮检查，督促整改问题161个；对2008年后全市立项的所有工程建设项目进行全面排查，查出问题675个。结合清理"小金库"，对公有房产运营情况开展立项监察，将81个单位的500余万元出租房产收益统一纳入财政监管。加强对重点工程项目的监督检查，对市体育中心建设项目招投标和政府采购全过程进行监督。会同有关部门对经济结构调整、节能减排和环境保护、规范和节约用地、安全生产等政策落实情况进行监督检查。组织对援川抗震救灾资金物资使用情况进行检查，确保援建项目廉洁高效实施。财政、投资、人事、司法和国有资产管理体制改革取得积极进展，全面落实收支两条线规定，完善工程建设项目招投标监督机制。建立企业联系点、投诉通报、质询谈话三项制度，加大督促检查力度，健全完善损害发展环境问题的快速解决机制。全市受理群众投诉348件，追究61名公务人员的责任。规范行业协会、市场中介组织服务和收费行为，进一步巩固规范评比达标表彰工作成果。组织对全市65个市直部门、1000余个基层站所开展民主评议政风行风活动，以评促纠、以评促建。全市受理涉及发展环境、"三乱"行为投诉27件，比2007年下降70.3%，实现外商投资企业"零投诉"。

【纠风工作】 继续深入开展民主评议政风行风工作。完善作风建设评议考核机制和奖惩激励机制。组织开展反腐倡廉民意调查，会同有关部门进一步规范教育收费行为，认真治理医药购销和医疗服务中的不正之风，全市47家医院参加网上集中采购药品，采购总额7.9亿元，降价幅度达20%。畅通群众诉求渠道，以政风行风热线为载体，由广播电台现场直播受理群众投诉，电台、电视台联合进行追踪采访，问题处理情况通过电视台、《淄博日报》、市政府网站及时进行反馈报道。组织65个市直部门、单位的主要领导上线，督促限时解决问题3000多个。督促有关部门建立健全社保基金、住房公积金、扶贫资金和救灾救济资金的管理使用制度，完善电子监察系统，加强对资金运行的实时监控。开展强农惠农政策落实情况专项检查，清理违规资金2610万元。会同有关部门认真解决教育医疗、环境保护、征地拆迁等方面损害群众利益的问题。深入开展食品药品安全专项整治，进一步规范医疗机构的诊疗、用药和收费行为，严肃查处个别学校乱收费问题。

【中央纪委监察部干部挂职锻炼】 3月12日，中央纪委监察部21名干部到淄博市开展为期一年的挂职锻炼工作。将挂职锻炼干部安排到综合性强、贴近经济建设第一线的区县委、政府办公室、发改、交通、建设、国土资源、水利、教育等部门任职。组织挂职干部参与全市重点工程、重点项目建设，分期参观考察全市经济社会发展重点工程，组织挂职干部到沿海城市、革命老区参观考察。挂职干部集体或分别参加各类会议近800次，先后开展调研活动290余次，形成调研报告24篇，撰写工作报告27篇，为地方和基层发展稳定提出意见和建议240余条。（宗　菲）

民主党派

【中国国民党革命委员会淄博市委员会】 思想建设。重点学习中共十七届四中、五中全会精神和《中共中央关于制定国民经济和社会发展第十二个五年规划的建议》、全市统战工作会议精神，提高政治素质，夯实思想建设根基。在各级组织和广大党员中开展学习和践行社会主义核心价值体系活动，收看中共中央统战部“社会主义核心价值体系学与行”电视电话报告会，民革淄博市委网站开辟“学习和践行社会主义核心价值体系活动”专栏。

组织建设。开展双基建设年活动，加强组织建设。7月15日，民革中央机关报《团结报》头版刊登《组织搭台好唱“戏”》专题报道，介绍周村区民革基层组织建设的先进做法。11月2日，民革周村区基层委员会被民革中央授予全国先进基层组织荣誉称号；12月，29名党员被民革省委授予全省优秀民革党员荣誉称号。民革基层组织建成7个党员活动室。在12月召开的民革山东省委十一届六次全委会上，民革淄博市委被授予思想宣传工作先进集体、反应社情民意工作先进集体，机关2名干部分别被授予反应社情民意工作先进个人、信息工作先进个人。

参政议政。1月，民革界别向市政协十届三次会议提交个人提案20件、集体提案3件，向市政协十届二次会议提交的1件集体提案和1件个人提案被评为优秀提案。积极开展社会调研活动，向中共淄博市委报送2篇调研报告，市领导分别作出重要批示。

社会服务。4月，民革省委机关原驻会副主委王孔杰带队专程到淄博民革党员创办的玉黛湖高科技农业园视察。6月，由市民革党员刘记青创办、高青县中农绿色食品协会赞助协办的“高青西瓜杯”第三届全国中学生地理标志征文活动正式启动，全国人大常委会副委员长周铁农参加启动仪式。11月，由民革党员高升堂创办的淄博一村空调有限公司主办的第二届中国地温能水空调应用科学论坛在周村区举行。

两岸交流活动。4月，台湾高雄市民众服务社山东参访团到淄博市参观考察，市政协副主席、市委统战部部长王同和会见并宴请参访团一行，并向参访团一行介绍淄博市经济社会发展情况。（梁文刚）

【中国民主同盟淄博市委员会】 思想建设。深入开展树立和践行社会主义核心价值体系、“强班子、建队伍、树形象”、学习贯彻科学发展观等活动，指导周村区、淄川区、桓台县、博山区、临淄区召开全体盟员大会，邀请专家、学者对科学发展观、社会主义核心价值体系的内涵、本质、应用等进行详细解读；组织盟员参加市委统战部统计专题讲座、社会主义核心价值体系系列讲座，观看《民主之澜》，通过思想教育、聆听讲座、观看录像等方式，学习民盟老一辈的优良传统，提高工作人员服务意识和能力。8月，在桓台县组织秋季读书班活动，集中学习社会主义核心价值体系、科学发展观和省民盟主委温孚江在盟省委会议上的讲话。11月，在市委统战部召开的民主党派树立和践行社会主义核心价值体系经验交流会上，民盟桓台县基层委员会被评为先进基层。

组织建设。年内发展盟员28人，其中新阶层7人，博士3人。坚持每年年初走访看望老盟员，以完善盟员活动室为契机，将庆祝节日与传达上级会议精神结合起来，开展形式多样的组织活动，先后举办形式新颖、内容充实的“上水之夜”新年联欢晚会、迎新春汇演、三八妇女节盟员代表座谈会、“五老”书画进校园、树立和践行社会主义核心价值体系座谈、关注民生主题活动“爱心服务站”、重阳节老盟员座谈会等。

参政议政。向市政协十届三次会议提出提案30余件，收集整理上报民盟省委提案10余件。向市政协十届二次会议提交的《关于完善全市专业技术人才创业环境，提高技术创新能力的提案》《关于严把环境容量尺度，促进经济社会可持续发展的提案》被评为优秀提案。驻会主要领导积极带头撰写提案，提交的《关于大力促进中小企业发展的建议》《关于加快自主创新、优化产业结构的建议》等多篇建议均得到有关部门答复。6月，调研组赴山东鲁阳股份有限公司、淄博科汇电气有限公司等开展企业自主创新能力调研。积极开展建设全国一流高等职业教育基地等数项调研，形成《关于“建设全国一流职业教育实训基地的建议”的调研报告》《发挥政府主导作用积极推进校企合作 加快转方式、调结构进程——关于校企合作的调研报告》等。

社会服务。继续在桓台县新城镇西贾村开展“三下乡”，为村民提供义诊、法律咨询、农技咨询等服务，组织开展以村幼儿园建设、村卫生室建设等为主要内容的共建活动，协助桓台县新城镇西贾村进行种植业结构调整，统一规划、统一开发，发展生态观光农业。临淄盟员针对地区实际，指导企业发展绿色生态循环经济。11月16日，民盟临淄区生态农业示范点揭牌仪式在临淄区朱台镇西单村举行，民盟盟员指导示范点开展以沼气为纽带的循环农业模式创新与推广，人民网、《淄博日报》等刊登相关宣传稿件。（民盟淄博市委）

【中国民主建国会淄博市委员会】 思想建设。2月，举行“自身建设年”活动启动仪式，省委主委郭爱玲出席并作辅导报告，128名会员参加活动。积极开展树立和践行社会主义核心价值体系活动，从注重内涵建设、突出思想特色，搞好政治交接、保持党派特色，提高履职实效、体现实践特色，探索建立机制、坚持创新特色等4个方面深入开展工作。10月，在全市统战系统经验交流会上，民建市委作典型发言。12月，举行纪念中国民主建国会成立65周年系列活动，表彰65名优秀会员和11个先进集体。市直二支部被表彰为全国先进集体、孙启晔被表彰为全国优秀会员。桓台县基层委员会等3个基层组织被表彰为省级先进集体，顾传荣等11名会员被表彰为省级优秀会员。

组织建设。深入开展双基建设。进行规范化会员活动室建设升级，市直一支部、二支部、三支部，博山区金融支部，周村区二支部，桓台县基层委员会，张店区委、博山区委等活动室通过全市统战系统规范化活动室建设验收。5月，省委统战部副部长曲涛带领各党派省直组织负责人培训班40余人，参观市直二支部活动室和文化活动室并考察双基工作。

参政议政。向市政协十届三次会议提交提案43件，其中集体提案10件。《关于加强城市养犬规范管理的提案》等2件提案被确定为市政协领导督办重点提案；《关于建立中心城区环保治理联动机制，解决城市周边环境污染问题的提案》等4件提案分别被确定为市政协提案委员会等3个专委会督办重点提案。牵头完成市政协系列调研之一的《关于推进我市有机特色品牌农业发展的调研报告》，议政报告《关于我市工业企业经营模式与品牌运作创新的建议》《关于中小企业土地租用情况的调查》均得到市委主要领导签批。

社会服务。进一步做好“整村推进”工作，《淄博日报》《山东统一战线》报道市委联系点博山区黄石坞村、桓台区民建联系点吉托村的典型事迹。临淄区骨干会员为“整村推进”联系点黎金山村修路捐款8000元。桓台县会员出资10万援建江辰乡村少年宫。6月，民建淄博画院承办庆“七一”齐韵·淄博六人书法展。11月，在桓台县举行“民建流动美术馆”落成暨民建画院向江辰少年宫捐赠百幅书画作品仪式。会员姜虎林、任志鸿被表彰为市文化产业发展先进个人；吕凤琴、任志鸿获齐鲁文化英才称号；孙启晔被表彰为淄博市第二届优秀中国特色社会主义事业建设者并在第二届全市道德模范评选中获诚实守信模范提名奖。

宣传工作。继续发挥《淄博民建》会刊、网站、博客圈的宣传作用，会刊编印4期。《民建淄博市委自身建设工作浅析》获民建中央2010年重点理论研究课题优秀成果一等奖。被民建省委表彰为2010年度宣传工作先进单位。

（王安徽）

【中国民主促进会淄博市委员会】 思想建设。3月，邀请民进省委副主委骆宝臻作报告，全市民进各基层组织的会员代表参加报告会。4月，邀请中共淄博市委政研室副主任李建民为各基层组织的40余位会员作报告。11月7日，民进市委召开纪念民进淄博市委成立20周年大会，省政协副主席、民进省委主委栗甲对民进淄博市委在网络建设方面的工作给予高度评价。

组织建设。成立淄博民进书画院，成立市直总支委员会高新区支部。全年考察发展会员24名。民进市直总支委员会被民进中央评为民进全国先进基层组织。周村区、临淄区和淄川区基层委员会被民进省委评为先进基层组织。民进书法支部、美术支部、淄博市五音戏剧院支部、淄博市歌舞剧院支部、淄博市京剧院支部、淄博职业学院委员会社科支部被民进省委评为先进支部。

参政议政。5月，民进市委重点调研课题《齐地掌故》正式出版。民进市委向市政协十届二次会议提交的《关于实施“淄博市陶瓷等类型企业打造自主品牌形象，提升淄博城市核心竞争力”的提案》、孟鸿声提交的《关于努力发展农村医疗卫生事业的提案》被评为优秀提案。向市政协十届三次会议提交集体提案20余件，3件集体提案被定为重点提案。《关于新区义乌商城街摊点规范经营管理的建议》《关于延长华光路与义乌商城街南北绿灯信号时间的建议》被有关部门采纳。

社会服务。2月，民进市委综合支部组织会员走访慰问市社会福利院的老人和残疾儿童。民进高新区支部倡议举行“情系玉树，关爱灾区”募捐赈灾活动。6月1日，看望淄博聋校的儿童，参加“关爱未来 放飞梦想”六一国际儿童节庆祝活动。9月，民进市直总支委员会7个支部主委和医卫支部会员赴淄川区峨庄乡西石村开展医疗下乡帮扶活动，并为西石村村民免费提供培训20个技工并安排就业的机会。

宣传工作。向市委统战部报送信息60条以上。及时更新民进淄博市委网站，做好会内宣传。编发《盛世廿载

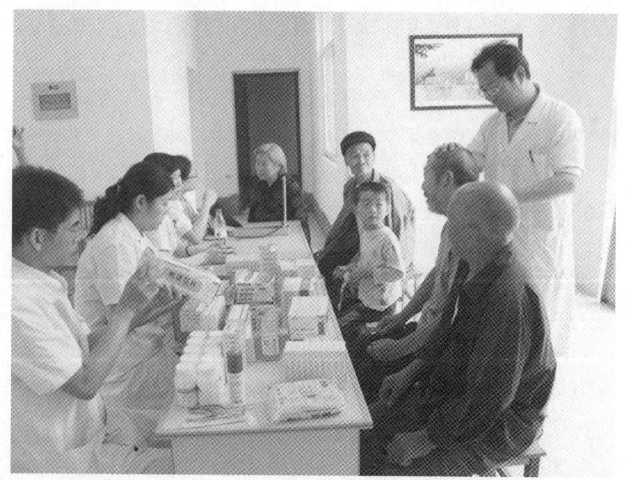

2010年9月5日，民进市委组织会员开展下乡医疗帮扶活动 （民进淄博市委 供稿）

淄博民进》一书，纪念民进市委成立20周年。

（陈艳君）

【中国农工民主党淄博市委员会】 思想建设。6月，组织全市农工党员参加农工党中央举办的庆祝中国农工民主党成立80周年知识竞赛。7月16日，农工党淄博市委举行庆祝中国农工民主党成立80周年大会。全市基层组织24名负责人分两批参加农工党省委组织的全省基层组织负责人培训班；2名后备干部参加农工党省委在中央社会主义学院举办的骨干党员培训班。机关工作人员、党员中的企业家、律师等26人次有针对性地参加相关培训。

组织建设。3月29日，农工党中央组织部副部长刘然到淄博市就组织建设情况进行调研。4月2日，省政协副主席、农工党省委主委王新陆到农工党淄博市委视察，肯定基层组织建设工作。5月，省委统战部带领全省各民主党派领导人到淄博学习交流。7月，参政议政和宣传工作委员会分别对2009年度工作突出的同志进行表彰和奖励。年内，5个基层组织、15名党员受到农工党省委的表彰，发展17名新党员。

参政议政。向市政协十届三次会议提交提案28件，内容涉及医疗卫生、教育、城建、交通、旅游、环保等方面。向市政协十届二次会议提交的《关于盘活闲置土地或厂房，提高土地集约节约利用水平的提案》、武守南的《关于规范住宅小区物业服务管理的提案》、苏成宝的《关于对城区贫困家庭进行救助的提案》被评为优秀提案。

社会服务。4月13日，农工党淄博市委和临淄区基层委员会领导到定点帮扶村——临淄区边河乡南术南村调研，决定由农工党淄博市委和临淄区基层委员会筹资3万多元，为该村建设净化水厂。7月12日，农工党淄博市委与张店区基层委员会联合组织医疗专家和律师，在马尚镇开展义诊服务和法律咨询活动；“三八”妇女节期间，淄博市中医院支部组织女性农工党员到周村城郊社区，为群众健康查体、义诊服务；为庆祝教师节，博山区基层委员会组织党员到博山中学为300多名师生提供义诊服务；10月16日，周村区基层委员会组织部分党员，到灯塔社区民族园，开展义诊服务。

2010年12月22日，农工党员开展义诊、法律服务活动　　（农工党淄博市委　供稿）

宣传信息工作。结合农工党成立80周年，及时宣传报道农工党的知识、先进人物和先进事迹。及时把农工党淄博市委及各基层组织的工作动态、经验、总结报送农工党山东省委和中共淄博市委统战部。及时更新农工党淄博市委网站内容。

（张月红）

【中国致公党淄博市委员会】 思想建设。年初，全面研究部署树立和践行社会主义核心价值体系活动，举办骨干党员培训班，集体学习并讨论佟一的文章《用社会主义核心价值体系搞好对民主党派的政治引导》和万钢的文章《传承和弘扬“致力为公、参政兴国”传统》；集体观看“社会主义核心价值体系学与行”电视电话报告会和双基建设电视专题片。参加致公党省委在淄博举办的树立和践行社会主义核心价值体系先进事迹报告会，致公党市委介绍如何正确处理本职工作和党务工作的关系方面的经验。各基层组织也结合各自实际，制定方案，开展形式多样、丰富多彩的活动。

组织建设。年初，在全市基层组织中部署开展规范化基层组织创建活动。年内，新发展党员18人，全市致公党党员达到99人，全市已经建立3个基层委员会、2个直属支部。致公党周村区基层委员会被致公党中央表彰为“树立和践行社会主义核心价值体系 加强双基建设活动”先进集体；致公党淄川区支部、周村区基层委员会、临淄区基层委员会活动室被市委统战部表彰为规范化活动室。

参政议政。以致公党市委名义向市政协十届三次会议大会提交集体提案5件、个人提案10件。向市政协十届二次会议提交的《关于积极应对当前形势 千方百计增加农民收入》、刘群提交的《关于新购机动车临时牌照收费不合理应当取消的提案》被表彰为优秀提案。年内，致公党市委就推进全市城乡基本公共服务均等化问题进行专题调研，并形成议政报告《关于加强我市农村公共服务体系建设的调查与思考》，提交中共淄博市委。完成市委统战部调研课题《内陆省份加强港澳台海外统战工作新举措新机制研究》，牵头完成市政协调研课题《淄博市低碳经济发展战略研究》。超额完成省委会调研课题，向致公党省委会报送《关于在我省大力发展低碳经济、建设低碳城市的建议》《山东省发展都市农业的建议》。

宣传工作。年内，向致公党省委报送社情民意信息3条，向市委统战部报送信息60余条，向致公党省委报送信息40余条，网站更新信息76条，更新文章8篇。对淄博致公网站进行改版并及时更新内容，开辟树立和践行社会主义核心价值体系活动专栏。

社会服务。深入开展“整村推进”活动，集中力量，继续在张店区房镇镇小高村开展帮扶活动。与村“两委”联合召开发展都市农业研讨会，在小高村建立致公党种植试验基地，并组织部分党员开展种植和收获活动。继续开展法律进农村、农家书屋、医疗卫生服务等活动，提高村民的维权意识和遵纪守法意识。促成市致公党党员黄文广创办的山东沃润德农资连锁有限公司新开发"阳台农业"项目与小高村达成合作意向。（杨　旻）

【九三学社淄博市委员会】 思想建设。社市委把学习贯彻全国"两会"及中共十七届五中全会精神当作思想建设重要任务，结合省、市政协会议、统战会议、社中央和社省委等重要会议文件精神，8月开展纪念九三学社成立65周年征文活动，9月举办以"社会主义核心价值体系与民主党派发展、做合格九三学社社员、民主党派如何更好地参政议政"为主题的专题学习培训班。

组织建设。6月，九三学社中央组织部到淄博市调研基层组织建设工作，社中央组织部部长文文对九三学社淄博市委会的组织建设、制度建设、参政议政及社会服务工作给予高度评价。7月，九三学社高新区基层委员会正式成立。10月，4名社员被九三学社中央表彰为全国优秀社员。被农业部和商务部选拔的中国援非高级农业技术专家代表社员林玉柱，圆满完成援非任务回国，被中国驻津巴布韦大使馆授予突出贡献奖。年内，发展新社员21名，其中2名博士，8名硕士，高级职称占42%。

参政议政。2010年省政协十届三次会议上，省政协委员、九三学社淄博市委主委王济众作题为《目前我省不宜过分高调渲染"低碳经济"概念》的重点书面发言，《大会简报》专版全文刊发；《关于对我省电动车废旧铅酸电池进行无害化处理回收的建议》被省政协评为重点提案；《建议山东省谨慎发展核电项目》被省政协网站全文刊载。向市政协十届三次会议提交《大力发展服务外包产业 推动我市产业结构调整促进就业的建议》《关于加强对燃放烟花爆竹安全管理的建议》《后金融危机时期可能出现的潜在问题及其宏观对策建议》集体提案3件及个人提案38件。5件提案被市政协表彰为优秀提案，占全部优秀提案的17.9%，优秀提案数连续3年在市政协全部界别中数量最多。10月，市政协召开十届十五次常委会，九三学社市委组织撰写的《扶持特色 打造优势 实现"十二五"跨越式发展》专题议政文章被指定做首位大会发言。年内，社市委形成《关于调整经济结构　压缩过剩产能的建议》《关于加快发展面向制造业的生产性服务业的调研报告》报中共淄博市委，形成《关于进一步加强我市企业自主创新的对策和建议》报市政协，均受到高度重视。同时，结合社内高学历人才、专家多的优势，分别召开社内博士成员参政议政工作座谈会和监督监察员座谈会，围绕淄博市"十二五"规划重点课题，就转方式调结构、节能减排、促进就业、改善民生、提高城市综合竞争力等经济社会重点难点问题，立足专业优势，结合社会需要，深入开展科学研究，为市委、市政府科学民主决策提供更加真实、更高层次、更具专业化的意见建议。

信息宣传。3月，社市委创办内部刊物《议政参考》。8月，社市委组织撰写的《探索建立参政党内部监督的有效机制》刊登在中央统战部《调研参考》和《九三学社内部监督理论研讨会交流论文汇编》上，被省委统战部表彰为全省统战理论调研宣传"四新工程"优秀调研成果二等奖。9月，作为全省唯一受邀者，参加社中央内部监督理论研讨会。10月，《九三淄博市委为高层次人才搭建"四大平台"》被省政协机关报《联合日报》刊载。11月，《努力改善民生、力促社会和谐》被《淄博日报》刊载，11月底，该文又被"人民日报作品定制网"特约转载。

社会服务。5月，社市委在"整村推进"联系点淄博市淄川区后香峪村农家书屋开展"送科技、送图书"活动，捐赠图书200余册，价值3000余元，内容涉及社会主义新农村建设政策汇编、新农村建设、卫生健康、农村社会管理、现代农业新技术等方面。5月，桓台县基层委员会组织医务界社员到桓台县邢家镇黄家村为广大村民义诊，先后为近200位村民测血压、查心电图、查血糖及临床内外科、中医等专业诊断治疗。9月，临淄区基层委员会向所帮扶的临淄区凤凰镇蒋家村支持1万余元资金，对村两委办公室及大院进行修整。在社省委十届十五次常委会上，社市委作为社务工作优秀单位之一作书面发言。（马　健）

群众团体

·淄博市总工会·

【保稳定 促和谐"六个一"活动】 8月，市总工会在全市职工中开展保稳定、促和谐"六个一"活动。1. 向职工发一封公开信。号召广大职工统一思想，大力弘扬当代工人阶级优秀品格，进一步增强大局意识和主人翁责任感，自觉维护工人阶级的团结与统一，维护安定团结的政治局面。2. 上一堂形势教育课。邀请中国劳动关系学院教授欧阳骏为市工会干部举办一场形势教育专题讲座，提高工会干部解决问题、化解矛盾的能力。3. 开展一次劳动关系矛盾集中排查活动。利用半个月的时间，发动全市各级工会深入基层、深入困难职工，对引发群体性事件和职工上访事件的矛盾纠纷和苗头隐患进行一次大排查，建立职工稳定情况日报告、月分析制度，对发现的问题及时向党委、政府反映。市总工会分成8个组，到区县和重点行业、系统检查督导，指导帮助基层解决实际问题。4. 组织一次"安全事故隐患大家查"活动。利用1个月时间，广泛发动职工查找身边事故隐患和职业危害，限期整改查找出的隐患。市总工会设立安全隐患举报电话，鼓励职工积极反映企业安全生产中存在的问题。5. 开展一次岗位技术练兵比武活动。市总工会与有关部门联合在电力运行、环境检测、传染病防治、饮食服务、煤炭、金融、化工等行业开展48项职业技能大赛，10万多名职工参加，309人获得市技术能手称号。6. 举行一次集中救助活动。以"金秋助学"活动为重点，发动社会各界对考取大中专院校的860名困难职工与农民工子女进行集中救助，救助金额112万元。

【帮扶困难职工】 1. 超前谋划，及早做好调查摸底。10月，市总工会抽调专门人员对全市8400余家企业、73.9万名职工的基本生活状况进行全面调查摸底，多方筹集资金1360多万元。2. 突出重点，实现困难职工救助全覆盖。突出救助五类重点群体：受国际金融危机冲击仍经营困难的重点地区、行业和企业的城镇困难职工和农民工；改制重组和关闭破产企业下岗困难职工（包括内退职工）；资源枯竭矿区和独立工矿区的困难职工；因自然灾害或突发事件致贫的困难职工；因大病、子女上学等特殊原因导致生活特别困难的低保边缘职工。以市、区县（系统）、乡镇（企业）、村居（社区）援助机构为平台，全过程、全天候为求助的困难职工和农民工提供快速、便捷、高效的服务。3. 整合力量，多形式向困难职工送温暖。全市近万名机关、事业单位干部节日期间对3600多户帮扶户进行走访慰问，帮扶款物120多万元。连续4年联合市电业局开展“善小”扶贫济困慰问活动，每年帮扶1000户困难职工，发放款物20多万元。联合淄博联通公司举行“联通牵手困难职工、共建文明和谐社会”送温暖活动，60多户困难职工得到物资和资金方面的救助。4. 扩大送温暖活动救助内容。元旦、春节期间，市五大班子领导分9个组深入到各区县、重点困难企业和特困职工家庭进行走访慰问。市总工会成立8个检查指导组，分赴区县和各系统、企业检查指导送温暖工作。各级工会举办各类培训班28期，为1666名下岗失业人员和农民工提供免费培训，帮助900人实现就业。开展农民工送温暖活动和农民工平安返乡行动。联合劳动保障、公安、建委等部门，积极开展欠薪治理，维护职工和农民工的合法权益。

【“工人先锋号”创建】 是年，全市各级工会扎实开展“工人先锋号”创建活动。3月，市总工会印发《关于深入开展创建“工人先锋号”活动进一步加强班组建设的意见》。在全市工会干部培训工作中培训“工人先锋号”和班组建设工作内容，定期召开“工人先锋号”创建和班组建设推进会，及时推广班组建设典型经验，树立淄博矿业集团“新型班组”、山东铝业公司“创新型班组”、淄博供电公司“精细化班组”、淄博市自来水公司“五型班组”以及山东长运企业集团雷锋车队，全国劳模张继顺、陈虎命名的房屋、煤气维修服务热线等一大批班组建设品牌。12月10日，在全省班组建设工作会议上，淄博供电公司就“创建先进班组，争当工人先锋号”作会议经验交流，市总工会、淄博矿业集团公司工会、山东铝业公司（冶金）3个单位作书面交流。淄博供电公司张店供电部营业服务班获得中华全国总工会等四部门表彰；淄博矿业集团公司许厂煤矿综采一队检修班、中国铝业山东分公司第二氧化铝厂生产一区丙班、山东山博电机集团有限公司安吉富齿轮电机公司车工一组、鲁泰纺纱股份有限公司纱线事业部纺纱三厂细纱保全队、山东齐都药业有限公司202车间制瓶组、淄博市自来水公司张店水厂运行班、山东天齐置业集团淄博001项目公司土建施工班（建设）、金岭铁矿铁山矿采矿一队获得省总工会等四部门表彰。

【全市职工摄影和女职工才艺作品展】 4月27日，市总工会在鲁中职工文化活动中心举办全市职工摄影和女职工才艺作品展览开幕式。收到摄影作品413件、女职工才艺作品398件。经过评审，254件摄影作品、210件女职工才艺作品入选，评选出摄影展一等奖20个，二等奖35个，三等奖53个，优秀组织奖20个；女职工才艺展一等奖30个，二等奖70个，三等奖110个，优秀组织奖27个。摄影作品和女职工才艺作品分别以“咱们工人有力量”和“弘扬劳模精神、展现巾帼风采”为主题，集中展现各条战线的先进模范人物及女职工干事创业、向往美好生活、构建和谐家园的时代风貌。

【第一届劳动模范论坛征文】 3月，市劳动模范协会在广大劳模中组织开展以“谋科学发展，促社会和谐”为主题的首届劳模论坛征文活动。征文以加快转变经济发展方式、促进淄博经济社会又好又快发展为主题，内容包括企业在促进经济发展和社会和谐中应承担社会责任，全心全意依靠职工办企业，充分发挥工会作用，努力构建和谐劳动关系以及新形势下如何更好地弘扬劳模精神、发挥劳模作用等方面。征集论文30余篇，有10篇论文在网上交流，其中《关于对加快我市供热体制改革、促进经济社会又好又快发展的思考和建议》等论文受到有关部门关注。

【市职工文体中心竣工】 4月20日，位于市总工会东邻的市职工文体中心开工建设，主体工程年底竣工。总投资1200万元，占地面积8600平方米，建筑面积4000平方米，内设多功能会议厅、体育馆。多功能会议厅可容纳900人，并配备多功能音响设施及演艺舞台。体育馆内设羽毛球、网球、篮球、乒乓球比赛设施，可容纳200余人参赛。

（唐效科）

·中国共产主义青年团淄博市委员会·

【基层团组织建设】 全年新增联建、共建团组织87个。加大社区团建力度，确定试点社区37个。12月11日，《中国青年报》专题报道淄博市社区团建工作。5个区县、73个乡镇团组织完成换届，充实区县团干部7名，配备乡镇团委书记、副书记286名。全市通过公推直选或竞争上岗配备基层团干部156名。依托淄博柴油机总公司、淄矿集团在济南、青岛、济宁成立市级驻外团工委，辐射外出务工青年4000余名。加大“两新”组织（新经济组织和新社会组织）建团力度，全市565家非公企业、160家新社会组织和49家农村专业合作社建立团组织。扩大团务公开、团员青年民主恳谈试点范围，280个基层团组织试点工作稳步开展。

【团干部素质提升工程】 组织团干部"进企业、进社区"参观及外出学习考察活动，开展"珍惜共青团岗位，争当青年先锋"演讲比赛、座谈会等活动，参与团干部15300余人次。举办全市机关和企业团干部培训班，对80余名团干部进行理论知识轮训。

【青少年教育】 年内，围绕弘扬五四精神、促进经济发展、厉行勤俭节约等主题，开展主题团日活动，在1670个基层团组织开展主题团日活动5820次。3月，团市委、市文明办、市教育局、市广播电视总台(局)等单位联合主办的中国未成年人网脉工程淄博行活动启动。以纪念五四运动91周年和建团88周年为契机，深入开展"红领巾心向党""祖国发展我成长""民族精神代代传""红领巾风采展示月""节能环保，低碳生活"少先队主题队会及七任雷锋班班长走进淄博等主题教育实践活动，增强广大青少年的爱国主义情感和社会责任感。

2010年3月26日，举办中国未成年人网脉工程淄博行活动启动仪式 (团市委 供稿)

【爱心捐助活动】 3月，组织全市团员青年、少先队员在西南特大旱情期间开展"一人一瓶水，爱心送旱区"捐款活动。4月，全市各中小学校少先队开展"情系玉树'红领巾'爱心义卖"等主题活动，向玉树地震灾区捐款捐物。6月1日，举行外来务工就业人员子女"心手相牵、快乐成长"主题队会。第二十二届省运会期间，组织50名外来务工和贫困家庭子女与山东理工大学志愿者开展"手拉手 共享和谐省运"活动。

【志愿服务】 组织9600名志愿者，圆满完成第二十二届省运会、省第十一届中学生运动会、省第二届老年人运动会、省第八届残运会、亚足联U19青年足球锦标赛等一系列重大赛事及相关活动的志愿服务工作，志愿者上岗服务3.2万人次，服务时间23万小时。省运会志愿者获得2010"感动淄博"年度人物。

【全市青年职业技能大赛】 4月，联合市总工会、市人力资源和社会保障局等部门举办全市青年职业技能大赛，分为数控车工、数控铣工、钳工、中式烹调4个工种，30多个单位的115名选手进入决赛。42人获得淄博市青年岗位能手称号，4人被授予振兴淄博劳动奖章，6人被授予淄博市技术能手称号。这是"青工技能振兴计划"实施后，第一次面向全市青年举办技能大赛。推荐3名优秀青工参加全省第六届青年职业技能大赛，分别取得第六、第九、第十三名的成绩。

【青年就业创业】 3月、4月，举办两场"情系青年，推岗就业"专场招聘会，179家企业提供4236个岗位，达成就业意向1844人次。实施青年创业小额贷款项目，为4名优秀创业青年申请青春创业贴息12.5万元，帮助118名创业青年解决资金困难，累计落实贷款1011.5万元。启动"2010—青年创业在淄博"大型创业励志活动，6名优胜选手申请到省创业就业基金会提供的总额40万元的创业扶持资金。

【服务新农村建设】 深化青春建功新农村——百千万农村青年创业计划，落实创业项目891个，实际发放贷款4327.2万元，带动2066位农村青年实现就业。开展农村青年培训，组织农村青年春季培训70余次，培训农村青年4470人。联合市人力资源和社会保障局等部门，组织针对青年农民工的订单式培训，培训954人，其中946人实现就业。实施农村青年科技特派员创业行动，培养农村青年科技特派员26名，帮扶青年农民专业合作社13个，建立4个农村青年科技培训基地，培训40名农村青年科技创业带头人。

【青年文明号创建】 新命名102个、继续认定173个青年文明号集体。在各级青年文明号集体中广泛开展党团共建创先争优活动，举行公开承诺誓师大会，来自全市各行各业的200多名青年文明号创建集体代表进行主题宣誓。

【预防青少年违法犯罪】 4月，印发《关于在全市开展预防青少年违法犯罪"三级联创"活动的意见》，确定张店、临淄、淄川3个区为首批示范区，张店区和平街道等9个街道(乡镇)为预防青少年违法犯罪工作先进街道(乡镇)创建单位，张店区世纪花园等9个社区为未成年人零犯罪社区(村)创建单位。6月，会同部分市政协委员对预防和减少青少年违法犯罪情况进行专题调研，对重点青少年群体进行排查摸底，认真做好临界预防和管理服务工作，构建预防青少年违法犯罪工作网络。

【青少年自护教育】 组织开展"世界戒毒日"宣传、"计量日"眼镜免费检测、青少年自护教育季、预防艾滋病等青少年自护主题教育活动，在全市各大媒体发布《青少年自护提示》，印发《青少年自护教育手册》1万本，有效提高青少年自我保护的意识和能力。

【"淄博青年五四奖章"评选】 "五四"前夕，山东铝业公司铆焊车间容器一班班长张方波，高青县公安局唐坊派出所所长刘梅，市中心医院护理部护师乔娟，山东东岳集团研究院副院长高自宏，市人力资源和社会保障局考试中心主任科员段义，山东恒沣膜科技有限公司总经理胡业忠，市农业科学研究院党总支委员、经济作物研究所所长谭德云，淄博联通互联网业务中心总经理柳涛，市环境监察支队排污收费监察科副科长闫焰，山东新华制药股份有限公司副总经理杜德平被授予争创“淄博青年五四奖章”活动先进个人。

【中国少年先锋队淄博市第五次代表大会召开】 12月12日召开，会议审议通过《中国少年先锋队淄博市第五次代表大会关于淄博市第四届少工委工作报告的决议》，选举产生由65人组成的新一届淄博市少工委和新一届红领巾理事会，张守伟、唐勋当选为淄博市第五届少工委主任。

【全市青年企业家协会第五次会员大会召开】 9月15日召开，会议通过《淄博市青年企业家协会章程》，山东新华制药股份有限公司总经理杜德平当选市青年企业家协会第五届会长。举办2010淄博青年企业家发展论坛，邀请国务院参事、原国务院研究室工业交通贸易研究司司长陈全生作《当前经济形势分析与中小企业发展》专题报告。

【市青年联合会第十一届二次常委(扩大)会召开】 10月22日召开，会议审议通过市青联2010年工作报告，增补25名青联委员、2名青联常委，表彰市青联优秀界别委员会和优秀青联委员，120名青联委员参加会议。

【希望工程】 筹资42万元，在沂源县鲁村镇建立鲁能希望小学；筹资122万元，在高青县木李镇援建八路军希望小学；筹资66.8万元，在淄川区东坪镇援建国家电网爱心希望小学。希望工程全市总筹资277.282万元，圆梦行动总筹资175.07万元，救助贫困学生1000余名，救助困难大学生451名。　　（王　琮）

·淄博市妇女联合会·

【组织建设】 年内，市妇联召开基层组织规范化建设座谈会，推动解决基层妇联有人干事、有阵地做事、有钱办事的问题。全市村、社区活动场所“妇女之家”建设基本实现全覆盖。实施女大学生村官成才支持行动，建立服务档案和联谊QQ群，实行“1＋1”联系帮带制度。开展农村社区妇女组织建设，推动城乡妇女参与基层群众自治实践调研，评选表彰十大优秀女村官。与市委组织部在清华大学联合举办全市优秀女干部领导力提升高级研修班。加强对各类妇女团体的联系与指导，完善执委工作制和妇女代表联系制，推进“两新”妇女组织和机关事业妇委会建设，努力构建覆盖广泛、工作活跃的妇女组织网络。

【促进妇女就业创业】 加快家政服务机构发展，注册成立淄博市家庭服务业协会，吸纳73家会员单位。开设阳光大姐义乌分店。家政服务网络中心经省商务厅审核验收，6月正式运营。网络中心与500多家企业签订加盟服务合同，为近2100个用户提供家政服务。举办家政服务员、月嫂培训班44期，免费培训城市下岗及农村妇女2900余人，安置妇女就业1600余人。落实全省妇女小额担保贷款贴息工作，协调省妇联巾帼创业专项资金和市财政局、市人力资源和社会保障局为82名妇女、10家妇女创办企业发放小额贴息贷款2090万元，贴息61.91万元。与相关部门联合举办女性就业专场招聘会和创业洽谈会，广泛开展“春风行动”，各级妇联组织春风送岗位招聘会116场次，妇女转移就业10038人；举办创业就业培训班131期，培训妇女16860人次，帮助861名妇女实现创业，带动13920名妇女就业。联合农业、科技部门组织“巾帼科技行”活动，举办全市第八届巾帼创业暨贫困母亲实用技术培训班，对100余名农村妇女和贫困母亲进行地栽黑木耳种植管理技术免费培训，投入21.4万元扶持40名贫困母亲发展地栽黑木耳致富项目。举办实用技术培训班376期，培训45173名农村妇女。深化信贷助推农村妇女创业行动，协调农信社、邮政储蓄银行发放贷款2390万元，扶持352名农村妇女实施创业发展项目。开展“城乡岗村手牵手，共建和谐新农村”结对帮扶活动，为结对村投入资金3083万元，新上项目17个，基础设施建设28项。

【实施妇女儿童发展纲要】 召开全市妇女儿童发展纲要统计监测和终期监测评估会议，全面核查“两纲”达标进展情况，查找薄弱环节，督促“两纲”目标全面落实。开展第三期中国妇女社会地位调查，做好淄博市妇女儿童“十二五”发展规划编制工作，将妇女儿童发展规划列入全市国民经济与社会发展“十二五”总体规划和重点专项规划。加强对全国“两癌”试点县工作督导，协调有关单位为市妇幼保健院赠送宫颈癌筛查设备，全市1万余名农村妇女接受“两癌”

2010年8月4日，淄博市妇女儿童“十二五”发展规划编制工作会议召开　　（市妇联　供稿）

减免费检查。

【维权工作】 年内，实施“三项工程”（法律知识进家庭、法律调解进家庭、法律服务进家庭），推进全市法律进家庭活动扎实开展。集中开展化解矛盾纠纷活动，引导群众依法合理地表达诉求，查处矛盾纠纷和信访案件137起，处结率达到100%。依托淄博明仁心理学研究中心成立淄博市婚姻家庭心理指导中心，对30余名维权干部进行婚姻家庭心理培训。启动“幸福婚姻，平安家庭”法律大讲堂，组织妇女维权周活动。积极参与社会治安综合治理，县以上妇联接待信访802件次，处结率达99%。

【儿童工作】 2010年，在全市深入实施“家长素质提升工程”，成立智慧父母俱乐部，征集“放飞梦想”家庭教育公益短信，启动“知心姐姐”淄博巡回报告会，走进校园开展关注未成年人健康成长系列讲座60余场。积极开展净化社会文化环境“家庭护卫行动”实践活动，成立“妈妈护卫队”，开展“健康上网快乐成长”辩论赛。组织“得益乳业”宝贝向前冲运动电视大赛，开展“共沐书香——百万家庭读书”活动，举办“同读书、共成长”亲子征文、演讲比赛。召开“助学成就梦想”关爱女大学生座谈会，举办女大学生救助行动捐赠仪式，募集资金80.2万元资助49名女大学生完成学业；争取10万元资金组织“我的第一个书包”爱心捐赠活动；继续实施“春蕾计划”行动，为231名“春蕾”女童发放45750元助学款。发起“为留守流动儿童捐书”活动，争取省妇联4万元资金建立两处留守儿童活动站。协调资金5万元完善帮扶村水利工程配套设施，筹集各类善款6万余元开展情系女童和为北川贫困母亲送礼物等系列公益活动。

【和谐家庭创建】 召开女企业家参与省运会商业活动推介会、支持省运企业赞助仪式暨新闻发布会，6家企业提供赞助款和名优新特产品620余万元。开展“争创巾帼文明岗、优质服务迎省运”“争创文明岗、低碳迎省运”和“低碳迎省运、健康社区行”主题活动，举办巾帼文明岗负责人培训班，开展巾帼技能比武。与市文明办等单位联合启动“倡树新风尚，关爱孕妈妈”主题活动。与相关单位分别联合举办“弘扬家庭美德，共建和谐淄博”全家福免费摄影和“母爱三部曲”大型感恩活动。深化“五好文明和谐家庭”创建活动，评选表彰五好文明家庭、“五个好”家庭成员和“十佳好军嫂”。深化巾帼志愿者队伍建设，对全市巾帼志愿者队伍建设情况进行调查摸底，联合善美天使志愿者工作站开展“有氧大步走”公益宣传活动。参与老年服务协会工作，组织巾帼志愿者开展为“空巢老人”志愿服务活动。

【纪念“三八”国际劳动妇女节100周年】 3月5日，召开纪念“三八”国际劳动妇女节100周年大会，表彰为全市经济社会发展做出突出贡献的先进集体和个人。与市委组织部联合召开庆“三八”优秀女干部“话成长、促发展”座谈会，部分优秀妇女干部畅谈工作体会，交流工作经验。先后与市女摄影家协会、市妇女理论研究会联合举办“百年妇运·和谐瞬间”摄影大赛优秀作品展暨颁奖典礼和“百年妇运话发展”征文活动。

【全国妇联节能减排家庭社区行动工作推进会在淄博召开】 11月24～26日召开，淄博市作典型发言，推广“节能减排·生态文明家园”创建的经验做法。与会人员参观张店区科苑街道办事处潘庄社区。

2010年11月24日，全国妇联节能减排家庭社区行动工作推进会在淄博市召开 （市妇联 供稿）

【“低碳家庭·时尚生活”主题活动】 4月25日～11月21日，与市文明办等部门联合开展“低碳家庭·时尚生活”主题活动。活动期间，在淄博新闻网、新聊斋网开设专题网页；组织征文、动漫、创意三项大赛，收到全国10余个省市的参赛作品5000余份，280人获奖；举办社区行活动，先后走进30个社区宣传节能知识、倡导低碳理念，直接参与系列活动人数达上万人，网络互动和电视观看人数达10万余人。 （张 巍）

·淄博市工商业联合会·

【组织建设】 年内，成立淄博鲁西南商会、有机农产品商会等3家商会组织。完善领导班子分片区联系区县工商联和会员制度，印发《市工商联直属（行业）商会秘书长联席会工作制度》《市工商联机关业务科室联系指导行业商会工作制度》等。指导各行业商会开展江西洪灾淄博募捐活动、百对百爱心资助、行业诚信评选等活动。6月22日，市委依托市工商联组建非公有制经济组织工作委员会，指导和协调全市非公有制经济组织党建工作。全市工商联系统有13家商会组织被省工商联表彰为“五好”商会。

【服务会员】 年内，在上海、深圳举办两期民营企业家培训班。指导金融服务中心与全市7大金融机构签订合作协议，为100多家民营企业解决融资贷款1.98亿元。法律服务委员会先后组织开展法律进企业、送法进市场等活动，为企业义务讲法40余场，处理各类纠纷、化解调解矛盾60余起。组织开展专家项目对接会、民企进高校、科技成果推介会等多种形式的科技服务活动，向民营企业推广应用科技成果项目68个，帮助40多家企业申办工程技术中心、组建企业科研院所、建立实践基地。举办企业专业技能培训班30期，培训4000余人，输送技能员工1300余人。

【思想政治工作】 1月8日，举行淄博市第二届优秀中国特色社会主义事业建设者表彰大会，20人被表彰为淄博市优秀中国特色社会主义事业建设者，向全市广大非公有制经济人士发出"争当优秀建设者，勇做科学发展排头兵"的倡议。召开全市非公有经济组织创先争优活动现场推进会，建立非公有制企业党建工作联系指导点，指导非公有制企业党组织开展党员作风建设年和凝聚员工增活力、服务企业促发展等主题实践活动。博山区工商联的《打造非公党建"立体推进新模式"》获全省非公有制经济人士思想政治工作创新奖三等奖。1名会员获得全国劳动模范称号，30多名会员获得山东省优秀民营企业家、淄博市优秀民营企业家和明星企业家等荣誉称号。

2010年1月8日，举办淄博市优秀中国特色社会主义事业建设者表彰大会　　（高茜　摄）

【宣传调研】 全面改版商会网站，创新会刊《淄博商会》办刊方式和运作模式。在《中华工商时报》《全国工商联通讯》《山东统一战线》等发表稿件60余件。组织开展5次专题调研活动，完成《全市物流行业发展情况》《全市民营企业转方式调结构情况》等专题调研报告，提出《关于加强民营企业家培训工作的建议》《切实解决我市中小企业融资难的建议》等政协提案，其中《关于确保我市石灰石资源科学合理有序利用》被确定为市政协领导督办的重点提案。

【对外及对台联络】 组织民营企业赴澳大利亚、新西兰和中国台湾开展经贸考察活动，与台湾桃园县商会缔结为友好商会。加强与台湾庄正集团、台湾美联国际集团等工商企业的沟通联络，推进太阳能光膜发电、建设有机蔬菜批发市场等大型合作项目。组织10余批200余人次参加2010年中国山东（民企）美国投资峰会、第三届中国国际小商品博览会、西藏雪顿节经贸洽谈会等经贸活动。组织举办淄博洛阳化工商会项目合作咨询会、山东省民营企业家合作共赢淄博行等活动，协助企业达成一批合作意向。与美国杨斯顿商会缔结为友好商会。进一步加强与石嘴山市等西北地区工商联的联络，促进泰山瓷业等企业利用当地优势资源，扩大企业发展规模。

2010年8月4日，淄博市总商会与美国俄亥俄州杨斯顿商会缔结友好商会签字现场　　（高茜　摄）

【社会服务】 年内，组织行业商会和会员企业开展爱心助学、支援抗震救灾、帮扶弱势群体等光彩事业和慈善公益活动，捐款捐物967.7万元。全市工商联会员在"慈心一日捐"活动中捐款724.42万元，认捐基金1.9亿元。组织开展创业就业报告会、2010青春创业在淄博、淄博市创业之星及创业新秀评选表彰活动。联合组织971家民营企业举办2010年民营企业招聘周活动，达成就业意向7183个，签订培训协议2306人次。

【民企帮村】 年内，全市工商联系统参与帮扶企业44家，帮扶村庄78个，其中结对帮扶43对，向31个村庄派出经济顾问；帮扶企业在农村建立生产基地34个，涉及村庄41个，带动当地农民年增收1731万元；在农村上项目33个，总投资19545万元，为当地农民提供工作岗位6762个；在农村援助30万元建设养老院3座，援助10万元建设卫生室1间，援助290万元建设道路18条，援助62万元打深水机井14眼，援助66万元铺设自来水管道6000米；资助特困户64家，资助特困学生698人，救助弱势群体552人，扶贫济困捐助资金总额65.1万元。市工商联被表彰为山东省"民企帮村"优秀组织单位；2家会员企业被表彰为山东省民企帮村优秀企业。

（耿靖）

本部类编　辑：马震刚
副主编：徐　杰
校　对：孟　明
耿　超

地方军事

淄博军分区

【队伍建设】 年内，采取考评结合、边考边帮、以考促建等方法，提高团以上党委领导民兵预备役建设科学发展的能力，两个团级党委被省军区表彰为先进团级党委。学习贯彻新修订的《军队党委工作条例》和《团以上党委常委民主生活会规定》，完善党委议事决策机制。抓好民主集中制学习教育，加大贯彻民主集中制突出问题的解决力度。在团以上领导干部和机关干部中集中开展“坚强党性、大兴四风（密切联系群众之风、求真务实之风、艰苦奋斗之风、批评与自我批评之风）”和“学廉政法规、倡廉洁新风、树清廉形象”教育活动，加强对工程建设、物资采购、经费使用、兵员征集等项工作的监督检查，促进党风廉政建设。贯彻省军区干部工作会议精神，借鉴干部考评和选拔任用试点成果，严格按规范程序选拔任用干部，干部队伍的能力素质进一步提高。

【军事训练】 抓好现役干部、专武干部和民兵干部训练，组织参谋人员业务考核。9月，淄博军分区在省军区组织的基层武装部部长比武考核中，取得优异成绩，被表彰为优胜单位。高标准完成全省工兵专业骨干集训保障任务、全省战役演习坑道伪装工程及省军区冬季野营拉练指挥所开设任务。抓好沿黄河民兵应急分队抢险训练演练，组织民兵应急分队参加社会治安、维稳处突活动。重视抓好大学生民兵干部和大学生军事训练工作，组织全市普通高等院校1200名大学生进行军训。结合防雹降雨训练，储备高炮人才，在省军区组织的靶场实弹射击中，取得优异成绩。

【思想政治建设】 严格落实党委中心组理论学习制度，坚持把创建学习型党组织作为加强思想政治建设的有效载体。制定印发《关于推进学习型党组织建设的意见》和《军分区建设学习型党委实施方案》。军分区“把学习融入实践，靠创新推进发展”和干休一所党委“用学习力提升服务保障力”的经验做法，在省军区建设学习型党组织经验交流会上分别作交流和介绍。组织团以上领导干部参加两级军区读书班和远程同步培训，抓好第三批学习实践活动的整改落实，推动学习实践活动向深度和广度发展。开展“学习实践当代革命军人核心价值观，积极为

2010年5月21日，驻淄博高校在校大学生进行军事训练成果展示　　（左孝春　摄）

建设全面过硬战略预备力量作贡献”主题教育。抓好新修订《中华人民共和国政治工作条例》的学习贯彻，提高学条例、用条例、按条例办事的自觉性。

【征兵工作】 7月，从普通高等院校招收士官工作顺利完成。7～10月择优选定数千名预征对象，运用人民武装指挥自动化管理系统综合数据库对预征对象建档考核，在体检、政审、定兵等环节进行全程信息监控。严格执行三级征兵工作责任制，加强征兵队伍建设。协调公安、教育、劳动等部门加强对预征对象年龄、文化程度和专业特长的审核力度，为高素质适龄青年开通绿色通道。淄博市人民政府、淄博军分区联合印发《关于结合事业单位招聘征集部分普通高等院校毕业生入伍的意见》。结合事业单位招聘公开征集大学生本科毕业生入伍，退伍后安置到事业单位，该举措激发了大学生入伍的热情。对全市报名应征的女青年进行量化打分和初检面试，圆满完成上站女青年的选拔推荐。设立举报电话9部，举报信箱9个，特邀监察员25名，发放廉洁征兵监督卡3000份。实行政策、预征、体检、政审、定兵“五公开”，加强对征兵过程的监督，增加工作透明度。是年，新兵中高中以上文化程度为100%，本科及以上学历占14%，兵员文化素质有较大提升。

【正规化管理】 认真贯彻从严治军方针，以新条令学习为切入点，深入开展“崇尚军人荣誉，维护军队形象”和“落实条令条例，正规四个秩序”专题教育整顿，制定印发《军分区正规化管理暂行规定》，修订完善管理工作规章制度，进一步规范战备、训练、工作、生活秩序。坚持形势分析制度，研究解决安全稳定工作中存在的问题和薄弱环节。巩固深化整治成果，加强车辆运行管控，清理整治军分区车辆号牌、警灯、警报器，“五项整治”（车辆事故防范、编制和兵员管理、枪弹爆炸物管控、信息传播媒介使用、小散远单位管理）得到进一步加强。是年，淄博军分区被省军区表彰为安全管理工作先进单位。

2010年7月7日，淄博军分区组织专武干部比武考核 （左孝春　摄）

【装备管理】 继续实行人武部副部长仓库轮流值班制度，对重点目标和重要岗位人员进行政审，有效保证重要岗位和重点目标安全。实行安全目标责任制，完成报废弹药运送上缴销毁任务。民兵预备役装备管理实现连续28年无丢失、无被盗、无锈蚀、无霉烂变质。

【双拥共建】 认真学习贯彻“单县会议”精神，组织发动民兵、预备役人员积极参加地方重点工程建设和新农村建设，在扶贫帮困和经济建设主战场上发挥生力军和突击队作用。组织为南方省份抗旱、玉树地震灾区捐款和“慈心一日捐”活动。坚持军警民联防联治，在建设“平安淄博”和配合做好省运会安保工作中发挥卫士作用。结合争创全国双拥模范城“七连冠”，牵头驻军深入开展拥政爱民活动，协调地方党委、政府和企事业单位积极开展拥军优属活动，先后成立双拥医院、双拥培训基地，开通拥军线路，建立拥军小区，妥善安置军转干部和随军家属142人，圆满完成省军区冬季野营拉练和某师演习保障等任务。

【国防教育】 依托国防教育宣传阵地和第十个全民国防教育日，大力宣扬国防后备力量建设的先进典型。组织党管武装工作好书记、关心支持国防建设“双十佳”评选，营造全社会关心支持国防建设的浓厚氛围。市及各区县组织以“赞颂辉煌成就，建设强大国防”为主题的活动，进行国防教育宣传，把国防教育基地建设纳入当地社会发展总体规划。改建、修建国防教育基地，发挥烈士陵园、革命遗址和具有国防教育功能的博物馆、纪念馆的教育功能，多层次开展国防教育。

【后勤保障】 落实《后勤建设纲要》，修订完善后勤战备方案、军事交通运输保障计划。规范职工队伍管理秩序，做好军人保障卡管理系统建设的准备工作。完善被装仓库管理制度、物资领发手续和分区人员服装档案，官兵服装适体率达到100%。制定和完善《关于进一步加强军分区财务管理的意见》《军分区接待工作管理规定》，对7名团级单位主官进行经济责任审计。完成对综合办公楼、公寓楼、接待处接建和营区管网建设经费审计。加强对甲型H1N1流感和传染性疾病的预防、控制、处置，建立完善官兵健康档案。

（左孝春）

武警淄博市支队

【概况】 2010年，武警淄博市支队突出能力建设、深化勤务改革、狠抓工作落实，圆满完成山东省第二十二届运动会安全保卫等大项任务，部队建设整体提升。开展第三批学习实践科学发展观活动和“深入践行当代革命军人核心价值观”主题教育活动，开展“迎接省运、支持省运、奉献省运、保卫省运”等主题实践活动，教育成效在实战中得到检验。落实经常性思想工作制度，筹集专项资金8万元对21名特困官兵进行救助，部队内部和谐，官兵思想稳定。突出地域特色，抓好警营政治环境建设，投资30万元完成警史馆扩建。

元宵节执勤　　（武警淄博市支队　供稿）

【军事训练】 严格落实“三员一兵一组”（勤务值班员、网络查勤员、勤务领班员，值勤哨兵，3人应急小组）组勤模式，坚持每日点评、每周通报、每月讲评，执勤秩序进一步正规。深化隐患治理，加强“四防一体化”（人防、物防、技防、联防一体化）建设，改建鲁中监狱狱墙，所有两看目标AB门按新要求、新标准改建，加大安全系数。贴近实战抓训练，以“卫士一10”演习、省运安保任务为牵引，正规训练秩序，研究难点科目，开展警官编组、哨兵情况处置和专勤训练，练指挥、练协同、练战法、练技能，执勤处突能力大幅提升。参加总队参谋业务比武，获团体第二名；特战分队干部骨干比武获团体第三名。7月，承办全省执勤训练教练员集训，集结官兵200人，强化训练70天，向总队首长和参会的全省部队参谋长做演示汇报。升级改装反恐车辆，桓台县中队第一个建立反恐专修室、勤务研究室，受到总部首长认可并在全省推广。先后担负临时勤务170余起。8～10月，出动兵力12000余人次，圆满完成省运会等大项赛事的安保工作。

第二十二届省运会现场执勤

（武警淄博市支队　供稿）

【后勤建设】 积极打造一体化保障，着力加强应急保障建设，完善保障预案，筹备战备物资，编成保障队伍，抓好应急演练，圆满完成省运会、亚青赛安保等大项任务的后勤保障。落实后勤管理各项制度，开展“创建节约型警营”活动，堵塞各种漏洞。落实伙食精细化管理，部队伙食得以改善，官兵满意率提高。统筹、提高干部福利，投资近80万元改善基层生活设施。注重加强队伍建设，组织后勤专业技能培训，后勤队伍能力素质得以提高。

【党委班子建设】 扎实开展“建设学习型党委机关、争做学习型领导干部”活动和“研究新情况、解决新问题、推动新发展”大讨论，10篇研讨文章被转发，3篇经验做法文章做交流。8～10月，坚持集体领导、科学研判形势、主官靠在一线、实施直接指挥、明确各级责任、常委分兵把守，圆满完成省运会、亚青赛等安保任务以及总队团体操参演官兵在淄集训、总队前指带实兵到淄博进行“卫士一10”演习等保障任务，受到总队党委首长肯定。组织“风气教育整顿”，制定风气建设整改措施。开展创先争优活动，评选优秀党员23人，先进党组织4个。

（李　强）

人民防空

【概况】 3月26日，市政府、淄博军分区召开人防民防工作会议暨军政联席会，研究部署新年度人防工作任务，确定了“抓发展、破难题、优环境”的全市人防工作总体思路。5月18日，省人防办领导就疏散地域建设和人防产权制度改革等工作到淄博调研。10月26日，在第六次全国人民防空会议上，市人防办被人力资源和社会保障部、解放军总参谋部表彰为全国人民防空先进集体，王嗣忠被国家人防办授予人民防空先进个人荣誉称号。

【指挥通信工作】 年内，市人防办建成信息化程度高、机动能力强、指挥要素齐全的机动指挥所，实现地上、地下、机动“三位一体”指挥平台的融合。自主研发淄博市遥感信息图层系统，完成人防专网建设及博山区、沂源县、高青县等区县中转台的升级改造，实现有线、无线、网络多种手段的通讯。市政府、淄博军分区印发《关于加强群众防空组织建设的意见》，全市群众防空组织试点工作有序展开。淄川区完成疏散基地选址立项，临淄区防空防灾应急疏散基地在齐陵街道田齐王陵风景区挂牌，确定市人防办与周村区联合建设凤凰山疏散基地的总体规划。各区县利用风景名胜区建设疏散地域，利用广场绿地、人防工程设置防空应急避难场所，人防疏散体系进一步完善。4月16日，在张店区世纪花园社区召开全市基层人防规范化建设现场会。市人防办印发《社区人防建设基本标准》，各区县相继开展社区人防工作规范化建设工作。在城市社区建立人防工作站、组建人防志愿者队伍，印发市民应急疏散指南手册，为市直机关综合办公楼、市委党校、张店七中、世纪花园等10余个单位和社区配备手摇警报器和人防应急救援箱。制订社区应急疏散预案、应急接收安置预案、人防工程应急避险预案，实现城乡安置对接。9月17日，张店区组织13个镇(街道)的人防志愿者在城市风景小区进行人防民防知识培训及防空疏散演练。9月18日，成功举行年度全市防空警报试鸣。10月23日，淄川区在后来社区举行全市首次居民疏散演练。淄博市加强群众防空组织建设的经验被省人防办推广。

【人防工程建设与维护管理】 坚持"以建为主、以收促建"的方针，严格人防项目审批程序，督促建设单位按照标准修建防空地下室，"结建"(结合民用建筑修建防空地下室)工程报审率达100%，防空地下室报建率达72.17%。6月，市人防监察站被国家人防办授予人防工程质检资质。引入民间资本建设人防工程，不断推进人防工程建设的社会化进程。8月，市人防办参加省政府在香港组织的山东省经贸招商洽谈会，与香港人和控股有限公司就地下空间开发利用签订协议，意向建设人防工程16万平方米，总投资13亿元。10月，淄博泰和房地产开发有限责任公司自筹资金1800万元，开工建设博山淋漓湖人防隧道工程。重视维护人防工程，工程完好率达到90%以上。

2010年8月，市民到人防工程纳凉点纳凉

（市人防办　供稿）

【防空地下室产权制度改革】 在淄川区开展人防工程产权制度改革试点，引导般阳丽都大厦、淄博嘉铭房地产公司分别结合民用建筑修建防空地下室1处，并签订《人防工程建设与租赁使用合同》，所有权归国家所有，平时由建设单位租赁使用。

【柳泉路地下交通枢纽工程竣工】 7月28日，柳泉路地下交通枢纽工程竣工。工程总投资4000万元，内设通道区、休闲区和商贸区，建有8条进出通道，并铺设电动扶梯，与银座商城、金帝购物中心、园林大厦、人民公园连接。

【法制建设】 编制完成《淄博市人防建设"十二五"规划》，并纳入全市经济社会发展总体规划。对全市80余家建设单位进行执法检查，查处违法工程项目20个，申请市法院强制执行3起，举行行政执法听证会3次。市人防办在全市依法行政考核中名列第一。7月29日，市人大常委会副主任韩家华对人防疏散地域建设情况进行视察。12月14日，市政协主席岳长志率市政协有关领导和民主党派负责人视察人防建设情况，对加强人防建设提出要求。

【平战结合】 年内，续建平战结合工程。淄博商厦对柳泉路地下交通枢纽工程进行整体承租，10月1日，淄博商厦人防商城开业。发挥人防工程的惠民作用，7月9日，淄博市利用人防工程为市民提供避暑纳凉场所启动仪式在张店翡翠园小区举行。全市首次免费开放柳泉路、翡翠园、凤凰山等3处人防工程为市民送爽纳凉。纳凉点内配备饮水点、桌椅、电视、灭蚊灯、乒乓球台、棋牌、报刊等设施，每天前往人数达千余人。

【市人民防空展馆投入使用】 9月28日，市人民防空展馆落成并投入使用。展馆位于市人防办办公楼一楼，总面积240平方米，分为领导关怀、战争警示录、艰苦创业、现代战争空袭手段、改革发展、防空常识、防灾常识7个板块，设有电子书、地震体验室、警报试听系统、视频播放系统、导弹模拟发射系统等设备和展品。采用图片、实物、模型相结合的方式，介绍人民防空的地位作用，展示了淄博市人防建设的发展历程和成就，成为人防宣传教育的新平台。年内，接待参观人员逾千人。（杨　蕾）

2010年9月，小学生参观市人防展馆

（杨　蕾　摄）

【宣传教育】 5月7日，由市政府主办，市政府应急办、市人防办承办的全市"5·12防灾减灾日"应急管理暨人防知识电视竞赛在广电大剧院举行。8月18～20日，市人防办

与市教育局联合举办全市高级中学人防民防教育师资培训班，60人参加培训。编印防空防灾知识手册和《高级中学人防民防教育教师用书》及教学课件。张店区等5个区县利用青少年教育基地建立人防教育基地，每年轮训学习2万余人。市人防办与市委党校联合制定2010年人防教育实施方案和教学安排，并印发各区县执行。年内，全市近千名党政领导干部接受人防教育。加强立体化宣传，组建《齐鲁民防》淄博通讯报道站，形成覆盖全市的人防宣传报道网，在市级以上新闻媒体刊登稿件90篇。开展纪念新中国人民防空创立60周年活动，组织市级媒体开展“让历史见证人防，让镜头印证辉煌”的新闻摄影采风活动；联合市社会科学界联合会举办新时期人防建设与发展征文（研讨）活动；9月29日，全市庆祝人民防空创立60周年书画展在市博物馆举办。

本部类编　辑：赵建国
副主编：安永善
校　对：王　娟
齐　薇

·齐文化典故·

九合一匡

齐桓公任用管仲改革内政，致力于富国强兵，增强国力；在对外政策上实行“尊王攘夷”的政策，树立了自己的威严和信誉。齐桓公曾多次会盟诸侯，齐桓公五年（公元前681年），会宋、秦、蔡、邾于北杏（齐地，今山东东阿县境）。桓公六年（公元前680年），会周卿单伯、宋、卫、郑于鄄（今山东鄄城）。桓公七年（公元前679年）会宋、秦、卫、郑于鄄。桓公八年（公元前678年），会宋、陈、卫、郑、滑、滕于幽（今北京通县方兴一带）。桓公十九年（公元前667年），会宋、鲁、陈、郑于幽。桓公二十七年（公元前659年），会宋、鲁、郑、曹、邾于柽（今河南淮阴县西北）。桓公二十八年（公元前658年），会宋、江、黄于贯（今山东曹县南）。桓公二十九年（公元前657年），会宋、江、黄于阳谷（今阳谷）。桓公三十年（公元前656年）会宋、陈、卫、郑、许、曹、鲁于召陵，与楚盟于召陵，史称“召陵之会”。桓公三十一年（公元前655年），会鲁、宋、陈、卫、郑、许、曹于首止（今河南睢县东）。桓公三十三年（公元前653年），会鲁、宋、陈、郑于宁母（鲁地，今山东金乡一带）。桓公三十四年（公元前652年），会鲁、宋、卫、许、曹、郑于洮（今山东鄄城西）。桓公三十五年（公元前651年），会鲁、宋、曹等国国君及周王使者于葵丘（今河南省民权县附近）。桓公三十九年（公元前647年），会鲁、宋、陈、卫、郑、许、曹于咸（今河南省濮县境）。桓公四十年（公元前646年），会鲁、宋、陈、卫、郑、许、曹于牡丘（或说聊城东北七十里有牡丘，齐地）。桓公四十二年（公元前644年），会鲁、宋、陈、卫、郑、许、邢、曹于淮（今安徽南陵县）。其中最重要的是公元前651年的葵丘会盟，这次桓公以霸主身份主持的会盟，标志着其霸业达到春秋时代的顶峰。桓公通过多次会盟诸侯，存亡国，继绝世，抑强扶弱，匡正天下于一统。

法　　治

政法与综合治理

【固本强基维稳工程】 2010年是全市固本强基维稳工程实施的第二年。市固本强基维稳工程领导小组办公室发挥组织、指导、协调、督导作用，健全完善长效工作机制，形成一套富有特色、卓有成效的工作模式。1. 坚持和完善月例会制度。每月组织召开例会，加强对形势的分析研判，及时部署工作任务，保证工程顺利推进。2. 坚持和完善情况调度、报告和通报制度。每天调度维稳信息，每周进行通报，每月向市委、市政府报告工作情况，及时上传下达，保持信息畅通，有力促进工作开展。3. 坚持和完善督查督办制度。定期、不定期对区县和部门进行明察暗访，对工作措施不落实、发生重大问题的区县和部门进行通报，下发督查通知书限期整改。4. 坚持和完善典型推广制度。及时总结交流经验，先后召开6次工作现场会，推广博山区“一村一警”警务模式、沂源县加强镇村规范化建设、桓台县构建平安和谐社区、周村区推行村级风险预警评估、张店区建立治安防控联防联动机制、临淄区构建基层综治三级平台等经验做法，提升实施固本强基维稳工程的能力和水平。

【推进三项重点工作】 12月27日，市委、市政府召开全市创建全国社会治安综合治理优秀市暨实施固本强基维稳工程表彰大会，传达学习全国政法工作电视电话会议精神，部署深入推进社会矛盾化解、社会管理创新、公正廉洁执法三项重点工作。市委政法委制定《关于深入推进社会矛盾化解、社会管理创新、公正廉洁执法三项重点工作的实施意见》，将三项重点工作分解细化为50项具体工作。各级、各部门把深入推进三项重点工作作为年度工作重点，狠抓措施落实，解决了一批影响社会和谐稳定的源头性、根本性、基础性问题。

【省运会、亚青赛安全保卫】 2010年，山东省第二十二届运动会、亚足联U19青年足球锦标赛等多项赛事相继在淄博市举行。政法部门成立专门工作机构，制定安保方案，逐级签订安保责任书，严格落实责任制，确保各项安保措施落到实处。实行联合集中办公、24小时值班制度，每天两次调度情况，做到集中办公与现场办公相结合、组织协调与检查督导相结合、面上研判与解决紧急问题相结合，督促相关责任单位严格落实维稳和安保措施，妥善化解苗头性、突发性问题。组织动员群众和社会各界积极参与、支持维稳和安保工作，市综治办、市公安局联合发布通告，发动群众，整合各方力量，形成工作合力。启动省运会安保“护城河工程”，与济南、东营、潍坊、莱芜、滨州5市签署安保工作协议，构建“点、线、圈、面、空”全覆盖、立体化的社会防控与安保网络。全市政法干警发扬不怕疲劳、连续作战精神，确保了赛事安全顺利举行。市委政法委、各政法部门全部被市委、市政府表彰为省运会筹办工作先进单位。

【社会治安综合治理】 开展打黑除恶等严打整治专项行动，始终保持对各类违法犯罪的凌厉攻势和高压态势。2010年，全市破获刑事案件17984起，抓获犯罪嫌疑人4798人，命案现案破案率达97.6%，刑事案件发案数同比下降2%。从6月开始，市委组织市级领导10人、县级领导100人和科级干部1000人，历时3个月集中开展社会矛盾大排查大化解活动，妥善化解一批突出矛盾和问题。坚持调解优先，不断健全完善调解工作体系，形成人民调解、行政调解、司法调解、仲裁调解既充分发挥作用又相互协调配合，多管齐下、优势互补、运转高效的“大调解”工作格局。全市排查出重大矛盾纠纷1657起，调处成功1512起，调处成功率达91.2%。沂源县探索建立农村调解员、村民小组调解组、村(居)调解委员会“三层”调解网络的做法受到中共中央政治局常委、政法委书记周永康的重视和肯定，中央政法委、中央综治委将其作为典型推广。创新社会管理方式，重点加强对流动人口的服务与管理，流动人口的登记率、办证率均达100%。加强帮教安置和社区矫正工作，全市刑满释放、解除劳教人员重新犯罪率控制在2%以下；正在接受和已经解除社区矫正的733人无一重新犯罪。组织综治成员单位开展社会治安专项治理，先后开展学校幼儿园及周边治安秩序整治、打击传销、“迎省运、保平安”、油区和烟草市场整治等专项治理行动。组织开展“加强法制宣传教育、促进社会矛盾化解”主题宣传教育活动和创建“民主法治社区”、法律大讲堂进社区等法制宣传活动，实现法制宣传多样化、法律服务便捷化。

【涉法涉诉信访工作】 深入清理涉法涉诉信访积案，对全市排查确定的127起涉法涉诉信访积案实行“双重交办”，逐案落实案件处理和稳控管理两套包案责任制。加大对上级交办案件的督查督办力度，中央政法委交办的10起重点涉法涉诉案件全部得以化解息诉，受到省委政法委表彰。加大涉法涉诉司法救助力度，全年市级政府部门实施救助36起，发放救助金99.1万元。市委政法委和政法各部门分别成立案件评查领导小组及专兼职评查队伍，实行直接评查或交叉评查、提级评查、专家会诊评查等形式，采取量化管理与考核评议方式，全面实现科学评查。健全完善政法机关联合接访长效工作机制，将由法院院长、检察院检察长、公安局局长、司法局局长、信访局局长“五长”参加的联合接访活动作为排查化解涉法涉诉“重信重访”工作的长效机制固定下来，建立联合接访中心，实行公开挂牌接访，妥善化解一批群众反映强烈的涉法涉诉信访问题。

【服务经济发展】 市委政法委制定印发《关于积极服务保障转方式调结构不断优化经济社会发展环境的意见》，对全市政法机关服务转方式调结构工作大局作出安排部署。全市法院始终坚持能动司法，做到“经济发展到哪里，司法服务就跟进到哪里”，全年受理各类合同、公司、金融等商事案件11405件，审结11307件，标的额20.54亿元。检察机关深入开展“问计问需问效”“检察调研服务月”等活动，建立办案中跟进建制、典型案件预防建议、受损失企业法律救助等6项制度，查办商业贿赂、工程建设领域职务犯罪109人，挽回经济损失5700余万元。公安机关参与整顿和规范市场经济秩序工作，开展打击银行卡犯罪、发票犯罪、假币犯罪等专项行动，加大涉众型经济犯罪打防力度，破获经济犯罪案件367起，抓获犯罪嫌疑人302人，挽回经济损失2997.25万元。司法行政机关进一步规范和拓展法律服务工作，全年受理各类法律援助案件近3000件，免收案件代理费700余万元，为当事人避免、挽回经济损失4500余万元。

【政法队伍建设】 开展无重大群体性事件、无重大涉法涉诉非正常访案件、无重大民转刑案件、无重大干警违法违纪案件“四无”创建活动和向英模人物学习活动，强化广大政法干警的宗旨意识、责任意识、使命意识和奉献意识。各政法部门分别制定《执法能力大培训活动实施方案》和总体规划、年度培训计划，组织开展多种形式的业务培训、岗位练兵、技能比武。加强执法规范化和执法信息化建设，探索建立案例指导制度，推行量刑规范化工作，加大司法公开力度，提高政法干警的执法能力和执法水平。加强作风纪律建设，组织开展公正廉洁执法、党风党纪和反腐倡廉教育，筑牢政法队伍拒腐防变的思想道德防线。组织开展争创先进党组织、争当优秀共产党员活动和十佳基层政法干警、十佳基层政法单位评选，调动政法干警的工作积极性、主动性和创造性。定期组织开展执法大检查和案件评查，严格落实执法办案责任制、执法办案监督制、错案追究制等制度，总结推广沂源县“绿、黄、橙、红”四色预警机制的做法，促进公正廉洁执法。2010年，全市131个政法单位、299名政法干警受到市级以上表彰奖励，52个集体、231人荣立一、二、三等功。

（王吉政　革建军）

公　安

【概况】 2010年，全市公安机关以省运会和亚青赛安全保卫工作为主线，深化固本强基维稳工程和治安安民工程，加强“四项建设”（公安信息化建设、执法规范化建设、和谐警民关系建设与队伍素质能力建设），推进“三项重点工作”，全力维护社会政治稳定和治安大局稳定，群众安全感和满意度持续提升。组织“平安省运”社会治安集中整治、治爆缉枪、火灾隐患排查整治、预防整治重大事故重大案件重大隐患百日行动，开展“平安畅通县区”、构筑社会消防安全“防火墙”工程等活动，及时发现整改一批安全隐患。制定《学校幼儿园安全监督工作规范》，并由市政府办公厅转发。深化和谐警民关系建设，定期组织开展警民恳谈，抓好“淄博公安服务在线”的完善和运转，8个部门的93项公安业务实现网上审批。以“坚持执法为民、服务科学发展”为主题，开展“创先争优、争当服务先锋”活动。淄川分局、桓台县局等4个分县局的民警训练基地被省公安厅评为一级训练基地。在警用车辆和涉案车辆违规问题专项治理和涉案人员非正常死亡集中整治中，市公安局以满分的成绩通过公安部考核验收。全市各级公安机关出色完成各项公安保卫任务，多项工作经验被公安部总结推广。在全省群众满意率电话访问调查中，调查对象对社会治安的满意率达94.11%，比全省高出1.1个百分点。2010年3月，市公安局被省公安厅评为全省优秀等次公安局。

2010年2月8日，市委书记刘慧晏到淄川公安分局调研指导工作　（赵雪莲　摄）

【重大赛事安全保卫】 9月3日至10月27日，山东省第二届老年人运动会、山东省第二十二届运动会、亚足联U19青年足球锦标赛、山东省第八届残疾人运动会先后在淄博举行。市公安局把省运安保工作作为年内公安工作的中心任务和压倒一切的头等大事，成立由副市长、市公安局局长岳华东任组长，政委、常务副局长桑培伦任副组长，其他党委委员为成员的安保工作领导小组。领导小组下设安保部，由桑培伦兼任部长。安保部设10个工作机构和以区县为单位的9个分赛区安保指挥中心。各分县局分别成立专门班子。市公安局全体党委成员按照各自分工亲临一线督导，各警种、各部门，武警支队，消防支队等参战单位负责人带头上阵，密切协同，形成责权明晰、指挥顺畅、运转高效的安保指挥协调机制。3月11日，市公安局制定下发《省运会安保工作总体方案》，并召开动员大会作全面部署。制定完善176个分方案、应急预案及专项行动方案。组织开展矛盾纠纷化解、重点人稳控、社会治安重点地区排查整治、社会治安防控以及治爆缉枪等专项行动，摸排出不安定因素182条，破获各类刑事案件1.1万余起，抓获犯罪嫌疑人3300人，打掉犯罪集团165个，查获团伙成员703人。赛事期间，全市参加现场执勤的民警、武警、消防官兵及安保人员达10万人次，实现了省公安厅提出的“大事不出、小事也不出”的工作目标。116个单位、521人受到市委、市政府表彰。市公安局被省公安厅通令嘉奖。

赛会期间进行现场勘察　　（赵雪莲　摄）

【全省公安国保基层基础工作现场会】 10月18日，全省公安国保基层基础工作现场会在淄博召开，推广淄博市公安局国保基层基础工作特别是派出所国保工作站的经验做法。会上，博山分局国保大队、桓台县局国保大队分别被确定为全省性国保战略支撑点。市公安局副局长于洪德，市公安局党委委员、张店分局局长张少克分别代表市公安局和张店分局作经验介绍。与会代表先后参观张店分局国保大队和潘庄派出所国保工作站，并对全市公安国保基层基础工作给予充分肯定。

【省公安厅民警到淄博挂职锻炼】 5月5日，省公安厅机关19名民警到淄博市公安机关挂职锻炼，为期2年。挂职民警按照省公安厅领导提出的“干、学、想、创、炼、律”六字要求，实现由一名机关民警向基层民警的转变，受到所在单位好评。

【市公安局指挥中心开工】 9月13日，市公安局指挥中心业务用房开工建设。该工程位于淄博新区，规划占地面积4.06公顷，建筑面积48000平方米，地下一层，地上23层，计划2012年7月竣工。

【严厉打击刑事犯罪】 2010年，全市刑侦部门树立“打击犯罪是公安机关的主业”意识，提高打击犯罪的力度和实效。全市破获刑事案件17984起，其中破现案7391起、积案6469起、外地案件4124起，抓获犯罪嫌疑人4798人，打掉犯罪团伙244个，抓获团伙成员1031人。破获命案46起，现案破案率97.9%，破获命案积案8起，抓获外省命案逃犯17人，破获外省命案17起。

【维护市场经济秩序】 2010年，全市经侦部门以打击银行卡犯罪、发票犯罪、假币犯罪为重点，围绕世博会、省运会、亚青赛保卫工作，加大对涉众型经济犯罪打击和防范力度，先后开展严厉打击侵犯知识产权犯罪专项行动、“迎世博，禁传销”专项行动、打击侵犯知识产权和制售伪劣商品犯罪“亮剑”专项行动及预防整治重大经济犯罪案件百日行动，均取得显著成效。年内，全市受理各类经济犯罪案件414起，立案396起，涉案总价值4.5亿元；破获案件367起，挽回经济损失2997.25万元，抓获犯罪嫌疑人302人。

【学校幼儿园安保工作】 2010年，全市各级公安机关强化组织领导，严格管理手段，严密防范措施，推动校园安保工作深入开展。在全市1540所学校幼儿园中，共设立保卫科（室）1038个，配备保卫人员2424人，聘用专职保安3209

幼儿园安全保卫　　（赵雪莲　摄）

名，有1006名民警担任学校幼儿园法制副校长。1372所学校幼儿园安装电视监控系统，安装探头8707个，其中与公安机关联网891个。实施封闭式管理的学校幼儿园1420所，占学校幼儿园总数的92%。指导学校幼儿园建立健全门卫执勤、出入登记、日常巡逻、宿舍管理以及危险物品和治安消防管理等安全保卫制度，并定期组织检查落实，消除安全隐患。建立多部门常态化联合执法机制，公安机关会同教育、工商、文化、卫生、城管、新闻出版等有关部门集中清理整治校园危险校舍及周边的违章建筑，查处取缔违章经营网吧、餐馆、书刊音像制品经营点，对可能有损青少年身心健康的各种场所开展清理检查，将200人以上的学校幼儿园纳入内保单位管理。

【户政管理改革】 1月29日，市公安局制定印发《关于进一步放宽户口迁移条件限制规范全市常住户口管理的意见》，就进一步放宽户口迁移条件限制、规范全市常住户口管理的有关问题提出4条意见：一是取消高层次人才和急需紧缺专业人才户口迁移条件限制；二是取消市内居民购房迁移户口房屋面积限制；三是放宽投靠人员户口迁移条件限制；四是允许集体户登记地址消失的居民将户口迁移至适当地址。至年底，全市现役军人、人民武装警察配偶迁入公、婆（岳父、岳母）户上的共43人；原地方城镇户口子女投靠父母的526人。

【出入境管理】 2010年，全市公安出入境管控与服务水平全面提升。全年受理中国公民出国（境）申请40010人次，同比增长60%。其中，受理审批护照17263人次、港澳通行证18266人次、大陆证4481人次。办理境外人员各类签证、证件719件次；查处涉外案（事）件30起；报备法定不准出境人员30058人，登记国家工作人员55900人。至年底，全市有常住境外人员455人，其中外国人391人。出入境管理分局被省公安厅记集体二等功，并被表彰为全省公安出入境管理工作先进集体。

【市看守所被评为全国一级看守所】 2010年，市看守所开展安全管理大检查、执法规范化建设活动，集中整治非正常死亡问题，打造“安全、和谐、文明、阳光”监所。连续20年实现看守工作安全无事故、看守队伍无违法违纪、民警执法执勤无投诉，连续4年被公安部评为全国一级看守所。

【执法规范化建设】 2010年，市公安局先后制定《关于加强法制员队伍建设工作的实施意见》《淄博市公安机关加快推进执法规范化建设三年规划》《淄博市公安机关2010年执法规范化建设实施意见》《淄博市公安局关于进一步加强法制员队伍建设工作实施意见》等规范性文件，加快推进全市公安执法规范化建设。在城区一线执法单位实行专职法制员派驻所队制度，在农村派出所实行教导员兼职法制员制度。加强全市公安机关专职法制员和兼职法制员的选聘工作。对于通过国家司法考试的民警，安排到所在单位基层派出所或其他执法勤务机构担任专职法制员，并由市公安局一次性奖励5000元。全年受理行政复议案件20起，其中维持19起，未结1起；未发生国家赔偿案件。办理劳动教养行政复议案件8起，其中维持7起，因申请人撤回申请而终止1起。办理劳动教养行政诉讼一审案件1起，1起原告撤诉。

【信息化建设】 4月，市公安局与淄博移动通信公司签订关于金盾工程二期建设合作框架协议，确立“融资租赁”模式，落实资金8700万元。制定《淄博市公安局加快推进公安信息化建设三年规划》和2010年实施意见，进一步明确工作思路和建设目标。在全市公安机关推广使用应用警务信息综合应用平台（以下简称警综平台）和情报信息综合应用平台（以下简称情报平台）。至年底，通过警综平台采集录入治安类数据16943条、户政类数据345496条，受理各类刑事案件3254起、行政案件1089起；通过情报平台接收部级预警指令6446条、省级预警指令5685条，市级预警2193条，抓获上网逃犯和涉毒人员140人。稳步开展警用地理信息基础平台和图像信息综合应用平台建设，初步实现与省公安厅联网应用，其中图像信息综合应用平台接入图像350路。

【刑事技术建设】 年内，市公安局加强刑事技术建设，制定《刑事科学技术2010～2012年发展规划》，完成2010年全国公安机关刑事技术实验室能力验证（盲测）工作，新增刑事技术人员18名。在全市推行分级分类、分组分片现场勘查制度，实现“现场必勘”的工作目标。全市派出所技术员共勘验、录入现场信息603起。加强法医检验鉴定，做好活体损伤鉴定和尸检工作。检验尸体645具，采集血样19544份；DNA数据库建设完成数据14000份，DNA检验鉴定案件621起；检验现场生物物证7730份，利用DNA信息系统串并案件共28起，直接破获各类案件66起；刑事化验检验案件1300起，在部分重特大案件侦破中发挥重要作用。全市利用刑事技术破案4012起，其中直接破案921起，带破案件3091起。

【公安宣传】 2010年，全市公安宣传部门组织撰写刊发《治安安民工程让群众安心满意》《围绕主题创先进 各项工作争优秀》等10余篇长篇报道，其中《淄博：“警民恳谈”谈出真情 办成实事》被《人民公安报》头版头条刊发。《治安安民工程纪实》《情注民生保平安》《金色盾牌 熠熠闪光》等多部电视专题片获好评。民警宗利华的长篇小说《丐世英雄》，中短篇小说集《桃花桃花满天飞》《左手日记》出版发行，长篇小说《越跑越追》获“恒光杯”全国公安文学大奖赛长篇类二等奖。全市公安机关在新闻媒体（不含网络媒体）发稿14574篇，其中国家级662篇、省级1896篇、市级12016篇；编辑、制作《淄博警方报道》电视栏目50期；编发

《一周警情播报》50 期；制作宣传栏 298 个；摄制电视专题片 121 部；拍摄资料图片 8000 余幅。

【车辆管理】　市公安局交通警察支队车辆管理所在内务管理、执法与服务、教育训练和监督管理等方面采取措施，探索正规化建设途径，促进车管队伍和业务建设逐步走向标准化、规范化、法制化轨道。8 月，淄博市公安局交通警察支队车辆管理所被公安部评定为全国一等车辆管理所，高新区交警大队车辆管理所被评定为全国优秀县级车辆管理所。

【消防安全管理】　2010 年，市公安消防支队先后组织开展强化业务素质年、打造公安消防“铁军”等活动，部队攻坚打赢能力进一步提高。年内，全市消防部队共接警出动 1848 次，出动车辆 3582 辆次，出动人员 21393 人次，扑救火灾 570 起，参加抢险救援 830 起，抢救疏散遇险群众 1113 人，保护财产价值 7.2 亿元。青海玉树地震发生后，按照省消防总队的要求，由 20 名消防官兵组成抗震救灾队，圆满完成抗震救灾救援任务。在省运会消防安保工作中，派驻警力 6763 人次，出动消防车辆 705 台次。

【公安纪检监察】　2010 年，市公安局加强反腐倡廉建设，召开全市公安机关反腐倡廉建设会议和推行廉政风险防范管理工作动员大会，制定《2010 年全市公安机关反腐倡廉建设意见》。市公安局与各公安分县局、局直各单位签订遵章守纪责任书 95 份。在全市分批、分层次巡回组织播放电教片 28 场。开展集中整治涉案人员非正常死亡工作，对派出所、刑警队、看守所等 52 个一线执法单位开展督导检查，发现各类问题 28 个，下发执法安全隐患整改通知书 11 份。全市公安机关累计投资 1181 万元，新建三室（讯问室、询问室、候问室）329 间，增加摄像探头 737 个，增加录音录像设备 331 套，增加其他防护设施 433 处。

【公安信访】　2010 年，全市公安有责信访案件数量同比下降 36.1%，结服率为 90.5%。开展信访积案“清仓见底”专项治理。全市排查清理信访积案 92 起，息诉 84 起，息诉率 91.3%。中央政法委交办的 5 起案件全部结服。省公安厅交办的重点信访案件 41 起，息诉 39 起，息诉率 95.1%。推行“敞开大门接谈，搭起桥梁对话，交流沟通释疑，阳光化解怨结”的阳光信访警务，有效遏制越级访、重复访的产生。健全完善责任追究机制，以有责信访案件认定、化解、倒查、追责为主线，实行“一听、二问、三查、四追、五谈”制度，改变只对事不追人、只纠错不问责的状况。市公安局先后在全市人大信访工作会议、全市信访干部培训班、省公安厅信访处（科）长培训班以及全市群众工作会议上作经验介绍。

【淄博民警训练基地】　2010 年，淄博人民警察训练基地圆满完成 30 期班次、4500 人次的训练任务。推出现场教学、学员讲堂等教学方式，教学改革取得良好效果。《心理训练》被省厅作为精品课程推荐到公安部评审；《安全与责任》作为全省派出所长培训班的主讲课目，受到参训学员好评。强化严训严管措施，严格落实学员训前测试、教考分离、网上通报等措施，确保训练质量。年内，省公安厅对全省 20 个市级基地进行综合评估，淄博人民警察训练基地取得综合成绩第一名。

【教育训练】　2010 年，市公安局制定《关于进一步加强和改进教育训练工作的意见》，对教育训练的指导思想、工作重点、奖惩措施作出规定。推行轮训轮值和边训边值训练模式，落实教考分离制度，提高训练的普及率、针对性和实效性。创新竞赛方式方法，举办全市公安机关手枪应用射击比赛、14 个岗位的业务技能比武、信息化应用技能集中测试、体能练兵擂台赛等一系列比武竞赛活动，在全省公安机关率先开展“运动后速射”项目的训练和比赛。研发并推行信息化应用技能网上训练测试平台，通过公安信息网开展网上训练，5.7 万人次登录平台，全员达标抽测及格率达到 95.1%，民警的信息化应用技能显著提升。淄川分局、桓台县局民警训练基地被省公安厅评定为一级民警训练基地。年内，全市公安机关举办各类培训班 98 期，培训民警 6517 人次，圆满完成各项训练任务。

【“两车”治理】　2010 年，市公安局召开各类“两车”治理专题会议 133 次，制定《淄博市公安局警车管理使用规定》《淄博市公安局涉案车辆保管办法》《淄博市公安局警车和涉案车辆违规违纪问责规定》《淄博市公安局道路交通涉案车辆管理规定》《淄博市公安局涉案车辆处置规范》等规范性文件。开展现场督察、明察暗访 180 余次；发现各类违规使用车辆问题 300 余条，全部予以督促整改；下发督察决定书 1 份、督察通知书 51 份、督察通报 65 次，对 2 人采取停止执行职务措施；处理涉案车辆 855 辆，收回外挂警车号牌 32 副，全市警车年审率 100%。在公安部考核验收中，淄博市公安局获得满分，被省公安厅评为“两车”治理先进单位。

【创新思想政治工作】　年内，市公安局按照省公安厅推进潜移默化思想建设机制的总体部署，探索推行个性化激励措施，增强思想政治工作的时代性、针对性、实效性。开展“擂台之星”“学习成才”评选，为民警提供展现才华的舞台。通过刊发民警的工作感悟和心路历程、向民警家中寄喜报、向民警祝贺生日等方式，增强民警的自豪感和归属感。建立“一事一奖”“一案一奖”及重大警务活动跟踪考察、随时表彰的工作模式，提升表彰奖励的激励作用。

【警民恳谈】　市公安局从 1 月开始，于每月 10 日在全市范围内组织开展警民恳谈活动。活动坚持不限人员、不限内容、不限形式的原则，群众想来就来、想说就说、想走就走，实现民警与群众开放式的直接交流。公安部门广泛发布信息、精心选择地点、积极引导话题，吸引群众参加恳谈。各分局、县局有针对性地组织民警走进治安问题较多的村庄、企业、市场，组织群众谈情况、出主意、提供线索，激发群众参与社会治安的热情。对群众的意见建议，认真听取记录，分析研究，落实整改责任，确保事事有着落，件件有回音。市公安局不断完善机制，狠抓督导落实，确保活动持续深入开展。9月23日，《人民公安报》在头版头条报道淄博警民恳谈活动开展情况。至年底，全市举办恳谈活动2552场，有47000余名群众参加，征求各类意见建议5800余条，为群众解决问题5100多个。

【"淄博公安服务在线"开通】 9月29日18时，集业务办理、咨询服务、政策宣传、政务公开、社会监督等功能于一体的互联网综合电子警务平台——"淄博公安服务在线"网站(www.zbga.gov.cn)开通运行。开通"警民在线"栏目，定期邀请市公安局部门领导和公安分局、县局局长同社会公众在线交流，加强警民之间的联系沟通，接受群众和社会各界的监督。将微博和QQ群一并纳入"警民在线"活动，对网友在微博和QQ群内提交的问题由嘉宾在线答复和互动。网民对市公安局这种"键对键"交流的形式予以好评。

（单联国　常德功）

检　察

【概况】 2010年，全市检察机关全面履行法律监督职责，推进三项重点工作，各项检察工作实现新发展，圆满完成年度目标任务。有33个集体、52名个人受到市级以上表彰，市检察院控申举报接待室连续7届被表彰为全国检察机关文明接待室，并被授予全国检察机关文明接待示范窗口称号，2个基层院接待室被表彰为全国检察机关文明接待室，4个基层院接待室被授予全省检察机关文明接待室，市检察院和3个区县检察院被评为省级文明机关，1人被最高人民检察院荣记个人一等功。

【打击刑事犯罪】 2010年，全市检察机关以全面完成省运会、亚青赛等重大活动安保维稳任务为抓手，推动固本强基维稳工程深入落实。市、区县两级检察院分别成立社会稳控与安保工作领导小组和办事机构，制订实施方案，明确20项职责任务，建立健全24小时值班、信息报送等制度。落实检察环节综合治理措施，积极参与社会治安防控体系建设，定期组织矛盾纠纷排查化解，构建社会稳定风险评估机制，配合有关部门对体育场馆等重点地区开展集中整治。参加打击"两抢一盗"(抢劫、抢夺、盗窃)、毒品犯罪、扫黄打非、打黑除恶等专项斗争，严惩严重暴力犯罪、多发性侵财犯罪和网络犯罪等新型犯罪，共批准逮捕各类刑事犯罪嫌疑人2242人，提起公诉3755人，批捕、起诉准确率均为100%。贯彻宽严相济刑事政策，对未成年犯、初犯、偶犯等轻微犯罪人员作出不捕决定255人、不诉决定28人。

【查办职务犯罪】 全市检察机关加大查办职务犯罪力度，全年立案侦查各类职务犯罪案件177人，其中贪污贿赂案件135人、渎职侵权案件42人。两级检察院坚持把查办大案要案、社会关注行业和领域影响发展的案件、党委人大交办的案件、严重侵害人民群众利益影响社会稳定的案件作为工作重点，共查办贪污贿赂大案要案95人，重大渎职侵权案件34人。起诉144人，法院作出判决120人，全部为有罪判决，办案质量居全省前列。

【刑事诉讼监督】 2010年，全市检察机关强化监督意识和监督措施，督促有关部门立案69件，纠正不应当立案而立案109件；追加逮捕、起诉157人，均被追究刑事责任，其中9人被判处5年以上有期徒刑；对认为确有错误的刑事判决、裁定提出抗诉22件。加强对刑罚执行和监管活动的监督，开展清查监狱事故隐患、促进安全监管和保外就医专项检查。推行检察官约见卡、刑事案件羁押期限管理手册等做法，对减刑、假释、保外就医中的违法行为提出纠正意见111件，纠正脱管漏管24人，办理被监管人员又犯罪案件29人。连续12年无超期羁押。加强减刑假释同步监督的经验做法被最高人民检察院转发。

【民事行政诉讼监督】 2010年，全市检察机关提出抗诉57件，提请省检察院抗诉64件，提出再审检察建议26件，法院再审改判、发回重审和调解结案32件，办理执行和调解监督、督促有关部门提起民事诉讼、代表国家提起刑事附带民事诉讼56件。

【职务犯罪预防】 2010年，全市检察机关采取固定场所教育、流动法制宣传、系统预防相结合等措施，构建预防职务犯罪长效机制。与13个部门会签预防工作意见，对市体育中心等35个重大项目开展同步预防，提供预防咨询413次、行贿犯罪档案查询544次。成立法律宣传队、流动服务站，利用两级检察院警示教育展室深化法制宣传。结合执法办案，向党委政府和有关部门提出调研预防建议68件。《关于侵吞挪用农民土地补偿款职务犯罪案件情况的报告》被评为全省十佳检察调研报告。

【专项工作】 年内，全市检察机关围绕碧水蓝天行动计划、创建国家环保模范城市等部署，集中开展查办破坏林业资源、矿产资源、环境资源渎职犯罪专项工作，共立案查处33人。配合主管部门做好"土小"企业的关停，依法支持和保障相关工作的顺利推进。开展查办涉农、房地产开发、惠农资金发放和土地管理等重点领域职务犯罪专项工作，共立案查处76人。推进治理商业贿赂专项工作，参加整顿市场经济秩序、打击侵犯知识产权、烟草市场集中整治和工程建设领域突出问题专项治理。查办城镇建设、医药购销等领域职务犯罪案件59人，批准逮捕严重破坏市场经济秩序的犯罪案件116人，提起公诉245人。

【执法为民】 2010年，全市检察机关把维护人民权益作为根本出发点和落脚点，建立健全执法为民四项机制。1.完善群众合法权益司法保护机制。依法查办社会保障、征地拆迁、医疗卫生等民生领域职务犯罪案件51人，维护好群众切身利益。探索司法救助的新方式，对特别困难的刑事被害人，依照规定协调救助。参加关爱空巢老人志愿服务行动，两级检察院成立11个老年人维权工作站，热心提供法律帮扶。2.建立农村法律服务延伸机制。深化乡镇检察室试点工作，试行选聘驻乡镇村居人大代表、政协委员担任检察联络员制度，形成以19个乡镇检察室为主体，34个检察联系点、法律服务站和113名检察联络员为辅助的基层检察工作网络，使法律服务更加贴近基层、贴近群众。上述做法被最高人民检察院、省检察院转发。3.健全“检民连心”检务接访机制。严格落实公开听证答询、检调对接、领导包案、涉检信访评估预警等制度，开展“信访到我这里停止”“涉检进京零上访”、刑事赔偿案件排查清理、案件评查等活动，与8个行政执法部门建立民生检察服务热线联动处置机制，解决群众的合法诉求。全年受理群众信访1468件，接听热线电话2557次，检察长接访423人次，领导干部下访巡访154人次，公开听证答询29件，解决一批涉法涉诉的民生诉求，收到锦旗、感谢信40余面(件)，没有引发赴省进京上访事件。两级检察院化解社会矛盾纠纷的做法被最高人民检察院转发。4.深化检务公开机制。推行“阳光检察”，通过加强检察门户网站建设、举办“检察开放日”、召开新闻发布会，以及检验鉴定时限、标准和过程公开透明等做法，切实保障人民群众的知情权、参与权、监督权。

【深化法律监督】 年内，完善行政执法与刑事司法相衔接的工作机制，开展行政执法机关移送涉嫌犯罪案件专项监督，督促有关行政执法机关移送刑事案件23件。强化对行政执法部门的监督，查办行政执法人员职务犯罪案件83人。与市直18个行政执法部门建立联席会议制度，配合11个部门开展综合整治，提出检察建议132件，帮助建章立制112项，促进依法行政。加强对未成年犯罪和监外执行罪犯等特殊人群的监督管理，健全未成年犯罪社会调查员、分案起诉、专人办理、不起诉跟踪回访等制度；制定社区矫正办法，加强对社区矫正各执法环节的法律监督，配合有关部门加强对监外执行罪犯和刑释解教等人员的管理帮教。

【队伍建设与业务创新】 全市两级检察院以党的建设带动和推进各项检察工作稳步发展。深化认真专业务实作风效能建设，实施“素质工程”，开展“学习型检察院、学习型检察官”创建、检察官教检察官和“日阅一文、月写一篇、季读一书、半年一讲”活动，组织法庭抗辩等岗位练兵141场次。坚持从严治检，开展“恪守检察职业道德、促进公正廉洁执法”主题实践活动和“反特权思想、反霸道作风”专项教育。实行检察官任职、晋升宣誓制度，利用局域网“廉政之窗”等形式，加强经常性廉政教育。严格执行电子执法档案、讯问职务犯罪嫌疑人全程同步录音录像制度，构建岗位廉政风险防范、案件集中管理机制。加强检务督察，定期召开执法执纪监督员会议，推行人民监督员制度，接受社会监督。坚持创新兴检，对工作机制和方法不断探索创新。加强内部监督，建立案件有关事项向纪检组、督察办报备，业务工作“月审查季检查”，法警队、纪检组、督察办办案安全“三位一体”等制度。提升办案质量，推行对部分案件裁判结果两级检察院同步审查机制，实行对基层检察院办案工作分片督导责任制。强化监督效果，推进量刑建议制度，与公安机关建立“逮捕必要性论证”机制。年内，38项工作做法和理论研究成果得到上级检察院认可，其中廉政建设狠抓教育引导、监督制约、督促检查的做法被省检察院采用，探索岗位风险防范管理机制的经验被最高人民检察院转发。

(杨淑萍)

审　判

【概况】 2010年，全市法院受理各类案件52440件，审执结52647件(含旧存，下同)。其中市法院共受理各类案件3694件，审执结3693件。创建公信法院、推进三项重点工作在全省政法暨维稳工作会议上做典型发言，规范化量刑、化解矛盾、审判管理、“三型法庭”(职权配置优化型、为民服务便捷型、公信司法满意型)建设等多项经验做法被上级法院总结推广。综合审判大楼各项建设稳步推进，工程进入收尾阶段。

【服务经济发展】 围绕市委转方式调结构和统筹城乡发展、法治淄博建设、固本强基维稳工程等战略部署，印发服务转方式调结构和统筹城乡发展的15项工作要点。开展以“制定一条服务措施，提出一项司法建议，开展一次工作回访，总结一项服务经验”为主要内容的专项服务活动。制定服务措施18项，开展工作回访30余次，向有关部门提出加强和改进社会管理的司法建议86条。相关做法被《山东法制报》等媒体报道。

【刑事审判】 2010年，全市法院受理一审刑事案件2625件，审结2611件；判处罪犯3776人，同比下降4.45%，其中判处5年以上有期徒刑的罪犯占17.74%。与检察、公安等部门密切协作，制订预案、提前介入，一批群众关注、社会敏感度高的大案要案得到及时妥善处理。全年审结故意杀人、故意伤害、"两抢一盗"等案件1504件，同比下降7.67%。依法惩处破坏市场经济秩序犯罪和国家工作人员职务犯罪，审结金融诈骗等案件136件，同比增长46.24%；审结贪污、贿赂、渎职等案件110件，同比下降8.33%。对罪行较轻、不致再危害社会的1666名被告人，依法宣告缓刑；对确有悔改或立功表现的3650名罪犯依法裁定减刑、假释。继续深化量刑规范化改革，中院暨淄川区法院在最高法院会议上做典型发言。

【民商事、行政审判】 2010年，全市法院新收各类一审民事案件17551件，审结17681件。其中审结一审婚姻家庭、继承等案件5058件，交通事故人身损害赔偿案件4903件，劳动争议案件1643件；审理一审买卖、借款、担保等各类商事案件12256件；审结企业破产、重组改制案件21件，涉及职工安置7600余人，债务5.87亿元。强化知识产权审判工作，审结专利权、商标权、著作权等知识产权案件171件。受理一审行政案件1839件，审结1840件；加强非诉行政案件审查工作，妥善执结该类案件1023件。探索建立案件协调、联席会议、出庭应诉等司法与行政互动的新机制，拓展行政审判职能，为行政机关依法行政提供司法支持。办理国家赔偿案件2件。

2010年6月，举办《中华人民共和国国家赔偿法》宣传 （市中级人民法院 供稿）

【执行工作】 2010年，全市法院受理执行案件13253件，执结13291件，执行到位标的额19.26亿元。建立立案、审判、执行相互协调、相互衔接的工作机制，通过诉讼保全归口管理、执行立案风险提示等，夯实执行基础、保障执行实效。开展集中清理执行积案活动，落实执行案件结案标准，纳入清理范围的1324件有财产可供执行案件全部执结。坚持区别类型、因案制宜，有针对性地开展涉党政机关、涉弱势群体、涉村委会案件等7项专项清理活动，确保重点案件按期执结。运用财产申报、公告执行、悬赏执行、强制执行等手段，促使被执行人履行义务。健全无财产案件终结退出机制，25474件确无财产可供执行的案件依法终结，促进执行工作规范运行。

【审判监督和涉诉信访】 注重运用二审、再审程序强化内部监督，指导基层法院改进工作。是年，新收各类二审诉讼案件2714件，审结2711件；新收各类再审案件153件，审结133件；新收各类抗诉案件52件，审结49件，其中维持原判26件，抗诉理由成立依法予以改判7件，作其他案件处理16件。加强信访责任机制建设，完善诉访分离、信访终结、信访风险评估等制度，涉诉信访总量同比下降25.98%。抓好重点案件的办理，上级交办的重信重访案件结服率达到100%。

【司法为民】 在审判环节采取措施方便群众，推进立案信访窗口建设，实施诉讼服务大厅"一站式服务"。市中院为生活确有困难的诉讼当事人、信访人、执行申请人、刑事被害人解决救助资金69万元；全市法院为当事人减缓免诉讼费50.17万元。立足"调解优先、调判结合"，全市法院民事案件调撤率、行政案件协调结案率同比分别上升3.84个百分点和11.67个百分点。

【基层基础工作】 2010年，全市基层法院和人民法庭审判执行案件48954件，占全市法院审执案件总数的92.98%。提出以"职权配置优化型、为民服务便捷型、公信司法满意型"为主要内容的"三型"法庭建设的意见，把执行权、商事案件审判权等下放基层法庭，优化资源，推进矛盾在基层化解，为群众打造"一小时司法服务圈"。继续推进"法官便民工作站"建设和新录用人员到人民法庭锻炼制度。

2010年4月，深入社区开展巡回审判 （市中级人民法院 供稿）

【审判管理】 召开审判管理工作会议，以强化系统控制为主线，以突出节点管理为核心，制定《关于强化审判管理的意见》，构建组织、监管、责任、考核、保障5个管理体系，明确66项管理要求，重点解决审判管理的执行力和标准化问题。完善审判运行态势分析、通报、反馈制度，实现案件质效的量化评估；对审限监控、裁判文书签发、执行款物管理以及评估拍卖等节点予以重点规范，实现诉讼过程的动态、无缝隙监管；将案结事了、服判息诉作为绩效考评的重点，分类别建立法官司法能力档案，实现业绩的可比、可评、可考；实行合议庭成员意见抽查，审委会研究案件法律小组咨询前置等管理措施，确保审判均衡运转，法官依法办案，干警照章办事。审判管理经验被最高法院推广。是年，全市法院整体结案率达到100%；全市法院诉讼案件经一、二审后服判息诉率达到99.82%；基层法院、中院二审发改率同比分别下降1.55和1.27个百分点。

【队伍建设】 2010年，市法院公开招考干警10人，招录事业编紧缺人才2人，从基层法院遴选法官8人，组织各基层法院新招录干警37人，全市法院具有法官资格的人员比例达到71.16%，干警队伍结构进一步优化。市法院党组提出以发挥共产党员模范带头作用、加强党风廉政建设责任制、开展“创建学习型法院、争做学习型干警”活动为重点，以党的建设带动队伍建设，以队伍建设促进审判工作的思路。抓好以审务政务督促检查和纠察为重点的廉政风险防范机制的落实。开展“创先争优”主题实践活动，确立“公正廉洁司法、争做服务先锋”这一活动载体。完善和健全重大疑难复杂案件承办激励机制，引导干警多办案、快办案、办好案。实施机关新进人员到立案信访岗位和基层法院人民法庭进行岗前锻炼的制度。是年，3人被评为市法院首批“业务带头人”。全市法院法官人均办案数量同比提高1.62件。

【司法保障与物质装备】 2010年，全市法院坚持以信息化为重点，加强科技法庭建设，发挥好审判综合信息管理系统功能，全市法院共建成科技法庭34个；深化网络办公系统、电子档案系统建设，提升各项管理的数字化、网络化水平。

【党风廉政建设】 年初，组织召开全市法院反腐倡廉工作会议。开展“党纪条规”集中教育月、“争创党风廉政建设先进集体、先进个人”等活动，通过“党员示范岗”、定期党性分析等方式，着力增强法官和干警的宗旨观念、职业伦理观念。坚持把审务政务督察纠察作为党风廉政建设的重要手段。先后5次到中院各部门、基层法院开展督察纠察，并坚持实名通报，及时处理；领导班子成员带队就“公信法院”创建、涉诉信访、安保工作、司法廉洁等开展专门督导，就相关问题坚持现场办公、现场解决。推进专兼职廉政监察员制度建设，建立重点岗位风险排查、分析、预警、防控机制。

（张玉杰）

司法行政

【“法治淄博”建设】 4月23日市政府第37次常务会议和4月26日市委第138次常委会议分别通过《关于建设“法治淄博”的意见》，4月30日市十三届人大常委会第十九次会议通过《淄博市人大常委会关于建设“法治淄博”的决议》。5月21日，“法治淄博”建设动员大会召开，司法部法制宣传司司长肖义舜，省司法厅厅长程辉，市委书记、市人大常委会主任刘慧晏出席会议并讲话。市委、市政府印发《关于成立“法治淄博”建设工作领导小组的通知》《“法治淄博”建设纲要》，市委办公厅、市政府办公厅印发《关于设立“法治淄博”建设工作协调指导组的通知》《淄博市“法治区县”建设工作标准》《淄博市“法治单位”建设工作标准》《“法治淄博”建设考核办法》《淄博市“法治区县”建设考核标准》《淄博市“法治单位”建设考核标准》《关于在全市开展“法治淄博”建设集中推进年工作的意见》等文件。淄博市成为全省17个地级市中第一个整建制开展法治建设的城市。6月5日，全国普法办副主任、司法部副部长张苏军到淄博市作题为“深入开展区域法治创建活动 加快社会主义法治国家建设进程”的专题讲座。7月1日，“法治淄博”建设工作领导小组召开协调指导组工作会议，对2010年“法治淄博”建设任务作进一步部署。8月，司法部副部长张苏军、司法部法制宣传司司长肖义舜先后对“法治淄博”建设工作给予充分肯定。6月18日、9月4日，《法制日报》分别以《“法治淄博”建设高起点开局》《夯实法治淄博建设的坚实基础》为题，报道淄博市“法治淄博”建设工作情况。6月，市司法局被评为山东省维护国防利益和军人军属合法权益工作先进单位。8月，市司法局被省司法厅表彰为全省司法行政系统队伍建设工作先进集体。12月，市司法局被省司法厅记集体二等功。12月，桓台县、沂源县被全国普法办表彰为首批全国法治县（市、区）创建活动先进单位，淄川区被省普法办表彰为首批全省法治县（市、区）创建活动先进单位。

2010年5月21日，司法部法制宣传司司长肖义舜（右三）到世纪花园视察　　（康洪福　摄）

【普法依法治理】 2010年，制定印发《淄博市“五五”普法“四五”依法治市工作检查验收指导标准》，组织指导全市各级各部门继续深化“法律五进”和依法治理。8月4～10日，市领导林春明、岳华东、高峰岭，市中级人民法院院长刘亚宁，市检察院检察长马爱国分别带队，对各区县和高新区“五五”普法、“四五”依法治理工作进行考核验收。11月9～10日，省委常委、政法委书记柏继民带领省“五五”普法依法治理检查组，到淄博市检查验收“五五”普法、“四五”依法治市工作，对全市“五五”普法依法治理和“法治淄博”建设工作给予高度评价。

【律师工作】 市司法局、市律师协会制定《关于加强律师队伍建设 加快品牌律所创建的意见》，引导全市律师队伍为经济社会发展重点领域和重点项目建设服务。3月，山东全正律师事务所受聘担任第二十二届省运会法律顾问。7月，8名律师成为省司法厅、省律协组建的黄河三角洲高效生态经济区与半岛蓝色经济区建设律师服务团成员。7月19日，山东致公律师事务所律师左永升入选2010年“1＋1”中国法律援助志愿者，到云南省提供志愿法律服务。12月，选拔5名优秀律师担任市纪委政风行风热线法律顾问。10月，山东全正律师事务所主任杨光磊应邀参加在加拿大温哥华市举办的世界律师大会。11月2～3日，中组部对淄博市律师行业党建工作进行调研，听取淄博市律师党建工作汇报，视察山东致公律师事务所、山东大地人律师事务所党建工作。年内，全市新设立律师事务所6家，律师事务所总数达74家，社会执业律师745人，比2009年增加73人。全市律师办理各类法律事务10432件，为1721家机关、企事业单位担任法律顾问。

【公证工作】 3月27日，淄博市公证员协会第三次代表大会召开，审议并通过协会第二届理事会工作报告、会费收支情况报告、《淄博市公证员协会章程(修订草案)》和《淄博市公证员协会会费收缴使用管理办法(修订草案)》，选举产生淄博市公证员协会第三届理事会及常务理事会。是年，鲁中、周村、高青、博山、临淄等5个涉外公证处全面启动公证翻译一体化系统，推动全市公证机构规范化建设和涉外业务拓展。6月21～22日，中国公证协会会长段正坤视察淄博市公证工作。8月，5名公证员承办的公证卷宗被评为全省公证质量专项检查优秀卷宗，2个公证处被评为全省公证质量专项检查先进公证机构。8月，组织开展纪念《中华人民共和国公证法》颁布实施5周年系列宣传活动。12月，市鲁中公证处被省司法厅记集体二等功。年内，全市新任公证员5名，公证员总数增至44名；新任公证员助理5名，公证员助理总数增至17名。全市公证机构办理各类公证15920件。

【基层法律服务】 2010年，新录用基层法律服务工作者66人，基层法律服务队伍进一步壮大。全市基层法律服务队伍与318个村居(企业、学校)结成法律服务对子，为382家单位担任法律顾问，办理各类法律服务事务4000余件，参与化解矛盾纠纷500余件。“12348”法律服务专线解答群众咨询5200余人次。

【法律援助】 2010年，市法律援助中心开展“关爱弱势群体，法律援助进万家”活动，面向城镇低保户发放法律援助绿卡；联合山东理工大学法学院志愿者开展“提高法律援助知晓率——法律援助在身边”大型法律援助调研及宣传活动；与《鲁中晨报》联合开展“法律援助律师与您周六有约”活动，提高法律援助工作的社会知晓率。各区县法律援助机构创新工作载体，周村区在山东省第一劳动教养管理所挂牌成立法律援助工作室，为劳教人员提供法律援助服务；淄川区成立道路交通事故法律服务中心，为符合条件的交通事故当事人提供法律援助；沂源县开展争创“优秀妇女维权岗”活动，将妇女儿童权益保障列为法律服务工作重点。开展残疾人、老年人、妇女和农民工“法律援助直通车”活动，面向农村留守儿童、农民工等社会弱势群体发放爱心法律援助直通卡8万张，法律援助便民服务手册5000份。全市办理各类法律援助案件2401件，同比增长31.1%。

【司法鉴定】 3月13日，全市司法鉴定管理工作会议召开，通报表彰一批市级文明鉴定所(中心)和全市优秀鉴定人。9月18日，市司法鉴定协会二届二次会议召开，审议通过《淄博市司法鉴定工作重大事项报告制度》《淄博市司法鉴定人协会会长办公会规则》《淄博市司法鉴定人协会专业委员会规则》等8项工作制度和增补常务理事的决议。是年，司法鉴定行业持续健康发展，全市办理司法鉴定3725件，被法院、公安、仲裁部门采信率达98%以上。

【司法考试】 全市1317人参加2010年度国家司法考试，217人成绩合格。

【司法所建设】 11月22日，市司法局与市编办联合印发《关于进一步理顺全市司法所管理体制的通知》；12月30日，市委办公厅、市政府办公厅转发《市委组织部、市委政法委、市编办、市司法局、市财政局、市人力资源和社会保障局关于理顺全市司法所管理体制工作的意见》，为加强基层基础建设提供有力的政策支持。

【人民调解】 加强人民调解组织机构建设和人员政治业务培训，提升矛盾纠纷化解效能。沂源县创新村级矛盾纠纷调解机制的经验和做法被中央政法委《政法动态》刊发，要求各地学习借鉴。5月，房镇镇人民调解委员会被司法部表彰为全国模范人民调解委员会，淄川区双杨镇人民调解员王光贵、高青县高城镇人民调解员姜红、桓台县马桥镇人民调解员金巍、周村区大街街道和平社区人民调解员张敬军被司法部表彰为全国模范人民调解员。全年各级各类人民调解组织调处各类矛盾纠纷27279件，成功率达96.8%以上。

【安置帮教】 5月11日，省委政法委调研组对淄博市安置帮教工作情况进行专项调研，实地查看沂源县安置帮教工作开展情况，对淄博市安置帮教工作给予高度评价。加大安置帮教工作力度，全市刑释解教人员重新犯罪率控制在2%以内。

【社区矫正工作】 3月2日，市委政法委书记、市社区矫正工作领导小组组长陈家金在全省社区矫正工作电视电话会议淄博分会场讲话，对社区矫正全面试行工作作出总体部署。9月27日，市司法局、市中级人民法院、市检察院、市公安局联合印发《关于在全市试行社区矫正工作的实施意见》。9月29日，全市社区矫正全面试行工作会议召开。10月15日，举办全市社区矫正工作人员培训班，培训社区矫正专职工作人员137名。截至11月30日，全市所有乡镇(街道)司法所均完成社区矫正全面试行工作任务。年内，全市接收矫正对象789人，正在接受和解除社区矫正的人员无1人重新犯罪。

【监狱劳教】 3月15日，市委书记、市人大常委会主任刘慧晏对劳教工作提出"要强化基层基础工作，抓班子、带队伍，彻查隐患，确保劳教所依法规范管理，不出任何纰漏"的要求。市司法局、市劳教所在"管理工作精细化、教育工作科学化、劳教生产习艺化、队伍建设规范化、所政建设现代化"上下工夫，健全完善"人防、物防、技防"有机结合的长效机制，连续12年保持场所安全稳定。8月10～11日，市劳教所被邀参加全国劳教系统第二季度安全形势研判工作会议，并就"精细化"管理作典型发言。12月，市劳教所被省司法厅记集体二等功。　　(王庆成　牟晓慧)

仲　裁

【概况】 2010年，淄博仲裁委员会办公室拓展仲裁服务领域，规范仲裁工作程序，促进仲裁事业的健康快速发展。全年立案887件，标的额5.1亿元，平均案件审理天数为52天，按期结案率达96%。审结案件512件，裁决结案247件，调解结案202件，和解63件，无案件被人民法院撤销裁决。加强派出机构的管理和指导，制定《淄博仲裁委员会派出机构2010年工作任务目标及考核办法》。2010年，派出机构立案44件，标的额1.1亿元。

【仲裁法律制度推行】 在报纸、电台、网站等媒体刊播《案例评析》等宣传文章，继续加强与重点行业、组织的协调与联系。2010年，在工业品买卖合同、建设工程施工合同上添加供当事人选择的仲裁条款。在部门、行业管理的102万份合同中落实仲裁机构名称。工商系统合同文本规范率达100%，房管、保险、建设、旅游系统合同文本规范率达80%以上。全年举办法律知识培训班12期，完成30家规模以上企业合同文本中落实仲裁机构名称工作。向建筑企业赠送合同文本5000份；向其他企业赠送工业品买卖合同文本2万份。开展运用仲裁方式解决交通事故损害赔偿的试点并开始受理案件。召开"仲裁为金融服务"座谈会，会议对通过仲裁方式解决金融领域经济纠纷的途径、方法及面临的问题进行探讨。

参加"3·15"消费者权益日活动，接受市民咨询
(张　珂　摄)

【仲裁业务开展】 建立仲裁员违纪处理登记簿，严格执行《违纪仲裁员处理办法》。采取庭审抽查、适时录像监控、向当事人发放《当事人意见和建议反馈卡》等措施，加强仲裁员工作情况的监督检查。全年抽查庭审情况29次，适时调整参与仲裁庭办案仲裁员5人次。制定《仲裁员办案评分办法》，为评价、使用仲裁员提供制度保障。举办仲裁员培训班2期、仲裁员沙龙3期。实现仲裁员违纪情况零投诉。抓好案件各环节的衔接，及时督促超时限案件加快进度。召开调度会议3次，调度案件28件。注重庭审监控和记录仲裁员出庭情况、合议情况，加强仲裁员参与庭审情况监控。坚持案件回访和裁决书(调解书)核阅、疑难案件专家咨询制度，实行重点案件督办。加大仲裁案件的调解力度，调解和解率达52%。制定《仲裁办案内部指导意见》，修订完善《淄博仲裁委员会鉴定工作暂行办法》，改进委托鉴定工作流程。　　(张　珂)

本部类编　辑：赵建国
副主编：安永善
校　对：王　娟
齐　薇

工　业

综　述

【概况】　2010年，全市工业系统坚持保增长、转方式、调结构、谋发展，全面完成年度及“十一五”规划确定的任务目标。规模以上工业企业完成增加值1808.32亿元，增长16.2％；实现主营业务收入7709.86亿元，增长31.1％；实现利税966.72亿元，增长38.3％，其中利润560.84亿元，增长50.1％。工业品累计产销率98.03％。规模以上工业企业达3436户，山东东岳集团有限公司、山东北金集团有限公司、山东汇丰石化集团有限公司、淄博供电公司4家骨干企业销售收入突破百亿元大关。全市地方规模以上工业企业实现主营业务收入6614.21亿元，比2009年增长30.91％；实现利税816.4亿元，增长42.92％，其中利润527.92亿元，增长47.96％。全市22家企业被授予首批山东省诚信企业称号，28家企业通过省第二批诚信企业审核。

【结构调整】　2010年，全市规模以上工业完成固定资产投资比2009年增长22.6％，其中技改投资增长24.5％。编制完成“十二五”工业发展规划和新材料、新能源、船舶配套产业加快发展的指导意见以及建陶工业结构调整实施意见等文件。高新技术产业快速发展。全市规模以上高新技术产业产值突破3000亿元大关，达3024.48亿元，增长36.41％，占规模以上工业总产值的比重达到38.18％，提高2.38个百分点。优化投资结构，制定全市技改导向计划，筛选项目221个，其中列入省导向计划项目116个。高新技术产业投资比重提高，医药、精细化工、石油化工、机械、汽车及零部件行业的投资增幅均超过40％。企业装备水平加快提升，全市重点工业企业技术装备居国内先进水平的比重达到75％。

【战略性新兴产业】　2010年，新材料、精细化工、新能源及节能环保设备、新医药、电子信息、汽车及机电装备等战略性新兴产业发展势头强劲。6大战略性新兴产业占全市工业的比重达30％，主营业务收入增长41.6％，利税增长54.2％，其中利润增长59.2％，主营业务收入、利税、利润增速分别高出全市平均水平10.5、15.9和9.1个百分点。

【节能降耗】　2010年，全市能源消费总量为4471万吨标准煤，万元GDP能耗下降4.15％，全面完成2010及“十一五”时期节能目标。“十一五”期间，全市万元GDP能耗由2005年的2.1吨标准煤下降到2010年的1.62吨标准煤，降低23.09％，以年均8.51％的能耗增长支撑了GDP年均14.33％的增长。开展区县、部门和重点企业节能责任考核。实施节能预警调控，实行月用电限额和最大用电负荷“双目标”限电调控，对572户高耗能行业企业实施电力预警调控，累计减少能源消耗75万吨标准煤。严把高耗能行业准入关，实施区域能源消费总量控制和新增能耗等量淘汰制度。加快发展节能环保产业，实施一批太阳能集热应用项目，培育节能环保产业基地2个。将21项节能减排关键技术研发列入年度科技发展计划，安排研发扶持资金510万元。公布第二批重点推广的节能技术（产品）目录，涉及煤炭、电力、冶金、化工等10个行业47项节能技术和产品。加快重点装备节能技术改造，集中组织实施电机、锅炉、窑炉三大节能技术改造工程，全年淘汰锅炉497台、改造404台，淘汰电机11664台套、改造25275台套，淘汰窑炉131台、改造446台，实现年节能50万吨标准煤。实施第三批“三个节能30项”（推广30项节能技术和装备，实施30项节能示范项目，扶持30项循环经济和清洁生产示范项目）工程，支持节能项目33个，42个项目获得国家、省各类节能奖励超1亿元。推出12家循环经济示范单位，8家单位被确定为省级循环经济示范单位，12个重点项目列入省百项循环经济重点项目计划。审核验收21家企业的清洁生产，实施清洁生产方案608项。

【淘汰落后产能】　2010年，淘汰水泥立窑生产线43条，淘汰关停炼铁产能128万吨，淘汰关停电解铝产能2.2万吨，淘汰关停酒精产能3万吨、草浆产能3万吨，关停小化工、小钢铁等“土小”企业219家。实施电力行业“上大压小”，关停发电机组34台、总装机容量91.78万千瓦，提前一年半超额完成“十一五”时期关停任务。

【自主创新】 2010年，全市规模以上高新技术产业产值达3024.48亿元，增长36.41%，占规模以上工业总产值的比重达38.18%，同比提高2.38个百分点。新增省级企业技术中心9家，市级企业技术中心28家。鲁泰工业设计中心和山东硅苑工业设计中心被认定为山东省首批工业设计中心。新能源汽车工程研究院、化工产业技术创新合作工作站、集成电路芯片设计研发中心正在筹建。突破一批核心技术和关键技术，2个项目被列入国家重大科技成果转化专项，2个项目被列入省级创新能力建设项目，3个项目被列入省新能源汽车关键零部件财政扶持范围，182个项目被列入省2010技术创新项目计划。12户企业的13套装备被分别认定为国内或省内首台(套)。在2010年山东省工业设计优秀产品评选中，全市有9个产品被评为省工业设计优秀产品。加强与高等院校的交流合作，搭建科技成果与技术需求发布、科研开发仪器共享、科技人才交流三大公共服务平台。鲁泰纺织有限公司与山东理工大学联合成立鲁泰纺织服装学院。在2010年山东省产学研(工业设计)展洽会上，全市签订协议40项，投资总额7.79亿元。推进企业实训基地建设，46家企业被认定为第二批省级企业实训基地。

【百项重点工业项目】 2010年，百项重点工业项目计划总投资385.2亿元，98个项目开工建设，完成固定资产投资141.2亿元，占年度固定资产投资计划的97.2%。44个项目竣工投产，年可新增销售收入410亿元、利润45.04亿元、税收23.63亿元。

【百强企业】 2010年，评选出首届杰出企业30家。杰出企业和百强企业全年实现销售收入3739亿元，利税432.5亿元，利润总额221.5亿元，三项指标分别占全市规模以上企业完成数的48.50%、44.74%和39.49%。

淄博市首届杰出企业和企业家及2010年度工业百强企业和企业家名单

杰出企业	杰出企业家
1. 山东金诚石化集团有限公司	周敬才
2. 中国石化股份有限公司齐鲁分公司	李安喜
3. 淄博矿业集团有限责任公司	张寿利
4. 山东博汇集团有限公司	杨延良
5. 鲁泰集团	刘石祯
6. 山东电力集团公司淄博供电公司	徐　峰
7. 淄博鲁阳企业集团	鹿成滨
8. 山东金岭铁矿	刘圣刚
9. 山东东岳集团有限公司	张建宏
10. 中铝山东企业	王再云
11. 南金兆集团有限公司	段连文
12. 山东北金集团有限公司	王德洋
13. 山东华联矿业股份有限公司	齐银山
14. 淄博齐翔石油化工集团有限公司	车成聚
15. 金晶(集团)有限公司	王　刚
16. 淄博傅山企业集团有限公司	彭荣均
17. 山东齐峰集团有限公司	李学峰
18. 瑞阳制药有限公司	何茂群
19. 山东省药用玻璃股份有限公司	柴　文
20. 山东汇丰石化集团有限公司	魏学专
21. 蓝帆集团股份有限公司	李振平
22. 山东淄博山川医用器材有限公司	车献梁
23. 山东胜利钢管有限公司	张必壮
24. 山东新华制药股份有限公司	张代铭
25. 山东新华医械集团	赵毅新
26. 山东唐骏欧铃汽车制造有限公司	薛兴震
27. 淄博柴油机总公司	邓德乐
28. 山东联合化工股份有限公司	王宜明
29. 山东东佳集团	孙家财
30. 山东扳倒井集团	赵纪文

明星企业	明星企业家
1. 鲁泰纺织股份有限公司	刘子斌
2. 山东东岳化工有限公司	庞　峰
3. 山东东岳高分子材料有限公司	曾洪志
4. 信缔纳士机械有限公司	刘秋兰
5. 山东齐峰特种纸业股份有限公司	李安东
6. 山东齐都药业有限公司	郑家晴
7. 淄博万昌科技股份有限公司	高庆昌
8. 淄博泰光电力器材厂	滕国利
9. 山东蓝星东大化工有限责任公司	王继文
10. 淄博银仕来纺织有限公司	刘　东
11. 山东贵和显星纸业有限公司	徐书栋
12. 山东博汇纸业股份有限公司	杨振兴
13. 张店钢铁总厂	王志杰
14. 中国石油化工股份有限公司催化剂齐鲁分公司	于大平
15. 阳煤集团淄博齐鲁第一化肥有限公司	丁连杰
16. 山东鲁维制药有限公司	冯衍明
17. 山东鲁信高新技术产业股份有限公司	陈道江
18. 山东东华水泥有限公司	王　勇
19. 淄博山水水泥有限公司	田　光
20. 淄博兰雁集团有限责任公司	盛文中
21. 山东省生建重工有限责任公司	毕可敬
22. 胜利油田高青石油开发有限责任公司	孙永壮
23. 山东齐隆化工股份有限公司	郝守增
24. 山东德信皮业有限公司	董怀志
25. 山东蓝帆化工有限公司	吕万祥

26. 山东博丰利众化工有限公司 徐　辉
27. 山东瑞丰高分子材料有限公司 周仕斌
28. 山东龙泉管道工程股份有限公司 刘长杰
29. 中天仕名(淄博)重型机械有限公司 宋寿顺
30. 山东淄博新达制药有限公司 李天忠

优秀企业　　优秀企业家

31. 淄博金城实业股份有限公司 赵鸿富
32. 山东金城医药化工股份有限公司 赵叶青
33. 山东先河悦新机电股份有限公司 张辉新
34. 山东泰宝防伪技术产品有限公司 巩端洲
35. 山东三金玻璃机械股份有限公司 荆厚明
36. 淄博包钢灵芝稀土高科技股份有限公司 许维农
37. 淄博加华新材料资源有限公司 黄贻展
38. 山东侨牌集团有限公司 马清刚
39. 山东齐鲁石化机械制造有限公司 曲大伟
40. 山东美陵化工设备股份有限公司 刘效华
41. 淄博齐鲁比欧西气体有限责任公司 孟祥德
42. 山东天晟煤矿装备有限公司 牛敬业
43. 山东省淄博蠕墨铸铁股份有限公司 张跃成
44. 淄博市临淄金龙铁矿 王同祥
45. 金堆城钼业光明(山东)股份有限公司 张继祥
46. 山东博润工业技术有限公司 陈　兵
47. 山东宏信化工股份有限公司 周祖俊
48. 淄博大桓九宝恩皮革集团有限公司 周国祥
49. 山东硅苑新材料科技股份有限公司 殷书建
50. 淄博庄园混凝土有限公司 王爱国
51. 山东博泵科技股份有限公司 孙龙平
52. 山东东泰矿业有限公司 刘春德
53. 淄博万昌化工设备有限公司 张希孔
54. 山东联创节能新材料股份有限公司 李洪国
55. 山东沃源新型面料有限公司 崔志山
56. 山东齐旺达集团海仲石油化工有限公司 王志清
57. 淄博水环真空泵厂有限公司 陈维茂
58. 淄博市王庄煤矿 石建新
59. 淄博旭硝子刚玉材料有限公司 张启山
60. 山东金顺达集团有限公司 王　淦

先进企业　　先进企业家

61. 淄博贝尼托金属制品有限公司 马宗祥
62. 山东华瑞道路材料技术有限公司 张喜顺
63. 山东青苑纸业有限责任公司 盛邦利
64. 淄博鲁华泓锦化工股份有限公司 郭　强
65. 山东齐鲁石化开泰实业股份有限公司 赵世香
66. 山东舜天矿业有限公司 焦天彪
67. 淄博凤阳彩钢板有限公司 田家垒
68. 华能淄博白杨河发电有限公司 张兆舜
69. 山东东大一诺威聚氨酯有限公司 徐　军
70. 山东巨明机械有限公司 崔守波
71. 淄博钜创纺织品有限公司 陈裕辉
72. 山东坤升控股有限公司 林玉柱
73. 山东华安新材料有限公司 李玉红
74. 山东祥和集团股份有限公司 赵继春
75. 山东新昊化工有限公司 王守刚
76. 淄博大亚金属科技股份有限公司 韩庆吉
77. 中材高新材料股份有限公司 刘　燕
78. 华电淄博热电有限公司 邢世邦
79. 山东珑山实业有限公司 岳来禧
80. 淄博英科框业有限公司 刘方毅
81. 淄博市傅山焦化有限责任公司 冯天甲
82. 淄博中材庞贝捷金晶玻纤有限公司 王宝国
83. 淄博中轩生化有限公司 杜金锁
84. 山东黄河龙集团有限公司 王　峰
85. 淄博凯景镀锌薄板有限公司 寇祖山
86. 淄博海益精细化工有限公司 赵传华
87. 淄博汇银纺织有限公司 王玲利
88. 山东华狮啤酒有限公司 刘训富
89. 淄博乌金泰资产管理有限公司 袁　峰
90. 淄博新宇集团有限公司 王　林
91. 山东前昊炭素有限公司 徐业开
92. 高青宏远石化有限公司 李保华
93. 山东天源热电有限公司 李　军
94. 沂源县鲁村煤矿有限公司 齐金山
95. 淄博宏达热电有限公司 高明钢
96. 山东国金化工厂 罗汉兵
97. 淄博崇正水泥有限责任公司 马乃孝
98. 淄博市淄川区宝山水泥厂 贾木海
99. 淄博宝塔焦化有限公司 贾保水
100. 山东科汇电力自动化有限公司 徐丙垠

【创新成长型工业企业】 2010年，筛选确定17户企业列入创新成长型企业，创新成长型工业企业扶持培育范围由30户扩大为47户。创新成长型企业对经济的拉动作用明显提升，生产效益保持较快增长，实现销售收入132亿元、利润16亿元、利税21亿元、实缴税金5.73亿元，同比分别增长54.91%、52.34%、51.47%和59.56%。

【企业管理】 制定《关于进一步加强企业管理工作的意见》和《关于加强工业企业现场管理工作的意见》，开展创建工业现场管理样板企业活动。90%以上的重点大企业集团制定了生产现场管理制度、管理考核等制度，47%的企业实施企业资源计划管理(ERP)，35%的企业实施流程再造，30%的企业实施供应链管理。组织开展第二十届企业管理现代化创新成果和优秀应用成果评选，评出市级成果36项，4家企业、31项成果被分别评为省级企业管理创新优秀企业和优秀成果。

【项目争取与资金协调】 2010年,全市有6个技术改造项目被列入国家重点产业振兴和技术改造中央投资补助项目,获补助资金765万元。33项技改项目被列入省新兴产业和重点行业发展专项资金项目,获补助资金1160万元,4个项目被列入省双百工程项目,获借款资金支持2000万元。2项技术创新成果被列入科技成果转换项目获得补助资金1200万元,新能源汽车扶持项目获得补助资金300万元,2个企业中心建设项目获得补助资金150万元。18个项目获国家发改委节能技改财政奖励,奖励资金8420万元。2个项目被列入中央预算内投资十大节能工程,获补助资金1488万元,13个项目被列入省重点节能技术改造项目、奖励资金860万元。5个淘汰落后产能项目获得专项资金4022万元。 (孙耀祖)

煤炭工业

【概况】 截至年底,淄博市有煤炭生产企业26处,其中生产矿井23处,技改矿井3处,年核定生产能力515万吨。全年煤矿安全生产实现"零死亡",安全周期超过31个月,实现淄博市百年采矿史上的第二个安全生产年。煤炭经营市场健康有序,354家煤炭经营企业煤炭经营资格证到期延续,44家煤炭经营企业煤炭经营资格证变更。366家煤炭经营企业全年经营煤炭3120万吨,全市煤炭供需平衡,煤炭能源保障有力。市煤炭局被省政府安委会表彰为全省安全生产工作先进单位,保持省级文明机关称号。

【"双基"建设】 组织安全质量标准化标准培训,培训区县煤炭管理部门及煤矿安全管理和技术人员517人次。召开安全质量标准化现场会,提升煤矿井下安全质量管理和调度质量管理水平。严格安全质量标准化标准验收,生产矿井全部达到省二级及以上标准,11处矿井达到一级标准。开展专家查隐患活动,查出隐患866条,整改率96.5%,提出建议117条,停头面16个。强化全员全过程培训,累计送培和培训7168人,培训率112%。召开全市煤矿机械化推进化会,推广先进适用的新技术、新工艺和新装备,提升煤矿安全保障能力。做好应急预案编修和备案,组织煤矿开展应急预案演练,督促煤矿严格执行停产撤人规定,全年停产撤人45次,撤出井下作业人员6292人。全市煤矿安全监控系统实现市、区和煤矿三级联网。

【煤矿安全监管执法】 淄博煤矿安全执法稽查大队增设调度科和教育培训科,为履行监管执法和指导服务职能奠定组织基础。严格督促检查调度员"十项授权"和"紧急情况下三分钟通知到井下所有工作地点"规定的落实。加强对矿领导带班下井制度的日常管理和督促检查,强化生产过程管理的领导责任。完善三级安全监管体系,有效提高监管执法效能。配合安监、国土等部门做好非煤矿山综合整治,对煤矿井田内及周边非煤矿山进行全面排查治理,关闭部分威胁煤矿安全的非煤矿山。联合山东煤矿安全监督局鲁东分局实施煤矿安全风险评估,加强煤矿安全风险管理。全年执法检查173井次,下井711人次,查出隐患1726条,整改率98.1%,立案6起,责令停头5个,停采区1个,罚款61万元;移交区县3起,罚款21万元。

2010年8月5日,执法人员到煤矿进行汛期夜查
(市煤炭局 供稿)

【煤炭能源保障】 严格资格审查,做好煤炭经营企业资格的年检、延续和变更。加强煤炭经营资格证动态管理,规范煤炭经营企业进入和退出机制,合理布局煤炭经营企业。继续开展"打造淄博煤炭经营诚信企业"活动,引导煤炭经营企业依法诚信经营。以提高煤炭供应保障能力为重点,推进煤电建立战略合作关系,提高合同兑现率。抓好电煤调运和储备,为迎峰度夏、省运会和冬季供暖提供有效能源保障。

【煤炭经济运行】 强化煤炭经济运行预警预测和分析调控,定期发布行业信息和运行动态,提高经济运行质量和调控效率。全市煤炭系统调整产业结构,煤炭经济保持平稳较快增长。2010年,全市地方煤矿生产原煤396万吨,实现销售收入24.6亿元,利税5.65亿元,利润2.75亿元,同比分别增长34.5%、14.3%、54.3%。非煤产业固定资产过10亿元,销售收入接近煤炭主业,各项经济指标均创历史新高。职工收入与经济实现同步增长,全市煤炭企业人均年收入达到26960元,增长13.4%。 (刘建德)

淄博矿业集团

【概况】 2010年,淄矿集团生产合格煤1437万吨,实现销售收入175亿元,实现生产经营性利润19.5亿元,缴纳税款21.58亿元，位列全省纳税百强19位。企业资产总额为228.6亿元，创历史新高。集团公司被省委、省政府评为改革开放30年山东省优秀企业。矿山救护大队获得第七届国际矿山救援技术竞赛团体总分第一名。淄矿集团连续第9次入围中国企业500强，位列第407位。

【结构调整】 云南吉克煤矿建成投产，内蒙古杨家村矿井即将移交生产管理，陕西高家堡、内蒙古巴彦高勒等重点项目建设正在推进。非煤产业实现销售收入93亿元，实现利润1.8亿元，分别为“十一五”初期的2.9倍和3.5倍。实施资本运营，控股内蒙古黄陶勒盖煤炭公司，转让贵州淄矿能源和兴安煤业公司股权。调整产品结构，提高吨煤创效能力，生产精煤92.5万吨，依靠结构调整增加效益2.3亿元。

【转变发展方式】 全公司生产合格煤1437万吨，采掘机械化水平分别达97.1%和99%，管理信息化、生产自动化和装备重型化水平得到显著提高。树立“黑色煤炭，绿色开采”理念，岱庄煤矿优化膏体充填开采工艺，全年充填开采产量13.1万吨。许厂煤矿无煤柱开采充填巷道1130米，增加可采储量3万吨。埠村煤矿、岱庄煤矿、葛亭煤矿安全开采出受水威胁煤炭35.6万吨。导入人均指标，突出效率观念，初步构建起促进发展方式转变的考核体系。全员效率达到20.9万元/人，人均创利7.82万元，分别是“十一五”初期的1.9倍和5.7倍。推进节能减排工作，提前两年完成省政府下达的“十一五”时期节能减排指标。

【改革创新】 开展完善公司治理结构试点工作，逐步建立起以“三会一层”（股东大会、董事会、监事会、高级管理层）为主要架构的现代企业管理体系。初步形成以竞聘上岗为主要形式的人事制度、以绩效考核为导向的薪酬分配制度、以劳动合同为准则的契约化用工制度。按照省国资委统一部署，规范完成衰老矿井政策性关闭破产、主辅分离和移交企业办社会职能“三大改革”，稳步推进职工股权清理和产业整合工作。建立以全面预算管理、全面风险管理、全面对标管理和内部市场化、辅助专业化为主要内容的“三全两化”经营机制，管理效能进一步提升。

【安全工作】 健全以激励约束、监督考核、责任追究为主要架构的安全责任体系，推进“科技兴安”战略，着力在系统完善、装备提升和设施改进以及解决关键性难题上求突破。开展隐患治理和安全质量标准化建设，强化应急管理，突出“一通三防”（通风、防瓦斯、防煤尘、防火）、防治水等重点环节的监管，杜绝重大事故的发生。该集团被省政府评为全省安全生产工作先进单位。

【和谐企业建设】 建立稳定的职工收入增长机制，职工人均工资性收入同比增长17.1%。实施安居工程，新建住房28.4万平方米；运用市场化手段，规划启动济北、彬长矿区职工住房建设。推进职业安全健康体系认证和清洁生产，保障职工身体健康。筹集资金1672万元用于帮扶救助困难职工，形成困难职工救助长效机制。（弋永杰）

电力工业

【概况】 截至年底，全市有35千伏～500千伏变电站333座，变电总容量1772.7万千伏安，35千伏～500千伏线路398条，线路长度3495.6公里。2010年，淄博电网年最高供电负荷401.5万千瓦，全市社会用电总计完成311.9亿千瓦小时，增长9.92%，其中工业用电完成269.8亿千瓦小时，占全社会用电的86.5%，同比增长9.76%；城乡居民生活用电完成21.8亿千瓦小时，占全社会用电的7.0%，增长8.56%。网内华电淄博热电有限公司和华能辛店、白杨河电厂等省统调电厂完成年发电量114.58亿千瓦小时，地方电厂及企业自备电厂完成年发电量87.39亿千瓦小时。

【淄博供电公司】 截至年底，淄博供电公司有职工1609人，辖35千伏及以上变电站92座，变电总容量突破950万千伏安，输电线路2027公里，年售电量241.3亿千瓦小时，公司企业规模、设备容量、售电量等均居全省供电单位前列，获国家电网公司先进集体、山东电力集团公司先进单位等荣誉称号。

安全生产。狠抓隐患排查治理，超前防控安全风险，确保安全生产的可控、能控、在控。市政府下发专项隐患治理通知，督办落实影响电力线路运行的50项线下重大安全隐患，使困扰多年的问题得到彻底整改。落实电网安全度夏、度冬措施和有序用电方案，确保全市城乡居民、重要客户安全可靠供电。截至年底，公司实现连续安全生产4341天的历史最高纪录，连续5年保持全国“安康杯”竞赛优胜企业称号。

圆满完成第二十二届省运会系列保电任务。精心编制电力保障方案，做好隐患治理、电力设施保护、应急管理等工作。投资1亿元建成15个服务省运会的配网项目。开、闭幕式和赛事期间，对重要线路、变电站实行24小时盯防。省运会保电工作历时7个月，出动保电人员2.28万人次、车辆5510台次，以零失误、零差错保证各赛事供电万无一失。公司被授予第二十二届省运会筹办工作先进集体荣誉称号，3个基层单位、5名个人荣获振兴淄博劳动奖状（章），30人被市政府嘉奖记功。

节能减排。落实市政府关于节能减排的部署要求，制定节能减排有序用电方案，层层分解用电负荷控制指标，落实各区县限额用电措施。建立重点耗能企业在线检测预警机制，对50家用电大户进行重点调控，与市经信委每日进行用电信息沟通，及时为政府决策提供服务。配合政府对37家小水泥企业实施关停，对中铝山东企业等20家重点高耗能企业实施压限负荷措施。全市减少用电量12.7亿千瓦小时。成功实施全省首台企业自备机组替代发电，与22家并网自备电厂全部签订转公用协议。助推新能源汽车应用，建成首批电动汽车充电桩36个。在公司内部建立电网分压、分线、分台区的节能指标体系，落实16项措施，推进电网线损持续下降。公司实现降低0.98万吨标准煤的“十一五”节能目标。

充电桩建设　　　　（淄博供电公司　供稿）

电网发展。向山东电力集团公司争取更多的电网项目和资金，加快淄博电网建设速度。建成220千伏涯庄等8个输变电项目，新增变电容量67.3万千伏安、输电线路116.4公里。实施电力惠民工程，直供配网建设改造投资同比增长70%，城市“一户一表”改造完成8万户。加快推进新农村电气化建设，新建成桓台新农村电气化县，16个电气化镇，471个电气化村。截至年底，全市建成新农村电气化县3个，电气化镇48个，电气化村1427个。

供电服务。实施“彩虹工程”百日提升行动，围绕“两区三村”改造、东部化工区建设等重点工作，做好电网配套

2010年9月15日，全省第一家劳模（明星）彩虹工作室成立　　　　（淄博供电公司　供稿）

建设，加快报装接电速度。联合市经信委完成全市高压客户配电室的安全性评定和和用电设备预防性试验工作，对145家高危及重要客户进行安全隐患整治。改造升级公司应急指挥中心，建成投运各区县单位电力应急指挥中心，进一步提高应急抢修能力。在全省首家成立以服务明星命名的李国成彩虹工作室，带动供电服务水平持续提升。推出联商一卡通、移动空中缴费等10余种电费缴纳方式，使客户交费更加方便快捷。

党建和精神文明建设。全员、全过程、全方位推进创先争优，举办“卓越360·创先争优你我他”论坛，市委组织部在公司召开市直部门单位创先争优活动现场会，推广公司的经验做法。“善小”文化成果获国网公司精神文明建设创新成果推广奖。连续5年开展“善小”千户慰问，全年向社会进行“善小”帮扶和救助达98万元。

（申佃涛）

【华电淄博热电有限公司】　2010年，华电淄博热电有限公司完成发电量27.33亿千瓦小时，完成承包指标的103.92%；完成售热量537.03万吉焦，完成承包指标的145%。2×330兆瓦机组扩建工程稳步推进。公司获得华电集团燃料管理示范单位以及淄博市“安康杯”竞赛优秀组织单位等荣誉称号。

安全生产。2010年，公司实现4台机组安全稳定运行，4号机组连续运行296天，创国内同类型机组安全运行最高纪录。加强检修全过程规范化管理，高标准完成5次机组检修。4号机组大修期间，成功实施汽机热力系统优化改造、锅炉高温再热器、二级过热器改造、一次风机变频节能改造等重要节能检修项目。截至年底，实现安全生产4527天。

2010年8月3日，脱硫技改工程通过验收
（华电淄博热电公司　供稿）

华能白杨河电厂 （王洪晓　摄）

节能减排。2010年，公司1号和2号机组脱硫系统通过环保验收。启动并快速推进城市污泥干化利用环保工程，实施灰坝扬尘治理、电除尘治理、煤场防风抑尘网敷设、3号和4号炉电除尘区域设备防腐等多项环保工程。

供热工作。自筹资金400万元新建西部供汽管道，增加蒸汽输送能力；供暖开始后，采用“压电保热”的运行方式应对极端天气，供热质量大幅提高。公司供热面积达600万平方米，同比增长10%。（吕大川　董磊）

【华能白杨河电厂】 2010年，华能淄博白杨河发电有限公司落实年度电量计划45.87亿千瓦小时，完成发电量47.5亿千瓦小时，设备利用时间达5337小时，300兆瓦机组达到5500小时，超额完成全年发电任务。连续23年保持省级文明单位称号，获山东省“安康杯”劳动竞赛优胜企业等荣誉称号。

安全生产。强化安全责任制和各项保障措施的落实，开展安全生产年、安全生产基层基础年、外包工程安全管理年等活动。推行缺陷消除每日盘点通报制，实施检修日报制和缺陷动态管理制。全年完成5台次机组计划检修，整改隐患107项，实现机组长周期安全稳定运行。强化以零违章确保零事故的安全意识，杜绝人员责任事故。严格应急预案管理，对危险源实施重点监控，修订应急预案54项，组织应急演练25次，实现安全生产365天。

经营工作。开展燃料管理年活动，降低燃料成本，保证燃料供应。购进自备机车，解决火车运输瓶颈问题。全年采购煤炭260.2万吨，同比增加165.1万吨，满足2×300兆瓦机组投产后大幅增长的煤炭需求。11月14日，对外蒸汽及高温水供热系统顺利实现同时投运，供热面积达270万平方米。加强依法规范经营，健全内控机制，完成企业改制。

节能减排。组织5号机组凝汽器及汽封改造、6号和7号炉微油点火改造等技改项目。开展小指标竞赛，修订经济运行调整措施，改进掺配方式和点火措施，经济技术指标持续优化。综合厂用电率7.05%，综合供电煤耗349.94克/千瓦小时。2×300兆瓦机组主要生产技术指标达到节约环保型企业标准。重视环保设备设施治理与运行监视，将环保设备纳入主设备管理，各类污染物实现达标排放。2×300兆瓦机组实施脱硫旁路挡板门铅封，在省内同类机组中率先通过环保验收，通过省政府脱硫电价核查、国家环保部总量减排核查和省市区环保部门的多次检查。

企业管理。突出干部队伍建设、外包工程管理、燃料管理、指标管理、班组建设五大主题，着力提升企业管理水平。实施竞争上岗，优化机构和岗位设置，实现人才高效配置。聘请33位生产技术专家，组建第一届生产技术专家委员会。加强班组标准化建设，开展技术比武和岗位练兵，打造学习型、团队型、安全型、管理型、创新型班组和技术技能型职工，为企业发展构筑坚实保障。实施2×300兆瓦机组SIS系统等信息化建设项目。

基建工作。2×300兆瓦机组环保设施、劳动卫生、消防设施、水土保持、安全设施、工程档案等6个专项验收及达标投产复检验收全部高标准通过。白龙线送出工程提前1个月竣工投产。脱硝工程、中水泵站、山头站改造按计划完成投运，大昆仑火车站改造实现年内开工建设。

（张春峰）

建材冶金工业

【概况】 2010年，全市建材冶金工业规模以上企业667家，完成工业增加值648亿元，比2009年增长45.38%；实现销售收入1799亿元，增长22.83%；利税229亿元，增长40.36%；利润148亿元，增长46.17%。

建材工业规模以上企业384家，完成工业增加值280亿元，增长30.43%；实现销售收入851亿元，增长

22.84%;利税124亿元,增长28.38%;利润78亿元,增长27.79%。主要产品产量:水泥1820万吨,增长6.46%;建筑陶瓷9.08亿平方米,下降9.67%;平板玻璃2238万重量箱,增长33.18%;玻璃纤维纱29万吨,增长81.25%。

冶金工业规模以上企业283家,完成工业增加值368亿元,同比增长59.26%;实现销售收入948亿元,增长22.82%;利税105亿元,增长57.62%;利润70亿元,增长74.15%。主要产品产量完成:铁矿石原矿598万吨,增长25.89%;生铁468万吨,增长2.04%;粗钢358万吨,增长2.14%;钢材278万吨,下降3.34%;氧化铝203万吨,增长80.16%;耐火材料制品306万吨,增长27.74%;铝合金10.38万吨,增长245.69%。

【重点项目】 21个建材冶金项目(建材9个、冶金12个)列入2010年淄博市百项重点工程,总投资82.26亿元。年内完成固定资产投资25亿元,累计完成投资53亿元。截至年底,5个项目建成投产,分别是:张店钢铁总厂投资18.5亿元的环境综合治理工程、金晶(集团)有限公司投资5亿元的年产600万平方米太阳能导电膜玻璃技改项目、淄博嘉泽纳米材料有限公司总投资6.9亿元的年产12万吨纳米碳酸钙项目、淄博天隆不锈钢有限公司投资1.8亿元的年产10万吨不锈钢项目、淄博博港型材有限公司投资2.34亿元的年产35万吨棒材生产线项目。

【淘汰落后产能】 水泥结构调整目标任务全面完成。全部水泥立窑于6月底前淘汰和拆除完毕,涉及企业54户,淘汰拆除立窑120台、产能1100万吨。建成8条新型干法水泥生产线,其中日产5000吨熟料以上生产线6条。制定《关于加快全市建陶工业结构调整的实施意见》,由市政府颁布实施。是年,张店区、淄川区关停转移建陶生产线70条,压缩产能2亿平方米。完成5家企业的7座高炉、158台电解槽关停任务,淘汰落后产能生铁150万吨、电解铝3万吨。截至年底,关停拆除300立方米以下炼铁高炉19座,淘汰落后炼铁能力320万吨。改造完成1350立方米高炉1座,630立方米高炉3座,570立方米高炉1座,120吨转炉1座,65吨转炉1座。

【技术创新与品牌建设】 组织企业参加第十届中国(淄博)国际陶瓷博览会、第九届中国(淄博)新材料技术论坛暨国际科技成果招商洽谈会,宣传淄博建陶企业,提高淄博建陶产品的知名度。组织淄博市"统一杯"瓷砖创意设计大赛,引导企业树立创新意识,提升建陶企业的产品创意设计水平。山东龙泉管道工程股份公司等4家企业的产品获山东名牌称号,淄博统一陶瓷有限公司等11家企业的商标被评定为山东省著名商标。

【行业管理和服务】 1.调研重点企业72户,征求省建材协会、省冶金总公司及国家建材规划研究院的意见,完成《淄博市建材工业"十二五"发展规划》和《淄博市冶金工业"十二五"发展规划》,并提出《淄博市功能玻璃和玻璃纤维产业链发展指导意见(草案)》《淄博市建材冶金行业循环经济"十二五"发展意见(草案)》。2.行业协会建立建材冶金两大行业32户重点企业经济运行情况调度制度,每月编印《建材冶金经济运行情况》《建材行业政策与动态》《冶金行业政策与动态》;每周对11户重点用能企业生产经营情况进行调度。3.申请加入中国建材联合会、中国钢铁工业协会,成为全国第一家加入国家协会的地市级行业协会和中国建材联合会第一家地市级理事单位。4.淄博市建材工业协会举行换届选举,新成立淄博市冶金工业协会。

(卢方钟)

中国铝业公司山东企业

【概况】 中国铝业公司山东企业(山东铝业公司、中国铝业山东分公司,以下简称公司)是以氧化铝、化学品氧化铝、电解铝及其再生铝合金、水泥、氯碱生产为主体,集采矿、加工、科研、设计、机械制造、建安、热电供应、职业教育、医疗卫生等于一体的现代化大型联合企业,是中国铝业公司化学品氧化铝研产销基地,也是国内首家能对废催化剂进行无害化处理、拥有自主知识产权进行多金属加工生产的企业。主要产品年产能氧化铝200万吨、化学品氧化铝80万吨、电解铝及再生铝合金13万吨、水泥熟料220万吨、水泥300万吨、烧碱15万吨、金属镓20吨、炭素制品4.5万吨、机械制品1.5万吨、铝型材2万吨。

2010年末,山东铝业公司资产总额30.2亿元;中国铝业山东分公司资产总额69.13亿元。山东铝业公司实现年营业收入18.49亿元、利润7436万元,上缴税金1.09亿元。山东分公司实现年营业收入68.52亿元、利润1.299亿元,上缴税金3.87亿元。

【生产经营】 氧化铝产量屡创新高,月产量稳定在18.5万吨左右,跃居中铝公司所属氧化铝生产企业首位,全年生产氧化铝201.85万吨,增长79.1%,创历史新高。生产化学品氧化铝68.25万吨,增长10.8%,继续保持市场领先优势。生产水泥153.95万吨、烧碱15.02万吨、液氯13.29万吨,分别增长2.9%、3.3%和3.9%;生产水泥熟料217.8万吨,与2009年持平。货款回收率实现100%。

水泥旋窑运转率创97.5%的新水平,综合能耗完成88.3千克标煤/吨,同比降低1.2%。山东铝业公司、山东分公司三项费用(营业费用、财务费用、管理费用)分别比预算降低6.26%和9.5%。废旧物资回收1381万元。山东铝业公司对外投资收益3324万元。

【节能减排和综合利用】 氧化铝综合能耗完成511.24千

克标煤/吨，降低8.4%，低于中铝公司氧化铝生产企业平均水平，生产成本具有明显的比较优势。化学品氧化铝生产应用拟薄水铝石老化液改性等新技术，产品水耗明显降低。电解铝综合交流电耗下降1.8%，综合能耗完成1785.2千克标煤/吨，降低3.1%。提高精细化操作水平，烧碱能耗完成313.7千克标煤/吨。干法水泥熟料窑外余热发电项目成功并网发电，年创效益2000万元以上。拜耳法氧化铝赤泥选铁、除砂和除钒生产不断优化，日产铁粉1500吨左右，年增效益近2亿元。成功承办全国氧化铝赤泥综合利用现场交流会，公司被工信部、财政部、科技部推荐为创建资源节约型和环境友好型企业第一批试点单位，被确定为全国氧化铝赤泥综合利用示范企业。企业全年实现节能量9.7万吨标煤，被授予山东省节能先进企业、淄博市节能降耗突出贡献企业等称号。

【结构调整】 以打造中铝公司低温拜耳法氧化铝生产示范基地为目标，推进27万吨/年拜耳法氧化铝挖潜改造项目。围绕建设国家级赤泥综合利用示范基地，制定赤泥综合利用产业园建设初步方案。提高砂状氧化铝质量技改项目按期完工投运。氯碱装置节能减排技术改造进入试车阶段。建成电解铝小型压铸生产线，完成80千安电解槽淘汰处置工作。鲁中实业特种氧化铝生产线投产。热电厂环保节能改造、IC卡封装线扩建、新建PVC糊树脂生产线等项目前期工作均取得重要进展。根据中铝公司安排，全面接管中铝青岛轻金属有限公司。实施资源能源领先战略，与印尼供矿商合作开发矿区项目启动，可开采矿石资源1200万吨以上。

【科技创新】 实施重点科技计划项目22项，拜耳法与烧结法赤泥混合干法筑坝和拜耳法赤泥旋流除砂实验取得重要突破。拜耳法氧化铝流程除钒工艺技术实现产业化，年创效益500万元。国家重点科技支撑项目赤泥无害化处理及资源化利用技术研究顺利结题。铝基复合材料产业化、超细低温钙交换4A沸石生产技术产业化、高纯氧化铝系列产品节能降耗技术攻关等重点研发项目取得积极进展。

【管理改革】 7月，根据中铝公司部署，山东铝业公司和中国铝业山东分公司实现一体化管理。两公司管理部室和基层单位数量压缩41%，科级机构精简34.6%，基层管理岗位精简31%，管理人员总数减少10%。聘任五级工程师158人，四级研究员(设计师)136人。

加强二级单位市场主体建设，推动模拟子公司运作，提高应对市场的自主性和灵活性。铝加工厂深化内部产销改革，实现全年盈亏平衡；工程公司开拓社会建安市场，外部业务量达70%以上；万成公司建安、检修、窑炉产品3个板块稳健发展；山铝医院开放办院，为社会服务，55%的住院患者来自周边村镇社区；职业学院突出办学特色，提高教学质量，在校生保持在6500人以上，收支节余948万元。

强化激励导向，绩效考核向减亏增效贡献大的单位，以及关键技术岗位和一线操作员工的倾斜力度进一步加大。完善基础管理体系，全面梳理229项规章制度。初步形成全员抓基础管理的风气，各管理单元的管理绩效不断提升改善，管理体系实现健康、持续、有效运行。

【党群工作】 加强党风和反腐倡廉建设，开展“小金库”专项治理。完成全面风险管理体系建设工作。公司党委获2009～2010年度中国铝业公司先进基层党组织称号。2010年，在岗员工收入增长10%以上。调增取暖补贴，为990名困难员工发放补助金115万元。老旧工矿居住区改造和天然气入户项目稳步推进。 (赵 垒)

化学工业

【概况】 2010年，全市规模以上化工企业708家，实现销售收入2673.69亿元，利税321.57亿元，利润159.67亿元，比2009年分别增长40.39%、30.50%和56.30%。其中：地方化工企业706家，完成销售收入1989.33亿元，利税223.37亿元，利润154.91亿元，分别增长43.52%、48.77%和68.75%。规模以上地方化工企业的各项指标增长均超过全市工业企业15%到25%，超过全省化工行业15%以上。其中，金诚石化销售收入突破200亿元，东岳集团和汇丰石化超过100亿元，蓝帆集团、齐旺达集团和海力化工等超过50亿元。蓝帆塑胶、齐翔腾达和三维化工设计成功上市，实现融资40亿元，万昌科技和鲁华泓锦等6家企业完成上市前准备工作。

【重点项目建设】 2010年，全市化工行业有30项化工项目列入淄博市百项重点工程，总投资138.9亿元。金诚石化公司20万吨针状焦，海力化工公司8万吨环氧氯丙烷、8万吨己二酸、20万吨氯碱，锐博化工公司5万吨加氢馏分油，博丰利众公司3万吨无水氟化氢、6万吨冰晶石，汇丰石化公司100万吨混合加氢、2万立方米/小时干气制氢，东岳高分子材料公司7300吨/年高性能聚四氟乙烯，山东鑫泉公司3500吨医药中间体技改，东佳集团40万吨硫酸余热利用等一批重点项目陆续建成投产。海力化工公司10万吨己内酰胺、15万吨尼龙66，国金化工公司13万吨环氧氯丙烷、40万吨氯碱，金诚石化公司100万吨MCC，汇丰石化公司80万吨加氢蜡油，山东蓝矾公司15万吨丁辛醇，鲁华公司3万吨碳五技改，万昌科技公司利用齐鲁丙烯腈废气氢氰酸扩建原甲酸酯，山东联创公司5万吨聚氨酯组合聚醚及特种聚醚多元醇，齐鲁石化公司汽油国Ⅲ质量升级技术改造，山东宏信公司5万吨树脂多元醇一批重点项目正加紧建设。东岳集团的氯碱离子膜实现工业化生产，鲁华公司国内首创5万吨异戊橡胶项目开工建设。30多项科技成果通过省级以上鉴定。东岳集团、金诚石化公司、蓝星东大公司的一批"十二五"项目完成前期立项、审批工作。

2010年7月，国际禁止化学武器组织到淄博君竹化工厂核查　　（市化工行业协会　供稿）

【行政管理与服务】 1. 举办第三届中国·淄博精细化工产学研洽谈会。其间，市政府与4所高校达成政校企共建技术创新合作联盟的协议，东大集团等10余家企业与有关高校达成共建博士后工作站协议，齐旺达集团与大连理工大学合资组建新型催化剂公司。2. 组建的化工行业人才培训基地，为全市化工企业培训化工人才1100人次。3. 发行《淄博化工通讯》4期；化工协会专业网站成为宣传淄博市化工行业和招商引资的重要平台。4. 接待国际禁止化学武器组织对淄博市君竹化工厂的核查，对216家监控化学品企业进行年度核准，对8家企业进行现场考核，对21家企业进行审查报批，对7家二类监控化学品生产企业进行换证审核上报，协助5家企业办理国家特别生产许可证，向国家提出氟化工企业和硫磷氟企业生产准入条件的意见。5. 组织成立淄博市农药工业协会和硫酸二甲酯协会，验收农药新产品21个。6. 分别于5月、12月集中对全市重点化工企业的经济运行情况、重点项目情况、技术创新情况、节能减排情况等进行调研。7. 全年受理和办结经营证明140件、生产证明75件、接受各类咨询300余次，按时办结率和群众满意率均达100%。（代丽丽）

【山东蓝星东大化工集团】 2010年，山东蓝星东大化工有限责任公司实现销售收入23.2亿元、利润7000万元。聚醚生产131168吨，增长54%；销售136505吨，增长47%；环氧丙烷生产75001吨，增长14%；离子交换树脂生产12070吨，增长20%；二乙烯苯生产2411吨，增长19%；组合聚醚生产15863吨，增长24%。胶塞系列产品生产33.24亿只，增长2%。聚合物多元醇POP生产9085吨，增长1%。在岗职工人均收入提高22%。16万吨聚醚技改扩项目实现满负荷运转，劳动生产率增长36%，并通过中国化工集团组织的项目验收。6月21日，中国化工集团淄博化工新材料基地奠基。

2010年6月21日，中国化工集团淄博化工新材料基地奠基　　（山东蓝星东大　供稿）

知识产权实现新突破。2010全申请专利10件，获授权5件。专利工作获得蓝星总公司一等奖。主持和参与制订行业标准2个。东大牌聚醚多元醇产品通过山东省名牌复审，获评中国石化行业知名品牌。

信息化建设。5月，公司引入ERP管理系统，10月正式上线。该系统包括财务会计、管理会计、物料管理、销售管理、生产管理、质量管理、设备管理、环境健康安全等8个模块及182个适合蓝星东大的业务流程。投资100万元进行信息化硬件基础设施的改造。对公司网络线路进行重新规划和梳理，满足ERP运行的需要。

管理模式优化。公司总经理助理级以上干部参加总公司举办的管理者带级培训。开展4个黑带项目和16个绿带项目，并通过蓝星总公司的验收。对公司一线生产骨干和班组长等300多人进行黄带培训。

节能减排。安全生产运行平稳，无重大安全责任事故，通过省安全标准化二级企业验收。环氧丙烷废水排放持续稳定达标。全年节约标准煤6190吨，超额完成与市政府签订的节约700吨标准煤的节能目标。公司获淄博市安全生产先进单位称号，董事长王继文获全市安全发展特殊贡献奖。（赵明华）

齐鲁石化

【概况】 中国石油化工股份有限公司齐鲁分公司（简称齐鲁分公司）、中国石化集团资产经营管理有限公司齐鲁石化分公司（简称齐鲁石化分公司）通称齐鲁石化，是中国石化集团直属的拥有石油化工、盐化工、煤化工、天然气化工等加工工艺最齐全的炼化企业。拥有大型石油化工生产装置90余套,可生产各类石化产品120余种。

截至年底,齐鲁石化拥有固定资产原值401.22亿元,净值151.45亿元。设有直属单位25个,机关部门23个,直属机构9个,部门挂靠机构8个。用工总量35067人,其中正式员工27845人,劳务用工7222人。共有专业技术人员5480人,其中高级职称1235人,中级职称2339人,初级职称1370人。

全年实现销售收入684亿元,利税104.76亿元。加工原油1049万吨,生产乙烯85.57万吨、塑料116.6万吨、橡胶34.6万吨、丁辛醇33.2万吨、烧碱48.8万吨、腈纶6.5万吨,热电发电38.2亿千瓦时。其中,胜利原油的加工量和乙烯、橡胶产量创历史新高。

【经营管理】 2010年,公司用"紧螺丝"式的管理,解决生产经营关键环节中的突出问题。对标茂名石化,营造"比学赶帮超"的良好氛围。学习践行总经理李安喜的"管理出效益,从严管理出大效益,精细化管理出最大效益""安全生产是天职,经济运行是水平""发现问题是水平,整改问题是业绩"管理理念,并运用到生产经营各个层面,实现安全生产好、经济指标好、队伍精神状态好的"三好"目标。

【主要经济技术指标创历史新高】 2010年,多项指标刷新历史纪录:炼油轻油收率7.55%,综合商品率94.8%;原油加工损失率0.64%,储运损失率0.21%,综合能耗61.59千克标油/吨,降低0.08、0.03和5.39个单位。乙烯收率31.58%,双烯收率45.77%,提高0.37和0.52个单位;乙烯加工损失率0.32%,燃动能耗612.4千克标油/吨,降低0.17和45.85个单位。

【节能减排】 2010年,加工吨原油取水由2009年的0.73吨,降低到0.59吨,同比节水135万吨。加强循环水管理,努力提升循环水浓缩倍数,公司循环水平均浓缩倍数达5.07,同比提高0.4。11套节水减排装置全年回收水538万吨,同比增加137万吨。其中,2010年投用的热电厂废水深度处理回用装置产水89万吨,运行负荷率达73%。全年工业水装置实现稳定运行,工业取水量5303万吨,工业水重复利用率97.9%。全年节约标油12万吨,同比减排工业废水126万吨、化学需氧量135吨、二氧化硫1.7万吨。

【精细管理增效10亿元】 争取增加高标号汽油、低凝点柴油配置计划,增产高附加值产品。8月后,97号汽油、航空煤油、低凝点柴油和橡胶、丁辛醇、聚氯乙烯等价高利厚的产品月月超额完成计划。航空煤油实现汽运出厂,同比增产3万吨。全年橡胶、丁辛醇、聚氯乙烯盈利能力提高,腈纶扭亏为盈。建立"财务定价格,销售卖产品"的自销产品定价新机制,8～12月,液化气、硫磺售价连续获全省第一。依据集团公司价格政策,规范与改制企业的互供资源价格。通过优化、降本、推价和规范管理措施,全年增效10亿元。

【橡胶产量位居全国同行业第一】 2010年,橡胶厂以27万吨的产能,生产合成橡胶34.63万吨,创历史新纪录。产量占到全国合成橡胶总产量的16%,占中国石化合成橡胶产量的27%,位居国内同行业第一。其中,12月生产负荷达到设计值的130%,创历史最好水平,实现内部利润6.33亿元。狠抓装置的经济运行,顺丁橡胶装置的主要指标升至中国石化第二名。

【800万吨/年常减压装置建成投产】 齐鲁分公司800万吨/年常减压装置安全隐患治理及节能技术改造项目可行性研究报告于2008年1月15日获中国石化股份公司批复。主要改造内容为:异地建设800万吨/年常减压装置,由电脱盐、闪蒸、常压蒸馏、减压蒸馏4部分组成,采用减压深拔工艺技术,公用工程主要依托现有设施解决。总投资66874万元。2008年8月5日装置开工建设。2010年1月29日装置实现中间交接,3月27日投油开车一次成功。装置建成投产后,可加工高硫高酸原油670万吨/年,加工胜利混合原油130万吨/年。

炼油厂800万吨/年常减压装置 (孙郑生 摄)

【液化气及丙烯罐区安全隐患治理项目中交】 胜利炼油厂液化气及丙烯罐区安全隐患治理项目可行性研究报告于2009年9月21日获中国石化股份公司批复,2010年5月20日,项目基础设计获批复,主要建设内容为:拆除八罐区5台柴油罐,在拆除位置新建4台2000立方米液化气球罐、1台2000立方米丙烯球罐;拆除现有液化气罐区,操作室、配电室、系统管线、液态烃泵区和质量流量计等配套设施并搬迁。项目占地面积3382平方米,总投资7082万元。2010年5月4日开始土建施工,12月28日实现中间交接。

【乙烯污水处理厂达标升级改造项目投入运行】 齐鲁乙烯污水处理场担负着乙烯17套石化装置及配套生产装置的生产污水、生活污水及污染雨水的处理任务。2009年9月27日，乙烯污水处理场达标升级改造项目由中国石化集团公司批复，总投资6430.81万元。2009年10月开工，2010年2月1日絮凝过滤单元建成投入运行，3月底厌氧好氧工艺具备中交条件，5月初开始进水并进行调试运行。高盐系统设计处理规模为1200立方米/时，8月实现中交并投入运行。改造完成后，齐鲁乙烯污水处理场的总处理能力为2200立方米/时，出水化学需氧量、氨氮达到60毫克/升和6毫克/升以下。12月10日，项目通过淄博市环保局竣工环境保护验收。

污水处理厂2号生化一沉池 （张因春 摄）

【老区电力隐患治理项目施工完成】 齐鲁石化老区电力隐患治理项目110千伏架空外线可行性研究报告于2006年6月29日批复，总投资10492万元。甲变电站改造于2006年5月完成；新建二化变电站2009年4月送电。2007年9月17日110千伏架空外线开工，2010年12月30日竣工。

【炼油厂南北区中压蒸汽连通线建成投用】 炼油厂新建南北区中压蒸汽连通线项目是节能优化改造项目，总投资1487.52万元，管线总长度为3200米，南起热电车间分汽缸，北至第二催化装置分气缸。4月7日开工，5月31日建成投用。项目建成后，炼油厂南北区生产装置中压蒸汽实现互联互通。

【乙烯裂解炉改造及配套轻烃储运设施项目】 齐鲁乙烯GK－VI裂解炉BA－107裂解轻烃改造及配套轻烃储运设施填平补齐建设工程分别于3月17日、3月3日经中国石化批复，建设资金分别为1540万元、1860万元。乙烯装置的轻烃汽化系统改造配合BA－107裂解轻烃改造项目同时进行，该项目在原位置新增轻烃汽化器、过热器和缓冲罐，扩大轻烃汽化能力。5月25日开始老碳五汽化装置拆除作业，6月10日轻烃汽化设备基础施工，6月21日基础混凝土浇筑施工完成，7月12日项目中间交接，7月30日投油开车。该项目对提高乙烯收率、降低原料消耗、降低装置能耗起到一定作用。

配套轻烃储运设施填平补齐项目于5月26日开始轻烃球罐基础施工，11月27日热处理结束，12月13日试压结束。项目完工后，将增加2000立方米的轻烃存储能力，满足裂解原料的轻质化。

【催化干气回收乙烯项目开工】 2009年12月28日，齐鲁分公司催化干气回收乙烯项目可研报告获中国石化股份公司批复，在胜利炼油厂新建1套10万吨/年催化干气回收乙烯装置。主要建设项目包括催化干气压缩、浅冷油吸收、汽油吸收、解析、吸收、脱碳、脱氧等部分；其他公用工程、辅助设施均依托现有设施进行适应性改造。装置占地面积为2740平方米，总投资9567万元。项目采用中国石化自主知识产权的浅冷油吸收工艺技术。2010年8月29日装置桩基基础施工正式开始。

【丙烯腈技术改造项目投产】 丙烯腈技术改造项目采用中国石化自主开发的成套技术，充分依托原有公用工程和辅助设施，改造范围包括丙烯腈新反应单元、精制单元、四效单元、乙腈单元、空压制冷单元、水汽车间循环水单元。2008年7月9日，中国石化总部批复技术改造可研报告。2009年1月14日，山东省安全生产监督管理局批复安全评价报告。11月4日，山东省环保厅批复环评报告。2010年1月21日，中国石化总部批复初步设计，总投资23294万元。2月1日，新四效单元开工建设，7月7日，开车成功投入生产运行。

丙烯腈改扩建工程 （翟小妹 摄）

【为职工办实事】 9月1日起，调整夜班津贴标准，大夜班津贴由20元/个调整为35元/个，小夜班津贴由8元/个调整为15元/个。整治厂区化工异味，通过中国石化集团公司的清洁生产审核。对困难群体加大帮扶力度，建立公司、厂、车间三级帮扶机制，开展主题探访，开办“爱心超市”，“不让一个职工吃不上饭，不让一个职工看不起病，不让一个职工子女上不起学”的承诺得到落实。全年帮扶4348人次，发放帮扶救助金624万元。辛店社区实现供暖方式的转变。根据市政府城市规划和整合热源要求，齐鲁石化关停辛店锅炉房，改从华能电厂和中轩集团接入蒸汽作为供暖热源。2010年6月10日，辛店社区集中供热系统技术改造项目获中国石化集团公司批复，总投资2968.5万元。6月30日完成基础设计，7月5日开工，9月30日完成中交，11月12日送暖成功。（曹钰梅）

医药工业

【概况】 2010年，全市规模以上医药工业企业达到61家，完成工业增加值87.77亿元，比2009年增长9.56%；实现销售收入281.96亿元，增长26.90%；实现利税38.43亿元，增长28.94%；实现利润23.82亿元，增长33.90%。“十一五”期间，全市医药工业完成工业增加值、销售收入、利税、利润分别达到年均增长26.26%、25.5%、39.05%和33.64%，分别是“十五”期末的3.21、3.11、5.20和4.26倍。瑞阳制药销售收入突破45亿元。新华制药、瑞阳制药、山东药玻、新华医械、齐都药业、帝斯曼（淄博）制药经济效益大幅提高。瑞阳制药、山东药玻、新华制药和山川医器进入全国医药工业百强企业行列，分别列第26、27、39和59名。

【产品优化升级】 2010年，各企业医药制剂类产品发展进一步加快，粉针剂、注射液、缓释控释片产量分别同比增长64.19%、43.58%、73.63%；抗菌素类原料药产量受制剂产品拉动同比增长77.67%，其中头孢噻肟钠和头孢曲松分别增长119.03%和85.39%；采用“酶法”绿色新工艺生产头孢氨苄产量同比增长199.24%；高档医疗器械产品产量增幅较大，医用高能射线设备同比增长20%。

【重点项目建设】 2010年，全市医药工业开工建设31个重点技术改造项目，累计完成投资23.45亿元，其中当年完成投资18.04亿元。11个项目被列入2010年淄博市百项重点工程，其中10个项目开工建设，3个项目竣工，累计完成投资15.56亿元。

【技术创新】 2010年，全市规模以上医药工业企业完成新产品产值72.81亿元，增长38.34%；研究开发费用达2.4亿元，增长41.01%，创历史新高。新华制药取得苯巴比妥生产批件、聚卡波非钙及片剂临床试验批件。瑞阳制药主持起草美洛西林钠国家质量标准，被国家药典委员会授予《中国药典》2010年版质量标准研究先进单位称号。山东药玻紫外线截止玻璃包装瓶被认定为2010年度国家级重点新产品。齐都药业博士后科研工作站正式挂牌。新华制药、瑞阳制药、齐都药业加盟山东省重大新药创制中心，6个项目被列入国家重大新药创制专项。新华医疗2010年申报专利62项，其中发明专利7项。截至年底，全市医药行业建立国家级企业技术中心2家，省级企业技术中心5家，省级工程技术研究中心9家，市级企业技术中心及工程技术研究中心4家。6家企业成立博士后工作站，1家成立院士工作站，各类专业技术人员占企业总人数的比重达24.1%，其中工程技术人员比重达到14.3%。培养、引进博士20名、硕士162名。

【出口贸易】 2010年，全市规模以上医药工业完成出口交货值58.07亿元，增长21.74%。其中，药品生产制造业完成出口交货值28.18亿元，增长14.60%；医疗器械生产制造业完成出口交货值26.51亿元，增长14.71%。

【行业服务】 加强医药经济运行分析监测，定期编写全市医药经济运行分析报告。陶博会期间，举办淄博新医药产业发展战略报告暨项目对接会。邀请中国药科大学、沈阳药科大学分别发布洽谈新医药成果转化项目，16个医药项目与企业达成合作意向。与市经济合作局联合组织中药企业赴重庆合川区、石柱县考察交流，2家生产企业与石柱县开展深层次项目合作；与市卫生局、市药监局等联合召开淄博医药健康产业博览会；组织举办全市医药中小企业融资担保推介会，帮助企业解决融资担保难题。完成335名医药及医药工程初级专业技术职称的评审工作。与市委研究室联合完成《把我市医药产业率先培育成为全国品牌产业集群的研究报告》。（商玉芳）

【山东新华医药集团有限责任公司】 2010年，公司总厂区搬迁土地手续办理完毕，化学药物产业化中心及各功能区的细化设计、污水处理工程方案论证相继完成，阿司匹林系列15000吨/年项目进入施工阶段。吡唑酮产能达到10000吨/年，氯代丙酰氯产能达到5000吨/年。新达制药冻干粉针车间竣工。

技术创新。布洛芬技术改造项目、三苯双脒国际合作研究项目被列入科技部“十一五”第三批重大新药创制计划。阿司匹林、扑热息痛技术改造项目被列入科技部“十二五”第一批重大新药创制计划。盐酸苯氟雷司及片剂被列入山东省科技发展计划项目，并获得省及地方配套经费支持。年内，新华制药被评为国家综合性新药研发技术大平台（山东）产业化示范企业、山东省第二批创新型企业试点企业、2010年国家火炬计划重点高新技术企业。公司取得苯巴比妥生产批件、聚卡波菲钙及片剂临床试验批件、三苯双胍标准转正颁布件,甲磺酸帕珠沙星及其氯化钠注射液通过技术审评,有2个产品申请临床研究,3个产品完成试生产。拜耳制剂委托加工项目实现销售收入5500万元。9个原料药、1条固体制剂生产线、1个保健食品通过国家GMP认证。布洛芬、咖啡因、茶碱获得瑞士GMP证书。布洛芬、TMP、左旋多巴3个产品以零缺陷通过美国FDA的现场审计。咖啡因通过食品质量体系HACCP认证。国家一类新药顿灵被评为山东省名牌产品。3项成果分别获2010年度山东省企业管理现代化创新成果二、三等奖。公司被中国设备管理年会授予卓越贡献奖,获山东省能源计量示范标杆企业称号。

节能减排。实现产值能耗0.28吨标准煤/万元,同比下降7.8%,全年减少能源支出1482万元;投资698万元完成38个环措项目,外排化学需氧量降低6.08%,外排氨氮降低6.34%。 (李传道)

机械工业

【概况】 2010年,全市机械行业规模以上企业1027家,实现营业收入1351.23亿元,增长35.16%,产业规模首次突破千亿元大关。全行业完成工业增加值290亿元,增长19.8%,高出全国平均增幅3.8个百分点;利润116.23亿元,增长55.68%;利税总额186.10亿元,增长50.38%;出口交货值56.93亿元,增长9.34%;万元产值综合能耗0.1518吨标煤,降低6.4%。企业从业人员13.29万人。山东唐骏欧铃汽车制造有限公司、淄博柴油机总公司、淄博蠕墨铸铁股份有限公司进入山东省机械工业百强。

【结构调整】 2010年,全行业1000万元以上技术改造项目360项,其中投资额3000万元以上的项目123项。完成技术改造投资额162.23亿元,增长51.32%。25项被列入全市百项重点项目,在各行业中占比最高,总投资63.16亿元。项目规模大、起点高,对全市机械工业产业结构调整具有引领作用。代表项目有山东华成集团有限公司的精密减速机及增速齿轮箱项目、淄博柴油机总公司的新能源产能扩大项目、山东美陵集团的汽车零部件铸造及烟气脱硫设备项目、山东省淄博生建机械厂的大型起重机项目、山东长志泵业有限公司的核级泵项目、淄博先河机电有限公司的轻微型汽车EPS生产线项目、山东唐骏欧铃汽车有限公司的电动汽车EV02车型开发项目、山东齐鲁石化机械制造有限公司的大型锻造与旋压机械加工项目、山东胜利钢管有限公司的高等级油气输送管道项目、山东宏泰机电科技有限公司的船用部件项目、三林集团的航空航天材料部件及开关磁阻电机项目。以轻卡、电动汽车、发动机、水泥机械、矿山机械、起重机械、石油化工机械、新型建材机械、造纸机械、玻璃机械、机床设备等为主的主机成套设(装)备产业进一步发展壮大,产业链条不断延伸。电动汽车、高端精密机械、新能源(地热、生物质、风能等)装备、核电装备、船舶配件、航空航天材料及设备等一批高科技高附加值产品产业得到快速发展。

【机械行业优秀竣工项目】 2010年,8个技术改造项目被评为淄博市百项重点项目优秀竣工项目,分别是:淄博水环真空泵厂有限公司的增速齿轮箱及精密减速机项目,山东海州粉末冶金有限公司的30万吨/年粉末冶金材料扩产项目,美卓造纸机械(中国)有限公司淄博分公司的500件/年造纸机械辊子及零部件生产、维修、组装项目,山东晨钟机械股份有限公司的高效双盘磨浆机及连续蒸煮制浆系统产业化项目,山东柳杭减速机有限公司的迁扩建改造提升项目,淄博贝尼托金属制品有限公司的10万套/年汽车驱动桥总成项目,山东宏泰机电科技有限公司的5万吨/年合金铸钢件及船用大型铸钢件项目,山东东油石油装备有限公司的5万吨/年机械加工油管、套管、管件项目。

【自主创新】 2010年,全行业新增省级企业技术中心6家。分别是:淄博万昌化工设备有限公司技术中心、山东华成集团有限公司技术中心、山东天晟煤矿装备有限公司技术中心、山东山博电机有限公司技术中心、淄博齐鲁焊业有限公司技术中心、山东博润工业技术有限公司技术中心。新增市级企业技术中心12家,全市机械工业省级企业技术中心累计达12家、市级企业技术中心累计达42家。产学研联合取得新进展。山博电机、淄柴新能源与同济大学、浙江大学就电机电控方面的难题实现对接;山东三林集团与德国SRM电气传动技术公司合作成立高效电机研究中心,与上海复旦大学合作成立复旦一派力迪污染控制国家级工程研究中心。山博集团与北京航空航天大学、山东理工大学与淄博柴油机总公司在校企联合方面开展合作。2010年全行业专利技术申请和拥有量快速增加,拥有自主知识产权的核心技术不断取得新的突破。获得中国机械工业科学技术奖6项;获得山东省优秀工业设计产品4项;获得山东省重大装备首台套项目9项;获得山东省机械工业科技进步一、二、三等奖17项;12种产品列入工信部节能减排产品推荐名录;牵头起草制订或参与起草制订国家标准、行业标准30余项;各类专利技术拥有量达1000余项。开展第一届"创尔沃热泵杯"机械工业设计大赛活动,参赛作品45项。

【企业管理】 推行现代管理方法,推广应用企业资源计划(ERP)管理手段,扎实推进现代化企业管理。山东美陵集团成为全市机械行业成功实施ERP管理的范例。2010年,山东鲁信高新技术股份有限公司、淄博柴油机总公司、山东山博集团有限公司、山东华成集团有限公司、山东颜山泵业有限公司、山东华泰集团有限公司、山东嘉丰玻璃机械有限公司、山东先河悦新机电股份有限公司、山东新风股份有限公司、淄博齐鲁焊业有限公司等11家企业获全国机械工业管理进步示范企业称号。邓德乐、李功臣、黄毅、李仲敏、陈维茂、成志军、陈同胜、景传舜、张辉新、韩荣杰、李勇等11人获全国机械工业优秀企业家称号。

【项目申报和资金争取】 2010年，全行业获各类扶持性资金8000余万元。山东华成集团获取省新能源装备扶持资金800万元、省科技重大专项扶持资金300万元、新产品扶持资金100万元；山东鲁信高新技术股份有限公司争取国家重点数控机床及重大基础件专项扶持资金430万元；山博电机集团获国家重点军工项目扶持资金150万元。行业内企业还获得山东省新能源汽车关键零部件项目财政扶持资金300万元，国家合同能源管理项目财政奖励资金250万元，国家、省首台套资金120万元，中小型企业开拓国外市场扶持资金200万元。6家企业获得淄博市创新成长型工业企业发展专项资金扶持。分别是：博水环真空泵厂有限公司90万元、淄博三林新型材料有限公司60万元、淄博淄柴新能源有限公司40万元、淄博先河悦新机电股份有限公司30万元、山东欧锴空调科技有限公司20万元、山东雷帕得弹簧有限公司20万元。

【争创名牌】 2010年，淄博市机械行业有9家企业的注册商标获得山东省著名商标。分别是：山东万丰煤化工设备制造有限公司的"万丰"、淄博柴油机总公司的"淄柴及图"、山东唐骏欧铃汽车制造有限公司的"欧铃"、山东祥和集团股份有限公司的"汇祥及图"、博山精工泵业有限公司的"鲁阳精工及图"、淄博市博山防爆电器厂有限公司的"淄防及图"、淄博市博山晨光建材机械有限公司的"晨光及图"、山东三金玻璃机械股份有限公司的"三金"、淄博利华通风设备有限公司的"利华"。

10家企业的注册商标续展获得山东省著名商标。分别是：山东伯仲真空设备有限公司的"伯仲及图"、淄博蓄电池厂的"火炬及图"、淄博弘扬石油设备集团有限公司的"弘扬及图"、淄博大通矿山机械制造有限公司的"五龙及图"、淄博真空设备厂有限公司的"双山及图"、山东博大集团有限公司的"博大及图"、淄博长城电缆制造有限公司的"慧伟及图"、淄博齐鲁焊业有限公司的"齐鲁及图"、山东省淄博蠕墨铸铁股份有限公司的"迎风"、山东晨钟机械股份有限公司的"晨钟"。 （黄长怀）

【山东鲁信高新技术产业股份有限公司】 截至年底，山东鲁信高新技术产业股份有限公司（简称鲁信高新）在册员工924人，完成工业总产值28039万元；实现利税7784万元。磨料完成13970吨，磨具完成3759吨，砂布砂纸完成25448万张。

1月12日，公司资产重组事项获中国证监会批准。鲁信高新总股本变为372179647股，其中山东省鲁信投资控股集团有限公司（简称鲁信集团）合计持有公司271800869股股份，占公司总股本的73.03%，为公司控股股东。重组完成后鲁信高新主营业务由原来的磨料磨具产业变为创业投资和磨料磨具产业。

6月，占地18公顷的鲁信工业园全面建设完成，鲁信高新管理机构、磨具产业、涂附磨具、部分磨料产业陆续由南定老厂区搬迁至鲁信工业园。11月2日，鲁信高新对所拥有的老厂区37.7公顷土地进行拍卖。实施四砂社区综合改造，截至年底，投资600万元的供暖供气改造工程全面完成。

2010年，鲁信高新的陶瓷微晶磨料及磨具制备技术申报国家数控机床与基础制造装备科技重大专项课题获得成功。该技术在工艺上突破国外专利封锁，形成自主知识产权，填补国内空白，形成年产陶瓷微晶磨料500吨、陶瓷微晶磨料磨具1000吨的生产能力。 （李 婧）

电子信息产业

【概况】 2010年，全市电子信息产业（电子信息产品制造业和软件业）规模以上企业177家，实现主营业务收入300.67亿元，比2009年增长37.92%；实现利润27.09亿元，增长92.81%；实现利税39.23亿元，增长72.82%。各项经济指标增速均高于全省平均水平，经济总量排名升至全省第五位。电子信息产品制造业企业167家，产业规模居全省第五位；实现主营业务收入297.18亿元，增长37.95%；实现利润26.3亿元，增长93.24%；实现利税37.94亿元，增长72.53%。软件业统计内规模以上企业10家，产业规模居全省第七位；实现软件业务收入2.53亿元，增长35.27%；实现利润7915万元，增长80.49%；实现利税1.34亿元，增长89.03%。

全市拥有仪器仪表产业园、电子元器件产业园、微电机产业园3个省级电子信息产业园和1个省级软件产业园——淄博软件园。2010年，3个省级电子信息产业园入驻企业近百家，实现销售收入86亿元，超过全市信息产业销售收入的50%，产业聚集效应初步显现。电力电子、医疗电子、石化电子、节能电子、电子元器件、微电机和嵌入式软件企业发展迅速，在国内市场有一定影响力。集成电路产业快速发展，形成由晶圆测试、划片、IC卡模块及RFID电子标签封装、RFID整体解决方案提供、RFID系统集成组成的上下游联系紧密的产业链，整体技术水平国内领先。电力电子自主创新逐年增强，逐步形成由电力电子芯片设计、电力电子模块封装、电力电子核心元件、器件、电力仪器仪表自动化系统及智能电网应用系统组成的产业链，在国内市场有较强的竞争力。

2010年，全市有1个项目获工业与信息化部电子信息产业发展基金资助，19个项目得到省信息产业发展专项基金支持。12月4日，市政府与西安邮电学院签署战略合作协议，西安邮电学院西安深亚电子公司与山东凯瑞投资有限公司签署《集成电路设计合作协议书》。

截至年底，全市信息产业有国家级企业技术中心1个、省级企业工程技术中心6个、省级软件工程技术中心2个、博士后科研工作站2个、国家级重点实验室1个。认证软件企业累计33家，登记软件产品累计118个，软件著作权累计120个。

【企业信息化建设】 2010年，信息技术在企业产品研发设计、生产过程控制、产品营销、企业管理等关键环节有较为广泛的应用，全市90%的规模以上企业应用MIS、CAD、CAM、CIMS、ERP等信息系统进行企业管理，向工艺设计电脑化、生产制造自动化、经营管理信息化方向发展。信息技术的应用使企业产品设计周期缩短62%以上，开发成本降低37%以上。信息化对企业效益增长平均贡献率达28%，对于水泥、玻璃等行业节能减排的贡献率超过50%。

【两化融合】 推进两化融合试验区建设，两化融合效益初步显现。省政府办公厅印发《关于推进信息化与工业化融合试验区建设的意见》，明确淄博市为山东省首批两化融合试验区建设城市之一。制定推进两化融合试验区建设的实施意见，提出淄博市推进两化融合和建设试验区的原则思路、发展目标、主要任务、重点工程、政策措施等。

【社会信息化工作】 截至年底，全市光缆线路总长度达54万芯公里，互联网出口总带宽100G，全市城乡电话总数超过600万户，互联网用户数55万户，数字电视用户53万户。（孙耀祖）

陶瓷工业

【概况】 2010年，全市日用陶瓷企业278个，从业10万余人。全行业完成产值149亿元，比2009年增长49 %；销售收入141亿元，增长41%；日用陶瓷产量14.9亿件，增长60.7%；利税合计16.7亿元，增长43%，其中利润10亿元，比2009年增长45%。日用陶瓷出口2.01亿美元，增长38.11%。9月6日，淄博市与青岛大学签署合作发展淄博陶瓷琉璃产业协议书。

【贯彻执行“淄博陶瓷 当代国窑”产品标准】 1月15日，市质量技术监督局、市陶瓷行业协会在国家陶瓷质检中心联合召开贯彻执行“淄博陶瓷 当代国窑”产品标准座谈会，强化《淄博陶瓷高石英质瓷器》《淄博陶瓷合成骨质瓷器》《淄博陶瓷镁质强化瓷器》《淄博陶瓷炻器》《淄博陶瓷雕塑陶瓷》5项山东省地方标准执行力度。全市20多家企业负责人出席会议。市质量技术监督局、市陶瓷行业协会提出贯彻执行标准的措施和办法，推进“淄博陶瓷 当代国窑”地域品牌的管理、保护、宣传。

【行业培训】 3月16日，市陶瓷协会举办生产管理技术及商标知识技术培训班，全市20家日用陶瓷企业的82名生产管理技术骨干参加培训。

【硅苑科技中标中央办公厅接待中心用瓷】 山东硅苑科技生产的高石英瓷以其独特优势中标中共中央办公厅接待会议中心用瓷。2月28日，5万件高石英瓷被运往北京。

【淄博陶瓷参展上海世博会】 山东硅院科技、淄博华光瓷业、山东福泰陶瓷和山东国华瓷器等企业产品作为淄博元素参展上海世博会。7月1日，淄博华光瓷业参展上海世博园世博文化中心馆中国陶瓷艺术精品展览。

淄博华光瓷业的合成抗菌骨瓷在上海世博会山东馆展出　（钱景华　摄）

【5项标准通过审查】 8月4日，全国日用陶瓷标准审查会在淄博市召开，会议审查通过由市陶瓷行业协会组织制定的《镁质强化瓷器》《高石英质瓷器》《抗菌骨质瓷器》3项国家标准和《陶瓷颜料》《印刷金膏》2项国家行业标准。

【山东省陶瓷琉璃艺术设计创新评比】 8月7～8日，由市陶瓷行业协会承办的山东省陶瓷琉璃艺术设计创新评比在淄博市举行。济南、青岛、临沂、德州、滨州、日照、淄博等7个城市，100家单位，333位艺术家，347套2515件作品参加评比。评出金奖20个，银奖33个，铜奖56个。

2010 年 8 月，李秋峰的鲁青瓷刻瓷大瓶“泰山赋”获山东省陶瓷琉璃艺术设计创新评比金奖

（钱景华　摄）

【“国窑网”开通暨“当代国窑馆”开馆】 9 月 5 日，“国窑网”开通暨“当代国窑馆”开馆仪式在中国陶瓷馆举行。“国窑网”设当代国窑、万年薪火、陶瓷展馆、陶博会新闻报道、陶博会巡礼 5 个板块，立体展示网上陶瓷博览会。“当代国窑馆”是在中国陶瓷馆原日用瓷馆基础上改造、升级而成，面积 1500 平方米，陈列展示自 20 世纪 50 年代至 2010 年 100 多个批次 3000 余件（套）国家用瓷和国礼用瓷代表作品。

【“淄博陶瓷 当代国窑”展】 9 月 6 日，“淄博陶瓷 当代国窑”展在陶博会主展区展出。展览由市陶瓷行业协会组织，分为高档宾馆饭店用瓷展区、2010 年全省陶瓷琉璃艺术创新评比获奖作品展区、大师作品展区、高技术陶瓷展区、技艺表演互动区域、淄博陶瓷专著书籍展区。9 月 27 日，“淄博陶瓷 当代国窑”展亮相第三届山东省文化产业博览会。展区分为盛世绚烂、齐地意象、国瓷风采和陶韵齐声 4 部分，总展出面积 288 平方米，展示各类陶瓷文化艺术品 3000 多件（套）。

【“淄博陶瓷 当代国窑”地域品牌授权】 5 月 10 日，在全市陶瓷行业会议上，淄博华洋陶瓷有限公司生产的镁质强化瓷被授予“淄博陶瓷 当代国窑”地域品牌及“淄博陶瓷”地理标志使用权，成为第三家拥有“淄博陶瓷 当代国窑”地域品牌使用权的公司。9 月 7 日，山东福泰陶瓷、淄博泰山瓷业、淄博国华瓷器被授权使用“淄博陶瓷 当代国窑”地域品牌，成为第三批享有“淄博陶瓷 当代国窑”地域品牌使用权企业。

【“淄博陶瓷 当代国窑”历代精品拍卖会】 9 月 12 日，由淄博中国陶瓷馆、荣宝斋淄博有限公司和市陶瓷行业协会联合举办的 2010“淄博陶瓷 当代国窑”历代精品拍卖会在荣宝斋大厦举行。拍卖会征集陶瓷琉璃艺术品 600 余件，精选 292 件进行拍卖。其中，当代陶瓷 157 件，古代陶瓷 135 件。作品涉及 8 家企业，40 余位知名陶艺家。现场成交额 1784 万元，成交率 85.6%。

2010 年 9 月 12 日，“淄博陶瓷 当代国窑”历代精品拍卖会现场

（钱景华　摄）

【淄博陶瓷传统烧制技艺获奖】 10 月 14 日，首届中国非物质文化遗产博览会在济南举行，淄博陶瓷传统烧制技艺展览在会上展出，并获展品银奖。

【8 人被评为中国陶瓷艺术大师】 11 月 9 日，第二届中国陶瓷艺术大师评审会在湖南醴陵举行。市陶瓷行业协会推荐 21 名省级大师参加评审。何岩、吕泉、孙兆宝、闫先公、董善习、罗晓东、乔希儒、王一君被评为中国陶瓷艺术大师。截至年底，淄博市有中国陶瓷艺术大师 14 人。

【全国陶瓷新产品创新评比】 市陶瓷行业协会组织企业和艺术工作者参加 2010 年全国陶瓷新产品创新评比。选送 101 套陶艺作品参评，获金奖 4 个、银奖 8 个、铜奖 17 个、优秀奖 18 个、评委特别奖一个，获奖率 47.52%。

【陶瓷特色产业集群项目获资金扶持】 由市陶瓷行业协会组织的淄博陶瓷特色产业集群项目获省财政 1000 万元资金扶持。分别是：山东福泰陶瓷有限公司建立淄博陶瓷产业集群科技发展公共服务中心项目、淄博华光瓷业有限公司的华青瓷及高光泽度无铅釉科技创新成果产业化项目、山东硅元新型材料有限责任公司的高性能氮化物及氧化物耐磨耐功腐陶瓷产品产业化项目、淄博华洋陶瓷有限责任公司高韧性抗冲击镁玉强化瓷项目、博山金马瓷器有限公司的废瓷粉在骨质瓷产品中再利用项目、淄博泰山瓷业公司的鲁青瓷技术改造项目、淄博工陶公司的陶瓷溢流砖项目等7个项目。

（钱景华）

【淄博华光瓷业有限公司】 2010年，淄博华光瓷业有限公司实现产值8737万元、销售收入8895万元、利润565.95万元，分别增长6.3%、11.5%、42.9%。汇宝公司、华龙公司职工安置工作基本结束，破产清算工作正在推进。停产企业下岗职工的安置工作有序展开。

品牌运营。骨质瓷公司参加“相约世博 风采淄博”工艺美术精品展，在北京举办“国粹续延，大美无限——华光陶瓷艺术展”。“大作坊”和“豪门仕风”系列产品销售实现突破。华创公司加快开发直接客户，大型缸套销售比2009年增长93.5%，小型缸套销售增长188.2%。

自主创新。骨质瓷公司加强传世典藏品、文化艺术品、经典时尚用品开发，与中国国家画院联合开展“国窑、国瓷、国画”书画名人创作活动，3名员工被评为中国陶瓷工艺大师。10件套产品获全国陶瓷艺术设计创新奖，其中金奖2个、银奖3个、铜奖3个、优秀奖2个。完成科技创新项目42项。完成60米隧道窑改造，新建4.5立方梭式窑2座。参与山东省日用陶瓷资源再利用规范标准制定，《华青瓷及高光泽度无铅釉科技创新成果产业化》项目列入山东省地方特色产业中小企业发展项目。华创公司完成陶瓷缸套国家标准的审定和报批，新承担耐磨硅酸锆球行业标准的制定任务，获国家专利6项。 （冯衍伟）

纺织工业

【概况】 2010年，全市纺织行业规模以上企业218家，完成工业总产值298.82亿元，比2009年增长24.13%；实现销售收入293.56亿元，增长22.72%；实现利润24.61亿元，增长36.60%；实现利税37.10亿元，增长37.08%。纺织服装出口创汇12.33亿美元，增长24.3%，其中纺织业出口创汇7.75亿美元，增长30.1%；服装业出口创汇4.58亿美元，增长15.6%。主要产品产量：生产纱17.12万吨，增长6.41%；布11.07亿米，增长45.39%；服装1.07亿件，增长19.19%；化纤12.90万吨。

【项目建设】 是年，全行业有13个在建重点项目，总投资过20亿元。其中沃源公司的高档面料后整理技改项目，总投资1820万元；江辰时装公司年生产200万件牛仔服装加工项目，总投资4500万元；大染坊丝绸集团年产50万米宽幅提花面料项目，总投资7000万元；银仕来公司128台大提花织机技术改造项目，总投资2亿元；鲁泰集团重点项目3个，分别是总投资1.45亿元的1000万米女装面料项目、总投资6.6亿元的5000万米匹染面料项目、总投资8000万元的300万件高档衬衣生产线技术改造；流云公司搬迁扩建项目，总投资9705万元；兰骏集团的3000万米高档休闲面料后整理技术改造项目，总投资7000万元；稳昇公司的棉纱及高档服装生产项目，总投资1.5亿元；兰雁集团总投资7827万元的牛仔布生产线节水改造项目和600万件牛仔服装项目；友诚毛绒公司活性印花印染后整理项目，总投资7000万元。

【科技创新】 2010年，市纺织协会组织举办首届全国“银仕来杯”大提花面料创意设计大赛、“鲁泰杯”纺织行业优秀工业设计产品评选活动、“兰雁杯”牛仔水洗技能大赛；与周村区联合举办以创意为主题的丝绸纺织发展高峰论坛。兰雁集团技术中心被认定为国家级技术中心，成为全国牛仔行业首个国家级技术中心。鲁泰公司的自去污功能性面料开发技术、纯棉纱线中深色无前处理染色技术达到国际先进水平，色织和匹染中弹轻薄面料开发技术、电晕技术在浆纱工艺中的应用研究达到国内领先水平。银仕来公司开发出以天丝系列产品、细旦涤、阳离子套染衬衫布等为代表的新品种。沃源公司开发新产品30余个。

【企业管理】 是年，市纺织协会、鲁泰纺织有限公司获全国纺织工业先进集体称号；鲁泰公司总经理刘子斌、兰骏集团董事长刘天林、祥业公司董事长王纪友、银仕来公司总经理孙红春、兰雁集团孙立勇、海润公司挡车工孙彦彦、齐赛公司挡车工曹玲玲获得全国纺织工业劳动模范称号。市纺织协会被评为山东纺织行业年度安全生产先进单位。鲁泰公司、兰雁集团、兰骏集团、齐赛公司、汇银公司、沃源公司、北斗星公司、鲁燕集团、大染坊公司被评为山东纺织行业年度安全生产“三无企业”（无因工死亡、无重伤、无损失3000元以上的火灾事故）。11人被评为山东纺织行业年度安全生产先进个人。

【争创名牌】 是年，淄博江辰时装公司的“海思堡”商标被认定为中国驰名商标。鲁泰公司、兰雁集团分别入围“十一五”山东服装行业十大功勋企业和十大科技贡献奖名单；江辰公司、奈琦尔公司、龙泰制衣公司、莹丽制衣公司入围山东服装行业十大新星品牌。

【行业管理】 编制完成《淄博市纺织行业“十二五”发展规划》《淄博市服装产业集群“十二五”发展规划》《淄博市丝绸行业“十二五”发展规划》。指导周村区、淄川区、高青县制定“十二五”纺织服装发展规划。组团参加全省首届服装家纺博览会，展位数达到41个，占全部展位近20%。创办《淄博纺织会刊》。践行“我为行业发展当智者、当推手、当义工”实践载体，开展“创先争优”活动。接管雪银集团离休干部，纳入协会管理。 （李 谦）

【淄博兰雁集团有限责任公司】 2010年，集团公司纺纱3.12万吨，织布4307万米，生产服装940万件，实现销售收入16.01亿元人民币、利税8498万元、利润4839万元、出口创汇6797万美元。企业通过国家级技术中心认证，进入全国服装行业协会百强行列。全年开发新产品416个，其中自研品种174个，占总研发比例的41.8%。

2010年12月22日，淄博兰雁集团向在淄博学习工作的青海玉树藏族师生捐献棉衣和现金（张淑萍　摄）

生产经营。销售份额增长迅速。面料外销继续加大与国外大客户合作，稳定主流市场。加大广东、浙江市场开发，广东市场订单量增长50%。出口欧洲服装订单总量比2009年翻两番。棉纱实现销售收入2.5亿元。在柬埔寨柴桢曼哈顿经济特区征地13公顷建设纺织服装工业园，一期工程年产100万件牛仔服装生产线开始试生产。搬迁开发项目进展顺利。

品牌建设。拓宽销售网络，加大重点市场开发。发展加盟店，入驻大型商场，探索网络直销等新型营销模式。借鉴公司贴牌生产的产品样式，推出具备自身特色，适应市场要求的新产品。加大山东、东北市场开发，销售网点增加到50家。

企业管理。抓好基础管理，倒逼成本初见成效，生产成本指标面料下降5.2%、服装下降6.4%、纺纱下降0.5%。强化生产管理，重点从幅宽、缩率、尾数等方面进行控制。

节能减排。全年节约水费56万元。周北电厂完成发电量1.62亿千瓦小时，供热323万吉焦，实现销售收入2.25亿元，利润846万元。（马　辉）

丝绸工业

【困难企业破产】 按照省国资委和省丝绸集团公司的统一部署，山东天力丝绸有限公司列入依法破产工作计划。9月2日，市政府召开山东天力公司破产工作协调会，形成会议纪要。10月12日，市法院审查通过天力公司破产申请，下达破产受理裁定、破产裁定。开展债权债务清查，破产审计、资产评估工作基本完成。与市医疗保险事业处签订协议，使天力公司300多名退休职工医疗保险问题得到解决。

【助推行业发展】 年内，市有关部门和市文化体制改革和产业发展办公室就丝绸行业发展进行专题调研。市丝绸公司与市农业局、淄博黄河河务局等相关部门沟通、协调，为高青蚕茧基地建设争取土地、资金支持。与山东农业大学合作，引进新技术，解决蚕茧生产与防治美国白蛾的矛盾。市公司与淄博恒盛公司到华南农大考察综合利用开发，确定以蚕蛹、丝绵被的精深加工为企业的发展方向。淄博丝绸产业“十二五”规划意见被纳入淄博市“十二五”经济社会发展规划。帮助企业协调涉诉案件，保护企业合法权益。及时领取、发放军转人员长效机制款和离休人员生活补助资金。无丝绸行业员工赴省进京上访。做好困难职工救助，400多人次得到资金、物资帮扶。（曹永志）

【淄博大染坊丝绸集团有限公司】 2010年，公司固定资产17000万元，职工1400余人，实现销售收入41700万元，比2009年增长38.61%；完成自营出口创汇1169万美元，增长33%；上缴税金828万元；职工人均工资收入增长24%，各项指标均创历史最好水平。高档蚕丝被获山东省优秀工业产品设计奖。真丝床上用品4件套获得“创意淄博”工业设计产品唯一金奖。

1月10日，广西上林大染坊茧丝绸有限公司年产320万米真丝绸项目一期工程竣工投产；9月，年产50万米宽幅提花家纺面料项目一期工程投产。（崔新昌）

【淄博海润丝绸发展有限公司】 11月28日，举行公司整体搬迁开业庆典。年初，全部撤销原管理机构，新设立生产织造部、综合管理部、财务审计部、人力资源部、生产管理部、市场营销部、制品开发部、项目研发部。对生产一线工资分配方案进行调整。加大丝棉纺、轻薄斜纹绸、真丝绡的产销力度，减少资金占用。产销率完成101.64%，回款率完成103%。

注重品牌建设，寻求辅业发展。“SINOSHOW”牌特厚重真丝绫被中国丝绸协会授予2010年全国丝绸创新产品金奖；丝毛绸获得2010年“创意淄博”工业设计产品优秀奖。参加2010年中国柯桥国际纺织面料展览会、中国山东服装家纺国际博览会、中国周村首届家居饰品丝绸博览会。年初，海润丝绸专卖店开业。（吕　杰）

【淄博恒盛丝绸有限公司】 2010年，公司实现销售收入979万元，主导产品白厂丝平均质量达到4A65等级。提高产品附加值，“鲁梅”牌丝绵床品产销两旺。“鲁周”牌蚕蛹食品相继开发出原味、五香、辣味等新品种；药用炒僵蚕和钓鱼粉等新产品推向市场。推进桑叶、桑树等资源的综合开发，与华南师大及深圳有关企业达成合作意向，计划推出系列保健产品。（李晓东）

【高青和润丝绸有限公司】 高青和润丝绸有限公司是全市桑蚕生产唯一农业产业化市级龙头企业,负责全县桑蚕生产的基地发展、技术指导、蚕茧收购和蚕丝制品生产经营等业务。高青县有优质桑园733公顷,年产茧能力140万公斤,是全省雄蚕专养第一大县,是全省15个拟建蚕茧县之一。高青雄蚕茧以其独特的质量优势成为全省丝绸行业的品牌产品。2010年,高青县政府把桑蚕发展列入下年度单位考核内容,下达建园800公顷的建设任务,同各镇签订责任书,出台相关奖励政策,力促全县桑蚕产业快速发展。

年内,公司争取到国家防护林(桑林)工程项目中央补助资金280万元。引进山东农业大学教授崔为正具有国际领先水平的最新科研成果,进行人工饲料育小蚕试点推广,取得良好效果。春、秋两季共推广800张,充分体现出省工省叶、增产增效和有效规避美国白蛾防治矛盾的积极作用。公司用优质雄蚕茧生产的蚕丝被、蚕丝毯、蚕丝睡衣、蚕丝围巾等系列蚕丝制品深受消费者青睐。用早春桑树嫩芽生产的优质桑芽茶推向市场。 (尹尊伟)

轻 工 业

【概况】 2010年,淄博市轻工行业完成工业总产值1028亿元,增长26.15%;实现销售收入1011亿元,增长25.69%;利税126亿元,增长39.26%;利润80.58亿元,增长38.54%;完成工业增加值330亿元,增长27%。完成行业“十二五”规划的编制工作。

【节能减排】 落实省、市节能减排规划,对高耗能、高污染、低附加值产业进行改造。组织行业节能审查专家组会审,提出轻工业淘汰落后产能、实施产业升级的意见,制定《淄博轻工业产业政策指导目录》。全面完成酒精、造纸、皮革等行业落后产能淘汰任务。4月,淄博英科框业有限公司被审定为全国首家塑料再生循环利用研发基地。

【产业基地建设】 年内,组织开展国家级西河镇古典红木家具之乡、梧台镇绿色食品产业基地的申报工作。着手进行造纸机械产业集群、大口径排污管材产业基地、小家电产业基地、淄博砚台基地等规划建设工作。截至年底,全市特色轻工产业基地有中国琉璃之乡(博山区)、中国农用塑料研发生产基地、中国塑料编织制品研发生产基地(金岭镇)等国家级(行业)基地及山东省家具产业基地(周村区)、山东省红木家具之乡(西河镇)、山东省日用陶瓷名镇(昆仑镇)、山东省造纸产业基地(桓台县)、山东省绿色食品基地(梧台镇)、山东省棉籽加工生产基地(高青县)等省级基地。

【科技创新】 实施人才培育工程,全行业有32人获得首席技师、高级技师、技师职业资格;6人被推荐参加中国工艺美术协会组织的高级培训班。全市省级技术研发中心8处。其中,山东齐峰特种纸业股份有限公司建有院士工作站,淄博中南塑胶有限公司技术研发中心为全国塑料压延技术研发中心。

【助推行业发展】 创建“淄博轻工网”“淄博工艺美术网”,宣传淄博轻工企业,为企业提供网络信息服务。继续定期出版《淄博轻工信息》简报;筹备出版《淄博家具报》。搭建会展平台,举办第三届山东红木家具展,实现现场销售700万元。组织工艺美术企业及工艺美术大师参加“相约世博·风采淄博”工艺美术精品上海展、杭州第十一届中国工艺大师精品展、淄博工艺美术精品深圳展等一系列展会,扩大淄博工艺美术在全国的知名度和影响力。组织40多名国家和省、市级评酒员,对全市酒类企业的白酒、啤酒产品进行质量鉴评,促进行业发展。 (曹延玲)

【金晶(集团)有限公司】 2010年,金晶(集团)有限公司各项经济数据创历史最好水平。截至年底,集团总资产61亿元,销售收入37.22亿元,实现利税4.87亿元。浮法玻璃及其延伸产品产量3456万重量箱,深加工玻璃800万平方米,生产纯碱106万吨。

结构调整。2010年,集团生产出15000毫米×3660毫米世界最大板面的玻璃,继续保持超白玻璃全球领先,发展LOW-E玻璃、防紫外线玻璃、吸热玻璃、太阳能温室玻璃等新型功能性玻璃,使高端、高质、高效产品占比达70%。加大节能减排力度,万元GDP能耗不断下降,单耗、综合能耗在同行业处于领先水平。

技术创新。集团继续优化研发体制,加速向创新研发型企业转变。开展太阳能超白玻璃、可钢化低辐射镀膜玻璃、玻璃熔窑纯余热发电技术、全氧燃烧技术等重大课题的研究,有151项群众性自主创新成果获得集团奖励并应用于生产。全年申请国家专利14件,获授权6件。

企业管理。集团遵循PDCA法则,不断提升软实力,深化制度治理与ERP对接,审核通过多项系统性管理制度,率先成为行业首家AAAA标准化良好行为企业。集团邀请国际顶尖咨询公司,启动“十二五”发展战略规划项目,制定出金晶发展战略规划,确定“绿色材料、绿色建筑、绿色能源”为金晶新愿景。

共享发展成果。上市公司定期召开股东大会、董事会、监事会,披露信息,规范运作。集团与重点供应商和顾客结成战略合作伙伴关系,并建立定期沟通机制。提升员工收入水平与生活品质,员工人均收入增长20.16%。

(陈 鹏)

【山东凤阳集团股份有限公司】 公司为中国家具协会副理事长单位及中国家具协会床垫专业委员会主席团单位,是集家具制造、轻钢建材、餐饮服务为一体的,拥有多个子公司的大型企业集团。主导产品为家具(包括沙发、床垫、实木家具)、轻钢建材(包括彩钢板、镀锌板、镀锡板、镀铝锌硅板、冷轧钢板)、餐饮服务等。2010 年企业总资产达 18 亿元,实现销售收入 30 亿元,利税 5965 万元。年初,凤阳集团兼并破产企业——原周村区物资回收中心。

2010 年,集团在工业园北区新上一系列产业链的前端和后续项目。在家具业务中推进品牌配套化、系列化经营战略,实现企业整体素质和综合竞争能力大幅提升。年底,凤阳集团与深圳家具研发院达成合作意向,对公司展厅设计,凤阳沙发、床垫终端模式店设计,凤阳床垫产品包装设计,凤阳家具城商场形象设计,凤阳新款沙发设计,凤阳产品营销政策等项目进行重新设计包装。 (谭启花)

本部类编　辑:赵建国
副主编:安永善
校　对:马震刚
杨　凤

·齐文化典故·

秉笔直书

齐庄公与大臣崔杼的妻子私通。崔杼知道后,便设计杀害了庄公,专断朝政。他特别担心自己的弑君行为被史官记录在史册上,留下千古骂名。于是下令将专管记载史实的太史找来,说道:“昏君已死,你就说他是患病而亡。如果你按我说的意思写,我一定厚待你,如若不然,可别怪我不客气!”齐太史书罢,崔杼接过竹简一看,上面赫然写着“某年某月某日,崔杼弑其君”。崔杼大怒,下令杀了太史。按当时的惯例,史官是世袭的。于是,崔杼又招来太史的二弟,指着太史的尸体恶狠狠地交代了一番,可是太史二弟仍冷静地提笔写道“某年某月某日,崔杼弑其君”。崔杼怒不可遏地杀了太史二弟。崔杼又将太史的三弟招来,太史的三弟还是照实而书。崔杼最终怕惹起众怒,只好放了太史的三弟。齐国的另一个史官南史氏听说太史兄弟皆被杀害,抱着竹简急匆匆赶来,要接替太史兄弟将崔杼的罪状记载史册,见太史兄弟已经据实记载,才放心地返回。齐太史兄弟不畏强暴、前仆后继、秉笔直书的义举,被后人称为“齐之良史”。

农　　业

综　　述

【农业和农村经济】 2010年，全市农业增加值完成105.3亿元；农民人均纯收入达到9195元，增长14.8%；粮食总产达到175.45万吨，增长7.5%。农业产业化、标准化步伐不断加快，新建绿色蔬菜基地9467公顷，总面积达43667公顷；新建绿色蔬菜专柜21处，总数达81处；市级以上重点龙头企业达122家，其中国家级1家、省级24家。国家级农业龙头企业得益乳业在2010年度全国液态奶行业用户满意度测评中蝉联第一。市级农业标准化基地突破66667公顷（100万亩），新增无公害、绿色、有机食品37个，总数达221个；沂蒙山绿色果业公司红富士标准园被确定为省级果品标准园；沂源苹果、高青"鲁农"牌西红柿成功进入世博会。农业基础建设得到全面加强，临淄区、桓台县、沂源县被列为国家级基层农技推广体系改革与建设示范县（区）。在全市8个区县、56个乡镇实施玉米秸秆全面禁烧和转化利用，禁烧面积达到96133公顷。各项惠农政策全面落实，兑付粮食直补资金17039.6万元，良种补贴4111万元。开展小麦政策性保险，投保面积64600公顷。都市农业发展全面启动，市委、市政府制定出台加快发展都市农业的意见和规划。

【农村殷实小康十大工程】 2010年是全市实施"建设农村殷实小康十大工程"的第四年。市农业局以工程带项目，以项目带投入，以投入促开发，以开发提水平，促进农业增效、农民增收。推广秸秆还田、深耕、青贮、固化、气化技术，玉米秸秆转化利用率达85%以上。循环农业建设项目以减量化、再利用、资源化为原则，以循环、生态、高效为目标，建成节水示范面积613.3公顷，推广节水、节肥、节药、节种农业技术面积36.8万公顷。"三品一标"（无公害农产品、绿色食品、有机农产品和农产品地理标志）认证产品达221个。75%的加工原料来自市内基地，带动基地10.33万公顷，带动农户37万户。全市农产品出口创汇4100万美元。

【项目争取】 全年争取省级以上农业项目42项，总投资2.95亿元，比2009年增加2013万元，增长7.3%。国家新增千亿斤粮食产能规划、旱作农业示范项目等相继落户淄博。（李志明　朱锡玉　李安忠）

【都市农业】 2010年，市委、市政府制定印发《关于加快发展都市农业的意见》和《淄博市都市农业发展规划（2010～2015年）》。以中心城区核心都市农业圈为重点，开工建设都市农业园区项目102个，评选公布首批市级都市农业示范园区30家，开发利用面积达到4053公顷，完成投资17.59亿元，实现经营收益2.3亿元。（吕承强）

【农业龙头企业】 2010年，规模以上农业龙头企业235家，其中过亿元的40家。市政府印发《关于2010年度财政扶持农业产业化龙头企业发展的实施意见》，市财政为33家企业兑现扶持资金650万元，省财政为4家企业兑现贷款贴息资金76万元。122家市级以上重点农业龙头企业固定资产40亿元，实现销售收入130亿元、利税9亿元。

（王　兵）

【农民专业合作社】 2010年，全市农民专业合作社发展迅速。截至年底，依法登记的农民专业合作社达1094家。评选出首批淄博市农民专业合作社示范社31家。

【农村集体"三资"管理】 2010年，组织开展第三批规范化村级财务委托代理中心创建活动，15个村级财务委托代理中心达到市级规范化标准，全市有76个乡镇村级财务委托代理中心获得市级规范化单位称号（乡镇合并后），全面完成三年市级规范化单位达95%的目标。10月，全市农村集体"三资"（资金、资产、资源）管理工作现场会在临淄区凤凰镇召开。

【土地流转】 2010年，全市新申领土地承包经营权证书293287本，完成入户核实658124户，占申请发证农户数的99.49%。全年土地流转12215.8公顷，占家庭承包经营耕地总面积的7.4%，参与土地承包经营权流转的农户81769户，占家庭承包经营农户总数的10.8%。博山区、周村区、沂源县成立土地流转信息中心,有27个乡镇成立土地流转有形市场。3个区县配套设立农村土地承包经营纠纷仲裁委员会,71个乡镇(街道)建立农村土地承包经营纠纷调解委员会。（魏汝春）

【农技推广体系改革与建设示范县】 2010年,临淄区、桓台县、沂源县被列入基层农技推广体系改革与建设示范县(区)项目,落实扶持资金300万元。3个项目区县认定技术指导员300人、示范户3058个、试验示范基地32个。培训基层农技人员2期291人,组织培训技术指导员9人。举办示范户培训班300余期,培训20万人次,发放技术明白纸20余万份。

【阳光工程培训】 阳光工程培训逐步实现由单纯的向第二第三产业转移向符合农业产业特点的特色职业农民培训转型,全年举办各类职业技能培训班80余个,完成农业技能培训1万人次。在全省率先开展农民技能鉴定工作,完成技能鉴定3000人。

【新型农民科技培训工程】 2010年,淄川区、周村区、高青县被确定为新型农民科技培训项目县(区),争取到省财政资金75万元,3个项目区县共举办培训班122个,培训农民辅导员600人,带动培训科技示范户1.2万户。开展农业实用技术入户工程,带动培训68207户。

【创业培训工程】 2010年,分6期组织600名农村经济合作组织负责人和中小型农产品加工企业负责人参加在潍坊畜牧兽医职业学院举办的新型农民创业培训班。组织5人参加在济宁举办的出口型农业龙头企业负责人培训班。

【科技下乡】 年内,先后举办送农业科技下乡启动仪式、科技活动周、科技人员下乡促春管、转基因知识科普宣传周活动。其间,举办各类培训班878个,培训人数9.2万人,组织科技人员制定小麦、玉米技术方案20余套,组织科技人员下乡8271人次,指导农户17.9万户,发放各类科技书籍、明白纸37万份、光盘5100张,科技服务覆盖面积达27.74万公顷。（孙淑珍）

【农业科研】 2010年,开展农业课题研究30多项,其中13项列入国家和省市科技发展计划。1项成果获部级农牧渔业丰收奖三等奖,1人获部级基层农技推广贡献奖。“蓖麻高产高油新品种选育及产业化技术研究”获省科技进步三等奖,“南瓜种质创新及瓜类砧木产业化开发”获省农业科学院科技开发成果二等奖,“蓖麻高产高油新品种选育及产业化开发”获省农业科学院科技开发成果三等奖,“南瓜种质创新及瓜类砧木产业化开发研究”获市科学技术进步一等奖;在全国农业核心期刊发表论文31篇。利用细胞工程技术选育设施栽培专用西葫芦新品种项目和茄子种质创新及新品种选育项目被鉴定为国内领先。年内,淄博市农业科学研究院被列为山东省玉米创新团队5个综合试验站之一。淄博市果菜类蔬菜种质改良工程技术研究中心和淄博市小麦种质改良工程技术研究中心在市农业科学研究院建立。筛选191名专家组成农民培训师资库。（钟　芳　孙淑珍）

【科技交流与合作】 2010年,市农业科学研究院参加国际、国内重要学术会议8次,被国际蓖麻油协会接收为会员单位;成功承办中国园艺学会南瓜分会主办的日光温室秋冬西葫芦生产观摩考察会;分别被中国作物学会、中国种子协会蔬菜种子分会、中国园艺学会南瓜分会推选为理事单位。蔬菜新品种推广到辽宁、河北等15个省、市、自治区,蓖麻新品种推广到新疆等20多个省、市、自治区和尼日利亚等近20个国家。与6个国家的科研机构及客商开展合作;与荷兰植物研究所联合开展的“应用MLHD方法研究鲁中地区农田杂草发生规律与综合治理”研究项目通过中期验收。接待国外客户50余人次,到国外技术指导、参观考察10人次。

【试验育种基地】 2010年,市农业科学研究院实验基地承担国家、省、市各类科研项目,国内外合作项目以及省小麦、玉米、蔬菜区域试验,新品种展示试验,高产攻关试验等30余项。“淄研”“淄白”“淄麦”3个商标完成国家工商总局注册。（钟　芳）

【乡村之星评选】 2010年,评选出首届淄博乡村之星28名。12名优秀农村实用人才入选山东省乡村之星、优秀乡镇农技人员。截至年底,全市农村人才总量8.5万人,占农村劳动力的5%;农业事业单位科研推广人才达到845人,占干部职工总数的64.4%;农村科技贡献率达到58%。

【《淄博农业》创刊】 7月,由小麦遗传育种专家、国家最高科学进步奖获得者李振声题写刊名的《淄博农业》创刊,该刊为内部刊物,年内发行两期。（李志明　朱锡玉　李安忠）

【扶贫开发】 2010年,淄博市第三期省重点乡镇3年扶贫开发工作通过省扶贫办检查验收,标志着《淄博市农村扶贫开发规划(2001～2010年)》任务目标全面完成。组织实施5个省级重点乡镇(沂源县悦庄镇、中庄镇、西里镇,淄川区淄河镇、峨庄乡)和3个市级重点乡镇(高青县常家镇、青城镇、黑里寨镇)扶贫开发,争取中央财政资金520万元、省级财政资金351万元、市级财政资金215万元。实施优质林果种植、果品标准化生产、绿色蔬菜栽培、畜牧养殖小区建设等扶贫开发项目1100个。（王　强）

【沼气池建设】 2010年,新建农村户用沼气池10056个,全市户用沼气池总数达87413个，占适宜农户的20.8%；建成生态能源示范村86个、“千池镇”15个；新建大中型沼气工程4处，累计达28处；新建农村户用沼气服务体系106个，新增沼渣车、检测设备106台套，全市农村沼气服务体系达306个。

【循环农业示范市建设】　淄博市于2007年被农业部确定为全国首批10个开展循环农业示范市建设的地级市之一，经过3年的探索和实践，全市秸秆综合利用率超过93%，秸秆生物反应堆推广6000个大棚，秸秆养藕发展到200公顷，农村户用沼气池达到8.7万个，大中型沼气工程26处，建设循环农业示范园区21处，果菜绿色控害面积1万公顷，沼渣沼液利用面积2万公顷，测土配方施肥技术实现耕地全覆盖，农药、化肥使用量下降10个百分点。

（张　浩）

【法治农业建设】　2010年，法治农业建设重点推进5项工作，抓好16项建设。5项工作是：“法律进乡村”工作、依法行政工作、市场环境治理工作、农村综合改革工作、政策性农业保险试点工作。16项建设是：强农惠农政策的贯彻落实、“送农业科技、送法律、送放心农资下乡”活动、农业法律法规宣传、“法律进机关”活动、农业执法监督、农业综合执法机构和队伍规范化建设、“种子执法年”活动、“农药监管年”活动、肥料市场整治行动、农产品质量安全监督管理、农村财务管理、农村“三资”管理、涉农信访案件办理、农民专业合作社示范社创建行动、农村土地流转服务体系、政策性农业保险试点。

【农业执法】　2010年，组织开展农产品质量安全监管年、农药监管年、种子质量监管年和春秋两季农资打假活动，全市出动执法人员5132人，检查企业1034个，整顿市场1783个，查获不合格农资30多万公斤，为农民挽回经济损失470多万元。全市立案252起，其中适用一般程序的案件125起，简易程序案件121起，移交工商部门办理的6起，结案率100%。

【农药清理整顿月活动】　6月，组织开展农药清理整顿月活动。活动以清理违规农药产品、整顿农药市场秩序为主题，全面清理2008年7月1日以后生产的过渡期内的农药产品，确保农药产品符合农业部农药管理新要求。其间，发放《农药标签内容规定》《农业部六项新规》等宣传材料1000份、宣传画2367张，发放山东省首批禁用甲胺磷等5种高毒农药替代产品名单等各类宣传材料39730份，出动执法人员216人次，检查农药生产企业14家，检查农药经营点343家，查获假冒伪劣农药85公斤。

【放心农资下乡进村宣传周活动】　3月23～31日，组织开展淄博市2010年放心农资下乡进村宣传周活动。以“放心农资下乡，保障春耕生产”为主题，组织开展宣传和咨询活动，把优质放心农资送到乡村。其间，全市出动执法和科技人员930人次，发放宣传材料4.3万份，悬挂标语横幅261条，举办现场咨询培训70场，接待咨询群众1.3万人，展销农资产品5.3万公斤，金额达28.6万元。　（孙鸿彬）

【农资抽检】　2010年，加大对农资质量的抽样检测力度，抽查农药标签产品546个，合格率为79.3%；抽取肥料样品150个，合格率为82.7%；抽检农药样品65个，合格率为80%。抽查种子样品120个，合格率达85.8%。

（袁辉杰）

【种子执法年活动】　组织开展2010年种子执法年活动。将执法核查内容细化为7大类38个具体评查指标，分两次对辖区内种子企业进行清理规范，向问题企业下发整改意见书。10月，根据企业的整改验收申请，进行现场检查验收，逐一核实整改内容，全市13家种子生产企业全部达标。

【品牌农业创建】　2010年，全市新认证无公害、绿色、有机农产品和地理标志农产品53个，总数达221个，比2009年增加37个。221个产品中有无公害农产品33个、绿色产品107个、有机食品73个、地理标志产品8个。7月，淄博市名优农产品展览会在鲁中宾馆举行，参展单位60余家，集中展示105个系列、750余种产品。

【农产品市场培育】　11月，农业部公布第十五批定点市场名单，山东海盛水产品市场开发有限公司获农业部定点市场认定。这是淄博市继鲁中果品批发市场和鲁中蔬菜批发市场后第三家农业部定点市场。　（王　敬）

【现代农业生产发展资金果菜产业项目】　2010年，沂源县成功竞得省现代农业生产发展资金果菜产业项目，由省财政每年投资600万元，连续扶持3年。该项目在中庄等4个乡镇集中建设连片核心示范园区4处，年示范带动改造密植园6667公顷；在张家坡镇任马庄村发展苹果现代矮砧集约栽培示范园33.3公顷，带动推广面积333.3公顷；建设循环农业示范基地100公顷，实现区内农业循环发展。

（公丕峰）

种　植　业

【概况】　2010年，全市农作物总播种面积30.73万公顷，比2009年增加1867公顷，增长0.6%，全市农作物播种面积连续4年实现增长。粮食作物播种面积达25.61万公顷，比2009年增加3267公顷，增长1.3%。粮食单产456.7公斤，增长6.2%；总产175.5万吨，增长7.5%。粮食产量连续8年实现增长。夏粮生产实现“三增”:种植小麦12.17万公顷,增加1267公顷,增长1.0%;小麦单产413公斤,增加55公斤,增长15.4%;小麦总产75.4万吨,增加10.8万吨,增长16.6%。秋粮喜获丰收,种植秋粮13.44万公顷,比2009年增加2067公顷,增长1.6%;总产100.0万吨,增加1.5万吨,增长1.6%。其中玉米种植12.74万公顷,增加2000公顷,增长1.6%;单产507.3公斤/亩,减少0.1公斤;总产96.9万吨,增加1.5万吨,增长1.6%。杂粮面积7067公顷,增加43.6公顷,增长0.6%,其中谷子1467公顷,增加533.3公顷,增长53.5%;薯类2667公顷,减少267公顷,下降9.4%。蔬菜种植面积2.7267万公顷,减少800公顷,下降2.9%,总产217.95万吨,减少2.8%。油料播种面积6333公顷,总产2.19万吨,增加10.4%。棉花播种面积7800公顷,减少867公顷,总产皮棉0.96万吨,下降9.6%。

【百万亩高产优质专用粮食基地提升工程】 2010年,100万亩高产优质专用粮食基地提升工程完成建设项目区小麦单产达452公斤,比项目区前3年平均单产增长6%;玉米平均单产565公斤,比项目区前3年平均单产增5.2%。

【粮棉油高产创建示范片建设】 2010年,在高青县建设万亩棉花优质高产创建示范片1个,在临淄区、桓台县、高青县建设万亩粮油优质高产创建示范片11个。其中,建设万亩小麦优质高产创建示范片6个,临淄区、桓台县、高青县各建设2个;建设万亩玉米优质高产创建示范片5个,临淄区、桓台县各建设2个,高青建设1个。

【良种补贴】 2010年,小麦、玉米、棉花、水稻良种推广补贴项目实现覆盖。实际完成小麦良种推广补贴11.28万公顷,补贴农户322140户,补贴小麦良种1231.73万公斤,兑付补贴资金1691.6万元;完成玉米良种推广补贴15.09万公顷,补贴农户635133户,兑付补贴资金2262.8万元;实际完成棉花良种推广补贴6506公顷,补贴农户51493户,兑付补贴资金146.4万元;实际完成水稻良种补贴453.3公顷,补贴农户1490户,兑付补贴资金10.2万元。

【粮食直补和农资综合补贴】 2010年,全市核定小麦种植面积13.66万公顷,比2009年增加4786.7公顷,按粮食直补14元/亩和农资综合补贴69.15元/亩的补贴标准,共兑付补贴资金17039.6万元。

【秸秆禁烧和转化利用】 2010年是全面实施玉米秸秆禁烧和转化利用工作的第三年,也是最后一年。全市禁烧区内的9.61万公顷玉米秸秆,实际完成机械还田6.54万公顷,青贮1.87万公顷,固化6773公顷,其他方式转化利用秸秆5247公顷,秸秆转化利用率达到99%以上。

(齐鲁涛)

【测土配方施肥】 2010年,全市采集样品5820个,化验23922项次;举办培训班442期,培训科技人员4545人次,培训农民56567人次,发放技术资料35.6万多份、施肥建议卡47.5万张。安排“3414”小区试验38个,肥效试验57个。研制肥料配方36个,为700多个种植大户、科技示范园区、农民专业合作社提供个性化服务。建立村级示范方817个,面积5847公顷,新建、整改村级信息栏1590个。推广配方肥2.2万吨,施用配方肥面积2.53万公顷,技术推广面积21.67万公顷,增加收益1.7亿元。5月,全省测土配方施肥普及行动启动仪式在临淄区举行。

(宋淑玲)

【《淄博市农业植物重大生物灾害应急处置预案》】 6月13日,市政府办公厅印发《淄博市农业植物重大生物灾害应急处置预案》。按照政府主导、属地责任、联防联控的原则,确定市农业植物重大生物灾害应急处置指挥部为灾害应急防控指挥机构,负责领导、组织、协调全市农业植物重大生物灾害应急处置工作。市指挥部设专家委员会,实行首席专家负责制。预案对农业植物重大生物灾害进行4级灾害分级,规定4级响应级别,并对应急处置组织指挥体系与职责、灾害监测预警与评估、应急响应原则与分级、灾后管理、监督管理、保障措施等方面作出明确规定。

专业化病虫害防治队伍　(市农业局　供稿)

【农业有害生物预报预警信息发布】 5月19日,依托淄博电视台“天气预报”节目,启动农业有害生物预报预警信息电视发布工作。截至年底,共发布有害生物预报预警23期。

(周　真)

【绿色控害技术集成推广】 根据作物种植结构和病虫害发生特点,建立16个绿色控害中心示范区,涉及韭菜、番茄、苹果金银花等3大类12种作物,示范面积2000公顷,带动示范和推广面积8000公顷。引进、集成关键技术,实施全程绿色控害。苹果基地形成“健身栽培＋农业防治＋‘三诱’技术＋科学安全用药＋农残检测”的动态模式,番茄、西葫芦等作物推广“有机生态型无土栽培＋秸秆反应堆＋色板诱杀＋生物农药”等技术模式。开展生态调控、生物控制、生物质资源综合利用技术研究，组建节能、环保、安全和高效的综合防治集成技术体系。推广绿色控害技术集成应用，累计安装杀虫灯3500台、安置性诱器2.7万个、粘虫板38万块、防虫网3000张和粘虫胶1万公斤。编制蔬菜和果树的《绿色控害技术集成》宣传图6000份，开展绿色防控技术农民培训，举办各类技术培训班36期，培训农民5000余人次。　　　　（王士龙）

【农药经营单位实现网上公开】　2010年，组织清查全市603家农药经营单位，按照安全第一、合理布局、方便群众的原则，从中选定49家农药经营单位为全市限用高毒农药定点经营单位，通过山东农药信息网、淄博农技推广网实现网上信息公开，接受群众监督，规范农药市场秩序。　　　　（刁春明）

【品种审定及引种】　2010年，淄博市有淄葫3号、绿蜜栗南瓜、淄蓖麻7号3个新品种通过省级审定，在淄博市育种史上尚属首次。引进小麦品种4个，玉米品种5个，转基因棉花品种2个。9月18日，市农作物种子监督检验站通过省认证专家组的组织结构、人员、仪器设备、设施与环境、技术能力及小麦种子重量测定、玉米种子生活力测定检验项目实际操作能力等项目的现场考核。　　　　（陈凤龙）

【小麦单产创新高】　7月，市农业局邀请由中国科学院、省农技推广总站、山东农业大学、青岛农科院有关专家组成的小麦高产实打验收组，对临淄区承担的淄博市小麦高产创建项目——朱台镇高产创建试验区进行实打验收。验收组现场收打该镇淄博禾丰种子公司试验田内的1公顷小麦，实收产量按标准水分折干亩产达到738.86公斤，刷新淄博市小麦单产历史纪录。　　　　（禾　丰）

农业综合开发

【概况】　淄博市农业综合开发办公室于1992年成立。2008年9月，由市农业局隶属事业单位调整为市政府直属事业单位，内设5个科室，编制19人。2010年，全市农业综合开发项目完成投资12320.6万元。其中，土地治理项目投资8925万元，完成土地治理项目11个，改造中低产田7707公顷，小流域治理600公顷；产业化经营项目投资3395.6万元，完成项目15个（其中，财政补助项目5个，贷款贴息项目10个）。全市项目运行管护工作取得积极进展，项目区内有机农业基地建设稳步发展。

【土地治理项目建设】　沂源县推广的交通路全部高标准硬化、高青县实施的灌排分设、桓台县推广的射频卡等新工艺得到省农业开发办的肯定。项目区山水林田路得到彻底整治，沟渠路林桥涵闸机电井泵全面配套，形成田成方、林成网、沟相通、路相连、旱能浇、涝能排的田园化新格局，农业综合生产能力大幅提高。

2010年5月，新型出水口应用于农田灌溉
（市农业综合开发办公室　供稿）

【农业产业化】　2010年，农业产业化经营项目新增产值1.67亿元，新增利税429.2万元，带动农户4000余户，受益农户增收总额4200万元。按照全市“十二五”期间扶持形成10个左右在省内乃至全国有竞争优势和影响力的龙头企业的总体目标，围绕“粮、牧、菜、果”四大主导产业和特色优势产业，重点对高青黑牛、桓台梨花面粉、临淄恒润蔬菜、张店盛乡源市场、博山上水金银花、沂源山川果品、淄川七河花菇等7大龙头企业进行重点扶持，发展以农村专业合作社为主体的特色农业，带动产业向集约化、规模化、标准化、市场化发展。

【项目管护】　按照高标准规划设计、高质量建设施工、严要求检查验收、高效益管护运行的工作思路，一手抓项目建设、一手抓运行管护，2010年投入管护资金449.02万元。全市2006～2009年4个年度、2.824万公顷土地治理项目区，达到优秀及良好管护水平的2.6307万公顷，公益工程优良率达到93.2%，农灌工程完好率达100%。

【支持农业转方式调结构】　引导各区县立足自身自然环境条件，依托农业综合开发平台，发展特色农业、都市农业、有机农业、高效农业。在张店区、周村区和淄博高新区发展都市农业，对四宝山和萌山湖、玉黛湖区域进行开发建设，建成兼具生产、生态功能的高效都市农业示范片。在桓台县利用两类结合项目（土地治理项目和产业化经营项目）的实施，调整农作物种植品种，联手培植新的经济增长点。在临淄项目区发展薄皮核桃基地333公顷、大樱桃基地200公顷。支持博山、淄川、沂源、高青发展有机农业，项目区有机农业基地比2009年新增3067公顷，总面积达6667公顷，认证品种30余个。

临淄新农村建设项目区大型沼气站

（市农业综合开发办公室　供稿）

【新农村建设】 发挥农业综合开发项目资金优势，把农业综合开发纳入新农村建设的有机整体。坚持基础设施建设和村镇基础设施建设的有机结合，促进农村面貌和农业生产条件改善。临淄农业综合开发统筹支持新农村建设示范区，在项目区建设大型沼气站2座、户用沼气池2319个，硬化村内街道18公里、小巷道路29公里，安装路灯1021盏，建设敬老院1处、供水中心1处、村务中心7处、规范化卫生室11处，成为全市支农资金统筹新农村建设树立的样板。　（宗　宁）

蔬　菜　业

【概况】 2010年，全市蔬菜系统以实施新一轮菜篮子工程为契机，以都市农业、蔬菜标准园创建活动为载体，按照常规工作抓推进、重点工作抓突破的工作思路，推动蔬菜产业持续协调健康发展。全年蔬菜播种面积完成6.97万公顷，与2009年基本持平；蔬菜总产量384万吨（包括瓜类），比2009年减少28万吨；蔬菜总产值47.8亿元。

【灾害天气应急处理】 2月28日，暴雪导致许多大棚被压塌，全市18667公顷大棚蔬菜中有5466.7公顷遭受不同程度的冷害，每亩损失在300元～2000元不等，损失总额在4000万元以上。市蔬菜办公室连夜制订灾后技术指导意见，传真至受灾区县蔬菜局（办），组织力量迅速开展救灾和灾情普调。29日，市领导视察灾情，协调贷款6000万元用于支持受灾企业和菜农抗灾自救，市财政划拨300万元用于贷款贴息。

【蔬菜标准化基地建设】 2010年，全市认证绿色蔬菜基地9467公顷，总面积达43667公顷，获得“三品一标”认证的蔬菜品牌42个、产品157种，其中有机蔬菜43个、绿色蔬菜108个、地理标志产品6个。市蔬菜办以悦庄韭菜、高青西瓜、博山越夏蔬菜等8大基地建设为重点，推广抗病、优质、高产、适合市场需求的优新品种，采用粘虫板、杀虫灯、防虫网防治虫害，全面执行绿色食品、有机食品生产技术规程，提升基地的建设、管理水平。

【食用菌基地建设】 市蔬菜办以平菇、香菇、黑木耳等8大优势品种和淄河、土门等15个食用菌集中产区为依托，按照设施、品种、菌种、规程、技术、销售“六统一”的要求，着力培育淄河双孢菇、土门鸡腿菇、商家花菇等品种特色突出、生产集中连片、产销衔接紧密的食用菌集约化、标准化生产基地。年末，全市食用菌栽培面积达到308.6万平方米。全市工厂化食用菌企业发展到7家，其中七河绿色食品开发有限公司年菌袋出口规模突破320万袋，辐射带动周边村镇发展花菇栽培10万平方米；亿百合食用菌发展有限公司年完成黑木耳菌包生产610万袋，带动1000余户农民走上致富路；诚信菌业金针菇年产量近千吨，实现销售收入1200万元。

【蔬菜标准园创建】 2010年，全市蔬菜标准园创建取得突破。临淄诺香伦蔬菜标准园、沂源悦庄韭菜标准园被确定为首批扶持的国家级蔬菜标准园。萌山湖秸秆养藕示范园、临淄石佛堂蔬菜标准园、博山石马舜耕蔬菜标准园建设初具规模。鼓励民间资本投资蔬菜标准园建设，涌现出高新区向荣农业发展有限公司等一批集种、养一体化的股份制农业公司。

采用防虫网技术生产有机韭菜

（市蔬菜办　供稿）

【蔬菜科技】 2010年，全市引进蔬菜新品种28个，推广土洞双孢菇鸡腿菇三作三收、钢架式食用菌菇棚等新技术13项，安排食用菌高效栽培及病虫害综合防控技术试验6个，完成国家科技支撑计划非耕地无土栽培关键技术研究与产业化示范子课题——淄博市有机生态型无土栽培基地建设项目。参与国家食用菌产业技术体系山东综合实验项目的相关试验研究工作，举办全市设施蔬菜病害防控技术、日光温室黄瓜病虫害防控技术等大型培训活动8期，培训技术骨干1800余人。开展现场技术指导40次，印发技术资料500份，发放明白纸26000份。科技对蔬菜生产的贡献率达到65%。

【蔬菜产品质量检测】 全年新建基层蔬菜产品质量速测点50处，总数达251处。依托基层速测点，对蔬菜产品开展日检、批检，做到不合格产品不出基地、不入市场、不上货架。配合农业部、省农业厅对淄博市蔬菜产品开展抽样检测，先后抽样4次、抽样120个，抽检合格率达95%。组织全市生产基地、批发市场蔬菜产品每月例行送检，累计检测样品2560个，检测合格率达98%，保障重大活动和主要节日的蔬菜质量安全。

【蔬菜流通】 2010年，在上海、沈阳等城市建立蔬菜直销市场20个，开辟北京、天津等城市蔬菜绿色通道12条，发展运销组织2100个、运销户8800户，运销车辆2.3万辆、从业人员3.6万人，蔬菜外销率一直稳定在85%以上。配送专卖覆盖面不断扩大，配送能力显著增强，沂源县蔬菜配送覆盖县城各大超市和饭店，桓台县蔬菜配送延伸到镇、村。截至年底，全市蔬菜配送中心12个，设在全市各大超市的绿色蔬菜专柜81个，年配送蔬菜2.5亿公斤。《鲁中晨报》放心菜配送中心在淄川区张庄乡建立，市民可拨打电话或通过投递员预订蔬菜。桓台的博瑞特公司与得益乳业公司合作，尝试开辟新的有机蔬菜配送直供渠道。盛乡源农贸市场在张店城区各大社区设立蔬菜专卖店。通过品牌创建和市场营销方式的转变，绿色、有机蔬菜实现优质优价。沂源有机韭菜、博山瓦泉韭菜、桓台四色韭黄销售价格达每0.5公斤60元以上。

【蔬菜价格持续走高】 2010年，全市蔬菜平均零售价格为4.59元/公斤，比2009年上涨1.08元，增长30.8%。一季度全市蔬菜平均零售价5.39元/公斤，上涨1.5元，增长38.6%；二季度平均零售价为4.03元/公斤，上涨0.77元，增长23.6%；三季度平均零售价为4.16元/公斤，上涨1.05元，增长33.8%；四季度平均零售价为4.80元/公斤，上涨1.01元，增长26.6%。在统计的30种蔬菜中，仅辣椒价格低于2009年同期水平。8种蔬菜价格涨幅较大，大蒜单价由3.97元上涨到11.0元；生姜由4.74元上涨到9.71元；蒜黄由4.76元上涨到8.26元；大白菜由1.23元上涨到1.97元；土豆由2.18元上涨到3.31元；菠菜由2.91元上涨到3.93元；茄子由2.89元上涨到3.86元；白萝卜由1.49元上涨到2.0元。

【《淄博市蔬菜产业振兴计划》】 12月，市政府印发《淄博市蔬菜产业振兴计划》，确定2011～2015年在全市重点实施"53221工程"，即：建设优势蔬菜基地33333公顷(50万亩)，食用菌基地350万平方米，市级蔬菜标准园20个，蔬菜集约化育苗中心20个，地方名产蔬菜10个。到2015年，全市蔬菜基地面积稳定在5万公顷，蔬菜总产量保持在40亿公斤，总产值达到50亿元，蔬菜产品抽样检测合格率达到98%以上。

2010年全市主要蔬菜面积、产量统计表

表8—1

品种	面积(公顷)	总产量(万公斤)
西　瓜	7640	35297
西红柿	5963	62627
大白菜	4565	27422
西葫芦	4379	49482
桔　梗	3022	4563
菠　菜	3005	12510
青　韭	2646	15574
黄　瓜	2601	21708
椿　芽	2303	2998
芹　菜	1833	9733

(孙东文)

林　业

【概况】 2010年，全市完成造林10667公顷，新建农田林网3533公顷，在路域水系两侧建成防护林带235公里，林业育苗1066公顷，果品产量12亿公斤。全市实现无重大森林火灾、无重大林木病虫害、无重大毁林案件的管护目标。4月，淄博市被全国绿化委员会授予全国绿化模范城市荣誉称号。

【森林资源培育】 1.中心城区大环境绿化工程。围绕都市农业建设，以改善中心城区环境为重点，组织实施张店东南外环路绿化、经济林旅游观光示范园建设、张周路花卉苗木产业基地建设、村镇绿化等重点项目，完成造林467公顷，建设干杂果示范园6处、改造提升高标准花卉苗木基地133公顷、建成绿化示范镇5个、绿化示范村104个。2.四宝山生态修复三期绿化工程。市林业局、张店区、市高新区分别成立现场指挥部，落实工程质量负责制、招投标制度，确保工程顺利实施，全年补植彩叶观赏高档树种380公顷，完成任务量的114%。3."两沿三环"绿化工程。计划建设林带200公里。重点沿水系、沿道路、环城镇、环企业、环村庄开展绿化，在国道309张辛线、大寨沟、孝妇河、范阳河、正阳路等12条道路河流两侧建设林带235公里，完成年度任务的117.5%；在桓台县、高青县、临淄区建设高标准农田林网3533公顷，完成任务的106%。4. 荒山造林工程。年初，计划在南部山区完成荒山造林3333公顷。各有关区县早部署、早安排，实行专业队造林、合同化管理的模式，完成造林4067公顷，完成年度任务的122%。5. 马踏湖湿地保护与恢复工程。根据国家下达的投资计划，全年完成芦苇种植等植被恢复1530公顷、退养还滩100公顷。6. 林果标准化基地建设工程。在南部山区新建、改建苹果、桃、葡萄、大樱桃等优质果园11067公顷，其中新发展猕猴桃、核桃等特色经济林2400公顷，完成计划的240%。加大果农培训力度，共举办果品标准化生产培训班120期，培训果农16000人次。

【集体林权制度改革试点】 各区县党委、政府把集体林权制度改革试点列为农村工作的一项中心任务，制定集体林权制度改革工作方案，成立林改机构，落实工作人员和经费，抽调业务骨干组建林改工作队，深入乡镇、村庄组织开展林改工作。截至年底，省试点单位淄川区完成主体改革任务，通过省级检查验收。3月，其他7个区县的林改工作启动。6月23～24日、12月8～10日，省委、省政府林改专项督查组分两次对淄博市林改工作进行督查。8月7～8日，市委督查室、市政府督查室对淄川区以外的区县进行专项督查。全市76个乡镇、2261个有林改任务的村中有2216个村通过村级工作方案，占98%。审查承包合同22674份，其中认可19574份，完善2961份，收回重新发包139份；新签合同621份。全市落实产权面积17.81万公顷，其中家庭承包面积5.25万公顷，均股均利面积8.58万公顷，其他方式承包面积3.97万公顷，基本完成落实产权的主体改革任务。

【森林防火】 2010年，层层落实行政首长负责制和指挥部成员单位包区县责任制，签订森林防火目标责任书，制订森林防火预案。4个森林防火重点区县全部组建森林消防专业队，防火资金纳入地方财政预算。组织各森林防火专业队、民兵预备役应急分队、季节性扑火队以及2300多名护林员进行防扑火演练。完善森林防火基础设施建设，市财政出资200万元，购置防火炮、运输车、对讲机、防火服、灭火机、电台、消防摩托车等防火装备。落实领导带班、防火工作人员24小时值班制度。加强火源管理，发布防火通告，执行森林防火检查9次，对重点时期、重点部位实行重点防范，全年森林火灾受害率控制在0.4‰以内。

【林业有害生物防控】 层层签订防控目标责任书，举办防治美国白蛾培训班普及防治知识。加强虫情预测预报，建立市、区县、乡镇、村4级测报体系，其中市级测报点22个，每个点配备灯光诱捕器、性诱捕器、电脑、高枝剪等测报工具。全市储备12米以上高射程喷雾器4905台、高枝剪4820把、药品50吨、悬挂诱蛾灯678盏。已建和在建周氏啮小蜂繁育基地7处。全市飞机防治作业面积51100公顷，有效控制了美国白蛾的发生。对松材线虫病进行全面普查，对490株疑似病树及周围枯死树木全部进行规范性无害化处理。加强杨尺蠖、草履蚧、松阿扁叶蜂等主要病虫害的防控工作，完成省林业厅下达的任务指标。

【林业执法】 理顺森林公安管理体制，“三定”（定机构、定职能、定编制）工作落实到位。全市设置森林公安机构9个，包括市森林公安局、2个林区派出所、6个分（县）局，落实森林公安政法编制64名。4月28日，全省森林公安正规化建设工作会议在鲁山林场召开，推广了淄博市的经验做法。2010年，全市发生各类林业案件86起，其中刑事案件1起、行政案件85起，查处84起，处罚76人，罚款20.45万元，收缴财物24.7万元。

【国有场圃建设】 2010年，鲁山林场、原山林场完成造林80公顷、中幼林抚育533公顷。各场圃对外承揽绿化工程标的额3000万元。引进繁育优良品种15个，育苗40公顷，销售各类苗木170多万株。鲁山林场修缮部分防火道路，新建餐厅400平方米、护林房270平方米、营业房440平方米。原山林场完成原山大厦装修工程，建成“森林之歌”雕塑广场、艰苦奋斗纪念馆、原山青年公寓工程，改建修缮上山步游道、指示牌等景点辅助设施，石炭坞房地产项目进展顺利，建成仿古四合院12套。全年各森林公园旅游综合收入3200万元。

（侯乐明）

农　　机

【概况】 2010年，全市农机化综合水平跨入高级阶段。市农机部门及时调整农机化发展思路和工作重点，提出加快实施农机化创新示范工程、农机装备结构优化工程和农机作业规模化推进工程，突出秸秆综合利用、平安农机建设和农机新技术培训重点，推动农机化由粮食作物向经济类作物、由产中向产前产后、由传统农业向都市农业的转变，收到良好效果。全市农机总动力达到334.47万千瓦，农机总值27.10亿元，农机总收入31.02亿元。拖拉机拥有量达到23897台，其中大中型拖拉机14209台；拖拉机配套机具45490部，其中大中型24937部。粮食生产机械发展速度加快，联合收获机达到8144台，其中玉米联合收获机3119台。设施农业机械、畜牧业机械、农产品加工机械和农村其他各业机械增长迅速。全市实现机耕面积15.17万公顷，机收面积23.19万公顷，机播面积11.88万公顷。全市农作物耕种收综合机械化水平达86.32%，其中粮食作物耕种收综合机械化水平达94.34%。

【农机购置补贴】 2010年，全市争取中央农机购置补贴资金4500万元。继续实施重点机械累加补贴政策，市及区县两级投入农机购置补贴资金300万元，农机购置补贴资金总额达4800万元，带动农民投资1亿元。全市新购置各类补贴农机具7319台(件)，其中新增80马力以上大型拖拉机790台，玉米联合收获机457台，新增农机动力8.31万千瓦。

【玉米秸秆转化利用及禁烧】 2010年，全市实现秸秆机械还田面积20.93万公顷，其中玉米秸秆还田面积9.74万公顷，禁烧区99%以上的玉米秸秆得到转化利用。机械还田成为全市秸秆禁烧和秸秆综合利用的主渠道，取得良好的经济效益、生态效益和社会效益。

【农机推广】 2010年，全市加快推进保护性耕作技术，完成小麦保护性耕作2.02万公顷。新增玉米精播机800台，完成玉米机械直播8万公顷。推广高效喷雾器、杀虫灯、田园耕整机、液体施肥枪等新式农机具723台，推广电动卷帘机、微耕机、植保机械等3260台。

【农机监理】 2010年，全市以“农机安全生产基层基础年”活动为主线，开展“创建平安农机，服务新农村”活动，创建农机安全示范县3个，示范乡(镇)41个，示范村293个，示范户1637个，农机基层安全监管能力逐步加强。全市检验拖拉机、联合收割机4057台，办理新落户拖拉机910台，新办驾驶证381个，检测拖拉机786台。全市无农机事故发生，安全生产形势稳定。

【农机修配管理】 截至年底，全市有农机维修网点431个，人员1671人，评出一星级、二星级文明农机维修网点91个，三星级文明农机维修网点42个。向省农机办推荐四星级文明农机维修网点2个，五星级文明农机维修网点1个。组建以农机维修为主的农机合作社8个、区域性农机维修服务中心4个，做到小修不出田、大修不出镇。

【农机专业合作社】 2010年，全市新注册农机合作社42个，总数达124个，会员5808人，实现每个乡镇有1～2家农机专业合作社的目标。2家合作社被农业部授予全国农机专业合作社示范社称号。各农机专业合作社签订农机作业合同1500份，完成作业面积48.6667万公顷，占全市总作业面积的60%以上；农机合同作业收入3.75亿元，占全市农机作业收入的60%。农机专业合作社成为服务新农村、促进农民增收、提高农机作业规模经营的新生力量。

【农机跨区作业】 全市各级农机部门做好中介、技术培训、机具检修、机械调度等服务工作，加大与石油、气象、银行、交通等部门的沟通协调力度，及时解决农机跨区作业中存在的困难和问题。全年实现农机跨区作业面积34.80万公顷，收入2.76亿元。

【农机人员培训】 2010年，全市举办各类培训班300余次，培训各类农机人员3.38万人，其中农机技术人员1581人、农机管理人员197人、农机监理人员125人、农机操作人员31928人。农机化公共服务水平逐步提高。

【全省首家粮食低温烘干中心投入使用】 2010年，全省第一家粮食低温烘干中心在临淄凤凰镇建成并投入使用。该中心总投资约180万元，获农机购置补贴44万元，临淄区财政补贴50万元。

2010年6月，全省第一家粮食低温烘干中心在临淄区凤凰镇投入使用　　(苏　婷　摄)

【部分农作物实现机械化收获】 2010年，全市新购进花生收获机14台、马铃薯收获机1台、红薯收获机1台，完成花生机械化收获400公顷、薯类机械化收获66.7公顷。张店区引进稻麦联合收割机19台，收获大豆266.7公顷。稻麦联合收割机既能在三夏时节收小麦，还能在三秋时节收大豆，提高了机械利用率，填补全市大豆作物机械化收获的空白。高青县引进大型履带式进口水稻收割机6台、小型水稻割晒机40台，实现686.7公顷水稻机械化收获。

【棉花拔除机械推广】 2010年，全市推广棉秆拔除机械280余台，保有量达400台。收获棉花7633公顷，其中5666.7公顷实现棉秆机械拔除，机械拔出率74.2%，比2009年提高63.5个百分点。

【烟雾机】 8月4～5日，CCTV－7“科技苑”栏目对沂源东里镇东安村的葡萄、西里镇江家峪村的有机桃、三岔乡南流水村的黄烟、鲁村镇王村的大棚烟雾机使用情况进行采访。通过试验对比，烟雾机施药显示出效率高、效果好、利于环保等特点，是一种全新的植保模式。　(苏　婷)

畜牧业

【落实代表委员建议提案】 2010年，市畜牧兽医局收到人大代表建议5件、政协委员提案7件，主要涉及规范奶源市场、提高村级防疫员待遇、提高畜牧业水平、发展有机畜牧业、城市养犬管理等方面。市畜牧兽医局成立专门领导小组，及时与人大代表、政协委员及相关部门联系沟通，于10月18日召开人大代表、政协委员建议提案面复会，对12件建议提案办理情况作了回复，办理满意率达100%。其中，村级防疫员误工补助由原来的每人每年600元，提高到1200元。

【畜禽品牌建设】 6月14日，省长姜大明视察高青千亩黑牛养殖基地，对“山东黑牛”品牌给予充分肯定，并将其列入省长“菜篮子”工程、山东畜牧产业规划和黄河三角洲开发规划进行扶持。得益乳业公司作为全国农业产业化龙头企业，2010年其产品再次获得全国液态奶消费者满意度测评第一名。沂源黑山羊通过农业部地理标志认证，注册“沂蒙”牌商标。截至年底，全市有市级以上畜牧龙头企业34家，占全市农业龙头企业的32%，其中国家级2家、省级6家；无公害、绿色、有机畜产品和地理标志认证畜产品达25个，年内新增15个。

【《淄博市生物资产抵押贷款管理办法》】 11月11日，中国人民银行淄博市中心支行、淄博市工商行政管理局、淄博市畜牧兽医局联合印发《淄博市生物资产抵押贷款管理办法(试行)》。《办法》规定：淄博市范围内的规模化养殖企业、养殖专业户及专业合作社，以扩大养殖规模、发展畜牧业产业化经营为用途，可以其自有的生物资产设定抵押担保，向金融机构申请贷款。

【项目及政策扶持】 全年争取到生猪标准化规模养殖场(小区)建设、奶牛良种补贴、奶牛标准化规模养殖小区(场)改扩建、畜禽养殖标准化创建等省级以上项目74项，争取省级以上扶持资金2480.47万元。

【都市型现代畜牧业建设】 2010年，都市型现代畜牧业示范基地建设成效显著。高青15万头肉牛、沂源40万只山羊、临淄30万头生猪项目建设进展顺利。高青县“山东黑牛”存栏达6000头，其中大地肉牛公司存栏1200头、布莱凯特牧业公司存栏1160头。高青县“山东黑牛”养殖产业正式晋级第七批国家农业标准化示范区项目。临淄区生猪存栏30.06万头，其中母猪存栏3.53万头，年出栏43.09万头。沂源县建成沂蒙黑山羊原种场，全县存栏山羊40.12万只。全市建成林下散养基地8647公顷、标准化养殖小区112个。

【畜产品质量安全】 2010年，开展奶站、兽药和饲料专项整治行动，印发《关于组织畜产品质量三项整治行动方案》，加强畜产品质量安全监管。定期、不定期对生产、运输、销售环节进行抽查，未出现畜产品安全事件，确保了重大赛事、节日期间畜产品安全。查处违法饲料产品10.6吨，立案调查违法企业、养殖场户5个。有67家兽药经营单位通过省级兽药GSP(兽药经营质量管理规范)检查验收。截至年底，全市有生鲜乳收购许可证的奶站80家。

【玉米秸秆带穗青贮实现新突破】 玉米秸秆青贮坚持“以畜定贮、以贮促养、整体推进、提高效益”的原则，组织种植户与养殖户签订秸秆收购协议，圆满完成全年青贮任务。截至年底，全市有青贮池5190个，新建178个；有青贮机械3155台，新购554台。青贮玉米秸秆183.6万立方米，转化利用玉米秸秆4.9万公顷，其中带穗青贮由2009年的400公顷增加到7033公顷。

【监督执法】 2010年，全市2938家规模养殖场全部实行官方兽医监管。全市设立检疫报检点268个，严格落实产地检疫报检制度。对定点屠宰场，派驻动物检疫员24小时驻场，严格落实索证登记制度。发挥齐陵动物卫生监督检查站靠近交通要道的优势，严查无证运输及购销病死畜禽等违法行为。组织2次法律、法规宣传活动，发放动物防疫法律、法规和肉食品安全宣传材料1万份，提供咨询服务1.5万余人次。12月29～30日，全省动物卫生监督工作会议在淄博市召开，与会人员参观了张店、桓台动物卫生监督工作现场。淄博市获全省动物卫生监督工作一等奖。

【重大动物疫病防控】 落实防控工作责任制，各级政府和业务部门逐级签订防控责任书，保证各项防控工作顺利开展。完成省重大疫病防控指挥中心下达的各类防控免疫任务，使用猪口蹄疫疫苗380万毫升，免疫生猪145.4万头次；使用高致病性蓝耳病疫苗298万毫升，免疫生猪145.4万头；使用猪瘟疫苗172万头份，免疫生猪145.4万头；使用牛、羊口蹄疫疫苗186万毫升，免疫牛、羊171.72万头(只)次；使用高致病性禽流感疫苗2920万毫升，免疫家禽4961.7万羽次。顺利通过省防指组织的春秋两季检查，存栏畜禽免疫率均达100%。对各区县疫病监测人员进行专业培训，加大免疫效果普查、监测力度，全年检测样品52910份，检测结果显示所测样品全部达到免疫保护效价的要求。4月16日，在桓台县举行突发重大动物疫情应急演练，市人大常委会、市防指成员单位和各区县有关人员进行现场观摩。市畜牧兽医局连续第六年被省重大动物疫病防控指挥中心评为重大动物疫病防控工作先进单位。

(张连峰)

水利与渔业

【水库除险加固】 2010年，太河水库、萌山水库、石马水库、田庄水库和红旗水库等5座大中型水库除险加固任务全面完成，累计完成投资29810万元。淄博市成为山东省第三个全面完成大中型水库除险加固工程竣工验收的市。投资8184.04万元，完成56座小型病险水库的除险加固任务。全市列入规划的5座大中型水库、134座小型水库、3座塘坝全面完成除险加固任务，实现了省政府确定的目标要求。

除险加固后的红旗水库泄洪闸（贾希征 摄）

【河道治理】 孝妇河、淄河、沂河等骨干河道治理工程完成年度建设任务，其中孝妇河提升改造工程概算投资4.59亿元，治理提升河道工程38.95公里，完成投资3.24亿元，河道及排污口整治主体工程基本完工。小清河淄博段应急治理工程启动实施，批复概算投资3750万元。

【生态建设】 中心城区"清水润城"水系水源工程完成年度任务。其中，投资1800万元的萌山水库生态引水工程成功向玉龙河试通水；漫泗河、南部排洪沟、东猪龙河上游和涝淄河上游生态治理主体工程完工，完成投资1620万元。完成沂河干流生态治理三期工程和淄河干流治理续建工程。完成孝妇河中上游261个入河排污口综合整治工程任务。投资970万元，完成沂源县黄山子和红旗小流域治理国家重点工程，博山区沙井小流域综合治理中央扩大内需项目，淄川区长兴、临淄区天堂寨、张店区中埠沙河小流域治理等省财政补助项目，治理和改善水土流失面积102平方公里。新创建国家水利风景区1处、省级水利风景区1处。

综合治理后的沂河上游生态河道

（贾希征 摄）

【农村水利】 加快小型农田水利重点县、大中型灌区续建配套与节水改造、小流域综合治理、小型水源工程等水利项目建设，完成年度农田水利基本建设任务。2010年，全市完成水利建设项目685项，完成水利建设总投资11.82亿元，投工368.5万个，完成土石方2535万立方米，修复水毁工程55处，新增防渗渠道144.3公里，加固堤防28.2公里，疏浚河道133公里，清淤渠道201公里，加固水库56座，新建塘坝、灌溉机井、池窖等小型水源工程3368个，改善灌溉面积3.03万公顷，发展节水灌溉面积9000公顷，改造中低产田1400公顷，新增除涝面积9100公顷。

【水资源管理】 启动全省实施最严格水资源管理制度试点，集中开展中心城区取用水专项整治行动和全市水资源管理专项整治行动，排查取用水户6418家，其中查出无取水许可证的取用水户1975家、未安装计量设施的取用水户1741家、其他非法取用水户423家，责令限期补办取水许可证1854家、更换计量设施1321家，立案并查处473家，封闭自备井1080眼。完成全市用水总量、限制纳污总量和用水效率3项控制指标的测算和编制工作，划定淄博市重要供水水源地地下水位警戒线、淄博市水功能区纳污警戒线和淄博市重点工程可供水量警戒线。

【城市供水】 2010年，市自来水公司完成供水量7710万吨，实现供水产值10236万元；市引黄供水有限公司完成供水量6405万吨，实现供水产值12959万元。中心城区供水水质综合指标合格率100%。启动东岳集团引黄供

2010年10月，建设中的"引太入张"供水工程净水厂 （贾希征 摄）

水专线建设，概算投资800万元，主管道部分设计流量为7万立方米/天。截至年底，工程共开挖沟槽1550米，安装直径1000毫米预应力砼管1545米、砌筑排气井1座。“引太入张”供水工程完成投资3.65亿元，其中输水工程全部完成，并通过单位工程验收，净水厂工程进入设备安装阶段。投资2500万元，新建和改造中心城区供水管道31.25公里。

【农村饮水安全】 按照“农村供水城市化，城乡供水一体化”要求，推进农村饮水安全及城乡同源同网供水工程建设。总投资6918万元，完成第二批中央投资农村饮水安全工程项目7个，解决了14.84万农村居民饮水安全问题。张店区、周村区重点解决了1.82万人的农村学校师生饮水安全问题。桓台县、临淄区城乡同源同网供水工程完成年度任务。其中，桓台县完成投资2500万元，铺设管网84公里，完成2个乡镇、81个行政村的管网建设任务，解决了9.8万人的饮水安全问题；临淄区完成工程建设5处，铺设管道122公里。高青县投资1100万元，开工建设农村饮水安全工程第三净水厂。沂源县投资1862万元，建设供水工程30处。淄川区、博山区、高新区利用城区自来水管网延伸，提高农村供水质量。根据《淄博市农村公共供水管理办法》，成立农村公共供水专门管理机构，设立县级农村公共供水维修专项基金，编制完善供水应急预案。

【生态渔业】 2010年，投资1800万元，建成标准生态池塘226.7公顷、台面226.7公顷。高青县现代渔业产业基地建设于5月末通过省海洋与渔业厅和省财政厅组织的检查验收。12月末，投资395万元的中央第四批扩大内需项目高青县翘嘴红鲌良种场建设完工投产并通过省级验收，建成实验室、配电室、库房、晒场、饵料加工车间、催产孵化车间，扩建池塘3.83公顷，改造池塘4.48公顷，硬化道路4140平方米，购置仪器设备39台(套)。创建国家级健康养殖示范区4处、省级健康养殖示范区2处、无公害水产品产地2处。投资80万元，在太河水库放流鲢鳙鱼苗种600万尾、草鱼苗种200万尾。全市水产养殖面积达到5400公顷，水产品产量2.35万吨，实现渔业总产值3.3亿元。

【水利科技】 继续推进国家“863”项目“山东半湿润区现代节水农业技术研究与集成”连续性试验。配套完善各种节水灌溉展示工程，完成“863”项目技术报告，项目于11月10日通过水利部和科技部的联合验收。推进实施与中国农科院农田灌溉研究所合作的“北方小麦主产区节水高效灌溉制度”试验，利用24个防雨棚和24个测坑，进行系统性试验测试，做好数据分析和整理。注重渔业品牌和基地建设，推广渔业生态养殖技术，高青县获山东省科技入户示范县和全国科普惠农兴村先进单位称号。推进节水型社会建设，完成水利部部署的5项研究课题，基本完成中日合作节水型社会建设示范项目。9月20日，淄博市被水利部授予全国节水型社会建设示范市称号。

【依法治水】 《淄博市城市供水管理办法》于1月1日起施行，《淄博市农村公共供水管理办法》于11月1日起施行，《淄博市城市供水经营许可管理规定》10月12日施行。《淄博市水资源管理条例(修订稿)》进入立法审查程序。强化水利行政规费征收，全市依法征收水资源费1.45亿元，河道工程维护费6200万元，水土保持设施补偿费、水土流失防治费350万元，市级征收污水处理费5170万元。

(贯希征　王兆成)

黄河河务

【黄河水资源管理】 2010年，加强黄河水资源用水计划管理。综合分析水情、雨情、墒情和河情等信息，结合灌区用水需求，按时上报月供水计划和旬供水订单，根据天气变化和灌区降水情况及时对订单进行修正。供水生产管理严格执行水量调度指令，严肃供水纪律，坚决制止多引少报、少引多报、引而不报等行为的发生。加强供水协议管理，指导用水单位按时做好用水计划申报，督促用水单位引水前签订供水协议，严格按照协议用水类别、用水量及引水时间进行供水。春灌进入用水高峰期后，采取远程监控、定期检查与不定时“飞检”和驻守的方法，强化水资源管理监督检查，保证春灌高峰期水资源管理秩序井然。实施跟踪管理，实行24小时值班制度，与地方政府和重点用水户沟通协调，对重点用水户实施跟踪管理，现场解决供水问题。尝试进行用水终端分供，既保证农业灌溉，又保证工业和生态用水。

【河道管理】 强化辖区河道管理执法能力，初步建立水政监察、黄河水利公安联合执法的水行政执法格局。根据不同季节和区域案件发生的不同特点，对违章种植、河道采砂、堤防整治等采取不同的巡查应对措施，全年累计组织河

控导工程　(李斌　2010年6月摄)

道巡查60次，防控效果明显。依法履行河道建设项目的审查职责，加大对河道内跨河交通设施的后续管理，定期对建设运行情况进行检查，完善建设项目运行管理档案，确保防洪工程的安全。对局属各单位“五五”普法工作进行检查验收，并组织力量进行自查和整改，确保普法效果和质量。黄河派出所筹建准备工作全面就绪。开展执法责任建设，梳理各类有效法律、法规、规章21部，行政许可8项，行政处罚100项，行政征收4项，其他具体行政执法职权25项，规范和强化行政执法行为的监督，提升行政管理效能。

【黄河防汛】 于汛前召开市、县、镇各级防汛工作会议，层层签订防汛责任书。进入汛期后，各级防汛指挥机构和办事机构实行24小时防汛值班，严格领导带班制度，保障汛情畅通。修订完善各级各类防汛预案，做好各项防汛基础工作。采取多种方式组织培训黄河防汛队伍，抓好群防队伍军事化管理，对一线队伍进行分层次、有重点地培训，培训面达60%以上。加强黄河防汛应急救援队的组织建设和技能训练，提高处理突发险情的综合指挥和紧急救援反应能力。对国家常备料物进行检查、维修，对社会团体和群众备料落实存放地点、数量和运输方式。开展防汛宣传月活动，提高干部职工的防汛管理能力，增强沿黄广大干部群众的依法防汛意识。按照省黄河河务局要求，利用淄博黄河物资储备中心做好淄博、滨州、河口3个河务(管理)局防汛岁修用石的采购。开通“移动蓝海商务”平台，定时向市领导及相关人员发布水情。

2010年6月，河务局职工巡察黄河水情

(李 斌 摄)

【调水调沙】 是年，按照《调水调沙预案》和上级部署，加强水情观测和河道巡查，拆除阻水浮桥，专业机动抢险队和民兵黄河抢险队始终保持临战状态，全面完成孟口控导抢险任务，确保滩区不进水、工程不垮坝。调水调沙期间，加强对沿黄群众的宣传和安全教育，提前制定应急方案，防止了意外事件发生。

【防洪工程建设与管理】 配合山东黄河河务局完成黄河山东段下游防洪工程、工程管理及非工程措施“十二五”项目可行性研究。挖掘可实施工程项目，完成工程建设前期有关基础资料的提供和审查。开展工程建设领域突出问题专项治理，督促施工单位完成排水沟修筑等标准化堤防建设尾工项目。防洪工程建设用地土地证办理工作取得阶段性成果。开展黄河堤防工程管理范围内违章事项专项整治，完成现状普查、清理整治、成果上报等事宜。加大植树绿化工作力度，全年完成植树4.54万株，占计划的101%。强化树株的后期管理，开展美国白蛾虫害防治，取得阶段性成果。加快维修养护专项工程进度，完成土方9.62万立方米，完成投资652万元。开展示范工程创建，打造刘春家险工、堰里贾控导工程等示范点，示范工程创建率达50%以上。高青黄河河务局被水利部黄河水利委员会评为“十一五”工程管理先进单位。 (李 斌)

本部类编　辑：赵建国
副主编：安永善
校　对：王 娟
齐 薇

交通　邮电

交通运输

【公路重点工程建设】 2010年，全市实施8个公路重点工程项目，当年完成投资10.47亿元、建成通车69.1公里。其中，省道高淄路高青西南绕城线、湖南路湖田至西官庄段立交桥及路面翻修工程全面完成；张博附线北延、薛馆路沂源段完成部分路面工程；果周路、湖南路北延、广青路大杜家至青城段、庆淄路高青段完成计划进度。全市公路通车里程10316.9公里，公路密度173公里/百平方公里。

【城乡交通一体化】 农村公路新改建完成134个项目、221公里，完成投资2.07亿元。新增通油路行政村15个，行政村通油路率达99.5%。中心城区的淄博客运中心，周村、博山、高青等次中心城区的客运站等一批骨干交通场站建设顺利推进，总投资超过6亿元。推进农村客运一体发展，67个乡镇建成规范化的“四位一体”（乡镇交管所、乡镇客运站、货运管理办公室、农村公路管理站统一为一块牌子乡镇交管所）客运站。

【公路综合整治】 按照市政府部署，实施公路综合整治。投资4.5亿元，实施干线公路养护大中修工程18项、335公里，优良路率提高1.63个百分点。各区县投入6.4亿元，绿化公路路域、拆除违章建筑、硬化平交道口、清理占路经营、迁移沿路集市，改善公路通行环境。8月，在潍坊召开的全省现场会上，推广了淄博市公路综合整治工作经验。

【省运会、亚青赛交通保障】 成立省运会、亚青赛交通保障领导小组和办事机构，制定工作方案，编印保障手册，科学安排调度，精心组织实施，实现交通保障安全畅通有序。其间，共调派客运车辆9003台次，运送人员35万人次，做到零失误、零事故、零投诉。市交通运输局被市委、市政府表彰为省运会筹办工作先进集体，13人立功、受奖。

【城市公交发展】 投资3462万元，购入环保型燃气公交车99台，中心城区环保公交车比例达100%。12月24日，“大十字”东西向（临淄—周村）公交线路开通。继续执行公交IC卡优惠乘车（学生4折、普通市民6折）和65岁以上老年人、伤残军人、离休干部、盲人等特殊群体免费乘车政策。全年累计承担公益性和指令性支出1.1亿元。

【运输市场管理】 继续开展行业质量信誉考核，加强道路运输市场诚信体系建设。全年考核客运企业40家、出租企业42家、危险品运输企业118家、汽修企业246家、驾校33家。新开通市际客运线路5条、市内公交线路1条，调整延伸市内公交线路10条，客运线网布局进一步优化。新增、更新客运车辆265台，新增危险品运输车辆1033台，更新出租汽车441台。依法严厉打击道路运输非法违法行为，查处超限超载和撒漏扬尘车辆12000台次。

【“平安交通”“和谐交通”建设】 市交通运输局以世博安保和省运安保为重点，开展“安全生产基层基础年”“安全生产月”“百日安全集中整治”等活动，打造本质安全型交通行业。全年道路运输领域事故指标控制在省、市下达的指标范围之内，公路建设、水路运输领域实现零伤亡。参与全国文明城市创建活动，连续3次检查验收做到1分不失。9月，市交通运输局被交通运输部授予全国交通运输行业文明单位荣誉称号。截至年底，全市8个区县交通系统全部创建为省级文明交通行业，16个基层单位获得省级文明单位称号；创建全国青年文明号1个、省级青年文明号15个，交通运输部巾帼建功先进单位1个。（市交通运输局）

铁　路

【概况】 2010年，淄博车务段发送旅客477.13万人，发送货物1273.71万吨。全段营业里程509.794公里。到发线133条。调车线38条。货物线79条。岔线83条。道口16处（其中站内有人看守道口12处，站内监护道口4处）。候车室28座6422平方米。站台28座54485平方米。地下道5座329米。天桥1座80米。货台90座208714平方米。综合货场38处673544平方米。

【安全生产】 强化问题意识，实施问题管理，落实逐级负责制，现场控制进一步强化。突出“客车、调车、施工、人身”等安全关键，实施最严格卡控。对16项安全薄弱环节，实施专项整治，消除安全隐患。强化货物装载加固管理，开展货运安全专项整治，确保货运安全。落实对履职不到位、在岗不作为的干部问责追究制度，强化干部现场服务意识，确保运输安全。

【运输经营】 优化客运组织，推进品牌建设，抓住春运、暑运、节假日运输的契机，提高客流组织效率，实现客运增收。强化货运营销，优化货源组织，稳定大宗货源，开发有效货源，在保证重点物资运输的基础上，货运收入大幅增长。强化运输组织考核，优化作业组织，挖掘运输潜力，组织空车调配，有效提高整体运输效益，提前31天完成全年运输收入任务指标。

【经营管理】 推进规范管理，健全安全生产、运输经营、技术教育、成本控制、劳动人事等基本管理制度。依法规范劳动用工管理，优化人力资源配置，严格执行工人调动提改职办法，推动客货、后勤岗位富余人员向运转、调车岗位流动。对东风站岗位职责及作业流程进行优化，停办罗家庄站货运业务。规范工资列支渠道，强化归口管理，坚持分配向脏、险、苦、累岗位倾斜，调动一线职工安全生产积极性。推行全面预算管理，加强过程考核、动态控制，严格控制各项支出。严格执行大额资金使用联签制度，确保资金使用安全。

【队伍建设】 加强主要行车工种队伍建设，鼓励和引导业务能力强的职工从事主要行车工种岗位，配齐配强主要行车工种岗位人员。落实送培计划，强化车站值班员培训，全年送培8期84人，全段在岗车站值班员按规定全部轮训一遍。加强全员培训，全年办班71期，培训18846人次。选拔大学毕业生到关键岗位挂职锻炼或交流任职31人。

（孙守章）

【晋豫鲁铁路通道淄博（沂源）段开工】 9月29日，晋豫鲁铁路通道淄博（沂源）段开工仪式在沂源县燕崖乡举行。市委书记、市人大常委会主任刘慧晏宣布晋豫鲁铁路通道淄博（沂源）段开工，市长周清利致辞。

晋豫鲁铁路通道工程是国家规划的大能力运煤通道建设项目，是“十一五”期间国家重点工程，也是国家八横四纵铁路网中的一条重要的运输干线。该线西起山西省吕梁市瓦塘镇，东至山东省日照市日照港，线路正线全长1260公里。沂源段全长54公里，投资43亿元，境内设沂源站一处。晋豫鲁铁路通道是国内首条新建国铁Ⅰ级双线电气化重载铁路，列车编组10000吨，年货运能力2亿吨，客车15对/日。

（高加沛）

晋豫鲁铁路通道淄博（沂源）段开工仪式现场

（高加沛　摄）

邮　政

【概况】 2010年，市邮政局以服务为宗旨，以提高发展质量和效益为核心，转变增长方式，推进结构调整，经济发展和运行质量均创历史最好水平。全年实现业务收入22840万元，收支差额完成459万元，保持省级文明单位称号。

【队伍管理】 突出正向激励，强化绩效管理，细化对区县班子、市局中层人员绩效指标的考核和年终述职考评管理。加强薪酬管理，探索建立员工薪酬正常增长机制。加强后备队伍管理，建立人才储备制度，进行跟踪培养，根据工作业绩和考评情况，对优秀人员进行提拔使用。进行全市十佳效益支局和星级支局评选。2009～2010年，对“支局小家”食堂等基本设施进行升级改造，“支局小家”软硬件设施全面升级。

【业务发展】 在函件方面，银企对账单开发实现5大国有银行及兴业、邮储、浦发、招商、农村信用社5家商业银行的“5＋5”开发目标，开发率居全省第一。直邮服务中小企业工作得到省中小企业办公室好评。在沂源县被确认为牛郎织女传说起源地之际，成功发行牛郎织女特种纪念邮票一套，成为全省在县邮政局举办邮票首发式的成功案例。在全省率先开通邮宝网平台便民服务站代收费业务。短信业务收入增长158%，增幅排名全省第3。党报党刊、行业报刊、新华社系列报刊及《齐鲁晚报》《鲁中晨报》发行实现稳中有升，第三方订阅流转额绝对值列全省第三位。改进业务发展模式，转变专业间各自为战的做法，实行套餐营销取得一定成果。

【项目营销】 传统营销项目继续保持良好增势，“新春邮礼春雷行动”“亲情3+1”“中秋营销”等传统营销项目对收入拉动明显。“亲情3+1”创收增长40%;“中秋营销”创收完成计划的123%。牛郎织女特种邮票首发成功,第二十二届省运会主题册被确定为官方专用礼品,“陶博会”项目连续5年成功开发。中秋节前夕,为淄博移动公司客户群体量身定做礼仪套餐,受到客户欢迎。

【经济运行】 加大往来款项清理力度,提高资金周转率。严格执行用户欠费台账管理,实行欠费终身责任制、周通报制和专人催收等措施,有效压缩欠费增长。集邮库存的压库和分销资金回笼均达到省邮政公司要求。加强对报刊、集邮、分销等重点专业的资金管理与动态分析,提高资金使用率。加强对邮政业务代办费、出租收入及欠费情况专项审计,防范经济活动各环节风险。截至年底,全市资金收现率达1.10,现金流入流出比达1.03。在全省率先推行区县局内部作业大班组制改革,报刊邮件直分到段,全市压缩生产班组7个,压缩生产人员10名,有效提升网路运行效率、效益。机要通信工作连续28年保持质量全红。

【通信服务】 2010年,投资220万元对全市40个理财网点、效益十佳网点及城市网点全部营业设备进行更新,为营业网点安装空调300台,为城区规模较大的网点安装LED电子显示屏,对部分交易率偏低的ATM机进行优化。投递网络能力进一步增强。中心城区邮件、报刊全面实施分拣前置,大宗函件邮编预处理流程实施改造,新增部分普通邮件投递车辆。注重商函账单类函件投递管理,银企账单妥投率和回函率分别达100%和98%。组织开展“微笑在邮政,满意伴您行”等服务专项活动,市邮政局连续第五次被评为省级消费者满意单位。

【职工关怀】 改善农村“支局小家”的硬件设施,“支局小家”建设迈上新台阶。组织员工参加“山东邮政员工大病互助金”项目。市邮政局出资为11名市级以上劳模办理山东省职工团体重大疾病、定期及意外伤害保险。

【“民间传说——牛郎织女”邮票首发】 8月16日,“民间传说——牛郎织女”特种邮票首发式在沂源县举行。中国邮政集团公司邮票发行部总经理邓慧国和副市长唐福泉为邮票揭幕。为配合首发式,市邮政局在张店设立邮品销售第二现场。

首发式现场 (段瑞成 摄)

【省运会系列个性化邮票暨倒计时100天纪念封发行】 6月13日,由省运动会执委会、市政府主办,市邮政局与市体育局承办的山东省第二十二届运动会系列个性化邮票暨倒计时100天纪念封发行仪式在淄博市体育中心综合馆举行。市邮政局在发行现场设立临时邮局,方便顾客购买纪念邮品。

(王 禾)

通 信

【中国联通淄博分公司】 2010年,淄博联通提升能力、全面突破,发挥信息化建设主力军作用和“沃3G”网络优势,满足社会各界综合信息化服务需求,公司品牌、形象获社会高度认可。全年上缴地方税收4000万元,被市国税局、市地税局联合评定为纳税信用A级企业。开展为青海玉树地震灾区捐款等慈善活动,累计捐款100万元。

通信保障。实施3G网络建设和2G网络优化工程,客户对移动网络的感知度明显提升。加强宽带驻地网建设,互联网出口总带宽由年初的80G扩容至160G,加快光纤到楼、光纤入户进度,为“三网融合”打好硬件基础。完成省运会、亚青赛等通信保障任务,被市委、市政府授予第二十二届省运会等赛事筹办工作先进集体称号。

联通淄博分公司通过网络和3G手机现场直播第十届陶博会盛况 (联通淄博分公司 供稿)

信息化建设。充分发挥联通优势,集全公司之力加快信息化应用推广和“智慧淄博”建设。建成“智慧淄博·掌沃精彩”3G手机应用平台、旅馆业系统、危化品业系统、3G智慧公交系统;启动淄博高新区数字港、临淄区天网工程、淄博市城管执法系统、张店区电子政务网等项目。其中，与淄博市妇幼保健院合作实施的“医务通”暨 WLAN 无线 HIS 系统组网项目，获中国通信与信息化应用优秀成果奖银奖。推出绿色信使、企业秘书、智能总机、3G 视频监控、手机一卡通、销售管家、位置服务、移动 OA、远程抄表等行业信息化产品，服务全市信息化建设。加强互联网建设，建成“淄博时空”演播室，兼具淄博市政府新闻发布功能。

淄博市 3G 智慧公交系统启用仪式

（联通淄博分公司　供稿）

客户服务。坚持客户至上的服务理念，重视行风建设和服务工作。实施 3G 服务领先战略，成立 iPhone 俱乐部。开展“超时限装移修机”专项整治，提高服务质量。2010 年申诉指标较 2009 年下降 70%，客户满意度测评居全省前三位。公司连续保持省、市级消费者满意单位称号，被评为淄博市首届最具影响力百佳诚信企业、淄博市建设诚信企业先进单位。

经营发展。持续强化市场意识、创新意识、责任意识，将发展的着力点集中到“科学发展、夯实管理、推动创新、提升能力”上来，加强精确化经营，加强精确化管理，推进节能减排、降本增效，坚持以 3G 重点突破提升市场地位和以信息化带动全业务发展，公司各项经济指标均位居全省联通前列。

基础管理。突出精确化和规范化，走内涵式、集约化发展道路，营销体制、薪酬制度改革走在全省前列，有 3 项成果分获山东省企业管理现代化创新成果特等奖、一等奖、二等奖。深化厂务公开，扩大员工知情权、参与权和监督权。狠抓安全生产，无因工责任死亡事故和通信安全事故，获淄博市安全发展特别贡献奖和市安全生产先进单位 、市交通安全先进单位等荣誉称号。　（张文超）

【中国移动通信集团山东有限公司淄博分公司】　2010 年，淄博移动通信公司客户总数突破 370 万人，移动电话市场占有率达到 80%以上，移动客户普及率达 75%以上，发展规模创历史新高。全年运营收入、净利润在全省移动通信系统内均保持前列，上缴税金 19745 万元。开发推广全球通无级变速套餐、神州行畅聊卡、孝心卡、儿童卫士、两城一家等 20 余种新产品，产品及业务种类达 200 余种。完成 8 所校园 11 个校区的“数字校园”建设。全市营销服务网点超过 1 万家。推广短信营业厅、网上营业厅等电子渠道，满足广大客户日益增长的信息化需求。

服务质量。坚持“客户为根，服务为本”理念，开展“营业窗口 7S 管理”“明星营业厅、明星营业员”评选、“便捷服务，满意 100”等服务活动，夯实营业窗口服务标准化、规范化、精细化管理。2010 年，客户满意度提升至 98.15%，公司被评为山东省第八届消费者满意单位。

通信保障。投资 3 亿元，科学规划组织 TD、GSM、传输网等各类网络工程建设，新建基站近 500 处，2G、3G 网络基站累计达 2200 处，城乡网络信号覆盖率达到 99.99%。采取多种网络优化创新技术手段，开展预防性网络维护，完善各项应急通信保障预案，持续保持网络领先优势，全年保持网络安全畅通。

信息化建设。结合物联网、无线城市发展新趋势，针对政务、农业、行业、企业、公共事业等多个领域开发行业应用和信息化产品，投资 8000 万元与市公安局成功合作“金盾工程”二期信息化项目，全面承担项目建设和公安信息化建设任务，积极推进“科技强警”战略实施和“平安淄博”建设；投资 100 万元完成市政府“12345”呼叫系统平台设备升级改造和扩容，整体技术水平在省内处于领先地位，市长专线接续能力、工作效率和服务能力显著提升，有效提升市民投诉服务整体水平；与市中小企业局联合启动淄博市中小企业移动信息化普及活动，开发出市烟草公司信息化整体解决方案、市公路局移动办公自动化系统、市防汛抗旱办公室小型水库视频监控、新华医疗移动 ERP 等多项行业应用项目，校讯通、位置通、移动生活圈等民生信息化项目得到有效推广。

“金盾工程”战略合作框架协议签字仪式

（翟　华　摄）

TD－SCDMA 建设运营。完成 TD 三期优化和四期工程，实现全市城区及重点乡镇TD网络的热点覆盖，TD网络建设投资累计达2.5亿元。基于TD网络的无线上网卡、TD无线座机、手机电视、手机阅读、视频通话等3G业务推广深受客户欢迎，全年3G客户突破10万户，TD业务各项发展指标位居全省前列。

和谐企业建设。坚持以客户为中心的“大服务”观念，从客户角度持续优化企业内部管理流程和服务标准。推动员工职业发展体系建设，员工队伍综合素质和业务能力进一步提升。推进民主管理和公司事务公开。与市委宣传部等部门联合开展“放飞梦想”绿色手机文化创作传播活动，弘扬健康文明手机文化。将188号段上市启动资金10万元捐赠给贫困地区建立5所“全球通”红十字书库。省级文明单位称号通过年度验收，获淄博市最具影响力诚信企业、淄博市履行社会责任十佳企业、市诚信企业先进单位、市安全生产工作先进集体、捐资助学爱心集体等荣誉称号。

第二十二届省运会战略合作伙伴签约仪式

（翟华　摄）

打造“数字省运”。作为第二十二届省运会战略合作伙伴和指定唯一通信服务商，淄博移动为省运会提供赞助500万元，并投资3045万元新建基站17处、GSM/TD/WLAN三网合一的室内分布系统15处，为省运会场馆、赛事现场、开闭幕式等重大活动提供优质的通信保障。在全国首创环保低碳的“电子火炬”传递，开发制作省运会web官方网站和wap官方网站，搭建大型赛事综合信息发布系统和无线监控系统，开通“18853310086”省运会服务热线等多项特色信息化业务，为省运会赛事组织、后勤保障、新闻传播等工作的科学调度和管理提供有效支撑。成功打造“数字省运”，得到社会各界的高度评价。公司被市委、市政府授予省运会等赛事筹办工作先进集体，6人获省运会等赛事筹办工作先进个人称号。（刘梦琪）

【中国电信淄博分公司】 2010年，按照中国电信集团战略转型的总体要求，中国电信淄博分公司业务运营实现跨越式发展，经营业绩全面提升，在3G应用以及推进市“无线城市”建设方面取得多项突破。

建成覆盖城乡全境的3G网络。公司在淄博市率先全网升级为3G，3G网络覆盖所有城区、乡镇、农村，能够随时随地支持用户的3G使用。天翼智能手机有15万个应用程序免费下载。电信3G具备“网络＋应用”双重保障。加快实施3G下乡，淄博电信首批在全市30余个乡镇成立乡镇支局，助企惠农，使城乡用户都能享受到3G服务。

承建淄博“无线城市”建设。7月，淄博市政府与山东电信签署“无线城市”建设战略合作协议，淄博电信作为项目具体承建方，为淄博市“无线城市”建设提供最先进的信息技术支撑。年内，淄博电信在应急指挥、智能安监、集群调度、数字矿山、物联网应用等领域，取得多项创新成果，如“一呼百应”的数字集群指挥，矿井井下移动通信及定位监控、“全球眼”云计算智能监控等。

全面启动FTTH“光网城市”建设。根据中国电信集团“宽带中国 光网城市”的规划，2010年，淄博电信开始大规模部署FTTH（Fiber To The Home光纤到家）网络，采用业界标准最高的GPON设备，出口带宽高，用户覆盖广。已经建成12000线接入能力，接入用户3000户，计划到2012年达到10万线的接入能力。电信3G无线宽带在功能上实现对有线宽带的替代，用户可根据情况选择无线上网卡套餐服务。（宋澍超）

本部类编　辑：赵建国
副主编：安永善
校　对：马震刚
杨　凤

城建　环保

城乡建设

【城市基础设施建设】 2010年，全市市政公用基础设施建设完成投资37.91亿元，比2009年增加8.46亿元，同比增长28.73%。到位资金19.52亿元，资金到位率53.48%。全市陆续启动城市路网工程、园林绿化、生态恢复工程、治污减排及城区综合整治等重点工程。开工新建、改建道路56条，新增道路长度19.83公里，新增道路面积36.51万平方米，改造道路长度28.16公里，改造道路面积50.32万平方米；新增污水管网73.22公里、雨水管网37.45公里。组织实施3座城市污水处理厂升级改造工程、3座乡镇污水处理厂建设工程、24座城乡生活垃圾中转站和卫生填埋场建设，城乡环境明显改善。市运动员公寓工程于6月竣工，工程占地22万平方米，建筑面积10.56万平方米，绿化景观面积13.7万平方米，绿化覆盖率62%。市文化中心于10月29日奠基，项目总占地面积34.95万平方米，总建设面积20万平方米，是全市最大的城市公共文化综合体，截至年底，项目各组团占地部分征地拆迁工作基本完成。

2010年6月，淄博市运动员公寓竣工

（陆洋　摄）

【园林绿化】 全年建设完成园林绿地286公顷，改造提升绿地263公顷，完成投资8.67亿元。城市建成区绿化覆盖率达42.2%，绿地率达36.3%，人均公园绿地面积15.95平方米。城市生态环境与景观面貌进一步改善。实施淄博植物园提升改造、张店西五路游园提升等绿化工程。实施玉皇山二期，黑铁山三期，九顶山、牧龙山山体生态恢复工程，栽植苗木30万株，完成补植3万公顷，新增造林120公顷。以五一小长假、省运会、十一黄金周期间作为年度花卉布置重点，以展现淄博城市建设成就、展示淄博地方文化为主线，栽植花卉20个品种700万株，覆盖中心城区11条道路，完成投资1700万元。

【"两区三村"改造建设】 加强村镇基础设施配套建设，重点搞好村镇道路、供水、排水、绿化、环卫等基础设施建设，加快城乡生活垃圾处理一体化建设，推进新型农村社区小型污水设施建设。截至年底，累计开工或已完成棚户区、老旧工矿区和城中村改造建设共计86个项目，完成安置房面积242.07万平方米，安置居民15432户，拆迁307.05万平方米。累计完成城郊农村改造建设39309户、504万平方米；在建16431户、198万平方米；完成农村危房安置改造10677户。

【城乡环境综合整治】 为迎接第二十二届省运会等重大赛事，开展建筑立面整治、广告综合治理及旧小区、小街巷等专项治理。加快"12319"城建服务热线系统数字化平台建设，按照"两级监督、一级指挥，重心下移，属地管理"的管理模式，完善平台扩展建设方案，完成与市电子政务外网的接入和张店区数字化城市管理应用平台数据联调工作。加快推进城乡生活垃圾处理一体化建设，把乡镇纳入全市城乡管理范畴，明确职责，落实人员、资金，严格考核。实现环境卫生"全覆盖，无缝隙管理"，镇村初步建成"户集、村收、镇运、集中处理"的垃圾管理体系。重点支持新型农村社区小型污水处理设施建设、农村生活垃圾处理、农村饮用水源地保护和农村环境综合整治，促进村镇建设和环境综合整治工作。

【城市亮化】 2010年，投资3000万元对中心城区44个单体建筑及人民公园、火车站广场、玉龙河等3个公共活动空间进行高标准亮化、美化。城市亮化工程遵循高标准设计、高水平建设、高效能管理的工作理念，全面推广应用LED等新型节能材料。城市夜景亮化工程与环境综合整治相互结合，采取夜景亮化设施集中控制手段，烘托建筑特色，提升城市形象。

中心城区夜景 （陆 洋 摄）

【房地产开发】 2010年，全市房地产开发完成投资166.99亿元，比2009年增长18.8%；房屋销售面积654.99万平方米，增长38.33%；实现房屋销售额240.29亿元，增长73.97%。房地产企业缴纳地税15亿元，增长63%，占全市地税收入的14.6%。房地产市场总体处于快速、健康运行态势。对全市符合考核条件的268家房地产开发企业进行排序，对前50强企业通过媒体进行公告。对符合条件的247家企业开展年度信用评价，评选出AAA级信用企业6家。前三季度新审批开发企业26家；在145家资质证书有效期到期的企业中，晋升资质的企业18家，降级14家，注销7家。在全省2009年度房地产开发企业综合实力50强企业评选活动中，淄博市5家企业榜上有名。截至年底，全市办理配套预存款监管手续134个，办理开发经营权手续156个，办理房地产开发项目手册备案项目106个，办理竣工综合验收备案项目手续28个。在综合验收备案专项检查中，共检查开发项目199个，发现88家开发建设单位的102个项目存在未经综合验收或综合验收不合格即交付使用的情况，均对其下达责令限期整改通知书。

【建筑业】 全市建筑业实现总产值554.9亿元，比2009年增长33.7%；完成建筑业增加值137.2亿元，增长29.8%，占全市GDP总量的4.8%；缴纳地税9.6亿元，增长32%，占全市地税收入的9.4%；从业人员36.6万人，劳动生产率达15.2万元/人。建筑业各项经济指标仅次于青岛，与济南基本持平。市建筑管理处全年监督单体工程3099个，增长101.6%；监督总建筑面积1876万平方米，增长90.2%，未发生重大责任事故。发生拖欠农民工工资投诉367起，下降25.8%。其中，市清欠办受理民工投诉29起，下降87%。对548家建筑业企业进行诚信评价，37家企业被评为AAA诚信企业。对29家进入淄博建筑市场的施工企业进行年度考核，取消11家企业的备案资格，4家企业被责令限期整改。全年招标工程项目516个，其中市直招标工程项目157个、建筑面积253万平方米，工程造价34.9亿元，造价同比增长173.7%。严格执行施工总承包制度，存在“肢解工程”问题的招标文件一律不予发布。征收建筑企业养老保障金15843.58万元，同比提高138.41%，完成年度任务的186.39%，创历史新高。检查在建单位工程项目257个，立案查处违法违规工程23起。

【勘察设计市场监管】 上半年，对全市勘察设计企业实施资质就位，有11家勘察设计单位进行合并重组，取消23家勘察设计单位的27项勘察设计资质。全市勘察设计单位总数从原来的106家减少到80家，建筑设计单位从原来的48家减少到38家。全市勘察设计队伍结构趋向合理，整体实力明显提升。

【建筑节能】 按照国家关于新建建筑严格执行居住建筑节能65%、公共建筑节能50%的新标准要求，市住房和城乡建设局以既有建筑改造和太阳能光热建筑应用一体化为重点，狠抓建设科技和建筑节能工作。截至年底，共验收196万平方米，节能验收一次性达标率97%，位居全省前列。推进既有建筑节能改造工作，改造面积200万平方米。新型墙材产能达13.2亿块标砖。可再生能源建筑应用发展迅速，将太阳能光热建筑一体化应用面积150万平方米的任务指标分解到各区县，并纳入市政府对各区县政府节能目标考核项目，年内竣工的一体化应用建筑面积达119.5万平方米，超额完成100万平方米任务指标。（陆 洋）

环境保护

【概况】 2010年，全市环保投入40亿元，整治污染企业1576家，关停各类土小企业687家。环境空气质量进一步改善，二氧化硫和可吸入颗粒物平均浓度分别同比下降16.4%、9.0%，省控河流断面全部达到恢复鱼类生长的要求，全市所有饮用水源地水质达标率100%，区域环境噪声全部达到环境功能区划标准。公众对城市环境保护满意率达85%以上。淄博市获山东省设区城市建成区空气质量改善奖第二类城市一等奖；市环境保护局被环保部评为全国环保工作先进单位。

【争创国家环保模范城】 年内，市政府和各区县政府相继成立创建国家环保模范城领导小组。2月24日，全市创建国家环保模范城市动员大会召开。印发《淄博市委、市政府关于进一步加强环保工作的意见》《淄博市创建国家环保模范城市的实施意见》和《淄博市创建国家环保模范城市实施方案》等文件，制定创建国家环保模范城市年度工作计划，并将任务进行细化分解落实到各区县、乡镇(街道)和有关政府部门及有关企业。

2010年4月2日,市环保局检查博汇集团排污口（于　萌　摄）

2010年7月,副市长周连华到万杰热电厂视察环保工作（于　萌　摄）

【生态市建设】　市环保局对生态市建设年度目标任务进行分解落实,协调有关部门完成2009年度生态省建设市长目标责任书完成情况的自查工作。督促博山区、桓台县、沂源县根据考核办法进行自查,并向省政府生态建设办公室提交验收申请报告。组织23个乡镇申报省级生态乡镇,25个乡镇申报全国生态乡镇;配合省环保厅对24个申报的省级环境优美乡镇进行现场验收。召开全市露天矿山生态环境保护工作会议,对全市矿山生态环境保护工作进行部署。对全市113家矿山开采企业进行现场执法检查,关停中心城区周边露天开采矿山17座、石料破碎点24处、破碎设备31台。对矿山开采污染较重的淄川区岭子镇、西河镇、淄博山水水泥厂等单位实施环保预否决。以四宝山、沣水等地区的环城绿化和生态恢复为重点,构筑中心城区绿色屏障,绿化面积500公顷。督促华电淄博热电有限公司完成堆场侧壁的绿网覆盖、山东铝业公司完成粉煤灰堆场和第二赤泥堆场侧壁的覆盖。35家重点企业全部完成清洁生产审核报告。制定下发《淄博市关于加快农村环境综合整治工作的通知》,建立农村小河流污染治理月通报制度,对全市71条小河流中有污水排入的40条定期进行现场检查。

【主要污染物减排】　加强对主要污染物减排项目督导力度,起草《淄博市探索排污总量有偿使用和流转的管理办法》《淄博市电力行业二氧化硫绩效控制总量指标有偿使用暂行规定》。启动临时排污许可证核发工作,对185家重点排污企业实施排污许可证制度。定期对全市所有减排项目进行督导,严把总量确认关,从源头上控制污染。按照先算、后审、确认、跟踪、考核、备案的主要工作程序进行总量确认。2009年汇总上报减排项目100个,其中化学需氧量项目12个、二氧化硫减排项目88个。年初,经环保部核查验收,确认淄博市2009年度同比削减率二氧化硫为8%,化学需氧量为4.54%,全面完成2009年度主要污染物削减任务。

【大气污染防治】　印发省运会空气质量保障预案,组织实施2次保障省运会空气质量应急调度试验,印发全市扬尘污染控制方案,开展保障省运会环境质量改善的环保专项行动。印发《关于燃煤电厂推行规范精细环境管理的意见》,向全市38家燃煤电厂派驻特管员,38家电厂全部开展脱硫设施建设。华电淄博热电有限公司投资5700万元建成1号、2号机组石灰石石膏脱硫工程,万杰热电厂投资1400万元建成双碱法脱硫工程,齐鲁石化公司热电厂投资1500万元完成7号、8号机组炉袋式除尘器改造。219家非发电企业完成污染治理任务。加强建陶企业的规范化、精细化管理和污染点源的环境综合整治。完成7家钢铁企业、6家焦化企业的脱硫设施建设。对齐鲁石化公司、汇丰石化公司、金诚石化公司等大型化工企业及中心城区周边20多家重点企业组织专家会诊,实施综合治理,将四宝山南坡4家企业的废气引入张店热电厂焚烧,共整治化工企业289家。印发《淄博市关于加强建筑渣土等散装物料密闭运输管理的通知》《淄博市关于城区渣土堆清理整治的实施意见》《淄博市扬尘污染综合治理工作方案》《淄博市关于加强社区扬尘环境管理的有关规定》等6个方面共13个规章、制度和行业规范。对双杨镇、南定镇、齐鲁化工区3大片区和61个重点乡镇(街道)进行重点治理。联合公安、建设、城管执法、交通等部门现场检查20次,印发通报16期。由市政府督查室、市监察局、市环保局等部门联合组成的督察组两次对五区三县和淄博高新区的59个镇(办)扬尘污染综合治理情况进行督导。检查工地590处(次)、道路280余条(次)、企业734家(次),下达限期整改通知书128份,实施行政处罚127万元。省运会期间,城区及比赛场馆周边3000米范围内的建筑工地全部停止施工。

【机动车排气污染防治】 全面实施机动车环保分类管理制度。印发《淄博市关于实施机动车环保合格标志管理的通知》《淄博市在用机动车污染物排放检测机构规范化管理标准》和《淄博市机动车排放污染物检测机构管理考核办法》。发放合格标志23.9万个，其中绿标20.44万个、黄标3.46万个。上线检测车辆17.03万辆，不合格2.73万辆，不合格率占16%。完成简易工况检测站网络监控平台建设和验收。抽检、路检机动车22.31万辆，其中超标车辆1.82万辆，对1592辆高污染（冒黑烟）车辆下达限期整改通知书，对162辆车采取扣留行驶证及禁止上路行驶等措施。加大黄标车辆淘汰、双燃料改造及油品质量的监督检查力度。对785辆黄标车辆实施以旧换新。中心城区公交车双燃料改造率达到90%以上，出租车双燃料改造率达到92%以上。

【水污染防治】 对重点流域实施水环境综合整治。市政府4次召开全市水污染防治工作会议，对全市水污染防治工作进行全面部署。市环保部门做到一周一调度，半月一通报，对孝妇河、猪龙河等重点流域的水污染防治工作进行现场督导40余次。按照市政府部署，全市以孝妇河、猪龙河、乌河、支脉河等为重点开展高标准综合整治，封堵排污口365个，各区县铺设雨污分流管道150公里，整治河道80公里。全市8条重点河流15个河流断面全部达到恢复鱼类生长要求（COD≤60毫克/升、氨氮≤6毫克/升）。13个城镇污水处理厂建设生物毒性指示池，全市污水处理能力达81万吨/日。齐鲁石化公司投资6500万元改造供排水厂，博汇集团投资8000万元改造污水处理厂。加强日常环境监测，推行企业排污口规范化监管，统一安装排污口控制闸门、在线监控系统、中控系统、远程视频监控系统，统一设置生物指示池，统一在线监控站房，统一设置排污口环境图形标志。狠抓饮用水源地环境保护和重金属污染防治。完成地表水水源地、农村饮用水水源地基础环境状况调查评估，更新城镇饮用水水源地基础资料。对水源地范围内的企业进行全面普查，对180个项目的230个问题提出整改意见，并督促落实。制定涉重金属及剧毒物质处置突发事件预案并进行演练。对全市44家涉重金属企业逐一进行检查，关停无环保手续企业2家，督促4家企业实现废水零排放，全市制革企业全部实现铬回收。

【推进产业结构调整】 加快中心城区南部建材区的产业结构调整步伐。市环保局成立南部建材区产业结构调整领导小组，确定建陶企业淘汰三分之一、转移三分之一、提升三分之一的调整工作目标。成立能源结构调整办公室，制定《淄博市部分地区燃煤工商用户天然气置换工作实施方案》，对天然气置换普查统计工作进行部署。加强建设项目管理，办结各类许可事项284件，拒批不符合产业政策或选址不合理的化工、建材类项目34个。加快淘汰落后产能步伐，关停14家企业立窑水泥生产线43条，涉及产能406万吨/年。拆除工业及供热锅炉25台，47台燃煤工业炉窑改用清洁燃料，59台工业及供热锅炉进行二氧化硫治理或改用清洁燃料，505处直燃煤饮食灶改用清洁燃料。张店钢铁总厂4座128立方米高炉和1座420立方米高炉全线关停，整体搬迁出中心城区。

【环保专项行动】 组织开展以工程建设领域突出环保问题为重点的环保专项行动，检查项目2406个，发现违法违规问题137起，对69家违规企业下达限期整改通知书，对57个违规建设项目进行处罚。开展以保障省运会环境质量为重点的环保专项行动，检查企业350家，查处违法企业63家。

【环境应急能力建设】 4月，淄博市环境安全应急管理处成立，为副县级行政单位，编制10人。各区县成立相应机构。修订《淄博市突发环境事件应急预案》，处置和调查环境突发事件11起，督导区县各环保部门及企业完善应急预案140多个，组织环境应急培训班9期，培训人员1030人，检查普查重点行业企业1206家。

【危险废物和辐射环境监管】 完成2009年度全市危险废物申报登记，全市129家企业申报产生工业危险废物总量206.43万吨。制定《淄博市危险废物转移联单管理工作程序（试行）》《关于加强对全市含酚废水和煤焦油规范管理的意见》等规范性文件。监督23家危险废物经营企业及光华医疗废物处置中心开展危险废物规范化管理。组织专家对石化、制药等9个重点行业21家企业危险废物的产生、贮存、处置、转移、利用等情况进行调研，对14起擅自转移危险废物的违法行为进行处罚，罚款107万元。印发辐射环境安全监管的各类文件15个，对200余家（次）辐射工作单位进行监督检查。完成18家II类射线装置项目、3家II类放射源项目预审表的审核及59家III类射线装置及IV、V放射源项目环境影响评价文件的审批，安全收贮闲置放射源33枚。

【环保监测】 完成河流断面监测工作，日采日报监测河流断面2575个（次）。自7月16日开始，每天对各区县及市出境断面实行人工监测。实行污染源监督监测及在线监测仪比对监测，共监测国控污染源1791个（次），抽测省控污染源445家（次）。完成各区县及31个重点乡镇空气质量监测及数据上报、通报工作。编制《淄博市重点化工企业废气中有机污染物调查监测分析结果汇编》《淄博市水环境质量现状分析与污染源防治对策调查方案》。开展两次环境空气质量应急调控实验监测工作，省运会期间环境空气质量保持良好。全年出动环境监察执法人员15212人（次），现场监察各类污染企业11997家（次），检查建设项目1930个（次），受理电话投诉2515件（次），完成排污收费7480万元，查处各类环境污染行为214起，对182起环境违法行为提报行政处罚 1357 万元。全市安装联网在线监控设备 207 家 275 台，其中省控 81 家 122 台、污水处理厂 14 家 28 台，市控 111 家 123 台（含市控建陶企业 50 家 62 台）；区控建陶企业完成安装 215 台。全市累计安装在线监控设备 490 台，对在线监控设备实行 24 小时值班调度。

【环保宣传】 配合市人大常委会组织开展两次淄博环保世纪行活动。印发《淄博市 2010 年环境宣传教育工作要点》，将创建环保模范城作为宣传重点，全市悬挂条幅 2000 余条，印发宣传材料 20000 份，设置宣传栏 100 个。联合市委宣传部、市教育局、市文明办组织开展绿色创建活动，对 22 所学校、20 个社区进行检查验收。与市文联共同举办全市首届“环保宣传使者万里行”采风活动。成立环保热点追访报道组，对群众投诉举报的环境违法问题重点进行采访报道。召开淄博市环保新闻发布会，开展“6·5”世界环境日系列宣传活动。在国家、省、市各级平面媒体发表稿件、照片 3000 余篇（幅）；在淄博电视台等媒体播出专题节目 311 期。受理各类信访事项 177 件，全部办结，信访量下降 42.7%。（蒲先鹏）

国土资源管理

【用地保障与审批】 2010 年，完成西气东输、晋豫鲁铁路工程、黄河防汛工程、市体育中心、市文化中心、重庆路、西十三路、东部化工区搬迁等重点建设项目的用地报批和供地工作。创新土地收储和管理模式，加强土地和矿业权市场建设，储备土地 78 宗，面积 645.97 公顷；“招拍挂”出让宗地 160 宗，面积 453.76 公顷，总成交额 34.75 亿元，实现政府纯收益 15.04 亿元。组织完成市县乡三级土地利用总体规划及市县两级矿产资源总体规划的编制审批工作。加强房地产用地调控，编制公布《淄博市 2010 年城市住房用地供应计划》，促进房地产市场平稳健康发展。全年上报省政府土地综合整治项目 6 个，批准 4 个，争取国家投资 7 亿元。编制全市城乡建设用地增减挂钩专项规划，在市及区县成立专门工作机构，制定《淄博市城乡建设用地增减挂钩管理办法》等规范性文件，建立健全推进工作的长效机制，并将增减挂钩工作纳入市政府对区县政府的年度工作考核项目，实现从个别试点到全面推进的工作目标。

【矿产资源管理】 全市矿业权实地核查工作在全省率先通过国土资源部和省国土资源厅联合检查验收。矿产资源潜力评价、矿产资源利用现状调查工作有序推进，深化矿产资源整合工作取得阶段性成果，采矿权和探矿权分别压减 24%和 31%，达到省政府规定的指标要求。组织开展矿产开发遥感动态监测区域专项清理活动和全市采矿权登记数据更新与换证工作，对全市持证矿山企业和矿产资源勘查项目进行年检，依法征收采矿权价款 2284.91 万元，征收矿产资源补偿费 3171.2 万元。

【“双保”工程】 开展保经济发展、保耕地红线工程，落实耕地保护目标责任制，加强基本农田动态监测和管理。淄博市顺利通过省政府对 2009 年耕地保护责任目标的检查和验收，全市耕地保有量和基本农田保护率均达到或超过省政府下达的指标要求。落实最严格的节约用地制度，着力加强建设项目用地预审和审批管理，完成开发区土地集约利用评价和新一轮城镇基准地价更新工作，建立完善节约集约用地考核评价、土地市场动态监测监管和城市地价动态监测体系，推进建设用地“批、供、用、补、查”综合监管平台建设。贯彻落实市政府《关于建立健全土地执法监管长效机制落实耕地保护责任的通知》精神，在全市构建“市为主导、区县为主体、乡镇为基础”的三级国土资源执法监管共同责任机制，推动国土资源管理秩序持续好转。全年依法征收土地租金 2200 万元，超额完成征收任务。土地开发整理和“占补平衡”工作成效显著，完成市级土地整理项目 74 个，省、部级土地整理项目 2 个，实现新增耕地 637.9 公顷，其中可用于“占补平衡”的 439.1 公顷。

【土地信访】 全年审核补偿资金 2.23 亿元，纠正和查处一批长期得不到解决的拖欠农民补偿费的老大难问题。开展《中华人民共和国信访条例》颁布实施 5 周年宣传教育活动，突出重点区县国土资源信访问题专项整顿，印发《2010 年处理信访突出问题及群体性事件工作要点》。建立信访问题约谈制度，解决一批疑难复杂信访案件。2010 年，受理信访案件 252 件，结案 214 件，结案率为 84.92%。处理土地纠纷案件 20 起。

【行风与队伍建设】 2010 年，在市行政服务大厅设立国土资源“一站式”服务中心，审批事项全部纳入服务中心办理。全年办理业务报件 38991 件，按时办结率为 100%。开展民主评议政风行风工作，在全市发放政风行风征求意见函 1900 份，回函满意率为 97.4%，征集各类意见建议 30 条。高标准完成市人大代表、政协委员建议提案的办理工作，答复满意率为 100%。由局领导带队，分成 5 个服务组，分赴 60 余家大中型企业现场办公，实地帮助企业解决用地难题，受到企业好评。采取全市国土资源工作会等形式加强干部教育培训。开展“加强党性修养、弘扬优良作风”“增强制度意识、争做执行表率”等教育活动。修订完善干部考评、廉政建设和挂牌上岗等制度。层层签订党风廉政建设责任书，会同市监察局、市检察院共同加强在廉政风险防控机制建设和预防职务犯罪领域的合作。印发《“两整治一改革”专项行动实施方案》，对照《廉政准则》和《国土资源工作人员五项禁令》开展自查自纠。市国土资源局被国土资源部、人力资源和社会保障部授予全国国土资源管理系统先进集体称号。

国土资源"一站式"服务中心
（王 晨 摄于2010年6月）

【地质灾害预防】 年内，编制完成全市及重点区县年度地质灾害防治方案，组织对全市地质灾害隐患点进行全面巡查，开展乡镇国土所地质灾害防治"五到位"（地质灾害防治宣传材料要发放到位，地质灾害隐患点群测群防员要联系到位，地质灾害隐患点巡查要到位，地质灾害灾情险情预案和人员要到位，居民建房地质灾害隐患简要评估要到位）知识培训，完善全市地质灾害群测群防体系，确保全市安全度汛。

【基础业务工作】 加强土地登记规范化管理，全年办理各类土地登记52300宗。推进全国第二次土地调查工作，全市农村和城镇调查数据一次性通过省国土资源厅审核验收。高标准完成淄博市第二次土地调查信息系统硬件平台及机房建设任务。与市财政局共同开发"淄博市国土资源收支信息系统"，规范缴费程序，全面、准确、及时掌握收费基础数据。全面完成地理信息市场专项整治，编制完成《淄博市"十二五"基础测绘规划》，启动《淄博市地图集》编制工作，1∶500地形图建库工作取得阶段性成果。参与省国土资源厅和市政府组织的"转方式、调结构、惠民生"调研，撰写调研报告6篇。

【国土资源宣传和普法】 全年编发《国土资源信息》30期，在各类媒体发表新闻稿件340余篇，抓好"送法下乡"和法律"五进"活动，利用各种主题宣传日集中开展国土资源法律法规宣传。开展行政执法人员培训、持证上岗和法规文件的清理审查，依法办理行政复议、应诉案件10件，解答群众法律法规咨询40人次。建立健全权责明确、行为规范、监督有效、保障有力的国土资源行政执法责任制和决策责任追究制度，提高依法行政工作水平。市国土资源局被市政府表彰为全市依法行政先进单位，被国土资源部表彰为全国土资源管理系统"五五"普法工作先进单位。

（王 晨）

城乡规划

【规划编制】 2010年，市规划局编制完成张店南部城区规划、张店东部城区规划等控制性详细规划21项、面积920万平方米；编制完成新城区政务中心东临地块等修建性详细规划77项、面积890万平方米。完成新城区52平方公里的控制性详细规划，对张店老城区改造与控制规划进行维护。中心城区控制性详细规划覆盖率比"十五"时期提高20个百分点，达82.6%，新城区控规覆盖率达100%。组织开展各项专项规划的编制工作。完成全市综合交通规划、中小学布点规划、住房建设规划和中心城区风貌规划、水系规划、加油站布点规划等专项规划编制成果。区（县）域村镇体系规划、区（县）域农村住房建设规划和建制镇总体规划编制工作全面完成，镇驻地控规基本实现全覆盖。编制完成1500个村庄（农村社区）的建设规划。

【规划管理】 对规划建设项目审批程序及规划管理工作规章制度进行全面梳理，制定《规划建设项目审批工作规定》，强化对规划项目审批及批后管理等环节的监督。对中心城区市区两级规划管理机构进行重新调整划分，理顺职责范围，简化办事程序。配合督察员对淄博市城市总体规划、历史文化名城保护规划和国家重点风景名胜区总体规划的制定和实施情况进行重点督察。2010年，全市审批核发建设项目选址意见书200件，建设规模1053.5万平方米；核发建设用地规划许可证287件，用地面积1270.6万平方米；核发建设工程规划许可证422件，建筑面积1210万平方米；核发乡村建设规划许可证21件，建筑工程90.8万平方米；核发建设工程竣工验收合格证147件，验收面积240万平方米；核发规划条件260件。

【规划服务】 组织编制东部化工区搬迁新址规划、南部工业区规划，为张店钢铁厂和市焦化煤气厂搬迁、东部化工区改造和南部建材区综合整治做好规划服务，为中心城区产业布局调整、城市功能优化提供规划保障。建立"两区三村"规划许可限时办结制度，缩短审批时间，推动全市"两区三村"改造工程顺利实施。在推动近郊农村住房建设前期规划中，组织开展全市优秀村庄规划、优秀住宅建筑方案评选，确定优秀村庄规划12个和优秀住宅建筑方案12个，组织镇村有关人员现场观摩，编印《淄博市农村住房建设户型图集》，免费向镇村推荐使用，指导新农村住房建设。

【规划立法】 启动《淄博市城乡规划办法》的修订工作，组织开展城乡规划地方性法规立法调研和《淄博市城乡规划办法》起草工作。实施"阳光规划"，尊重社会各界的知情权、参与权和监督权，落实信息公开与反馈制度。完善规划咨询、听证制度，征求社会各界的意见和建议，实现规划酝酿、制定和决策互动。

【淄博市体育中心竣工验收】 淄博市体育中心是新中国成立以来淄博市筹建的最大的体育设施项目。主体育场于2009年5月竣工验收并交付使用。综合体育馆、游泳跳水馆于2010年6月13日组织竣工验收，并于6月正式移交市体育局管理。

【萌山湖生态旅游区规划】 委托天津大学建筑设计院负责编制规划，在萌山湖区域总体规划确定的框架基础上，对萌山湖周边65平方公里区域内的旅游、高端产业、文化创意、商务会馆等项目进行了规划策划。

【新城区文化中心规划】 市文化中心位于核心区中部，北临联通路，南临华光路，东西被核心区的心环路环绕，总占地面积34.95公顷，规划建设图书馆、科技馆、美术馆、影剧院、档案广场馆、妇女儿童活动中心等11项功能以及文化广场、水面等景观设施。对德国罗昂建筑设计公司设计方案做进一步修改完善，已形成规划成果。

【新区景观河道绿化工程建设】 由市规划局通过竞标方式选择由天津园林设计院和同济大学设计院共同负责新区景观河道绿化工程的方案设计工作，工程于3月开工建设，至5月竣工。工程包括东至西十路、西至西十一路、南至张周路、北至体育中心范围内园林绿化、道路铺装、景观河道施工以及园林小品的设计与施工。

【中心城区城市编码工作】 结合张店老城区和新城区控制性详细规划，按照分区—片区—街坊的划分原则，完成中心城区（张店区）用地分区编码、片区编码和街坊编码等相关编制工作。　　（龚　玲　马呈礼）

房产管理

【住房保障】 廉租住房建设实现突破，全年竣工廉租住房1000套，新开工廉租住房530套。规范经济适用房建设管理，经济适用住房新开工2480套，累计竣工3384套，超额完成2500套的任务指标。公共租赁住房试点工作顺利推进，开工建设公共租赁住房224套，超额完成220套的任务指标。截至年底，全市享受廉租住房货币补贴的家庭达8875户，发放补贴2281万元，补贴总户数居全省前列。市房管局负责的张店区洪沟片区改造的居民还迁房安置、学校安置工作基本完成。

市文化中心鸟瞰图　　（市规划局　供稿）

【房地产市场】 2010年，全市房地产市场健康发展，房产交易稳步上升。新建商品房销售30480套，销售面积348.2万平方米，比2009年分别增长4.5%和18%。二手房转移15719套，转移面积140万平方米，分别增长8.3%和7.3%。全市新建商品住宅均价为3405元/平方米，增长24.5%。中心城区新建商品住宅均价3593元/平方米，增长24.9%。强化商品房预售制度，对未取得商品房预售许可证的项目，严禁非法预售。实行商品房预售动态监管，建立新建商品房、二手房合同网上备案系统和房地产交易信息公示制度。加强房地产经纪和评估机构的管理。对全市评估机构和经纪机构进行资格备案审核，对房产中介从业人员进行岗位培训。

【物业管理】 2010年，全市物业管理企业发展到242家，物业管理项目866个，管理面积4220万平方米。其中国家级物业管理示范项目9个，省级优秀物业管理项目33个，市级优秀物业管理小区65个。强化行业监管，建立企业年度动态考核制度，对业主反映大、服务不规范的企业给予限期整改或注销资质处理。加强物业专项维修资金与物业质量保修金的征收、使用和监管工作。按照专户存储、专款专用、拨付快速、手续便捷的原则建立严格的资金交付、储存、使用程序。截至年底，全市物业专项维修资金累计归集8亿元，物业质量保修金累计归集5000余万元。推进“老旧散”住宅区管理，努力改善居民居住环境。中心城区街道办事处“两站一中心”(物业管理矛盾投诉调解站、物业管理应急维修服务站、物业服务中心)建设工作稳步推进，取得初步效果。

【产权产籍管理】 进一步落实《房屋登记办法》，印发《关于商品房预售与房屋登记有关问题的通知》，对规划面积与实测面积不符，阁楼的预售和登记问题，车库、储藏室、地下车位的销售与登记问题等情况提出明确的解决办法。加强房屋登记信息(档案)查询工作，与市人民银行、市银监局联合印发《关于规范商业性个人住房贷款中第二套住房认定标准的通知》，为商业性个人住房贷款中第二套住房认定提供依据标准。

【房屋拆迁】 2010年，拆迁管理工作坚持以人为本，严把拆迁许可关，推行阳光拆迁，在编报拆迁计划时，以中央预算内投资补助项目、保障性安居工程、基础设施和公共设施等拆迁项目为重点，优先保证廉租住房、经济适用住房、城市棚户区、老旧工矿居住区、城中村和城郊村改造等保障性安居工程的拆迁项目。加强拆迁补偿安置方案审核，杜绝行政强迁，商业性项目必须达成拆迁补偿协议后才许可动迁。全年审批发放拆迁许可证54个，拆迁建筑面积43.17万平方米。加强拆除安全管理，妥善处理信访问题，未发生因房屋拆迁问题到省进京上访案件。 (宗风刚)

公用事业

【概况】 截至年底，全市有燃气经营企业93家，建成天然气汽车加气站28家。有管道燃气居民用户40万户，工商业用户1123家，燃气管网总长度3086公里，天然气供应总量8.3亿立方米。全市供热企业24家，热源企业27家。2010～2011采暖期，新增供热面积289万平方米，总供热面积4031万平方米。

【改革改制】 1月29日，由市煤气公司与市城市资产运营有限公司合资的淄博城市燃气有限公司注册成立。市煤气公司收购淄博国能燃气有限公司70%的股权，实现国有资本对该公司的绝对控股。淄博华润燃气有限公司以698万元的价格成功收购傅家镇燃气市场，买断其燃气管网设施，增强了公司经营区域的完整性及安全性。

【安全检查】 开展对区县燃气供热管理部门和燃气供热企业的专项督查。共检查燃气企业85家、燃气管网2700公里、调压设施1700多处、阀门井3400多处，下达反馈督促检查意见60份；查出各类供热安全隐患154项，当场消除34项，其余120项限期予以整改。

【应急演练】 整合全市应急救援力量，建立120人的燃气事故专业应急救援队伍，实行全市燃气行业应急救援统一管理。市煤气公司与绿博、港华、城燃、国能4家公司建立应急救援联动机制，于12月21日进行首次紧急集合演练。同月，组织全市天然气管道燃气经营企业参加“2010燃气泄露抢修演练竞赛”，公用事业应急管理水平不断提高。

【技能培训】 组织编写燃气行业安全管理人员、燃气燃烧器具安装维修工等工种的培训教材。分别与9月、11月举办全市燃气行业安全管理人员培训班和燃气燃烧器具安装维修工培训班，共260人参加培训。

【公用事业许可】 对全市85家燃气企业、79家燃气站点和10家供热企业的安全管理制度落实、设施设备检测检修和维护保养、现场管理等情况进行年检。下达审查意见书60份，不符合条件的2家燃气企业、7家燃气供应站点、2家供热企业被依法清理出燃气供热市场。换发41家供热企业供热经营许可证。

【工程管理】 全年审批燃气工程立项952件，办理施工许可证463件，燃气工程备案手续204件，处罚涉及违法工程的企业2家。

【天然气置换】 根据《淄博市部分地区燃煤工商用户天然气置换实施方案》，市公用事业局印发《关于天然气置换工作的意见》，要求有关区县燃气行政主管部门和管道燃气企业制定实施方案，迅速开展工作。截至年底，完成58家工业用户的用气立项。

【燃气经营区域调整】 根据淄博市煤气公司和淄博绿能燃气工程有限公司签订的协议，重新调整中心城区部分经营区域：将济青高速公路以南、309国道以北、张东铁路以东原淄博市煤气公司经营区域调整为由淄博绿能燃气工程有限公司负责开发经营。

【热源和管网建设】 全市新建供热工程项目39个，完成投资2.63亿元，建设供热管网61.5公里，高温水换热首站3座，供热调峰锅炉1台，增加供热能力400万平方米，完成工程改造项目33项，供热保障能力和供热安全性得到进一步增强。

【社会换热站整合】 制定实施方案，对中心城区、各区县的社会换热站整合工作提出明确目标和要求，协调解决换热站移交程中遇到的问题。全年整合社会换热站122家。

【供热服务】 印发《全市供热服务工作考核办法》，将考核结果作为对供热企业许可年检、评先创优和发放供热补贴的主要依据。在全市供热行业推行供热预热期制度，供热企业须提前一周对供热系统进行热态试运行，实现供暖过程的平缓稳定过渡。实行温度不达标退费制度，促使供热企业供热质量明显提高。严格在第一时间处理各类投诉，办结率100％。

【天然气综合利用项目】 淄博市天然气综合利用项目是市委、市政府确定的2010年百项重点工程之一，包括南博山至沂源、南博山至八陡高压B级输气主管道2条及高中压分支管道3条，站场3座，管道总里程约60公里，项目总投资1.3亿元。4月16日开工建设。

【天然气调控】 采取措施应对上游管道突发情况，保障全市天然气稳定供应。加强与中石油、中石化两大集团沟通协调，争取气源。坚持用气审核，统一调控，未经批准一律不得供气。全年否决违反天然气利用政策、耗能大、污染重的工业用气和燃气锅炉用气申请227件。

【供热分户计量试点】 截至年底，全市完成23个小区、130万平方米的既有建筑供热计量改造，安装热量表10221块，全面完成省住房和城乡建设厅下达的改造任务。

【节能减排】 关停供热企业70个吨位的燃煤锅炉7台，拆除10吨/小时燃煤锅炉2台，将3台22个吨位社会燃煤锅炉供热区域纳入集中供热管网。中心城区东部利用电厂余热供热，增加供热能力400万平方米，相比建设锅炉供暖每年减少标煤消耗6万吨。更新100吨/小时锅炉的脱硫设施1台，新加装80吨/小时锅炉除尘器1台，更换20吨/小时锅炉除尘器2台。2010年，市公用事业局被授予淄博市深度治理大气污染先进单位荣誉称号。　　（李　杰）

本部类编　辑：赵建国
副主编：安永善
校　对：王　娟
齐　薇

·齐文化典故·

任人唯贤

齐桓公小白登上君位以后，要求鲁国国君将与自己争夺王位的公子纠处死，并把射了自己一箭的管仲遣送回齐国。在从鲁国押解回齐国经过绮乌时，管仲要求封人（守边境的小官）给提供点饮食。封人对管仲十分尊敬，亲自提着美酒佳肴，跪着送到管仲面前。管仲吃饭时，封人偷偷地对管仲说："假如齐国国君不杀你，反而重用你，你将用什么报答我？"管仲说："果真像你所说的那样，我将任用有道德的人，使用有才能的人，评定有功劳的人，我以什么来报答你呢？"封人听了这话，很怨恨管仲。而管仲认为，感谢别人的帮助可以有很多方式，但决不可以拿着国家的利益去做交易。

国内贸易　服务业

国内贸易

【概况】 2010年，全市消费品市场实现社会消费品零售总额1005.68亿元，比2009年增长18.8%。其中，批发零售实现881.6亿元，增长18.7%；住宿餐饮实现124.7亿元，增长18.9%。城镇社会消费品零售总额实现859.45亿元，增长18.8%；乡村社会消费品零售总额实现146.22亿元，增长18.4%。

【万村千乡市场工程】 2010年，全市新建和改造标准化连锁农家店750个，完成年度目标任务的150%；改扩农村连锁物流配送中心3处，完成年度目标任务的100%。截至年底，全市标准化连锁农家店达3170个，大型连锁经营物流配送中心和各类乡镇配送中心35处，农村现代流通网络进一步完善。

【家电下乡和家电以旧换新】 2010年，全市销售家电下乡产品36.4万台(部)，销售额8.5亿元。市商务局会同市财政局集中开展“应补未补”专项清理活动，农民获补贴1.1亿元。全年销售“以旧换新”产品31.6万台(部)，销售金额12.2亿元。其中销售补贴产品30.4万台(部)，补贴金额9491万元；回收旧家电35.9万台(部)，回收金额953.8万元。

【市场运行与监测】 2010年，市商务局按照“准确监测、深入分析、科学预测、及时反映、当好参谋”的工作思路，全力做好市场监测工作。制定《淄博市生活必需品市场供应突发事件应急预案》，确立10余家全市生活必需品市场供应应急联系企业。市场检测样本企业由37家增至46家。逐步形成体系完善、品种齐全、规模较大、涵盖面广的监测网络体系。

【特殊行业管理】 2010年，全市拍卖行业举办拍卖会418场，成交金额31.75亿元，同比增长6.91%；4家旧车交易市场，交易二手车辆44756辆，成交额达14.5亿元，增长28.85%；拆解报废汽车1500余辆，增长300%；12家典当企业上缴利税772.94万元，其中桓台天泰典当行成为被全省表彰的4个典当行之一。

【家政服务体系建设】 全市3家家政服务定点培训单位，共举办家政培训班90余期，培训家政服务员4709人。其中，通过考试合格4650人，签订劳动合同或劳务合同4180人，就业率达90%。“12343”家庭服务网络中心与520家企业签订加盟协议，接听家庭服务需求电话4000余个；根据用户订单匹配相应的服务商，安置家政服务员390人，为2100个用户提供家政服务，用户满意率达99.6%。10月26日，淄博市家庭服务业协会成立。

【餐饮业品牌建设】 年内，市商务局以酒家酒店评审定级为抓手，提升餐饮企业标准化建设水平。淄博饭店和知味斋(周村店)通过国家五钻级复评；淄川蒲泉贵宾楼、金太洋大酒店被评为国家五钻级酒店；淄川宾馆、新星大酒店被评为国家四钻级酒店。

【社区商业示范社区】 3月，省商务厅确定55家社区为第五批全省社区商业示范社区。淄川区北关社区、沂源县教育社区、临淄区单家社区、张店区杜科社区、桓台县羿景社区被评为山东省第五批示范社区。推荐国家级商业示范社区1个，省级商业示范社区3个。

【生猪定点屠宰管理】 截至年底，全市有生猪定点屠宰企业59家，生猪机械化、半机械化屠宰厂(场)24家；年屠宰量113.7万头。在原市生猪定点屠宰工作领导小组的基础上重新调整成立淄博市“放心肉”服务体系建设工作领导小组，负责全市“放心肉”服务体系建设的协调和推进工作。继续实施生猪定点屠宰企业的升级改造工程任务，6家生猪定点屠宰企业完成生猪屠宰和产品质量的升级改造。在商务部强化畜禽屠宰监管确保肉品质量安全专项整治行动中，市商务局进行执法检查550次，整治重点区域114处，检查企业、单位1226家(次)，出动人员5413人次，取缔私屠滥宰窝点8个，取缔无证(照)企业8家，吊销证(照)企业

6家,查处违法违规案件46起,收缴问题肉3322公斤,罚没款3万元。《淄博市生猪定点屠宰厂(场)设置规划》于年底制定完成。

【打击侵犯知识产权和制售假冒伪劣商品专项行动】 11月,市商务局牵头工商、文化出版、知识产权、公安、农业等27个部门(单位)开展全市打击侵犯知识产权和制售假冒伪劣商品专项行动。专项行动为期半年,围绕10个专题开展整治活动。市、区县两级政府高度重视,迅速行动,各部门通力协作,专项行动取得阶段性成果。截至年底,全市出动执法人员6778人次,检查企业(单位)3955家,查处制售假冒伪劣商品案件192起。其中,侵犯商标权案件39起,侵犯专利权案件27起,抓捕犯罪嫌疑人6人,没收侵权商品12108件,罚款8.6万元。

(王一平　王艳秋　牛广牧)

【中石化山东淄博石油分公司】 2010年,公司销售成品油72.4万吨,非油品业务收入3783万元,实现"安全生产,事故为零"的安全生产目标,获中国石化集团公司岗位练兵先进集体、油品销售事业部全员劳动竞赛管理先进市公司、直分销工作先进地市公司等荣誉称号。连续第五年被评为山东石油先进市公司。在四季度柴油出现供不应求的情况后,公司加强资源调度,调整销售结构和节奏,保证了全市成品油市场的稳定供应。

企业管理。调整完善绩效考核办法,加大联量计酬,扩大经营规模,完成张店新建外环路的布点工作。非油品业务深入推进,改造完成便利店11个,并引入周村烧饼、日用陶瓷等地方特产。建立完善隐患排查整改机制,加强应急预案演练,加大加油站施工改造、接卸油等重点环节的安全管理。

职工队伍建设。高度重视站长队伍建设,加强教育引导,严格制度管理,定期组织评议。加大教育培训工作力度,建立起涵盖各个层次的培训体系,全年培训员工14157人次。借助培训平台,加强管理层与一线员工的沟通与交流。贯彻"立足争创,坚持经常,注重实效"的方针,开展"党员责任区""党员示范岗""党员志愿服务"等主题实践活动。

(迟　冰)

服　务　业

【概况】 2010年,全市服务业围绕"转方式调结构"促进全市工业转型升级的总体部署,以改造提升传统服务业,加快发展生产性服务业和现代服务业为主线,以推进服务业跨越发展为目标,抓好规划编制、项目建设、载体培育和机制完善四大工作重点,加快服务业规模扩张、层次提升,促进全市服务业持续快速健康发展。

服务业规模扩张加快。全市服务业增加值完成994.88亿元,比2009年增长17.4%;服务业增加值占GDP比重达34.7%,同比提高1.1个百分点,服务业对GDP的贡献率达38.63%,同比提高8.16个百分点。

服务业运行质量和效益持续提高。全市服务业实现国地税收入78.55亿元,同比增长33.2%,高出服务业增加值增速15.8个百分点。其中,服务业地税收入完成45.34亿元,增长36.59%,高出全市全部地税收入增幅5.48个百分点。服务业地税收入占全部地税收入的比重达到44.3%。

服务业发展后劲持续增强。全市服务业完成规模以上固定资产投资608亿元,同比增长27.9%,高出全社会投资增速5.3个百分点;服务业投资占全社会投资的比重达到47.1%。其中,生产性服务业投资达到109.55亿元,占服务业投资的比重达到18.02%;现代服务业投资达到399.26亿元,占服务业总投资的比重达到65.67%,投资结构进一步趋于合理。

【服务业规划编制】 2010年,市服务业办公室按照市委、市政府关于实现"十二五"期间服务业跨越发展的总体目标和省、市关于转方式调结构的总体部署,组织对全市"十一五"期间服务业发展情况进行调研,形成《淄博市服务业转方式调结构研究报告》,提出全市"十二五"期间服务业发展的目标、思路、重点。对"十二五"期间全市服务业发展的空间布局进行科学安排,编制完成《淄博市服务业发展"十二五"规划纲要》。

【三大载体培育发展】 强化措施,加大三大载体(重点城区、重点园区和重点企业)培育力度。6个服务业重点城区服务业增加值共完成869.44亿元,占全市服务业增加值的87.4%。重点园区建设进展顺利。淄博商贸物流园基础设施建设加快推进;新区西部客货运输中心建设工程进入收尾阶段;贝尔华韵医药物流园、鸿运物流三期工程、南方汽车城等项目稳步推进;周村古商城文化旅游区的景点工程及各类文化旅游营业设施全面展开;东岳氟硅材料创新园新建项目全面开工。3个省级服务业重点园区营业收入、税金和从业人员同比分别增长15.3%、10.2%和13.4%。5家省级重点服务业企业营业收入和税金分别达到211.2亿元和2.81亿元,分别增长17.5%和12.7%。

分别向省发改委推荐鲁中保税物流中心、高新区高新技术创业服务中心、淄川建材城等6个省级重点园区和淄博金泰铁路储运有限公司、山东和济集团、山东卓创资讯有限公司等6家省级重点企业。2010年立项的42个项目80%以上位于省级或市级重点园区内,重点园区的集聚能力和水平明显提高。计划投资210亿元的文昌湖旅游度假区成为全市"十二五"重大文化旅游集聚区。引导卓创资讯等信息服务企业发展软件和服务外包,支持淄博商厦等商贸流通企业加快发展电子商务,支持和济物流集团等大型现代物流企业积极发展物流加工，延伸产业链，加快重点企业向规模化、网络化、品牌化方向发展。

【重点项目调度与管理】 2010年，全市80个服务业重点项目总投资512亿元，年度计划投资106亿元。其中：现代物流、文化旅游、创意产业和科技信息等现代服务业项目总投资达到340亿元，占全部项目总投资的66.4%；商贸流通等传统服务业项目总投资达到167.73亿元，占全部项目总投资的32.8%。现代物流、科技信息等生产性服务业总投资达到203亿元，占全部项目总投资的39.8%。42个新建项目中，开工28个，占全部项目的66.7%。银座华美达大酒店、淄博博发农贸综合市场、永旺西部购物中心、山东创意产业园一期、齐都药业有限公司自动化物流配送中心等8个项目顺利竣工投入使用。孔子文化创意园、姚家峪生态旅游度假区、中华(博山)陶瓷琉璃文化城、鸿嘉星城餐饮娱乐健身休闲大型园林式综合社区等13个项目顺利推进，均完成年度投资计划任务。80个服务业重点项目完成投资96亿元。

【工作机制和政策体系建设】 年内，按照省发改委关于加强重点城区、重点园区、重点企业和重点项目四大载体建设的考核要求，研究制定集综合考核和专项考核于一体的《淄博市服务业四大载体考核办法》；围绕重点项目策划、调度和管理，制定《淄博市服务业重点项目考核办法》。健全和完善服务业政策体系，整合全市政策优势，借鉴先进地区经验，研究制定《关于认真贯彻落实鲁政发〔2010〕80号文件加快服务业跨越发展的意见》。

【企业非核心业务剥离】 2010年，市政府将企业非核心业务剥离工作移交给市服务业办公室。市服务业办公室牵头成立淄博市企业非核心业务剥离工作领导小组，领导小组下设办公室。办公室组成人员由市直有关部门的工作人员组成，并建立工作推进组。制定《淄博市人民政府关于加快推进企业剥离非核心业务工作的实施方案》，对改制剥离后新设立的服务业企业，在土地、营业场所、人员安置等方面给予支持。11月，全市企业非核心业务剥离工作领导小组成员会议召开，各区县工作陆续推开。截至年底，291家企业完成剥离工作，实现服务业增加值29.7亿元。

【机构改革】 2010年，按照市委、市政府关于机构改革的总体部署，市服务业办公室将原国内贸易职能整体划转市商务局，8名工作人员随职能调入市商务局。市服务业办公室行使对全市服务业宏观规划和综合协调的职能，设人事秘书科、综合协调科、规划发展科、项目管理科、政策法规科。 (李光洲)

鲁中保税物流中心仓库

(市服务业办公室 供稿)

【现代物流业】 2010年，全市物流企业完成增加值210亿元。成立市推进现代物流业发展工作领导小组，建立部门联席会议制度。编制《淄博市物流业发展规划》，确立全市物流业总体思路、总体原则和发展目标。扶持龙头物流企业、推动重点行业物流和专业物流发展，促进现代制造业与物流业有机融合。6家企业被评为省重点物流企业，4个项目列入省制造业与物流业联动示范工程。 (孙耀祖)

【山东淄博饭店集团股份有限公司】 2010年，公司实现利税同比增长5%。投资300万元对一楼大堂和商场进行扩建、装修。开展名优菜点研创，先后研制出干炸小公鸡、菜胆炖鲍鱼、怡园扒鸡、美极羊排、腊味鸭舌、剁椒鱼鳍、孝子贡梨等30多个菜点和面食产品，创造效益640多万元。全

位于淄博新区的永旺购物中心

(市服务业办公室 供稿)

年接待婚宴280家，11170桌，各类会议475个，宾客161421人次。公司员工在淄博市青工技能大赛、淄博市旅游饭店系统技能大赛、淄博天齐创意摆台大赛和第三届全国饭店业技能大赛等各项比赛中均取得优异成绩，1人获全国饭店业职业技能竞赛总决赛“十佳烹调师”称号，1人获全国饭店业职业技能竞赛总决赛“十佳面点师”称号，1人获中国名厨状元奖，1人获中国名厨称号，1人获山东省最佳厨师长称号，2人获淄博市十佳烹调师称号，3人获淄博市十佳面点师称号，2人获淄博市十佳服务师称号。1人荣获山东省财贸金融系统女职工建功立业标兵称号，1人获振兴淄博劳动奖章。公司获得中国十佳会议餐接待酒店、第三届全国饭店业技能大赛团体金奖、淄博市优秀星级酒店等荣誉称号，连续25年保持省级文明单位称号。

（张　源）

市属商业

【淄博市商业集团总公司】　2010年，市属4家商业企业（山东省淄博饭店集团股份有限公司、山东省淄博糖酒站股份有限公司、淄博捷安物流有限公司、淄博雷尔泰食品有限公司）实现商品销售（营业）收入10.66亿元，完成年度计划的101%，比2009年增长8.11%；实现利润3533万元，完成年度计划的101%，增长8.31%；上缴税金2207万元，完成年度计划的102%，增长9.97%。

企业发展。淄博饭店对部分客房、宴会厅、大堂吧进行改造装修。深圳茂业国际控股有限公司出资3.88亿元，并购山东省淄博糖酒站股份有限公司80%股权。淄博捷安物流公司房地产开发项目全面竣工，投资300万元建设的起典酒店试营业。商业医院投资更新部分医疗设备，收入大幅增长。商业幼儿园与市直机关第三幼儿园实现合作办园，投资120万元进行装修改造。淄博雷尔泰公司立足实际，开展资产运营，发展态势平稳。

帮扶困难职工。市商业集团发挥市属商业困难职工援助中心作用，多方争取帮扶资金，走访、慰问、救助困难老党员、军转干部、特困职工451人次，发放救助金及物资23.24万元，为360名职工办理特困证。坚持规范企业用工，定期排查劳资矛盾，推行工资集体协商，依法维护职工的合法权益。

离退休干部工作。坚持“亲情化管理，细微化服务”，做到“四个必须”（老干部生日必须上门祝寿，生病必须上门看望，重大节日必须上门慰问，去世必须上门吊唁）。定期组织老干部健康查体和上门巡诊。年内，为35名离休干部遗属办理医疗保险，为部分特困老干部和遗属申请到困难补贴。7月8日，《淄博日报》头版头条以《矢志不渝，晚霞更红》为题报道了集团老干部工作。

发挥行业职能。加强商会组织建设，搞好行业自律，加强信息交流，提升服务水平。组织召开区县商业工作座谈会，研究进一步发展的具体措施。加强职工教育培训，与泓睿科技有限公司联合开办职业培训，提高职工基本素质和职业技能。联合举办餐旅服务业创意摆台大赛，45人参赛，1人获振兴淄博劳动奖章，1人获市级技术能手称号，6人被评定为技师。组织企业参加中国商业联合会举办的2010年全国商业服务业顾客满意企业评选，6家企业和10人获奖。

（刘济生）

【淄博市物资集团总公司】　2010年，市属物资系统改制企业实现物资销售收入21亿元，比2009年增长111%；服务性收入5530万元，增长121%；上缴税金1636万元，增长27%。销售钢材30万吨，增长50%；销售商品混凝土25万立方米，增长49%；销售汽车3800辆，增长153%；维修汽车3.7万台次，增长95%；销售炸药6000吨，增长20%；旧机动车交易1.4万辆；物资吞吐100万吨，同比下降50%。

山东和济集团物流园钢材加工项目完成投资6000万元，产能达到年加工3万吨；完成铁路专用线二期规划、设计审批手续。淄博众智汽车维修公司投资5000万元，筹建广汽丰田4S店、雷克萨斯4S店，完成前期准备工作。山东物华租赁有限公司投资600万元，优化租赁物资结构。淄博新辰基建物资有限公司、山东物华租赁有限公司、淄博众智汽车维修有限公司召开董事会、监事会，完成换届。

（赵继儒）

粮　　食

【概况】　2010年，全市收购粮食141.17万吨，比2009年增加10.41万吨。其中，国有粮食企业收购13.13万吨，同比增加3.24万吨。累计销售和转化粮食145.59万吨。健全完善粮食应急体系，粮食市场保障基本稳定。实施放心粮油工程，推广科学储粮示范户，为民服务水平进一步提高。开展储备粮轮换，地方储备粮数量真实、质量可靠。全市粮食系统实现销售收入5.12亿元，实现利润1031.27万元。

【放心粮油工程】　年初，市粮食局提出用3年时间在全市建设300家放心粮油销售示范店及30家放心粮油示范企业的目标。按照门头店标、规章制度、服务承诺、经营台账、经营设施、监督管理“六统一”的建设标准，在淄川区、周村区进行试点。截至年底，全市建成示范销售店103个，建成示范加工企业8家、示范配送中心2家、示范主食厨房3家。形成资产规模1.8亿元、经营面积2万余平方米的放心粮油购销网点。放心粮油覆盖全市各个区县及淄博高新区的52个乡镇、160万人。

【创建省级粮食规范化执法示范县】 根据省粮食局《关于印发全省粮食规范化执法示范县创建活动方案的通知》，淄博市各级粮食部门加强组织领导，强化教育培训，完善机构建设，推进创建活动深入开展。省粮食局在淄博市召开现场会，推广淄博市工作经验。经省粮食局考核验收组验收，淄博市8个区县和淄博高新区粮食局全部达到规范化执法示范县标准，成为全省唯一整建制达标的市。周村区粮食局取得108分的全省最高分。张店区粮食局被推荐为全国粮食执法示范单位。

【粮食仓储建设】 是年，淄博国家粮食储备库2.8万吨仓容扩建项目作为国家拉动内需项目，被国家发改委正式立项。项目总投资4384万元，建设面积7868平方米，主体工程年内完工。市粮油收储三库自筹资金240万元，开工建设1.3万吨仓储项目。淄川区粮食局投资150万元，建设2座仓容1.1万吨的钢板仓。

【保供稳价】 2010年，全市纳入统计范围粮食企业591家，比2009年增加19家。设立粮油价格监测点80个，落实粮食应急加工企业26家、应急供应企业50家。制定保供稳价方案、调控措施及储备粮动用方案，粮食安全应急能力得到提升。

【粮食质量监管】 2010年，市粮食局粮油质量检测中心新增检测产品14个，新增检测项目52项，具备原粮、成品粮、油脂、杂粮、食品5大类22个产品近80个项目的检测能力。6月8日，淄博市粮食局粮油质量检测中心被国家粮食局授权挂牌"淄博国家粮食质量监测站"，正式纳入到国家粮油质检体系。

【粮油科技进军营】 市军粮供应中心在淄博面粉厂和山东梨花面业有限公司建立活动基地，邀请驻淄博部队参观学习，向部队赠送粮油储存及面食加工知识手册，定期交流沟通粮油保管、面点制作知识，为部队后勤保障提供优质服务。市军粮供应中心被评为山东省十佳军粮供应工作先进单位，其所属军供站被授予山东省规范化管理示范站、全省十强军供站荣誉称号。

【企业改革】 是年，淄博市粮油收储三库与淄博天润粮食储备库进行合并重组，成立新的淄博市粮油收储三库。重组后，企业实现优势互补，盘活了现有资产，整体实力大幅提升。

（赵　焱）

供销合作商业

【供销社改革发展】 7月23日，市政府印发《淄博市人民政府关于统筹城乡加快推进供销合作社改革发展的意见》，对供销社下一步发展提出指导性意见。《意见》要求供销社加快构建农村现代经营服务新体系，全面推进农村日用品现代流通体系建设；大力推进农业生产资料经营服务体系建设；扎实推进农副产品经营服务体系建设；积极推进再生资源回收利用体系建设；稳步推进以经营性服务项目为主题的农村社区服务中心建设；探索推进农村融资服务体系建设。市、区县供销合作社联合社所需经费列入同级财政预算，参照《中华人民共和国公务员法》管理。市政府设立供销社改革发展资金300万元，支持供销合作社强化为农服务功能。

【农村现代流通网络建设】 2010年，全市供销社实施超市下乡工程，新发展农村日用消费品超市109个，总数达到710个。形成城区有配送中心、乡镇有超市、村庄有便利店，功能完备的日用品连锁经营网络。7月23日，省政府研究室《决策参阅》刊文推广淄博市供销社建设农村现代流通网络的经验做法。全年新建农资连锁直营店108个，形成淄博众得利、沂源沂河源和高青庆丰等农资连锁经营品牌，县域农资现代经营网络实现全覆盖。农资供应总值达7.5亿元，供应化肥58.1万吨、农药2477吨、农膜1654吨。开展测土配方施肥9333公顷，化肥直供8.3万吨，让利于农民900多万元。中央电视台报道了淄博众得利和高青庆丰农资公司的经验做法。

【农村合作经济组织】 是年，全市新发展农民专业合作社388个，总数达到1195个，提前完成市委、市政府确定的"十一五"期末总数达到1000个的任务目标。以桓台周家志辉韭苔、博山池上桔梗、淄博众得利蔬菜为代表的专业合作社注册农产品商标37个，认证农产品133个，发展生产基地9286公顷，农民专业合作社入社社员达7.9万户，年实现经营额19.6亿元，助农增收2亿余元，成为农民增收致富奔小康的重要载体。10月15日，市农村合作经济组织联合会成功换届。

【为农服务工作】 是年，全市供销社实施助农增收工程和农村社区服务工程，新发展农村社区服务中心24个，农村社区服务中心总数达到213个，营业和服务面积11.2万平方米，配置体育健身器材809台（套）、图书阅览室145个、卫生室或药店96个，辐射村庄559个，服务农民124万人。全系统有12个单位开展信用担保和资金互助合作，累计投资担保、发放互助资金1.12亿元。山东新星集团发起成立淄川区新兴小额贷款公司，注册资金1.1亿元；高青、桓台与农行联合建设"三农服务站"117个，发放惠农一卡通5万余张，办理贷款1.7亿元。

【龙头带动工程】 2010年，全市供销系统龙头企业发展势头强劲，销售额过亿元的龙头企业达7家，辐射带动作用明显。新星物流配送中心三期工程等26个重点项目总投资达6.06亿元。棉花等农副产品实现销售额9.8亿元；鞭炮烟花业务实现销售额2781万元。淄博东联汽车公司建成东联汽车广场。淄博市果品公司投资400万元，建设营业用房4000平方米，提供社会就业机会100余个。淄博鞭炮烟花公司投资210万元，新建3000平方米标准化鞭炮仓库。（王厚东）

烟草专卖

【概况】 2010年，全市销售卷烟15.88万箱，比2009年增长2.12%；种植烤烟860公顷；收购烟叶165万公斤；实现利税5.23亿元，增长21%。市烟草专卖局(公司)被国家烟草专卖局评为"五五"普法先进单位，被市政府评为企业文化建设十佳示范单位。

【专卖管理】 市烟草专卖局争取地方党委、政府支持，巩固与综治委、公安、检察、法院、工商、交通等部门的联席协作机制。召开全市打击涉烟违法犯罪工作会议，开展"利剑行动"和"迎省运、树形象、净市场"等专项活动。投资100万元配备电脑、GPS定位仪等设备，初步建立"数字化"市场管理模式。实行全员守法明示承诺制度，加强行政执法责任制落实，组织人员对新修订的《中华人民共和国烟草专卖法》和《烟草专卖行政处罚程序规定》进行学习培训。2010年，全市查获涉烟案件1973起，查获各类卷烟11.42万条，案值645.82万元；破获5万元以上案件27起、网络案件13起，达到国家烟草专卖局标准2起；拘留63人，判刑13人。

【卷烟销售】 开展营销队伍和零售户培训，培训营销人员130人次、零售客户4000余人次。建立在销全国重点骨干品牌成长性、竞争力、贡献度三维评价分析制度，完善品牌引入、培育、退出机制。新增智能终端机90台，选取570个信息点，建立数据采集、分析、上报制度。加强卷烟零售商协会建设，建立协会自律小组2465个，发展协会会员11263人。

【烟叶生产】 调整生产格局，优化生产组织形式和管理模式，全市种植烟草的行政村数量113个，比2009年减少29个；户均1.12公顷，比2009年增加0.31公顷。投资710万元完成基础设施项目114个。成立烟叶种植合作社55个，农机合作社24个，专业化合作组织246个。发布淄博烤烟地方标准，严格落实标准化生产技术，建立科技示范园区和86处烟叶生产示范田。建立"准采证"制度，实施烘烤包干责任制和按炉次登记制，健全内部交接、储存保管制度，加强工商衔接，所收购烟叶实现全部调出。

【企业管理】 开展"整体规范提升年"活动，加强工程投资、物资采购和宣传促销3项检查。召开科技项目验收评审会议，评出奖项21个。《烟叶收购"双检"关口前移模式的创新管理》获省企业管理现代化创新成果一等奖；《内部交接质检前移验收模式的研究和探索》获省烟草专卖局(公司)企业管理现代化创新成果三等奖；《卷烟商业物流配送优化系统的研究与应用》获"中国烟草电子商务和现代物流发展论坛"优秀奖。完善绩效管理内容和流程，确立"2+X绩效指标模式"标准。开展质量管理体系认证，确立"至德、双深、勤勉、怡和"的质量方针。加强全面预算管理，烟叶收购款及现金补贴实现全市统一支付。

（赵永喜　魏国迎）

盐　务

【概况】 2010年，全市盐业部门实现主营业务收入10718.20万元，同比增长11.76%；实现利税总额1381.49万元，同比降低10.56%；实现利润总额815.02万元，完成年度计划的114.79%。全市盐业部门年末资产总额8019.72万元，同比减少423.84万元；全市年末所有者权益3080.96万元，同比增加458.55万元，资产保值增值率为117.49%。

【盐业供应】 2010年，全市各级盐业部门加强食盐调运、仓储管理和质量检测，超额完成各项指令性计划，确保盐业市场足量有序供应。实现盐产品购进总量44219吨，其中食盐购进31125吨，占年度计划的120.64%，同比增加3739吨；小包装食盐完成购进16992吨，占年度计划的117.9%，增加654吨；多品种盐完成购进467.16吨，占年度计划的116.79%；小工业盐完成计划内购进13094吨，占年度计划的100.72%。完善质量监督体系，健全质量投诉快速反应机制和质量事故快速处理机制，实行盐产品质量安全一票否决制，杜绝食盐安全事故的发生。4月，淄川区以99.79分的综合成绩通过实现消除碘缺乏病目标县级考核，碘缺乏病防治工作得到与会领导、专家的肯定。增设无碘食盐销售点，实现城区大型商场、超市、乡镇驻地至少有1处无碘食盐供应点的目标，满足特需人群的生活需要。

【盐政管理】 全市盐业部门开展系列专项治理和整顿活动，推进行政执法与刑事司法"两法衔接"信息共享平台建设，增强监管合力。联合济南、莱芜、临沂、临朐、蒙阴等盐务局开展边界执法行动，加强边界市场治理整顿。开展"以考代培"活动，提高执法人员的理论水平和应用能力。年内，全市查获各类涉盐违法案件2446起，查没私盐300吨，罚款75.45万元；查处20吨以上大案6起，端掉制售假窝点2个，判刑1人。

【企业管理】 根据省盐业集团公司部署，采取区别对待、分步实施、梯次推进的方法，通过实施股金落实到位，理顺资产关系，主辅分离、逐步建立现代产权制度等方式，推进市县公司产权一体化。年内，投资实际到位率达100%。建立科学的预算管理体系，加强集资、资本性支出等方面的管控，有效防范和化解运营风险。市公司对内部机构进行调整，进一步优化人员配置；区县公司减少行政人员，分流富余人员，企业活力得到提升。

【结构调整】 全市盐业部门坚持以盐为主、多业并举、联动发展、横向拓展、纵向延伸，扎实推进转方式调结构工作。新增红花郎系列酒代理等新业务。沂源县盐业公司开展连锁体系建设，实现销售收入60万元；总投资300万元的规模化养殖项目开工。周村区盐业公司研发成功以大粒盐、中药为主要成分的腰、膝理疗热敷盐，填补了淄博市盐产品的空白。

（孙立敏）

本部类编　辑：赵建国
副主编：安永善
校　对：张耀江
吴建利

·齐文化典故·

尊王攘夷

齐桓公在管仲辅佐下，经过内政、经济、军事多方面改革，有了雄厚的物质基础和军事实力，打出了“尊王攘夷”的旗帜，以诸侯长的身份挟天子以伐不服。尊王即尊崇周王的权力，维护周王朝的宗法制度。公元前655年，周惠王有另立太子的意向。齐桓公会集诸侯国君于首止（今河南省睢阳），确定了太子郑的正统地位。数年后，齐桓公率多国国君与周襄王派来的大臣会盟，并确立了周襄王的王位。攘夷即抵御游牧于长城外的戎、狄和南方楚国对中原诸侯的侵犯。公元前664年，山戎伐燕，齐军救燕。公元前662年，敌人攻邢，齐桓公采纳管仲“请救邢”的建议，打退了毁邢都城的狄兵，并在夷仪（今河北省邢台以西）为邢国建立了新都。次年，邢人大举攻卫，卫懿公被杀。齐桓公率诸侯国替卫国在楚丘（今河南省滑县东）另建新都。公元前656年，联军伐楚，迫使楚国同意进贡周王室，楚国也表示愿加入齐桓公为首的联盟。齐桓公实行的尊王攘夷政策，使其霸业更加合情合理，同时也保护了中原经济和文化的发展。

外经外贸

对外经贸

【对外贸易】 2010年,全市外贸进出口总额达67.2亿美元,比2009年增长39.1%,其中出口40.3亿美元,增长31.6%。与金融危机前的2008年相比,外贸进口额和出口额分别增长18.1%和11.0%,全市对外贸易由恢复性增长向实质性增长转变。新兴市场进出口额占外贸进出口总额的52%,首次超过传统市场,东盟超越美国成为淄博市最大贸易伙伴。高新技术产品出口首次突破1亿美元,达1.15亿美元,增长43%,高出全市出口平均增幅11.4个百分点。医药产品出口额达5亿美元,增长40.1%,增速比平均水平高8.5个百分点,占全市出口总额的12.4%,同比提高0.7个百分点。农副产品出口增长56.9%。

骨干企业带动作用增强。全市进出口过亿美元的企业达12家,增加4家。全市百强进出口企业平均进出口额达473万美元,增加136万美元,百强企业占全市进出口的比重达70%。

大宗资源类商品进口大幅增长。大宗资源类商品价格上涨,铁矿砂、铝矿砂、棉花和纸浆进口分别增长85.5%、126.2%、77.8%和54.9%;受清源集团等3家企业新增27万吨燃料油配额的影响,成品油进口同比增长23.7倍,进口额达1.1亿美元。

出口基地建设取得突破性进展。金城医药、泰光电力被确定为省级科技兴贸出口创新基地。新材料、玻璃制品、纺织服装被列为省级专业性基地。12月15日,中国轻工工艺品进出口商会与市政府举行共建中国玻璃陶瓷制品出口基地签约及揭牌仪式。中国轻工工艺品进出口商会会长王忠奇与淄博市市长周清利出席签约及揭牌仪式,并为首批入驻基地的15家玻璃陶瓷龙头企业授牌。

2010年淄博市前十位出口市场情况表

表12—01　　单位:万美元

国别(地区)	出口额	同比±%
合计	342267	32.4
美国	80716	30.9
欧盟	69668	25.9
东盟	51711	38.1
韩国	33407	38.9
中东	27528	32.3
南亚	25207	28.2
日本	24539	17.4
俄罗斯	11872	99.8
巴西	9077	48.2
澳大利亚	8542	13.2

说明:1～12月全市对以上10个市场的累计出口占全市出口总额的84.9%;按国别(地区)累计出口额由大到小排序。

2010年淄博市二十大类出口商品出口情况表

表12—02　　单位:万美元

商品名称	出口额	同比±%
合计	270654	24.5
纺织品	77503	30.1
服装	45802	15.6
医药品	26837	36.1
玻璃制品	18527	34.5
电器及电子产品	13198	84.6
机械及设备	11844	12.0
高新技术产品	11549	43.0
家用陶瓷	9808	27.0
金属制品	7932	15.0
塑料制品	7170	9.5
仪器仪表	5573	-16.1
钢材	5189	0.4
医疗仪器及器械	5165	-17.3
家具	5140	19.6
铝材	5076	93.5
运输工具	3959	20.6
平板玻璃	3833	32.7
灯具、照明装置	3420	-20.8
生皮及皮革	2648	55.3
水泥	481	-12.7

说明:以上二十大类商品累计出口占全市出口总额的67.1%;各类商品按出口额由大到小排序。

2010 年淄博市进出口企业前二十名情况表

表 12—03

单位:万美元

	企业名称	进出口额	同比±%	出口额	同比±%	进口额	同比±%
1	鲁泰纺织股份有限公司	45662	31.1	36058	21.2	9604	89.2
2	中铝(山东)国际贸易有限公司	38708	76.3	9041	16.1	29667	109.4
3	南金兆集团有限公司	28240	73.7	0	-100.0	28240	73.7
4	张店钢铁总公司	24728	94.2	4	——	24724	94.2
5	山东东岳化工股份有限公司	19621	31.1	17849	28.8	1772	60.7
6	淄博博汇纸业股份有限公司	14698	-31.6	915	1286.4	13783	-35.7
7	山东新华制药股份有限公司	14388	3.0	13850	3.2	538	-2.9
8	淄博鲁维食品有限公司	14280	46.8	14280	46.8	0	——
9	兰雁集团股份有限公司	12406	21.8	5632	-4.7	6774	58.3
10	山东东佳集团有限公司	10858	127.2	6472	163.6	4386	88.7
11	淄博大桓九宝恩皮革集团有限公司	10354	70.4	1736	59.0	8618	72.9
12	鲁丰织染有限公司	10157	56.8	9822	60.4	335	-5.1
13	山东海力化工有限公司	9477	34.3	4403	32.1	5074	36.3
14	淄博蓝帆塑胶有限公司	9459	13.8	7496	11.9	1963	21.7
15	淄博钜创纺织有限公司	8536	180.0	6194	152.3	2342	294.3
16	山东中轩生物有限公司	8380	9.1	8380	9.1	0	——
17	山东宏信化工股份有限公司	7523	-8.0	19	5.6	7504	-8.0
18	淄博宝恩家佩有限公司	7502	47.2	6802	43.8	700	89.7
19	淄博齐鲁增塑剂有限公司	5735	17.8	0	——	5735	17.8
20	淄博联昱纺织有限公司	5559	6.1	3752	19.3	1807	-13.7

【利用外资】 2010 年,全市新批外商投资企业 29 家,新增合同外资 3.7 亿美元,实际利用外资 5.86 亿美元,同比增长 11.8%,其中实际到账外资 4.48 亿美元,增长 15.7%,创历史最好水平。全市新批境外投资企业 15 家,完成中方协议投资额 6956 万美元,同比增长 51%。对外承包劳务营业额 2.42 亿美元,增长 72.8%。全市新批外商投资企业及增资项目中,总投资超过 1000 万美元的项目 24 个,新增合同外资 3.36 亿美元,占全市总额的 90.8%,其中超过 3000 万美元的项目 7 个。新批准外资项目外资到账 2.21 亿美元,到位率达 59.6%。外商投资项目质量提高。

全市批准外商投资企业增资项目 26 个,新增合同外资 2.14 亿美元,占全市总额的 57.7%。在全市 7 个总投资超过 3000 万美元的新批外资项目中,增资项目有 5 个。淄博雨润食品有限公司新增投资 4910 万美元,新增注册外资 3000 万美元;山东新明食品饮料有限公司新增投资 4322 万美元,新增注册外资 1500 万美元,两企业所增外资全部到位。外商投资企业增资势头强劲。

全年新批服务业外资项目 16 个,新增合同外资 1 亿美元,占全市总额的 27.1%,同比增长 89.8%。全市各区县及高新区均圆满完成任务目标,其中张店区到账外资达 1.1 亿美元,完成年初目标的 2.5 倍。利用外资结构趋于合理。

【境外投资】 2010 年,全市新批境外投资企业 15 家,完成中方协议投资额 6956 万美元,同比增长 51%。对外承包劳务营业额 2.42 亿美元,同比增长 72.8%。

重点项目进展顺利。淄博宏达矿业秘鲁邦沟铁矿项目探明铁矿储量 25 亿吨,有关环评、初步设计、征地工作全面展开。兰雁集团在柬埔寨曼哈顿工业园区的纺织服装项目投资 4365 万美元,一期工程建成投产。4 家纺织企业、1 家纺织染化料生产企业和 2 家轻工企业部分产能准备向东南亚转移。对外承包工程和劳务合作平稳发展。淄博天泰建工在卡塔尔签约 3 个对外工程承包项目,合同金额 5.3 亿美元。淄建集团、中国石化第十建设公司和山东丽村热电有限公司的境外项目进展顺利。

(王一平　王艳秋　牛广牧)

海　关

【概况】 2010年，淄博海关以建设“让领导放心、让地方称道、让群众基本满意”的一流基层海关为主线，把握创先争优和内控机制建设两个关键点，优化监管与服务水平。年终考核被评为关区先进集体，其中统计、风险管理、企业管理和法规4项业务指标进入关区先进行列，非业务指标较2009年前进6个名次。

【内控机制建设】 是年，淄博海关把内控机制建设作为提升管理水平的核心工作来抓，制定《加强和完善内控机制建设工作方案》，对内控情况进行自查，查纠问题29个。完善《外勤就餐制度》等10项制度，为规范操作、防控风险提供制度保障。严格执行作业单证经办关员初核、科长复核、内审小组集中复审的三级审核机制，审计单证3.1万份，查纠问题66个，补征税款13万元。强化制约监督，重点把好三关(岗位制约关、机制监督关、审计监督关)，加大非执法领域的内部审计力度，由单纯审核书面资料向审计预算控制、资金安全等方面扩展。制定《关于进一步加强督查工作的意见》，采取定期督查和调研的方法对内务规范、廉政纪律的执行情况进行监督。

2010年12月，淄博海关强化积极行政，开展法制宣传　　(赵彦鹏　摄)

【业务强关建设】 是年，淄博海关将辖区铁矿砂、铝矿砂等25种商品作为审价、归类审核重点，共审价补税2429万元。海关税收入库17.6亿元，比2009年增长34.3%。每季度结合报关差错对辖区企业开展针对性培训，加强手工填制、预录入和现场接单等作业环节的审核。全年接单8.3万票，增长25.4%。完善对海关监管场所的视频监控和基础设施建设，开展对保税仓库和监管场站的清理整顿，注销保税仓库1家、场站2家，监管货物1534万吨，增长49.9%。继续引入中介机构参与保税核查，对聚醚、土工膜等5种商品的单耗进行重新核定，全年备案手册2987份，备案金额4.3亿美元，增长35.2%和28.4%；内销征税6703.6万元，边角料补税1802.3万元，增长90.1%和460%。重点加大专项稽查和验证式稽查力度，稽查企业31家。全年办理打击走私行政案件34起，案值958万元，涉税金额202万元，罚没入库108万元。

2010年10月，淄博海关到鲁泰纺织有限公司调研　　(赵彦鹏　摄)

【服务经济发展】 是年，淄博海关把握“主动、有限”的服务原则，树立“企业兴、海关兴”的服务理念，着力提升服务经济的层次和水平。从政策指导、建设规划、人员培训和协调沟通等方面扶持保税物流中心建设。8月4日，位于淄博高新区傅山村的淄博市首家公用型保税仓库——淄博保税物流公用型保税仓库揭牌。批准2家废纸进口企业适用直通监管模式，辖区适用该模式企业达6家。将扶持重点企业转方式、调结构作为着力点，对列入重点扶持的项目，从政策咨询、减免税审批至通关放行提供全方位的跟踪服务。全年为25家企业审批减免税136票，同比增长109%。服务好外经贸决策，向地方报送统计分析、监督预警等信息20多条。加强服务作风建设，落实“5+2”预约加班等服务

2010年11月，淄博海关到阿莫泰克电子有限公司调研　　(赵彦鹏　摄)

承诺，预约加班280次，为企业审放货物8000余票，确保各类紧急货物及时通关。加大政务公开力度主动接受监督，海关服务规范和标准向社会公布。

【海关队伍建设】 是年，淄博海关倡导"紧张工作、快乐生活"理念，着力打造团结、和谐、进取的海关队伍。制定《淄博海关关于开展创先争优、创建"做执行模范、当服务标兵"党建品牌活动实施方案》，明确创建目标、任务和措施。在全关开展"科室有理念，个人有格言"活动，引导关员加强职业修养。推进学习型组织建设，着力构建领导示范学习、重要问题调研、深度会谈、业务研讨和共享学习等五大平台，要求科室每周集中学习时间不少于2小时。扎实开展"践行海关精神"主题教育，强化关员的职业责任感、使命感。对基础建设、职工福利和困难群众救济等重大或敏感事项，由全员实名投票进行决策，该做法获关区党建工作创新奖。是年，淄博海关在省级以上媒体发稿47篇，获对外宣传工作先进集体称号。 （赵彦鹏）

出入境检验检疫

【概况】 2010年，淄博出入境检验检疫局检验检疫出入境货物46753批，货值227144万美元，比2009年分别增长18.30%和21.18%。其中，检验检疫出境货物43351批，货值180627万美元，分别增长19.87%和22.09%，检出不合格出境货物54批，货值177万美元；检验检疫入境货物3402批，货值46517万美元，分别增长1.34%和17.75%，检出不合格入境货物1081批，货值23373万美元。签发一般原产地证书7272份，签证金额30028.75万美元，分别增长23.11%和8.89%；签发普惠制原产地证书16397份，签证金额59697.3万美元，分别增长12.29%和27.63%；签发区域性优惠原产地证书7209份，签证金额21038.52万美元，分别增长42.36%和90.22%。年内，淄博出入境检验检疫局被山东检验检疫局表彰为全省系统创先争优先进集体。

【动植物检验检疫】 全年检验检疫进口皮张872批，货值13335.4万美元，比2009年分别增长51.4%和117.6%。检验出口蔬菜819批，货值2150万美元，分别增长7.34%和102.56%。检验出口宠物饲料14批，货值88.72万美元，同比批次降低6.7%，货值增长42.2%。检验木制品及木制家具2142批，货值8321.9万美元，分别增长32.39%和34.87%。检验出境草柳编制品315批，货值354.4万美元，分别增长19.6%和13.3%。检验检疫出口冻兔肉34批，货值360.86万美元，分别增长166.7%和128.9%。首次检验出口糖果产品。

2010年8月，工作人员到出口桔梗种植基地进行现场监管 （王满刚 摄）

【轻工纺织检验检疫】 全年检验检疫进口棉花292批，货值15863万美元，比2009年分别增长57.1%和106.2%。检验出口日用陶瓷11622批，货值20104万美元，分别增长27.04%和38.11%。检验出口卫生陶瓷产品123批，货值501万美元，分别增长53.75%和59.05%。检验出口面料10649批，货值55250万美元，分别增长7.62%和35.29%。检验出口服装7581批，货值39296万美元，分别增长13.81%和19.35%。检验出口玻璃制品361批，货值803万美元，分别增长41.02%和21.85%。检验出口其他轻工产品512批，货值1120万美元，分别下降70.74%和79.92%。

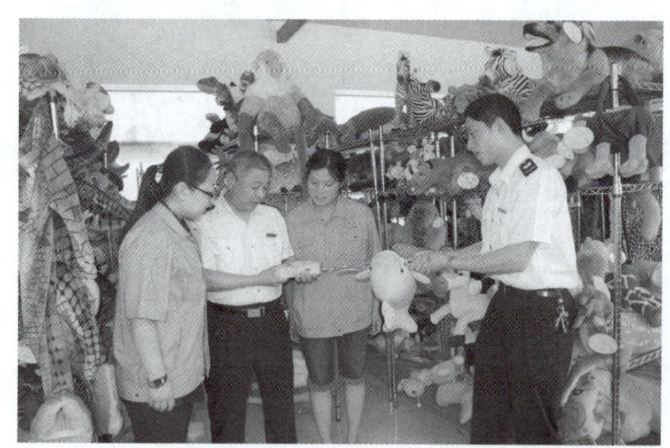

2010年6月，工作人员对出口玩具进行现场检验 （王满刚 摄）

【机电化矿检验检疫】 全年检验检疫出口小家电产品880批，货值2021.2万美元，比2009年分别增长29.0%和39.5%。检验出口机动车辆172批，货值1123.9万美元，分别增长14.7%和34.1%。检验出口电子电气产品970批，货值2180.6万美元，分别增长33.2%和42.6%。检验出口蓄电池174批，货值702.6万美元，分别增长52.6%和68.5%。检验出口水泵12批，货值720.5万美元，分别增长200.0%和54.4%。检验出口绝缘子461批，货值742.3万美元，分别增长44.5%和40.5%。检验出口金属材料308批，货值2640.1万美元，同比批次增长19.8%，货值降低82.4%。检验进口机电产品415批，货值9393.9万美元，同比批次增长35.6%，货值降低40.1%。检验检疫出口化工品2844批，货值17480.1万美元，分别增长15.0%和13.8%。检验检疫出口矿产品78批，货值498.8万美元，分别增长31.6%和31.6%。检验检疫进口化工品246批，货值1726.7万美元，分别增长16.4%和46.7%。检验检疫进口矿产品2批，货值17.4万美元，同比批次减少60%，货值增加335%。对1批水分严重超标的进口燃料油实施退运处理。

【入境废旧原料查验】 是年，新设入境废旧原料查验科。共检验检疫进口废纸754批，货值4338.82万美元，比2009年分别下降44.84%和29.58%。检疫监管进境废塑料279批，货值759.9万美元，分别增长11.7%和16.3%。检验出境木质包装4491批，数量237303件，分别增长20.12%和22.7%。对152批、196标准箱出境法检和非法检货物进行卫生除害处理。

【外贸服务】 是年，围绕转方式、调结构、保增长要求，将各项服务外贸发展措施分解为“六送、两查、一兑现”。

实施“六送”服务。1. 送政策。向企业宣传和介绍各种自由贸易协定原产地标准、降税模式、降税清单以及最新成果，指导用足用好各种优惠政策。全年仅签发普惠制和区域性优惠原产地证书一项，就使辖区出口产品在国外享受关税减免约2.745亿元。2. 送标准。指导企业严格按进口国标准要求进行产品设计和生产加工，要求检验检疫人员严格按产品进口国标准施检，确保出口产品质量安全。3. 送信息。及时将自身掌握的国外对进口产品的最新要求、新出台的技术壁垒、国际市场需求、出口风险预警等信息，向相关企业传递、发送。4. 送技术。通过技术帮扶提高企业自检自控水平，为企业提供技术咨询和技术指导，提升出口产品竞争优势。5. 送法规。向企业宣传有关法律法规，增强企业质量诚信意识和守法经营意识。6. 送办法。定期到企业调研，对企业遇到的困难和问题，分析原因，帮助企业破解难题。

落实“两查”。一是帮助企业全面排查质量安全隐患，有针对性制定整改措施，做到防患于未然。二是通过内查外排、内外并举，查找自身在促进外贸转方式、调结构，服务企业发展等方面存在的问题，及时改进工作。

做到“一兑现”。切实兑现向社会作出的公开服务承诺，实行“全天候、5+2、AB角、24小时预约”等工作模式，日常检验检疫业务确保在规定周期内办理，应急检验检疫业务确保随报随检、不误急需。全年节假日共加班办理检验检疫业务400多批，保证企业正常进出口。

2010年4月，工作人员免费为企业进行优惠原产地政策培训　（王满刚　摄）

【科研与实验室建设】 是年，淄博出入境检验检疫局技术中心在中国合格评定认可委员会（CNAS）主办的鱼粉中铜、砷、汞检测能力验证中，以优异成绩顺利通过。利用现有条件，开展饮料、蜜饯等食品中甜蜜素检测业务，进一步提升进出口食品安全检测能力。陶瓷实验室作为国家级陶瓷检测重点实验室，通过国家质检总局验收。陶瓷实验室首次组织开展有境外实验室参加的陶瓷萃取液铅镉溶出量检测能力验证活动。承担的国家质检总局课题《陶瓷铅镉溶出量检测能力验证关键技术的研究》获得国家质检总局科技兴检三等奖。有5项科研课题通过国家质检总局专家鉴定，其中《日用陶瓷铅镉溶出浸泡室自动加液装置及配套设施的研制》达到国际领先水平。　（王满刚）

本部类编　辑：赵建国
副主编：安永善
校　对：纪　瑗
李　建

招商引资

【概况】 2010年，全市外来投资3000万元以上招商引资项目158个，实际到位外来投资212.5亿元，完成年度指导计划的118.1%。

【服务业招商】 是年，服务业招商取得积极进展，全市服务业利用外来投资58.5亿元，比2009年增长20.4%。一批好项目、大项目相继落户和建设，推动淄博城市形象的提升和服务业的繁荣发展。茂业国际控股有限公司投资8亿元收购淄博糖酒站、东泰商厦公司80%股权，英国最大的零售公司特易购淄博购物中心开工，青岛永旺东泰商业有限公司佳世客淄博购物中心开业，全市商贸流通业优化升级的进程逐步加快。名尚城市广场、齐鲁汽车文化广场、齐鲁国际塑化城和SM集团投资兴建的购物广场等一批投资数额大、服务业态新的项目开工建设，进一步提升全市服务业的档次和规模。润恒现代食品物流园、蓝天集团淄博百脑汇、清华大学MEMS研究院等一批生产性服务业项目的引进，进一步优化服务业结构，推动全市产业结构的优化和调整。

2010年10月29日，山东省淄博糖酒站股份有限公司与深圳茂业国际控股有限公司合作签约仪式现场

（市招商局　供稿）

【大项目招商】 年内，大项目招商取得重要突破。德国赢创德固赛、韩国现代、芬兰斯道拉恩索、美国圣莱科特等世界500强企业以及中国海外集团、中国航天集团、中粮集团等国字号企业相继到淄博投资考察。一批投资几十亿、上百亿的项目相继签约、揭牌或奠基。全市外来投资过亿元项目46个，实际到位外来投资141.9亿元，占全市利用外来投资总额的66.8%，比2009年提高8.7%。其中包括中化集团投资60亿元的化工新材料基地、中国海外集团投资210亿元的城乡统筹生态旅游示范区、中国航天集团投资60亿元的太空港生态文化产业园和华润集团投资50亿元的中心城区城市综合体等4个大项目。

【新兴战略产业招商】 全市招商部门有重点地围绕新材料、新医药、新能源及节能环保、精细化工、电子信息、汽车和机电装备等新兴战略产业做大做强，积极引进项目、资金和技术，新兴产业投资成为招商引资的亮点。全市招商引资项目中，新兴战略产业项目30个，实际利用外来投资79.9亿元，占全市工业项目利用外来投资的53.4%。山东谦津电子科技有限公司年产2亿平方米电子基布、东岳集团30万吨有机硅、淄博嘉泽纳米材料有限公司12万吨纳米碳酸钙等一批新兴战略产业项目的建设或投产，促进全市新兴战略产业的发展，形成新的经济增长点。

【股权招商和上市融资】 股权招商和上市融资保持良好势头。淄博糖酒站、东泰集团、山东淄博民康药业包装有限公司等企业通过股权招商，实现产权并购，引进战略投资者。淄博蓝帆集团股份有限公司、淄博齐翔腾达化工股份有限公司等4家企业上市，成功实现融资计划。全市通过股权招商和上市融资方式实际利用外来投资占全市利用外来投资总额的30%以上，为企业发展壮大创造了条件，成为扩大招商引资规模的重要渠道。

【项目推进】 全市招商部门建立完善重点项目推进机制，全力推进一批带动力强、关联度高的招商项目，力争项目早签约、早开工、早建设。五星级的蓝海国际大饭店1月正式营业；美国科勒卫生陶瓷项目3月30日全面开工，一期工程总投资1.2亿美元；总投资7000万美元的特易购淄博购物中心项目于6月开工；江苏润恒物流集团总投资10亿元的现代食品物流园的立项、注册、规划等手续办理完毕；总投资8亿元人民币的雨润集团肉食品加工项目到位外资5000万美元，年内已开工建设；颐高集团投资的数码广场项目进入选址阶段。投资2亿元的中石油液化天然气加气站、总投资百亿元的正道汽车配件等一批项目洽谈推进中。

【招商基础工作】 完善网络招商平台，全面更新改版淄博招商信息网站。增设知名企业、投资动态、专题活动等多个版块，适时更新完善招商项目库和3个外文网站，增设在线洽谈功能，投资咨询和洽谈交流更加方便快捷。加强业务培训，提升招商队伍素质。9月，举办全市招商部门“转方式、调结构、拓思路”专题讲座，邀请有关专家就经济形势、资本市场及招商经验等作专题报告。开展产业调研，深入挖掘招商资源。继续对细分的16个重点招商产业进行调研分析，走访全市百家企业，逐步形成资料翔实、定位明确的产业招商指导意见书，将符合淄博市产业发展规划和招商需求的潜在招商目标在全球范围内对接锁定，为深入开展产业招商奠定坚实基础。

【综合管理】 是年，组织完成2009年度全市招商引资任务完成情况的考核认定工作，筹备召开2010年度全市对外开放工作会议，下达年度指导计划。加强重点招商项目的跟踪和落实，对全市外来投资1亿元以上的在建、拟建重点项目实行月调度、季通报制度，及时掌握项目动态，改进考核奖励办法，制定《全市各区县、高新区2010年度招商引资综合考核办法》，修订完善《淄博市招商引资考核认定实施细则》，增加对新引进的投资额大、带动作用强的项目进行单独奖励的规定，更加科学合理地考核评价招商成果。积极协调，帮助企业解决项目推进过程中遇到的困难和问题，先后为英国特易购、华润万象城和蓝天电脑集团百脑汇等项目落实招商引资优惠政策，加快了项目进展。

2010年淄博市各区县招商引资任务完成情况

表13—01

区县	计划指标（万元）	实际完成（万元）	完成比例（%）
张店区	197000	218652	110.99
淄川区	200000	200624	100.31
博山区	160000	163368	102.11
周村区	167000	171547	102.72
临淄区	230000	493689	214.65
桓台县	228000	231336	101.46
高青县	110000	120873	109.88
沂源县	110000	122088	110.99
高新区	198000	210029	106.08
合　计	1600000	1932206	120.76

（张淑维）

本部类编　辑：王　娟
副主编：徐　杰
校　对：张耀江
吴建利

·齐文化典故·

贪小失大

公元前284年，燕将乐毅率领五国军队攻打齐国。齐湣王派触子为将，在济水边迎战各诸侯国的军队。齐湣王急着想开战，派人到触子那里去，斥责他说：“不开战，我一定宰了你一家，挖掉你的祖坟！”触子很苦恼，想让齐军战败。两军刚一交锋，触子就鸣金退却。齐军败逃，诸侯军队乘胜追击。触子于是坐上一辆兵车跑了。齐军另一位将领达子率领残余部队驻扎在秦周，因为没有东西可用来赏赐士卒，就派人向齐湣王请求一笔金钱。齐湣王大怒道：“你们这些残存下来的家伙，怎么能给你们金钱！”齐军与燕军交战，结果被打得大败。达子阵亡，齐湣王逃到了莒。燕国人追赶败逃的齐兵进入齐国国都，在美唐库（齐国国库）抢走了齐国很多金钱。

经济园区建设

淄博高新技术产业开发区

【概况】 2010年，淄博高新技术产业开发区辖1个街道，43个行政村、19个居委会，人口111279人，男女性别比为96.9:100，人口自然增长率为7.5‰。全年实现地区生产总值139.85亿元，比2009年增长14.58%；火炬计划营业总收入1490亿元，增长20.5%；工业利税200亿元，增长58.9%；财政总收入67.5亿元，增长26%；地方财政收入16亿元，增长26%；城镇居民人均纯收入23919.9元，增长12.06%；农民人均纯收入11411元，增长12.3%。5月，建设国家创新型科技园区获科技部批准，跻身于国家级创新团队行列，并被认定为国家级知识产权试点园区。

【科技创新】 确定2010年为科技创新年。组织召开科技大会，奖励资金超过2300万元。加快推进先进陶瓷产业创新园、高分子材料产业创新园、现代医药产业创新园、先进装备制造创新园(中意新技术中心)、电子信息产业创新园、生物制品产业创新园等6个特色产业创新园建设，总投资超过30亿元，规划面积超过200万平方米。山东淄博核电装备及配套材料工业园正式揭牌。淄博创业中心被认定为山东省首批高校学生科技创业实习基地之一。加快推进软件开发及信息服务专业技术平台、精密仪器制造质量检测和控制服务平台。对精细化工和高分子材料、现代医药、先进陶瓷3个项目实行预入驻创新园。清华大学、山东大学、天津大学确定与高新区共建研究院，共同培养博士、硕士研究生，搭建公共技术服务平台。山东大学"国家综合性新药研究开发技术大平台"进驻高新区现代医药产业创新园。组织实施西安科技周、重庆科技周、上海科技周和山东理工大学科技周及中国台湾科技周、日本科技周等大型产学研活动14次，与全国60多所重点高校院所、200余位专家进行对接，达成一批合作项目。新增院士工作站3家，共建省级以上科研机构14家，引进国家级创新团队3个，一批国内外高层次创新、创业人才进区发展。产学研技术创新联盟建设实现新突破，新华医疗集团牵头联合成立放疗治疗设备产业技术创新战略联盟，硅苑科技股份有限公司牵头和景德镇陶瓷学院联合成立中国日用陶瓷产业技术创新战略联盟。成功举办中国硅酸盐学会第二届特种陶瓷青年论坛暨淄博先进陶瓷峰会，承办第九届华东科技企业孵化器网络年会。进一步拓宽创新创业企业融资渠道，实施"金诚信"科技中小企业集合贷款计划。年内，获省科技进步一、二、三等奖各1项；承担国家科技计划4项，国家创新基金4项，省级重大专项2项；获得上级无偿资助2400万元；全年申请专利1145项，授权专利712项。

【招商引资】 2010年，完善招商引资考核认定实施细则和重点项目建设服务工作考核办法，成立招商促进局，加大科技招商、园区招商和产业链招商力度。积极走出去，开展富有特色的招商活动，先后组织6个团(组)赴欧洲、中国香港、中国台湾等地招商，取得明显成效。

【项目建设】 年初，组织开展项目建设会战月，对77个重点项目实行领导挂包责任制，分两批集中组织51个重点项目的开工、竣工。建立完善的项目建设行政效能监察、督促检查工作机制，严格落实联席会议制度，积极推行现场工作法，加快项目建设进度。全面启用工程项目管理系统，创新项目审批方式，开辟重点项目审批绿色通道，提高审批效率。2010年，在建项目102个，总投资263.57亿元，其中亿元以上项目52个，是高新区历年来固定资产投资项目数最多、投资额最大的一年。项目涉及新材料、现代医药、精细化工、先进装备制造、电子信息、高端服务业、节能环保、现代农业等产业。招商引资实现了由数量扩张型向质量效益型的历史性转变。

【特色产业】 年初，高新区管委会以1号文件印发《高新技术产业自主创新行动计划》，决定加快发展新材料、精细化工、新医药及生物、现代装备制造、电子信息和高技术服务业六大战略性新兴产业。25条高端产业链快速发育拉长，在钛合金、铝合金，开关磁阻电机，纯氨法头孢原料药，纳米无机非金属材料，可降解塑料，IC卡设计、制造、封装，微纳米(MASE)制造系统，超级电容器电池，功能玻璃及纤维，工程塑料，聚氨酯，石油化工催化剂等产业上加速形成高端优势。曾就职于美国辉瑞制药公司的归国科学家王星研制的全球领先的生物抗体第一批产品已培养成功，长江学者包建民与法国科学家合作研发的生物医药制剂项目在立项中。信息化带动工业化实现新发展，金晶科技、新华制药集团等原进区市属企业综合实力进一步增强，中材高新、齐鲁科力、森钛新材料、嘉泽纳米股份有限公司等一批新生科技型中小企业快速成长。第三产业发展驶入快车道，中国·淄博太空港生态文化产业园、印象齐都出版传媒文化创意产业园、淄博保税物流中心、名尚城市广场等现代服务业加快推进。服务外包工作取得新突破，被山东省列为服务外包示范基地，服务外包企业已由2009年的37家发展到69家。

【基础设施建设】 2010年，实施总投资超过28亿元的城建计划，涉及城建基础设施、生态恢复与园林绿化、民生工程、"两区三村"改造、商贸流通设施建设、产业创新园建设、核心区提升改造、资源整合启动等8大类共49项重点工程，其中19项是市重点工程。实施道路畅通工程，重点对西五路跨线桥、东外环北延、果周路以及园区配套道路进行建设改造。推进生态环境建设，玉皇山生态恢复二期、黑铁山生态恢复三期、九顶山、牧龙山生态恢复加快推进，四宝山地区生态恢复工程取得阶段性重要成果。完成国道309张辛线以及民祥路等11条配套道路绿化工程。全面启动国家环保模范城市创建工作，深入开展城乡环境综合整治活动，实施中心城区亮化工程和立面综合整治工程。扎实推进节能降耗工作，淘汰落后产能，严格控制高耗、低效项目进区发展，全面完成年度节能降耗目标和"十一五"期间的节能降耗任务。全区在养绿地达980公顷，建成区绿化覆盖率达48.8%，绿地率43.9%，人均公共绿地面积51平方米，森林覆盖率达到30.5%。

【地方经济】 创新体制机制，成立农村与社会事业工作委员会，实行局办合一。大力发展都市农业，在全市率先完成都市型现代农业发展规划，现代农业示范园及朱庄、北石现代农业技术集成区形成新亮点。积极稳妥地推进农村旧村改造，至年底，高新区所辖55个村居中有14个村居完成旧村改造工程。

【社会事业】 社会事业加快发展，城镇职工基本养老保险覆盖率达95%；以城市居民人均可支配收入为基数，对农村基本养老保险的参保人员进行补贴，让农民享受到市民待遇，参保率达98%。城市低保标准达到每人每月261元，农村五保供养率达到100%。城镇职工基本医疗保险覆盖率达97%，农村新型合作医疗保险覆盖率达100%。淄博中学、高新区实验中学、外国语学校、成教中心、实验小学、华侨城小学、卫固小学扩建改造等项目进展顺利。扎实实施固本强基维稳工程，对辖区内所有工业企业、各类工业园区、租赁厂房企业开展安全生产拉网式大检查活动，排查事故隐患10670个，取缔非法生产经营单位45家，停产整顿不具备安全生产条件的企业33家。

（邢 军 于 娜）

齐鲁化学工业区

【重点项目建设】 2010年，齐鲁化工区在建及建成的重点项目6个，总投资15亿元。其中，齐鲁现代物流储运项目二期工程完成投资3.5亿元，年内有部分罐区建成准备试生产。9个村居搬迁项目中，已启动一期工程中3个村居的搬迁工作，完成场地平整工作。洁林塑料制管公司IBC中空容器扩建项目总投资2000万元，项目主体工程已完成。山东齐胜工贸公司15万吨铝箔料加氢项目总投资1亿元，主要依托齐鲁石化公司提供生产铝箔油的原料，采用先进成熟的加氢工艺生产低硫、低芳清洁型溶剂油产品，施工场地平整完毕，水资源论证完成。山东清源集团60万吨润滑油项目总投资5亿元，主要以企业现有沥青生产装置副产的溶剂油和轻、重质蜡油为原料，进行加氢精制，生产高端润滑油基础油，环评报告已转报省环保部门。

【园区规划建设】 2010年，以南王镇冯家片区和金岭镇西部区域为主攻方向，规划建设重点突出，层次提升。南王镇冯家片区总占地面积473.3公顷，作为重大精细化工产业集中区，片区控制性详细规划编制完成；协调有关部门开展冯北路、冯官路及内部道路的规划、设计、施工等工作，对整个园区的公用设施配套进行初步规划论证；开展新建污水处理厂的前期调研、规划选址工作。开展西部物流园区的控制性详细规划编制工作，为加快发展化工物流产业奠定基础。

【协调服务】 积极为企业服务，确定工作制度，对重点项目实行一条龙服务，进一步提高工作效率。围绕中化集团新材料基地和齐鲁现代物流两大项目建设，分别成立重点项目建设指挥部，设立规划建设、协调服务、项目实施等工作小组，加快了项目筹建工作进度。（王晓刚）

其他经济园区

【山东桓台东岳氟硅材料产业园区】 至2010年年底，进园企业22家，其中规模以上企业9家。全年实现销售收入138亿元，利税5.3亿元。

主导产业。主导产业为含氟高分子材料和绿色环保制冷剂，已形成六大系列50多个品种的产品规模，主导产品是全氟离子交换树脂的完整产业链，拥有多项高附加值含氟高分子材料生产的核心技术。综合竞争能力在国内有机氟行业和氟硅新材料行业名列前茅。

自主创新。10月，由东岳集团承担的国家“十二五”科技支撑计划——国产全氟离子膜大规模工业应用研究通过科技部组织的专家评审。该项目为山东省推荐的唯一一项国家“十二五”科技支撑计划项目。全氟离子膜项目工业化应用后，对于打破国际垄断，实现国产化配套，保证国家氯碱工业的安全运行和健康发展具有战略性意义。由山东东岳化工有限公司牵头组建的氟硅功能材料产业技术创新战略联盟列入山东省首批产业技术创新战略示范联盟。

（孙　颖）

【张店经济开发区】 2010年，张店经济开发区新增规模以上工业企业3家，完成规模以上工业企业总产值80亿元，规模以上工业企业增加值37亿元。冶金业（包括特色钢铁）、新材料、机械制造业、纺织业四大主导产业实现产值72亿元。新增具有自主进出口权企业1家，具有自主进出口权企业达到12家，通过第三方进出口企业10家。全年实现合同外资额800万美元，实际到账外资4710万美元。完成市外引资任务1682万元。3月，省外经贸厅对146家省级经济开发区进行综合评价，认定山东张店经济开发区位列第三十四位。

招商工作。依据国家产业政策和投资导向，围绕园区在资源综合利用、主导产业深度开发和延伸产业链等方面的优势，以专业招商、土地招商、产业链招商为重点，吸引一批质量高、规模大的项目落户开发区。年内，盘活土地近20公顷，利用盘活土地引入投资1.2亿元的盛安集团公司非标准压力容器生产线搬迁、扩建项目和淄博御群高温新材料科技有限公司高档耐火材料项目。利用铁冶选矿厂闲置土地引入年产300万件大型刹车盘项目。对新开工的投资千万元以上项目实行领导班子成员分包责任制，对企业遇到的困难和问题及时进行协调，加快工程建设进度。年内，有3家企业建成投产，进行扩建和技改的企业1家，在建企业3家。洽谈、引进项目6个，合同引资额3.6亿元，完成固定资产投资4亿元，其中投资过千万元的项目6个、过亿元的项目2个。批准入区项目5个，其中高新技术项目1个。是年，张店经济开发区获首届山东省最佳投资园区称号。

服务工作。组织有关招商人员和投资商到张店南部工业区考察，鼓励和支持企业到张店南部工业区办厂兴业。经过积极协调，淄博联创聚氨酯有限公司10万吨特种聚醚多元醇项目落户张店南部工业区。促进企业产学研相结合，引导企业积极与高校及科研机构联合研发新工艺、新产品，引进高素质人才，增强企业自主创新意识，提高企业自主知识产权保有量。截至年底，园区内有校企联合企业8家。其中，山东金达管业有限公司被批准为市级企业技术中心。该公司与山东科技大学化工学院联合成立新型管材研究所，与上海化工研究院联合成立高分子改性材料联合实验室。淄博联创聚氨酯股份有限公司与清华大学化学工程系合作开发的以棉籽油为主要原料生产聚醚多元醇项目为国内首创，达到国际先进水平，4项关键技术已申报国家专利；与中国科学院院士金勇合作建立的院士工作站获省科技厅批复。针对中小企业融资难的问题，组织举行银企联合洽谈会，帮助企业解决信贷资金难问题，促进中小企业发展。建立开发区人才项目库和企业急需人才目录，为企业招聘人才提供便利。做好企业上市工作，扩大企业融资渠道。其中，在香港上市的山东胜利钢管有限公司募投资金基本到位，募投项目于下半年开工建设。淄博联创聚氨酯股份有限公司在创业板上市工作进展顺利。

环境建设。引导组织园区所属单位、企业实施清洁燃料改造。积极与供热部门对接洽谈，铺设开通供热管线。园区企业全部采取热力管网蒸汽，实行集中供热，改善园区环境。积极筹建张店区污水处理厂。以推进生态工业园区和循环经济示范园区建设为核心内容的《山东张店经济开发区环境影响报告书》通过山东省环保厅的审批。

园区项目库、资料库建设。年内，更新园区土地、企业建设、产业状况等各项信息，建立完善开发区信息资料库。先后储备17个特色钢铁及机械制造产业项目、12个新材料及精细化工产业项目、3个轻纺产业项目，为开展招商工作奠定基础。

（谭启星）

【淄川经济开发区】 2010年，淄川经济开发区完成固定资产投资30.12亿元，出口创汇1.2亿美元，实现工业总产值243.81亿元。72家规模以上企业完成总产值180亿元，完成增加值45.27亿元，完成利税21.15亿元。地方财政收入完成7998万元，增长56.4%。年内，引进隆泰工贸、敦远机械等6个汽车零部件项目，计划总投资8.4亿元。唐骏公司10万辆专用车项目、6万辆电动汽车项目和鲁丰织染高档面料项目等重点续建项目陆续开工建设，计划投资46.4亿元。松龄西路、新环湖路、老淄周路3条道路全线通车，孔子文化创意园、奥都庄园、裕景花园3个生活园区有序开工建设，东岔社区、北苏社区、黄家铺社区3个旧村改造项目稳步推进。完成申报专利19项，其中发明专利10项。

（淄川区史志办）

【博山经济开发区】 2010年，博山经济开发区规模以上工业企业销售收入、利税分别完成99.38亿元、15.27亿元。实际到位外资2321万美元，完成全年任务的580%。进出口总额过1亿美元。财政收入完成1.45亿元。规模以上工业企业发展到126家，年销售收入过亿元的企业10家，其中金晶集团、银仕来集团、祥和集团和华成集团销售收入分别达到15亿元、13亿元、8.3亿元和6亿元。总投资78.6亿元的38个投资过千万元的工业项目全部开工建设，完成投资28.2亿元。山博电机集团、博山防爆电器厂、银仕来集团和民康药业公司被评为国家级高新技术企业，华成集团和山博电机集团创建为省级企业技术中心。“汇祥”牌“淄防”牌被评为省著名商标。全年完成专利申请56项。坚持“区域集中、产业集聚、开发集约”的原则，重点打造华成精密减速机及增速器项目，鲁桥新材料项目区，博泵、柳杭船泵核泵机电项目区和开发区机电产业孵化区。加快西部生态都市观光农业的发展步伐，引导岭西、石门景区发展都市观光农业，重点抓好岭西村的有机茶和金银花栽植，上虎村的有机茶种植，西北峪村的野山杏、金银花种植，岳峪村的中草药、山核桃等有机农产品种植。

（刘海芹）

【周村经济开发区】 2010年，周村经济开发区规模以上企业完成销售收入116.59亿元、工业增加值33.14亿元、利税11.33亿元、利润8.56亿元。规模以上固定资产投资完成20.89亿元。1000万元以上工业生产性和服务业经营性项目固定资产投资6.16亿元。高新技术产业产值占规模以上工业产值比重达44.98%，比2009年提高8.92个百分点。地方财政收入完成8984万元，增长20.41%；税收总收入2.14亿元，增长24.65%；实现出口创汇1.36亿美元，增长6.9%；进口1.13亿美元，增长21.5%；引进境内外资金2.61亿元人民币，实际利用外资22万美元。全年确定3批过千万元工业重点项目32个，计划总投资15.22亿元，其中固定资产投资12.77亿元。31个项目已开工建设，完成固定资产投资5.61亿元。凤阳集团投资2.8亿元年产20万吨高档装饰板续建、兰雁集团投资1.2亿元整体搬迁改造、奥升彩印公司投资5500万元年产2亿只彩色包装盒制品等20个项目已竣工投产或半投产。凤阳集团投资2.2亿元高档装饰板二期、宏信化工公司投资9200万元年产24亿支PVC手套、澳迪森家纺公司总投资1.35亿元年产6000吨巾被织造及前后处理、西铁城精机公司投资5000万元超精密数控机床等11个项目建设顺利；兰雁集团、海润丝绸公司、欣特瑞塑胶公司和新枫晟公司整体搬迁至开发区，开发区规模以上企业达85家，其中工业企业77家。

招商引资。7月，举办开发区投资项目说明会暨经贸洽谈会。中意合资信光航海救生筏项目、中印合资嘉沃园艺公司现代园艺温室大棚项目年内投入生产，日本西铁城超精密数控机床、东星表业钛金属表带表壳、英属维尔京群岛PVC手套等一批外资项目顺利建设。吉林客商投资的大型工程设备租赁服务、安徽客商独资建设的环保设备、滨州客商投资的建筑保温材料和无纺布等一批内资项目相继完成注册登记手续或竣工投产；华安新材料有限公司与沈阳蓝阳制冷有限公司合作的部分股权转让取得成功，大唐山东发电有限公司总投资28亿元的2×300兆瓦热电联产机组项目前期工作进展顺利。

科技创新和节能减排。年内，申报各级科技计划10项，完成省级科技成果鉴定3项，申请专利30项，申报省级高新技术企业1家，市工程技术研究中心2家，省工程技术中心1家。节能减排工作落实有力，新增能源消费控制在2.1万吨标准煤以内，共改造淘汰锅炉12台、电动机400台、变压器10台，推广节能灯3500只。澳迪森家纺公司年产6000吨巾被织造及前后处理项目通过节能评估。6家企业淘汰燃煤炉窑，改用太阳能或清洁燃料。

园区建设。年内，以石庙、新民、义和村为重点的旧村改造和城乡土地增减挂钩项目分梯次启动实施。石门村20公顷花卉苗木基地、沈家村百亩高标准蔬菜大棚基地、金达千头生态养殖野猪基地等农业重点项目开工建设。建筑面积1万平方米的城北佳苑安置楼动工建设。实施恒通路整体景观提升工程，新增绿化面积3500平方米。周北热电公司、友诚毛绒公司、华信高科公司等企业共投入环保资金2675万元，新上脱硫除尘设备、污水在线监测等环保设施。

（周村区史志办）

【桓台经济开发区】 2010年，全区实现工业销售收入360亿元，完成工业生产性固定资产投资35.5亿元，入库税收4.89亿元。引进县外境内资金21.26亿元人民币，境外到位资金3000万美元，完成外贸进出口总额2.07亿美元。共筛选确定重点经济发展项目45个。截至年底，有24个项目建成投产达效，其余21个项目正在建设。其中，淄博张钢钢铁有限公司总投资10.7亿元的1350立方米高炉及配套项目建成投运，汇丰石化公司投资5.59亿元的年产100万吨混合加氢及配套项目投产达效，山东德信皮业公司总投资5.6亿元的年产30万件（套）家居制品项目完成一期建设，美国科勒公司总投资2.6亿美元的年产250万件高档卫生洁具项目于3月30日开工建设。全区有3家企业销售收入超过10亿元，其中汇丰石化公司完成销售收入116亿元，成为全区第一家销售收入过百亿元的企业；淄博张钢钢铁有限公司和博丰利众化工有限公司分别完成销售收入50亿元和10亿元，呈现出强劲的发展势头。有13家企业纳税过千万元，其中汇丰石化公司纳税8342万元，华瑞道路材料公司纳税3404万元。12月29日，山东华伟银凯建材科技公司在齐鲁股权托管交易中心上市，募集资金2690万元。至年底，全区工商注册企业总数达到533家，其中规模以上企业149家，亿元企业36家，全市百强企业5家，初步形成精细化工、冶金机械制造和现代物流三大特色产业集群。

（孙 颖）

【高青经济开发区】 2010年，高青经济开发区有入区项目52个，总投资126.08亿元，实际到位资金65.6亿元。投产企业31家，实现销售收入46.99亿元、利润2.02亿元、税收1.48亿元，进出口额2.09亿美元。年内，完善总体规划，开发区扩大至30平方公里，并着手规划建设低碳技术与投资示范园、扳倒井工业园、侨牌工业园、现代物流园4个专业园区。年内，高青经济开发区被评为山东省低碳经济示范园区，成为商务部重点打造的低碳循环经济示范区。

（于领娣）

【沂源经济开发区】 2010年,省政府审核沂源经济开发区面积3平方公里。全年有37个项目入区建设,总投资45.12亿元,其中过亿元项目17个、过5000万元项目9个。区内新材料和医药产业两大产业集群实现的工业产值占全区工业产值的86%。作为全县工业企业"退城进园"战略决策实施的承载地,开发区主动与县城内各企业对接洽商,送政策到厂,华狮啤酒公司、沃源纺织公司、县皮革厂、巨源公司等企业已着手开展"退城进园"工作。

2010年,区内企业完成工业总产值173.78亿元,实现销售收入170.89亿元、利税23.5亿元,工业增加值41.6亿元。

2010年沂源经济开发区主要工业建设项目表

表14—01

项目名称	承建单位	总投资(亿元)	建设结果	备注
年产1200吨医药中间体搬迁改造	鑫泉医药化工有限公司	1	竣工投产	医药产业集群
年产4万吨硅酸镁防火板	鲁阳股份有限公司	3.2	竣工投产	
1万吨环氧涂层钢筋项目	德瑞防腐材料有限公司	0.2	竣工投产	新材料产业集群
高性能大直径镁合金棒技术改造	淄博宏泰防腐有限公司	0.1	竣工投产	新材料产业集群
医药中间体一期、二期项目	鑫泉医药化工有限公司	2	竣工	医药产业集群
医药中间体三期项目	鑫泉医药化工有限公司	1.8	在建	医药产业集群
医药包装新项目	山东药玻集团	1.8	在建	
卵磷脂项目	天源公司	1.08	在建	医药产业集群
医药中间体项目	康诺公司	1.2	在建	医药产业集群
吉西他滨医药中间体技术改造项目	淄博锦隆达化工有限公司	1.2	在建	医药产业集群
聚乙烯医用包装瓶项目	淄博康力塑胶有限公司	0.72	在建	

(任嗣民　尹洪强　尹雪原)

本部类编　辑:王　娟
副主编:徐　杰
校　对:王　峰
赵建国

·齐文化典故·

木梗之患

孟尝君准备西入秦国,劝阻的人极多,但他一概不听。苏秦也想劝他,孟尝君却说:"人世的事情,我都知道了,我所没有听到过的,只有鬼怪之事了。"苏秦对孟尝君说:"我这次来,确实也不敢谈人间的事情,而是专门和殿下讨论鬼神的事。"于是孟尝君就接见苏秦。苏秦说:"我这次来齐国,路上经过淄水,听见一个泥土捏成的土偶和一个桃木刻成的木梗交谈。木梗对土偶说,'你原是淄水西岸的泥土,被捏成了人,到了八月天下大雨,淄水涨上来,你就残缺不全了。'土偶说,'你的话不对啊。我是西岸的泥土,即使为大水毁了也仍然是西岸的泥土。可你是东方桃木刻成的,天下大雨,淄水横流,你随波而去,还不知道要被冲到哪里呢?'"孟尝君听后,悟出个中道理,明智地中止了出行秦国的计划。

民营经济

【概况】 2010年,全市民营经济完成增加值2478.78亿元,比2009年增长19.01%;实现营业收入8059.65亿元,增长19.42%;完成出口交货值408.25亿元,增长20.92%;实现利润总额489.49亿元,增长18.76%;实缴税金257.62亿元,增长24.32%;固定资产投资921.97亿元,增长21.78%。全市民营企业(包括个体工商户)达到14.88万家,职工125万人。规模以上民营工业企业达到3306家,比2009年增加254家。全市营业收入过百亿元的企业4家,过50亿元的企业16家,过亿元的企业1100家。

【调查研究】 年初制定"369"调研计划(3项省内调研、6项专题调研和依托区县做9个专项调研),一个季度一个专题(一季度围绕开门好、二季度围绕184个项目、三季度围绕产业集群、四季度围绕服务体系),开展一系列调研活动,形成调研报告27篇。主要调研活动:3月中旬,组织对邹平、寿光、青州和淄博高新区的中小企业发展情况进行考察。4月,对经济运行情况进行调研,找准问题,制定措施。5月下旬,组织参加对列入省计划的184个项目进行调研,把握每个项目的资金、进度等情况。8月下旬,组织对张店、淄川、周村、高青4个区县民营经济发展情况调研,摸清市民营经济发展中存在的主要问题。9月,组织对全市产业集群、特色产业镇发展情况调研。10月,组织赴东北地区进行有关担保工作的考察活动。12月中下旬,组织对全市服务体系建设情况的调研。在调研基础上,代市政府起草了《关于促进中小企业发展的意见(意见稿)》。

【信用担保】 全市担保机构基本情况。到2010年年底,纳入市中小企业局、人民银行淄博分行备案的担保机构45家,比2009年增加13家。45家担保机构分布在全市五区三县及高新区。其中,高新区15家,张店区13家,临淄区、淄川区各4家,桓台县3家,沂源县、高青县各2家,博山区、周村区各1家。全市45家担保机构中,民营资本出资占比较大。政府独资担保机构3家(桓台1家、高青2家),政府出资参与的担保机构8家,自然人和民营企业出资的34家。从担保机构的性质看,政策性(含政府出资参与的)、商业性、互助性担保机构分别为11家、30家、4家,分别占24.4%、66.7%、8.9%。互助性担保机构数量偏少。全市45家担保机构注册资本22.63亿元,平均每家注册资本5028.9万元,比2009年增长37.6%,其中注册资本5000万元以上的23家、1亿元以上的6家。3家政府独资的担保机构注册资本21600万元,8家政府出资参与的担保机构注册资本40530万元,10家担保机构注册资本占总注册资本的49.9%。45家担保机构从业人员841人,比2009年增加364人。高层管理人员中有50%是原银行、保险、投资公司等机构的主要负责人或业务骨干,从业人员中具有大专以上学历的占85%。

业务开展情况。2010年,全市担保机构共为7965户中小企业及个体经营业户提供贷款担保59.71亿元,年末在保余额60.4亿元。担保机构单笔担保贷款规模在100万元以下的业务占到86%,其中63%的业务来自小企业。不少小企业经过培育,销售规模从几百万元迅速增加到上千万元,进入健康、快速发展的轨道。45家担保机构平均担保放大中小企业倍数2.63倍,比2009年增长51.15%。从单个担保公司放大倍数来看,山东金挚联投资担保有限公司、淄博融信担保有限公司放大倍数均达到9倍。

风险准备及代偿。全市45家备案担保机构累计代偿2229.1万元,代偿率0.2%。其中2010年代偿1366.9万元,代偿率0.23%;2010年代偿损失40万元。代偿率虽有所上升,但仍低于全国平均水平。担保机构按规定累计提取各类风险准备金15227万元,其中2010年提取10667万元。担保业风险准备充足,抗击风险的能力增强。

经济效益和社会效益。45家担保机构累计实现经营收入15560.62万元。其中,2010年实现经营收入7138.93万元,比2009年增长120%以上;上缴税金683.01万元,比2009年增长220.7%。45家担保机构在取得良好经济效益的同时,也创造出显著的社会效益。2010年,受保企业因获得融资担保支持,增加就业岗位3.1万人,比担保前增长26.3%;新增销售收入110.39亿元,比担保前增长26.29%;新增税收7.98亿元,比担保前增长25.73%。

【项目建设】 建立全市中小企业投资过千万项目库,对全市中小企业项目建设情况坚持季调度。全年完成项目投资610亿元,同比增长22%;为9个国家、省、市项目争取上级扶持资金350万元。组织上报70个中小企业储备项目,有20个项目入选全市83个重点储备项目;有5个项目企业(全市共20个)向省工业调整振兴联席会议办公室进行重点汇报。年内,山东欧锴空调科技有限公司和淄博顺达生物科技有限公司入选省级节能减排示范企业名单;华成集团成功设计生产出飞机用风洞结冰试验和400公里以上高速列车穿越隧道试验用真空设备。

【经济强镇建设】 组织市直有关部门、部分经济强乡镇负责人赴无锡、嘉定、温州等地,考察学习转方式、调结构、内涵发展经验。7月10～12日,《淄博日报》分别以《创新,把准转型发展的脉搏》《统筹发展规划先行》《温州民企华丽转身》为题,对考察学习的经验和体会进行连续报道。与市政府研究室合作完成《转变服务方式优化体系建设——关于无锡、温州推进中小企业服务体系建设的考察报告》的市政府参阅件。联合市直有关部门,分别于4月9日和11月2日,召开全市经济强乡镇座谈会、经验交流会。市政府在博山区白塔镇召开全市经济强镇转方式、调结构现场会。在淄博《经济社会发展》杂志上开办"内涵发展、走进经济强乡镇"专栏,对傅家镇、白塔镇、双杨镇等15个乡镇(街道)走内涵发展道路经验进行宣传。

【中小企业成长计划】 积极协调有关部门,首次落实500万元的市中小企业发展专项资金,扶持全市1300多家中小企业和服务机构。202家成长型中小企业列入省计划。继续实施"金种子计划",通过申报,联合各专业银行,培植1062家重点企业列入"金种子计划",加大对其资金扶持力度。

【小企业培育计划和创业基地】 年内,全市282家企业列入省小企业培育计划,数量列全省第二位。在全省2100个项目中,淄博市有184个项目列入省计划,数量列全省第二位;总投资140亿元,列全省第一位。建成省级创业基地4家、市级7家,这11家创业基地总投资额80余亿元,入驻企业1100余家,就业人数近5万人。

【信息化建设】 根据中小企业发展的需求,对民营世界网站和中小企业网站进行整合,启用中国中小企业淄博网站,并协调百度淄博公司托管部分区县中小企业网站,构建起中小企业网络新平台;开通专为中小企业提供电子商务服务的"齐商网",发展新会员600家。联合淄博联通公司组织召开全市2010年中小企业移动信息化推介会,与淄博移动公司联合开展淄博市中小企业移动信息化普及活动,向500家单位推广信息化管理。先后3次与有关公司合作开展信息化培训活动,受训人员300多人。

【产业集群】 至2010年底,全市年销售收入过5亿元的中小企业产业集群43个,集群内企业6523家,占全市中小企业的20%;从业人员42万人,占全市中小企业的39%;营业收入3174亿元,占全市中小企业的63%;利税总额246亿元,占全市中小企业的70%。拥有省级示范产业集群2个,市级示范产业集群10个。年营业收入过200亿元的产业集群4个,过100亿元的13个,过50亿元的18个,过10亿元的30个。全市中小企业产业集群主要集中在新材料、精细化工、物流、电子电器等新兴行业和建材、化工、机械制造、纺织服装、造纸等传统行业。主要行业和分布情况:

精细化工行业产业集群。主要分布在临淄区、周村区、张店区、桓台县、淄川区和高新区。临淄区南王镇的精细化工产业集群是省级中小企业产业集群,有企业147家,年销售收入200多亿元,实现利税20亿元,主要产品有聚丙烯、甲乙酮、化肥、炼油、催化剂、化工石油泵等,以淄博齐翔化工、山东凯日化工、山东公泉化工有限公司等大企业为龙头。张店区的精细化工产业集群以齐隆化工、新塑化工、鲁华化工、民基化工等企业为龙头,以聚氨酯特种聚醚多元醇、乙烯二氧噻吩、高效阻燃聚醚多元醇等产品为主导,年销售收入20余亿元。

电子信息产业集群。主要分布在张店区和高新区。张店区的电子信息产业集群以集成电路、开关磁阻电机、仪表、电子元器件等多品种的电子产品为主导,以山铝电子、美林电子、宇峰实业、科汇电气有限公司为骨干企业,有企业26家,年销售收入达43亿元,拥有省级以上名牌6个。高新区的电子信息产业集群以多媒体、家电、通信、IT智能系统、新型电力设备等产品为主,以淄博海信、齐林电力设备、震威电气设备、阿莫泰克电子为龙头企业,有企业50余家,年销售收入50多亿元。

装备制造产业集群。主要分布在博山区、桓台县、淄川区、张店区。博山区的汽车板簧产业集群是省级中小企业产业集群,有企业116家,年销售收入113亿元,利税16.5亿元。博山区的泵类产业集群有企业227家,年销售收入110亿元,利税12.1亿元。桓台县果里镇的冶金机械加工产业集群有企业110家,年销售收入125亿元,实现利税11亿元,主要产品涉及轴承加工、钢铁冶炼等。淄川区昆仑镇的机械制造产业集群有企业及个体加工户170多家,主要产品有起重机械、煤矿机械、陶瓷机械等,并形成了铸造、制造加工、销售和配套服务等一整套产业链条,年销售收入60亿元,利税6亿元。

医药行业产业集群。主要分布在淄川区、沂源县和高新区。沂源县药业产业集群以山东药玻、瑞阳制药和鑫泉医药、世拓稀土有限公司为龙头企业,以医药包装、中西药品和医药中间体为主导,年销售收入70亿元,利润8亿元。淄川区医药及中间体产业集群以鲁维制药、金城化工、山川集团、凯盛化工公司为龙头企业,有化学原料药、医用器械、医药中间体、中成药等200余个种类产品,聚集医药化工企业70余家,年销售收入93亿元。金城化工集团是全国三大头孢类医药中间体生产企业之一,年产量

3000吨;鲁维制药集团是全国最大维生素C生产企业,出口额1亿美元。凯盛化工公司的氯化亚砜生产工艺技术是其独立开发的核心技术,同类产品达到国际同行业产品技术水平,核苷酸项目被国家发改委列入国家高新技术产业示范工程。

物流行业产业集群。主要分布在桓台县、张店区和高新区。桓台县果里镇的物流产业集群依托山东和济集团,发挥铁路专用线优势,形成了涉及汇丰、张钢、铁源等40余家企业的化工、钢材物流集散地,年吞吐商品价值1000亿元。张店区的物流产业集群以鸿运国际物流中心、良乡物流园、淄博鲁中物流、聚源物流等公司为龙头,共有物流配货市场40余处,物流企业和业户2400余家,从业人数4000余人,货运吞吐量1000多万吨,产值达15亿元。业务主要以交通运输、仓储配送、流通加工等现代物流为主。高新区的傅山保税区物流集群具备保税仓储、国际物流配送、进出口贸易和转口贸易等基本保税物流功能以及配套清关、物流金融等增值服务功能,每年实现500万吨的干散货和每年30万个标准集装箱的中转量,年销售收入6.8亿元。

新材料产业集群。主要分布在高新区、张店区和淄川区。高新区先进陶瓷材料产业集群,以中材高新、山东硅苑、淄博华创、淄博德惠来等企业为骨干,有先进陶瓷材料生产企业52家,其中规模以上企业37家,产品以熔融石英、氧化锆增韧氧化铝陶瓷、电真空陶瓷、压敏热敏陶瓷新材料为主,销售收入30多亿元,利税达7亿元。张店区的复合材料产业集群产品主要以陶瓷基复合材料和树脂复合材料等为主导,以淄博泰光电力器材有限公司、淄博银河高技术有限公司等企业为龙头。淄博泰光电力器材有限公司生产的有机复合绝缘子在国内处领先地位,年产量30万支;淄博银河高技术有限公司的陶瓷覆铜板达到国际先进水平,已形成30万片生产能力。另外,在有机高分子材料、氟硅新材料、化工新材料、新型耐火材料等领域,新材料产业也得到快速发展。

建材行业产业集群。主要分布在张店区、淄川区、周村区、博山区和沂源县。张店区建陶产业集群主要分布在南定镇和沣水镇,共有企业65家,年销售收入240亿元,利税32亿元。淄川区建陶产业集群主要集中在双杨镇,共有企业116家,年销售收入超过100亿元,利税10.5亿元。博山区的新兴耐火材料产业集群有企业48家,年产各类耐火材料150万吨,销售收入45.1亿元。周村区王村镇耐火材料生产业户674家,年产各类耐火材料及制品100.6万吨,销售收入62.9亿元,利税6.6亿元。

纺织服装行业产业集群。主要分布在周村区、高青县和淄川区。周村区纺织服装产业集群有企业99家,年实现销售收入92亿元、利税6亿元,拥有省级以上名牌7个。高青县纺织服装产业集群有企业23家,年销售收入30多亿元,拥有省级以上名牌4个。淄川区纺织服装产业集群有企业18家,年销售收入50亿元,利税近7亿元。

【特色产业镇】 年内,博山区白塔镇、桓台县唐山镇等12个镇获省级特色产业镇称号,张店区傅家镇、淄川区西河镇等10个镇成为市级特色产业镇。临淄区南王镇是中国化工名镇,金岭回族镇是中国塑料编织制品基地和中国农用塑料研发基地,高青县田镇镇是中国棉纺织名镇,淄川区昆仑镇、博山区山头镇是山东省陶瓷制造业基地,张店区傅家镇是山东省搪玻璃化工设备制造业基地。博山区白塔镇是以生产汽车配件为主的特色产业镇,建成了集开发、制造、生产、销售为一体的板簧制造产业集群,为济南重汽、北汽福田等集团配套,成为红旗、解放、斯太尔、泰拖拉等重型汽车的专门供应商。淄川区西河镇是以生产红木家具为主的特色产业镇,拥有40家红木家具企业,年产2万件各式红木家具,年销售收入5.1亿元,被省轻工业行办命名为山东省红木家具之乡。

【公共服务平台建设】 全市中小企业拥有公共技术服务平台32处。其中,省级3处,市级10处。有国家级工程技术(研究)中心1个、省级中心5个,院士工作站9个、博士后工作站11个。山东硅苑新材料股份公司研制开发的氧化锆增韧氧化铝陶瓷,与传统产品相比耐磨性提高30倍,成本仅为进口的1/3,市场占有率35%;山东中博先进材料股份公司研制开发成功熔融石英陶瓷辊,形成年产400吨的能力,市场占有率40%以上;淄博华创精细陶瓷有限公司承担的“863”陶瓷柱塞和缸套项目进入产业化生产阶段,产品居国际领先水平,生产规模和市场占有率均居国内前列。工作站(中心)和公共服务平台建设,促进产、学、研高技术产业化和产业集群的创新发展。

【人才培育】 2010年,依托清华大学、北京大学等知名高校,联合开展MBA、EMBA等定期高端培训班;举办10期淄博市中小企业高级管理人员专题研修班,培训企业家及企业高层管理人员800多人。依托驻地高校和相关中介机构开展各类管理、技能、市场营销等培训37场次,培训人数超过万人。

【淄博市中小企业管理服务联盟】 年内,中小企业局牵头,组织淄博德信软件有限公司、山东理工大学管理学院、山东鲁信税务师事务所等6家管理服务型单位,成立淄博市中小企业管理服务联盟。联盟的中心任务是向全市中小企业提供企业管理信息化、会计、税务等方面的服务。联盟成立后,市中小企业局制订《关于加强全市中小企业管理工作的意见》,指导全市中小企业管理工作;组织联盟单位开展服务进区县、进乡镇、进企业活动;组织举办中小企业创新管理论坛,全市中小企业510人参加。经过推荐,由省中小企业办公室组织认证,山东金城医药化工股份有限公司和山东欧锴空调科技有限公司被确定为全省精细化管理示范企业，数量占全省总数的五分之一；确定山东博泵科技股份有限公司等10家企业为2010年全市精细化管理示范企业。

【市中小企业服务中心成立】 12月28日，市中小企业服务中心揭牌成立。中心主要职责：负责全市中小企业社会化服务体系建设，重点推进融资担保、管理咨询、事务代理、信息化服务、法律服务、人才培训、市场开拓、技术服务、公共信息、公共检测、创业辅导、协会指导、信用评价等服务平台建设；指导各区县、乡镇加快中小企业服务中心建设；承担淄博市中小企业局委托的各项服务工作任务。年内，为30家中小企业办理土地证、房产证，房产面积达到239257平方米。

【"创业之星、创业新秀"活动】 市中小企业局联合市总工会、共青团淄博市委、市工商业联合会和淄博电视台，开展2010年第三届中小企业汇通杯"创业之星、创业新秀"评选活动。活动历时3个月，评选出淄博市创业之星10名、淄博市创业新秀15名。参选人物涉及大学生、退伍军人、残疾人和外来投资者等多个社会领域的人士，具有很强的代表性和典型性。

（张学武）

2010年全市民营经济主要经济指标完成情况

表15－01　　单位：万元

项目	总计	同比±%	其中：					
			第一产业	同比±%	第二产业	同比±%	第三产业	同比±%
1. 增加值	24787847	19.01	237963	25.37	19427116	21.77	5122768	9.36
2. 营业收入	80596571	19.42	773727	26.18	60282663	19.21	19540181	19.82
3. 出口交货值	4082509	20.92	39192	28.34	3419056	20.81	624261	21.11
4. 利润总额	4894901	18.76	46991	22.57	4047807	18.00	800103	22.53
5. 实缴税金	2576221	24.32	24732	21.68	2097032	23.70	454457	27.41

（张学武）

本部类编　辑：王　娟
副主编：徐　杰
校　对：郭延志
杨建明

·齐文化典故·

百家争鸣

战国时期，齐桓公田午在都城临淄的稷门之外创办了一所高级学府——稷下学宫，此后历代齐王都对学者优厚有加，任各派学者自由论辩、发表演讲，对当时的学术繁荣起了极大的作用。到了齐宣王时，稷下学宫发展到鼎盛时期，学者多达上千人。不同流派的代表人物云集于此，如孟子、荀况等属儒家，宋钘、尹文属墨家，田骈、环渊、接予等属道家，兒说、田巴等属名家，邹衍、邹奭等属阴阳家，淳于髡、鲁仲连属杂家，慎到等属法家，还有农家、兵家、方技家、纵横家等等。他们或著书立说，或聚众讲学，分别采取不同的方式宣传自己的政治主张及学术观点，朝夕交流切磋，使稷下学宫成为当时的人才中心、知识圣地，形成了诸子"百家争鸣"的局面。

旅　　游

【概况】 2010年,全市旅游围绕“齐风陶韵、生态淄博”城市旅游品牌建设,着力于“贺年会”和“观世博、游淄博”两项重点旅游活动,注重项目建设、营销创新和环境优化,推动旅游业持续较快发展。全年接待国内游客2544.2万人次,比2009年增长23.69%;实现国内旅游综合收入207.38亿元,增长31.16%;人均花费815.10元,增长6.04%。接待入境游客171370人次,增长36.7%;实现入境旅游收入9205.8万美元,增长57.8%。截至年底,全市建成A级以上景区30处、星级旅游饭店39家,发展旅行社107家、国家及省级工农业旅游示范点20处。乡村旅游逐步走向规范化、特色化,12家乡村旅游经营单位通过省旅游局的验收。

【行业管理】 推进旅游管理体制创新,成立马踏湖湿地保护区管理局、周村古商城管委会等县级旅游管理部门。进一步明确、规范旅游投资主体,相继注册成立天河旅游发展有限公司、红星旅游开发有限公司。

【规划编制】 与山东大学合作,编制《淄博市旅游业发展总体规划》《淄博市环城市旅游游憩带规划》《淄博市旅游业发展“十二五”执行规划》。指导协调相关区县完成《沂源天湖旅游度假区规划》《沂河漂流项目总体规划和建设性详细规划》《桃花溪旅游度假区总体规划》《黉山旅游区总体规划》等9个旅游规划编制工作。

【重点项目建设】 2010年,全市投资1000万元以上的旅游建设项目38个,总投资352亿元,其中10亿元以上项目13个。年内完成投入39亿元,有8个景区建成开放,12个大项目被列入全市服务业重点项目。投资3亿元的潭溪山旅游区一期完成投资1.2亿元,开始接待游客。投资20亿元的周村古商城建设项目,完成投资6000万元,汇龙湖河道及东、北两侧景观水系、廊桥、绿化等工程基本完工。鸿嘉星城项目、高青温泉旅游度假项目群、姚家峪旅游区项目、五阳湖生态旅游度假区等项目进展顺利。一批过50亿元的大项目相继签约规划待建。

淄川潭溪山风景区　(李　恒　摄)

【旅游基础设施】 发挥区县旅游开发主体功能和主力军的作用,继续推动“三因工程”建设,其中“因景修路”工程完成投资4.35亿元;“因景治污”工程完成投资3.6亿元;“因景植绿”工程投入2.91亿元。同时横向协调,纵向争取,在全

沂源牛郎织女景区　(李　恒　摄)

省率先完成AAAA级景区全部20块高速公路标志牌设立工作。

【旅游市场监管】 2010年，对全市A级景区开展全面复核，周村古商城景区启动创建国家AAAAA级旅游景区活动，指导沂源鲁山溶洞群等景区创建成为AAAA级旅游风景区。建立健全旅游市场综合监管机制，全面推行旅游品质保障系统。注重星级饭店质量监管，切实维护星级标准的权威性，淄博万豪大酒店通过五星级的申报评定，成为淄博市第二家五星级酒店；淄博世纪大酒店通过五星级定期评定复核。港中旅国际旅行社有限公司、中铁国际旅行社有限公司等国内知名旅游机构在淄博市设立分支机构。

【旅游商品研发】 在第三届山东文化产业博览交易会济宁会场举办的2010山东省旅游商品博览会暨第八届山东省旅游商品创新设计大赛、第六届山东省民间手工艺制作大师评选、2010山东省旅游休闲购物十佳品牌评选、2010山东省标志旅游商品评选活动中，淄博市旅游局获最佳组织奖、优秀展台奖。淄博市盛世瓷业有限公司的孔子系列、淄博华创精细陶瓷有限公司的景泰蓝陶瓷系列、临淄区鞠王体育文化用品厂的鲁青瓷系列获金奖，淄博航行陶瓷新材料有限公司的陶瓷餐具系列获铜奖。

在浙江义乌市举行的第二届全国旅游商品大赛上，淄博金玉园工艺礼品有限公司提供的雨点釉——大团圆获全国铜奖；周村烧饼有限公司、淄博华创精细陶瓷有限公司被省旅游局评选为山东省旅游商品研发基地；周村古镇旅游开发公司被省旅游局评定为首家旅游商品购物街区，淄博文化艺术城被省旅游局评定为首批旅游商品购物金牌店；淄博盛世瓷业有限公司、淄博华创精细陶瓷有限公司、临淄区蹴鞠源酒业有限公司被省旅游局评定为2010年度山东省标志性旅游商品十佳品牌单位。

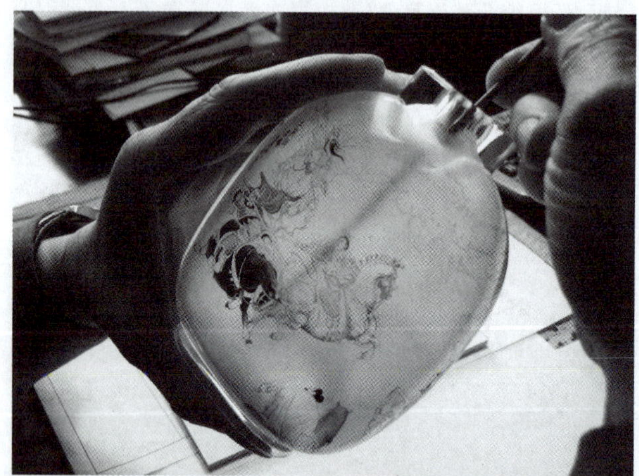

淄博内画艺术 （李恒 摄）

【国内旅游市场促销】 “齐风陶韵、生态淄博”城市形象宣传片在中央电视台“朝闻天下”“走遍中国”等栏目广告档播出。与中央电视台联合拍摄的，由欧阳中石题写片名的7集大型历史文献电视片《姜太公》，完成在韩国、马来西亚、新加坡以及中国台湾、山东、陕西、河南等地的拍摄。市旅游局与淄博日报社联合主办的全省第一份市级大型旅游专刊——《淄博旅游》于国庆节前夕创刊。以区域联合促销为重要手段，联合东营、潍坊旅游管理部门赴北京、天津举办“鲁中逍遥游”线路推介会。对淄博旅游网、淄博政务网进行改版，设立在线咨询等互动栏目；强化与人民网、新华网、大众网的合作，增加关键词搜索的排名。注重加强青岛等半岛沿海城市群的客源地开发，在《半岛都市报》连续推出7个淄博旅游专版。

【旅游特色活动】 年初，举办“齐风陶韵、生态淄博”——2010淄博贺年会。活动历时近3个月，全市旅行社、饭店、餐馆、商场、超市共88家旅游企业参与，入境游客和旅游外汇收入同比分别增长62.14%和109.2%。年底，在全省率先举办“激情68乐游淄博”2011贺年会启动仪式，策划、推出40项旅游活动。举办“观世博、游淄博”活动启动仪式，薛家顶生态旅游度假区、山东涌泉齐长城生态风景区、扳倒井工业旅游园等旅游项目剪彩开业。开展“千万元门票大馈赠”活动，在上海举办“相约世博，风采淄博”展示。开发出“淄博二日游”等产品，组织开展百社互动畅游淄博活动，成功举办“山东人游山东”春季业内旅游洽谈会，组织开展第四届中国知名景区、旅行社走进淄博旅游洽谈会暨旅游自驾车博览会。参加“山东人游重庆，重庆人游山东”、第五届海峡两岸台北旅展、“战国七雄”都城文化旅游发展论坛、赴港招商引资等活动。

【假期旅游】 淄博市假日旅游领导协调小组办公室落实假期旅游工作各项措施，为百姓出游提供更多方便。春节黄金周期间，接待游客96.64万人，实现旅游收入4.87亿元，同比分别增长22%和26.5%，实现旅游无安全事故，无投诉。五一小长假期间，全市接待国内外游客240万人次，实现综合旅游收入14.8亿元，同比分别增长27%和30%。十一黄金周期间，全市各景区迎来客流高峰，接待游客256.54万人次，旅游收入20.06亿元，同比分别增长33.1%和25.3%，接待总人数和旅游总收入创历史新高，

【星级旅游宾馆】 截至年底，全市有星级旅游饭店39家。2010年营业收入列前五位的宾馆是：淄博饭店(8061万元)、世纪大酒店(6932.5万元)、淄博万豪大酒店(6200万元)、周村嘉周宾馆(5036万元)、淄博天乐园大酒店(3138.6万元)。2010年接待旅游人数列前五位的宾馆依次是：淄博饭店、世纪大酒店、天乐园大酒店、周村嘉周宾馆、齐都大酒店。

【重点旅游景区】 截至年底，全市有A级旅游景区30处。全年营业收入列前5位的景区是：原山国家森林公园3678万元、周村古商城3000.3万元、玉黛湖生态乡村庄园800万元、聊斋城588.6万元、鲁山国家森林公园547万元。2010年接待旅游人数列前五位的景区是：原山国家森林公园109.62万人次、马踏湖景区98.98万人次、周村古商城61.54人次、玉黛湖生态乡村庄园26.0万人次、鲁山国家森林公园22.0万人次。

2010年淄博市主要旅游活动一览表

表16—01

	活动名称	时间	地点	接待人数（万人）	旅游收入（万元）
张店	第四届中国知名景区旅行社走进淄博旅游洽谈会	3月26～28日	市博物馆广场	2	
	第四届绿兰莎国际啤酒节	6月10～20日	市博物馆广场	40	2200
	玉黛湖五一旅游文化节	5月1～3日	玉黛湖	7	350
	第十届中国(淄博)国际陶瓷博览会	9月6～9日	中国陶瓷科技城	12	5000
临淄	齐文化旅游节	9月12～16日	太公广场	30	11000
	牛山庙会	农历三月三和九月九	管仲纪念馆	18	8000
淄川	第三届淄川淄河生态旅游观光节	4月3日至5月10日	淄河镇	23	4800
	第八届聊斋文化旅游节	5月1～7日	聊斋城景区	33.6	7000
周村	老外周村过大年	2月13～14日	周村古商城	1.5	40
	世界旅游小姐秀古城	9月12日	周村古商城	0.3	15
	第七届旱码头旅游文化节	9月5～12日	周村古商城	5	240
	世界著名摄影家走进周村	11月8日	周村古商城	0.4	17
	新人婚俗秀周村	11月13日	周村古商城	0.2	10
高青	扳倒井酒文化博物馆开馆仪式	4月30日	扳倒井工业旅游园	0.5	150
	消夏广场文化周	7月20～26日	千乘湖生态文化园	3	30
沂源	中国(沂源)七夕情侣节	农历七夕	牛郎织女景区	24.2	3800
	大樱桃采摘节	6月	燕崖镇	20	3000
	凤凰山红叶节	10月	凤凰山景区	5	150
	中华大果园金秋采摘节	9月初到10月底	中华大果园	42	12600
博山	池上桃花节	4～5月	博山池上镇	1.2	60
	鲁山登山节	4月25～26日	鲁山风景区	0.5	28
	文姜庙会	7月下旬到8月上旬	颜文姜祠	1.9	80
	中国金银花生态旅游节	6～10月	池上上水公司	1.2	60
	中国越野车比赛	8月12～14日	博山太阳山景区	2	160
	博山美食节	9月下旬	博山区	3	150
	孝文化旅游节	9月25日～10月7日	博山区	8.3	900
	中国越野车挑战大奖赛	10月11～12日	博山太阳山景区	1.9	158

（陶志宇）

本部类编　辑：赵建国
副主编：徐　杰
校　对：张耀江
吴建利

综合管理与监督

发展和改革

【决策服务】 年初，市发展和改革委员会起草《关于淄博市2009年国民经济和社会发展计划执行情况与2010年计划草案的报告》，通过市人代会审议，以市政府文件印发执行。分季度研究提出经济形势分析和对策建议，分别向市委常委扩大会、市政府经济运行分析会等进行专题汇报，为市委、市政府决策提供参考，对消除经济运行中的不稳定因素，保障经济平稳运行起到建设性作用。围绕培育发展新兴产业，先后启动新材料、生物医药、新能源和节能环保等新兴产业调研工作，形成研究报告，提出措施建议。围绕推进产业结构调整，参与起草市委、市政府《关于全市加快经济发展方式转变实施意见》等政策规定。围绕引导企业主动转型，开展全市规模以上工业企业绩效综合评价。围绕推进城乡统筹发展，研究起草《关于进一步优化功能区划和城乡空间布局，促进城乡统筹发展的指导意见》《关于加快推进统筹城乡发展总体方案》和《统筹城乡基础设施建设总体规划纲要》《社会事业发展总体规划纲要》等专项规划。

【项目建设管理】 年内，共争取国家下达中央投资项目124个，争取中央预算内投资3.27亿元，省级配套资金3804万元。争取省投资项目22个，省级资金2794万元。争取7个项目列入省重点建设项目，总投资60.2亿元；争取11个项目列入省工业重点项目，总投资98亿元；争取6个项目列入省重点服务业建设项目，总投资113.1亿元；争取6个载体项目列入省100个服务业载体项目，总投资85亿元。调度筛选33个项目作为2010年全市重大项目，并由市政府公布，重大项目总投资464.3亿元。策划确立2010年全市服务业重点建设项目80个，总投资512亿元。调度全市"十二五"规划重点建设项目490个，总投资2870亿元。严格做好项目审批，办理各类项目266个，总投资651亿元。研究制定《淄博市重大建设项目管理试行办法》和《淄博市政府投资项目稽查试行办法》，经市政府颁布实施。积极开展中央投资项目检查，跟踪做好存在问题项目的督导整改，促进重点项目建设。全市所有中央投资项目完成投资35.17亿元，占投资计划的79.52 %，有224个项目竣工；省调控资金项目完成投资48.3亿元，占总投资计划的70.4 %；7个省重点项目全部开工建设，超额完成年度投资计划；23个市重大建设项目中有22个项目开工，完成投资59.4亿元，10个前期项目手续办理进展顺利。

【转方式调结构】 对上争取农林水畜牧项目74个，总投资5.3亿元，争取中央、省无偿资金1.46亿元。全市大中型水库除险加固工程全部通过省竣工验收，"百座小型水库"除险加固工程全部完成。会同有关部门上报《淄博市全国新增1000亿斤粮食生产能力规划》等7个专项规划方案。高青县千亿斤粮食产能规划和临淄区旱作农业示范项目纳入国家规划。争取上级批复下达6个产业振兴调整专项和工业结构调整专项，总投资4.41亿元，其中中央投资1995万元。争取11个风电项目列入省风电发展规划。组织编制《淄博市农林生物质发电发展规划》，并争取省发改委核准2个秸秆直燃发电项目。加强服务业"三大载体"（重点服务业城区、服务业园区、重点服务业企业）培育管理力度，对省、市服务业"三大载体"进行考核调整。争取国家、省下达流通、服务业引导资金支持项目10个，争取补助资金2125万元。围绕国家重点投向，申报国家高技术产业项目7个，总投资2.96亿元，其中2个新型电力电子器件专项、2个企业技术中心创新能力建设专项通过国家审查。申报国家认定企业技术中心1个，并获国家授牌；申报省级工程实验室1个，并获省发改委补助资金60万元；申报建设山东省陶瓷新材料高技术产业基地，获省发改委批复。争取国家发改委下达淄博市9个资源节约和环境保护项目中央投资计划，总投资6.55亿元，其中中央投资4010万元。

【经济对外交流合作】 年内，共核准和争取省发改委核准外商投资项目9个，总投资6.24亿美元。争取国家、省发改委为项目单位办理进口设备免税约300万美元。争取市公安消防支队借用德国促进贷款购置消防设备项目列入国家发改委外国政府贷款项目备选规划，利用贷款1000万欧元；淄博周北热电有限公司借用世行贷款烟气脱硫项目列入省发改委备选项目库，借用世界银行贷款600万美元。

周村淦清污水处理中水回收工程借用德国政府贷款等5个项目有序推进。先后组团参加赴渝经贸活动、第十四届中国东西部合作与投资贸易洽谈会等大型经济合作活动，参与举办首届黄河三角洲经贸洽谈会，达成经贸签约项目205个，签约金额454亿元。全方位、多领域参与西部大开发，淄博市发展和改革委员会被表彰为全省参与西部大开发突出贡献集体，为全省唯一获此殊荣的地级市发改部门。

【统筹社会事业发展】 充分发挥市发展和改革委员会的自身职能，坚持搞好政策服务、项目服务，积极促进社会民生事业加快发展，取得新成效。做好社会事业项目筛选储备和申报争取，年内申报争取国家、省下达投资计划的卫生、教育、计生等设施建设项目共23个，总投资1.19亿元，其中国家投资5597万元、省补助资金229万元。申报“十二五”规划社会领域国家专项储备项目40个。加强中央投资社会事业项目管理，前4批38个项目全部完工，第五批21个项目中有9个按计划完工。

【“十二五”规划编制】 组织召开全市“十二五”规划编制工作会议，印发《关于全市“十二五”规划编制工作方案》，部署总体规划和30个重点专项规划及区县规划的编制工作。先后完成全市转方式调结构、优化功能区划和产业布局、城乡统筹发展等前期课题研究报告。成立纲要编制工作领导小组及纲要起草小组，会同全市各有关部门，明确编制思路，开展课题调研，编制起草纲要，广泛征求和吸收国家、省发改委及有关专家、学者，全市各级、各部门以及社会各界的意见和建议，保证规划的科学性、前瞻性和操作性。

【支援北川灾后恢复重建】 经过两年多的艰苦努力，完成对口支援北川县香泉乡灾后恢复重建任务，援建的北川新县城建设项目按期竣工交付使用，实现“三年重建任务，两年基本完成”的目标。总计援建承建20个项目，投资7.88亿元。全部62个单体工程均获四川省优质结构工程奖，符合申报条件的项目均分别荣获四川省、山东省最高工程质量奖“天府杯”和“泰山杯”。对北川的产业援建也取得显著成效，5家企业入驻山东—北川产业园，投资3.8亿元。援川工作得到灾区广大干部群众、上级党委政府、社会各界的高度赞誉，市援川办连续2年被省表彰为先进集体，市发展和改革委员会被市委、市政府表彰为先进集体。

【医药卫生体制改革】 组织召开全市深化医药卫生体制改革工作会议，印发《淄博市医药卫生体制改革2010年重点工作安排》及配套改革文件。加强工作督导，坚持调度通报全市医改情况，交流区县医改经验，研究解决存在的困难和问题，促进工作顺利开展。全市有93所乡镇卫生院、17个社区卫生服务中心、57个社区卫生服务站和291所村卫生室实行基本药物制度，市、区县财政对基层医疗卫生机构拨付补偿资金1.31亿元，基本药物中西药、中成药价格平均降幅分别为51%和42%。淄博市成为全省率先实现基本药物制度全覆盖的市，得到省有关领导及有关部门的充分肯定，省对淄博市以奖代补资金2136万元。

【中心城区东部化工区搬迁】 年初，制定印发《淄博市中心城区化工企业布局调整2010年工作计划》，分解细化任务，落实责任到人，组织涉迁企业认真按照计划要求，倒排工期，加快搬迁项目建设进度。年内，园区道路、排洪、供水供电、供气管网等基础设施建设完成工作量的90%以上，完成投资2.77亿元。民基化工、新华制药、蓝星东大、大成农药等企业搬迁项目取得积极进展。园区内官庄整体搬迁工作接近完成，高新区柴油渔轮机厂签订搬迁协议。坚持做好项目引进工作，争取中化集团在淄博市建设化工新材料产业基地，总投资60亿元。

【铁路规划建设】 2010年，经过积极争取和努力，晋鲁豫铁路通道沂源段正式开工建设，全线进展顺利；寿平铁路桓台段通过省发改委立项；山东第五纵向铁路通道新建大昆仑至苗山段线路走向确定；临泰铁路电气化改造初步设计通过铁道部鉴定；淄东铁路电气化改造进行可行性研究报告编制。汇丰石化物流、青源集团等铁路专用线通过铁道部批复。齐鲁化工园区、胜利钢管厂等企业铁路专用线前期工作取得积极进展。

【黄河三角洲和蓝色经济区建设】 2010年，抢抓高青县列入黄河三角洲高效生态经济区的重大机遇，加强政策研究，搞好规划和实施方案的对接。经过积极争取，高青县大芦湖湿地保护等项目列入省专项规划，肉牛、蔬菜、米业等产业纳入省振兴方案。推动“高青黑牛”开发项目在“黄三角”开发建设恳谈暨项目推介会上签约，总投资20亿元。参与举办首届黄河三角洲经贸洽谈会，共筛选30家企业、500多件展品参展，对外推介合作项目155个，总投资899亿元。为促进全市经济发展抢抓机遇，主动接受山东半岛蓝色经济区辐射带动，争取桓台东岳氟硅材料示范基地、博山节能环保产业基地、沂源生物医药示范基地、淄博大亚船舶配件示范基地等4个产业基地列入山东半岛蓝色经济区发展规划。

【支援东明县发展】 年内，在建项目完成投资6500万元，其中5个项目建成投产；新引进项目2个，总投资2.7亿元，完成投资1.79亿元。工业园开发面积扩大到100公顷，工业和社会事业类帮扶项目40个，累计完成投资16.7亿元。

（程玉君）

人力资源和社会保障

【就业工作】 2010年，延续执行“援企稳岗”政策措施，降低4项社会保险费率，减轻企业负担1.8亿元。全年认定困难企业201家，发放社保补贴、岗位补贴7900余万元，稳定就业岗位5.1万人次。积极落实就业扶持政策，全市支出就业资金4547.62万元，发放就业失业登记证5.47万个，为39户下岗失业人员发放担保贷款175万元，带动179人实现再就业，为76户贷款户贴息24.16万元。加强就业和创业培训，组织各类就业培训8.28万人，其中创业培训9705人，农民工培训2.82万人。狠抓创业带动就业工作，成立淄博市创业促进会和YBC淄博办公室（YBC是“中国青年创业国际计划”的英文简称，是一个旨在帮助青年创业的教育性公益项目）。淄博市创业促进会是由政府引导、有关部门倡导、企业界人士发起成立的非营利性社团法人组织。创业促进会引入YBC辅助模式，整合社会资源，组织动员社会各界特别是工商界的力量，筹募创业扶持资金，支持18至35岁的失业、半失业或者待业，有很好的创业点子和创业激情的青年人，为他们提供无息无抵押担保的3～5万元创业启动资金和“一对一”陪伴式创业导师辅导，引导青年自主创业。加强创业信息采集、政策发布、项目推介和咨询服务，推进创业助推“1＋3”行动（为每一个有创业意愿并参加创业培训的高校毕业生、城镇失业人员、返乡创业农民工等城乡各类劳动者推荐一个创业项目、协助落实一处经营场地、帮助办理一笔小额担保贷款），建立创业孵化园（一条街）30处。加强就业困难群体帮扶工作，开发交通协管员、环保协管员、劳动保障协管员等公益性岗位，安置就业困难人员1680人次；认定城乡“双零”人员18人，实际落实援助18人；开展送岗位进监狱活动（刑满释放的服刑人员在重新走上社会前，得到选择就业岗位的机会）5次，送岗位（维修、机械加工、机电等工种居多）800余个次。是年，全市实现城镇新增就业13.3万人次，实现农村劳动力转移就业9.47万人次，城镇登记失业率为2.7%。

2010年10月25日，淄博市创业促进会成立
（尚远超　摄）

【高校毕业生就业】 大力实施大学生基层就业项目，招募“三支一扶”大学生108名、招聘服务社区大学生85名、招聘全科医师37名、选聘168名毕业生到村任职。为759名淄博市生源特困生发放求职补助37.9万元，招聘100名大学生从事公益性岗位。新建市级就业见习基地21家，全市市级以上毕业生就业见习基地达到81家，组织3366名毕业生参加见习，落实见习补贴57万元。积极完善创业孵化基地建设工作，淄博高新技术创业服务中心入选科技部首批大学生科技创业见习基地试点单位。大学生创业孵化基地达到15个，扶持137名大学生成功创业。组织各类毕业生就业推荐活动86场，5898家企业参加招聘，提供岗位11.7万余个，达成意向5.5万余人次。是年，全市共接收非师范类大中专毕业生2.2万人，实现就业1.96万人。

【人力资源市场管理】 加强就业服务工作，开展精细化就业服务年活动，相继开展“再就业援助月”“春风行动”“民营企业招聘周”“高校毕业生就业援助月”等专题活动。全面推行一站式“柜员制”服务，进一步规范服务项目、服务内容和服务流程。建立健全全市城乡人力资源基本信息数据库和覆盖全市的城乡就业再就业动态管理服务机制。市及临淄区人力资源市场被评为省级示范人力资源市场，7家社区被评为省级充分就业星级社区。全市各级人力资源市场、人才市场举办各类招聘会2150余场，提供就业岗位23万余个次。积极培育和发展网上人才市场，举办高校毕业生就业服务周等网上人才招聘大会，通过市场网站为近

2010年2月22日，淄博市2010年春风行动启动
（尚远超　摄）

3000家用人单位发布各类招聘信息1.2万余条，注册求职人才1万余人。通过淄博电视台生活法制频道和160广播电台宣传、发布人才供求信息，累计为2000余人次联系推荐就业岗位。人才市场保管人事档案3万余份，代管户口1205人，管理流动党员485人，人才派遣和人事外包单位85家，累计派遣各类人才1200余人。

【职业能力建设】 2010年，全市新增高技能人才10768人。其中，高级工7777人，技师、高级技师2991人。全市高技能人才达到9.2万人，万人拥有高技能人才数达到2658人。完成职业技能培训鉴定3.4万人，发证3.2万人，其中高级工5438人、技师422人。“金蓝领”培训621人。组织举办和联合举办职业技能竞赛16次，涉及职业工种43个，参与人数14.6万人，通过职业技能竞赛产生高级工2339人、技师170人，申报技术能手43人。技工院校招生11234人，技能扶贫招生688人，毕业生9383人，所有毕业生均得到安置。扎实开展技师工作站、企业技能人才评价试点的确认工作，确定10家技师工作站试点企业，3家技能人才评价工作试点企业。

【军官转业安置】 完成2010年军转干部安置任务，共安置军转干部109人，随调家属14人。研究制定进一步做好困难企业军转干部工作、企业军转干部医疗、特困救助协商意见等文件，调整企业军转干部解困基本养老金，组织实施增发退休生活补助费、查体等。加强对自主择业转业干部的管理服务工作，认真做好自主择业转业军官退役金的核定、发放，积极提供医疗、就业等方面的相关服务。

【专业技术人员管理】 在全市范围内开展“百名专家科技咨询服务年”活动，组织享受国务院特贴专家，省、市、县有突出贡献的中青年专家开展农业技术咨询、企业科技指导等活动100余场次，接受培训和技术指导人数1000多人。认真做好博士后科研工作站申报和管理工作，新增4家企业博士后科研工作站，淄博市博士后工作站达到16家，分站13家，进出站博士50余名。做好高层次人才的选拔推荐工作，淄博市有2人入选享受国务院特贴专家，4人入选山东省有突出贡献的中青年专家。开展2010年海内外高端人才淄博创新创业周系列活动，举行4次高校与企业座谈会，达成科研合作项目30余项；发布化工节能环保新技术30项、高校科研成果100余项，解决企业难题80余项。组织海内外高端人才淄博创新创业成果展，展出全市81家企事业单位和100多位专家或团队的创业成果和先进事迹。做好职称评审工作，完成2009年度高中级专业职务资格证书的发放工作，发放资格证书3000多册。为外地调入的110名中高级专业技术人员办理资格确认手续，为900多名见习期满毕业生办理确职手续。

2010年11月22日，举办海内外高端人才淄博创新创业成果展（尚远超 摄）

【事业单位人事管理】 办理市属事业单位新聘续聘人员备案手续3475人，核准市属171个事业单位设置岗位18611个，核准区县3109个单位设置岗位48038个。是年，全市各级事业单位面向社会公开招聘人员1969人，其中市属事业单位招聘工作人员508人。办理事业单位聘用合同鉴证690人。

【公务员管理】 2010年，顺利完成全市公务员招考工作，共录用公务员（参照管理单位工作人员）555名。做好公务员日常登记管理工作，为176人办理公务员登记手续，为2341人办理参照管理单位人员登记手续。按照规定程序，办理提交市政府行政任免事项342人次。为5个市直部门和参照公务员法管理单位批复设置非领导职务。完成2009年度机关事业单位科及科以下人员年度考核工作，280个市直机关及事业单位审核确定的年度考核优秀等次2280人；区县参加考核总人数66203人，确定优秀等次8739人。为各部门2280名优秀等次人员办理记功或嘉奖手续。年内，共表彰先进集体571个，先进个人1755名。

【外国专家工作】 2010年，执行国家外国专家局、省外国专家局引智项目16项，为山东药玻集团、绿兰莎啤酒公司等企业聘请专家16人次。围绕黄河三角洲高效生态区发展战略，抓好“高青黑牛”优质肉牛引智项目，该项目被列为2010年山东省重点引智项目，日籍专家铃木达行获2010年度省政府“齐鲁友谊奖”。继续组织实施外国环保专家淄博行活动，3次邀请日本环保专家坂本安由到淄博市指导工作。金城医药集团引进泰山学者李湛江新药研制项目，该项目获批2010年度省留学回国人员科技活动择优资助项目。年内引进外国专家310人次，为166名外国专家办理来华工作许可和外国专家证，审核“齐鲁名校长建设项目”等出国（境）培训项目19项35人次。组织全市40余家部门、单位参加中国山东第六届海洽会，达成人才技术合作意向60项。

【城镇养老保险】 开展为期3个月的社会保险参保缴费情况专项检查行动，核查企业1141户，查出漏瞒报职工12522人。至年底，全市企业养老保险参保人数达到85.3万人，实际缴费人数达到72.5万人，分别净增5.7万人和4.6万人；全年养老保险费征缴收入35.3亿元。连续第六年提高企业退休人员养老金待遇，月人均增加159.8元。为17.2万名企业离退休人员按时足额支付离退休费32.66亿元、取暖费1.9亿元，社会化发放率继续保持100%。为全市符合退休、退职条件的14584名职工办理退休、退职审批手续，其中正常退休9067人、特殊工种退休4810人、因病完全丧失劳动能力退休退职644人。实行年金备案的企业达到69家，参加年金方案职工人数15555人。养老保险关系转续政策得到贯彻落实，为565人开具养老保险参保缴费凭证，办理跨省转出手续233人、转入手续346人。12月28日，市政府印发《企业职工中独生子女父母退休养老补助社会统筹办法》，将参加淄博市城镇企业职工基本养老保险的各类企业职工退休一次性养老补助纳入社会统筹，每年将惠及企业退休职工近1万人。扎实推进“爱心互助工程”，全市参与的志愿者达到2000余人。全市机关事业养老保险参保单位2338个，参保人数12.38万人，基金收入10.63亿元，为4.2万名离退休人员发放养老金10.95亿元。全市共稽核参保单位1053家，查出冒领养老金2.27万元，已全部追回。

【农村养老保险】 至年底，全市所有行政村均开展新农保工作，覆盖率达到100%。全市参保农民125.6万人，收缴保费4.5亿元，为49万人累计发放养老金2.6亿元。临淄区作为淄博市首个国家试点区县，实现与国家新农保的并轨。桓台县作为第二批试点区县，获得人力资源和社会保障部批准。“老农保”收取保费1344万元，发放养老金1081万元。

【失业保险】 2010年，全市失业保险参保人数达到65.4万人，征缴失业保险费2.51亿元，为3.1万人发放失业保险待遇9958万元。7月1日起，失业保险金标准由每人每月405元提高到每人每月490元，门诊医疗补助金由每人每月20.25元提高到24.50元。开展扩大失业保险基金支出范围试点工作，共支出3577万元，全部用于公共就业服务体系建设。为中心城区36614名失业人员发放供暖补贴1146万元。

【医疗保险】 至年底，全市共有参保单位12183家，参保人数192.3万人，其中职工112.3万人、居民80.0万人。城镇职工基本医疗保险基金收入16.1亿元，支出14.2亿元；城镇居民医疗保险基金收入1.81亿元，支出1.77亿元。淄博市被确定为全国14家医疗保险门诊统筹试点城市之一，市政府印发《淄博市城镇基本医疗保险普通门诊统筹办法》，提高门诊保障能力，至年底签约4.8万人。进一步提高医疗保障水平，将城镇居民在二级医院住院治疗的报销标准提高到60%。建立城镇居民大额医疗救助制度，支付限额提高至12万元，城镇居民医疗保险财政补助标准由每人每年110元提高到120元，居民整体筹资标准提高至300元，学生提高至160元。至此，提前一年实现医药卫生体制改革确定的医疗保险改革目标。稳步推进退休人员缴费与待遇脱钩工作，全市有6829名困难企业或欠费企业的退休人员从中受益。全面升级城镇职工定点门诊POS机程序，实现实时联网。组织全市慢性病鉴定36970人次，发证人数35113人，在张店、临淄区实行慢性病联网，实现网上结算。首家推行子宫肌瘤单病种限价支付的谈判机制。公开招聘12名医保协管员，派驻三级医院查处各种不规范医疗行为。

【工伤、生育保险】 2010年，工伤保险参保人数达到85.97万人，净增17.35万人，征缴工伤保险费1.49亿元，为7227人次支付工伤保险待遇1.25亿元。开展第三次工伤保险费率浮动工作，相关经验在全国会议上进行交流。实行“老工伤”重伤人员“定员定额”医疗管理，“老工伤”管理服务水平得到切实提高。提高1至4级工伤人员伤残津贴、生活护理费、供养亲属抚恤金标准，伤残津贴人均月增161元，生活护理费人均月增107元，供养亲属抚恤金人均月增62元。生育保险参保人数达到54万人，净增3.7万人，征缴生育保险费8907万元，为1.34万人次支付生育保险待遇7413万元。建立工伤和生育保险周转金制度，解决工伤、生育基金调剂不畅问题。

【社会保险基金监督】 2010年，继续深化2009年社会保险基金专项治理成果，追回离休干部医疗基金挤占城镇职工基本医疗保险统筹基金400余万元。清理催缴机关事业单位养老保险欠费100余万元。开展医疗保险基金支付专项检查活动，对58家市级定点医院进行全覆盖式检查，抽查区县管辖的定点医院17家、定点药店10家，下达限期整改意见书70余份。开展社保基金非现场监督网络化监管工作，抽调4名专门人员，配备微机等设施，依托中软公司自主研发的淄博市社保基金网络化电子监管系统，实现对社保基金网络静态和动态的监控。

【劳动关系】 扎实开展小企业劳动合同制度专项行动计划和集体合同制度彩虹计划，全面实行劳动合同管理网上备案制度，全市办理劳动合同备案180139人，其中新签劳动合同109251人，解除(终止)备案56033人；签订集体合同的企业367户，全市规模以上企业劳动合同签订率达到98%。加强工资收入分配调控，健全完善劳动力市场工资指导价位制度和企业人工成本预警预测制度，指导企业合理确定劳动者工资水平和各类人员工资关系，引导企业加强人工成本管理。拟定淄博市2010年企业工资指导线方案，基准线为职工货币工资增长15%，上线为增长23%，下线为增长6.5%。5月1日起，企业最低工资标准分别调整为每月920元、760元、600元，适当调整非全日制用工小时最低工资，分别为9.6元、7.8元和6.5元。全市妥善处理信访案件2748件，涉及7875人次。办理行政复议、应诉案件150件。

【调解仲裁管理】 推进劳动人事争议仲裁委员会调整及办案机构实体化建设，11月9日成立淄博市劳动人事争议仲裁委员会，全市各区县全部成立劳动人事争议仲裁委员会，高新区和桓台县、沂源县、临淄区、淄川区相继成立劳动人事争议仲裁院。

劳动仲裁。着力加强劳动争议预防和调解工作，坚持仲裁建议书制度，全年共向劳动争议多发的企事业单位发放建议书44份。全市各类调解组织配备劳动争议调解员5992名，其中专职调解员2241名、兼职调解员3751名。各级调解机构共受理劳动争议案件3014件，调解结案2075件。坚持休息日开庭、巡回仲裁庭、弱势群体维权绿色通道等便民举措，全年休息日开庭11次，巡回仲裁庭开庭3次，为当事人维权提供便利。全年市、区县两级劳动仲裁机构共受理劳动争议案件3114件，较2009年减少5%，按期结案率100%，调撤结案率74%，案件涉及劳动者4715人。

人事调解仲裁。在教育、科技、文化、卫生等人员较多的事业单位，建立基层协调调解组织，健全人事争议仲裁基层调解网络体系。

【教育培训】 组织66155人次参加专业技术人员继续教育公共课目培训，完成2010年专业技术人员继续教育学分审核工作。组织全市21444人完成公共管理核心内容“公共经济”专题培训，完成353名新录用公务员初任培训任务。组织122人参加全市科级公务员任职培训班，选拔、推荐9人参加现代服务业领导干部赴中国香港、新加坡培训班。完善教育培训网络化管理系统，建立覆盖全市的教育培训管理网络，同时建成公务员信息库、专业技术人员信息库、培训科目及试题库3个数据库。

【机关事业单位工资】 制定《淄博市公共卫生与基层医疗卫生事业单位绩效工资的实施意见》，在全市所有义务教育学校、公共卫生和基层医疗卫生事业单位实施绩效工资。审核机关事业单位日常工资变动材料23125人次，月增工资90多万元，补发工资800多万元。为367名退休人员办理提高退休费比例的审核、批复工作，审核退休人员增发退休费475人次，为14名人员办理提前退休手续。

【人事考试工作】 把好保密和考风考纪两个关口，全面落实岗位责任制，全年完成49项、77267人次、148802科的考试工作任务。

【劳动保障监察】 2010年，先后开展清理拖欠农民工工资、清理整顿人力资源市场秩序、整治非法用工、社会保险扩面征缴和中心城区马路劳务市场专项整治等5个专项行动。全市共检查各类用人单位10982户，涉及劳动者85.1万人，下达责令改正指令书1397份，责令用人单位补签续订劳动合同6.1万份、补发拖欠工资2166万元、补缴社会保险费3947万元。规范用工管理，全市监察机构先后对39家“省诚信企业”、126家“百强企业”和4012家“市诚信企业”进行审查评价。

【基础管理工作】 在全市人力资源社会保障系统深入开展基础规范化管理年活动，进一步完善仲裁、监察、信访三位一体工作机制，方便职工群众维护自身权益。建立基本信息采集制度，用人单位和职工群众的基本信息实现“一点录入、全程共享”。在全市各窗口单位推行“柜员制”服务模式，对就业、社保等工作实行标准化服务。开通就业服务视频洽谈系统，方便供求双方进行远程交流洽谈。加强服务网络化建设，全市通过网上缴纳社会保险的单位8050户，个体缴费全部通过银行代扣代缴。将机关对外业务科室放到大厅办理，既为用人单位和职工群众提供便利，又便于接受监督。

【信息化建设】 2010年，全市所有乡镇均安装劳动保障基层信息管理系统，实现实时联网应用，劳动就业、居民医保、退休人员社会化服务等业务可实现就近办理。“劳动99改造”、网上公共就业服务系统、电子档案综合管理系统、行政科室综合管理系统四大系统建设进入测试运行阶段。购置IBM小型机等设备，为信息化工作搭建起有力的硬件平台。开始补保卡换发工作，至年底换发社保卡2万多张。整合淄博人事网和淄博劳动保障网，7月1日正式开通运行“淄博人力资源和社会保障网”。“12333”人工接电话数量75081人次。是年，市人力资源和社会保障局成为全国唯一地市级电子认证体系建设试点单位。 （李 刚）

物 价

【概况】 2010年，全市居民消费价格总水平同比上涨2.7%，比全省低0.2个百分点，比全国低0.6个百分点，物价运行总体平稳。在构成居民消费价格总指数的八大类商品（服务）中，呈“五升三降”态势，其中食品类、烟酒及用品类、家庭设备用品及维修服务类、医疗保健和个人用品类、居住类五大类商品和服务价格均有不同程度上涨，衣着类、交通和通信类、娱乐教育用品及服务类三类呈现下降态势。

2010年淄博市居民消费价格指数

表17—01 （以2009年为100）

类　别	全年平均	变动幅度(±)
居民消费价格总指数	102.7	+2.7%
食品类	109.4	+9.4%
烟酒及用品类	103.2	+3.2%
衣着类	96.8	-3.2%
家庭设备用品及维修服务类	100.6	+0.6%
医疗保健和个人用品类	101.3	+1.3%
交通和通信类	98.7	-1.3%
娱乐教育文化用品及服务类	99.1	-0.9%
居住类	102.6	+2.6%

【调控监管】 强化价格监测预警。率先在全省开展价格监测规范化建设，年内上报各类价格监测数据10.4万余条。针对上半年生猪价格持续下跌、下半年尤其是四季度农产品价格普遍上涨等局面，及时启动应急监测和预警信息发布机制，为政府科学决策提供第一手资料。完善价格调控措施。根据国务院和省政府、市政府稳定价格总水平、保障群众基本生活的决策部署，建立由14个部门(单位)参加的价格调控联席会议制度，采取强化价格监测预警、加强价格监督检查、完善价格监管机制、加大清费稳价力度、保障重要商品生产供应、加强舆论宣传引导等措施，确保稳物价、保民生的各项工作落到实处。加强价格调节基金征收工作。完成价格调节基金征收8897万元，增强政府调控物价的能力。加强价格宣传工作。认真宣传价格法律法规政策和物价形势，疏导群众消费心理预期。先后在各级各类报刊、专业杂志发表稿件400余篇，向市委、市政府报送信息200余篇(条)，编发《物价信息》43期，在市物价局门户网站编撰发布各类价格政策、信息上万条。

【价格改革】 认真落实差别电价政策。先后对淄博泰冠物资有限公司、淄川鑫财铸铁厂、淄博金荣铸钢有限公司3家企业落实差别电价加价政策，对淄博市辰龙纸业有限公司造纸用电实行超能耗加价政策，并对全市16家高耗能企业淘汰落后产能情况进行现场检查验收，促进企业技术改造和产业结构升级，提高能源利用效率。积极推动水价改革。经市政府同意，对引黄工程供水实行基本水价和计量水价相结合的两部制水价政策，适当上调自备水井水资源费征收标准，同时下调淄博中心城区特殊用水价格，促进节约用水。适时疏导价费矛盾。根据煤热联动机制，适时调整全市工商业用天然气销售价格、中心城区蒸汽价格及成品油价格。加快环保收费改革。开展污水处理成本监审，完善污水处理收费管理制度，进一步明确机动车尾气检测和医疗固体废物处置收费政策。

【服务发展】 围绕“转方式调结构，实现内涵发展”，坚持把依法履行价格职能与拓宽经济发展空间紧密结合起来，积极运用价格杠杆促进生态淄博建设。印发《关于运用价格杠杆促进生态淄博建设的意见》，全面推进价格激励机制、约束机制、补偿机制建设。认真落实涉企优惠政策。积极开展“价格服务进企业”活动，对山铝公司、金晶玻璃

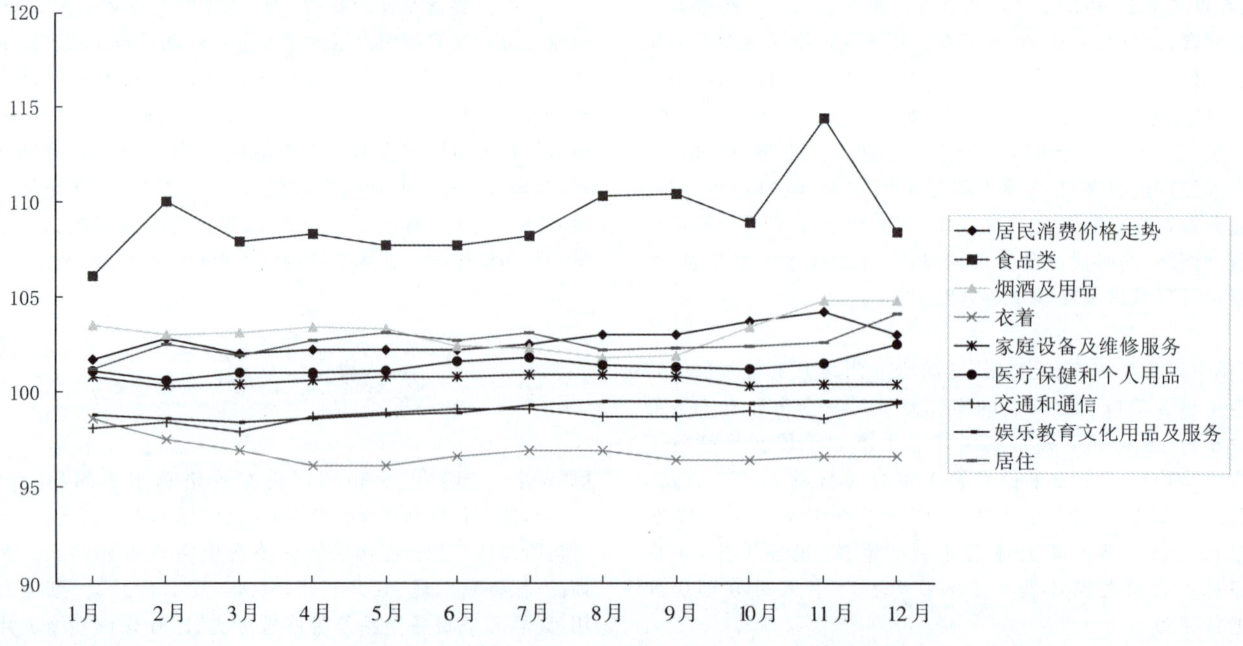

2010年淄博市居民消费价格走势图(以2009年同月为100)

集团和环保能源电厂等重点企业，落实优惠电价政策，促进企业发展。贯彻落实市委、市政府部署要求，通过价格政策调整和工作协调，为沂源县返还价格调节基金570万元。

【清费治乱】 年内，加大清费治乱力度，完成对430个单位的收费年审，并对2008年以前的价格规范性政策文件进行全面清理。严格执行对市重点投资项目的减免收费优惠政策，取消、降低14个收费项目和收费标准。对涉农、涉企、涉房及农副产品流通环节收费进行清理，对未经批准的地方收费项目和标准一律取消，标准偏高的坚决予以降低。落实粮食最低收购价政策和鲜活农产品运输绿色通道政策以及化肥生产用电、用气、铁路运输价格优惠政策，有效地促进市场流通，保障生产供给。规范房地产价格管理，从严核定6处经济适用房价格，起草物业服务收费管理实施细则。

【监督检查】 充分发挥监督检查职能，组织开展涉农涉企收费、行业协会收费、教育医疗收费、落实资源环境价格政策、节假日市场价格等一系列专项检查。年内，根据市委、市政府稳物价、安民生的部署要求，重点对恶意囤积、哄抬价格、变相涨价、串通涨价、制造涨价谣言等价格违法行为进行查处，查处各类价格违法案件253起，实施经济制裁361.9万元。对全市农产品生产、流通经营者发放价格政策提醒函500余份，规范农产品市场价格秩序。打造"价格服务进万家"品牌，形成县、乡、村三级较为完善的基层价格监督网络和价费公示体系。

【监审鉴证】 强化成本调查和监审工作。印发《成本监审工作规程》，形成从成本监审、意见征集到集体审议、价格决策、跟踪反馈等一整套规范的工作流程，增强价格决策行为的科学性、民主性和透明度。年内，开展成本监审项目43个，核减不合理成本3.3亿元。拓展价格鉴定认证领域。在巩固涉案资产价格鉴定业务的基础上，探索开展价格信用认证工作。完成价格鉴定认证2.8万件，标的额31.6亿元。在《淄博日报》专版刊发《山东省价格争议调解处理办法》和《山东省价格鉴证援助办法》，将市及区县受理服务电话向社会公开，开辟价格鉴证服务的新领域。

【民生价格】 认真落实"双低联动"机制。定期向社会发布低收入居民基本生活费用价格指数，特别是针对下半年物价持续较快上涨的态势，根据市委、市政府关于保障低收入群众生活的部署要求，适时启动物价上涨与提高困难群众生活补贴和保障标准联动机制，提高城市居民最低生活保障标准，由每人每月261元提高到316元，并先后2次向城乡低保对象发放临时价格补贴共计2110万元。着力解决民生价格热点问题。配合医药卫生体制改革，公布淄博市基本药物最高采购限价目录，对社区卫生服务收费、非营利性医疗机构部分医疗服务价格作出进一步规范，制定新的城市"一卡通"和有线数字电视收费标准，降低二手车市场交易服务费和价格评估费收费额度。解决好群众关心的热点价费问题，先后2次参加政风行风热线节目，答复、解决群众反映的热点价费问题46个；依托"12358"价格举报平台和物价门户网站，及时受理查处各种咨询投诉1014件，办结率100%。 （刘 青　商佃明　冯路平）

统计与调查

【统计方法制度改革】 2010年，完善服务业统计制度，加强对服务业统计报表和"四大载体"（重点服务业城区、重点服务业园区、重点服务业企业、重点服务业项目）统计调查制度的贯彻落实，扎实搞好二产附属服务业剥离调研工作。进一步完善服务业增加值核算所需要的基础资料，服务业核算体系和基础得到加强。建立健全节能降耗统计调查制度，改进控制办法，加大能耗指标数据的审核评估力度，对能耗在5000吨标煤以上的企业加强监测。强化节能目标任务考核，积极做好预警预告。强化部门固定资产投资上报和房地产企业联网直报工作。在全市范围内部署开展文化产业统计监测改革工作，积极协助做好对区县的社会评价体系考核工作。

【人口普查】 2010年，第六次全国人口普查工作全面展开。各级党委政府高度重视，在普查试点、普查宣传月活动、普查正式登记期间，各级领导深入一线，靠前指挥；市委宣传部、市人口计生委、市公安局、市民政局、市财政局、市国土资源局等单位积极配合，大力支持；各级统计部门投入大量人力、物力、财力，精心组织好普查"四落实"（机构落实、工作人员落实、办公场所落实、经费落实）、普查试点、清查摸底、普查宣传和正式登记等阶段工作。全市3万余名普查员全力以赴做好人口普查工作。12月25日完成全市所有普查报表的录入工作，全市人口普查工作取得重大阶段性成果。淄博市在全省人口普查宣传工作会议上作典型发言。

附：淄博市2010年第六次全国人口普查主要数据公报[1]

淄博市统计局　淄博市第六次人口普查办公室

根据《全国人口普查条例》和国务院的决定，我国以2010年11月1日零时为标准时点进行了第六次全国人口普查[2]。在国务院、省政府、市政府和市以下地方各级人民政府的统一领导下，在全体普查对象的支持配合下，通过广大普查工作人员的艰苦努力，圆满完成了人口普查任务。现将快速汇总的主要数据公布如下：

一、全市常住人口

全市常住人口[3]为453.06万人，同第五次全国人口普查2000年11月1日零时的418.48万人相比，十年共增加了34.58万人。增长8.26%，年平均增长0.79%。

二、家庭户人口

全市常住人口中共有家庭户[4]152.44万户，家庭户人口为427.64万人，平均每个家庭户的人口为2.81人，比2000年第五次人口普查的3.01人减少了0.2人。

三、性别构成

全市常住人口中，男性为227.25万人，占总人口的50.16%；女性为225.81万人，占总人口的49.84%；总人口性别比（以女性为100，男性对女性的比例）由2000年的102.00下降为100.64。

四、年龄构成

全市常住人口中，0～14岁的人口为66.05万人，占14.58%；15～64岁的人口为341.61万人，占75.40%；65岁及以上的人口为45.40万人，占10.02%。同2000年第五次全国人口普查相比，0～14岁人口的比重下降了3.89个百分点，15～64岁人口的比重上升了1.86个百分点，65岁及以上人口的比重上升了2.03个百分点。

五、各种受教育程度人口

全市常住人口中，具有大学（指大专以上）受教育程度的为51.56万人；具有高中（含中专）受教育程度的为82.83万人；具有初中受教育程度的为170.42万人；具有小学受教育程度的为109.18万人（以上各种受教育程度的人包括各类学校的毕业生、肄业生和在校生）。

同2000年第五次全国人口普查相比，每10万人具有大学受教育程度的由4964人上升为11380人；具有高中受教育程度的由15993人上升为18283人；具有初中受教育程度的由36573人上升为37614人；具有小学受教育程度的由26357人下降为24098人。

全市常住人口中，文盲人口（15岁及15岁以上不识字的人）为12.84万人，同2000年第五次全国人口普查相比，文盲人口减少20.47万人，文盲率[5]由7.96 %下降为2.83%，下降了5.13个百分点。

六、人口分布

全市常住人口的地区分布如下：

淄川区 73.19万人

张店区（不含高新区）78.08万人

博山区 46.30万人

临淄区 64.28万人

周村区 36.23万人

桓台县 50.40万人

高青县 34.79万人

沂源县 54.95万人

高新区 14.84万人

注释：[1]本公报中数据均为初步汇总数。

[2]普查登记的对象是指普查标准时点在中华人民共和国境内的自然人以及在中华人民共和国境外但未定居的中国公民，不包括在中华人民共和国境内短期停留的境外人员。

[3]全地区的人口，是普查登记的2010年11月1日零时的常住人口。常住人口包括，居住在本乡镇街道、户口在本乡镇街道或户口待定的人；居住在本乡镇街道、离开户口所在的乡镇街道半年以上的人；户口在本乡镇街道、外出不满半年或在境外工作学习的人。

[4]家庭户是指以家庭成员关系为主、居住一处共同生活的人组成的户。

[5]文盲率是指全市常住人口中15岁及以上不识字人口所占比重。

2011年5月16日

【R&D资源清查】 2010年，圆满完成第二次R&D（科学研究与试验发展）资源清查工作。市政府成立领导机构，并抽调相关专业人员加强清查工作。年内，全市共调查工业企业3400余家，另外还对建筑业企业、部分服务业企业、各类大专院校和科研机构进行了摸底清查。

【统计调查】 2010年完成各项统计调查任务。严格执行《中华人民共和国统计法》和国家统计报表制度，实事求是地搞好城市社会经济基本情况、农业、工业、交通、能源、投资、劳动工资、城乡居民收入等20多个专业的各项定期报表和年报工作。组织实施2010年城镇住房基本情况抽样调查工作，高质量完成城镇住户记账户换户和农村住户调查样本轮换工作，做好完善工业品价格调查和固定资产投资价格台账等工作。开展国家调控政策对房地产企业影响情况问卷调查、规模以上工业成本费用调查、省运会和亚青赛统计调查、城镇住房基本情况抽样调查等各项调查。

【提升数据质量】 2010年，继续把提高统计数据质量放在核心地位，强化以“不出假数、真实可信、准确完整”为主要内容的统计职业道德教育。完善统计数据质量评估控制办法，定期召开统计数据联审会议，对专业数据进行量化评估。加大利用金融、财税、供电、交通等相关数据对生产总值的评估审核力度，通过定期抽查、重点检查、数据评估等措施，不断提升数据质量。

【考核评价】 按照各级党委政府的部署安排，圆满完成省对市、市对区县的科学发展定量考核指标的调度、测算和分析研究工作，确保考核的科学性、公正性和准确性，充分发挥了统计在考核评价中的重要作用。

【社情民意调查】 2010年，精心组织全市“群众满意度”电话访问调查。调查期间，市委、市政府主要领导到市社情民意调查中心视察指导，对社情民意调查工作给予充分肯定并提出具体指导意见和明确要求。根据市委组织部安排，在全市开展“四项监督制度”学习情况电话抽测调查。为博山区、临淄区、周村区、桓台县开展对乡镇、街道的“群众满意度”电话访问调查。

【统计基层基础建设】 是年，建立健全统计业务档案管理制度，强化对区县统计工作的考核评价；开展乡镇（街道）统计机构的规范化建设；对企业、镇、村统计人员进行业务培训，督促企业建立原始记录和统计台账，规范企业报表填报工作。强化部门统计工作规范化建设。按照市政府办公厅《关于进一步加强和改进部门统计工作的通知》要求，从整合统计资源、充实统计力量、健全统计职能、巩固统计基础等方面入手，进一步规范完善部门统计调查项目审批制度和部门统计信息交流共享机制，加强部门数据发布权的管理和统计人员的业务培训，部门统计规范化水平得到提高。

【统计信息化建设】 加大信息化建设投入力度，建立市、区县统计门户网站。加强网络安全建设和系统管理工作，提高企业网上直报率，有效减轻基层负担。丰富完善网站信息加载内容，网络信息发布更加全面、快捷；开通视频会议系统，提高了办公自动化水平。 （于亦芳 伊学华）

【国家制度性调查】 2010年，国家统计局淄博调查队完成规模以下工业抽样调查、规模以下工业企业成本费用调查、规模以下工业企业社会养老保险调查、服务业抽样调查、畜禽监测统计调查、企业景气调查、企业集团统计、企业采购经理调查、中（国）加（拿大）经济统计项目试点调查、国内旅游业抽样调查等制度性调查任务。

【国家专项调查】 2010年，淄博调查队完成城市公共文明指数调查、未成年人思想道德建设测评调查、国有企业反腐倡廉民意调查、组织工作满意度民意调查、公众对城市环境保护满意率调查等专项调查。

2010年4月9日，在居民家中进行公民科学素养调查
（淄博调查队 供稿）

【国家约稿调查】 2010年，淄博调查队完成新农保试点情况调查、春节前夕城乡低收入家庭的困难情况调查、低温天气对蔬菜及农业生产的影响情况调查、2010年城乡居民最关注的问题情况调查、中小学和幼儿园安全布防情况调查、收入分配情况调查、民间投资情况调查等约稿调查，并上报调查报告。

【专题调研】 2010年，淄博调查队开展城区交通状况、基本药物制度实行情况、农产品质量、旅游业发展状况、中小学校园安全情况、收入分配情况、民间投资情况等调查，根据调查情况撰写分析报告，呈报市委、市政府领导。撰写的调查专报《大力发展我市旅游业——转方式调结构的有效方式》《对我市应建设旅游购物中心的一点设想》等被市委、市政府领导批示。 （宫方瑞）

【统计服务】 优质高效做好数据信息资料的提供和咨询服务。每月或每季以《领导专报》《决策参考》《统计月报》等形式第一时间向市委、市政府报送全市主要经济指标及重大统计监测情况信息资料。努力搞好统计资料开发。完成《统计手册》《统计公报》《统计月报》《统计年鉴》《统计发展报告》等资料编印发放工作。继续搞好各类经济社会发展监测通报。做好以市政府名义对市及各区县经济运行情况通报、全市重点乡镇（街道）经济社会发展情况通报、高新技术产业发展情况通报、信息产业发展情况通报、各区县单位GDP能耗指标通报、重点用能企业节能量完成情况等监测通报。抓好调研分析工作。积极做好动态监测分析，坚持月度简要分析，季度深入分析，对趋势性、苗头性问题随时调研分析。深入开展专题调研分析。围绕市委、市政府工作重点，开展转方式调结构专题调研、重点课题调研和“十一五”时期发展成就专题系列分析活动，撰写一批主题鲜明、结构清晰、分析透彻的调研文章；在全省率先建立重点领域重点企业定期监测分析报告制度，强化重点调研课题的专家评审工作。调研分析的质量和水平不断提高，其中《电力消费增速过快，节能形势非常严峻》《首季全市经济运行实现“开门好”》等多篇分析报告得到市领导批示，进入领导决策。全面实施统计信息公开。不断完善统计新闻发布会制度，统计新闻宣传工作规范化、制度化、常态化。

在创建全国文明城市工作中，淄博调查队发挥职能优势，做了大量专业扎实细致的工作，抽调多名业务骨干到市文明办全力配合做好城市公共文明指数测评迎查工作。建立全市制造业采购经理调查体系，系统测算本地区的制造业PMI指数。淄博调查队成为全国第一家建立地市级制造业采购经理调查体系的市级调查队，这一举措被国家统计局内网制度方法改革栏目采用，并在山东调查队系统推广。发挥自身优势，积极调研，深入分析，全年向市委、市政府呈报调查专报55期，呈阅件6期。上报各种调查信息300余条，被山东调查总队采用165条，被淄博政务信息和各新闻媒体采用32条。

【统计法制建设】 2010年，采取多渠道、多形式等措施，搞好新《中华人民共和国统计法》《统计违法违纪行为处分规定》的学习、宣传、贯彻和落实。将新《中华人民共和国统计法》和《统计违法违纪行为处分规定》列入市委党校的培训课程。加大法制培训力度，全年累计培训3万余人次。开展统计"五五"普法总结和检查验收工作。按照国家统一部署，市统计局联合市监察局、市司法局和淄博调查队开展统计执法大检查活动，发现有统计违法行为的53家，立案24家，结案11家。认真开展部门统计调查项目清理。继续开展统计巡查工作，依法统计的社会环境不断优化。淄博调查队利用世界统计日和中国统计开放日宣传的机会，采取现场宣传、上门讲法、召开座谈会等形式进行普法宣传，发放宣传材料5000余份。（于亦芳　伊学华　宫方瑞）

2010年10月6日，淄博调查队开展世界统计日宣传活动　（淄博调查队　供稿）

审　计

【概况】 2010年，全市审计机关共完成审计（调查）项目501个，查出违规金额26.17亿元，增收节支8.07亿元；提交审计专题、综合性报告和信息757篇，批示、采用318篇；提出的审计建议被采用221条。

【预算执行审计】 全市审计机关共组织实施74个部门、单位的预算执行审计，查出主要问题金额19.9亿元，增收节支2.5亿元。开展税收结构和税收成本情况、医疗收费和医院效益情况、城市供热企业成本情况等14项专项审计（调查），审计结果受到市委、市政府领导的高度重视。针对票据管理和使用不合规的问题，市政府采纳审计建议，专门印发《关于规范商业企业发票管理、严格行政事业单位办公用品采购报销制度的意见》；对税收结构和税收成本情况的审计调查，市有关领导作出批示，责成有关部门认真研究解决；医疗机构收费情况和供热成本审计调查，引起市人大代表的高度关注，市卫生局、市物价局、市公用事业局等有关部门积极采纳审计建议，分别印发《关于规范全市非营利性医疗机构医疗服务价格的通知》《关于加快推进城市居民供热工作的意见》等相关规定，推动全市医疗体制和供热企业体制的改革完善。在审计中，积极构建财政审计大格局，着眼"两个报告"（预算执行审计结果报告和工作报告），统筹审计资源，不断提升财政审计的整体效能。淄博市的创新做法，在全省审计工作座谈会上专门做经验介绍。各区县预算执行审计突出对财政税收政策执行情况的监督，加大预算支出审计力度，促进各地增收节支，提高资金使用效益。

【政府投融资项目审计】 2010年，全市审计机关共审计工程建设项目119个，工程提报值22.75亿元，审减值3.68亿元，审减率16.18%。市审计局先后对第二十二届省运会场馆建设、洪沟片区保障房改造工程等13个政府投融资建设项目实施跟踪审计，对市体育中心两馆建设、支援北川灾后恢复重建、猪龙河二期改造等8个项目实施结算审计，审减工程造价2.2亿元。加大对"扩内需、保增长"政策落实和项目资金的审计力度。在对第二十二届省运会场馆建设及财务收支全程跟踪审计中，市审计局牵头与纪检、监察部门联合组成监察审计部，进驻省运会执委会实施现场监督，先后制定财务管理规章和廉政准则等制度30多项。《中国审计报》头版以《为政府投融资筑起安全屏障》为题，全面介绍中共淄博市委、淄博市政府重视支持投资审计工作情况。

【领导干部经济责任审计】 2010年，全市审计机关先后对70名县处级以上和271名县处级以下领导干部实施经济责任审计，查处违规金额20.1亿元。首次开展区县委书记和区县长同步经济责任审计工作，提出加强和改进财政财务管理的审计建议。有关区县党委、政府积极采纳审计建议，认真整改，及时制定、完善财政财务管理等方面的规章制度，收到良好效果。《淄博日报》头版刊发题为《积极稳妥务求实效切实抓好区县党政主要领导同步审计》的文章，介绍淄博市经济责任审计的主要做法和成果，宣传党政主要领导同步审计的有关方针政策。博山区审计局与区委组织部、区考核办联合开展对科级党政主要领导干部用人权、理财权和履责权的"三权联审"试点工作，提高对领导干部监督的整体效能；临淄区审计局、高新区审计局深入开展村级经济责任审计；淄川区审计局成立4个审计分局，加强对乡镇、村的日常监督，审计覆盖面进一步拓宽，有效地维护基层社会稳定。

【民生及专项资金审计】 2010年，先后组织开展教育收费、新型农村合作医疗基金、住房建设资金等9项审计和调查。重点检查惠民政策是否落实到位，政策目标能否实现，切实保障和改善民生，推进和谐社会建设。特别是连续2年开展的全市技改项目审计调查，涉及844个项目，共计投资1189.36亿元。张店区审计局、周村区审计局、桓台县审计局、高青县审计局积极配合市审计局开展社保基金、玉树抗震救灾资金、“两区三村”改造项目等专项审计或调查，确保专项资金的安全和使用效益，进一步促进惠民政策的落实。

2010年4月，开展民生及专项资金审计

（市审计局　供稿）

【审计成果开发利用】　开展审计质量月活动，狠抓质量管理。向市人大提交的审计工作报告受到充分肯定和高度评价。结合贯彻落实新《审计法实施条例》和审计准则，专门印发《关于学习贯彻审计法实施条例进一步提高审计质量的意见》，为强化审计质量提供制度保障。在全省首批实施项目审理工作，审计项目获得全省优秀奖。注重成果开发转化利用，发挥审计信息、媒体、网络的作用，提升审计成果层次，为领导决策、宏观指导提供依据。推进审计技术手段的创新，实现省、市、县三级联网，基本实现网上办公。

（吴华龙）

质量技术监督

【质量监督管理】　1. 深入推进质量兴市战略。围绕转方式、调结构，把服务工业“双百”和创新成长型企业作为质量提升的重要内容，制订并实施10条扶优措施，帮助企业开展质量、认证、标准、计量综合服务，推动产业结构优化升级。2. 积极推行卓越绩效管理，提升优势产业核心竞争力。将争创省长质量奖、市长质量奖、名牌工作、标准化战略、优质产品基地等纳入“质量兴市”工作中，不断丰富“质量兴市”活动内容。2010年，全市有32个产品获山东名牌；5家企业获山东服务名牌；高青“扳倒井”获地理标志产品保护；金晶集团获省长质量奖，新华医疗器械股份有限公司董事长赵毅新获质量贡献奖。组织承办市委、市政府转方式调结构两期系列讲座，分别邀请清华大学MBA主讲教授荆建林、著名标准化专家李春田到淄博授课，推动企业加快提升品牌理念和标准化水平。3. 加快实施标准化战略，推动经济内涵发展。围绕落实市政府《关于实施标准化战略的意见》，全面推进标准化工作。重点指导山东新华制药集团、东岳化工集团等企业健全完善标准体系，帮助15家企业开展良好行为创建活动，金晶集团通过良好行为AAAA级确认，华成泵业公司、鲁阳股份公司等8家企业通过AAA级现场确认。稳步推进农业标准化示范区建设，4个国家级农业标准化示范区顺利通过验收。“淄博烤烟系列标准”通过专家组审查，并发布实施；《有机红富士苹果种植规程》上报省质监局批准发布，全市在用农业标准体系达到76个。加强规范，推动服务业标准化，重点对市自来水公司等4家服务标准化试点单位进行督导帮扶。对全市30家单位的47个项目兑现标准化资助奖励302.5万元。4. 加强认证认可管理。组织开展3C家电下乡产品认证执法检查活动，对电线、电缆等重点产品开展专项检查，共出动执法人员2760人次，立案查处52起。组织参加省质监局饮用水、小麦粉、纺织品等10余次实验室能力验证，对出现可疑值、离群值的18家实验室进行监督整改。临淄分局、高青县局开展认证执法监管试点工作，全面提升认证监管工作水平。5. 开展检验工作整顿。按照思想认识、制度建设、制度落实、人员管理、监督管理等5个方面认真开展自查自纠，梳理体系文件20余套（个），清理产品标准与技术规程2万余份，检查检测仪器设备3100余台套，检查实验室场所120余处（约1.6万平方米），查验检验报告1.2万余份、检定证书1.5万余份，查出在人员培训、仪器设备使用、实验室管理、检验报告或检定证书等方面存在的问题、瑕疵90余项，对发现的问题逐一落实整改措施。

2010年6月18日，获省长质量奖的企业代表参观鲁泰纺织股份有限公司　（单峰　摄）

【食品质量安全】 2010年，市质量技术监督局把督促企业落实主体责任、规范添加剂使用、解决重点区域与重点行业突出问题作为食品安全整顿的重点，全面开展“问题奶粉”清查清缴工作，全力查清2008年度及之前生产的不合格奶粉。对山东新明食品、山东兔巴哥集团等74家企业进行检查，对7家企业22批次乳制品或原料乳粉进行抽样检验，共出动执法人员1182人次。开展以保重要节日、重要会议食品安全为主要内容的专项检查，防止重大食品安全事故发生。加强食品质量监督检验。省质监局全年共安排7批省监督抽查工作，涉及乳制品、肉制品、饮料等22大类，监督抽查结果是淄博市产品合格率为85.1%，列全省第一位。对监督抽查不合格企业及时进行后处理；针对不合格率较高的产品和不合格企业较多的区县，及时与有关分县局共同研究加强监管的措施。全面推动食品生产企业落实质量安全主体责任。组织学习《食品生产加工企业落实主体责任监督检查规定》，并进行培训，组织召开全市落实企业质量安全主体责任研讨会，推动食品企业质量安全主体责任落到实处。8月27日，国家质检总局在淄博市召开食品生产监管技术应用情况交流现场会，对淄博市食品安全监管工作给予充分肯定。严格实施食品质量安全市场准入制度，把好市场准入关。全年共受理108家企业换发食品生产许可证申请，组织94个现场核查组，8家企业(5个单元)因现场核查不合格不予行政许可，有97家企业获得130张食品生产许可证。

2010年8月27日，全国食品生产监管技术应用情况交流现场会在淄博蓝海宾馆召开 (单 峰 摄)

【特种设备安全监察】 1.车用气瓶安全监察。与交通、公安等部门完成《淄博市车用燃气设施安全监督管理办法》起草工作，经市政府同意颁布实施。全年完成检验车用气瓶3270余只。2.埋地管道隐患整治工作。针对中石化齐鲁腈纶厂丙烯管道、山东齐鲁石化齐泰石油有限公司氢气管道、山东蓝星东大化工有限公司的丙烯管道存在的严重事故隐患，会同有关部门多次研究论证，制定隐患整治方案并报市政府。市政府成立由3个区县政府、市直相关部门参加的埋地工业压力管道隐患整治指导小组，加强领导，密切协调，齐抓共管，确保埋地管道隐患整治工作有序推进。3.冬季特种设备安全集中整治活动。在全市开展以强基础、查隐患、抓整改、保安全为主要内容的冬季特种设备安全集中整治活动。出动人员276人次，检查单位133家，发现并督促企业整改隐患245处，下达安全监察指令书111份。4.特种设备安全宣传活动。年内，共举办《特种设备安全监察条例》培训班等10余场次，印发宣传材料2500余份。

【“质量提升年”活动】 2010年，在全市开展安全生产年和质量提升年活动。共排查治理隐患企业379家，排查一般隐患619项，其中已整改543项，整改率87.72%。排查重大隐患20项，其中已整改19项，整改率95%。

【提升基层检验能力】 制定并实施《关于加强分县局检验检测能力建设的意见》《2009～2010年下放分县局第一批建设项目》《加强市级质检中心能力建设的意见》等政策规定。要求市级技术机构每年拿出年收入的15%～20%、分县局拿出年收入的10%～15%用于检验能力建设，市局拨款210万元扶持分县局提升检验能力。分两批将量大面广、与民生关系密切、适合区县特点的质检、计量48个检验项目下放各分县局实施，满足提升分县局检验检测能力的要求。

【质检中心建设】 2010年，不断加大国家、省级质检中心申报和市级质检中心建设力度。省质监局批复“山东省特种香型白酒产品质量监督检验中心”建设项目。高青县局投资150万元建设的市级建筑材料检验检测中心通过考核验收；张店分局改造计量实验室600平方米，并新增单、三相电能表、水表等检定装置，对压力表检定装置进行升级；周村分局对技术机构进行装修改造，设置食品、化工、无菌、定量包装等实验室，新上气相色谱仪、液相色谱仪万能材料试验机、生物安全柜等实验设备；沂源县局投资210万元新建实验室248平方米，改造老实验室120平方米，并新上部分检验检定项目，计量实验室达到三级实验室标准，并被表彰为“省十佳规范化实验室”。全年区县局共计投入857万元资金加强技术机构建设，其中投入计量机构资金441万元、质检机构资金416万元。新增实验室面积2116平方米，改造计量实验室738平方米、质检实验室580平方米，新上检验检测项目50个，新增检验检测设备140台件。

【建设特色质检机构】 积极争取地方政府支持，建设特色质检机构。高青县局积极争取政府支持，县政府划拨土地1.33公顷支持建立山东省特种白酒质检中心；博山分局围绕服务泵类产业发展，区政府专门下发文件，划拨土地2公顷新建5000平方米的实验楼，支持建设国家级泵类产品监督检验中心；张店分局争取政府拨款150万元改造提升计量实验室和办公条件。

【能源计量】 2010 年,全市新增计量实验室面积 1500 平方米,新上计量检定项目 33 项,区县计量技术机构检定能力大幅度提升,全年共检定各类计量器具 196781 台件,同比增长 3.2%。

民生计量工作。组织开展加油机计量监督检查,启动加油机防作弊功能,进一步规范加油站计量行为。组织开展农资计量专项监督检查,检查农资类商品 251 批次,检查农资市场在用计量器具 221 台件,有效维护农资计量市场秩序。

能源计量工作。按照市政府 2010 年节能降耗要求,做好节能减排计量服务工作。对全市省重点用能企业的计量服务人员和区县局节能降耗计量服务队的有关人员进行培训。指导 83 家省重点用能企业按时完成 1～10 月能源消费量、能源消费结构、余热余能回收能源数据网上直报,将全市 100 家企业纳入山东省重点用能企业能源计量信息平台,帮助 87 家企业建立起完善的能源计量信息数据库。按照省质监局要求,开展能源计量管理标杆示范企业创建活动,组织新华制药、金晶玻璃集团等企业开展争创活动。省质监局组织专家组对淄博市推选的 5 家能源计量标杆示范企业进行评审,5 家企业全部通过。加强能源计量管理信息系统建设,指导帮助 16 家企业完善能源计量管理制度。

计量行政管理工作。进一步加强对制造计量器具许可证、计量标准、计量检定员、计量授权考核管理工作,先后组织考核计量器具生产企业 21 家、考核计量标准 48 项、考核计量检定员 208 人。

【行政执法】 开展和谐执法、阳光办案主题实践活动,以关系国计民生、政府形象和人民群众生命健康安全的产品为重点,先后组织开展高耗能产品专项执法检查、乳制品和含乳食品专项执法检查、农资及"家电下乡"产品执法打假等活动。共立案 715 件,结案 622 件,未发生被撤销、败诉案件,有效规范了市场经济秩序。加强 12365 质监热线建设,全年共接听投诉、举报、咨询 4733 个(条),接转率为 100%,受理举报 189 起,处结率为 100%,解答咨询、接待来访 1986 人次,为群众挽回经济损失 650 余万元。

【队伍建设】 采取举办培训班、技术比武等方式,加强对各级各类人员培训,先后举办培训班 12 期,培训骨干 600 余人次。基层管理得到有效规范。对全市系统特别是区县局机关、稽查、事业单位人员进行深入摸底,结合干部政策,进行人员分流、身份确认、定编定岗,实现人事管理规范化、信息化。积极稳妥地做好县级技术机构政事分开,实现独立核算。全市 8 个分县局、15 个基层技术机构全部开设独立银行账户,并增设报账员,加强票据和收费管理。

(宋立忠)

工商行政管理

【登记注册管理】 2010 年,围绕转方式、调结构,发挥职能作用,服务全市经济内涵发展。印发《支持高青县融入黄河三角洲高效生态经济区建设的实施意见》,全力服务"一黄一蓝"经济区建设,帮助 50 家上市资源企业规范内部管理、完善法人治理结构。开展"进村入户大调研"活动,对全市 2893 个行政村进行逐一走访,掌握农村经济发展现状和对工商部门的职能需求。深化"红盾帮扶工程",组织对全市 3328 家企业进行"大回访"活动;完善政银企融资平台建设,举办银企洽谈会 28 次,办理股权出质 68 件,动产抵押登记 549 件,推动企业融资 54 亿元。开展"小老板创业工程",落实各项就业优惠政策,放宽准入条件,支持民营经济加快发展。积极服务新农村建设,促进农民专业合作社发展。年内,全市新登记各类市场主体 2.6 万户,总量达 15.7 万户。其中,私营企业 3.2 万户、个体工商业 11.7 万户、农民专业合作社 1187 户,同比分别增长 6.88%、12.79%、47.09%。

【市场监督管理】 深入推进商品交易市场信用分类监管,制定《商品交易市场信用分类监管操作意见》,完成 183 处商品交易市场信息录入和等级认定。组织开展山东省文明诚信市场创建工作,全市申报山东省文明诚信市场 7 处。构建立体监管服务网络,开发由 12 个子系统构成,集业务办理、辅助决策、绩效考核等为一体的立体监管服务网络支持系统。加快外部辅助网络建设,聘请工商联络员 2090 名,在 365 处市场落实开办单位责任制,推进监管服务的社会化。强化农村市场监管,全面部署农村大集规范化达标管理工作,年内新申报"农村示范大集"33 处。开展 3 次"红盾护农保春耕、促夏管、保秋收"专项整治行动。

【商标管理】 召开争创驰(著)名商标和地理标志商标注册推进会,新增商标注册申请 2369 件,全市有效注册商标达 1.56 万件。新增驰名商标 7 件,省著名商标 22 件,地理标志商标 4 件,总数分别达 41 件、180 件和 9 件。其中,淄博商厦"远方"商标成为全市第一件服务类驰名商标。组织开展全市工商系统打击侵犯知识产权和制售假冒伪劣商品专项行动,加强商标专用权保护和商标使用管理。

【广告管理】 严厉查处重点领域虚假违法广告,开展药品、医疗、保健食品、美容服务、化妆品、房地产广告,网络广告,手机不良广告三项整治活动,全年查处广告违法案件 477 件。召开全市固定形式印刷品广告管理工作会议,在《淄博晚报》《鲁中晨报》等媒体对全市合法经营固定形式印刷品广告单位进行公示。至年底，全市广告经营单位达到1063户，广告从业人员1563人，广告经营额4.7亿元。

【经济合同管理】 深入开展“守合同重信用”企业年审、培训和评选工作，培育省级以上“守合同重信用”企业302户、市级737户。推进“订单农业”发展，召开合同评审会议6次，制订推广涉农合同示范文本35种，举办专题培训班8期，全市有8.6万户农户纳入订单农业范围，签约合同13万份，总标的金额23.5亿元。发挥动产抵押登记职能作用，全年共办理动产抵押登记619件，融资金额36.9亿元。加强合同违法行为监管，在全省合同监管服务工作现场经验交流会上作典型发言。

【经济监督检查】 印发《关于做好将查处取缔无照经营纳入社会治安综合治理目标考评工作的意见》，协助市政府召开全市“清无照、打传销、保安全”工作会议。全年查办无照经营案件3373件，引导办照1122户。加大对不正当竞争行为打击力度，强化对亚运会、世博会和省运会特殊标志的保护，集中开展“打假保名企”行动和“迎世博、禁传销”专项执法行动。严厉打击传销违法犯罪活动，创建“无传销社区(村)”245处，全面完成创建任务。在全市高等院校开展打击传销好新闻、好漫画优秀作品巡回展，举办专题讲座17场次。

【流通领域商品质量监管】 围绕第二十二届省运会、亚青赛安保和问题乳粉的清缴等工作，全面开展创建流通环节食品安全放心社区(乡镇)活动，高标准抓好制度的规范和落实。加强食品安全数据库追溯系统应用，妥善开展食品流通许可证发放和流通领域商品质量监测和食品抽检工作，创建食品安全放心社区1058处，完成9000余家食品业户的数据采集录入工作，发放食品流通许可证8566个，抽检成品油、食品等共263个批次，及时对问题商品进行处置。

【消费者权益保护】 围绕“消费与服务”年主题，组织开展“3·15”国际消费者权益日纪念活动，举办“消费与服务”年主题新闻发布会。开展12315体验日活动，抓好12315平台的建设。加大对“家电下乡”等市场整治力度，试点开展美容服务行业规范监管工作，开展快递服务行业评议调查。年内，聘任“大学生村官”维权联络员410名。全年消费者投诉处结率达到98%以上，为消费者挽回损失711万元。

【数字工商建设】 开展“数据质量建设年”活动，制定《数据质量管理暂行办法》和《业务系统数据质量管理规范》，结合定期数据清理工作，提升数据质量。完善办公平台，修改OA流程和权限，提高信息共享和协同办公水平。对淄博红盾信息网进行全面改版，设计开发产业集群查询系统，淄博红盾信息网被评为淄博市文明网站和优秀网站。

【队伍建设】 围绕“基层建设年”活动，深化星级规范化工商所创建。年内，全市有30个所创建为星级规范化工商所。研究制定《加强和改进思想政治工作的意见》，不断加大教育培训力度，组织全市工商系统“提高执行力推进工作落实”培训研讨班。加强行风建设，深入推进政务公开。2010年，淄博市工商局连续第10年通过省级文明单位复核，连续第10次被山东省工商局评为全省工商行政管理系统先进单位。

（王明强）

食品药品监督管理

【重大活动食品药品保障】 从2010年4月开始，全市承办第二十二届省运会等7项重大赛事及一系列重大活动，市食品药品监督管理局将食品药品安全保障工作作为一项重要的政治任务进行部署，落实责任，完善制度，确保保障工作万无一失。组织对省运会定点餐饮单位进行食品安全风险评估，签订责任书，对800余名从业人员进行培训，增强企业责任安全意识；科学调度，分级管理，重点对56个省运会定点保障单位实行24小时全程监管，认真排查餐饮服务食品安全隐患，为重大活动的顺利进行提供饮食安全保障。对辖区内所有药品经营使用单位实行网格化管理，确保赛事用药安全。全市食品药品监管人员历时半年多的艰苦奋战，共出动执法监督人员7600余人次，以“零失误、零事故、零投诉”圆满完成重大活动食品药品安全保障任务。全市食品药品监管系统共有11个单位、49名个人被省、市政府表彰为省运会等赛事筹办工作先进集体和先进个人。

【食品药品市场整治】 坚持实行全市联动、部门联合、区域联办的执法方式，加大执法力度，追根溯源，取得明显成效。在餐饮服务食品安全整治中，重点加强对食堂、配送餐单位等易发生群体性食物中毒环节的监管；开展地沟油、食品添加剂等专项检查，餐饮食品安全得到有效保障。在药品专项整治中，针对监管力量薄弱的农村药品市场、高温季节药品储存、高风险骨科植入医疗器械等开展拉网式检查，收到良好效果；认真开展打击侵犯知识产权和制售假冒药品、医疗器械、保健食品、化妆品专项行动。年内，全市食品药品监管系统共受理举报投诉251件，出动执法人员13000余人次，检查单位6000余家，查处案件696起。

【药品检验】 2010年，市药检所完成抽验检品2059批，不合格190批，不合格率为9.23%。其中，计划抽验903批，不合格率5.76%，基本药物品种554批，不合格率0.72%；日常监督抽验1156批，不合格率为11.94%。组织监测药品、保健食品广告286件，全部移送工商部门处理；组织监测上报药品不良反应病例报告7100例，医疗器械不良事件报告2214例。

【食品药品监管】 2010年，各药品生产企业加大投入，加强管理，质量管理水平得到有效提升。对在产的全部基本药物品种进行处方工艺核查，细化任务，为确保完成基本药物电子监管任务打下良好基础。加强对医疗器械生产、经营和使用单位的监督管理，重点排查194家企业的高风险品种，逐一建立档案，进一步规范医疗器械生产经营和使用行为。加强对药品流通使用环节的监管，组织对全市农村药品服务性供应点进行改造升级，对达到零售药店标准的708家网点重新核发许可证，达不到要求的取消其经营资格。全市40家药品批发企业实现对特殊药品、疫苗、血液制品、中药注射液四大类产品的电子监管，初步建立药品流通全过程可追溯体系。加强对各级医疗机构使用药品的监管，全市有4212家医疗机构完成药品使用规范化管理确认工作。加强对餐饮服务环节的监管，对全市餐饮服务情况进行调查摸底，及时开展许可业务。职能划转后，全市食品药品监管部门共发放餐饮服务许可证1382份。同时，加强对餐饮服务从业人员培训工作，增强从业人员的法制意识。2010年，行政服务中心食品药品窗口共受理办结事项1540件，满意率100%。

【监管体制改革】 2010年4月22日，市机构编制委员会批准建立淄博市食品药品稽查支队，为市食品药品监督管理局领导的副县级财政拨款事业单位，核定事业编制20名；批准分别建立市食品药品监督管理局张店、淄川、博山、临淄和周村区分局食品药品稽查大队，为各区分局领导的科级财政拨款事业单位。至7月，食品药品监管部门与卫生部门关于餐饮服务、保健食品、化妆品的监管职能、人员及资产划转工作基本完成。市卫生局有12人划转到市食品药品监管局，5个区局共从卫生部门划转出40人；市食品药品监管局食品科从事食品综合监管的2人划转到市卫生局。6月15日，市政府公布市食品药品监督管理局的“三定”方案，根据方案，新成立餐饮服务食品安全监管科和保健食品化妆品监管科。11月17日，市编委批准设立市食品药品监督管理局高新区分局，为市食品药品监督管理局科级派出机构。至年底，市食品药品监管局共有9个科室、直属1个食品药品稽查支队和1个市药品检验所，下辖8个区县食品药品监管局（分局）和1个高新区分局。

（张 旗）

安全生产监督管理

【概况】 2010年，全市共发生各类事故2105起，死亡394人。事故起数和死亡人数继续保持“双下降”，全市安全生产形势继续保持总体稳定的态势。

【加强安全生产】 1. 加强乡镇安监站建设。根据市委、市政府《关于进一步加强安全生产工作的意见》的要求，狠抓基层安监队伍建设。全市所有乡镇、街道安监站全部按副科级建制设置，新选配96名副科级安监站站长，每个安监站配备3～5名正式安监人员，全市乡镇（街道）安监人员达到358名。对全市所有乡镇安监站长和区县执法大队人员，分别进行专题业务知识培训和专题执法培训，进一步提高安监站的业务水平。2. 强化内部机构建设。是年，市安监局新增设政策法规科和职业健康科，做到内设科室与省安监局处室的完全对应。设立考试中心、培训中心，配备先进的培训和考试设施，注册成立安全工程师事务所。3. 实行安全总工程师制度。各区县安监局均配备相当于单位副职的总工程师。有316家危险化学品生产和地下开采非煤矿山企业配备总工程师，高危行业配备率达到60%。4. 全面推进安全标准化工作。推动企业实现管理工作标准化、生产流程标准化、生产行为标准化、生产条件标准化。全市达到安全标准化的企业655家。5. 深入推动企业安全班组建设。分别制定非煤矿山、危险化学品、一般工业企业创建安全班组指导意见，明确创建标准、工作目标和考评机制。已有50家一般工业企业通过安全班组考评。

【安全执法】 2010年，在安全生产检查执法上做到频次高、力度大、时效强。全市共执法检查企业15612家次，查出违法行为和安全隐患4385条，下达责令整改指令书621份，下达处罚决定书137份，并对6家单位给予停产、停业整顿的处罚。特别是第三季度，在全市范围内组织30名专家、36名执法人员，从市纪委、市经信委和安监局抽调8名县级干部带队，成立8个督查组，开展一次为期一个月的安全生产专项督查集中行动。严厉打击安全生产领域的非法违法生产经营行为，规范安全生产经营秩序。全年关闭不具备安全生产条件的企业164家，取缔非法生产经营企业1447家，给有关区县政府下达重大隐患整改指令9份。认真查处群众举报，充分发挥安监12350举报电话的作用。共受理举报和来信197起，全部由主要负责人批示，件件都得到落实。分4期对全市所有高危行业企业600余名主要负责人进行安全培训教育，收到良好的效果。

【重大危险源管理】 突出重点，加强重大危险源管理。组织专家对全市危险化学品生产企业逐一进行评估和现场勘验，根据新的等级标准，调整危险化学品企业重大危险源分级，全市一、二、三、四级危险源企业分别为12家、45家、74家和23家，修订《淄博市重大危险源汇编（危险化学品卷）》。组织专家对全市地下开采非煤矿山企业的基本情况、安全管理状况、存在的主要问题及主要危险源逐一进行“诊断式”检查，出具“诊断报告”，汇编为《淄博市重大危险源汇编（非煤矿山卷）》，为各级安监部门及企业安全监管提供可靠依据。

【安全监管科学化】 2010年，全市有277家危化品生产企业全部完成自动化控制和安全联锁装置改造，实现危化品企业的本质安全。全力实施非煤矿山井下视频监控、井下作业人员定位、井上井下无线通信三大系统数字化工程，推进数字化矿山建设。全市32家地下非煤矿山企业已有17家完成三大系统建设。进一步完善安全生产综合监督管理系统，嵌入企业自查审查功能、企业自查隐患自动统计功能、企业危险危害因素自动分类功能，制作相对简要的第二套综合监管系统。危险化学品、非煤矿山、烟花爆竹和冶金、电力、使用危化品的化工企业、有爆炸粉尘的、煤气发生炉企业和其他规模以上企业共2563家全部纳入第一套综合监管系统，其他工矿企业全部纳入第二套监管系统。

【专项排查整治】 1. 衬胶工艺作业排查整治。针对全市43家衬胶企业无操作规范的实际情况，组织专家编写《工业设备与管道非金属材料衬里作业安全规程》。2. 开展有粉尘爆炸可能的企业排查整治。组织全市139家企业召开现场会，制定防范措施。3. 开展使用煤气发生炉企业排查整治。全市共有煤气发生炉企业473家，煤气发生炉788台。将《工业企业煤气安全规程》发放到全部企业，共淘汰109台常压煤气发生炉。4. 危险品常压容器排查整治。全市共有683家企业有常压容器，有常压容器14762台，其中常压反应容器2741台。组织专家制定常压容器危险性划分标准，确定853台重点监管常压反应容器。5. 危化品使用企业设计情况排查整治。全市使用危化品的化工企业有263家，其中符合规范178家、不符合规范的85家。通过整改56家企业达到规范要求，依法责令29家企业停产整顿。6. 造纸企业防止硫化氢等有毒有害气体中毒专项检查。全市27家企业中，要求7家使用易造成硫化氢中毒事故的地下浆池的企业，全部改造为地上塔式浆池。7. 冶金企业专项整治。针对全市13家企业存在钢水吊运作业情况，及时召开现场会，部署隐患排查整改。8. 危化品生产企业普查工作。对全市存有高危的15种工艺进行普查登记，逐一摸清分布区域和状况，将其全部纳入安全生产综合监管系统。

【综合监管】 2010年，充分发挥安全委员会办公室职能，强化综合监管。监督隐患整改方面：市安委会办公室代表市政府先后给6个区县8个部门下达安全隐患整改指令。其中，道路交通隐患13起，农业水利旅游隐患12起，建设工程及地下管网隐患6起，学校、医院和公共聚集场所隐患17起。有效地消除一批重大安全隐患。开展专项督促检查方面：市安委会办公室2010年统一组织多次安全生产大检查和专项督促检查、专项整治活动。第三季度成立8个督查组，对各区县开展为期一个月的“到企业、进车间，看现场、查资料，找隐患、抓规范”安全生产专项督促检查集中行动。第四季度各专业安委会按照市安委会统一部署，结合行业管理特点，确定整治重点，组织分管行业领域开展为期一个月的“查隐患、抓整改、降事故、保安全”专项整治、专项督促检查活动，解决了部分重点、难点问题。同时，12个专业安委会也分别结合日常监管情况，尤其是道路交通和消防情况，先后开展12次不同类型的集中整治行动。10月，在全市开展道路交通和消防安全检查。11月，又组织启动“预防整治重大事故重大案件重大隐患百日行动”。推动安全生产活动方面：各专业安委会办公室在市安办的指导下，按照《2010年安全生产专业安委会活动方案》要求，采取不同形式和方法，结合行业特点，开展安全生产活动，促进安全生产工作。市煤炭安委会组织开展“安全班组”活动，取得良好效果，连续2年实现“零死亡”；市建设工程安委会突出治理重点，全面开展建设工程领域“降事故、保安全”活动，连续2年未发生较大生产安全事故。市安委会办公室定期召开协调会议，调度情况，编发简报，及时宣传报道各专业安委会开展工作的情况，年内共编发《安全生产情况》90余期。

（田兴华）

城市管理行政执法

【城乡环境综合整治】 2010年，以“治乱”为重点，开展多种形式的城乡环境综合整治活动。先后组织开展马路市场、露天摊点、劳务市场、户外广告、车辆停放、店外洗车等一系列整治活动，为第二十二届省运会、亚青赛、陶博会、全省转方式调结构现场观摩会、文明城市指数测评等一系列重大活动创造良好的城市环境。全市共拆除乱搭乱建、残墙断壁3.8万平方米，清理整治废品收购点290处，整顿探头市场68个，取缔店外经营、占道经营2.5万余处，取缔流动摊点1.1万余个，清理劳务市场39处，清理整治占道电

2010年10月，志愿者在街头清理乱贴乱画

（市城市管理执法局　供稿）

动车、自行车销售点及机动车洗车点、自行车(摩托车)维修点460个。

【重点工程整治】 2010年,市城管执法局发挥牵头部门的作用,加强组织协调,实行严格的工程责任制,高标准设计,严格施工和监理,胶济铁路沿线综合整治等三项重点工程取得明显成效。1. 胶济铁路沿线综合整治工程。共投入整治人员1120余人、各类车辆210余台,完成投资4960余万元。完成拆除破旧及非法建筑,立面整治,清运垃圾,绿化提升等工作任务,胶济铁路沿线的面貌发生很大的改观。2. 中心城区南外环沿线综合整治工程。共投资3900万元,完成整治沿路脏乱差、公路边沟整理、建设高标准绿化林带等项任务,中心城区南大门脏乱差局面得到明显改善。3. 中心城区建筑物立面综合整治工程。共完成投资2.94亿元,完成广告牌拆除、立面粉饰清洗、拆除围墙、新砌围墙、制作安装门头牌匾、空调移机、制作安装空调罩、更换落水管、更换破旧窗户、绿化提升等整治任务,中心城区市容市貌有了很大的提升。

【城乡规划执法】 认真落实市政府《关于严格规划执法巡查和加大违法建设整治力度的意见》,将防控违法建设作为一项重要工作来抓,进一步健全长效机制。加大执法力度,严肃查处违法违规建设,共普查建设项目575万平方米,查处违法违规建设204万平方米。推行重大规划建设项目执法提前介入制度,重点抓好项目建设前备案、项目建设中跟踪督查、项目建设竣工时参与验收3个环节,并对违法建设登记造册,利用信息化手段,实现动态跟踪管理,确保重大建设项目严格按规划手续建设。加强部门联动,规范城乡建设秩序。坚持户外广告深度治理工作与建筑物外立面整治工程紧密结合,注重突出当地人文和景观特色,共拆除大型立柱式广告64块,清理整治楼顶、墙体等广告6850块,清理规范门头牌匾5.9万块,清理各类临时性广告5.3万处。将中心城区建筑立面整治后的门头牌匾全部进行电子备案,并将牌匾印成画册,提供给一线执法人员,强化日常巡查监管,户外广告基本实现长效管理。

【专项执法】 狠抓环保、园林绿化、市政管理等专项执法,解决市民反映的热点问题。严格落实《新一轮碧水蓝天行动计划》《生态市建设规划》和创建全国环保模范城及保障第二十二届省运会环境质量的总体要求,在省运会及中、高考期间,开展噪声扰民专项治理活动,全市共查处夜间施工噪声污染230起,生活噪声污染180起。加强扬尘污染治理,严厉查处车辆上路洒漏及建筑渣土、生活垃圾的私拉乱倒和垃圾焚烧行为,共查处上路抛洒车辆270余台,私拉乱倒71起,垃圾焚烧68起。严查露天烧烤、餐饮服务业油烟污染行为,共取缔露天烧烤、油烟餐饮109家。中心城区开展"三大堆"(建筑渣土堆、沙子堆、废品堆)的清理,共清理渣土堆78处、280万立方米,对30余处废品收购点进行搬迁或围挡。开展市政及园林绿化专项执法检查,严厉打击破坏绿化和市政设施的行为,及时查处城市道路上存在的乱挖乱占、毁绿占绿、向路面排放腐蚀性污水等违法行为,全市共立案查处涉及园林绿化、市政设施案件36起。

【执法监督检查】 2010年,对执法队伍加强监督检查,及时纠正违反队容风纪等行为,确保文明执法。在执法整治任务大幅度增加的情况下,全市城管执法系统实现无违规违纪现象、无越级上访事件、无暴力抗法事件的"三无"目标。及时受理各类投诉,群众投诉、转办件、批办件的办理率达到100%。开展政风、行风民主评议活动,认真开展廉政教育活动,做好廉政风险防范管理工作,并制定出切实可行的风险防范措施,建立起风险防范的前期预防措施、中期监控机制和后期处置办法"三道防线"。 (刘永辉)

油区工作

【油区社会治安综合治理】 年初,组织召开全市油区整治暨稽查工作会议,对2010年度油区管理工作进行部署。对辖区内油气企业挨家进行走访调研,对胜利油田分公司纯梁采油厂等油田企业反馈的涉法苗头,及时督促区县油区办做好协调服务工作。是年,共查处4起打孔盗油气案件,取缔26家小土炼油场点,为国家和集体挽回经济损失200余万元。积极配合全市安全生产月活动开展,与市有关部门组成联合检查组,对涉油区县进行拉网式安全检查,排除影响油区安全生产隐患18处。

【油区稽查】 积极落实目标责任工作制,与区(县)油区办(工委)分管领导、稽查科长签订目标责任书,明确工作目标,量化工作任务,结合日常工作进行综合考评。创新稽查方式,年内,高青县油区工委整合公安、油田等部门的优势资源,与高青县公安局护油中队合署办公,增设1个监管中队、配备行政执法装备;桓台县对接纯梁采油厂等辖区内油气企业,探索油地联合执法的新模式。

【石油天然气管道安全监管】 结合省油区办开展的"强基础、治隐患、保安全年"活动,召开全市石油天然气管道安全监管工作会议,下发《关于进一步加强石油天然气管道安全监管工作的通知》。年内,妥善处理"4·25"打孔盗油导致的漏油事件,协调解决博山耐火材料厂新厂区、淄博正本物流园和孔子文化创意园工程项目等3处占压天然气管道矛盾。配合市政府重点工程,做好山东天然气管网淄博段工程建设、山东天然气管网与沧淄线连接管道工程建设协调工作。

【构建管道安全监管平台】 成功研发"淄博市石油天然气管道坐标图动态管理系统",并通过专家组评审验收,建立起“一张图”石油天然气管道安全监管平台，真正实现无缝隙、不间断的动态管理，确保全市石油天然气“大动脉”安全畅通。“一张图”管理模式，被中国地理信息协会评为成果创新奖。

【监管执法体系建设】 建立石油天然气管道监管员队伍，按照石油天然气管道的地域分布实际情况，与5家管道公司共同聘任44人为管道安全监管员，管理所辖区域管道安全监管工作，实现监管无盲区。建立管道管理网络调度处理中心，对坐标图动态管理系统进行操作和日常维护，并调度处理影响石油天然气管道正常运行的各种安全因素，实现企地对石油天然气管道的一体化管理。确定各管道公司专人负责，建立台账，实现24小时值班，发现问题及时汇报。建立油气管道保护应急机制，依据《山东省石油天然气生产储运突发事件应急预案》和《淄博市重特大事故突发应急救援预案》，结合全市石油天然气管道纵横交错、危险源面广量大的实际情况，编制《淄博市石油天然气管道重特大事故应急救援预案》。

【建设油区管理数据库】 组织相关区县、部门及油区企业召开联席会，多次到现场实地调查摸底，逐一登记造册，开展淄博油区基本信息数据库的研发工作。该数据库主要包括淄博市油区分布示意图和淄博市油区基本信息工作手册两部分。建设油区管理数据库，可以进一步掌握全市油气储量、油(气)井分布状况等基本信息，切实提高油区综合整治成效。

(王新胜)

无线电管理

【概况】 截至2010年年底，全市共有各类无线电台站10615个。其中，广播电视台站58个，高频甚高频固定陆地电台105个、移动台1686个，无线数据及无线接入台站233个，雷达站1个，卫星地球站7个，微波台站20个，业余电台754个，公众移动通信2G业务GSM基站1998个、CDMA基站401个，3G业务TD－SCDMA基站236个、WCDMA基站234个、CDMA1X增强型基站107个，无线市话小灵通PHS基站4775个。全市各类公众移动电话手机用户420万户。

【行政审批】 2010年，共受理设台申请182件，指配频率6组(个)，核发电台执照1139张，换发电台执照1627张。新增设备1000部(座)，其中微波台站3部，电视发射设备2部，超短波对讲机基地台7部，车载台、对讲机125部，数传电台13部，业余电台126部，公众移动通信基站724座。在第二十二届省运会、亚青赛期间，共受理各市代表队、执委会各部室、各赛区提出的频率申请24份，作出行政许可17件，指配频率56个，准备备用频率60个。全年办理报停报废手续设备651部(座)，其中超短波电台80部、微波设备13部、PHS无线接入基站558座。收回微波频率3组、超短波频率3组(个)。

【无线电台(站)年审】 根据国家、省无线电管理有关规定和淄博市无线电台(站)年度检验办法，完成131个设台单位的年检收费工作。

【无线电管理监督】 2010年，主要组织2.4吉赫兹、5.8吉赫兹频段无线电台站专项监督核查工作，重点查处高速公路收费站设置的5.8GHz频段电子不停车收费系统专用短距离通信设备。

【无线电发射设备检测】 年内，检测固定台、车载台、对讲机共计115部。在第二十二届省运会、亚青赛等赛事的无线电安全保障工作中，测试各类无线电发射设备149部。组织移动、联通、电信三大通信运营商在用基站年检及新建基站验收，共检测GSM基站132座，PHS基站160座，TD－SCDMA基站79座，CDMA2000基站78座，CDMA－EVDO基站48座。

【电磁环境测试】 年内，完成桓台县供电公司1800兆赫兹无线宽带接入系统基站站址电磁环境测试。应移动公司请求，对群众投诉辐射问题的3个基站进行电磁环境测试。对第二十二届省运会比赛场馆周边电磁环境和指配频率进行监测，时长3000多个小时。坚持做好频谱监测月报工作，2009年12月至2010年11月，根据上级下达的频谱监测任务，监测测向时长累计13886个小时。

【行政执法】 2010年，查处违规使用无线电频率和有害无线电干扰案11起。其中，查处违规使用频率的案件5起，查处公众移动通信基站受干扰案件3起，查处私设卫星电视干扰器案件3起。

【安全保障工作】 根据上级安排和应有关部门要求，先后对2010年高考、公务员录用考试、省属事业单位人员招聘考试、对口高职考试、硕士研究生考试、英语四六级考试等13次重大考试进行安全保障服务工作，共出动人员96人次，监测车辆24台次，发现作弊信号5个，实施无线电压制3次，协助公安人员查办案件2起，查扣各类无线电作弊设备17台套，保证考试的严肃性和权威性。投入大量人力、物力，圆满完成第二十二届省运会等赛事的无线电安全保障任务。

【宣传工作】 2010年，按照《全国无线电管理宣传纲要(试行)》和《全省无线电管理宣传工作实施方案》及《关于在全省开展无线电管理宣传月活动的通知》要求，采取报纸、广播电视、手机短信、进校园宣传、网站宣传等形式，全方位、多渠道地进行无线电管理宣传活动，宣传无线电管理法律法规、业务知识和重点工作，提升无线电管理工作在社会上的认知度和影响力。全年完成国家级稿件14篇，省、市级稿件22篇。

【无线电技术设施建设】 2010年，先后对无线电监测网的1个中心站、1个高山站、5个小型站进行系统集成、全国联网软件等升级改造，扩展设备功能，改善软件运行的可靠性、稳定性。投资30万元更新检测车，无线电频谱资源管控能力显著增强。加强无线电监测设施管护，定期对各监测站及附属的防雷、防火、防潮、防尘、防盗等设施进行安全检查，及时消除安全隐患，保障无线电监测设施的正常运行。

（荣　杰）

本部类编　辑：王　娟
副主编：徐　杰
校　对：郭延志
杨建明

·齐文化典故·

不鸣则已　一鸣惊人

齐威王在位时，喜好说隐语，又好彻夜饮宴，逸乐无度，不管政事，把政事委托给卿大夫。文武百官荒淫放纵，各国都来侵犯，国家危亡就在旦夕之间。齐王身边近臣都不敢进谏。淳于髡就用隐语来规劝讽谏齐威王说："我们齐国的都城有一只大鸟，落在了大王庭院里，三年不飞又不叫，大王知道这只鸟是怎么一回事吗？"齐威王听后，沉思良久，对周围的大臣郑重地说："这只鸟不飞则已，一飞冲天；不鸣则已，一鸣惊人。"

淳于髡的隐谏使齐威王醒悟过来，开始励精图治。于是就诏令全国72个县的长官全来入朝奏事，奖赏了忠于职守、政绩卓著但不会阿谀奉承的即墨大夫，烹杀了荒于政务、靠贿赂威王身边人而求取名声的东阿大夫，然后整顿兵马，加强国防，发兵御敌。诸侯十分惊恐，都把侵占的土地归还齐国。齐国威震诸侯长达36年。

财政 税务

财 政

【概况】 2010年，全市各级财政部门认真贯彻实施积极的财政政策，统筹推进保增长、转方式、调结构、惠民生各项工作，全市财政经济实现平稳较快发展。全市境内财政总收入完成398.19亿元，比2009年增长26.01%，是2005年的2.48倍，“十一五”期间年均递增19.91%；境内财政总收入占地区生产总值的比重为13.89%，比2005年提高2.67个百分点。全市地方财政收入完成162.40亿元，比2009年增长26.11%，是2005年的2.53倍，“十一五”期间年均递增20.42%；地方财政收入占GDP的比重为5.66%，比2005年提高1.18个百分点；其中税收收入完成116.52亿元，比2009年增长26.72%，所占比重为71.75%，比2009年提高0.34个百分点。增值税、营业税、企业所得税、个人所得税等主体税种合计完成64.25亿元，比2009年增长29.78%，高于财政收入增幅3.67个百分点，拉动收入增长11.45个百分点。全市财政总支出首次突破200亿元，达到201.88亿元，“十一五”期间年均递增20.17%。

【支持经济内涵发展】 灵活运用财政政策杠杆，加大奖补引导扶持力度，着力促进转方式、调结构、增财源。支持扩大内需项目实施，推进保障性住房等重点工程建设，争取中央和省扩大内需项目投资2.7亿元、落实地方配套资金2.2亿元，确保扩内需项目的顺利实施。兑付家电、汽车、摩托车下乡和以旧换新补贴资金2.53亿元，拉动消费27.84亿元，提高了居民消费水平和能力。加快传统产业改造提升步伐，市级拨付资金2.35亿元，支持传统产业技术改造，推进产业布局、产业结构优化调整，支持发展服务业，鼓励外经贸发展，提高了经济运行质量和效益。大力推进节能减排和环境保护，市级拨付资金1.42亿元，支持“碧水蓝天行动计划”“十大节能工程”“三个节能30项”等工程实施，促进生态和谐宜居城市建设。加大自主创新投入，市级拨付资金1.37亿元，落实企业技术研发、企业技术中心建设、创新成长型工业企业发展、中小企业信用担保机构建设等奖励扶持政策，支持实施标准化和名牌战略，提高企业核心竞争能力。

【保障重点支出需要】 2010年，全市财政用于民生的支出达到102.47亿元，占总支出的50.76%，所占比重比2005年提高8.1个百分点，“十一五”时期年均递增24.42%，高于财政总支出增幅4.25个百分点。加大“三农”投入力度，全市财政预算内“三农”支出达40.61亿元，全面落实各项强农惠农补贴政策，加强农业基础设施建设，支持现代农业发展，大力发展都市农业，加快了新农村建设步伐。加大教育投入，全市教育支出完成40.17亿元，完善义务教育经费保障机制，落实各项教育资助政策和减免费政策，积极化解义务教育债务，支持中小学校舍安全工程和标准化学校建设，实施农村中小学“211”工程，推动教育事业均衡发展。加大医疗卫生投入，全市医疗卫生支出完成12.59亿元，支持实施医药卫生体制改革，提高新型农村合作医疗和城镇居民基本医疗保险补助标准，支持城乡基层卫生机构建设、重大公共卫生专项实施和疾病预防控制，提高了城乡居民医疗保障水平。加大社会保障投入，全市社会保障和就业及住房保障支出完成24.70亿元，支持开展新型农村养老保险试点，提高城乡低保补助标准，加大对困难群体的帮扶力度，完善廉租住房货币补贴政策，支持保障性住房建设，促进就业再就业工作开展，维护和发展了人民群众的切身利益。加大科技、文化、计划生育、体育等社会事业投入，全市科技支出完成4.84亿元，增强自主创新能力；全市文化体育与传媒支出完成3.34亿元，推动群众性文化体育活动深入开展，保证了第二十二届省运会等重大赛会支出需要。加大城市基础设施建设投入，确保市体育中心、运动员公寓、淄博客运中心、城区大外环、中心城区建筑物外立面整治等城建重点项目资金需要。全力以赴支援北川灾后重建，圆满完成援建工作任务。大力支持实施固本强基维稳工程，推进政法经费保障体制改革，积极向上争取和落实政法经费保障资金1.45亿元。在保障好各项重点支出的同时，坚决贯彻中央、省、市关于厉行节约的有关规定，精打细算，科学用财，压减一般性支出，实现党政机关公用经费压缩5%的工作目标。

【财政财务管理】 深入推进财政科学化精细化管理，完善政府预算制度体系，强化预算编制和预算执行管理，加强基层基础工作，进一步提升科学理财水平。积极推进公务卡改革，在进一步巩固市级改革成果的基础上，在各区县全部推行公务卡结算制度，市级预算单位公务卡发卡量和刷卡消费金额均居全省各市首位。推进财政投资评审，完善评审机制，拓展评审领域，扩大评审规模，全市共完成评审值41.37亿元，审减资金7.91亿元，审减率19.12%。开展财政支出绩效评价，市级选择17个项目开展试点，涉及资金近10亿元，为加强资金管理、细化预算编制提供重要参考。加强政府采购监管，全市政府采购额完成29.49亿元，节约资金5.01亿元。强化财政监督，对促发展、保民生等重点领域资金实行跟踪问效，深入推进"小金库"专项治理，维护良好的财经秩序。加强国有资产监管，推进基层财政管理；抓好地方金融、政府债权债务和政府融资平台监管，促进财政经济健康运行。

【推进财政反腐倡廉建设】 落实党风廉政建设责任制牵头及配合工作任务，制定《2010年全市财政系统党风廉政建设和反腐败工作实施意见》，将承担的工作任务细化分解为23项工作，落实到14个相关科室，实行严格的目标责任制，明确分管领导、牵头和配合单位、完成时限，确保任务落实。开展廉政风险防范管理工作，立足财政工作实际，认真梳理界定廉政风险点，加大对预算安排、资金分配、财政监督检查、会计管理、票据管理、人事管理、行政审批等重点部位和关键环节的风险防范管理。对查找出来的廉政风险进行归纳梳理和审查评估，明确监管权限，落实监管责任，制定防范措施，形成以岗位为点、以程序为线、以制度为面的廉政风险防控机制。抓好领导干部廉洁自律各项规定落实，先后开展"增强制度意识、争做执行表率"和监督制度学习教育等活动，组织观看《廉政中国》等警示教育片。全面抓好党组中心组理论学习、民主生活会、廉政档案、政务公开、廉政谈话、个人重大事项报告等制度落实。定期召开社会监督员座谈会，通报财政工作开展情况，听取社会各界对财政工作的意见建议，自觉接受人大、政协、纪检监察机关和社会各界的监督。 （唐 亮）

国家税务

【税收收入】 2010年，国税收入完成230.94亿元，同比增长22.52%，增收42.45亿元。其中，国内税收完成214.64亿元，国内收入规模列全省第三位，实现历史性突破。"十一五"期间，组织税收收入826.74亿元，年均增长18.14%。国内税收从2002年的49.99亿元，到2010年完成214.64亿元，收入规模8年翻了两番。"十一五"期间，完成市区级收入130.51亿元，年均增长13.24%，为淄博市经济社会发展提供了财力支持。"十一五"期末，国税国内税收宏观税负为7.5%，比"十五"期末提高0.69个百分点；税收弹性系数为1.38，经济税收关系协调。年内，通过加强管理，增加税收8.97亿元，促进税收持续较快增长。

【税收执法】 深入贯彻《全面推进依法行政实施纲要》，规范和清理税务行政审批项目，清理涉税规范性文件。全面推行税收执法责任制，统一征管岗责体系和业务流程。做好税收执法检查工作，围绕检查中发现的问题，从健全制度入手，认真整改，堵塞漏洞。深入开展税收政策调研，分析增值税转型、内外资企业所得税合并、成品油税费改革等税制改革措施和结构性减税政策对经济税收的影响，主动向各级党委政府提出建议，促进税收政策有效落实。以税收宣传月为契机，积极开展税收宣传活动，加强对纳税人的咨询辅导。突出抓好重点企业检查、专项检查、专案检查，规范税收和经济秩序。2010年，国税稽查部门共检查纳税人814户次，查补税款2.22亿元。"十一五"期间，国税稽查部门检查纳税人5675户次，查补税款9.25亿元，年均增长28.30%。

【征管长效机制建设】 加强硬件、软件、网络安全等建设，为信息管税提供技术支撑。加强户籍管理，夯实征管基础。2010年，个体税收入库1.28亿元，比2005年增长142.42%。加强货物和劳务税管理，全面落实增值税转型政策，强化重点行业分析评估。加强企业所得税管理，规范企业所得税核定征收，企业所得税连续5年实现快速增长，2010年扣除齐鲁石化公司等企业由中央保留的收入后，地方企业所得税完成23.83亿元，同比增长52.26%，高于全省平均增幅9.75个百分点。完善税源动态控管机制，强化非居民企业所得税管理。完善出口退税运行机制，加强出口企业全税种管理，增加税收3.95亿元。2010年，办理调库12.52亿元，退税12.9亿元；"十一五"期间，共办理调库60.42亿元，退税46.32亿元。开展工作创新，解决工作中的难点和瓶颈问题，促进信息管税水平的提高。"十一五"期间共完成重点创新项目24个，5项获得省国税局创新奖，6项获得市委、市政府创新奖；19项在全省和全市推广应用。

【税收服务】 坚持把"始于纳税人需求、基于纳税人满意、终于纳税人遵从"作为出发点和落脚点，以办税服务厅标准化建设和优化纳税服务流程为重点，全面构建纳税服务体系。建立纳税人电子档案，对纳税人报送资料实行一次性告知、一户式存储，部门之间实现信息共享，简化合并报表资料152张，减轻基层和纳税人负担。推进办税服务厅标准化建设，加强国税门户网站建设，优化"12366"纳税服务热线功能，推出"税事通"服务品牌，实行网上咨询、网上举报、电子申报、网上认证，改进服务手段，提高服务效能。通过开展"送政策上门"等活动，积极兑现支持下岗职工再就业、高新技术、环境保护等税收优惠政策。2010年，国税部门兑现税收优惠69.74亿元。"十一五"期间共兑现税收优惠297.42亿元，年均增长21.09%。

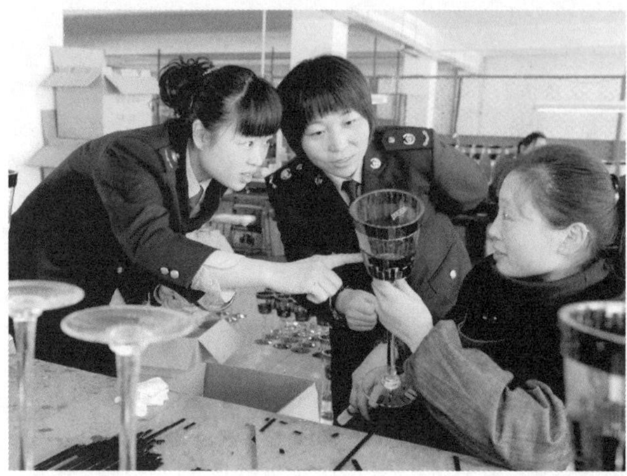

税务人员深入企业车间了解生产工艺，掌握第一手资料（张海恒　摄）

【党风廉政建设】 全面落实党风廉政建设责任制，积极探索内控预防工作新途径。围绕"防范税收执法和廉政风险，促进干部队伍廉政勤政建设"的主题，推行风险管理，认真查找风险点，建立健全防控措施。筛选出35项"两权"运行中的重要事项，逐项明确税收执法和行政管理工作规范，从程序和实体两方面查找风险点245个，制定风险控制措施472项，促进权力规范、透明、高效运行。开展廉政勤政教育和预防职务犯罪教育活动，举办廉政文化建设成果展，营造了倡廉、思廉、学廉、守廉的良好氛围。认真学习贯彻《廉政准则》，严格执行各项廉政制度规定。加强政风行风建设，参加"时事直通车""政风行风热线"等活动，自觉接受纳税人监督。

国税文化建设（张海恒　摄）

2010年国税纳税50强企业

表18—01　　单位：万元

排名	名称	合计
1	中国石油化工股份有限公司齐鲁分公司	814433
2	中国铝业股份有限公司山东分公司	32218
3	山东淄博烟草有限公司	31210
4	山东海力化工股份有限公司	28501
5	山东电力集团公司淄博供电公司	28332
6	山东金岭矿业股份有限公司	19630
7	齐商银行股份有限公司	19110
8	山东金诚重油化工有限公司	16734
9	中国移动通信集团山东有限公司淄博分公司	14856
10	山东金晶科技股份有限公司	11637
11	山东东岳化工有限公司	10802
12	山东胜利钢管有限公司	10354
13	中国石化集团资产经营管理有限公司齐鲁石化分公司	9805
14	淄博山水水泥有限公司	9731
15	山东扳倒井股份有限公司	8869
16	淄博齐翔腾达化工股份有限公司	8639
17	山东东岳高分子材料有限公司	8595
18	山东华联矿业股份有限公司	8561
19	鲁泰纺织股份有限公司	8334
20	淄博宏达钢铁有限公司	7958
21	胜利油田高青石油开发有限责任公司	7481
22	山东东岳氟硅材料有限公司	7345
23	瑞阳制药有限公司	7309
24	淄博绿博燃气有限公司	7228
25	信缔纳士机械有限公司	6954
26	山东鲁阳股份有限公司	5772
27	山东省药用玻璃股份有限公司	5739
28	中国石油化工股份有限公司催化剂齐鲁分公司	5685
29	淄博齐鲁比欧西气体有限责任公司	5655
30	山东北金集团有限公司	5436
31	华能辛店发电有限公司	5392
32	山东新华医疗器械股份有限公司	4976
33	山东博汇浆业有限公司	4922
34	山东金鼎矿业有限责任公司	4811
35	山东金诚石化集团有限公司	4790
36	山东东佳集团股份有限公司	4709

续表 18－01

排名	名称	合计
37	山东建兰化工股份有限公司	4574
38	山东齐都药业有限公司	4469
39	淄博柴油机总公司	4145
40	山东新华制药股份有限公司	4110
41	淄博银座商城有限责任公司	4067
42	山东东华水泥有限公司	3696
43	胜利油田桓台金家石油开发有限责任公司	3591
44	淄博万昌科技股份有限公司	3587
45	山东鲁维制药有限公司	3585
46	山东蓝星东大化工有限责任公司	3535
47	淄博市临淄区农村信用合作联社	3528
48	淄博中轩热电有限公司	3462
49	山东华瑞道路材料技术有限公司	3282
50	山东金虹钛白化工有限公司	3277

统计口径说明：独立纳税企业，含提退税收。

（张海恒）

地方税务

【税收收入】　2010年，淄博市地税系统组织各项收入102.45亿元，比2009年增长31.11%，增收24.31亿元。其中，中央级收入完成18.66亿元，增长60.13%，增收7.01亿元；省级收入完成9.62亿元，增长38.23%，增收2.66亿元；市县级收入完成74.18亿元，增长24.6%，增收14.64亿元。全年收入运行情况主要呈现以下特点：一是全年收入增长较快，二季度以来累计增幅始终保持在30%以上。二是采矿业、非金属矿物制品业、建筑业和房地产业等行业税收保持高幅增长，成为税收收入增长的主要来源。三是受经济回升和一次性增收因素的双重拉动，征管措施得力，各税种呈现不同程度的增收。企业所得税和土地增值税增幅较大，分别增长75.82%和42.06%。

【税收征管】　确立全市税源专业化管理架构，税源专业化管理工作取得阶段性成果。开发运行“重点税源监控信息系统”，建立交通运输业预警值指标体系，共评估1583户，入库税款1.43亿元，同比增长46%。开展内部风险干预，发布预警信息15000户次，入库税款5700万元。加强数据日常监控和数据采集管理，数据采集出错率、数据修正率、反馈中止率3项指标均达到省地税局考核优秀标准。强化重大建设项目税收监控管理和软件应用，将全市重点建设项目全部纳入重点税源监控范围，重点对甲方拨款供料准确性、建筑业营业税申报准确性、房地产建设项目销售不动产税金准确性等预警指标进行分析比对，全市重大建设项目共入库税款15.79亿元，同比增长68%。在全省率先推行房地产预收款税收专用收据管理，专用收据使用量达到5.9万份，同比增长48.4%。国家税务总局、省地税局在淄博市地税局进行的应用房地产估价技术评估存量房交易价格试点工作进展顺利，2100栋楼房评估数据和采集数据已录入系统。加强专业化市场税收征管，专业市场新办登记2490户，全年实现税收2132万元。通过委托镇政府、街道办代征，共清理入库税款1053万元，新办税务登记199户。研发“发票真伪查询系统”和“发票行业监控系统”，切实提高发票查控力度。开发“物业税收管理信息系统”，对物业管理各项数据进行全面监控。与国税、公安等部门联合开展打击发票违法犯罪活动，破获18起贩假、制假发票案件，缴获假发票2.93万份，涉税金额169万元。加强餐饮、建筑、交通运输、房地产行业预警管理，严格规范查账征收、强化核定征收、规范预缴管理流程，有效破解餐饮、建筑、交通运输、房地产行业长期以来存在的征管难题。开发运行“社会综合治税信息管理系统”，与市政府政务网进行成功链接，进一步加强对各级各部门涉税信息的录入、采集和考核，采集各类综合治税信息7.9万条，清缴入库税款5.3亿元，同比增长64%。召开2010年社会综合治税工作会议，对全市综合治税先进单位和个人进行表彰，奖励127万元。开展房地产业、建筑安装业等重点行业专项检查，查处大要案13起，入库税款2.06亿元。

【税收执法】　探索开发网上执法检查管理信息系统，提高税收执法监督检查的效率和准确性，省地税局在全省地税系统推广。国家税务总局督察内审司领导也专程到淄博市地税局考察网上执法检查试点工作，给予充分肯定。组织编写《税收执法操作手册》，手册包含183个重点执法环节的工作流程和25个真实典型案例剖析分析，达到“以案说

2010年11月9日，省、市领导到市地税局验收“五五”普法依法治理工作　（李炳汉　摄）

法、警示教育”的目的。此做法在全省地税系统推广。11月，通过全省“五五”普法依法治理工作验收。

【纳税服务】 实施品牌进厅工程、“礼仪办税服务厅”工程，采取“一次性备案制”和个体工商户税务登记“免填单”等措施，进一步规范和提高纳税服务质量和水平。加强“网上地税局”服务，坚持开展地税局长服务日、网送税法、网上咨询培训和“12366”热线服务等活动，建立纳税人税法培训中心，推出专家咨询服务，开通纳税人视频培训直通车。全年免费举办培训班90期，培训纳税人5000人次，接受纳税人咨询2300人次。

【信息化建设】 做好“网上执法检查管理信息系统”“社会综合治税信息管理系统”等8个系统的开发审核，确保软件开发进度、运行质量和实际效果，加强对省、市地税局推广的40个软件的管理，分级、分岗位制定标准，并加强培训、考核。完成网络安全监控系统的安装部署，制定全市网络安全监控系统的实施策略，确保网络安全运行。做好系统日常运行维护工作，开展软件应用专项培训，提高运行维护工作水平。

【党风廉政建设】 建立廉政教育基地，组织开展“增强制度意识，争做执行表率”“党风廉政教育月”和《廉政准则》学习教育系列活动。认真落实领导干部廉洁自律各项规定，组织科级以上干部进行收入申报和重大事项报告。加强廉政风险防范管理，查找出廉政风险点600余个，由单位和干部本人分别提出防范措施和办法。依托“税务监察监控管理信息系统”，对违法违纪责任情况进行监控考核。加强行风建设，开展基层税务人员向纳税人述职评廉活动。加强机关及系统党建工作，开展争创“党建工作先进单位(党组)”、争创“示范党支部”和“党员示范岗”等创先争优活动。

2010年5月28日，市地税局直属征收分局向纳税人述职述廉　　(李炳汉　摄)

2010年全市地方税收纳税前100名企业

表18－02　　单位：万元

序号	纳税企业名称	纳税金额
1	中国石油化工股份有限公司齐鲁分公司	92034
2	淄博矿业集团康业投资有限公司	32202
3	山东金诚重油化工有限公司	21952
4	山东金岭矿业股份有限公司	20289
5	中国石化集团资产经营管理有限公司齐鲁石化分公司	18309
6	淄博矿业集团有限责任公司	12293
7	山东黄金地产有限公司淄博分公司	11130
8	山东中润集团淄博置业有限公司	10441
9	山东华联矿业股份有限公司	9500
10	山东创业房地产开发有限公司	7597

市地税局纳税服务中心税收大课堂　　(李炳汉　摄)

续表 18—02

序号	纳税企业名称	纳税金额
11	山东电力集团公司淄博供电公司	6902
12	山东金诚石化集团有限公司	6805
13	中国铝业股份有限公司山东分公司	5834
14	山东省药用玻璃股份有限公司	5725
15	淄博矿业集团康业投资有限公司	5203
16	山东金鼎矿业有限责任公司	5197
17	山东新华制药股份有限公司	4940
18	淄博民泰房地产开发有限公司	4889
19	山东金晶科技股份有限公司	4678
20	中房集团淄博市城市建设综合开发公司	4625
21	山东方正房地产开发有限公司	4452
22	山东铝业公司	4308
23	山东唐骏欧铃汽车制造有限公司	4229
24	鲁泰纺织股份有限公司	4138
25	山东博汇纸业股份有限公司	4119
26	中国银行股份有限公司淄博分行	3645
27	淄博昂展地产有限公司	3580
28	沂源县城市资产经营开发公司	3568
29	齐商银行股份有限公司	3566
30	山东鲁阳股份有限公司	3505
31	山东淄博烟草有限公司	3391
32	山东联合化工股份有限公司	3236
33	山东方大工程有限责任公司	3081
34	中国工商银行股份有限公司淄博张店支行	2947
35	中国太平洋财产保险股份有限公司淄博中心支公司	2910
36	山东鸿嘉置业有限公司	2890
37	山东汇丰石化集团有限公司	2864
38	淄博天煜置业有限公司	2756
39	淄博齐翔惠达化工有限公司	2745
40	淄博市房地产交易中心	2691
41	中国移动通信集团山东有限公司淄博分公司	2635
42	山东东岳化工有限公司	2607
43	山东齐鲁盛华房地产有限责任公司	2569
44	中国联合网络通信有限公司淄博市分公司	2493
45	山东新华医疗器械股份有限公司	2414
46	中国农业银行股份有限公司淄博临淄支行	2413
47	中房集团淄博市城市建设综合开发公司沂源开发分公司	2364

续表 18—02

序号	纳税企业名称	纳税金额
48	山东北金集团有限公司	2337
49	中国平安财产保险股份有限公司淄博中心支公司	2280
50	山东安沃达置业有限公司	2186
51	淄博中德房地产开发有限公司	2160
52	淄博泽润置业有限公司	2152
53	淄博华川置业有限公司	2042
54	山东临淄农村商业银行股份有限公司	2028
55	淄博欧木特种纸业有限公司	2000
56	桓台县农村信用合作联社	1973
57	高青县油区工作管理委员会	1973
58	淄博泰盛房地产有限公司	1938
59	华电淄博热电有限公司	1924
60	山东省淄博市淄川区农村信用合作社联合社	1913
61	山东大德华瑞置业有限公司	1909
62	山东齐都药业有限公司	1901
63	山东创业房地产开发有限公司淄博高新技术产业开发区分公司	1894
64	山东齐峰特种纸业股份有限公司	1887
65	阳煤集团淄博齐鲁第一化肥有限公司	1879
66	山东齐隆化工股份有限公司	1877
67	桓台县运输公司	1836
68	淄博山水水泥有限公司	1831
69	山东齐鲁增塑剂股份有限公司	1820
70	山东齐鲁石化工程有限公司	1784
71	齐鲁证券有限公司淄博人民西路证券营业部	1771
72	淄博正华助剂股份有限公司	1737
73	山东锐博化工有限公司	1721
74	桓台县房产管理局	1720
75	南金兆集团有限公司	1718
76	中国建设银行股份有限公司淄博分行国际业务部	1705
77	淄博诺奥化工有限公司	1705
78	淄博张钢钢铁有限公司	1697
79	山东齐鲁石化建设有限公司	1653
80	淄博鲁中房地产开发股份有限公司	1636
81	山东坤升控股有限公司	1628
82	中国农业银行股份有限公司淄博张店支行	1595
83	淄博金昌房地产开发有限责任公司	1574

续表 18—02

序号	纳税企业名称	纳税金额
84	山东金鼎智达集团有限公司	1564
85	淄博世龙房地产开发有限公司	1552
86	淄博宏达矿业有限公司	1543
87	山东润兴置业有限公司	1533
88	桓台县供电公司	1532
89	华能淄博白杨河发电有限公司	1504
90	淄博市王庄煤矿	1480
91	齐商银行股份有限公司临淄支行	1461
92	中国农业银行股份有限公司桓台县支行	1461
93	山东龙泉管道工程股份有限公司	1448
94	山东金城医药化工股份有限公司	1435
95	上海浦东发展银行股份有限公司淄博支行	1433
96	山东东华水泥有限公司	1418
97	山东鲁信高技术产业股份有限公司	1416
98	淄博包钢灵芝稀土高科技股份有限公司	1397
99	山东大成农药股份有限公司	1397
100	山东滨岭矿业有限公司	1377

（张　静）

本部类编　辑：王　娟
副主编：徐　杰
校　对：郭延志
杨建明

·齐文化典故·

二桃杀三士

齐景公有田开疆、公孙捷、古冶子3名勇士，号称“齐国三杰”。但他们却恃功自傲、勇而无理。晏婴入宫进见齐景公说：“主公手下的3个勇士，上无君臣之义，下无长幼之理，内不能除暴，外不能抗敌。这是国家祸乱的根源啊！我看应该把他们除掉。”齐景公说：“这三个人都勇猛过人，捉拿恐怕捉不住，刺杀又恐怕刺不中啊。”晏婴于是请景公派人送去两个桃子，让你们三个人照功劳大小来吃桃子。

公孙捷说自己护驾时曾杀死一头野猪和一只老虎，这样的功劳可以吃一个桃子吧？于是他拿起了一个桃子。田开疆曾率领军队两次打败进攻齐国的敌人，这样的功劳更有资格吃一个桃子，于是他也拿起一个。古冶子说：“我曾经陪同主公渡河，一头巨鼋咬住了左边那匹马，跃入黄河激流。那时，我潜入河底行走，终于把巨鼋杀死，救主公脱了险。难道我不比二位更有资格吃一个桃子吗？”说着站起来拔出了剑。公孙捷和田开疆羞愧难当，交出桃子拔剑自杀了。古冶子看着两具尸体和两个桃子，也举剑自杀。齐景公下令按照士礼将他们厚葬。

银行　保险　证券

银　行

【概况】 截至2010年年末，全市金融机构本外币各项存款余额为2489.42亿元，比年初增加325.73亿元，增长15.05%，同比少增151.01亿元。其中，人民币各项存款余额达到2470.56亿元，比年初增加325.35亿元，增长15.17%，同比少增147.22亿元。年末本外币贷款余额1745.35亿元，比年初增加298.87亿元，增长20.66%，同比少增45.78亿元。其中，人民币贷款余额1686.13亿元，比年初增加290.84亿元，增长20.84%，同比少增30.83亿元。全市银行业继续保持普遍盈利的格局，全年各银行机构累计实现利润总额45.22亿元，比2009年增加10.18亿元，增长29.05%。

【优化信贷结构】 2010年，中国人民银行淄博市中心支行按照“总量适度、优化结构、把握节奏、防范风险”的要求，积极落实适度宽松的货币政策，不断优化信贷结构，推动金融创新工作，满足社会多层次金融服务需求，促进经济平稳较快发展。

加强调研分析，为上级行和地方政府提供决策参考。面对复杂多变的经济金融形势，注重加强对经济金融形势的调研、分析和预判，以推动适度宽松货币政策落实与促进淄博市经济平稳较快发展为出发点，按季召开金融联席会，党委成员带头深入一线组织调研，加大对企业在金融危机背景下的经营发展状况和风险的调研分析，形成一系列有参考价值、有分量的调查、分析报告。在各级刊物发表宣传文章100余篇。

推进信贷创新，努力满足各层次金融需求。学习借鉴南方发达地区先进经验，明确全市金融创新工作思路，制定创新工作指导意见。在全市召开金融创新推进会，引导全市金融机构推广8类信贷创新产品和服务，加大对全市47户创新成长型企业的支持力度，推动全市经济转方式、调结构。继续推进金融支持中小企业、创新成长型企业“金种子计划”，选择部分优质企业进行项目推介，扩大融资支持。深化金融支持新农村建设“十百千万工程”。制定进一步推动金融支持大学生“村官”创业富民工作的意见，在辖区2家支行进行试点。加强征信管理，以市政府名义制定全市社会信用体系建设意见，建立并坚持信用体系建设联席会议制度。

深化金融服务新平台，拓宽政、银、企合作模式。打造《淄博金融报》和“淄博市银企合作信息网”2个信息宣传交流平台。《淄博金融报》已累计刊发22期。对银企合作信息网进行系统升级改造，以银企合作信息网为依托，在支行开展中小企业融资信息服务平台创建试点；组织召开山东省银企合作信息网建设推广现场会，在全省推广淄博银企合作信息网建设模式。通过网上银企推介系统发布项目700多个，涉及信贷资金需求近300亿元。举办7次银企合作促进会，达成协议金额近140亿元，创新做法被《金融时报》予以刊发。主持开发山东省金企俱乐部网站，并进行成功演示。

2010年3月23日，山东省银企合作信息网建设推广现场会在淄博召开（人民银行淄博市中心支行　供稿）

探索金融维稳新模式，构建辖区金融稳定新格局。与7家法人金融机构签订维稳责任书，建立风险状况定期评估、票据兑付后定期监测等机制，推广以责任约束和日常监测防范并重的“区域法人金融机构维稳方式”。建立并坚持全市“促调整、控风险、维稳定”法人金融机构风险分析例会制度。对齐商银行开展金融风险状况评估，提高法人机构的风险防范能力，并在分行的《金融稳定工作动态》上以专刊形式在全省进行推广。与桓台县政府签订1亿元的商业承兑汇票授信协议，这是山东省首家以县域为单位进行的再贴现授信活动。

创新政府融资平台监测方式，切实提高监测质量。在深入调研分析基础上，制定政府融资平台监测办法。针对各金融机构政府融资平台贷款高度集中状况，开展2期监测分析，撰写的监测分析报告被《中国区域金融稳定报告》采用。参与全省融资平台调查方案的设计，完成全省数据汇总。

【外汇管理】 改进外汇管理和服务，积极推进货物贸易进口付汇管理改革试点，简化行政审批程序，下放外汇业务权限。组织开展“外汇知识学习月”活动，对全市85家银行分支机构的分管行长及业务人员共计277人进行培训考试。规范银行国际业务，有效防范银行经营风险。开展外汇管理知识和政策宣讲及“诚信兴商”宣传月活动，外汇管理人员深入涉外企业举办4期外汇政策业务宣讲会，近600人参加宣传培训；对进口付汇制度改革、人民币跨境结算及开立境外账户存放外汇等外汇政策进行全面宣讲和解读，促进良性互动。加快推进个人本外币兑换特许业务试点进程，提升外汇服务质量。

【提升金融服务效能】 2010年，以开展业务竞赛为依托，与履职创新密切结合，全面提升金融服务效能。开展业务竞赛活动，营造创新氛围。召开业务竞赛动员会议，成立业务竞赛活动领导小组，制订竞赛活动实施细则和竞赛活动方案，将业务竞赛活动与贯彻执行适度宽松货币政策紧密结合、与金融服务创新紧密结合、与建设学习型党组织和“创建学习型组织、争创知识型员工”活动紧密结合。与市总工会联合开展“保增长、惠民生、促发展”信贷业务主体竞赛活动，评选并表彰优秀成果12项，实现竞赛活动与履行职责的有效结合；开展“为政府分忧，助‘三农’发展”国库直接支付涉农补贴竞赛活动，延伸国库服务的辐射面。在分行举办的业务竞赛中，获得11项团体奖，54人获单项奖；有4人代表分行参加总行4个项目的业务竞赛，2人获得总行一等奖。

创新方式方法，全面提升履职服务质量和水平。借助第二十二届省运会宣传平台，向社会公众宣传支付结算知识，扩大非现金支付工具和手段的应用。优化农村非现金支付环境，召开专门座谈会研究农村支付服务环境建设工作，积极向市政府领导汇报和建议，争取各级政府和部门协调配合，按照“政府主导、银行推动、以点带面、村镇联合”的工作方式，加快农村地区非现金支付工作进度，做法和经验被《金融时报》刊发。稳步推进跨境贸易人民币结算工作，组织召开全市跨境贸易人民币结算工作会议，在全省第一家办理出口结算业务，累计办理业务62笔，金额逾7亿元。强化人民币流通管理，构建和完善城市、农村两个反假货币网络，对出租车驾驶员进行反假货币培训，受到广泛好评。农村地区货币流通环境和票面整洁度显著改善。开展“送国债知识下乡”活动，推进辖区国债收款单兑付工作和国库直接支付工作。组织全市银行业机构在《淄博日报》开辟《加快推进金融创新，服务淄博经济发展》专栏，利用电视台、报刊等媒介，宣传金融知识。组织4家银行就金融创新接受淄博电视台《小语访谈》栏目的专题采访。

【内部管理】 创新思路方法，深化行风建设。制定行风建设标准化管理指导标准，全面实施行风标准化建设。建立行风建设联络员制度，选取货币金银、调查统计2个部门积极进行标准化试点检验。开展行风建设工作推进会，将行风建设标准化管理工作纳入季度绩效考核，按季进行全面检查。同时，积极推进支行行风建设标准化工作，选取临淄区支行作为试点延伸行风建设工作领域，以人民银行的行风建设推动整个金融系统行风建设。

认真贯彻大安全管理思路，提高规范化管理水平，实现安全无事故。做好案件防范工作，积极探索业务开展和案防有机结合的新路子，定期开展风险点排查活动，层层签订“风险点”防范责任书。拍摄《构筑案防长堤，为基层央行履职保驾护航》电视专题片，在总行案件防范经验交流会上作了案件防范典型发言。健全完善财务管理、节能减排、监督考核等各项规章制度，对办公用计算机、支行线路改造等项目实施集中采购。定期开展全行安全大检查，消除各类风险隐患；健全应急工作机制，落实应急管理责任，加强应急值守，进行各项应急演练，提高辖区应急处置能力。积极探索监督机制建设，综合运用上级监督、同级监督、群众监督等方式，充分发挥行政监察、内审监督、事后监督、干部考察与考核、会计监督、信访监督等职能作用，有效发挥了大监督的合力作用。年内，开展内部监督审计项目13项，及时发现并消除各类风险隐患，提高了会计核算质量。依托网络、报纸等进一步拓宽政务公开渠道，及时公开各项行政审批项目。深入推进依法行政，做好执法检查。年内，对全市金融机构组织开展2项综合执法检查和17项专项执法检查。

【加强支行建设】 按照“定位清晰、职责明确、管理科学、运转协调”的总体要求，把抓好支行建设作为“一把手”工程。投资100余万元，完成6家支行机房改造和1家支行办公楼的全面修缮。完善支行内部管理机制建设，规范干部选拔程序和流程。年内，指导辖区2家支行完成中层领导职务和岗位竞聘工作。强化对支行班子队伍建设，对4名支行“一把手”进行调整培养，优化班子队伍结构；加大对支行领导干部的培训力度，6名支行行级领导参加上级行举办的各类培训班。通过召开专业研讨会等多种形式，提高支行人员履职能力。经分行审批，在桓台县支行增设外汇管

理部，以更好地发挥服务地方经济作用。　（冯　波）

【银行监管】　2010年，辖内银行业金融机构积极贯彻落实国家宏观调控政策，优化信贷结构，加大对中小企业、“三农”的信贷支持。在提高金融服务水平同时，盈利能力和市场竞争力也得到有效提升，各项主要指标趋势继续向好，总体实力显著增强。截至年末，辖内银行业金融机构资产总额达到2637.16亿元，较年初增加326.15亿元，增幅为14.11%；所有者权益达到91.05亿元，较年初增加11.27亿元，增幅为14.13%；负债总额达到2546.11亿元，比年初增加314.87亿元，增幅14.11%。银行主体业务稳步增长，支持经济力度加大。全市银行业金融机构各项存款余额2440.3亿元，较年初增加307.15亿元，增长14.4%；各项贷款余额1746.31亿元，比年初增加313.56亿元，比年初增长21.89%；实现账面利润40.11亿元，同比增盈7.14亿元。银行风控能力逐步增强，资产质量有效提升。全市不良贷款余额42.36亿元，比年初减少29.44亿元，占比2.43%，比年初下降2.58个百分点，跨入全省先进行列。全年现金清收、核销贡献率达到48%。全市各银行机构资产减值准备余额达到45.24亿元，比年初增加5.16亿元，增长12.87%。

支持地方经济发展。在宏观经济形势较为复杂的情况下，保总量、调结构，督促国有商业银行、股份制银行、邮政储蓄银行等分支机构积极向上级行争取信贷规模，指导城市商业银行、农村合作金融机构合理把握信贷投放节奏，保持对全市经济发展的可持续支持力度。指导各银行机构不断创新工作方式，强化对中小企业、“三农”等弱势群体的支持力度。截至年末，2项余额分别达930亿元和530亿元，增速高于同期贷款近13个百分点和3个百分点。注重强调信贷支持节能减排和产业结构调整，推行环保“一票否决制”，全年压缩、退出不符合产业政策和环境违法项目逾16亿元。

2010年9月4日，召开地方政府融资平台贷款清查工作汇报会　（郑宪章　摄）

打造优质银行体系。以良好银行为主要标杆，督促各类银行机构加快改革创新，提高发展质量。加快新银行机构引进步伐，招商银行淄博分行、兴业银行淄博支行顺利进驻并实现快速发展，光大银行在辖内设立分支机构获银监会批准。督促齐商银行树立差异化、专业化的经营理念，支持其设立5家特色化支行，分别在西安和青州设立分支机构，在临沂发起设立村镇银行。积极推进农村金融服务体系建设，12月30日，山东临淄农村商业银行正式开业，张店农村商业银行筹建申请报银监会待批，张店农村合作银行在沂源设立村镇银行已获批筹建。各类银行机构发展水平在全省均居前列，全市初步形成较为完善、优质的金融服务体系。

2010年12月30日，临淄农商行开业　（郑宪章　摄）

打造良好金融环境。树立以风险为本的监管理念，加强不良资产处置，不良贷款余额和占比分别比年初下降近30亿元和2.6个百分点，不良贷款占比低于全省平均水平。开展政府融资平台贷款清理规范工作，风险得到有效控制。

附：　**淄博银监分局监管对象**

政策性银行：中国农业发展银行淄博市分行

大型商业银行：中国工商银行淄博分行、中国农业银行淄博分行、中国银行淄博分行、中国建设银行淄博分行、交通银行淄博分行

股份制商业银行：中信银行淄博分行、招商银行淄博分行，浦发银行淄博支行、兴业银行淄博支行

城市商业银行：齐商银行

邮政储蓄银行：中国邮政储蓄银行淄博市分行

农村中小金融机构：山东省农村信用社联合社淄博办事处，张店农村合作银行，临淄农村商业银行，博山区农村信用合作联社、淄川区农村信用合作联社、周村区农村信用合作联社、桓台县农村信用合作联社、高青县农村信用合作联社、沂源县农村信用合作联社

淄博市金融机构银行类统计表

表 19—01

指标(个)		2005	2006	2007	2008	2009	2010
银行类	法人机构	9	9	9	9	9	9
	省级分行	0	0	0	0	0	0
	二级分行	10	10	11	12	13	13
	区县支行	168	184	184	193	229	229
	分理处、营业所	698	635	641	745	703	691
	储蓄所	188	177	176	41	39	36
	从业人员总数	13654	13293	13573	13331	13757	13961

说明:表中 2008～2010 年统计的邮储银行机构数量包括邮政局代理的 59 个网点,但人员统计中不包括邮政局人员。

(郑宪章)

【农业发展银行淄博市分行】 至 2010 年末,农发行淄博市分行各项贷款 27.71 亿元,较年初增加 0.95 亿元;实现利润 4018 万元。

做好粮棉购销主体业务,确保资金供应和贷款安全。认真履行政策性职能,发放地方储备粮油贷款 7702 万元,支持储备企业增加储备;发放贷款 637 万元,支持地方储备油 42 万公斤。做好政策性粮油跨省移库和贷款划转工作,向中央直属库发放贷款 1.83 亿元,支持最低保护价粮食跨省移库 1.1 亿公斤。及时做好夏粮收购贷款资格认定工作,发放收购贷款 1000 万元,收购粮食 483 万公斤,确保资金及时足额供应,保护粮农利益。做好 2009 棉花年度棉籽贷款促销收贷工作,发放棉籽贷款 1.2 亿元,8 月末全部收回,实现双结零。

规范基础设施贷款,支持新农村建设。落实抵押担保,有效防范贷款的风险,政府融资平台贷款全部采取补充落实担保措施。严格规范贷款投放和资金使用,投放贷款 2.8 亿元支持马踏湖生态水源地恢复项目,向东泰商厦贷款 3000 万元支持农村流通体系建设。

清收不良贷款。年初制定措施,落实清收责任。年内,不良贷款下降 1628 万元,其中现金清收 1300 万元,核销 328 万元,不良贷款率下降 0.68 个百分点。

管理岗位实行竞聘制,提升执行力。6 月,组织机关中层干部及支行正副行长竞聘上岗工作,完成支行行长岗位交流。通过竞聘提拔高级主管 1 人,副主管 4 人,支行行长 2 人,副行长 5 人;有 3 名支行行长进行了岗位交流。支行班子成员平均年龄下降 3.1 岁,市行中层干部平均年龄下降 3.9 岁。

(刘 平　孙 军)

【工商银行淄博分行】 至年末,工商银行淄博分行各项贷款余额 267.67 亿元,比 2009 年增加 37.01 亿元,增长 16.05%;各项存款余额 384.53 亿元,比 2009 年增加 32.36 亿元,增长 9.19%;不良贷款余额 5.55 亿元,不良率 2.07%,分别比 2009 年下降 1.92 亿元和 1.17 个百分点;实现拨备前利润 9.34 亿元,比 2009 年增加 1.19 亿元,增长 14.60%;全年实现无案件、无事故目标。

信贷业务。以淄博老工业城市转型发展为契机,把握经济结构调整重点,加强银政、银企合作,积极争取上级行政策支持,合理安排贷款投放。项目贷款在连续 3 年停牌后,于 6 月实现业务复牌,并在年内新发放项目贷款 4.48 亿元。积极支持重点房地产开发项目建设,年内累计发放住房开发贷款和土地储备贷款 15 亿元。贯彻落实上级行出台的一系列支持中小企业发展的新政策,创新担保方式,发展"网贷通"等新业务,小企业贷款客户数量和余额稳步增长。年末,小企业贷款客户比 2009 年增加 146 户,贷款余额比 2009 年增加 4.93 亿元。适应国家扩大内需要求,围绕住房、汽车等重点消费市场,大力发展个人信贷业务,个人贷款保持快速发展势头。至年末,个人贷款比 2009 年增加 19.27 亿元。发展贸易融资、票据融资和表外融资业务,融资渠道进一步拓宽。年末,贸易融资余额 43.35 亿元,比 2009 年增加 9.27 亿元;全年累计办理票据融资 38.8 亿元;银行承兑和信用证余额 68.07 亿元,比 2009 年增加 7.52 亿元。

存款业务。充分发挥金融产品丰富优势,积极拓宽新市场,培育新客户,提升客户服务水平,各项存款保持稳定增长,为信贷投放提供资金保障。加强网点建设,完善服务功能,提升服务质量和服务效率,储蓄存款持续增加。年末,储蓄存款余额突破 200 亿元,比 2009 年增加 16.29 亿元。重点做好上市公司、集团客户、系统客户的综合金融服务,积极拓展小企业金融市场,延伸拓宽业务领域。年末,对公存款余额 177.17 亿元,比 2009 年增加 12.82 亿元;同业存款余额 6.52 亿元,比 2009 年增加 3.25 亿元。

中间业务。适应市场多元化金融服务需求,整合资源,创新方式,积极发展结算、代理、理财等中间业务,优化业务结构,促进经营转型。全年累计办理委托、信托、"信托＋理财"业务贷款 28.29 亿元,有效满足企业融资需求。全年实现国际业务结算量 26.78 亿美元,比 2009 年增加 7.78 亿美元;实现结售汇业务量 9.08 亿美元,比 2009 年增加 1.89 亿美元。电子银行业务发展迅速,全年实现网银交易额

9087亿元，比2009年增加3502亿元。银行卡市场有效扩大，全年实现刷卡消费16.7亿元，比2009年增加3.85亿元。理财产品销售大幅增长，全年销售个人理财产品75.77亿元，对公理财产品46亿元。

资产质量。把握政策机遇，明确目标，落实责任，加快不良资产清收处置进度，不良贷款余额和占比实现"双降"。全年累计清收处置不良资产3.59亿元，其中核销处置不良贷款1.63亿元。重点抓好法人客户不良处置工作，历史遗留问题逐步解决。年末，法人不良贷款5.39亿元，比2009年下降1.74亿元。加大个人违约及不良贷款催收工作，个人贷款质量持续向好。年末，个人不良贷款余额0.16亿元，比2009年下降0.18亿元。

体制机制。按照经营转型的总体要求，不断完善机制建设，优化资源配置，提升质量和效率。重点完善客户分层营销服务机制，成立市区公司大客户服务中心、机构大客户服务中心、财富管理中心，对重点客户实行牵头营销、集中营销和统一管理，提高客户服务层级和效率。完善小企业融资业务专营机制，加强上下协作联动，理顺管理机制，业务运营和管理效率进一步提高。组建风险督查中心，顺利完成监督体系、远程授权改革，运行管理工作逐步走向规范化和标准化。积极构建立体化服务体系，加强网点渠道建设和自助服务渠道建设，优化网点布局，提升综合服务功能。年内，装修改造网点6家，迁址3家，升格2家，增加自助设备51台。

内部管理。坚持依法合规、稳健经营，精细化管理水平不断提高。严格执行国家宏观调控政策和银监会的贷款新规，加强信贷基础管理，逐级落实风险责任；重点规范政府融资平台贷款、房地产贷款、贸易融资、票据融资管理，增强信用风险防控能力。推行支行专职内控管理副行长制度，在做好日常监督的同时，配合上级行和监管部门开展一系列检查，及时落实整改措施，有效防范各类操作风险。开展"内控和案防制度执行年"活动，重点抓好重点人、关键环节和主要风险点的防控，全面整肃经营管理不良行为，及时化解和消除各类矛盾，实现无案件、无事故发生。

队伍建设。深入推进执行力建设，求真务实，真抓实干，严格执行党风廉政建设责任制和廉洁自律规定，落实重大事项报告、述职述廉、民主评议等制度，做到令行禁止。实施人才兴行战略，完善各类人才选拔机制，畅通员工晋升渠道，将一批优秀年轻员工充实到各级管理岗位。多层次开展员工培训，重点加大转岗人员、中年员工培训力度，推行岗位认证资格、专业知识技能认证，开展专业技术比赛，队伍整体素质不断提高。优化人力资源配置，全面推行绩效目标管理，调动和激发了员工积极性。 （于朝峰）

【农业银行淄博分行】 2010年，农业银行淄博分行市场份额快速提升，核心指标领跑同业，经营管理持续向好，实现了历史性突破。2010年度农行淄博分行综合绩效考评获全省系统第一名，被农行总行授予第一届全国文明单位称号。

增强资金实力。以核心法人客户为重点，提升对公存款的竞争力，实行"行长抓大户、部门抓中户、全员抓账户"名单制管理，抢抓源头，密切关注重点客户、重点行业、重点项目的资金动向。加强对拟上市企业的金融服务，全力抓好上市资金的营销工作，成功介入多家上市公司的资金归集。年末，全行对公存款余额183.79亿元，新增26.4亿元。以个人优质客户为重点，提升个人客户存款竞争能力。全行本外币个人存款余额256亿元，新增32.81亿元，同业存量、增量继续保持第一位。充分发挥网点营销作用，提升存款竞争力。实行重点网点推进制度和网点差异化经营，完成35个网点的装修改造工程，打造17个营销技能标杆网点，综合竞争力显著提高。全行各项存款达到439.9亿元、新增59.19亿元，总量份额在全市13家金融机构中居第一位。

优化信贷结构。按照经营战略转型的要求，发挥资金规模优势，加大对重点行业、骨干企业、重点项目和优质客户的资金支持力度。按照"好中选优，大中选强"的原则，拓展优质客户、重点项目。先后举办新材料、股权交易中心挂牌企业联谊会、推介会等，支持战略性新兴产业的快速成长。推行调查、审查、审批人员平行作业的新型工作方法，开创具有农行特色的"低平台，短流程，高效率"小企业金融服务模式，提高信贷管理效能，全力支持小企业发展。年末，法人客户贷款余额200.1亿元，当年新增49.71亿元，其中小企业贷款增幅为45.21%，高出全行贷款增幅6.48个百分点。做好做优个人资产业务，以个贷集中经营管理中心为平台，加快个人贷款投放，年末个人贷款达到62.03亿元、新增23.5亿元。以惠农卡和农户小额贷款作为服务"三农"的主打产品，坚持一手抓发展、一手抓风险防范，发放农户小额贷款142396万元，新增49057万元，不良贷款余额为零。年末，全行各项贷款余额262.22亿元，新增73.21亿元，在四大行中增量份额居第一位。

2010年10月28日，农行淄博分行举办支持"新材料名都"发展银企联谊会 （农行淄博分行 供稿）

发展中间业务。强化资源配置，依托核心客户资源，实施一揽子产品营销策略，加大中间业务拓展力度，投行、电子银行业务发展明显加快，实现规模和质量的同步提高。全行借记卡达到208万张、贷记卡达到19.1万张；新增转账电话6109部、电话银行19.1万户、网上银行9.1万户、手机银行4.6万户、短信通7.8万户，银行卡和电子银行产品用户达到311.34万人次，居同业首位。理财业务、代理保险、投资银行、国际结算等中间业务均实现跨越性发展。

提升服务水平。深化规范化文明服务系统工程，建立推进文明优质服务工作的长效机制；加快网点转型，实行个人信贷经营管理体制改革、网点差异化经营改革、重点网点推进制度、完善个人贷款客户服务系统四项改革措施，提升服务能力和网点的综合竞争力；加强网点标准化和电子银行、自助交易渠道建设，积极培育精品网点，建设物理网点、电子机具和电子银行三大渠道并行的综合服务销售体系。年内，完成121个网点的文明标准服务导入。完善个人贷款集中审批中心、农户小额贷款客户服务中心、个人优质客户服务中心、小企业金融服务中心，创新服务平台，整合业务流程，提高服务效率。加快业务和产品创新，扩展“金光道”对公系列、“金钥匙”个人系列、“金穗卡”银行卡系列、“金e顺”电子渠道类、“金益农”惠农类系列产品近200个业务产品。加快订单融资业务、海外代付业务、实物黄金等产品推广，顺利完成“个人贷款客服系统”的开发运行。拓展银行卡电子银行产品规模，为客户提供便捷高效服务，信贷管理（三期）、财务管理（二期）、柜员指纹认证系统、电子商业汇票系统、新一代网上银行系统升级等系统推广上线。

农行淄博分行在乡村设立自助业务服务点

（农行淄博分行　供稿）

推进和谐农行建设。加强企业文化建设，开展丰富多彩的文化活动。开办“淄博农行大课堂”，邀请知名专家学者对全体员工进行授课。赞助山东省第二十二届运动会，独家赞助了“农行杯”蹦床项目比赛。组织员工向社会捐款89.2万元。是年，淄博农行有5个支行继续保持省级文明单位称号，4个支行被总行授予第一届全国文明单位称号，1个支行被总行授予第五届全国农行精神建设工作先进单位称号。

（耿向刚）

【建设银行淄博分行】 2010年，建行淄博分行经营效益稳步增长。截至年底，实现账面利润6.40亿元，同比增加4834万元，增幅8.18%；实现中间业务净收入2.31亿元，同比增加4800万元，增幅25.80%。不良贷款实现“双降”，不良贷款余额30230.36万元，较年初下降6050.03万元；不良贷款率1.52%，较年初下降0.46个百分点。

贷款结构优化。截至年末，各项贷款余额199.14亿元，比年初新增16.12亿元，增速8.81%。个人住房贷款余额48.33亿元，新增8.03亿元，增速19.93%。累计投放各类贷款131.6亿元。支持淄博东部化工区建设，向首家搬迁企业新民基化工公司投放贷款5900万元。

小企业金融业务。截至年末，新增小企业非贴现贷款10.96亿元，占全行非贴现对公贷款新增额的70.26%，小企业贷款余额达到35.6亿元，占全行非贴贷款的比重由年初的20%上升到26.22%，高出全省建行系统平均水平15.5个百分点，连续5年保持全省建行第一位。

新兴战略性业务。投行业务全省建行领先。至年底，通过投行业务累计为企业融资15.19亿元，列系统内第二。国内保理业务继续快速发展。全年发放国内保理预付款18.9亿元，预付款余额占全行新增非贴贷款的25%。国际贸易融资发展势头良好。全年办理贸易融资35.9亿元，为淄博市企业融资70亿元，为淄博市投放信贷资金支持200亿元。

基础管理与内控。完善基础管理工作，改善服务质量。全年共发生有效客户投诉24笔，同比下降55%。注重员工思想建设，层层签订党风廉政建设责任书和案件防控、安全生产责任书等；加强对职业操守和员工行为禁止性规定的学习和落实，在全行组织开“如何做一名好员工”大讨论，并举办专题演讲比赛。加强案件和风险防范工作，组织开展“内控与案防制度执行年”活动。强化会计管理，年末会计综合考评列全省建行第一位。加强信贷风险管理，建立“动态监管、重点关注”客户信息台账，实施到期贷款提示制度和良好拖欠贷款清收督办制度。

经营模式转型。各支行全部成立贷后管理团队，加强贷后管理。完成重点项目客户评级及授信项目的风险评价工作。对网点功能进行定位，分为全功能、多功能、单功能网点，并完成网点对公业务整合，设立网点管理中心，对张店地区10个零售网点进行直接经营管理。个贷标准化建设也取得显著进展，为全行个贷业务发展奠定坚实基础。

（建　行）

【中国银行淄博分行】 2010年，中国银行淄博分行全年实现拨备前利润6.38亿元，比2009年增长19.73%。人均拨备前利润73.26万元，增长10.66%。税后净利润4.25亿元，增长25.37%。资产利润率1.49%，增长12.03%。

本外币一般存款实现较快增长。年末本外币一般存款余额292.33亿元，较年初新增36.21亿元。其中，人民币一般存款余额284.92亿元，较年初新增38.29亿元，增长

15.53%，新增额全省系统内排名第三位。人民币一般存款余额五大行口径市场份额19.53%，当地同业排名第三，较年初提升0.69个百分点。本外币贷款保持平稳增长。加大对重点项目、重点企业支持力度，积极发展中小企业授信业务，大力发展供应链融资业务，不断增强零售贷款的竞争力，资产业务实现持续稳定增长。年末本外币贷款余额224.12亿元，较年初增加21.93亿元，增长10.85%。新模式下中小企业贷款余额7.13亿元，较年初增加5.69亿元，同比增长395.13%。人民币贸易融资余额21.25亿元，全省系统内排名第一位，较年初增加13.13亿元。订单融资、国内证买方押汇等产品实现零的突破。

中间业务。全年实现中间业务2.12亿元，同比增长20.95%，占营业净收入的22.45%，较年初提高0.77个百分点。实现国际结算额27.00亿美元，同比增长44.33%。市场份额实现外管和海关口径双上升。取得跨境贸易人民币结算业务淄博首发优势，办理全省首笔出口收汇业务。2010年叙做跨境贸易人民币结算业务3.25亿元，当地同业市场份额43.49%，居同业首位。重点推动人保联名卡、淘宝校园卡的发卡工作，转变银行卡发卡方式，银行卡当年新增发卡36330张。在齐商银行企业年金招标中胜出，签署全省中行系统首笔年金单一计划合同。开展存放同业业务，在全省系统内地市行中叙做唯一一笔3个月滚存形式的存放同业业务。

内控和风险管理工作。推进全流程、精细化管理，资产质量继续保持高水平。全年化解不良资产5355.18万元，完成省行计划的320.29%。实现全年零案件、零事故的目标。在全省系统内首次打赢跨国国际结算纠纷案件官司。反洗钱工作取得显著成效，在人民银行开展的自律评估活动中被评为A级金融机构。（肖　群）

【交通银行淄博分行】　截至年末，该行人民币存款余额98.77亿元，比年初增加31.12亿元，增幅46%；本外币贷款余额64.93亿元，比年初增加11.2亿元，增幅21.08%；实现经营利润1.52亿元，增长47.79%。

内控建设。落实会计主管委派制和重要岗位人员轮岗、强制休假制度。定期组织会计主管进行业务考试，按月召开会计主管会议。修订并全面实施会计主管考核办法。选拔配齐会计副主管，强化基层营业机构会计内控负责人对重大会计风险环节防控的责任。按照省分行的要求，与全体基层会计正副主管签订重大会计风险环节防控责任书，健全落实会计业务检查通报制度。2010年，共下发会计业务现场、非现场检查通报704期，业务差错风险提示90期。加大现场检查和远程监控录像检查力度，下发现场检查通报28份，下发录像整改通知书232期、会计风险整改通知书444期。通过治理，整改率达到96%以上。

不良资产处置。采取以收现为主，重组、诉讼等相结合的清收工作方法，重点抓好大户不良资产的压缩工作。对存量不良贷款认真分析，排队梳理，结合每户不同情况，采取“一户一策”和“一户多策”的措施，逐户进行反复分析排查，查找清收落脚点，将清收目标落实到户，清收责任落实到人，做到应收尽收。截至年末，累计压缩存量不良资产2366.76万元，完成上级行年度压缩计划的116.02%。不良贷款占比1.15%，比年初下降0.57个百分点。

精神文明建设。开展“我的交行，我负责”文化建设主题活动，并探索长效机制建设，聘请服务监督员对网点服务进行客观评价，梳理业务操作流程。开展开门评行风和服务意见有奖征集等活动。以打造“好客交行”服务品牌为切入点，建立多频次、高标准的监督检查制度，注重在提升服务内涵上下工夫。建立统一、快速、有效的投诉处理机制，提高客户满意度。认真开展各项金融知识普及和公益服务活动，提升品牌形象。（郝京才）

【齐商银行】　2010年，齐商银行围绕“市民银行”和“中小企业主办行”的市场定位，改革完善营销管理体制、条线管理体制和风险管理机制，实现规模、质量、效益的协调发展，经营成果创历史最高水平。连续第六次成功入选“2010年中国服务业企业500强”，被评为“中国金融业十大优质服务机构”。在全省182家地方金融企业绩效评价中，获得AA优秀等级，以总分92.9分的成绩列山东省第四位。截至年末，全行总资产363.28亿元，较年初增长62.8亿元；各项存款余额317.5亿元，较年初增长52.88亿元；各项贷款余额233.51亿元，较年初增长39.69亿元；全年实现经营利润8.19亿元，上缴税金2.56亿元；实现税后利润4.68亿元。

经营工作。加大对节能减排、新兴产业、现代服务业、县域经济、中小企业的支持力度，适时调整对受控、受限行业的信贷政策，全年累计发放各类授信672亿元，支持地方经济发展。将资产质量管理作为经营工作的重中之重，集中开展不良清收会战，加大问责力度，取得显著成效。货币市场业务和国际业务发展迅猛，债券结算年度交易量、中债收益率曲线估值排名均居全省城商行前列，国际结算量、外汇利润均创历史最好水平，营业总收入居山东省城商行第二位。

中间业务。开展自助银行及大堂经理普及化试点，加大自助设备投放，网银业务发展势头迅猛，电子化交易率不断攀升；成功获批证券投资基金销售业务资格并顺利开办基金代销业务，为客户开辟新的投资渠道。

机构发展。特色化、差异化经营取得新成果，首家跨省分行——西安分行、首家直属异地县域支行——潍坊青州支行、首家控股发起的村镇银行——河东齐商村镇银行均于2010年开业运营。整合部分网点的经营特色和资源优势，建立齐商银行塑料化工专业支行、小商品专业支行、建材建陶专业支行、机电泵业专业支行和不锈钢专业支行5家专业支行。积极探索具有“齐银特色”的小企业专营机构发展模式，小企业金融服务中心张店、临

2010年4月21日，首家跨省分行——齐商银行西安分行开业运营　（齐商银行　供稿）

淄分中心揭牌运行，增强对区域经济和中小企业的服务能力。

抗风险能力。加强内控和案防工作，强化规范化管理，加大条线管理和责任追究力度，全行保持安全稳健运行。加强会计营运组织架构，出台各类标准与制度，现场检查、监督、指导功能逐步完善。推行案例警示教育，适时开展票据、政府融资平台、国内信用证、反洗钱、大额滚动存款、贷款新规等专项检查，全面加强风险审计工作。电子商业汇票系统、基金代销业务系统、网上支付跨行清算系统先后成功上线运行。

2010年8月19日，齐商银行为第二十二届省运会捐款50万元　（齐商银行　供稿）

参与慈善事业。在全市"慈心一日捐"活动动员会议上，认捐慈善基金1000万元。采取比赛项目冠名、捐赠、提升自身服务等方式，支持第二十二届省运会成功举办。在第二十二届省运会银行系统及部分骨干企业捐赠仪式上，为省运会捐款50万元。　（张　波　季青峰）

保　　险

【概况】　2010年，全市保险业务实现快速增长。保费总收入达到63.33亿元，比2009年增长33.51%，保费规模（不含青岛）居济南、烟台、潍坊、临沂、济宁之后，列全省第六位。其中，财产险保费收入19.94亿元，增长40.60%，比全省平均高3.3个百分点，增速列全省第六位；人身险保费收入43.40亿元，增长30.49%，比全省平均高4.06个百分点，增速列全省第四位。

机构数目有所增加。年内，阳光人寿、幸福人寿等公司进驻淄博。至年底，全市有财产险公司17家，人寿险公司20家。山东省第一家保险销售有限公司——山东凯弘保险销售有限公司落户淄博。淄博市产险、寿险、保险经纪公司、保险代理公司、保险公估公司等各类保险机构完善、齐全。经营利润持续增强。全市财产险承保利润率12.83%，比全省平均高出6.67个百分点，共实现承保利润2.5亿元，位列全省第一位。

结构优势变化明显。寿险个人代理渠道业务占比51.21%，比全省平均高2.06个百分点；寿险新单期缴率33.10%，比全省平均高0.34个百分点；产险应收保费率0.52%，比全省低0.29个百分点；车险案均赔款2664.96元，比全省低677.45元。

市场秩序趋于规范。车险市场保费充足率不断提高，全市车均保费2425.91元，比全省平均高359.58元；保费费用率14.21%，比全省低0.93个百分点。寿险银邮代理手续费3.26%，比全省低0.3个百分点；保费费用率5.73%，比全省低1.2个百分点。市场秩序逐步好转。

服务社会能力逐步增强。保险业为全市居民、企事业单位提供了6307.32亿元的风险保障，全年共支付赔款和给付13.21亿元。全年缴纳地方税收1.88亿元；产险承保机动车71万辆，为地方代缴车船税8249万元；农业险参保农户达到18.32万户，种植业承保面积6.4万公顷，畜牧业承保牲畜5.42万头；保险从业人员近2万人；保险深度首次突破2，达到2.2%，保险密度达到1500元。

3·15消费者权益日宣传活动　（市保险行业协会　供稿）

【行业活动】　组织宣传活动。3月，淄博市保险行业协会组织淄博保险业3·15消费者权益日大型宣传活动。5月，在淄博宾馆举行全市保险医疗定点医院授牌仪式。6月30日，组织保险业"慈心一日捐"活动。淄博保险业共计捐款

11.3 万元。7 月 23 日，由协会主办的新华交响乐团演出在广电大剧院举行。开展业务自查工作。3 月，开展全市银邮业务情况自律检查工作。9 月 14 日，召开全市借意险工作会议，对借意险业务开展情况进行自律检查。10 月，对淄博市财产险保险营销员管理工作进行自律检查。10 月 29 日，组织全市保险营销服务部负责人法律法规考试。

【召开服务保险业工作座谈会】 8 月 12 日，淄博市保险行业协会与市法院召开服务保险业工作座谈会。各保险公司分管理赔、法律事务的负责人参加会议。市法院、高新技术开发区法院有关人员及山东理工大学法学教授对部分典型案例进行点评和分析，并给出相关司法建议。

2010 年 7 月 23 日，新华保险交响乐团走进淄博演出晚会　　（市保险行业协会　供稿）

2010 年 8 月 12 日，与市法院召开服务保险企业发展座谈会　　（市保险行业协会　供稿）

淄博市保险业务统计表

表 19—02

指标(亿元) \ 年度		2009 年	2010 年	
		保费收入	保费收入	增幅(%)
保险类	保险公司保费收入	48.32	63.33	31.06
	财险收入	14.18	19.93	40.58
	寿险收入	34.14	43.40	27.12
	保险公司赔付支出	13.94	10.17	-27.04
	财险赔款	7.96	7.73	-2.89
	寿险给付	5.98	2.44	-59.20

2005～2010 年淄博市保险机构统计表

表 19—03

指标(个) \ 年度		2005	2006	2007	2008	2009	2010
保险类	全市保险机构	13	18	24	146	156	168
	财险机构	7	10	12	94	96	96
	地市机构	7	10	12	17	17	17
	区县机构				77	79	79
	寿险机构	6	8	12	52	60	72
	地市机构	6	8	12	19	19	20
	区县机构				33	41	52
	从业人员总数				20889	23916	
	财险人员				8062	9962	
	寿险人员				12827	13954	

淄博市财产保险公司名单

表 19—04

序号	单　位　名　称
1	中国人民财产股份有限公司淄博市分公司
2	中国太平洋财产保险股份有限公司淄博中心支公司
3	中国平安财产保险股份有限公司淄博中心支公司
4	天安保险股份有限公司淄博中心支公司
5	中国大地财产保险股份有限公司淄博中心支公司
6	永安财产保险股份有限公司淄博中心支公司
7	中华联合财产保险有限公司淄博中心支公司
8	中国太平财产保险有限公司淄博中心支公司
9	安邦财产保险股份有限公司淄博中心支公司
10	阳光财产保险股份有限公司淄博中心支公司
11	华安财产保险股份有限公司淄博中心支公司
12	都邦财产保险股份有限公司淄博中心支公司
13	民安保险(中国)有限公司淄博中心支公司
14	天平汽车保险股份有限公司淄博中心支公司
15	永诚财产保险股份有限公司淄博中心支公司
16	长安责任保险股份有限公司淄博中心支公司
17	渤海财产保险股份有限公司淄博中心支公司

淄博市人寿保险公司名单

表 19—05

序号	单位名称
1	中国人寿保险股份有限公司淄博分公司
2	中国太平洋人寿保险股份有限公司淄博中心支公司
3	中国平安人寿保险股份有限公司淄博中心支公司
4	泰康人寿保险股份有限公司淄博中心支公司
5	新华人寿保险股份有限公司淄博中心支公司
6	中国太平人寿保险有限公司淄博中心支公司
7	合众人寿保险股份有限公司淄博中心支公司
8	长城人寿保险股份有限公司淄博中心支公司
9	中荷人寿保险淄博营销服务部
10	民生人寿保险股份有限公司淄博中心支公司
11	中英人寿保险有限公司淄博营销服务部
12	嘉禾人寿保险股份有限公司淄博中心支公司

续表 19—05

序号	单位名称
13	中国人民人寿保险股份有限公司淄博中心支公司
14	生命人寿保险股份有限公司淄博中心支公司
15	恒安标准人寿保险公司淄博营销服务部
16	华泰人寿保险股份有限公司淄博中心支公司
17	中宏人寿保险有限公司淄博营销服务部
18	阳光人寿保险股份有限公司淄博中心支公司
19	幸福人寿保险股份有限公司淄博中心支公司
20	国华人寿保险股份有限公司淄博中心支公司

（索利芹）

证　　券

【概况】 2010 年，全市共有 17 家证券、期货经营机构。其中，证券营业部 14 家，期货营业部 3 家。证券经营机构中，齐鲁证券淄博营业部有 8 家，分别为张店人民西路营业部、张店新村西路营业部、张店中润大道营业部、淄川松岭路营业部、周村青年路营业部、临淄桓公路营业部、博山沿河西路营业部、沂源营业部；海通证券淄博营业部有 3 家，分别为淄川通济街营业部、临淄石化营业部、桓台营业部；中信万通淄博营业部有 2 家，分别为张店美食街营业部和张店柳泉路营业部；中信建投证券淄博中心路营业部 1 家。3 家期货经营机构分别为鲁证期货淄博营业部、招金期货淄博营业部、永安期货淄博营业部。

全市除高青县外，各区县均设有营业部，其中张店区 9 家，淄川区 2 家，临淄区 2 家，博山区、周村区、桓台县、沂源县各 1 家。截至年末，全市资金账户总数为 709328 户（2009 年为 600902 户），沪、深两市证券交易开户总数为 954566 户（2009 年为 871321）。证券交易金额为 4223.56 亿元（2009 年为 5010.69 亿元），证券托管市值为 262.45 亿元，保证金余额为 85.04 亿元。　　（孟令昌）

本部类编　辑：王　娟
副主编：徐　杰
校　对：范立学
张爱云

科　学

科　技

【高新技术产业】 2010年，全市高新技术产业实现产值3024.48亿元，比2009年增长36.41%，占全市规模以上工业总产值的比重达到38.18%，比2009年末提高2.38个百分点。

高新技术产业。坚持把发展高新技术产业作为推进全市经济结构调整、产业优化升级、转变经济发展方式的重大举措，印发《淄博市人民政府关于加快技术创新工程建设推进高新技术产业发展的实施意见》，分析全市加快技术创新工程建设、推进高新技术产业发展的重要性和既有基础，明确指导思想和基本原则，提出发展六大战略性新兴产业的主要任务和七大保障措施，推动全市战略性高新技术新兴产业发展。

国家级产业基地。进一步加大国家级产业基地建设力度，努力将新材料产业基地、生物医药、先进陶瓷、泵类、功能玻璃特色产业基地建设成为培植战略性新兴产业的重要平台。实行基地、项目、人才一体化战略，建立和完善基地内共用服务平台、技术平台及市场平台，引导基地内骨干企业实现集中与合作，加速产业聚集，完善专业化分工，拉长产业链，提高基地的规模效益和产业关联度、集成度，形成一批主业突出、辐射带动作用明显、核心竞争力强的高新技术产业集群，对发展壮大战略性新兴产业起到积极推动作用。立足于新材料产业的突出优势，促进新材料产业成为全市的支柱产业。年内，淄博市被中国材料研究学会认定为全国首家“新材料名都”。

省级以上科技园区。高新区以争创国家创新型科技园区为目标，努力推进创新资源聚合和创新功能拓展，大力组织实施“151”产学研合作推进计划（在三到五年内，与国内外100所高等院校和重点研发机构建立以项目为载体的产学研合作关系，与高等院校或研发机构合作建设50家省级以上重点实验室和研发中心，引进1000名以上创新创业人才），加快6个特色产业创新园建设步伐，全面推进科技中介服务机构发展，全年区内实现高新技术产业产值1187亿元，同比增长21.1%，占工业总产值的比重达到83%，成为全市自主创新的科技高地。临淄齐城农业高新技术产业示范区坚持“农业园区工业化，园区企业龙头化”的发展思路，以高科技项目为抓手，强化工作落实，全年实施重点新建项目7个，实现销售收入30亿元，利税3.5亿元，把园区建设成为农产品加工产业的聚集区、农业高新技术的推广示范区和都市农业的展示区。

国家、省科技项目扶持。在2010年的山东省自主创新成果转化重大专项计划中，全市8个项目获得经费支持2300万元，在全省各市中名列首位。年内，全市承担国家863计划、国家科技支撑计划、国家自主创新产品专项、科技型中小企业技术创新基金等省级以上重大科技项目212项，获得扶持资金6811万元。

高新技术企业认定申报。在高新技术企业的重新认定过程中，注重敦促企业加强创新能力建设，规范财务管理，促进企业不断提高综合实力，全力打造高新技术产业发展的主力军。年内，全市43家企业被省科技厅等批准认定为高新技术企业，按照新办法认定的高新技术企业达到136家，居全省第三位。同时，瑞阳制药有限公司等10家企业被科技部认定为国家火炬计划重点高新技术企业，企业数在全省名列前茅。

【科技自主创新】 坚持把提高自主创新能力摆在全部科技工作的突出位置，大力加强各类创新平台建设，积极引导企业依靠创新提升发展，充分发挥科技工作在提高经济效益和运行质量方面的支撑作用。

知识产权获取、实施及产业化。强化知识产权服务机构建设，建立完善山东省知识产权信息公共服务平台淄博分平台，成立淄博市专利服务中心，加强部门协作，强化专项执法工作力度，在知识产权的创造、运用、保护、管理各个方面打开新局面。成功争创为国家知识产权工作示范城市，知识产权成为创新驱动和转型发展的重要资源和强大引擎。年内，全市申请国内专利7125件，同比增长20.19%，其中发明专利1466件、授权专利3488件，同比分别增长46.45%和107.13%。专利申请量、授权量分别居全省第四位和第六位。

企业技术创新平台建设。积极引导企业加大科技投入，扶持有条件的企业创建各类技术研发中心，不断提高核心技术开发能力和技术优势。全年新增市级工程技术研究中心49家，总数达到181家；争创省级工程技术研究中心13家，总数达到105家，其中国家级1家；新增山东省院士工作站10家，总数达到27家；新增山东省含氟功能膜材料重点实验室等省级企业重点实验室3家。各类研发机构数量均具全省首位。

产业技术创新战略联盟建设。印发《淄博市关于推动产业技术创新战略联盟构建的实施意见》，在新兴战略产业和支柱产业中评选组建10家产业技术创新战略示范联盟，大力开展产学研合作创新，共同突破制约重点行业、重点产业发展的技术瓶颈，加快重大科技成果产业化，带动产业技术进步，提升产业整体竞争力，实现产业结构优化升级。同时，山东新华医疗器械股份有限公司等3家企业分别牵头或参与组建国家级产业技术创新战略联盟，山东东岳化工有限公司等13家企业分别牵头或参与组建省级产业技术创新战略联盟，形成以企业为主体、市场为导向、产学研紧密结合的区域创新体系。

科技成果推广和技术交易。积极发挥科技成果推广转化平台的作用，全年为会员单位和企业科研中心发布科技成果20000余项，提供行业、产品、国内外会展信息等150余条，为加快科技成果推广转化及开展技术交易提供有效支撑。继续加大技术市场管理和技术交易服务工作力度，全市技术交易金额达到6.08亿元。年内，全市取得科技成果198项，其中达到国际领先或国际先进水平的44项。评选出2010年度淄博市科学技术奖88项，涉及机械、纺织、轻工、电子等12个行业。推荐优秀科技成果参加山东省科学技术奖评审，获得省以上科学技术奖17项，其中获国家科技进步二等奖1项，居全省前列。

【第九届中国(淄博)新材料技术论坛】 9月6～9日举办，以丰富的内涵、鲜明的特色，进一步向国内外展示淄博市广阔的新材料产业前景和独特的城市魅力，为加强淄博市与国内外的科技交流、合作与发展，搭建起更加广阔的科技成果转化、招商引智和科技创新平台。论坛对接项目2077项，签订技术合作项目780项，院士、专家为企业解决重大技术难题107项，可带动科技投入和高新技术产业投资106亿元。所签项目涉及新材料、新能源、电子信息、生物医药、先进制造、资源节约、环境保护、节能减排、现代服务业、农业高新技术等十几个领域。

【科技创新合作平台】 推动产学研交流活动的制度化、经常化。年内，依托淄博科技创新服务平台举办"2010年低碳经济专题讲座暨低碳经济项目(医药化工与资源环境领域)洽谈会""实用技术与专利项目推介会"等多场专项洽谈活动，建立科技成果信息发布和供需双方小型化、专业化、常规化的对接交流服务模式。转变工作思路，积极推动企业与众多高校、科研院所开展全面合作，实现由单一的成果项目科研合作向共建科研基地、实践基地以及成果转化基地转变，打造更加广阔的科技创新合作平台，产学研合作更加深入。

【国际合作交流】 年内，全市实施国际科技合作项目10项，淄博工陶耐火材料有限公司的"大型致密锆英石溢流砖及其系列产品联合研发"项目被列入国际科技合作专项。继淄博泰宝防伪技术产品有限公司、山东东岳神州新材料有限公司之后，山东晨钟机械股份有限公司和淄博巨源机械有限公司又被省科技厅批准为省级国际科技合作中心，为整合国际、国内科技资源，拓展国际科技合作渠道、创新合作方式，提供有效的服务和有力的支撑。

【农业科技创新】 是年，加强农业源头科技创新能力建设，支持开展共性关键技术研究与推广，不断为产业发展提供新品种、新技术。创新和完善农村科技信息化服务新模式，全面加强科技特派员创业链建设，在农村开展多种形式的"科技富民"活动。组织技术推广部门和广大科技人员开展新技术、新品种的引进试验示范推广，进一步提高农业科技含量，带动全市高效农业发展，推动农业产业结构调整。全市粮食、蔬菜、林果等优良品种的普及率达到98%以上，农业先进技术推广应用率达到98%以上，农业科技贡献率达到58%以上。

【可持续发展科技试验区建设】 年内，积极支持和帮助高青县加大可持续发展试验区建设步伐，组织实施示范工程项目16个，其中多个项目被列入山东省可持续发展科技示范工程和国家科技支撑计划。年内，科技部将高青县列入国家级可持续发展实验区，授牌享受相关优惠政策，为融入黄河三角洲高效生态经济示范区开发奠定基础，在加强建设资源节约型、环境友好型社会科技支撑体系方面实现重大突破。同时，立足实际，把加强节能减排、发展循环经济作为产业结构优化升级的主攻方向，加大相关研发平台建设，加强相关技术研发力度，加快推广相关先进适用技术，全面推进资源综合利用和清洁生产，加快建设节能减排技术服务体系。

【生物医药创新】 进一步加大对生物医药品种创新和新药品种孵化的支持力度，积极争取国家各类生物医药科技计划项目支持，全面加强生物医药领域的技术创新和平台建设。年内，3家企业被认定为国家综合性新药研发技术大平台，4个项目获批国家"重大新药创制"科技重大专项，1个项目获山东省自主创新重大专项，产业化示范企业数和承担项目数均居全省前列。

【科普活动】 2010年科技活动周以"提高自主创新能力、建设创新型城市"为主题，着重突出"节约能源资源、保护生态环境、保障安全健康"，围绕转方式、调结构、内涵发展、低碳经济等理念，组织开展一系列内容丰富多彩、极具时代特色的群众性科技活动，充分展示科技发展的最新成就，展现科普工作的现状和实效，反映群众对科技的客观需求。

附：　　**2010年淄博市获省以上科学技术奖名单**

2010年国家科学技术奖(1项)

科技进步二等奖(1项)

项目名称：美洛西林钠及其复方制剂的技术创新与产业化

完成单位：瑞阳制药有限公司
天津大学

完成人员：赵玉山　苗得足　王太岭　张美景
何茂群　王永莉　朱双明　李　广
王洛玉　王龙科

2010年山东省科学技术奖(16项)

科技进步一等奖(3项)

1. 项目名称：JB2010－1－4　无缝线高效制衣成套技术及其产业化

完成单位：鲁泰纺织股份有限公司

完成人员：秦　达　张建祥　刘政钦　宋海燕
刘红艳　张　新　侯大勇　赵玉花
潘　玫　蔡海娟　金　超　高　民

2. 项目名称：JB2010－1－6　第三代头孢活性酯的生产新技术

完成单位：济南大学
山东金城医药化工股份公司

完成人员：郑庚修　王秋芬　赵叶青　田忠贞
张学波　侯乐伟　孙　滨

3. 项目名称：JB2010－1－24　高水膨胀材料充填采煤技术

完成单位：淄博市王庄煤矿
青岛理工大学
北京工业大学
黑龙江科技学院

完成人员：石建新　王谦源　王　苇　刘树江
李凤仪　王在泉　李志佩　李光辉
韩立亮　陶连金　郭传军　王向宏

科技进步二等奖(3项)

1. 项目名称：JB2010－2－4　高级日用细瓷材质及关键技术的研究(提高国瓷质量的研究)

完成单位：山东硅苑新材料科技股份有限公司

完成人员：张儒岭　王　磊　金文和　樊震坤

2. 项目名称：JB2010－2－66　铁锰结核(壳)地球化学与分析测试方法

完成单位：山东理工大学
青岛海洋地质研究所

完成人员：姚　德　夏　宁　李功胜　宋苏顷
姜学均　刘昌岭　林学辉　张　红

3. 项目名称：JB2010－2－73　含硫化铁结核薄煤层短壁综采技术研究

完成单位：淄博矿业集团有限责任公司葛亭煤矿
中国矿业大学

完成人员：李来源　屠世浩　张福成　宋来智
段西亮　何　勇　刘云楷　王方田
吴　其

科技进步三等奖(8项)

1. 项目名称：JB2010－3－9　双孢蘑菇绿色安全储藏保鲜技术及其应用

完成单位：山东理工大学
淄博市临淄区农业技术推广中心

完成人员：王相友　朱继英　王　娟　石启龙
付青松　刘战丽

2. 项目名称：JB2010－3－13　紫外线截止玻璃包装瓶

完成单位：山东省药用玻璃股份公司

完成人员：张　军　苏玉才　孔祥泉　伊廷春
弋康锋　杜少君

3. 项目名称：JB2010－3－64　1450℃零蠕变低铝莫来石转

完成单位：淄博嘉环耐火材料有限公司

完成人员：王立朝　吴师岗　苏　珂　于　波
王海英　高　巍

4. 项目名称：JB2010－3－65　防静电陶瓷砖

完成单位：淄博统一陶瓷有限公司

完成人员：袁国梁　袁辉利　王家礼　邱贻忠
王锡波

5. 项目名称：JB2010－3－97　铜/钢复合材料研制及其在冶金工业中的应用

完成单位：山东理工大学
河北省万全丰华有色金属加工厂
首钢京唐钢铁联合有限公司
张店钢铁总厂

完成人员：宫本奎　朱建平　霍延平　李松柏
张卫东　熊　军

6. 项目名称：JB2010－3－163　矿井提升机液压制动系统可靠性设计以及监测系统的开发与应用

完成单位：淄博矿业集团有限责任公司许厂煤矿
山东科技大学

完成人员：侯宇刚　赵文昌　黄鹤松　江兆利
季海明　战仕发

7. 项目名称：JB2010－3－169　蓖麻高产高油新品种选育及产业化技术研究

完成单位：淄博市农业科学研究院
完成人员：王光明　谭德云　张宝贤　刘红光　孙爱云　张海军

8. 项目名称：JB2010－3－260　一指禅法为主推拿治疗婴幼儿肌性斜颈的临床研究
完成单位：淄博市临淄区人民医院
山东中医药大学
完成人员：康铁鑫　王道全　张广元　路世勇　常洪波　曹红梅

技术发明二等奖(2项)

1. 项目名称：FM2010－2－2　啤酒辅料低温挤压加工设备、加工方法和糖化方法研究
完成人员：申德超　山东理工大学
陈善峰　山东理工大学
金一丁　燕京啤酒(山东无名)股份有限公司
李　林　燕京啤酒(山东无名)股份有限公司
董建军　青岛啤酒股份有限公司
吴凤光　青岛啤酒股份有限公司

2. 项目名称：FM2010－2－4　自由曲面产品反求工程系统研发与应用
完成人员：孙殿柱　山东理工大学
李延瑞　山东理工大学
孙肖霞　北京航空航天大学
范志先　山东理工大学
袁光明　山东理工大学

(陈　伟)

科　协

【概况】 2010年，全市建有科普活动站763处，科普宣传栏3266处，落实科普员3334名，编写出版科普读物《市民营养知识读本》，编写一套含24幅挂图的挂图册，发放科普挂图4期104512张。各级科协发放科普员工作经费和奖励资金5.6万元，开展各类科普活动1.2万场次，36万人次受益，科普宣传栏年底完好率达到98%以上。全市各类科普教育基地80家，其中场馆类32家，社会公共场所类9家，科研院所类12家，生产设施类10家，其他类17家。围绕完善城区科普活动体系建立12所市级科普学校、13处高标准科普画廊和30多所规范化科普书屋。新成立企业科协5个，学会发展会员400人，发展农村专业技术协会81个。

【服务农村经济】 全市争取国家级、省级科普惠农项目资金161万元，市级财政补贴28万元。邀请中国科学院6位科学家分别赴各区县做科普报告8场；联合市电视台在2个农业频道播放科技短片1600次，媒体累计培训15万人次；组织科普大集48场，培训13000人次。开展农民科学素质网络竞赛，建立2家省级技师工作站，促进“金蓝领”培训，组织创业培训专家志愿团、淄博市阳光培训超市等。经国家科协、省科协评审，临淄区被评为省级科普惠农示范区县，张店区蓖麻产业协会等6个单位被评为国家级科普惠农项目先进单位，周村区花卉协会等2个单位被评为省级科普惠农项目先进单位。

【服务企业发展】 全市各级科协继续推进“四·一”工程(完成100项以上技术创新项目，解决1000个以上技术难题，提出10000条以上合理化建议，创造1亿元以上综合效益)，完成技术创新项目986项，解决技术难题2300余个，提出合理化建议16000余条，创造经济效益7.64亿元。技术创新项目中256项市级立项，评审出“四·一”工程技术创新优秀项目197项，其中一等奖56项，二等奖66项，三等奖75项。命名表彰第四批市级科普车间22个，至此全市有12个省级科普车间，95个市级科普车间。16家企业分别与10所高校、科研院所签订23项技术、产品和管理创新合作协议。各级科协积极开展院士专家企业行活动，组织院士专家举办专题科技讲座，山东中保康医疗器具有限公司成立的院士专家工作站，被全国“讲理想、比贡献”活动领导小组评为“讲理想、比贡献”活动先进集体。市级学会组织市煤炭经济开发公司等5家公司的6位专家组成专家组，对全市所有煤矿进行隐患排查，查出隐患或问题866条，提出改进建议和意见117条。

【“流动科技馆县县通”工程】 11月8日，山东省“流动科技馆县县通”工程淄博行暨桓台县巡展正式启动，以“科学、体验、流动、共享”为主题，展出由互动科普展品、平面科普知识展览、数字科技馆、科技体验项目4个板块组成的多套科普展品。该工程计划每年巡展4～5个区县，每个区县展出一个半至两个月，争取用两年时间完成所有区县的巡展目标。同时，流动科技馆将青少年科技创新大赛作品及互动式科技展品、科普展板以及部分网络、计算机设备等在全市各中小学校巡回展出，先后在广场、社区及120余所学校巡展600余场次。

【青少年科普】 以“体验·创新·发展”为主题，组织开展2010年全市青少年科技创新大赛。收到科技创新成果、科幻画、科技实践活动参赛项目1732项，评选出优秀科技创新项目185项，优秀科技实践活动123项，科学幻想画360项，优秀科技教师160名。推荐60件作品参加省赛，13项获全省一等奖，2项获全国一等奖。举办2010年全市信息学奥林匹克竞赛，30所学校500余名中学生参加NOIP2010第十六届全国青少年信息学奥林匹克联赛初

赛,350多名学生分获全市一、二、三等奖,评选优秀组织奖获奖单位20个。选拔50名学生参加省复赛,17名学生获得全国一等奖。联合有关单位先后组织开展"小哥白尼"科普知识竞赛、科学建议奖评选等活动。

【第二十五届山东省青少年科技创新大赛】 4月15～18日,市科协承办的第二十五届山东省青少年科技创新大赛在市实验中学举行。收到作品1054项。评出科技创新成果268项,其中一等奖67项,二等奖99项,三等奖102项;评出少年儿童科技幻想绘画276幅,其中一等奖49幅,二等奖78幅,三等奖149幅;评出优秀科技实践活动140项,其中一等奖23项,二等奖37项,三等奖80项;评出优秀科技辅导员创新成果123项,其中一等奖31项,二等奖47项,三等奖45项;评出优秀科技辅导员论文103篇,其中一等奖23篇,二等奖37篇,三等奖43篇。淄博市代表队12件作品获得一等奖,18件作品获得二等奖,25件作品获得三等奖。市科协被评为特别贡献奖和全国基层赛事优秀组织奖。

2010年4月15日,第二十五届山东省青少年科技创新大赛开幕式　　(王国平　摄)

【反邪教宣传】 年内,印制反邪教宣传年画10万套及反邪教警示教育宣传材料20万份。举办"无邪教创建"理论研讨活动,评出优秀论文18篇,其中8篇收录到《2010年山东省反邪教协会年会论文集》,5篇收录到《2010年全国"无邪教创建"论文集》。在全市组织开展创建示范社区和创建示范村活动,评出张店区马尚镇等9个乡镇为"崇尚科学,反对邪教示范乡镇",张店区世纪花园社区等9个社区为"崇尚科学,反对邪教示范社区"。

【科技工作者调查】 市科协被国家科协列为全国科技工作者状况调查地区级站点,并建立张店经济开发区和桓台县起凤镇起凤中学两个基层站点。按照行业类别、从事领域、年龄段和性别进行区分,调研科技工作者人生观状况。对已上报的科协会员登记造册。

【优秀科技工作者】 4月28日,根据省科协《关于表彰第二届山东省十大杰出工程师的决定》,王方水(鲁泰纺织股份有限公司总工程师)被评为第二届山东省优秀工程师,马江金(山东金岭矿业股份有限公司工程师)、郑家晴(山东齐都药业有限公司董事长)被授予第二届山东省十大杰出工程师提名奖。11月26日,根据国家科协《关于开展全国优秀科技工作者推荐工作的通知》,鹿成洪(山东鲁阳股份有限公司生产、技术总裁)被授予全国优秀科技工作者称号。12月1日,根据省委组织部、省人力资源和社会保障厅和省科协《关于开展第九届山东省青年科技奖推荐与评选工作的通知》,申文波(山东华狮啤酒有限公司总经理、高级工程师)、高自宏(山东东岳高分子材料有限公司东岳研究院副院长、高级工程师)被授予第九届山东省青年科技奖。

【地方科协科普工作座谈会】 4月22～23日,2010年地方科协科普工作座谈会在淄博市召开,来自各省、自治区、直辖市和新疆生产建设兵团科协分管科普工作的118名代表参加会议。山东、湖北、福建、广州、四川、南京和郑州的代表分别介绍科普工作经验,并分组讨论科普示范县、科普车配送、《中华人民共和国科学技术普及法》修订、科普资源共建共享、"十二五"规划等问题。

【全国科普示范基地揭牌】 8月6日,全国秸秆养藕科普示范基地揭牌仪式在周村区萌山湖荷花生态园举行。萌山湖荷花生态园建成水面生产面积80公顷的有机食品藕标准化生产基地,通过秸秆二氧化碳养藕专利技术,大幅度提高莲藕产量和质量,使农作物秸秆得到转化利用,实现生态农业的良好循环。

2010年8月6日,全国秸秆养藕科普示范基地揭牌仪式　　(王国平　摄)

【学会工作】 是年,全市举办决策咨询论坛1次,组织各种学习班、培训班980余场次,交流论文7800余篇,参加人员达7万余人次。市电机工程学会举办全省"智能配电网技术及其应用学术研讨会",邀请加拿大不列颠哥伦比亚省水电公司智能电网项目经理栾文鹏博士、英国中部电网公司自动化主管戴方涛博士、山东理工大学电气电子工程学院徐丙垠博士作报告。市科协、市营养学会协调全市15个部门、单位于4月29日举行淄博市创建首家“中国营养健康城市”启动新闻发布会。（朱琳）

社会科学

【“内涵发展”百题调研】 5～11月，市社科联与市委宣传部、市委政研室、市发改委、市政府研究室、市委党校、市委讲师团联合全市党委宣传系统、党政调研系统、发改委系统、党校系统、社科联系统组织开展“内涵发展”百题调研活动。收到调研成果139项，评审出一等奖31项、二等奖45项、三等奖63项。选取部分优秀调研成果编辑出版《淄博内涵发展研究》一书，向市和区县党委、政府及有关职能部门推荐。调研成果中许多观点和建议被市委、市政府领导决策和制定相关政策所采纳。

【新时期人防建设与发展征文】 5～10月，为纪念人民防空创立60周年，进一步推动淄博市人防（民防）建设与发展，市社科联、市人防办联合在全市开展“新时期人防（民防）建设与发展征文（研讨）活动”。组织淄博市国防动员委员会成员单位、军分区系统、社科系统、人防系统、人防重要经济目标单位以及市直有关部门、各级党校、各大企业、各高等院校的有关人员，在总结回顾60年来淄博市人民防空建设成就得失的基础上，重点研讨新时期人防（民防）建设与发展的方向、措施和存在问题及对策。收到论文126篇，评审出一等奖10篇，二等奖15篇，优秀奖25篇。选取优秀征文编辑出版《淄博社会科学》增刊——《新时期人防建设与发展优秀论文集》，向各级领导和有关部门推介，供决策参考。

【社会科学普及周】 5月21～28日举办，主题是构建学习型社会，提升人文素养，促进内涵发展。全市举办各类展览、讲座、咨询服务等活动165场次，200多个单位、1000余人参加市及各区县社科普及周开幕式和宣传咨询活动。市委宣传部、市社科联、市委讲师团、临淄区委宣传部、山东理工大学、淄博师专、齐文化研究院、临淄齐文化研究中心联合举办“走近齐文化”系列活动：齐文化纪念馆、博物馆开放周，齐文化成果展，齐国典故历史剧进校园，齐文化进校园赠书仪式暨聊斋文化与当代价值讲座等。市、区县各级媒体对整个活动进行广泛宣传报道，活动受众达50余万人次。

2010年5月25日，社会科学普及活动周齐文化成果展现场（崔兴莹 摄）

【“齐鲁讲坛”淄博分坛】 2010年，继续组织做好“齐鲁讲坛”淄博各分坛的宣讲工作。“齐鲁讲坛”淄博12个分坛是全市理论宣传、社科知识普及的重要平台和工作品牌。各分坛以科学发展观为指导，以“以人为本，服务大众，传播知识，提升文明”为理念，以加强党委中心组和在职干部理论学习、普及社科知识、提高市民素质、推进理论武装和文化强市建设为宗旨，以各级领导干部和广大群众为对象，大力弘扬科学精神，宣传科学思想，普及科学知识，倡导科学方法，推介科学成果，提升科学素质，强化马克思主义在思想意识形态领域的统领地位，推动内涵发展。全年各分坛举办讲座60余场次，受众达5万多人次。

【第二十三次全市社科优秀成果奖评选】 6～9月评选，全市申报成果187项，评出获奖成果122项，其中市决策咨询优秀成果奖2项，一等奖12项，二等奖37项，三等奖71项。获奖成果辑成《淄博市第二十三次社会科学优秀成果奖获奖文集》。

【《淄博社会科学》】 开设“学习十七届五中全会精神”“内涵发展研究”“决策参考”“工作研究”“文化建设与发展”“稷下论坛”“教育园地”“社科天地”“文史哲”“健康顾问”等栏目，全年编辑出版6期约80万字。在省新闻出版局组织的山东省第三届连续性内部资料出版物出版质量综合评估中，《淄博社会科学》被评为山东省优秀连续性内部资料出版物。

【淄博市社科界第五次代表大会召开】 12月25日在齐盛

2010年12月25日，淄博市社科界第五次代表大会召开（崔兴莹 摄）

国际宾馆召开。省社科联党组成员、副主席李海萍代表省社科联致辞。会议听取并审议市社科联第四届委员会工作报告，通过修改后的《淄博市社会科学界联合会章程》，选举产生市社科联第五届委员会和常委会。

淄博市第二十三次社科优秀成果奖名单(市决策咨询优秀成果奖和一等奖)

表 20－01

奖　项	成　果　名　称	作者及单位
市决策咨询优秀成果奖	淄博市统筹城乡发展问题研究(论文)	张爱民 李建民　市委政研室 王春卫
	“八大网络”构筑城乡统筹一体化发展新格局(论文)	孙玉昌　市委农工办
一等奖	架起农村走向工业化城镇化的金桥 ——山东省淄博市马桥镇坚持城乡统筹建设新农村的实践和启示(论文)	市委党校　市委宣传部课题组
	健全财力与事权相匹配财政体制的方略抉择(论文)	王修德　市财政局
	中国大陆地区对外贸易差异的演变、成因与收敛路径(论文)	张红霞 王学真　山东理工大学 陈　才
	在社区工作中加强统一战线建设的战略思考(论文)	成　伟 倪　勇　山东理工大学 邓尚民
	德福一致——社会转型期道德建设路径的必然选择(论文)	刘东锋　山东理工大学
	生态文明视角下重化工业城市工业结构调整研究——以淄博为例(论文)	王友军　淄博市委党校
	关于学术期刊分级问题的研究(论文)	尹玉吉　山东理工大学
	论高等职业院校专业特色——以山东丝绸纺织职业学院为例(论文)	孙志斌　山东丝绸纺织职业学院
	大学战略管理研究(著作)	周巧玲　淄博师范高等专科学校
	现代化、国家建构与公民教育(论文)	苏守波　山东理工大学
	南北朝经学史(著作)	焦桂美　山东理工大学
	儒学与基督教精髓的现代人文价值(论文)	杨育华　山东理工大学

山东省第二十四次社科优秀成果奖淄博市获奖名单

表 20－02

奖　项	成　果　名　称	作者及单位
二等奖	生态生产力视角下的农地使用权流转(论文)	王　环　山东理工大学
	齐国建筑艺术及其特色(论文)	张　越　山东理工大学 张要登　淄博市委党校
三等奖	我国高等职业教育现状及发展趋势分析(论文)	鹿　林　淄博职业学院
	公司治理法律问题研究(著作)	朱伯玉等　山东理工大学 管洪彦　山东中医药大学
	老子之道与量子论的融通(论文)	张含峰 董文芳　山东理工大学 张　霞
	我国金融发展与国际贸易的关系：基于 1991－2005 年数据的实证研究(论文)	曲建忠　山东理工大学 张战梅　北京天行圣地科贸有限公司

(崔兴莹)

地震监测

【《进一步加强防震减灾工作的意见》】 为贯彻全国、全省防震减灾工作会议精神，市地震局代市政府起草《关于进一步加强防震减灾工作的意见》，就一些重大问题与20多个部门进行协调和沟通，对全市防震减灾工作作出全面系统的安排。 （张志毅）

【妥善处置应对有感地震】 9月11日15时41分，高青县发生近震震级3.4级有感地震，震区烈度为Ⅳ度强。11月24日13时56分起，博山区白塔镇至淄川区昆仑镇一带发生多次有感矿震，最大震级为3.4级，由于震源浅，当地群众震感明显。矿震发生后，市委、市政府多次听取地震部门汇报，作出多项重要批示。省、市地震局及市煤炭局、市安监局等部门组成现场专家组对矿震进行现场考察，在矿震多发区域布设流动监测台网。地震局等部门通过各种渠道将矿震知识向当地群众进行宣传，及时稳定群众恐震情绪。 （罗玉芹）

【全市中小学地震应急预案编制与演练专项检查】 4月20～23日，市地震局与市教育局联合对全市中小学地震应急预案和应急演练情况进行检查。以区县为单位，采取自查与抽查相结合的方式，每个区县随机抽查2～3所学校。检查内容涉及应急预案编制备案情况、应急预案的内容、宣传、教育、演练、保障措施等方面。

【全市农村民居地震安全现场会暨抗震施工培训班】 5月14～15日，全市农村民居地震安全示范工程现场会暨农村建筑工匠抗震施工培训班在博山区举行。省、市地震局、市住房建设局、博山区政府及各区县、高新区地震、建设部门，三级以下建筑施工企业施工员或农村建筑工匠110人参加会议，对全市农村民居地震安全示范工程建设作出部署。与会人员参观博山区池上镇西池村农村民居地震安全示范工程现场。省地震局、省建筑设计院、山东建筑大学和济南大学的专家、教授讲解地震灾害与预防知识和农村民居抗震施工知识，内容涉及地震灾害与预防知识、农村民居建筑抗震基本要求、地基与基础、砌体结构、砌块结构、石结构、框架结构、农村民居地震安全工程实践等8个方面。

【应急指挥中心项目通过验收】 9月28日，省、市“十一五”防震减灾重点项目——市地震局应急指挥中心音视频系统通过省、市地震局的联合验收，总投资45万元。 （何 斌）

【沂源县地震地下流体观测井验收并运行】 6月18日，召开沂源县地震地下流体观测井竣工验收会。验收专家组听取沂源县地震局项目实施情况介绍和沂源县抗旱服务队（施工单位）施工情况的报告，现场察看观测井及岩心资料，并通过验收。9月2日，沂源县地震地下流体观测井完成数字化仪器设备的安装、调试工作，投入运行。沂源县地震地下流体观测井的顺利完成，标志着市地震局承担的省地震局监测类“十一五”项目全面完成。 （史清明）

【区县地震系统信息节点建成】 11月24～25日，周村区、桓台县、临淄区和高青县4个区县地震信息节点的设备调试完成并投入运行。至此，8个区县和高新区县级地震信息节点全部建成并投入运行。 （李 鹏）

2010年淄博及邻区地震情况一览表

表20—03

序号	时间					地点			震级	备注
	月	日	时	分	秒	北纬	东经	位置	M_L	
1	02	10	23	57	38	37°13′	117°78′	高青县花沟镇	2.2	
2	04	23	21	05	03	35°98′	117°67′	新泰市翟镇	1.4	
3	05	23	14	06	45	36°42′	118°03′	博山区源泉镇	1.9	
4	06	02	04	10	50	36°11′	117°73′	莱芜市颜庄镇	1.6	
5	07	09	13	31	55	36°12′	117°58′	莱芜市高庄镇	2.2	
6	07	29	16	03	43	36°13′	117°73′	莱芜市颜庄镇	2.0	
7	08	26	23	55	51	35°92′	117°62′	新泰市小协镇	2.1	
8	08	28	00	18	08	36°70′	118°28′	青州市文登镇	1.9	
9	09	11	15	41	20	37°14′	117°89′	高青县田镇镇	3.4	有感

续表 20－03

序号	时间					地点			震级	备注
	月	日	时	分	秒	北纬	东经	位置	M_L	
10	09	12	11	38	24	36°54′	117°91′	博山区夏家庄镇	2.6	有感
11	11	25	20	55	20	36°40′	117°92′	博山区石马镇	2.4	
12	12	18	23	11	15	36°16′	117°80′	莱芜市辛庄镇	1.9	
13	12	21	01	44	05	36°15′	117°69′	莱芜市高冶镇	1.8	
14	12	27	02	55	48	36°61′	117°66′	章丘县胡山	1.8	
15	12	30	06	03	45	37°21′	118°12′	博兴县北八里	1.7	

（王洪水）

气 象

【气候特点】 2010年全市总的气候特点：气温接近常年略偏高，降水接近常年略偏少，日照偏少。四季特点：冬季（2009年12月～2010年2月）气温和降水正常，日照偏少；春季气温偏低，降水和日照偏少；夏季平均气温偏高，降水偏多，日照偏少；秋季气温变化幅度大，降水、日照偏少。2010年度气候条件属正常年份。

气温：全市年平均气温13.3℃，较2009年偏低0.5℃，较常年偏高0.2℃。其中，桓台县平均气温14.0℃，全市最高；沂源县平均气温12.5℃，全市最低。从气温的地域分布看，中部地区较高，南部、北部地区相对较低。2010年度属气温正常年份，年极端最高气温39.6℃（桓台县，7月31日），极端最低气温-16.9℃（张店区，1月13日）。日最高气温≥35℃的日数全市各区县平均15天，较2009年多2天，桓台县20天，全市最多。日最低气温≤-10℃的日数全市各区县平均出现12天，张店区16天，全市最多；桓台县8天，全市最少；其他区县9～15天，主要集中在1月上中旬。从各月气温的变化情况看，2月、5月、7～9月、11～12月气温较常年偏高，6月接近常年，其他月份较常年偏低，其中7月份显著偏高，4月份显著偏低。

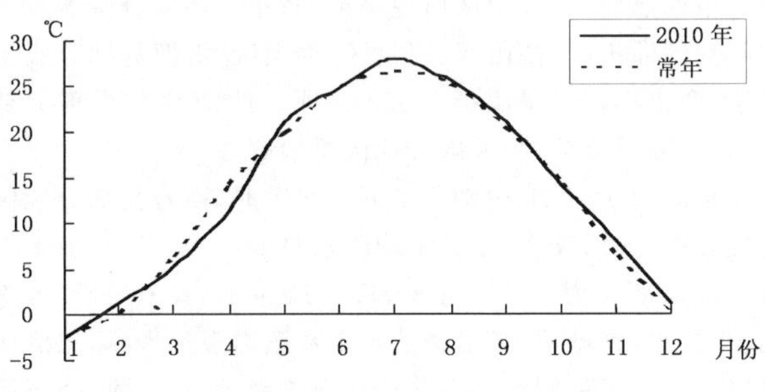

2010年淄博市月平均气温演变图

降水：全市年平均降水量622.1毫米，较2009年偏少77.1毫米，较常年偏少4.2毫米。博山区762.1毫米，全市最多；高青县515.4毫米，全市最少；其他区县520.3～659.8毫米。张店区、周村区、博山区、临淄区年降水量较常年偏多15.6～49.7毫米，其他各区县年降水量较常年偏少3.7～66.5毫米，地区间差别较大。从各月降水情况看，2月、3月、8月、9月较常年偏多，其他各月较常年偏少，其中8月明显偏多，张店区月降水量307.0毫米、博山区344.0毫米，都突破近30年来最高纪录。11月各区县均未出现降水，创下30年来历史极值。全年日降水量≥0.1毫米的日数全市平均78天，较2009年偏多4天，淄川区89天为全市最多，沂源县66天为全市最少。8月上旬和下旬降水日数最多。据全市8个国家气象观测站资料统计，全年累计出现暴雨（日降水量≥50毫米）日数14站次，与2009年相同，张店区、淄川区、桓台县各出现1次，临淄区出现3次，其他各站出现2次。全年日最大降水量80.0毫米（博山区，8月5日），较2009年日最大降水量偏少105.8毫米。暴雨最早出现在7月1日（周村区），最后一次暴雨出现在8月24日（沂源县），雨季特点比较明显。

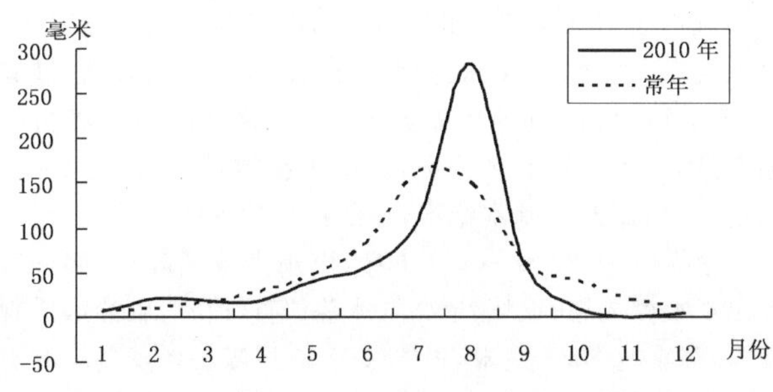

2010年淄博市各站平均月降水量演变图

日照：全市年平均总日照时数2103小时，较2009年偏少51小时，较常年偏少397小时。沂源县年日照时数2372小时，全市最多；博山区1859小时，全市最少；其他区县1987～2269小时。各站年日照时数较常年偏少68.4～616.8小时（桓台县偏少最多）。2010年是明显的偏少年份。从各月日照分布看，1月和10月较常年相近，11月、12

月较常年偏多，其他各月均较常年偏少，其中8月偏少最多。年内无明显的连阴雨天气，大多数时段光照条件基本能满足各种植物、农作物和大棚蔬菜生长的需要。

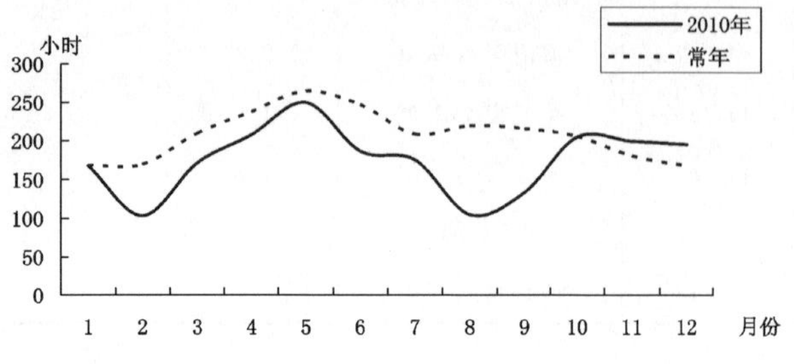

2010年淄博市各站平均月日照时数演变图

湿度：张店区年平均相对湿度为61%，终霜日为4月15日，初霜日为10月28日，全年无霜期195天。

风向风速：张店区年最多风向为南风，极大风速22.1米/秒。

【气象灾害】 2010年，主要气象灾害是低温、暴雪、干旱、暴雨、大风等，给农业生产特别是小麦、棉花、果品生产造成比较严重的损失，发生次数不多，但危害严重，是气象灾害较重的年份。

低温：1月1～15日，全市平均气温为-5.8℃，较常年偏低3.1℃，列历史最低年份第五位，是1977年(-6.9℃)以来同期最低值。全市平均最低气温为-9.9℃，较常年偏低2.8℃，列历史最低年份第六位，是1986年(-10.2℃)以来同期最低值。此期极端最低气温为-16.9℃，列历史最低年份第十一位，是1988年(-17.0℃)以来同期最低值。最低气温≤-10.0℃日数9天，列历史最多年份第六位，是1986年(12天)之后最多值。此期气温偏低，对小麦和各种名贵树木安全越冬不利，对大棚蔬菜生产也有较大的不利影响，气温低加大供暖压力，提高供暖成本，对经济社会各个领域产生不利影响。4月13日，高青县出现低温冻害，最低气温-0.6℃，0厘米最低地温-2.6℃，木李镇、黑里寨镇、青城镇、田镇镇等乡镇灾害较重，受害作物主要为拱棚西瓜，受灾面积848公顷，其中大拱棚西瓜减产约三成以上，小拱棚西瓜基本绝产，经济损失约805.6万元。

暴雪：2月28日～3月1日，出现大范围降雪，部分区县出现大棚倒塌、损坏、道路结冰等严重灾情。临淄区出现暴雪，降水量23.8毫米，积雪深度13厘米。各乡镇均有塑料蔬菜大棚倒塌，损失较严重。全区倒塌蔬菜大棚8300个、养殖棚112个、市场大棚2个、企业厂房5间，家禽死亡1.1万只，损坏输电线4条。皇城镇灾情最重，全镇倒塌损坏蔬菜大棚5103个，经济损失1.4亿元，临淄区直接经济损失1.7亿元。高青县出现暴雪，积雪深度12厘米，降水量15.9毫米。高青县田镇镇、唐坊镇、木李镇、高城镇、花沟镇、青城镇、赵店镇等7个乡镇受灾，主要以蔬菜大棚、育苗大棚、花卉棚和鸡鸭棚等棚顶塌陷为主，432个大棚不同程度受灾，造成经济损失530.1万元。唐坊镇有10间房屋塌顶，未造成人员伤亡。桓台县出现暴雪，降水量18.4毫米，积雪深度11厘米，蔬菜大棚等受灾面积18公顷，绝产12公顷，直接经济损失200万元。博山区出现大雪，短时出现冰雹，降水量30毫米，积雪深度13厘米，池上镇、山头镇受灾，春茶绝收4公顷，经济损失190万元。3个蘑菇大棚下垂，损失2万余元。农业经济损失累计200万元。一酒店4000余平方米大棚因雪压塌，损失500万元，无人员伤亡。博山区累计经济损失700万元。高新区出现暴雪。淄博气象观测站降水量19.0毫米，积雪深度13厘米。高新区大棚受灾面积13.56公顷，造成农业经济损失835万元。

大风：2月10～11日，博山区降水量6.7毫米，南部山区部分地区出现大风天气，其中南博山瓦泉自动气象站极大风速35.6米/秒，出现在2月11日4时23分，气温较低。南博山镇6个村，北博山镇2个村，合计400余个大棚被大风损坏，直接经济损失300多万元。4月26日，高青县出现大风天气，风力达6～7级，最大风速达到14.3米/秒。大风给农作物大棚和养殖大棚造成严重损失，并有28间房屋受损。其中唐坊镇受灾严重，有30个鸭棚倒塌，砸死鸭4400只、奶牛2头，倒塌房屋5间，0.2公顷西瓜苗受损，大地肉牛养殖基地基础设施部分倒塌。高青县其余8个乡镇损坏各种大棚2194个，全县造成经济损失约748万元。4月26日，沂源县出现大风天气，极大风速25.8米/秒，各乡镇受灾严重。损坏房屋5110间，受灾大棚(鸡棚、鸭棚、蔬菜大棚、育苗大棚)3141个，鸡鸭死亡25000余只，成材树、果树24140余株被折断，农作物受灾面积2740多公顷，直接经济损失达3375万元。

干旱：2010年分别在夏、秋两季出现干旱。高青县6月中、下旬降水偏少，6月28日前后出现干旱，7月19日降水过后旱情缓解。7月下旬降水偏少，7月25日前后部分地区旱情再度发展，7月31日出现较大降水，旱情解除。这次干旱，高青县受旱面积4667公顷，主要作物为玉米、棉花等。淄川区、周村区、临淄区7月中、下旬降水偏少，7月下旬中期出现旱情，8月4日降水后旱情解除。这次干旱造成3个区16333公顷作物受旱，受旱作物主要为夏玉米和其他春播作物。10月降水偏少，11月没有降水，从11月中旬中期以后，南部山区出现旱情，对小麦冬前分蘖造成不利影响。淄川区、博山区、周村区、临淄区、沂源县部分农田受旱，全市小麦受旱面积17333公顷。12月中旬出现大范围降雪，除沂源县外，大部分地区旱情解除。

暴雨：8月4日20时至8月5日8时，高青县部分地区出现暴雨、大风灾害，全县平均降水量50.3毫米，其中木李镇降水量最大为102.1毫米，极大风速15.8米/秒。木李镇、花沟镇、青城镇、黑里寨镇4个乡镇出现玉米、棉花倒伏灾情。全县玉米倒伏2060公顷，棉花倒伏20公顷，经济损失1996.8万元。8月11～12日，高青县出现大到暴雨，8月11日20时～12日9时高青县平均降水量62.9毫米。

高青县气象站降水量 68.5 毫米。木李镇、常家镇、花沟镇、青城镇、黑里寨 5 个乡镇出现农田积水和部分棉花、玉米倒伏灾情。受灾面积 8133.3 公顷，成灾面积 4666.7 公顷，绝产面积 1400 公顷。高青县经济损失 5900 万元。8 月 12～14 日 10 时，桓台县连续出现较大降水，县气象站降水量累计 102.9 毫米。荆家镇、邢家镇、田庄镇、马桥镇 4 镇出现内涝，农作物受灾面积 920 公顷，绝产面积 15 公顷，主要受灾作物是夏玉米。受灾人口 23000 人，直接经济损失达 600 万元。

【气象服务】 是年，市气象部门加强常规农业气象服务，与农业部门合作开始发布农作物有害生物预报预警信息。准确预报汛期 6 次主要降水天气过程，提前 24 小时或 48 小时向市委、市政府及有关部门报送重要天气报告。汛期启动重大灾害性天气Ⅳ级应急响应 4 次，Ⅲ级应急响应 3 次。围绕防灾减灾，全年组织开展防雹作业 33 次，增雨(雪)作业 37 次，取得显著的经济和社会效益。

圆满完成第二十二届省运会等重大体育赛事气象服务保障工作。先后为省运会田径、山地自行车、水上和射箭运动项目、亚足联 U19 青年足球锦标赛等多项室外体育赛事提供准确、可靠的气象保障服务。提供专题服务材料 394 期，现场服务 36 次，发放《省运会气象服务手册》5000 余册，对 11 个比赛场地开展防雷检测，准确、及时、优质的气象服务，保障各项赛事的顺利进行。

2010 年 9 月 19 日，作业队伍待命开赴省运会人工消(减)雨作业现场　　（董庆岳　摄）

【气象工作】 气象现代化建设水平显著提高。采用 3G 通信替代卫星通信，建成高标准移动气象台。投资 15 万元建成大型彩色移动气象灾害预警电子显示屏，在全市推广高清晰 LCD 气象信息屏 44 块，扩大气象信息传播渠道，在省运会气象服务中得到应用，受到社会各界的广泛关注。建成全省第一家市县高清天气预报会商系统，完成省市县一体化灾害性天气监测预警平台建设任务。桓台县新建蔬菜大棚小气候观测站 1 处。建成省运会气象服务专题网站、第二十二届省运会气象预报服务系统。市气象局被省政府表彰为全省抗洪防汛先进集体，被市委、市政府表彰为省运会等赛事筹办工作先进集体。

2010 年 3 月 11 日，第二十二届省运会气象服务方案通过专家论证　　（董庆岳　摄）

【人工影响天气】 组织开展人工增雨防雹作业。全年组织增雨(雪)作业 37 轮次，累计影响面积 2925 平方公里，增加降水 1057 万立方米；组织防雹作业 33 轮次，防护面积 2313 平方公里，减少损失 1183 万元。

人工消(减)雨作业为第二十二届省运会开幕式提供有力保障。为保障省运会开幕式各项活动顺利举行，在省人工影响天气办公室、济南空军、滨州市气象局的支持配合下，组织开展人工消(减)雨作业。根据省运会开幕式活动需求和天气演变情况，分别于 9 月 19 日上午 9 时 1 分～10 时 46 分、下午 13 时 13 分～14 时 50 分两时段，开展飞机消(减)雨作业，发射人工影响天气焰弹 400 枚。9 月 19 日下午 17 时 15 分和 18 时，利用淄博市和邹平县气象部门 14 部火箭、6 门高炮，在市体育中心以西，半径 25 公里以内，120°的扇形区域内组织开展两轮次火箭、高炮人工消雨作业，发射炮弹 442 发、火箭弹 248 枚。人工消(减)雨作业有效消除了降水天气对省运会开幕式活动的不利影响。

2010 年 12 月 13 日，人工增雪作业　　（董庆岳　摄）

2010年全市各区县主要气象要素一览表

表20—04

项目 测站	气温(℃)			年降水总量(毫米)	年降水总日数(天)	年日照总时数(小时)
	年平均	极端最高	极端最低			
张店区	13.0	38.3	-16.9	659.8	79	2047
淄川区	13.9	39.4	-15.2	628.9	89	2085
博山区	13.6	38.0	-14.4	762.1	86	1859
周村区	13.4	38.6	-16.6	647.8	78	2090
临淄区	13.2	39.3	-14.8	639.7	77	2269
桓台县	14.0	39.6	-14.3	520.3	78	2113
高青县	12.8	38.4	-15.8	515.4	70	1987
沂源县	12.5	36.7	-13.5	602.6	66	2372

（董庆岳）

本部类编　辑：马震刚
副主编：王　娟
校　对：孟　明
耿　超

·齐文化典故·

和而不同

《左传·昭公二十年》记载：齐景公打猎归来，在遄台休息，晏婴陪同在身边，这时梁丘据驾着车赶到。景公说："只有梁丘据才与我和谐无隙。"晏婴认为梁丘据与景公之间只是"同"，而不是"和"。景公不明白问其缘故。晏婴就用做羹汤和音乐做比喻，说明不同的东西互相融合后的美味、佳音才是真正的和谐。你说事情是对的，梁丘据也说对，你说事情是错的，梁丘据也马上跟着你说错，好比是用水来调和水，用一种乐器只演奏一种音符，怎么可能有好的味道和悦耳的音乐？晏婴阐明了"和""同"间包含的道理：相异的东西有机结合就能产生新事物，若是相同的东西相加，那就太单一而没有发展了。"和而不同"追求内在的和谐统一，而不是表面上的相同和一致。如果一味追求"同"，不能使事物得到发展。

教　　育

综　述

【概况】 2010年，全市各级各类学校1368所，班级15280个，在校生848549人，专任教师52497人。全市有幼儿园757所，在园幼儿116533人，专任教师7372人。小学357所，在校生230327人，专任教师15732人，小学学龄儿童入学率100%，在校生辍学率为0。初中164所，在校生210101人，专任教师14778人，在校生辍学率0.62%。普通高中34所，在校生88143人，专任教师5315人。特殊教育学校10所，在校生1327人，专任教师308人，特殊教育儿童入学率达到95%。中等职业学校（职业高中、普通中专、成人中专）27所，在校生60294人，专职教师2320人，毕业生就业率达到97%。技工学校9所，在校生22414人，专职教师1164人。高等学校10所，其中普通高校8所，在校生102359人，专任教师5245人；成人高等学校2所，在校生17051人，专任教师263人。学校占地面积2706.54万平方米，校舍建筑面积989.79万平方米。另外有各类民办教育机构394所，其中义务教育阶段41所，中等职业学校2所，高等学校2所，培训类教育机构349所，在校生18.84万人，专任教师1.04万人。

2010～2011学年度淄博市各级各类学校基本情况表

表21－01

主要指标 / 学校类别	学校处数（所）	班数（个）	毕业生数（人）	招生数（人）	在校学生数（人）	毕业班学生数（人）	教职工总人数		专任教师师生比	专任教师学历合格率（%）	学校占地面积（平方米）	校舍建筑面积（平方米）
							总计	其中专任教师（人）				
总　计	1368	15280	230027	248713	848549	197944	64887	52497			27065435	9897885
一、普通高校	8		29093	31229	102359	32550	7240	5245	1∶18		6567531	2974324
山东理工大学	1		8311	9009	33131	7933	2497	1803	1∶18		2400000	1083095
淄博师范高等专科学校	1		1964	2412	6784	2291	492	329	1∶22		458200	181686
淄博职业学院	1		6827	8071	23894	7966	1435	1075	1∶19		1390225	604142
山东丝绸纺织职业学院	1		927	1657	4968	1866	350	266	1∶18		333510	137364
山东工业职业学院	1		3974	4036	12212	4531	720	551	1∶20		819474	375060
山东化工职业学院	1		946	779	2583	957	265	147	1∶15		306667	66539
山东铝业职业学院	1		2250	1367	6732	3101	636	416	1∶15		505831	248637
山东万杰医学院	1		3344	3841	11389	3296	845	658	1∶16		353624	277801
山东省水利职工大学			550	57	666	609						
二、成人高校	2		4666	6028	17051	7535	327	263			703907	118553
山东理工大学			3536	5093	14277	5977						

续表 21—01

主要指标 学校类别	学校处数（所）	班数（个）	毕业生数（人）	招生数（人）	在校学生数（人）	毕业班学生数（人）	教职工总人数		专任教师师生比	专任教师学历合格率（%）	学校占地面积（平方米）	校舍建筑面积（平方米）
							总计	其中专任教师（人）				
淄博职业学院			494	97	1049	808						
山东工业职业学院			252	9	180	122						
山东省水利职工大学	1			667	1167	500	227	191	1∶9		640000	98378
山东铝业职业学院			5									
山东万杰医学院			187	33	148	27						
山东兵器工业职工大学	1		192	9	110	101	100	72			63907	20175
山东丝绸纺织职业学院				120	120							
三、中等职业学校	27		25954	29687	60294	28202	3154	2320	1∶26	90.22	1288493	492321
普通中专	2		7197	6322	17211	4991	620	548	1∶22	89.42	275134	113549
成人中专	9		4016	5209	8284	4289	315	260	1∶32	95.00	67991	35597
职业高中	16		14741	18156	34799	18922	2202	1496	1∶23	89.57	945368	343175
其他机构							17	16		100		
四、技工学校	9		9681	11057	22414		1618	1164	1∶19		1052432	453800
五、普通中学	198	5681	75602	82918	298244	81323	23751	20093			9646469	3538265
高中	34	1583	25468	33516	88143	25965	7668	5315	1∶17	98.70	3477097	1622765
初中	164	4098	50134	49402	210101	55358	16083	14778	1∶14	98.68	6169372	1915500
六、小学	357	5416	49678	44681	230327	48135	17365	15732	1∶15	99.96	5385144	1421244
七、幼儿园	757	4077	35243	42994	116533		11041	7372	1∶16	96.54	2297267	863282
八、特殊教育学校	10	106	110	119	1327	199	391	308	1∶4		124192	36096

说明：1. 部分高校附设的中职学生情况统计在中等职业学校在校生里。其中淄博师专、淄博职业学院、山东丝绸纺织职业学院、山东工业职业学院、山东铝业职业学院、万杰医学院的中职在校生数分别为：591 人、2327 人、749 人、1086 人、65 人、74 人。

2. 山东理工大学的学生情况不包括研究生。研究生毕业生 237 人、招生 334 人、在校生 930 人。

3. 技工学校情况由市人力资源和社会保障局提供。

【教育投入】 2010 年，全市地方教育总投入 51.96 亿元，其中地方国家财政性教育经费投入 40.92 亿元。全市地方财政预算内教育经费（含教育费附加）支出 39.74 亿元，财政预算内教育经费占同期地方财政支出的 19.68%；社会捐、集资办学经费 1327 万元。

各级财政投入 3.1 亿元，为 44.3 万名义务教育段学生免除杂费，为农村近 31 万名学生免费提供教科书。为 1.6 万名家庭经济困难学生发放生活补助资金 706 万元，其中为 4500 名农村家庭经济困难寄宿生补助生活资金 400 万元，为 4500 名城市义务教育家庭经济困难学生免除教科书费和补助寄宿生生活资金 174 万元，为 7000 名家庭经济困难非寄宿生发放生活补助 132 万元。各级财政投入预算资金 6700 余万元，为 5.6 万名高校、中职、普通高中学校家庭经济困难学生发放奖、助学金。全市预申请生源地信用助学贷款总额超过 3000 万元，为符合应征入伍高校毕业生补偿学费 222.67 万元。发动“爱心一日捐”“慈心一日捐”，捐助资金 350 余万元，积极筹措成立淄博市教育基金会。

【办学条件和教育装备】 2010 年，在全省率先完成农村中小学教学仪器更新工程，为全市 436 处农村中小学统一招标采购总价值约8500万元的教学仪器设备，全市农村中小学实验教学条件全部达到《山东省农村中小学基本办学条件标准(试行)》要求。启动普通高中通用技术实验室建设，投资570万元为市属高中配备通用技术实验室26个。全面完成高中探究实验室试点项目建设。“两热一暖一改”工程完成投资937万元。

城区中小学布局调整。年内，开工建设学校13所，计划投资7.9亿元，新增教学班589个。淄博中学12个单体建筑同时建设，市特殊教育中心主体工程建设基本完成，张店八中主体工程全面完成，张店区祥瑞园小学、临淄中学顺利竣工并投入使用。

中小学校舍安全工程。按照淄博市校舍安全工程三年规划，把校舍安全工程与学校布局调整相结合，与城镇化建设和新农村建设相结合，全市累计开工学校152所，项目383个，建筑面积82.6万平方米，累计投入资金6.7亿元。

【教育信息化】 基本设施建设。全市418所学校建立校园网，占学校总数的84%，全部为宽带接入互联网，小学、初中、普通高中建立校园网学校比例分别为80.5%、91%、100%。有计算机网络教室691间，59%的班级实现多媒体大屏幕显示设备进教室，高中学校均实现多媒体进教室。全市安装交互电子白板1706块。全市普通中小学计算机装机总台数(不包括2003年之前配备的计算机)达到66235台，中小学学生用计算机38943台，生机比12∶1；中小学专任教师用计算机27292台，师机比1.2∶1。

教学资源建设。全市建设包括教学资源库、教学视频案例资源、数字图书馆、教学软件、网络教学平台等多种类型的教育教学资源，有效支持信息化教学。基本建成市、区县、学校直至师生终端的教研教学网络平台，在课程实施和教学改革中发挥重要作用。充分利用博客等互联网社会化软件，成立稷下学社作为淄博市信息技术学科教师自生长学习社区。

教学及应用。启动全市网络教研，各区县普遍成立网络教研中心组，进行中小学教师网络教研全员培训，全市范围内教学智慧共享逐步成为现实。交互电子白板应用水平进一步提高，全市教师获第三届全国中小学新技术新媒体白板课大赛奖项130个。加强信息化校园创建工作，认定全市首批10所示范性信息化校园。

【师资队伍建设】 教师队伍学历层次。幼儿园、小学、初中、高中专任教师学历合格率分别达到96.54%、99.96%、98.68%、98.70%，普通高中教师具有研究生以上学历的达到7.81%，初中教师具有本科以上学历的达到85.88%，小学教师具有专科以上学历的达到86.74%，普通中专、成人中专、职业高中专任教师学历合格率分别达到89.42%、95.00%、89.57%。2010年，8人被认定为第二批淄博市高层次人才，新引进261名具有硕士研究生学历或高级教师职称的高层次人才。

校长、教师专业化发展。深入推进“双名”建设工程，有“齐鲁名师”6名，“淄博名师”36名，“齐鲁名校长”建设工程人选6名，“齐鲁名师”建设工程人选9名，“淄博名校长”建设工程人选35名，“淄博名师”建设工程人选58名。淄博教育管理硕士班14名学员圆满完成赴新加坡学习任务。利用中国教师研修网和淄博教师研修网平台，培训教师10028人次，培训校长1836人次(其中幼儿园园长579人次)。

教育人事制度改革。严格执行教师资格认定和教师聘用制度，严密组织新教师公开招聘，优化高层次人才成长环境。教师高级职称评审通过386人，教师中级职称评审通过1081人，为局属学校公开招聘高校毕业生125人，组织4750人参加教师资格证考试。积极实施义务教育学校教师绩效工资制度。积极解决教师队伍建设中的遗留问题，落实退休民办教师待遇，校企剥离学校教师遗留问题得到较好解决。做好新建淄博中学、市特教中心重新核定机构编制工作。

【教育教学管理】 规范中小学办学行为。严格落实《山东省普通中小学管理基本规范(试行)》《淄博市中小学学校管理规范》，认真执行课程开设、在校学习时间、课外书面作业、考试次数、节假日、晚自习等各项刚性减负规定，全面规范办学行为。

提高办学层次。召开中学优质化工程项目实施中期总结会，初步建立实施优质化工程长效机制。在2010年省级规范化学校复评工作中，95所中小学基本达到省级规范化学校新定标准。政务公开率达到100%。所有中小学均成立家长委员会。推进依法治校，全市省级依法治校示范校28所。

课程与教学改革。严格按照课程方案和省定课程计划组织教学，积极开展课程实施水平评估。全市中小学均开发校本课程，高中开设校本课程累计400余个模块。完善研究性学习课程开设体系，学校普遍建有4个以上固定社会实践基地。落实区域教学管理评价制度，继续实施教学质量阶段性推进机制，提高普通高中教学精细化管理水平。普通高中选课走班顺利实施，普通高中课程管理系统在全市所有高中学校投入正常使用。

评价考试体系。实施对区县的基础教育办学水平检测评估、素质教育实施情况检测评估等，开展素质教育先进区县评选活动。组织中等及以下各类学校办学水平评估，全面科学地评价学校。不断完善教师专业发展评价体系、课堂教学评价体系和学生学习评价体系，转变评价主体，实行过程性评价和终结性评价相结合，全面推行日常考试无分数评价，实行学生学业成绩与成长记录相结合的综合评价方式，促进教师与学生共同发展。深化高中段学校招生制度改革，完善对初中学校的素质教育工作评价体系和中考指标分配办法，对初中学生实行学业考试与综合素质评价相结合的评价方式，积极推行推荐录取、破格录取、指标分配到初中学校等多种录取形式，逐步实现高中招生录取形式的多样化。

育人质量。坚持德育为先，落实《淄博市德育三年规划》，逐步构建“和谐德育体系”。实施德育品牌创建工程，全市共创建“德育品牌”58处。开通网上家长学校，全面开展网校面对面咨询、电话热线咨询等服务。在2010年全国未成年人思想道德建设测评中，淄博市在100多个被测评地级市中位列第9名。坚持健康第一，提高体育课教学质量，广泛开展学生阳光体育运动，着力普及“四操四球一拳一泳”，推动亚足联中国展望淄博市青少年足球项目。全市国家学生体质健康标准及格率，小学生为95.4%，初中生为92.8%，高中生为96.3%。与2009年相比，小学生近视率下降2.3%，初中生下降0.3%，学生近视率连续5年下降，在全省尚属首家。在第十一届全省中学生运动会上，淄博市中学生代表团第五次蝉联总分第一名。广泛开展艺术教育，全市有5个区县和43所学校通过省艺术教育示范县（市、区）学校验收，数量居全省前列。

教育督导。通过综合督导、专项督导、随访督导等形式，强化对区县政府教育工作的督导评估，开展对全市中等及以下各类教育办学水平督导评估，将中小学教育教学管理、办学行为、学校安全、学校标准化建设等作为督导的重要内容，在督促各级政府加大教育投入、提升全市教育质量等方面发挥重要作用。落实教育督导责任区制度，把全市划分为9个督导责任区，形成市、县两级督学责任制，建立上下联动监管体系。全市267名专兼职督学对75个督学责任区的1283所中等及以下各级各类学校实现无缝隙覆盖。统筹各类督导评估项目，不断提高督导评估工作质量。

【对外交流】 全市30所学校与美国、英国、澳大利亚、日本、韩国等十几个国家的50多个教育部门建立友好合作关系，36所学校获得聘请外国文教专家资格，19所学校具备接受外国留学生资格，3所学校成为省级教育国际交流与合作基地学校，34所学校成为市级教育国际交流与合作联谊会学校。与澳大利亚新南威尔士州北悉尼教育局、英国伯恩茅斯市议会、加拿大不列颠与哥伦比亚省教育厅、美国爱丁堡罗大学、美国宾夕法尼亚州莫西贺大学、美国印第安纳大学建立工作合作关系。淄博十一中中加合作项目高中班成为山东省2所高中阶段合作办学项目之一。淄博实验中学在南非开普敦市开普数学科技学院设立的孔子课堂开班，成为非洲4所孔子课堂之一。成功承办汉语桥美国校长访华之旅山东行中美校长论坛和2010年海峡两岸高等职业技术院校校长高峰论坛。2010年全市各类出国留学人员1900余人。 （肖成德）

基础教育

【概况】 2010年，全市有小学357所，在校生23.03万人，专任教师15732人，小学学龄儿童入学率100%，在校生辍学率为0；初中164所，在校生21.01万人，专任教师14778人，在校生辍学率0.62%；普通高中34所，在校生8.81万人，专任教师5315人。

【学前教育】 全市有幼儿园757所，在园幼儿11.65万人，专任教师7372人。学前三年入园率96.7%。全市有省“十佳”幼儿园5所，省级实验、示范幼儿园95所，市级城乡“十佳”幼儿园40所，市级示范幼儿园118所。

【特殊教育】 2010年，全市有特殊教育学校10所，在校生1327人，专任教师308人，特殊教育儿童入学率95%。10月，组织“淄博特教50周年”征文活动，12月3日在市盲人学校组织召开纪念国际残疾人日暨淄博特教50周年座谈会。博山区特教中心承办全国自闭症早期干预策略研修班，进一步扩大学校康复训练的影响力。市盲人学校承办淄博市首届信息无障碍论坛，推动残障人士无障碍环境建设。年内，市特教学校有20名学生考入高等院校，其中本科12人，专科8人。市盲人学校利用便利条件，开发乡土教材，在中高年级开展赶集综合实践活动，要求学生在有限的时间内用有限的零花钱，单独与健全人沟通、打价、合理购物。市聋人学校举办“情牵玉树 让爱流动”聋生作品汇报展暨爱心义卖活动，共展出义卖作品400余件，有串珠、刻瓷、油画、中国结、十字绣、中国传统艺术剪纸、爱心T恤、颈枕等，义卖款项将全部捐献给玉树地震灾区的孤残儿童。在山东省第八届残疾人运动会上16名学生取得金牌36枚，李雨在广州残疾人亚运会上获得盲人女子柔道70公斤级冠军。张帅帅获得首届全国盲校学生电脑技能大赛

2010年5月15日，淄博市聋人学校聋生作品汇报展暨爱心义卖活动 （市教育局 供稿）

一等奖。市盲人学校校长路荣喜当选为中国教育学会特殊教育分会理事会副秘书长，并被聘请为信息技术与职业教育专业委员会主任。

【市实验幼儿园获全国和谐校园先进学校称号】 11月17～20日，全国中小学安全工作经验交流会议暨中国教育学会中小学安全教育与安全管理专业委员会学术年会在潍坊市召开，市实验幼儿园被表彰为全国和谐校园先进学校，并在大会上以《行动诠释责任 爱心呵护成长》为题作交流发言。

【《淄博市学校幼儿园安全管理规定》】 8月8日，市政府印发《淄博市学校幼儿园安全管理规定》，8章50条，对学校幼儿园安全管理机构和人员设置、安全设施配备、安全制度落实、周边环境治理等提出明确要求，为加强学校幼儿园安全管理提供依据。

【贯彻实施《校车标识》国家标准】 为确保广大中小学生和幼儿园学生出行安全，按照国家标准《校车标识(GB24315—2009)》的要求，市教育局与市公安局密切协作，从9月1日起，要求申请注册的专用校车必须按规定喷涂车身外观标识，对校车实行标牌管理，校车接送学生时在前风窗玻璃右下角和后风窗玻璃中间位置各放置一块校车标牌，在车外能够清晰识别，无校车标牌的车辆一律不得接送学生。

【中小学校舍安全工程】 2010年，全市开工加固学校45所，重建学校86所，加固和重建学校29所，迁移学校8所，累计开工学校168所，开工项目400个，面积85.04万平方米；完工交付使用学校78所，项目212个，面积26.3万平方米；在建学校90所，项目188个，面积58.7万平方米；累计投入资金73540万元，其中中央资金3456万元，省级资金1635万元，市级资金8490万元，县级资金34313万元，其他资金25646万元。

【"淄博教育青年"共青团工作QQ群开通】 3月，市教育局团委主办的"淄博教育青年"共青团工作QQ群正式开通。QQ群实行单位或个人实名制、内部封闭式管理。QQ群由市教育局团委专人负责每天准时上线，为基层团干部解疑答惑，并通过QQ群布置工作、交流经验、发布信息，增进市教育局团委与基层学校团组织、各基层团组织之间的沟通和联系，提高工作效率。

【中考及改革】 2010年，中考招生从改革命题内容和形式、探索录取形式多样化、评价标准多元化、重点中学招生指标分配、完善初中学生综合素质评价等方面深化改革，引导初中学校教育教学行为。进一步规范和完善指标分配录取形式，全面启动实施对初中学校素质教育工作评价制度，落实评价结果和普通高中招生指标分配的挂钩，进一步规范和完善义务教育段学校学生综合素质评价工作，全面启动初中学业考试。全年初中毕业生总数50134人，全市普通高中实际招生33516人。

【第二届淄博市普通中小学德育活动品牌评选】 市教育局成立评估组，通过材料审核、申报单位汇报等形式，从教育理念、德育规划、工作机制、活动特色以及德育成果等方面对申报的德育项目进行综合考评，评选出淄博实验中学"《羊皮卷》双语欣赏与诵读"等30项活动为第二批淄博市普通中小学德育活动品牌。

【规范化学校建设】 严格按照《山东省规范化学校建设与管理办法》要求，全面加快省、市规范化学校建设步伐，通过现场会、调度会、标准解读、检查验收等形式指导、督促区县和学校加快硬件建设，提升管理水平，提高育人质量。11月14～22日，省教育厅规范化学校评估团到淄博市对规范化学校建设情况进行评估。51所学校参加规范化学校的创建和迎接复评工作，47所学校通过检查验收，通过率为92.2%。

【全市教育工作会议召开】 12月16日召开，会议学习贯彻全国、全省教育工作会议精神，印发《淄博市中长期教育改革和发展规划纲要(2010～2020年)》(征求意见稿)，要求各区县、各部门、各级各类学校和社会各界以高度的社会责任感组织讨论，并提出修改意见。

2010年12月16日，淄博市教育工作会议召开
(市教育局　供稿)

【2010汉语桥——美国高中生淄博夏令营】 7月17～25日，应国家汉语对外推广领导小组办公室暨孔子学院总部的邀请，淄博市首次承办2010汉语桥——美国高中生夏令营。美国印第安纳波利斯大学孔子学院的33名高中生到淄博实验中学，学习汉语课程以及中国书法、绘画、武术等中国文化技艺。此外，还举办中美学生足球赛、英语沙龙等体育、文化交流等活动。

【参加创新教师培训项目活动并获奖】 8月，沂源县实验小学教师任绪玲和王玉良的《一次性筷子调查》、张店区实验中学教师张丽玲和姚晓燕的《一滴水的力量》在教育部—微软（中国）“携手助学”创新教师VCT应用实验项目活动中获得一等奖，这是淄博市教师首次参加该项活动，获得2个一等奖，3个二等奖，9个三等奖，14个优秀奖。

【第十二届中小学生“百灵”艺术节】 8月，市教育局、共青团市委共同举办淄博市第十二届中小学生“百灵”艺术节。举行书法、绘画、摄影、声乐、器乐、舞蹈、校园剧（课本剧）、艺术新星8类比赛，每项比赛均设高中、初中、小学、特教4个组别。美术类有500件作品获得一、二、三等奖（书法159件、绘画205件、摄影136件）；音乐类有360个节目获得一、二、三等奖（声乐96个、器乐87个、舞蹈94个、校园剧83个）。

【《狐假虎威》课例入选国家课程资源库】 2月10日，淄博师专附小教师孟强提报的小学语文《狐假虎威》教学课例，入选国家级中小学教师继续教育课程资源库。

【少年科学院院士】 5月1日，2010年度中国少年科学院“小院士”课题研究活动启动仪式在北京举行，淄博实验中学彭玉成被授予第五届中国少年科学院“小院士”称号，并在启动仪式上作题为《快乐学习、快乐发明、快乐成长》的经验介绍。5月16日，第二届山东省少年科学院院士命名大会在济南举行，淄博师专附小李明昊被授予山东省少年科学院院士称号。

2010年5月1日，彭玉成（左）被授予第五届中国少年科学院“小院士”称号　　（市教育局　供稿）

【淄博实验中学获国家级课题成果奖】 5月20日，淄博实验中学承担的国家基础教育实验中心“十一五”期间重点课题《中国学校心理健康教育行动研究》子课题《“学生　教师　家长”三位一体心理健康教育研究》结题，并获国家一等奖。“十一五”国家重点课题《中国学校心理健康教育行动研究》由国家基础教育实验中心、中国教育协会于2007年年初确立，子课题《“学生　教师　家长”三位一体心理健康教育研究》于2007年5月26日批准立项，从学生、家长、教师三个角度出发，研究应该通过什么样的途径、用什么样的具体方式、把哪些内容渗透给学生、家长和老师。研究的意义在于让学生更快地适应学校生活，让老师更好地和学生沟通，让父母更会关爱青春期的孩子。

【淄博一中创办淄博外国语中学】 3月17日，市教育局批复，同意淄博一中创办淄博外国语中学。淄博外国语中学设置初中部和高中部，开展英语、日语、韩语、德语、法语等语种教学，面向全市招生。淄博一中与淄博外国语中学实行一个学校、一套班子、两个牌子、统一管理、分工负责的管理体制。

【彩虹数字影院落户淄博一中】 12月21日，经国家电影局副局长张宏森多方协调，为淄博一中配备1台具备世界技术尖端水平的电影数字放映机，建成彩虹数字影院。该数字影院的落成，在全国中小学属于首例。

【淄博五中开发校本课程】 淄博五中坚持以教师为主体，结合学生日常生活、社会实际和科学技术等方面，根据不同年级学生的特点，开发综合教育和学科素养两类开放性校本课程，综合教育类主要有心理健康教育、高中生礼仪、周末大讲堂等；学科素养类主要有数学建模、国学诵读、走进西方文化、化学与健康、齐国历史故事等。在省教育厅、省教育学会主办的2010年山东省素质教育论坛上，淄博五中作题为《校本课程弹拨师生发展的心声》的典型发言。

【淄博十八中举办首届体育节】 4月12～21日，淄博十八中举办首届体育节，体育节分为集体项目、个人项目、舞动青春韵律操展评和达标运动会等四大类几十个小项。

【淄博中学成立】 9月，经淄博市编委批复同意，成立淄博中学，为市教育局领导的正县级财政拨款事业单位，核定编制342人，领导职位职数可配备校长1名，副校长3名。淄博中学主要承担高中段学历教育，规划规模96个班，4800名学生。

【翻译类志愿者服务亚青赛】 10月，2010年亚足联U19男子足球锦标赛在淄博市体育中心举行。52名语言翻译类核心志愿者参与亚青赛志愿服务工作，其中有30名翻译志愿者来自教育系统各高校和中小学校教师，分别在各个部门为赛事提供赛事翻译、球队联络、驻地联络、媒体联络、医务联络等志愿服务。

2010年淄博市义务教育阶段收费项目和标准

表21—02

	年级	作业本费(元/生、学年)	课本费(城市)(元/生、学年)	住宿费(城市)
小学	1～2	15	65	公寓化管理(房间内带卫生间)的宿舍200元/生/学期;普通宿舍70元/生/学期。
	3	20	95	
	4～5	20	110	
初中	1	30	190	
	2	30	205	
	3	30	180	
	4	30	135	

2010年淄博市普通高中、中等职业学校收费项目和标准

表21—03

收费项目	收费标准
学杂费:省重点普通高中(含省级规范化学校)	850元/学期
学杂费:其他城市普通高中(含市级规范化学校)	550元/学期
学杂费:农村普通高中	350元/学期
学杂费:职业中专	850元/学期
学杂费:职业高中	550元/学期
择校生费:部分省级规范化普通高中(名单附后)	15000元/三年
择校生费:城市市级以上规范化高中	12000元/三年
择校生费:其他城市高中和农村高中	9000元/三年
住宿费:公寓化宿舍(房间带卫生间)	200元/学期
住宿费:城市学校普通宿舍	70元/学期
住宿费:农村学校普通宿舍	50元/学期
普通高中学生学业水平考试报名费	5元/生/科
普通高中学生水平考试考籍管理、水平考试合格审定费	10元/生/三年
取暖费:煤炉取暖	15元/学年
取暖费:集中供暖走读生	60元/学年
取暖费:集中供暖住校生	120元/学年
自行车看管费	10元/学期
电教教材代收费	16元/学期
课本费	按定价收费
作业本费	按成本价收费
班费	25元/生/学期

附: 择校生收费标准执行15000元的学校名单

1. 淄博一中
2. 淄博四中
3. 淄博实验中学
4. 淄博五中
5. 淄博六中
6. 淄博七中
7. 淄博十一中
8. 淄博十七中
9. 桓台一中
10. 高青一中
11. 沂源一中
12. 淄博中学

(肖成德)

高 等 教 育

【概况】 2010年,全市有高等院校10所,其中2所本科院校,8所高职高专院校。全日制普通高校在校生10.24万人,教职工7240人,专任教师5245人。高等院校设专业428个,其中大专以上专业393个;拥有省级及以上重点专业和实训基地16个,省级精品课程51个,国家精品课程9个。教授363人,副教授1692人;博士321人,硕士1987人。享受国务院特殊津贴专家14人、省高校教学名师7人、中青年学科带头人44人、市级优秀教师77人。高校拥有48项国家级专利,112项省级专利,130项市级专利;发表论文、著作3239篇(部);全市高校科研经费6113.5万元。高等院校80项省级以上、69项市级科研成果被转化利用。各类成人学历教育在校生9833人,社会培训和技能鉴定47955人,培训工种43个。2010年各专业领域内考取职业资格证书的14031人,占毕业生总数的95%,其中20%为高级职业资格证书。

【高校毕业生入伍预征工作检查】 5月28日,以全国高等学校学生信息咨询与就业指导中心主任刘大为为组长的教育部、总参谋部联合组成的督查组到淄博市督促检查高校毕业生入伍预征工作。督查组先后考察山东理工大学和淄博职业学院预征入伍工作,到张店区学生资助管理中心检查大学生生源地贷款、学费补偿及国家助学贷款代偿工作的实施与开展情况,并听取淄博市、张店区两级教育部门高校毕生生应征入伍学费补偿或贷款代偿工作汇报。

【山东理工大学】 2010年,山东理工大学有学院22个,专任教师1804人,在校生34278人。设本科专业73个,硕士学位授权一级学科18个(涵盖二级学科硕士点95个),省级重点学科7个,省级文化艺术重点学科3个。

学科建设与科学研究。实施一级学科重点支持计划、理学学科发展计划和人文社会科学发展计划。加强学科和科研平台建设,新增省级工程技术研究中心1个、淄博市市级工程技术研究中心5个,10个省级重点学科、实验室通过"十一五"省级重点建设项目终期评估验收。全年获国家级项目29项、省部级项目90项、军工科研项目3项,科研到位经费5377.53万元,获省部级科技奖励14项,发表核心期刊文章1399篇,被SCI、EI、ISTP三大检索收录812篇,出版学术专著12部、译著3部。《山东理工大学学报(社会科学版)》荣膺第三届全国高校优秀社科学报。举办低碳经济与低碳技术科学国际研讨会,电气工程与自动控制国际学术会议暨第二届信息、电子与计算机工程国际学术会议,山东省首届学校体育科学大会等会议。

本科教育教学。坚持教学工作中心地位,推进本科教育优质工程,开展第五届学院教学评估工作。深化教育教学改革,创新人才培养模式,成为教育部首批卓越工程师教育培养计划试点单位;1个专业被教育部批准为新兴战略性专业,启动首批2个校企共建工科专业项目,与山东鲁泰纺织股份有限公司共建鲁泰纺织服装学院,获全省校企合作培养人才先进单位称号。加强质量工程项目建设,新增国家级教学团队1个、国家级特色专业1个、国家精品课程1门,省级教学团队1个、省级品牌专业1个、省级精品课程1门,省级教学改革研究项目14个,2个省级骨干学科教学实验中心建设工程项目通过考评验收。实施大学生研究与创新训练计划,获国际奖3项、国家级奖励271项、省级奖励323项;在第二十二届省运会上,获得2枚金牌、31枚银牌,以666分的总成绩位列团体总分第3名,获体育道德风尚奖。

2010年10月9日,山东理工大学鲁泰纺织服装学院成立揭牌仪式　　　　(陈 沙 摄)

研究生教育。全年研究生招生346人,其中学术型研究生288人,专业学位研究生58人。新增6个工程硕士领域、1个农业推广硕士领域,获得工商管理硕士专业学位授予权。获得山东省研究生教育创新计划项目5项,入选省研究生联合培养基地5个,获得省研究生优秀科技创新成果奖2项,2篇论文被评为省优秀硕士学位论文。承办齐鲁研究生学术论坛——车辆与交通运输工程分论坛。录取各类在职研究生108人,其中工程硕士55人,中职教师在职攻读硕士学位28人,农业推广硕士21人,同等学力人员在职攻读硕士学位4人。

成人教育和职业教育。全年成人高等教育网上录取山东省内上线考生5454人、山东省外上线考生1607人;全年毕业学生4201人。新增继续教育函授站点15个。探索多元化继续教育模式,先后与中国建筑业协会、市人力资源与社会保障局等8个单位签署培训协议;为淄博市举办统计从业资格培训和失业职工培训1012人,为淄博泰宝集团公司培训职工106人。作为教育部首批全国重点建设职教师资培训基地,参加教育部、财政部联合组织的中等职业学校教师素质提高计划成果展。承担计算机及应用、机电设备安装与维修两个专业的国家级骨干教师79人的培训，完成37个专业的省级骨干教师1875人的培训。举办中职学校管理干部培训班2期，参加人数152人；举办校长培训班1期，参加人数133人。完成化学检验、食品检验、材料力学性能检验、材料成分检验等工种860人次的职业资格鉴定工作。

校地与校企合作。主动对接山东半岛蓝色经济区、黄河三角洲高效生态经济区等重点区域带动战略，积极适应经济社会发展需求，进一步拓展校地、校企合作，推进产学研相结合。先后与烟台市、高唐县、广饶县、沾化县及久泰能源集团、新疆中泰化学股份有限公司等签订合作协议；联合成立山东低碳经济技术研究院、招远工业技术研究院等研究机构；与企事业单位签订技术合同(协议)240项，比2009年增加40%；鉴定科技成果22项；22位专家被淄博市企业聘为科技顾问。完成第二十二届省运会文艺演出、志愿服务、后勤保障、赛场安保等工作，被评为筹办工作先进集体。

师资队伍建设。坚持引进与培养并举，年内新进博士19人，引进的海外高层次创新人才1人入选“万人计划”(山东省用5至10年时间，在全省引进1万名左右海外创新创业人才)第一层次。加大教师培养培训力度，全年考取定向博士23人，学成返校定向博士17人；8人获省教育厅国际合作项目资助，8人获其他形式国际合作交流机会，10人获省教育厅国内访问学者项目资助；启动青年教师发展支持计划，首批28人入选。1人当选中国硅酸盐学会固态离子学分会理事，1人被授予山东省富民兴鲁劳动奖章，1人被评为山东省教育先进工作者。

学生教育管理。推进五项经常性教育和“三生教育”(生命教育、生存教育、生活教育)，开展向冯思广烈士学习教育活动。加强学生思想政治教育阵地建设，青春在线网站获第四届全国高校百佳网站称号，“红色青春 网罗天下”网络文化育人品牌被教育部评为校园文化建设优秀成果奖。重视并加强大学生心理健康教育，被评为山东省大学生心理健康节优秀组织单位，心灵之约网站获山东省高校十佳心理健康教育网站称号。实施学风建设行动计划，扎实推进学风建设。发挥大学生事务中心“一站式”服务平台作用，开展“职能部门与学生面对面”活动。完善资助政策，建立个性化资助与服务机制，全年13060人次获得各类奖、助学金，总金额2326.08万元。被评为2010年全国普通高校毕业生预征工作先进集体。

招生与就业。全年录取普通本、专科新生9009人，生源覆盖全国27个省(市、自治区)；录取民族预科生61人，学分互认专升本412人。完成艺术类、运动训练专业单招、“1+3”和“2+2”学分互认专升本、普通专升本等各种类型考试与录取工作，参加考生4553人。加强毕业生就业指导与服务，承办2010年山东省就业服务周活动启动仪式暨省高校毕业生综合类就业市场，并举办专场招聘会790场、周末就业超市15期；新建就业实践基地33个、毕业生就业工作站10个；2010届毕业生8067人，非师范类本科生一次就业率92.17%，师范类本科生一次就业率91.88%。

国际交流与合作。扩大校际间合作与交流，派出赴国外访问团组4个，新增实质性合作交流项目友好学校10个，新增向美国加州大学戴维斯分校等知名高校派出学生交流项目14个。强化教师国际化培养，新增向友好学校派遣教师项目3个，派出24位教师出国参会。聘请来校任教外国专家37人，完善外教管理服务和教学评价办法。制定留学生教育发展规划，年内招收留学生307人。

党建与思想政治工作。启用干部在线学习中心，派出14名干部参加上级举办的培训班，组织21名学院党政负责人赴香港开展高等教育管理学习培训。严格党员发展条件标准和工作程序，全年发展党员1290人。获全省高校思想政治教育优秀成果二等奖1项、三等奖2项。全年在省级以上重点媒体发表稿件350余篇(次)，被评为山东省教育新闻宣传工作先进集体。加强党风廉政建设，落实责任制，加强廉政教育，健全完善制度体系。

2010年山东理工大学基本状况数据表

表21—04

学校占地面积		240万平方米
校舍建筑面积		108.31万平方米
学院		22个
图书馆藏书		490万册(含电子图书220万册)
教学科研仪器设备总值		3.09亿元
在校学生		34278人
专任教师	总数	1804人
	教授	220人
	副教授	629人
	博士	319人
	硕士	1005人

续表 21—04

学科专业	本科专业	73 个
	硕士学位授权一级学科	18 个(涵盖二级学科硕士点 95 个)
	省级重点学科	7 个
	省级文化艺术重点学科	3 个
科研机构	国家级工程技术研究中心	1 个
	省级工程技术研究院	1 个
	省级工程技术研究中心	13 个
	省级人文社科研究基地	2 个
	省软科学研究基地	1 个
	省高校重点实验室	3 个
	省重点实验室	1 个
	中央与地方共建实验室	20 个
2010 年主要荣誉称号	全国普通高校毕业生预征工作先进集体 山东省企校合作培养人才先进单位 山东省国防教育工作先进单位 山东省教育新闻宣传工作先进集体 山东省高校档案工作优秀单位 山东省高校后勤工作先进单位 山东省高校食堂管理工作示范单位 山东省高校节能减排先进单位 山东省高校校园管理先进单位	

(王　振)

【淄博师范高等专科学校】 学校有教职工 492 人,其中教授、副教授 120 余人,省市教学能手、特级教师、教育专家、学科带头人、市中青年专家以及享受国务院终生政府津贴的教师 50 余人。大中专在校生 6784 人。6 月 27 日,淄博师专作为山东省高校系统唯一代表,接受国家语言文字工作委员会的普通话测试培训工作调研,被山东省语委推选为全国普通话培训测试先进集体。2009 级学生贾倩倩在广州 2010 亚残运会女子标枪 F37/38 级别比赛中,以 30 米 40 的成绩获得冠军,并打破亚洲纪录。　(肖成德)

【淄博职业学院】 2010 年招生 8854 人,高职招生比例达 91.3%,全日制高职、中职在校生 26398 人,联合办学招生 2941 人,函授生、网络教育学生及在职硕士研究生等 2100 余人,挂靠三二连读高职学生 6880 人,学院学生总体规模达到 38000 余人。社会培训及技能鉴定 25000 人次。全院高职毕业生就业率为 98.83%。学院正高和副高职称人数分别达到 56 和 317 人。取得 339 项高水平成果,其中《汽车电气系统检修》《发动机拆装与调整》《发酵制药》3 门课程被评为国家级精品课程,国家级精品课程达到 9 门。"计算机应用技术专业教学团队"获国家级教学团队,国家级教学团队达到 2 个。护理系入选国家级实训基地,国家级实训基地达到 3 个。9 门课程被评为省级精品课程,省级精品课程达到 31 门。1 个团队入选省级教学团队,省级教学团队达到 2 个;1 名教师被评为省级教学名师;1 个专业入选省级品牌专业,省级品牌特色专业达到 10 个。获省、市级科研立项 33 项,省、市级成果奖 41 项,公开发表论文 631 篇,其中全国中文核心期刊 57 篇。出版主编、副主编教材 128 部。获得国家专利授权 27 项。制定《教育教学部绩效考核办法》《岗位绩效考核指导意见》,逐步形成部门、教育教学部及岗位三级绩效考核体系。接待俄罗斯、法国、美国等国家的高校代表团来访,并与法国、马来西亚等国高校实现联合办学。

4 月 1 日,获得 2010 年单独招生试点资格。4 月 14 日,被淄博市职业技能鉴定中心批准为卫生类职业技能鉴定基地。10 月 29～31 日,2010 年"齐都药业杯"全国高职高专生物技术职业技能竞赛在学院举行,淄博职业学院获集体特别贡献奖,微生物发酵工和产品检验工 2 个一等奖。12 月 25 日,与台湾修平技术学院联合举办的 2010 年海峡两岸高等职业技术院校校长高峰论坛举行。来自台湾的修平技术学院、东方设计学院、台北海洋技术学院、环球科技大学、朝阳科技大学等 5 所院校,以及青岛职业技术学院、济南职业学院、铜仁职业技术学院、江西中医学院等 20 余所大陆院校的院校长或主管负责人参加论坛,两岸院校长就加强合作进行洽谈并签订合作意向书。　(牛明哲)

【山东丝绸纺织职业学院】　始建于1960年，前身是山东省丝绸工业学校。2006年3月，经山东省政府批准升格为高职学院。截至2010年年底，学院占地33.35万平方米，设7个系、24个高职专业，4个自学考试本科试点专业，有教职工350人，全日制在校生5717人。学院先后被评为省级文明单位、省职业教育先进单位、全国诚信和谐院校、山东省首批高等教育自学考试本科专业试点院校。

教育教学。2010年，成立教学改革试验工作领导小组，初步完成7个专业、18门课程的改革。完成"人才培养方案""教学质量控制系统""教学管理制度体系"三大教学工程建设。制定《实践教学管理办法》，与30多家企业签订校企合作协议，加强对学生实践技能的培养，被评为山东省电子信息行业职业技能鉴定先进实训基地。在专业设置上，坚持以市场为导向和"强化重点，突出特色"的专业建设方针，申报通过服装营销与管理、丝绸技术2个新专业。染整技术专业成功获批为省级特色专业，《染色打样》被省教育厅评为省级精品课程。普通专科招生计划完成率为95%，五年一贯制专科计划完成率为100%。订单培养单位由2009年的1家拓展到7家，普通专科就业率达到98.06%。

师资队伍。1月，按照"职岗分离"原则组织第一次全员竞聘上岗。先后选送9名系正、副主任到国家级示范性高职院校学习。7月，淄博市编制委员会核定学院教职工编制为545名。全年引进博士2人，紧缺专业人才9人，晋升教授2人、副教授11人、讲师28人。1人获得淄博市劳动模范称号，1人被认定为淄博市高层次人才，1人被评为淄博市第八届师德标兵，2人被批准为山东省2010年度高等学校优秀青年教师国内访问学者和优秀骨干教师国际合作培养项目资助对象。

科研及获奖。全年获批立项省级教科研项目(课题)13项，获中国纺织工业协会教学成果奖1项、山东省职业教育优秀科研成果奖6项、淄博市社会科学优秀成果奖4项。"真丝大麻绉SH09-11"在中国丝绸协会组织的2010全国丝绸创新产品评奖活动中，荣获2010全国丝绸创新产品银奖。1名教师被评为山东省十佳设计师，作品《丝源》荣获"嵊州领带杯2010全国丝绸服装设计大赛"铜奖。学生在各类大赛中获二等奖2人、三等奖13人，团体一等奖1个，团体铜奖1个，团体优秀组织奖1个。在山东省第二十二届大学生运动会上，单呈祥获金牌1枚、铜牌1枚。

荣誉证书

山东丝绸纺织职业学院：

你公司真丝大麻绉SH09-11面料在首届中国丝绸文化节上获得"2010全国丝绸创新产品银奖"。

特颁此证。

中国丝绸协会
二〇一〇年五月

2010年5月，真丝大麻绉SH09-11获2010全国丝绸创新产品银奖（山东丝绸纺织职业学院　供稿）

工程建设。开工建设纺织教学楼、染化教学楼、机电教学楼及3座学生公寓，总建筑面积54000平方米，工程预算7600万。投资1300多万元安装地源热泵空调系统。

（公　昆）

【山东工业职业学院】　截至2010年底，学院占地面积81.94万平方米，建筑面积37.51万平方米，其中教学行政用房面积12.31万平方米，校内实训基地建筑面积5.98万平方米，藏书54.48万册(不含电子图书)。建有数控操作实训室、电工基础实验室、电子技术实验室、现代控制系统实验室、综合实训室、耐火材料、汽车驾驶与训练等94个实验、实训教学场所，教学仪器设备总值8388万元，固定资产37383万元。是信息产业部电子行业职业技能鉴定中心确定的IT职业技术教育工程定点院校，设有全国计算机等级考试考点、国家职业技能鉴定所等。在校生12212人。

学院设有34个专业，其中冶金技术和电气自动化技术被省教育厅确定为省示范化专业，冶金技术、材料成型与控制技术、机械制造与自动化被确定为省级特色专业，《钳工技术与实训》被评为省级精品课程。与济南钢铁集团、莱芜钢铁集团、金晶集团、博汇集团等省内外大中型企业签订长期人才供需协议，全面开展订单式培养。5月，山钢集团公司命名山东工业职业学院为山东钢铁集团人才培养基地。《整合行业资源，提高人才培养模式有效性的研究与实践》《汽车检测与维修技术专业理实一体化教学的研究与实践》《冶金类专业"双证融通"教学的研究与实践》3个课题获得山东省高等学校教学改革立项项目；《机电设备绿色维修性评价模型研究》等3个课题获准山东省教育厅科技计划2010年度课题立项。

【山东铝业职业学院】　经教育部批准设立的公办全日制普通高等职业院校，前身为山东铝业公司职工大学，始建于1958年，由山东铝业公司主办。2004年7月，经山东省人民政府批准，正式建立山东铝业职业学院。2005年6月，在山东省高职高专院校人才培养工作水平评估中获得良好等级。2008年，被人力资源和社会保障部确认为国家首批高技能人才培养示范基地。至2010年年底，学院占地50.58万平方米，建筑面积24万余平方米，有教职员工600余人，在校生6500余人，藏书(不含电子图书)34万余册。设有机械工程系、电气工程系、计算机系、经济管理系、冶金化工系、基础部6个系部，建有数控加工实训室、化工仿真实验室、ERP实验室、工控网络实训室、机电一体化实验室等50余个实验、实训室，与清华大学科教仪器厂、天津中西机床培训中心、山东东岳集团、山东恒邦集团等70余家省内外大型企业建立长期合作的校外实习实训基地。

年内，学院举办以“科学发展、全面成才”为主题的第七届科技文化艺术节、学生专业技能比武等四大类20余项活动，1500名学生参加，415人次获得不同奖项。组队参加淄博市大学生法律知识竞赛决赛，获团体总分第二名和优秀组织奖。为1282名高职学生发放2009年度国家(省政府)奖(助)学金、国家励志奖学金72.84万元。同时评出2010年度享受国家(省政府)奖(助)学金、国家励志奖学金1322人，发放国家励志奖学金、国家助学金160.6万元。发放服义务兵役学生学费补偿款42万元，发放中职学生国家助学金8.9万元，为中职学生免学费0.88万元。为108名学生设立勤工助学岗位18个，发放勤工助学工资7.723万元。

【山东万杰医学院】 学院有教职工845人，其中教师总人数728人，专任教师658人，占教师总数的90.38%。专任教师中，具有副高级以上职称的198人，占专任教师总数的30.09%；具有博士学位的6人，硕士学位的222人，两者共占专任教师总数的34.65%。全日制本、专科在校生1.1万人。

年内，教育部批准万杰医学院“民办非企业单位登记证”“组织机构代码证”“办学许可证”“收费许可证”等相关文件和手续，经省民政厅批复备案，办学主体变更为山东省商业集团有限公司。3月，新申报的药物制剂、建筑环境与设备工程、食品科学与工程、信息管理与信息系统4个专业通过审批，自2010年招生。 （肖成德）

职业 成人 民办教育

【职业教育】 全市有高等职业教育机构12所，其中高等职业院校8所，高级技工学校4所，在校生8.62万人。中等职业学校27所，其中国家级重点中等职业学校7所、省级规范化和省重点中等职业学校3所，在校生6.03万人，专职教师2320人；技工学校9所，在校生2.24万人，专职教师1164人。各类职业学校开设专业(工种)150余个。全市建成中等职业学校省级重点实训基地4个，市级重点专业实训基地32个，各中职学校与企业共建实训基地21个。1所中等职业学校被表彰为全国中等职业学校德育工作先进集体，淄博工业学校成为国家中等职业教育改革发展示范学校建设计划第一批立项建设学校，6所中职学校的实训基地建设项目列入国家“十二五”规划中等职业教育基础能力建设规划(二期)。

【民办教育】 年内，审批注册的民办教育主要有中等以下学历教育学校和非学历教育机构两种类型，共394所。民办学历教育45所，其中中小学41所，中等职业学校2所，民办高等学校2所。在民办中小学中，教职工3415人，专任教师2592人，在校生36539人，占地面积200.41万平方米，校舍面积85.54万平方米，图书134.4万册。各类非学历教育学校349所，其中幼儿园25所，其他非学历教育培训机构324所，教职工3381人，专任教师2335人，在校生70165人，占地面积48.29万平方米，校舍面积25.3万平方米，图书28.94万册。

【玉树师生到淄博市工作学习】 9月12日下午，青海省玉树藏族自治州职业学校教师和学生201人到淄川区职教中心任教和就读。就读学生189人，均为藏族，涉及学前教育、美术绘画、旅游服务与管理、计算机及应用等19个专业，随队玉树职业学校教师11人，随行教师子女1人。

2010年9月12日，青海省玉树藏族自治州职业学校师生到达淄博火车站 （市教育局 供稿）

【中等职业学生资助工作检查】 11月15日，教育部中等职业学生资助工作检查团到淄博市淄川职教中心检查国家助学金和免学费政策的落实情况。检查团听取淄博市中等职业学生资助工作情况汇报，查验全国中等职业学生信息管理系统，核对学籍，查看学生资助档案、发放凭证，访谈学生等。检查团对淄博市的中等职业学生资助工作予以高度评价。

【排查整顿民办教育机构】 6月，对民办教育机构进行排查整顿，查处培训类非法办学点60余处，发放整改、停办通知书30余份。按照《中华人民共和国教育促进法》第六十四条和《中华人民共和国教育法》第七十五条的规定，根据《中华人民共和国行政处罚法》的相关程序，对非法办学案件依法进行行政处理，依法保护受教育者的合法权益。

【淄博市技师学院】 2010年，学院继续推进教育资源整合、不断提高办学水平。整合后设有八系一部，50多个专业，在校生1.2万人。数控切削、机械装配与维修、汽车驾驶与维修3个专业为山东省技工院校百强专业。招生

3708人，毕业3845人，就业率保持在98%以上。完成社会培训13551人，开展技能鉴定4623人。承办淄博市青年职业技能大赛，参加数控车工、数控铣工、钳工3个项目的比赛，获得3个项目教师组和学生组的6个第一名，被授予特殊贡献奖。10月20～24日，承办第三届全国技工院校技能大赛山东省选拔赛机电维修等4个项目的比赛，取得6项第一、3项第二、1项第三的成绩；8名选手代表山东省参加全国第三届技工院校技能大赛，在全国165所参赛院校中总成绩名列第16位，在全省参赛的7所院校中总成绩名列第1位。在全国第四届数控大赛山东省选拔赛中，学院师生10人分列2个组别3个项目前十名，1名教师获得加工中心组第二名，并代表山东省参加全国的数控大赛。在省教育厅组织的山东省汽车维修工技能大赛中，学院4名选手代表淄博市参赛，获团体二等奖、2个个人三等奖。20人次被表彰为振兴淄博劳动奖章、淄博市技术能手、淄博市青年岗位能手、淄博市巾帼技术能手等。　（肖成德）

本部类编　辑：马震刚
副主编：王　娟
校　对：张耀江
吴建利

·齐文化典故·

姜太公钓鱼　愿者上钩

出自《史记·齐太公世家》。姜太公不满当时商纣王的黑暗政治，他听说西伯姬昌尊贤纳士、广施仁政，便千里迢迢来到渭水北岸的磻溪（今陕西宝鸡县）住了下来，每日垂钓于渭水之上，等待圣明君主的到来。他的钓法很奇特，鱼钩是直的，钩上没有鱼饵，并且放在离水面三尺以上的地方，过路人都笑话他。周文王听说后以打猎为名来到渭水边，与姜太公谈得很投机，就请他做了国师。姜太公钓鱼的真正目的是想用与众不同的方法，寻找向明主推荐自己的机会，实现自己的政治抱负。他不因年事已高而放弃自己的理想和追求，果然成就了灭商、兴周、建齐的伟业。

文　化

综　述

2010年，淄博市艺术创作人才辈出。市京剧院刘媛媛、市五音戏剧院路萌获第五届“中国戏曲红梅金花”称号；市歌剧舞剧院董小璐获全国推新人大赛民族唱法金奖；市五音戏剧院吕凤琴被批准享受国务院特殊津贴。在中国电视文艺“星光奖”评奖中，市群众艺术馆获一等奖3个，二等奖1个，三等奖2个，3件作品参评全国第十五届“群星奖”。完成2010年度文化部科技创新项目组织申报工作，报送《民族乐器改革〈五音琴〉研究制作》课题；完成2010年度全省艺术科学重点课题、全省文化艺术科学优秀成果奖组织申报工作；《周村区基层文化建设“1＋3”工作模式》获山东省文化创新奖。

全市文化活动丰富多彩。开展“文艺服务百姓 欢乐伴您行”——全省艺术院团元旦、春节演出活动，演出150余场；完成第十届中国(淄博)国际陶瓷博览会·第九届中国(淄博)新材料技术论坛暨国际科技成果招商洽谈会文艺晚会《畅想淄博》、淄博市第二届文化产业展销会文艺展演、第二十二届省运会开幕式垫场及闭幕式、市歌剧舞剧院建院50周年等演出任务；举办“5·18”国际博物馆日宣传活动、西汉齐王墓陪葬坑陈列展、第三届淄博市读书节、第六届全市少儿艺术特长大赛、第六届全市民间剧团展演、“八一”军民书画联展、淄博市花灯艺术节、“迎省运、庆国庆”系列文化活动等。

文化遗产保护工作。完成第三次全国文物普查实地调查阶段工作。市自来水公司沣水净水厂工地的东汉墓考古发掘顺利开展。沂源东里战国墓发掘工作出土文物达千余件。五音戏、蹴鞠、淄博陶瓷、内画、刻瓷、琉璃等知名非物质文化遗产项目亮相上海世博会。鹧鸪戏和淄博陶瓷传统烧制技艺被确定为第三批国家级非物质文化遗产。市五音戏剧院筹备成立五音戏艺术研究室，并应邀参加全国非物质文化遗产研讨会演出和中国首届非物质文化遗产博览会闭幕式演出。

文化市场繁荣有序。对全市650余家网吧进行统一编码管理，全年办理813件审批事项，办结率100％。出动文化市场稽查人员15826余人次，确保文化市场的健康运营。积极开展打击侵犯知识产权和制售假冒伪劣商品专项行动，维护公平竞争的市场环境。

文化产业快速发展。年内，全市文化产业增加值达125亿，同比增长30.2％，占GDP比重达4.37％。新增1家国家级文化产业发展示范基地。　　　（陈　雪）

专业文化

【艺术科研】 在2010年度全省艺术科学重点课题、全省文化艺术科学优秀成果奖组织申报工作中，全市有9项文化艺术科研作品获奖。

【山东地方戏发展研究专题调研】 9月29～30日，省文化厅组织山东地方戏发展研究专题调研组到淄博市进行调研，采取座谈、发放问卷等形式，对五音戏剧种现状、发展情况、院团生存状态、经费状况、演出状况等进行深入调查。

【文化团体赴韩国演出】 4月22～26日，市文化出版局组织市歌剧舞剧院、市五音戏剧院部分演员赴韩国广州市进行文化交流演出。

【市京剧院巡演】 4月21日，市京剧院赴杭州、宁波、绍兴、舟山等10地市进行为期一个多月的巡回演出，演出剧目为《智取威虎山》《杜鹃山》《红灯记》。这是该院继2007、2008年以来第三次赴江南巡演。

【市双拥艺术团成立】 6月，市双拥艺术团在市武警支队举行揭牌仪式和首场演出。6月22日，市双拥工作文艺演出在淄博广电大剧院举行。

【鲁艺吕剧团参加全国展演】 6月，鲁艺吕剧团在北京梅兰芳大剧院参加2010年全国民营艺术院团优秀剧(节)目展演活动，演出剧目为《姊妹易嫁》。剧团在北京举行《姊妹易嫁》演出座谈会并受到文化部表彰。

【五音戏《王小赶脚》参加上海世博会演出】 7月8～12日，上海世博会"山东文化周"举行。中国戏剧梅花奖获得者、山东省非物质文化遗产五音戏优秀传承人吕凤琴及其搭档路萌亮相世博园宝钢大舞台"孔孟乡音梅花奖演员专场"，连续一周演出《王小赶脚》，每天上、下午各1场。

【第二十二届省运会闭幕式演出】 9月26日，在市体育中心综合馆举行。闭幕式文艺表演以市属3个专业艺术院团创作演出的节目为主，同时充分吸收群众文化活动中具有较高艺术水准的精品节目。

【市属专业艺术表演团体推介】 9月27～30日，全省艺术院团优秀演出项目推介活动在济南国际会展中心举行。市文化出版局组织市属3个专业艺术表演团体参加演艺成果展览并对优秀演出项目进行推介。

【中青年专业艺术人员业务技能比赛】 12月，市文化出版局主办2010年市属专业艺术表演团体中青年专业艺术人员业务技能比赛决赛。140余名中青年专业艺术人员参加比赛，19名选手获得一等奖，24名选手获得二等奖。

（吕　佳）

社会文化

【非物质文化遗产保护】 5月，市文化出版局印发《淄博市市级非物质文化遗产名录保护考核复评管理办法》。6月10日，全市庆祝第五个中国"文化遗产日"系列宣传活动启动仪式在市博物馆举行。7月，上海世博会"山东活动周"现场技艺展示展演活动中，7人参加蹴鞠表演、2人参加五音戏表演、2人参加现场手工技艺展示，203件(套)刻瓷、内画、陶瓷作品参加现场实物展示。11月，市政府公布第三批市级非物质文化遗产名录项目名单，共36项，其中新入选项目33项，扩展项目3项。11月，全市23个单位、44名个人成为山东省非物质文化遗产保护协会会员。

【农家书屋建设】 年内，将省新闻出版局配发的457套书和50台移动影库充实到全市各农家书屋，有效缓解农村居民"买书难、借书难、看书难"的问题。

【文化下乡】 年内，组织各类文化下乡活动452次，送戏586场，送画1253幅，送图书3.2万册，送辅导1043人次。

【群众文化活动】 年内，组织参加全省曲艺汇演，报送作品10件，3件入围决赛。6月，市图书馆组织举办老年人免费电脑培训班。9月，在张店区潘庄社区组织实施为期10天的民间剧团大展演；在张店区文化活动中心举行"迎省运、庆国庆"系列群众文化活动开幕式。

【市第三届农民文化艺术节】 组织举办淄博市第三届农民文化艺术节，演出节目230多场，举办展览7个，创作文艺节目近50个，参演人员632人，农民观众达50余万人次。

【基层文化设施建设】 年内，全市所有乡镇(街道)按照建设标准建设完成乡镇(街道)综合文化站(文化中心)。全市完成新改建乡镇综合文化站16个，完善农村文化信息共享工程服务点129个，培训农村文化骨干3565人，组织送戏进农村2048场。

（张文涛）

文　博

【文物行政处罚案卷评比获奖】 12月22日，市文物局报送的《淄博大源城建开发有限公司、沂源县房屋建设综合开发有限公司、沂源县建源房产综合开发有限责任公司擅自在市级重点文物保护单位沙沟遗址保护范围和建设控制地带内进行建设工程案》案卷在国家文物局组织举办的第三届全国文物行政处罚案卷评比中获二等奖，并作为优秀代表参加国家文物局在广州举办的"部分地区文物行政处罚案卷研讨会"。这是此届活动山东省获得的唯一奖项。

【第四批市级重点文物保护单位公布】 7月16日，市政府从全市第三次文物普查新发现的文物点中，公布徐王遗址等173处不可移动文物为第四批市级重点文物保护单位，其中古遗址87处，古墓葬15处，古建筑43处，石窟寺及石刻4处，近现代重要史迹及代表性建筑24处。至此，全市市级重点文物保护单位达到305处。

【文物执法与文物安全保护】 年内，市文物局出动文物行政执法人员进行执法行动和文物安全巡查260人次，查处各类违法案件23起，责令整改30家次。与市公安局国保支队、市消防支队联合对各级文物保护单位、博物馆、纪念馆进行消防安全大检查。

（李　胄）

【第三次全国文物普查实地调查通过验收】 3月2日至4月25日，省、市文物普查办公室联合组成专家组，对全市各区、县文物普查实地调查工作进行验收。全市8个区县均以"优秀"成绩通过省专家组验收。淄博市成为全省第二个以"全优"成绩通过验收的市。至此，全市第三次全国文物普查实地文物调查阶段工作圆满结束。市文物局徐学琳获

"第三次全国文物普查实地调查阶段突出贡献个人"称号。

2010 年 3 月 3 日，淄博市第三次文物普查实地调查阶段试点验收会议召开　　　　（徐学琳　摄）

【沂源东里东村战国墓发掘】 10 月 25 日至 11 月 28 日，山东大学、市文物局、沂源县文物管理所联合对沂源东里东村战国墓葬进行抢救性发掘。其中，一座墓葬为甲字形土坑木椁墓，坐北朝南，墓口南北长 8.15 米，东西宽 6.3 米，墓底南北长 6.44 米，东西宽 5.1 米，墓底距墓口深 4.9 米。葬具为木质，保存完好，二椁二棺，分为外椁、内椁、外棺、内棺。出土器物种类繁多，计有陶器、陶俑、铜器、玉石器、水晶、漆木器、木器、竹器、丝织品、车马器。该墓出土的葬具、竹器、木器、丝麻织品以及下葬绳保存较好，特别是内棺棺木保存完好。棺椁形制结构清晰，从现场清理情况及资料整理分析，椁为现场组装垒砌而成，两棺组装后，利用草绳和墓底的 4 根立柱整体下入椁内。竹器、木器、丝麻织品、棺椁结构及下棺绳的发现对研究当地战国时期葬制有较高的价值。　　　　（徐学琳　李　新）

【沣水净水厂东汉墓考古发掘】 5～6 月，市文物局考古工作室对市自来水公司沣水净水厂施工过程中发现的汉代墓葬进行抢救性发掘。此墓为斜坡墓道画像石墓门砖室墓，分为墓道、墓门、前室、后室。墓门为石质，由门楣、门扉、门柱、门槛构成，门楣带画像石图案，上部为"大吉羊"，下部自左往右依次为文官、两马一车、两骑、两马一车，车骑上隐约可见人物，雕刻方法为浅浮雕。门柱上阴刻图案，简单朴拙，南为青龙、北为白虎。随葬器物散落于前室、后室填土内。发现陶耳杯 6 件、陶盘 2 件、陶钵和陶魁等，铜泡 2 件，五铢铜钱数十枚。据墓葬形制和随葬器物判断，此墓年代为东汉时期，墓主应为中下级官员或富裕平民。此墓对于研究东汉时期墓葬制度、社会习俗有一定价值，为美术史研究提供实物资料。　　　　（徐学琳）

2010 年 6 月 1 日，沣水净水厂东汉墓考古发掘现场　　　　（徐学琳　摄）

【馆藏三级以上文物调查及数据库管理系统】 8 月底，完成全市博物馆馆藏二级文物 195 件、三级文物 2598 件的数据采集、审核、报送工作。全市 11 处博物馆完成 2897 件馆藏文物的调查及数据库管理系统建设项目。

【民办博物馆建设】 年内，周村艺术博物馆展览较 2009 年增加 25 个；临淄金珍堂博物馆不断充实展品，丰富展览，采取多种形式进行展览宣传，藏品总数较 2009 年增加 375 件，展览增加 2 个。　　　　（郎爱武）

文化市场

【文化市场稽查】 年内，全市出动文化市场稽查人员 15826 人次，检查网吧经营场所 5600 家次，检查音像制品经营场所 120 家次，检查娱乐场所 1807 家次。受理群众举报 74 起，立案调查 68 起，办结案件 65 起，罚款 20 万余元。

【举报电话及网络监控中心】 年内，12318 举报电话接到群众举报 69 起，受理群众咨询 430 起，所有举报案件均在第一时间得到及时查处。网络监控中心继续实施其监控屏蔽功能，禁止游戏 11900 次、超时营业报警 4899517 次、屏蔽游戏站点 4880344 次，有效地净化网络内容。

（马吉忠）

【成立文化市场综合执法机构】 按照中央和省、市委关于文化市场综合执法改革意见，经市委第 126 次常委会议研究决定，撤销淄博市新闻出版局及加挂的淄博市版权局牌子，建立淄博市文化市场执法局，为淄博市人民政府直属正县级财政拨款事业单位，核定事业编制 24 名。机关内设办公室、组织人事科、法规教育科、执法科、监察科、文化市场管理暨"扫黄打非"办公室。主要职责任务是：根据授权依法行使全市文化市场执法管理职能。经市委第 159 次常委会议研究决定，建立淄博市文化市场执法支队，为市文化市场执法局领导的副县级财政拨款事业单位，核定人员编制30名。主要职责是：根据授权，负责全市文化市场的执法检查等工作。

【净化出版市场】 切实加强日常监管，坚持集中治理，始终保持主动出击的高压态势，扎实开展净化出版物市场专项行动。全市出动检查人员1700人次，出动检查车辆510台次。检查印刷企业400余家、图书报刊经营业户580家、电子出版物经营业户110家。查缴各类非法出版21800册（盘），其中盗版图书12000册，非法音像制品3500盘，盗版教材教辅3100册，非法小报800份，非法电子出版物2400盘（张）。

【净化网络环境】 根据全国、全省"扫黄打非"工作电视电话会议精神，组织开展严厉打击手机网站制作、传播淫秽色情信息和互联网低俗之风专项行动。全市清查网站6000余家，督促1200余家网站完善备案手续，关闭未备案网站3000余家；屏蔽26家不良网站网址，检查互联网数据服务单位8家，删除网上淫秽色情及低俗信息270多条、问题稿件10余篇，关闭相关违法网站、论坛和栏目16个。

【封堵查缴政治性非法出版物】 积极协调公安、工商、城管等部门，以封堵查缴政治性非法出版物为重点，采取多种方式，对重点场所进行反复清查，确保中央、省明令查禁的政治性非法出版物不流入市内，其他各类非法盗版出版物和不法游商地摊也得到及时有效清理。

【查处非法印刷企业】 根据群众举报、明察暗访和清查市场掌握的线索，分别对市内9家印刷企业进行查处。经查实，9家印刷企业分别为7名不法书商非法印制盗版教辅教材。按照9家印刷企业的违法情况，分别给予吊销许可证、依法取缔、停业整顿、责令整改、暂缓年检等处罚，情节严重的，移送公安部门予以刑事处罚。全市打掉地下非法印刷、发行、藏匿窝点3个，取缔无证照经营者和非法游商地摊80多个，查办各类违法违规案件10余起。

【打击侵犯知识产权和制售假冒伪劣商品专项行动】 年内，印发《关于开展打击侵犯著作权和制售侵权、盗版出版物专项行动的通知》，向社会公布举报电话，明确专项行动的工作重点。组成两个执法检查行动组，分赴五区三县、高新区，采取明察与暗访相结合、白天日常巡查和夜间突击检查相结合的方式，对全市印刷复制各类出版物、印刷品、光盘及包装装潢、商标标识标签的企业以及图书、软件、音像制品市场进行全面排查摸底。专项行动中，出动执法检查力量160人次，检查印刷、复制企业220余家，图书、软件、音像制品销售单位80余家，对市内3家发行单位销售盗版图书的违法行为依法给予责令停止违法行为和没收印刷品、出版物等行政处罚，对10余家违法违规行为轻微的企业给予警告的行政处罚。

【民营书业组团参加全国书博会】 4月24～28日，组织志鸿教育集团、山东风雅颂书业有限公司等11家民营书业公司组成淄博民营书业展团，赴成都参加第十九届全国书会，展位总面积510平方米，向全国出版发行界展现了淄博市民营书业发展的新成就、新形象。

【第二届山东淄博图书交易博览会暨鲁中全印展】 10月16～18日举办，来自全国各地的近200余家出版发行经营单位和70余家印刷设备企业以及近万名经销商参展。参展图书万余种，订货码洋达4.5亿元，现场签订合同210项，达成意向170个；鲁中全印展展出印刷设备180余台（种），销售和订货额度达5000余万元。　（沈　俊）

文化产业

【淄博特色文化元素参加深圳文博会】 5月14～17日，第六届中国（深圳）文博会期间，淄博市国家级非物质文化遗产衍生品——姜太公酒、蒲松龄酒、颜文姜酒、牛郎织女酒、仿古蹴鞠、周村烧饼等因特色鲜明被抢购一空。会上，全市9个文化产业项目被列为山东重点文化产业项目向海内外推介，数量位列全省首位。

【全市第二届文化产业展销会】 9月6～11日，在淄博国际会展中心举办，以"绿色、创意、融合"为主题，策划设置24个展区，总展出面积5300平方米，展示各类文化精品36000件（套）。

【参加第三届山东文化产业博览交易会】 9月27～30日，组团参加第三届山东文化产业博览交易会，进一步打响"淄博陶瓷　当代国窑"文化品牌。淄博展区被评为优秀展区，并荣获组织工作奖。

【新增1家国家级文化产业示范基地】 12月，山东周村古商城旅游发展有限公司被文化部列入第四批国家级文化产业示范基地名录。　（孔　涛）

文艺创作

【坚持文艺发展正确方向】 市文联制定学习制度，确定周一上午为集中学习日，通过观看录像、集中学习、学习交流、专题辅导等形式，学习党的十七届四中、五中全会精神和中国特色社会主义理论。广泛开展"日阅一文、月读一本、季写一篇、半年一讲”的“四个一”活动，深化岗位技能比武。召开市文联四届七次全委扩大会议，传达省文联工作会议精神，总结工作，部署任务。指导各区县文联、各文艺家协会全面贯彻落实党的文艺方针和政策，切实加强社会主义核心价值体系建设，积极建设和谐文化，确保全市广大文艺工作者在思想上、政治上、行动上与党中央保持高度一致。

【文学创作】 按照弘扬主旋律、提倡多样化和“三贴近”（贴近实际、贴近群众、贴近生活）的要求，积极引导广大文艺工作者坚持正确的政治方向，潜心创作。年内，发表出版长篇专著40余部，在中央和省、市级文学报刊和杂志发表中、短篇文学作品1000多篇。其中，《可可托海》《儒赋》《齐风淄韵》《红黑变奏》《齐鲁烟云》《水月亮》《海地记忆》《故乡泥土芬芳》《一路坎坷一路歌》等受到好评。小说集《未来世界》荣获“冰心文学奖”。

【获奖艺术作品】 年内，积极组织申报全国“五个一”工程和省“文艺精品工程”评选。报送11个艺术门类26件作品参加省第三届“泰山文艺奖”评选，5件作品获奖，获奖作品涉及摄影、戏剧、书法、舞蹈等艺术门类。举办第七届淄博文学艺术奖评选，涉及13个艺术门类的76件作品获文学艺术奖，46件作品获提名奖。市音协组织参加“纪念焦裕禄同志逝世46周年”歌词征集活动，丁恩昌的《你是泡桐树》、李华野的《好想再握你的手》获一等奖，丁志强的《你像蜜蜂春蚕》、张静的《焦裕禄美名万古扬》获二等奖。李铭烨表演的山东快书《武松赶会》获省文化厅主办的省曲艺汇演大奖赛表演三等奖。市舞协组织8个节目参加省第五届青年舞蹈大赛，获一等奖4个、二等奖3个、三等奖1个。唐秀玲、蒋冉创作的《君子之交》被中国艺术馆收藏。10月，25人入选中国美术家协会和现代工笔画院举办的全国首届现代工笔画展，2人获奖。3人入选2010年全国中国画作品展。曹仕强、荆德杰、赵锐、王军入展中国书协主办的第三届扇面展。在中国教育学会、中央电视台、文化部文化信息协会、中华广播影视学会举办的“和谐春晚”舞蹈比赛中，刘韵创编的舞蹈《羌寨欢歌》获金奖。市戏协组织指导民间剧团创作演出《桐花雨》《大义》，受到观众好评。市民协组织参加第三届山东国际大众艺术节暨山东省手工艺制作大赛，2件作品分获二、三等奖。

【主题文艺活动】 年内，精心组织系列主题鲜明、影响广泛的各类文艺活动。组织举办“迎省运·庆国庆·促和谐”全市书法、美术、刻瓷艺术作品展，迎省运全市民间剧团展演活动，“精彩淄博·激情省运”网络摄影大赛，第八届全市舞蹈电视大赛和“仲裁杯”金色之秋摄影大赛等系列文艺活动。联合举办全市歌手电视大赛，设幼儿组、儿童组、少年组、青年组和中老年组，参赛选手达300余名，按组别分设金、银、铜奖及优秀歌手奖。组织全市京剧、吕剧票友联谊展演，110多家民间剧团、2300名演员参加演出1000多场。联合举办“孙其峰书画艺术展”。市动漫协会举办“低碳家庭·时尚生活”动漫大赛，面向全国征集参赛作品400余件，获奖100余人。市摄影协会组织“芳草杯”淄博第十五届摄影艺术展览。组织书画艺术家参加“淄博市红十字博爱基金”捐赠书画活动，捐赠作品20多幅。市音协举办情系玉树淄川赈灾义演。市书协举办庆“六一”向市聋哑学校少年儿童捐赠书法作品活动，共捐赠作品20余幅。来自全国的300多家参展商参加“黄金国际杯”迎省运第五届奇石博览会和淄川“通乾杯”全国奇石展。

【文化交流】 是年，市文联积极邀请省内外的文艺家走进淄博、了解淄博，同时鼓励、支持文艺家走出淄博、走出国门，树立淄博文化新形象。举办涌泉国际书法大展，十几个国家和地区书法家的360多件作品参展。组织安排刻瓷艺术家随同省、市领导到各地进行艺术表演。市鲁艺吕剧团受文化部邀请参加优秀民间剧团晋京展演。

【文化下乡】 积极开展“送欢乐下基层”惠民文化活动，实现制度化、规范化、经常化。全市文联系统在送欢乐下基层活动中举办文艺演出50多场，举办各种展览比赛20多场，深入农村、社区、厂矿和企事业单位文艺辅导500余次，辅导人数6000余人。

【协会建设】 积极发展会员，壮大文艺队伍，及时吸纳成绩突出的新秀加入各级文艺家协会。年初，成立电影电视艺术家协会。市文联所属13个专业文艺家协会新增市级会员300多名，省级会员79名，国家级会员15名。市级以上会员总数7000多名，其中省级会员1580名，国家级会员237名。市音协设立网站，成为全市音乐工作的展示平台。继续抓好《齐风》、聊斋图书编辑部、淄博书画艺术交流中心和淄博文化艺术城等文艺阵地建设。

【市第五次文代会召开】 12月21日召开，回顾总结第四次文代会以来市文联工作和文艺工作，部署以后五年的工作目标任务，听取并审议市文联第四届委员会工作报告；修改《淄博市文学艺术界联合会章程》，选举产生新一届文联领导机构。

（王桂华）

本部类编　辑：马震刚
副主编：王　娟
校　对：孟　明
耿　超

新闻出版　广播电视

报　刊

【重点报道】《淄博日报》开辟贯穿全年的《转方式调结构推动经济社会科学发展》专栏，刊发系列评论员文章和各行业负责人专访文章，深入挖掘各个领域的典型，先后挂牌刊发60多篇典型报道，并配发照片、编者按、编辑点评等；围绕建设生态和谐宜居城市、推进城乡一体化发展做好宣传报道工作；围绕“三农”特别是都市农业的宣传，开设《关注春季农业生产》《关注农业生产》专栏，宣传报道各区县各部门制定完善配套措施，集中力量发展都市农业的新思路、新举措；配合全市学习实践科学发展观活动，开辟《积极创先争优　争做淄博先锋》专栏，对全市一大批基层党组织和基层党员的先进事迹进行挖掘，总结推广典型经验；围绕全市争创全国双拥模范城、全国绿化模范城等工作，以消息、通讯、言论、图片等多种新闻表现形式，及时刊发相关动态新闻，开辟《争创全国双拥模范城“七连冠”》专栏，推动和促进全市争创工作；加强对全国、省、市“两会”的新闻宣传，及时宣传报道全市各级各部门学习贯彻党的十七届四中、五中全会，扎实做好各项工作的新举措、新经验。精心安排第二十二届省运会宣传，在头版开设倒计时牌，开辟《当好东道主　办好省运会》专栏，采取多种形式、图文并茂地宣传市委、市政府的重要举措，在宣传好报道好体育场馆设施、道路建设、环境整治和前期赛事的基础上，有计划地刊发省运会宣传口号和公益广告，营造良好舆论氛围。

【发行量稳定提高】 淄博日报社坚持全年发行、全员发行原则，随时订报，全员参与，在中心城区和五区三县组织开展10多场读者服务日活动，包括文艺演出、现场订报、读者咨询、健康查体等。继续发展党报村、晚报村，编辑记者进社区订报，在中高档宾馆酒店免费送报，进一步扩大受众范围。《淄博日报》在价格较大幅度上调的情况下发行量比2009年增长3%；《淄博晚报》比2009年增长13%；《音体美报》的发行覆盖全国各地，全市发行量比2009年增长8%。

【技能比武】《淄博日报》在新闻采编系统进一步倡导“三贴近”，广泛开展以争当名编辑、名记者、名评论员为主要内容的业务培训和专业比武，每周评比好新闻、好版面、好专栏、好评论、好标题，及时通报差错情况；在印刷系统中开展以上版印刷、打捆点数、打字排版为主要内容的技能比武，报纸印刷质量连续4年被省报业协会评为精品级报纸；在发行系统中开展以征订报刊和提高投递质量为主要内容的比武竞赛，评比表彰发行优秀工作者并给予物质奖励，促进报刊发行；在广告系统中开展以增加广告经营收入为主要内容的比武竞赛，促进广告经营工作任务的完成。

【获奖作品】 4月15日，在山东新闻奖报纸作品复评会议上，《上瓦泉村：百位农民集体变法人》等5件作品获奖。8月20日，在山东省市地报第十七届好专版好专栏评定会上，21件作品分获金、银、铜奖，获奖作品数量位于17市地报社前列。9月15日，在中国地市报研究会和中国地市报研究会好新闻(论文论著)评选中，48件作品获奖，其中一等奖6件，二等奖13件，三等奖24件，优秀奖5件。在山东省市地报2010年度新闻奖评定会上，11件作品获奖，其中一等奖2件，二等奖4件，三等奖5件。　(徐文武)

【7位雷锋班班长齐聚淄博】 3月4～5日，《淄博晚报》策划举办“传承雷锋精神，建设文明淄博”——与雷锋同行，与时代同步，历任雷锋班班长走进淄博大型公益活动。7位雷锋班班长齐聚淄博，先后参加“山东长运雷锋车队见义勇为基金创立仪式”“山东得益乳业雷锋班揭牌仪式”“‘文明淄博，志愿全运’主题宣传暨第二十二届省运会志愿者招募启动仪式”等活动，走进淄博商厦、市消防支队和山东理工大学，分别与全国商业服务明星、消防战士和大学生深入探讨新时期如何传承雷锋精神。该活动消息被新华网、人民网、新浪网等网站转载。

【举办第三届淄博市读书节】 3月28日～4月底，《淄博晚报》策划的第三届“淄博市读书节”举办，以“生活因读书而精彩”为主题，先后开展莫言读书节大讲堂、书香校园、图书馆开放日、为山村小学捐建图书室等活动，以此提高市民的读书热情、增加城市的读书氛围。

【特派记者赶赴玉树抗震救灾】 4月14日，青海省玉树藏族自治州发生7.1级地震。4月15日，《淄博晚报》新闻采访中心派出记者赶赴玉树，现场报道玉树地震灾区抗震救灾进展情况。记者们克服高原反应、余震不断、交通不便等不利因素，以高度的责任感在玉树采访、救援7天，发回数篇稿件。

【"人文淄博·近现代学人名士"系列报道】 5月28至8月16日，《淄博晚报》策划"人文淄博·近现代学人名士"系列报道，采访全市近现代学人名士及后人12位，以独特的视角、厚重的风格，展现近现代淄博学人名士漫漫长路上下求索的坚实足迹和心路历程，梳理淄博市人文精神，挖掘地域文化内涵，激起热爱家乡、建设经济文化强市的热情。

【"倾情援疆 放飞希望"爱心行动】 8月，《淄博晚报》策划"倾情援疆 放飞希望"教师节特别爱心行动。开辟专栏，采访报道援疆7批优秀教师代表，连续推出20个专版，全面解读淄博市与新疆克孜勒苏柯尔克孜自治州12年的友谊。发起读者爱心募捐行动，募集善款近8万元，该笔善款全部捐给克孜勒苏柯尔克孜自治州阿克陶县巴仁乡其克村小学，该小学成为《淄博晚报》异地捐建的第五所读者希望小学。 （刘秀清　赵　敏）

【《鲁中晨报》】 在2010年大众新闻奖评奖中，《鲁中晨报》23件作品获奖，其中一等奖3件，二等奖6件，三等奖11件。年内，刊发重点新闻提升晨报特色和品牌价值，2月对天津保税区一调度员驾驶大客车撞人致10人死亡、多人受伤的采访报道成为全国关注的焦点，3月采访报道山西疫苗事件和王家岭矿难，6月国内200余家媒体转载晨报推出的父亲化身女网友营救传销儿子系列报道，7月深入江西洪灾泛滥区采访并募集资金35万余元，12月策划参与贵州希望小学系列报道等。财经新闻的独家独立特色越发明显，5月江浙游资调查系列、涉及黄光裕事件的整合稿件等被国内各主流媒体和门户网站转载。策划系列活动，1月联合多家单位推出"暖冬·情牵民工兄弟"大型公益活动，3月与市文物局等单位策划成立鲁中晨报鉴宝团，5～6月开展第五届爱心送考大型公益活动，9月与有关单位发起并举办首届《鲁中财富论坛》。强化各区县版新闻，侧重于新闻策划，围绕普通市民的生活和精神追求组织众多活动。1月推出《虎年温馨列车》系列报道，3月推出《百年妇运》系列策划，4月推出《殡仪馆一线员工揭秘》报道，5月母亲节前后陆续推出《幸福在哪里》《母亲节里话婆婆》《婆媳趣味运动会》等策划报道，6月推出《省运会前记者骑单车逛张店》，每天推出16个版的世界杯专题报道《非球勿扰》、推出晨报下午版，7～8月策划《小鬼当家暑期行》报道，9月推出《都市农业》系列报道，10月推出《相约振华相亲黄金周》《老爸老妈秀绝活》等。

3月，成立鲁中晨报手机报工作室。8月2日，成立鲁中晨报·淄博移动全媒体中心，打破用报纸传播信息的传统途径，用文字、照片、视频、光电等综合表现形式，立体地、全方位地对新闻进行传播，先后制作盖茨、巴菲特中国"慈"场论剑，国美股权之争，都市农业系列报道等十几个专题。11月2日，《鲁中晨报》通过"中文报刊"软件在iPad上发行，实现无纸化发行。11月27日，iPhone的"掌上晨报"正式上线。12月，成立掌媒中心。 （鲁中晨报社）

【《音体美报》】 以专业化办报为中心，全面提升办报质量和水平，在报纸可读性、贴近性及服务性上进行创新与探索。对教育周刊版面进行有效整合，设立教育新闻、专业知识、教育论文三大版块。1～2版为教育新闻版块，分别为教育要闻、文摘资讯；3～6版为专业知识版块，分别为美术大观、音乐天地、体教纵横；7版为教育论文版块，设置为教师园地或教育研论；8版作为机动版面，校园文化展示、名校风采、专题报道等轮流刊发。与市青少年宫联办《校外教育》，每期加印3000份通过市青少年宫投寄给全国各级青少年宫系统。《家庭周刊》设立阅读、服务、新闻三大版块，推出系列好栏目好征文活动。如《游走在都市的劳动者》栏目，世博会、省运会、残运会栏目等。

全年刊发重点新闻稿件70多篇，编辑新闻稿件1000多篇，获奖新闻稿件10余篇。7个版面实行"竞标上岗、承包采编"。论文版面创收增幅达25%以上。市内发行，以抓大户、稳大户作为重点；市外发行，通过与外埠地区教育类报纸互换征订发行广告的形式，扩大市外发行工作。

积极开展系列公益活动。与市交警设施大队共同举办"淄博市小学生交通安全设施征文比赛"、与市口腔医院合作举办"健齿小明星征文活动"、与山水旅行社合作举办"我与世博征文比赛"，在麦田蛋糕淄博店挂牌音体美报小记者实习基地。 （牛　千）

出版发行

【知识产权宣传周】 根据国家知识产权局、中宣部等25个部门的联合部署，积极开展"知识产权宣传周"活动。充分利用主流媒体，采取多种形式，增强知识产权宣传工作力度。在中心城区主要路段悬挂宣传《中华人民共和国著作权法》条幅，印制4000份《中华人民共和国著作权法》相关知识宣传单，借助《鲁中晨报》等媒体的发行渠道，向机关、科研机构和大中学校进行广泛宣传，增强广大群众的著作权保护意识。

【山东鸿杰印务集团入选全国百强】 7月，在《印刷经理人》举办的全国印刷经理人年会上，山东鸿杰印务集团以4.6亿元的年销售收入连续7年入选全国印刷企业100强，位列第60位，名次较2009年上升5位。 （裴　涛）

【图书发行】 是年，全市新华书店系统图书销售实现2.88亿元，同比增长9.80%，实现利润287.8万元。市新华书店自身销售1.53亿元，同比增长12.91%，实现利润62.4万元。一般书发行实现比2009年增长10%的预期目标。市店、桓台县店、高青县店、沂源县店获全省新华书店系统先进集体称号。

主业经营。逐步打造一站式教育服务商，牢固树立“教材抓服务，教辅抓市场”理念，提高服务质量，强化激励措施，展开片区竞争，挖掘学校消费潜力，扩大教育类品种市场份额，各项指标均较大幅度增长。做好一般书发行工作。全市上百家图书馆参加全省“馆配会”，采购图书270万元。开展图书馆采购业务，桓台县店完成200余万元订单，沂源县店完成100万元订单。成立团供部门，年内实现团购图书百余万元。广泛开展流动售书活动，邀请儿童作家郁雨君签名售书。高青县店开展“书香校园”流动售书活动23万元，桓台县店为11个乡镇敬老院配书2万余元。抓好重点图书、畅销图书发行。年内，全市系统发行《教育大书架》69套，第六版缩印本《辞海》100册，《教育规划纲要系列丛书》5259册。举办“五一”假期特价书市，10天销售32万元。与山东文艺出版社合作开展“暑期读一本好书”活动，全市系统销售28590册。与山东电视台、济南出版社合作举办《阿速有妙招》签售活动，现场销售2400册。沂源县店开展某小学“读书周”活动，销售图书16万余元。博山区店与市红十字会合作援建红十字书库。周村区店首次建设2家新华书屋。

多元经营。增设物业管理公司，加强房屋租赁管理。临淄区店成功处置闲置地产，实现年度转亏为盈。开拓储运业务，全年代发码洋1.09亿元，中转教材、教辅32.6万件。全市新华书店系统发行《情感读本》7.25万余套，《新高考》12.3万册，首次尝试发行《实用文摘》3万余册。周村区店《情感读本》销量大幅增长，沂源县店连续多年保持《情感读本》《新高考》发行先进单位。做好电子产品、电子书、新华名师卡发行工作。

基础建设。改善储运条件，增加储运面积360平方米，增购打包机和电动托盘搬运车等；整修教材仓库；投资改善中心书城硬件设施，装修门面，更换中央空调设施、防水设施和监测仪；更新电脑及打印机等。桓台店加强门店标准化建设，新增营业面积400平方米，图书品种增加1万余种。

2010年淄博市十大畅销图书

表23—01

书　名	作者/编者	出版社	定　价
华尔街	纪录片《华尔街》主创团队	中国商业出版社	39.80元
货币战争②金权天下	宋鸿兵	中华工商联合出版社	39.00元
公司的力量	《公司的力量》节目组	山西出版集团	59.80元
好妈妈胜过好老师	尹建莉	作家出版社	28.00元
手到病自除	杨奕	江苏人民出版社	29.00元
从头到脚说健康②	曲黎敏	长江文艺出版社	29.00元
阿速有妙招	王忠	济南出版社	28.00元
山楂树之恋	艾米	江苏人民出版社	28.00元
杜拉拉升职记	李可	陕西师范大学出版社	26.00元
毛泽东最后七年风雨路	顾保孜	人民文学出版社	58.00元

2010年淄博市十大畅销音像电子读物

表23—02

名　称	作者/编者	出版社	定　价
DVD双语不用教系列		珠影白天鹅音像出版社	38.00元
外研通英语同步配套点读笔套装	张连仲	外语教学与研究出版社	598.00元
CD开车学国学系列	孙中原	中经录音录像中心	38.00元
DVD百家讲坛：解读弟子规	钱文忠	中国国际电视总公司	200.00元
CD-ROM古剑奇谭	上海烛龙公司	方圆电子音像出版社	88.00元
DVD为自己工作	李强	北京高教音像出版社	580.00元
CD薪酬管理	刘大卫	中国科学文化音像出版社	580.00元

续表 23—02

名　称	作者/编者	出版社	定　价
CD 潜脑音乐	拉扎诺夫	深圳音像公司	295.00 元
回春医疗保健操		中国电子音像出版社	10.00 元
DVD 倒霉熊系列	黄广园	九州音像公司	20.00 元

（张玲玲）

广播电视

【重大活动宣传】 2010 年，市广播电视部门对省运会、亚青赛、省残运会、陶博会等重大活动，精心策划、精心组织、集中宣传报道，营造良好的舆论氛围。在省运会的宣传中，电台、电视台、声屏报社开设《当好东道主，办好省运会》《省运总动员》《省运进行时》《直击省运会》等新闻专栏和栏目，采用现场直播、现场连线、开设倒计时、公益广告等多种宣传形式，收到良好的宣传效果。精心策划主题性宣传报道，围绕市委、市政府中心工作，设置宣传主题，形成不同阶段的宣传热点，开设《和谐宜居新淄博》《新项目 新动力》《政府实事看民生》《创建国家绿化模范城》《直通世博会》《创先争优 争做淄博先锋》《辉煌十一五 展望十二五》《双百典型在基层》等新闻专栏。把转方式、调结构作为全年宣传主线，电台、电视台、声屏报社、周村广电中心开设《转方式、调结构》新闻专栏，积极宣传市委、市政府在转方式、调结构方面的决策部署，积极报道各区县、各部门、各行业转方式、调结构的新举措、新亮点、新成效。

【对上对外宣传】 按照“上联播、上头条、上提要、上报摘”的对外宣传工作指导思路，全力做好对上对外宣传工作。电台荣获中央电台特殊贡献奖、省电台集体记者一等奖；电视台在中央电视台发新闻片 168 条，在山东卫视《山东新闻联播》发新闻片 710 条，在中央电视台、山东卫视《山东新闻联播》发新闻片总量名列全省地市台“双第一”。电视台在中央电视台《新闻联播》提要播发《山东淄博：老工业转身新农业 农民得实惠》《五年预警调控 领跑节能减排》《山东淄博淄川区：学习型党组织建设助推老工业区科学转型》等重点新闻。电台在中央人民广播电台《新闻和报纸摘要》头条播发《山东淄博：造纸业节能减排脱困》《淄博：加强秋季作物田间管理 实现丰产丰收》等重点新闻。亚青赛举办期间，在中央电视台体育频道每天早、中、晚播出以反映淄博足球起源地为主要内容的《聚焦亚青赛》宣传标版，在中央电视台体育频道《体育新闻》《体育世界》等栏目播发亚青赛新闻、特写 20 多条，在《足球之夜》栏目播发 8 分钟的亚青赛专题。电台利用 2010 南非世界杯、上海世博会、广州亚运会等重大活动举办契机，派记者参加采访报道，在上级台播发一批重点稿件。

2010 年 6 月 5 日，淄博人民广播电台记者启程前往南非采访世界杯足球赛　　（市广电总台　供稿）

【提高节目质量】 是年，进一步完善节目抽评和考核制度，修订完善《市广播电视总台突发事件新闻报道应急预案》。电台《1143 早新闻》实现直播，增强新闻时效性，新创办《城市心情》《子夜蓝调》《私房音乐》《百姓英雄榜》《天下故事会》等节目。电视台对全台节目进行改版和调整，新创办《今晚十八点》《今晚我相亲》《手机拍起来》《爱车帮》等节目。《淄博声屏报》突出主题化深度报道，先后策划《城市代言榜》《喜欢淄博的 N 个理由》《印象·淄博》《电视红皮书》等深度报道。电视台全年获省级以上奖励 102 件，其中一等奖 16 件。《淄博声屏报》获全省报纸印刷质量“精品报”奖。电台作品《幸福是什么》获中国广播电视学会一等奖。

【策划组织系列活动】 策划举办 2010 淄博国际汽车博览会和第四届中国（淄博）春季汽车博览会，两场汽车展会现场交易额达 3.5 亿元。组织 2010 百姓春晚、少儿春晚、新年音乐会、首届十大法制人物及十佳基层执法单位评选颁奖晚会、淄博电视台开播 25 周年盛典、电台开播 40 周年“声韵天地间”庆典晚会、天网视讯公司成立 10 周年庆祝晚会等大型晚会。举办淄博市首届中老年人主持大赛、K 歌之王挑战赛、第三届少儿书画大赛、2010 淄博万人相亲会、创新成长之星评选、青年创业在淄博等大型活动。策划“水之源”支援西南灾区义演、“情牵玉树，让爱流动”爱心义卖、“启明星”爱心支教等公益活动。

2010年5月15日，淄博声屏报社举办2010淄博万人相亲会　（市广电总台　供稿）

【社会管理工作】　2010年，全市大活动多、广播电视直播多、重要安全保障期长。全台高度重视安全播出工作，签订安全播出目标责任书，落实分级安全播出责任；制订省运会及重要安全播出保障期间的应急预案，加强应急培训，提高快速反应、及时处置问题的能力；对西山、618台发射塔进行维护保养，消除事故隐患；加强线路巡查，加强广播电视节目监测，实现安全优质播出。加大对非法销售窝点的稽查，全年查处非法销售点397个，查处非法地面卫星接收设施12000余套，维护广播电视安全传输和安全播出秩序。规范全市播出机构和传输机构自办频道频率的数量、名称、呼号；加强广告监管，督促各播出机构加强管理，进一步净化声频荧屏；加大培训力度，组织全市广播电视系统行政执法人员培训考试。

【广播电视数字化】　是年，积极应对三网融合发展，加快网络双向化建设，成立双向业务部，制定双向业务优惠政策，双向在线用户增长迅速；依托双向网络平台，加快以宽带上网、视频点播、付费节目为重点的增值业务开发，加快高清互动业务发展，新推出EPG（电子节目指南）信息发布业务。进一步加大技术投入，全年投入800多万元，对300平方米演播室灯光系统、音响系统和舞台看台系统进行全面改造。购置广电大剧院全彩LED显示屏、彩幕及部分高清摄录设备。新建交警支队电台直播间，对电台音频工作站进行安全改造。对新聊斋网站进行全面技术升级。技术中心及时进行设备维修、维护，全年维修维护设备213台次，确保设备的正常运行。全市直管数字电视在线用户53万户，其中双向在线用户13万户，高清机顶盒用户达1.4万户，分别比2009年增长9万户、1万户，增量业务收入8352万元，比2009年增长35%。

【广告创收】　2010年是《广播电视广告播出管理办法》实施第一年，相关部门加大广告管理力度，广告创收面临严峻形势。电台及时调整广告价格，拓展栏目冠名、特约播出等广告创收形式。电视台加大活动营销力度，组织电视团购活动。声屏报社继续对汽车、旅游、医药、收藏等行业进行承包，不断完善承包制度。全台全年实现收入4.09亿元，同比增长4700万元。其中，电台实现收入3597万元，同比增长570万元；电视台实现收入8310万元，同比增长507万元；《淄博声屏报》实现收入813万元；新聊斋网站实现收入57万元，同比增长27万元；天网视讯有限公司实现收入2.5亿元，同比增长2800万元。

【新媒体发展】　新聊斋网站进行全面技术升级改造，完成网络电视台建设，实现在线收听收看、在线点播、分享互动等功能。主办或参与策划淄博市地产春晚、张店区网络原创校园新闻大赛、中农超市创业大赛等活动，提升社会知名度和影响力。进一步扩大移动多媒体广播电视信号覆盖，可以收看7套电视节目和3套广播节目，在亿维数码广场设立手持电视体验店。世界杯期间，手持电视开设《睛彩世界杯》频道，参与举办“CMMB手持电视全国百城巡展”走进淄博活动。

【电影事业】　市电影公司积极实施扩张战略，打造全球通影城连锁品牌，合作建设桓台全球通电影城、周村全球通电影城、齐纳全球通电影城等3座影城。对淄博全球通电影城进行改造升级，购置全新的3D电影设备。成功引进100余部国内外重点影片。做好农村电影放映工作，放映公益电影38640场。全年实现电影文化产业收入2587万元，比2009年增加600万元。淄博全球通电影城观影人数首次进入全国50强，排名位列排行榜第33位。

【管理服务】　年内，印发《关于进一步加强增收节支节能降耗工作的意见》；加强行政管理，不断提高执行力和行政效率，保证全台工作的高效运转；加强财务管理，多方筹集资金，降低财务费用，被广电总局授予2010年度广播影视统计工作先进集体称号；加强宣传管理，强化宣传工作的组织协调和参谋意识，加大业务监管和考核力度，全台导向正确，没发生宣传责任事故；加强广告管理，严格广告合同审核和广告播出管理，加大广告清欠力度，提高广告到款率，杜绝呆账、坏账的发生；加强物业管理，认真做好基建维修、供水供电服务，努力节支降耗，圆满完成重大活动的水电保障工作；加强安全管理，进一步完善各种安全管理制度，注重安全培训、安全检查，开展应急逃生疏散演练，没有发生重大安全责任事故；加强音像资料和图书管理，保证总台新闻资料的及时存档。　（秦立志）

本部类编　辑：马震刚
副主编：王　娟
校　对：纪　瑗
李　建

卫生　体育

卫　　生

【概况】 2010年，全市共有医疗卫生机构1461个，床位22960张，卫生从业人员30172人，其中卫生技术人员26351人。全市每千人拥有卫生技术人员5.82人，每千人拥有床位数5.07张。

稳步推进医药卫生体制改革，实施国家基本药物制度，扎实推进基本公共卫生服务均等化项目。继续推进公立医院改革试点，加大卫生基础设施建设力度，科学有序地开展重点传染病防治，完善基层医疗卫生服务体系，全面增强医疗服务能力，加强公共卫生管理能力，大力提升卫生人才科技水平，卫生科技水平实现新的突破。

（张宏伟　王海燕）

2010年淄博市卫生事业基本情况一览表

表24—01

项　　目	机构(个)	床位(张)	人　员(人)	
			合　计	其中:卫生技术人员
综合医院	93	13089	14984	12857
中医院	11	2189	2353	2004
专科医院	20	1361	1402	1110
乡镇卫生院	94	4234	4121	3776
综合门诊部	3	25	45	40
妇幼保健院(所、站)	9	1355	1840	1625
疾病控制中心及卫生监督所	19		946	801
专科疾病防治院(所、站)	4	225	348	270
采供血机构	1		107	63
急救指挥中心	1		34	23
其他卫生事业机构	3	0	38	3
社区卫生服务中心(站)	170	482	1370	1255
诊所、卫生所、医务室、护理站	1033		2584	2524
合　　计	1461	22960	30172	26351

（刘爱琳）

【医药卫生体制改革】 新农合制度规范运行。全年参合人口233.9万人，参合率达99.94%。7月1日进一步提高财政补助标准后，各级财政补助标准达到120元，人均筹资标准达到150元。全市实现补偿方案的基本统一，门诊报销比例统一提高到30%，封顶线统一为150元/人/年，统筹地区政策范围内住院报销比例达63.13%，住院补偿封顶线提高到5万元以上，其中4个区县提高到10万元以上。全年共为389万人次报销支出33007万元，基金使用率99.99%，其中获得5000元以上补偿和万元以上补偿的分别为11562和2720人次。确定临淄区为省新农合支付方式改革试点区，桓台县为市级新农合支付方式改革试点县，周村区为提高农村儿童重大疾病医疗保障水平试点区。

推进实施基本药物制度。全市基层医疗卫生机构药品零差率销售于3月15日正式实施。12月15日，全市8个区县以及高新区政府办基层医疗机构全部实施国家基本药物制度，实施单位药价平均降幅在45%左右，共让利群众9645万元。

基本公共卫生服务均等化项目扎实推进。全面开展建立居民健康档案、慢性病管理等9项基本公共卫生服务项目。已建立社区居民健康档案1635593份，建档率达95.47%；建立农村居民健康档案2199249份，建档率84.86%，比省要求的30%提高54.86个百分点。完成儿童乙肝疫苗补种20582人，完成率99.8%；为23253名农村孕妇免费发放叶酸片96066瓶，服用率达111%；为41515名农村孕产妇发放住院分娩补助2075.75万元，完成率100%；开展农村妇女乳腺癌检查2000例，圆满完成任务；为1587名贫困白内障患者免费实施复明手术，完成任务量的105.8%；完成150个农村饮用水安全工程点600份水样的监测工作，为农村群众建设8000个无害化卫生厕所，完成率100%。

2010年1月26日，全市公共卫生妇幼项目启动，农村孕产妇领取补助费用　　（市卫生局　供稿）

基层医疗卫生服务体系不断健全。争取省以上公共卫生、基础设施建设资金6611万元，各级财政投入8.64亿元。大力实施对口帮扶工程，派出帮扶人员584人，免费接受基层进修医务人员383人，开展学术讲座271次，免费培训基层医务人员8595人次。代表山东省迎接卫生部基层社区卫生人员培训工作考核检查，与市财政局联合印发《淄博市适宜卫生技术推广工程实施方案》，在各区县因地制宜推广20项适宜卫生技术。

公立医院改革试点稳步推行。制定《淄博市临床路径管理试点工作方案》，在全市17家医院开展临床路径管理试点工作，4家医院实施电子病历，22处区县以上公立医院推行院务公开，10处医院开展预约诊疗服务，38处医院实行同级医院检验、影像结果互认制度。大力推进单病种质控与管理，市、区县综合医院实行单病种限价收费病种增加到50个和40个，专科医院增加到20个和15个。全面推行网上药品集中采购工作。全市47家国有、公立医院全部参加全省网上药品集中采购工作。

（赵衍峰　孟　玲　李全营　王爱凤
赵志强　陈　红　孙红霞）

【重大活动医疗卫生保障】　圆满完成第二十二届省运会、第八届省残疾人运动会、第十一届省中学生运动会、第二届省老年人运动会和亚足联U19青年足球锦标赛决赛等各项赛事的医疗卫生保障任务，实现“零失误、零投诉、零差错”的工作目标。赛事期间，累计派出医疗保障人员7192人次，其中医务人员2325人次，保障和急救车辆987台次。市卫生局被市委、市政府表彰为第二十二届省运会等赛事筹备工作先进集体，市中心医院等4家医疗机构受到市委、市政府通报表彰，市第一医院等43个医疗卫生单位被省运会执委会表彰为医疗卫生保障工作先进集体。

（张　琰　宿涌涛）

2010年8月31日，全市卫生系统省运会医疗卫生保障工作动员誓师大会　　（市卫生局　供稿）

【重大传染病防治】　手足口病防控救治工作。制定《2010年淄博市手足口病防控行动计划》及配档表，确定全市手足口病救治定点医院和病重症患儿定点抢救医院，建立手足口病重症病例分片集中救治制度。与教育部门联合召开防控及培训工作会议6次，加强托幼机构疫情处置。2次组织全市手足口病医疗救治骨干参加卫生部、省卫生厅手足口病医疗救治培训班，举办全市手足口病诊疗骨干培训班，培训骨干117人。利用广播、电视、报纸等新闻媒体，宣传手足口病等肠道传染病防治知识，各区县累计印发明白纸100余万份。年内，全市累计报告手足口病重症病例2例，继续保持无死亡病例。完成全国麻疹、脊灰强化免疫工作。在全市范围内集中开展8月龄～6岁儿童麻疹疫苗及4岁以下儿童脊灰疫苗强化免疫活动，同时开展7～14岁儿童麻疹疫苗查漏补种工作，累计接种49.6万人，均达到95%以上的目标要求。

甲型H1N1流感防控工作。承担全国甲型H1N1流感病毒感染状况横断面抽样调查工作，分3次完成4500份样品的采集和数据库录入。认真开展流感样病例、不明原因肺炎病例监测工作，各哨点医院共检测门急诊病例24.5万人，其中发现流感样病例3253例，累计为26.3万人接种甲流感疫苗。

传染病监测、分析、预警预测工作。全市乙类传染病报告发病率142.55/10万，比2009年下降23.31%，全年无重大传染病疫情和突发公共卫生事件发生。全市已连续37年无白喉、20年无脊灰病例发生。

（孟玲　卢立云）

【卫生应急救援】 全市31家医疗机构、124名医务人员参加群体伤员医疗救援应急演练。在第三届全国急救中心急救技能大赛上，取得团体总分第四名，荣获团体二等奖。淄博市职业病防治院成功救治多名特重度烧伤病员的经验，在全国烧伤专业委员会上，得到与会专家高度评价。市第一医院开创同时为7名伤员进行12次手术、多科室配合同时成功救治2名失血性休克患者的历史。参与卫生部《突发事件卫生应急工作指南》中"铁路、公路（道路）特重大交通安全事故卫生应急工作指南"的撰稿工作，并在卫生部召开的突发事件卫生应急工作指南讨论会上作介绍。

（宿涌涛）

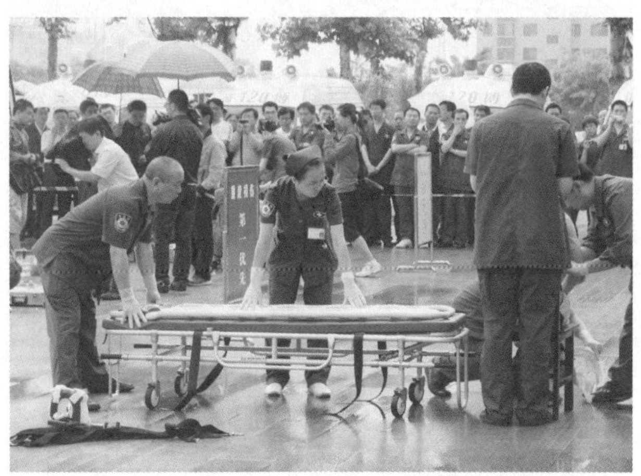

2010年6月10日，全市群体伤员医疗救援演练

（市卫生局　供稿）

【"医疗安全年"活动和优质护理服务示范工程】 是年，市卫生局制定《关于在全市卫生系统开展"医疗安全年"活动的实施意见》，组织医疗、护理、院感、药剂、检验、后勤、管理等73名专家对全市25处二级以上医院医疗质量安全进行检查和评价。成立淄博市重症医学、病案、护理质量控制委员会，举办《山东省病历书写基本规范（2010年版）》和《山东省护理文书书写基本要求和格式（2010年修订版）》培训班，对全市800余名医疗、护理骨干进行培训。召开全市"医疗安全年"活动工作情况调度会，参观市第一医院电子病历、静脉调配中心、警务室、血液透析室工作运行情况。积极开展"医疗质量示范科室"和"护理服务示范病房"创建活动，对全市29个入选"医疗质量示范科室"科主任进行评审答辩，市中心医院神经外科、市第一医院骨科、淄矿集团中心医院骨科被省卫生厅授予首批省级医疗质量示范科室称号。大力开展优质护理服务示范工程，印发《关于开展优质护理服务示范工程活动的实施意见》，确定23家"优质护理服务示范工程"市级重点联系医院。充实临床一线护士队伍，全市区县以上医院床护比达1∶0.51。全市6个护理单元先后被省卫生厅授予"山东省护理服务示范病房"称号。

【卫生强基和惠民医疗】 年内，10处省、市级医院对口帮扶9处区县级医院和1处乡镇卫生院，10处市级医院对口帮扶19处社区卫生服务机构，25处区县级医院帮扶81处乡镇卫生院、97处社区卫生服务机构，77处乡镇卫生院对口帮扶523处村卫生室。各帮扶医院下派帮扶人员584人，免费接受基层进修医务人员383人，开展学术讲座271次，免费培训基层医务人员8595人次。确定8项惠民医疗项目，全市设立惠民门诊217个，惠民病床848张，惠民68.99万人次，优惠减免总金额3199.45万元。继续开展卫生支农、卫生强基工程。

（李全营　宿涌涛）

【无偿献血】 市中心血站投资100余万元，购置流动采血车1部，建立沂源献血站，全市设立固定采血屋4个、流动采血点6个，实现五区三县采血全覆盖。建立284人稀有血型队伍、302人固定机采血源队伍、7386人固定献血者队伍和6000余名无偿献血志愿者服务队伍。在卫生部组织的全国医疗质量万里行——血液质量管理工作督导检查中，获得全省总分第一名的成绩。第七次获全国无偿献血先进城市称号。　（任玉萍　宿涌涛）

【基层卫生与妇幼保健】 年内，全市积极开展市级示范乡镇卫生院创建工作，进一步加强乡镇卫生院规范化建设，25个乡镇卫生院达到市级示范乡镇卫生院标准。对全市村卫生室实行甲、乙、丙三级量化分级管理。广泛开展创建省星级社区卫生服务机构活动，张店区4个机构、淄川区、博山区各1个社区卫生服务站被省卫生厅、财政厅命名为山东省星级社区卫生服务机构。在乡镇卫生院和村卫生室设置宣传栏3186块，印制健康教育处方400余万份，成立基本公共卫生服务讲师团。强化妇幼保健工作，在新生儿苯丙酮尿症、先天性甲状腺功能减低症筛查的基础上，增加先天性肾上腺皮质增生症和葡萄糖-6-磷酸脱氢酶缺乏症两种疾病的筛查。在桓台县继续实施"中澳探索农村地区建立新生儿复苏有效机制试点项目"，进一步降低新生儿窒息死亡率和残疾率。　（王爱凤　刘峥）

【公共卫生管理】 是年，加大卫生监管力度。及时理顺食品安全与餐饮服务监管职能，实现无缝隙衔接。全面推进公共场所卫生监督量化分级管理，率先在全省对管道分质供水单位实行卫生许可证制度，确保生活饮用水的卫生安全。又有4家企业通过省级职业卫生示范企业评审。部署开展农村打击非法行医、违法医疗广告和医疗美容专项整治行动。推进慢性病防治工作。积极开展慢病防治示范区县创建活动。沂源县在全省慢性病防治工作现场会上做典型发言。建立重性精神病人排查行动技术指导组和联系网络，培训社区民警及社区医生290余人。全市完成重性精神病人排查工作任务。与市公安局、市民政局联合在全市启动死因监测工作。推进疾控绩效考核工作。及时制定下发疾病预防控制绩效考核工作实施方案，加强技术骨干培训，完成区县疾控机构绩效考核工作。不断提高卫生应急保障能力。重新调整充实市级综合卫生应急队伍。与市总工会联合组织开展全市消毒技能大赛和应急演练，有6人获得"振兴淄博"劳动奖章、有18人获得淄博市卫生技术岗位能手称号。全年共报告突发公共卫生事件相关信息20起，均已得到及时、有效处置，且全部结案。圆满完成北川医疗卫生人员来淄博市进修工作任务。　（孟　玲　冯绣云）

【基础设施建设】　是年，全市各级财政对卫生投入达8.64亿元，比2009年增长22.9%，占财政支出比重达到4.3%。市第一医院4000多平方米门诊楼扩建项目竣工投入使用，2000多平方米中医病房楼扩建项目完成主体工程。市精神卫生中心18050平方米的病房楼扩建项目列为中央投资项目，其中中央投资1400万元，地方配套3000万元。市中心医院7.68万平方米病房楼项目已完成主体工程。政府投资358万元，解决市医疗急救指挥中心业务用房基建欠款。政府投资120万元，用于市疾控中心建设手足口监测网络实验室一处。　（赵衍峰）

【人才与科技】　年内，贯彻落实《淄博市中长期人才发展规划纲要(2010～2020年)》。研究制定"十二五"卫生人才工作规划，持续实施"人才强医"战略，强力推进"名医、名科、名院"建设，突出以用为本，策划实施高层次人才"双引一研"、境内外培养等重点项目。建立卫生人才工作情况和信息报送制度，市卫生局及2个直属单位在市人才工作会议上交流。市属医疗卫生单位用于人才队伍建设的资金达2013万元，占同期业务收入的1.63%。年内，市属医疗卫生单位新引进各类人才178人，其中博士研究生7人，硕士研究生84人。选拔第二批10名优秀中青年卫生人才进行境外培训。基层卫生人才第二期社区技术骨干培训合格率达96%，321名全科医师、社区护士等参加半脱产培训，6453名乡村医生参加在岗培训。年内上报省市科技进步奖44项。1项成果获省科技进步三等奖、2项成果获省医学科技进步三等奖。上报省、市级科技立项课题65项，同比增长50%。鉴定科研成果30余项，均达到国内先进以上水平。　（陈　红　孙红霞）

【中医药事业】　积极开展"解放思想，发展中医药大讨论"活动，开展"遵循中医药自身规律，健全和完善中医药预防保健服务体系""充分发挥中医药在深化医改中的作用"课题调研。深入开展中医医院管理年活动，围绕促进中医药特色优势发挥的措施、人才结构、临床科室建设、专科专病、中药应用、中医文化建设等内容，依次展开整改工作。组织全市409名乡村医生参加中医专业中专学历教育。组织27名第一批省中医临床技术骨干参加培训，完成全市2010年度国家医师资格考试中医类444名医师的资格审查、报名、微机录入、上报及有关工作。建立和完善中医药质量考核评价体系，针对中医医疗、护理、院感、中药药事等，制定检查考评细则，加强督导，促进医疗质量持续改进，积极开展中医预防保健工作，创建全省中医药预防保健中心2个。　（张万友）

【食品安全综合协调】　适时调整市食品安全委员会组成人员；健全完善各项制度，强化监管部门间的协调配合和分工协作，初步建立起统一协调、运转高效的工作机制。制定《2010年全市食品安全整顿工作方案》，组织开展2次问题乳粉清查清缴，全市未发现问题乳粉。组织开展"地沟油"与餐厨废弃物专项整治、打击违法添加非食用物质和滥用食品添加剂专项整治。加强节日食品安全整顿，确保节日食品安全。制定食品安全风险监测工作方案和实施计划，细化完善采样计划，加强质量控制，对食品安全风险监测工作进行标准化和量化，按时完成年度食品安全风险监测任务。制定《山东省第二十二届运动会食品药品安全工作实施方案》《山东省第二十二届运动会食品安全应急预案》，建立健全部门协调联动工作机制，对45家定点接待单位大宗食品采购全部进行备案管理，确保各项重大体育赛事的食品安全。组织开展全市《中华人民共和国食品安全法》及其实施条例颁布实施一周年宣传月活动。组织召开委员会、办公室及联络员会议6次，迎接省政府督导、检查、考核6次，对各区县、高新区督促检查、考核4次，以市政府名义制发文件5个，委员会及办公室下发文件20个，各类工作便函51件，组织查处食品安全事故案件2起。　（葛金锋　吕朝霞）

【爱国卫生运动】　1.第22个爱卫月及世界卫生日系列活动。召开全市爱国卫生工作会议，开展城中村、城乡结合部、农贸市场、背街小巷的集中整治活动。组织"千个城市，千人故事"为主题的世界卫生日和"全球洗手日"宣传活动。2."迎省运爱卫"保障工作。落实城乡环境卫生综合整治"门前三包"工作任务，组织对沿街、沿路、沿线的乱贴乱画、乱堆乱放、乱搭乱建进行排查治理，确保整改到位。印发《关于进一步做好省运会期间爱国卫生工作的通知》，对省运会"赛、住、行、游、购"涉及道路及火车站、长途汽车等重点部位开展环境卫生综合整治。开展除"四害"专项行动，治理病媒生物孳生地，严控各类传染源。3.健康淄博行动。落实“健康山东行动”部署，市政府办公厅印发《健康淄博行动实施方案》，以“健康淄博，精彩省运”为主题，组织开展宣传教育、卫生创建、城市环境清洁、农村环境卫生整治、病媒生物防制、全民控制吸烟、疾病控制、全民科学健身8项行动。成立由市委宣传部等16个部门组成的健康淄博行动督导团，负责行动的组织、协调和推进。做好全市卫生系统控烟工作，签订无烟医疗卫生机构创建目标责任书，落实文明城市测评控烟工作任务。年内创建省级亿万农民健康促进行动示范区县4个，示范乡镇8个。组织申报省级卫生镇8个，卫生村37个，卫生单位17个。

（张新明　孙红霞）

体　育

【山东省第二十二届运动会承办工作】 9月19～26日，山东省第二十二届运动会在淄博市举行。全省17个城市、87所高校和12家行业体协的10210名运动员，参加37个大项、959个小项的比赛，共产生1070.5枚金牌。全市新建和改造比赛训练场馆33个，新增体育设施面积10万余平方米。成立29个项目竞委会，投资120万元，建设综合信息发布系统和赛场视频同传系统，突出抓好竞赛保障、赛场秩序和赛风赛纪，严守管理协调、设备安全、运行值守三道防线，保证全部比赛顺利进行。确定50余家接待宾馆饭店，规划建设省运史上第一个运动员公寓，全市组织开展“平安省运”集中行动，投入执勤警力4.7万余人次，调集各类车辆6455台次、调用驾驶员2800余人次，保证赛事交通服务需求；组织医务人员1430人次，出动救护车338台次，提供一流医疗保障；9600名志愿者践行“和谐淄博、志愿省运”的口号，坚守岗位，累计服务23万小时。在市属新闻媒体开设“看省运”“省运在淄博”等专栏专题，320余名省内外记者参与采访报道，刊发登载各类稿件8700余条，创造一流环境氛围；在全市组织开展“迎省运、讲文明、树新风”活动，在重点主干道、公共场所、公交车和公交站牌设立公益广告，营造浓厚的社会氛围；坚持政府支持、市场运作、社会赞助原则，努力提高办赛市场化程度，实现市场开发总额3200余万元。按照“立足和谐主题、展示全民健身、突出淄博特色、彰显齐鲁文化”要求，组织6所院校、6个文化团体以及部队、武警官兵等9000多名演员，自行编创开、闭幕式文体表演。成功举办电子火炬传递、“群先”代表表彰、体育成就展、摄影展等重要活动。

2010年9月19日，山东省第二十二届运动会开幕式表演　　（芦　媛　摄）

【山东省第二十二届运动会参赛工作】 成立由1195人组成的代表团，其中运动员1058人，参加25个大项、693个小项的比赛，参赛规模超过历届省运会，是全市省运史上参加人数和参赛项目最多的一次。获得293.75枚金牌（综合）、144.5枚银牌、175枚铜牌，奖牌总数613.25枚，团体总分10853.25分。其中，青少年组共获得218.25枚金牌，奖牌总数537.75枚，团体总分9811.75分。青少年组团体总分居全省第一位，奖牌总数居第一位，金牌居第二位，圆满完成市委、市政府确定的“青少年组金牌总分双进位”的参赛任务目标，并获体育道德风尚奖。

【2010年亚足联U19青年足球锦标赛决赛】 10月3～17日在淄博市举行，来自中国、沙特阿拉伯、日本、韩国、澳大利亚等16个国家和地区的480余名运动员，分别在市体育中心体育场和临淄区体育场进行31场比赛，朝鲜队获得冠军。

【山东省第十一届中学生运动会】 7月27～31日，市教育局、市体育局、团市委共同承办的山东省第十一届中学生运动会在市体育中心体育馆举行。全省17市204组选手、1918名运动员参加9个大项目、13个类别的比赛。淄博市代表团获田径、游泳、排球、足球、乒乓球、健美操、羽毛球、腰旗橄榄球8个大项的团队冠军，夺得金牌46枚和团体总成绩第一名，成就淄博市在省中学生运动会上团体总分五连冠的成绩。

【山东省第二届老年人运动会】 9月3～6日在市体育中心举行，实现“省、市领导满意、参赛队伍满意、承办单位满意”的工作目标。淄博市代表团夺得团体12尊金杯、9尊银杯、5尊铜杯和单项26枚金牌、22枚银牌、21枚铜牌的

2010年9月3日，山东省第二届老年人运动会开幕式　　（芦　媛　摄）

成绩，获得体育道德风尚代表团、优秀组织奖和突出贡献奖等荣誉称号。

【山东省第八届残疾人运动会】 10月23～27日，山东省第八届残疾人运动会在市体育中心举行。来自全省19个代表团的1500名运动员参加田径、游泳、轮椅篮球、坐式排球等18个大项、567个小项的比赛，共决出金牌483枚、银牌301枚、铜牌203枚，是历届省残运会设置项目、参赛人数最多的一届。淄博市代表团以102枚金牌，26枚银牌，25枚铜牌，奖牌总数153枚，总分1192分的成绩，取得金牌、奖牌和总分榜三项第一，并获体育道德风尚奖。

【竞技体育】 10月，在荷兰鹿特丹举行的2010年世界体操锦标赛上，淄博市运动员张成龙夺得男子团体和男子单杠2项冠军，成为山东省体操历史上第一位男子单项世界冠军。

【全民健身体系建设】 是年，全市共规划建设全民健身工程34项，建设农民体育健身工程1142个村，新增健身设施面积100多万平方米，淄博市全民健身中心二期工程建设全面完成，迎省运"一点两线"工程和农民体育健身工程覆盖率达83%。进一步巩固完善全民健身节、体育大会、长寿杯系列活动3大活动平台，组织开展迎省运倒计时节点庆祝活动、全国百城健身气功展示大会淄博大会、全国健身节启动仪式及第二个全民健身日庆祝大会等241项庆祝活动。8月6日，淄博市第十届全民健身节在周村实验中学开幕。

【体育彩票发行销售】 年内，突出加强网点标准化建设和规范化管理，对全市站点门头形象进行统一规范，全市五区三县投注站达到424个，城乡网点布局更加合理；完成体彩分中心副主任、宣传员和区县专职副主任的统一招聘，"顶呱刮""超级大乐透"等一批游戏品牌全市共实现总销售31322万元，筹集社会公益金2192.54万元。截至12月26日，淄博体育彩票累计销售超过3.7亿元，筹集社会公益金1.3亿元。

【场馆设施建设】 2010年，全面完成淄博市新体育中心建设任务，二期工程综合体育馆、游泳跳水馆于7月1日正式交付使用，四宝山小轮车场、飞碟靶场、综合射击馆和萌山湖水上训练基地分别于7月15日和8月投入使用并经受省运大赛检验。投资1.5亿元的淄博市新体育运动学校建设进展顺利。同时，投资3000余万元，对山东理工大学体育场、齐鲁石化体育场、临淄中学体育场等8个足球场地进行升级改造，满足2010年亚青赛决赛的需要。

淄博市体育中心综合体育馆　　（芦　媛　摄）

【足球起源地建设】 年内，组织实施"八个一"工程，着力推进淄博足球起源地品牌建设：建立一所新的足球学校，打造一个赛事品牌，建设一个高标准足球博物馆，出版一本足球起源文化专著，制定一个足球起源地建设发展规划，创立一个全球性高水平足球论坛，实施好一个项目（亚足联展望淄博项目），开展好一项活动（校园足球活动）。2010年城市联赛和2010年第十三届"市长杯"中小学生足球比赛圆满结束。

【第十六届亚运会和第十届亚残运会参赛工作】 在11月12～27日举办的广州第十六届亚运会上，淄博市运动员夺得4枚金牌，其中张成龙夺得男子体操团体、自由体操、单杠3枚金牌，刘俊午获得男子4x100米自由泳接力金牌。亚残运会上，淄博市运动员获得2枚金牌、2枚银牌。贾倩倩获得女子标枪F37/38级别金牌并以30.40米的成绩打破亚洲纪录，李雨夺得柔道女子70公斤级别比赛冠军，创造淄博市运动员参加该项目洲际比赛最好成绩。

【石鼓社区足球场建成启用】 9月13日，由中国足协下拨100万元投资建设的临淄区石鼓社区足球场建成启用，并免费向市民开放。

（夏国杰）

本部类编　辑：马震刚
副主编：王　娟
校　对：纪　瑗
李　建

社 会 民 生

人口和计划生育

【概况】 至2010年年底，全市总人口为4223592人，已婚育龄妇女848436人。合法生育率98.4%，同比上升0.1个百分点；女性初婚18635人，同比减少6763人，女性初婚晚婚率63.4%，同比增长2.2个百分点；计划生育统计合格率在95%以上，圆满完成省政府下达的人口责任目标。

年初，市委、市政府召开人口计生工作会议，与各区县及相关责任部门签订《2010年度人口目标管理责任书》；认真落实人口和计划生育目标管理责任制，严格工作奖惩和责任追究，对13个乡(镇、街道)实行“重点关注”，对未完成责任目标的67个村(居、单位)实行“一票否决”。加大财政投入力度，全年人口计生事业财政投入突破2亿元，人均达到51元，完成省“十一五”人口计生事业投入规划确定的任务目标。是年，淄川区、桓台县被国家人口计生委表彰为全国计划生育优质服务先进区(县)。

【稳定低生育水平】 是年，抓好经常性工作落实。加大对区县社会抚养费征收和转办案件的督促检查力度，全年征收社会抚养费5187万元，征收到位率78%；认真落实省委组织部等部门《关于严格执行人口和计划生育若干政策措施的意见》，加强督促检查。改进和完善考核办法，考核工作更有针对性和实效性；集中3个月时间开展漏管育龄妇女信息核查工作，对200多例漏管漏报育龄妇女信息进行认真调查，有力促进整体工作的开展；加大平时督促检查力度，先后组织3次大检查，抽查54个镇(街道)，108个村(居、单位)。

【基层基础建设】 完善乡村两级工作机制。印发《关于进一步加强基层基础工作的意见》，从队伍建设、阵地建设和制度建设三方面入手，提出明确要求，使各项工作有章可循，基层基础工作更加规范。加强基层机构队伍建设。各区县均成立行政执法大队；为符合条件的乡(镇、街道)计生办主任落实副科级待遇；注重解决困难村计生主任工资待遇问题，各级财政统筹资金1639万元，用于发放村计生主任补贴；通过公开招考、招聘等方式，充实基层计划生育工作力量，新增社区计生协管员32名、技术服务人员27名；全市落实建设资金2400余万元，新建县级服务站1处、改扩建2处，新建乡镇服务站2处、改扩建11处。改进流动人口管理办法。印发《关于进一步明确市内流动人口计划生育管理责任划分的通知》，将5个区之间的流动人员仍按照流动人口进行管理，重新界定户籍地与现居住地的管理责任；对社区和流动人口实行分类管理，理顺主管协管关系。积极开展技术管理服务。印发《关于切实加强计划生育随访服务工作的通知》，完善孕期、产后、术后等随访服务制度，实行上门服务；联合公安、卫生、药监等部门严厉打击医疗卫生机构非医学需要鉴定胎儿性别和非法终止妊娠行为，确保出生人口性别比控制在责任目标范围以内。

2010年11月4日，博山区驻张店地区流动人口管理服务站成立　　(市人口计生委　供稿)

【利益导向机制建设】 完善利益导向政策体系。9月20日，市委、市政府印发《关于健全完善人口和计划生育利益导向政策体系的意见》，涵盖奖励激励、扶持救助、社会保障、优先优惠、惩处制约等5个方面34项政策，涉及20多个部门和单位；市政府先后制定印发《淄博市企业职工中独生子女父母退休养老补助社会统筹办法》和《关于认真落实企业退休职工中独生子女父母养老补助有关规定的通知》，着力解决企业独生子女父母退休后一次性养老补助问题。

加大政策落实力度。全市计划生育利益导向财政投入达到4642.35万元;独生子女父母奖励费全部由财政落实,常住已婚育龄妇女(含流动人口)基本技术服务全部免费,20708名符合条件的农村计划生育家庭夫妇享受到每月60元的奖励扶助金,1950名独生子女伤残、死亡家庭夫妇分别享受到每月80元和100元的特别扶助金,1736名符合条件的农村独女、独生子女伤残和独生子死亡家庭夫妇,享受到每人每月加发本人月基础养老金1倍和2倍的计划生育养老补助金的奖励政策,15424名独生子女或双女农村低保家庭人员的补助标准提高20%,656名农村独女享受到升高中、中专降低10分录取的优待政策,794户退出农村二胎生育指标家庭享受到1000元以上的现金奖励,公益金救助计划生育特困家庭437户,救助金额48.15万元。坚持政府层面与社会层面相结合。开展“基层群众自治百村(居)示范活动”,推进村规民约中计划生育利益导向内容的修订完善工作,实现了奖励与制约、政府层面与村级层面利益导向的多层次结合。

【宣传教育】 在全市开展纪念中共中央《关于控制我国人口增长问题致全体共产党员、共青团员的公开信》发表30周年宣传活动,大张旗鼓地宣传计划生育基本国策。市委宣传部、市人口计生委等8部门制定下发《关于大力开展倡导婚育文明推进移风易俗全面加强新型婚育文化建设工作的意见》,把倡导婚育文明、推进移风易俗,建设新型婚育文化与利益导向机制建设有机结合起来。继续加大主流新闻媒体宣传力度,在市级以上主流媒体刊播稿件1549件,其中省级以上401件。举办《公开信》发表30周年全市人口计生工作成果展,组织编辑出版《淄博计划生育三十年》。博山区、淄川区、周村区举办纪念《公开信》发表30周年文艺汇演,采取组织宣传车、张贴悬挂宣传标语、发放明白纸、放映宣传片等形式广泛宣传基本国策。

2010年9月25日,博山区纪念《公开信》发表30周年暨首届“双十佳”颁奖活动 (市人口计生委 供稿)

【计划生育协会】 是年,市计生协会组织开展中国计划生育协会成立30周年庆祝活动,宣传人口计生工作取得的辉煌成就。4月,市人口计生委、市计生协会印发《开展人口和计划生育基层群众自治百村(居)示范活动实施方案》,指导全市各级围绕移风易俗、利益导向和男女平等等内容对村规民约进行修订完善。全市有3000多个村把男女平等、移风易俗等内容纳入村规民约之中。至年底,全市有基层计生协会组织3748个,其中企业协会240个、流动人口协会32个;协会会员417167人,会员之家3738个。年内,组织参加国家人口计生委“三项制度”抽样调查活动,对1个县、2个乡镇、4个村进行了抽样调查。 (张先进)

民 政

【社会救助】 2010年,市政府将城市低保标准提高到316元,将农村低保标准提高到1250元/年。全年共落实保障资金1.77亿元,保障城乡低保对象11.61万人;投入资金220万元,继续实施农村五保对象集中供养“五个一”工程。投入资金300万元,实施全市敬老院供暖设施集中改造,全市农村五保对象集中供养率达到86.3%。拨付资金940万元,对遭受冷冻、洪涝、风暴等自然灾害的困难群众及时给予救助。拨付资金1085.5万元,区县配套资金714.5万元,实施大病救助4.6万人次。安排资金930余万元,为全市城乡低保对象、农村五保对象发放一次性临时补贴,救助城乡低保家庭大学本科新生361名。

【社区工作】 2010年,调整合并社区19个,规划新建社区7个,将3个破产企业社区顺利移交地方管理,起草《关于进一步加强和改进城市社区居民委员会建设工作的意见》。投入资金2500余万元,改、扩建社区办公服务用房33处,新建街道综合服务中心和社区文化活动中心77处;全市共规划农村社区655个,建成522个,覆盖率达79.7%。全市城市社区共有各类工作人员5224人。其中,专职工作人员877人,养老护理员467人,社区协管员3880人。社区志愿者总数达9万人。纯城市社区专职工作者待遇由月人均1300元提高到1865元。对3000户以上社区,每增加1000户其办公经费每年增加5000元;村(居)民自治工作依法有序推进,“三民主、一公开”(民主决策、民主理财、民主参与和村务公开)制度全面贯彻执行,促进了农村基层的稳定。

【双拥工作】 成立淄博市双拥医院、双拥培训基地、双拥艺术团和市暨张店区双拥出租车队,开通108路拥军公交线,免费为官兵提供服务。全市已建立各类双拥示范机构67家,建立社区双拥工作站、双拥教育基地505个,发展双拥志愿者队伍158支,组织拥军团体139个;投入130多万元,将驻军某部沣水营区饮用水供应纳入城市自来水管网,救助驻淄博部队特困军人150余名,向驻地部队赠送慰问金和慰问品折款300余万元;加大优抚安置政策落实力度,共发放抚恤定补资金6027万元、优抚医疗保障金2659万元，保障城乡重点优抚对象2万余人。按时完成1937名退役士兵安置任务，自谋职业率达到55%。及时拨付军休工作保障经费，保障军休干部和无军籍职工821人；市及区（县）累计投入资金2200余万元，顺利完成全市2730处零散烈士墓集中管理和委托管理任务。

【社会事务管理】 2010年，全市婚姻登记和收养登记合格率均达100%。全市火化率达100%，市殡仪馆被表彰为全国殡葬系统先进单位、全省青年文明号，3家殡葬单位受到省民政厅表彰。深入推进救助管理机构规范化建设，共救助流浪乞讨人员2058人次。区划地名工作取得重大进展，圆满完成乡镇机构改革中的区划调整任务，将全市109个乡镇、街道调整为88个（镇59个、街道29个）。

【社会组织党建与管理】 按照省、市委决策部署，市和区县普遍建立社会组织党工委。指导全市社会组织党组织深入开展创先争优活动。全市社会组织总数达到4486家，其中农村经济协会356家。有23家社会组织受到省民政厅表彰，1家社会组织受到民政部表彰，淄博市被民政部确定为全国十大社会组织宣传基地。

【社会福利事业】 2010年，全市共销售福利彩票5.3亿元，首次突破5亿元大关，共募集市级福彩公益金5300余万元。从2008年开始，累计投入公益金1.02亿元，顺利完成淄博市老年福利服务中心、淄博市儿童福利院建设工程。投入资金87万元，为31名残疾儿童实施康复手术；全市共有福利企业179家，安置残疾职工6200人；为50名残疾职工免费安装假肢，救助困难残疾职工900余人次。

（民　政）

侨　　务

【为侨服务】 全市侨务部门深入城镇和乡村，了解归侨侨眷的工作生活情况，协调有关部门帮助解决归侨侨眷反映的问题。春节期间，走访慰问全市各类侨户62户；指导区县侨办为48名早期归侨按时发放每人150元/月的生活困难补贴。维护海外侨胞和归侨侨眷的合法权益，依法为8名归侨侨眷办理归侨侨眷身份证，为2名"三侨"考生办理高考照顾手续。

【侨务宣传】 创新外宣方式，提高淄博在海外的知名度。全年在省、市以上媒体发稿120篇，其中在省级以上媒体发稿50篇。在《淄博日报》《山东侨报》等媒体刊发海外华侨华人专业人士在淄博创新创业系列报道，配合淄博电视台《淄博思考》栏目拍摄专题片，介绍海外华侨华人优秀人才在淄博创业的经历及淄博市引进海外人才工作情况。发挥淄博侨网的作用，进一步拓展侨务宣传的空间，丰富网站内容，增强侨务工作的影响力和感染力，提高侨务宣传的时效性。

【对外联络】 积极发挥侨务优势，集中开展对海外重点人士、社团的联络联谊工作。热情为到淄探亲、观光、经贸考察、项目洽谈的海外华侨华人提供周到服务。2010年，全市侨务系统共接待来自加拿大、巴拉圭、法国、韩国等22个国家和地区的海外华侨华人530余人次。

【引智与招商引资】 是年，在巴黎设立淄博市引进海外人才计划法国工作站，在纽约设立淄博市引进海外华侨华人人才美国纽约联络点，分别聘请法国山东协会秘书长、淄博籍华侨黄冠杰博士和美国纽约长岛大学副教授吴志谦为联络人。进一步充实海外人才信息库。信息库收入海外华侨华人人才299人。邀请加拿大知名侨领章国华博士赴山东理工大学就数学"非线性奇异摄动现象"的理论与应用开展交流活动，邀请法国山东协会会长、IBM公司研究中心计算机赵云鹏博士赴淄博职业学院就计算机分布式图形系统的研究与开发进行座谈研讨。为扩大淄博职业教育与法国职业院校的交流合作，促成淄博职业学院与法国山东协会就合作事宜达成初步协议。开展"招商引资月"活动，2010年，市侨办完成招商引资额7050万元人民币。

【华文教育】 组织承办2010年荷兰华裔青少年淄博"儒学寻根"夏令营、"孔子故里行"夏令营和"中国华文教育基金会2010海外华裔青少年中国齐鲁文化行"夏令营等活动，160多名海外华裔青少年到淄博体验齐文化，促进了对外文化交流。接待来自美国、德国等13个国家和地区的海外校董访华团一行40多人到淄参观考察，扩大淄博与海外华侨华人社团在文化、教育等领域的交流与合作。

2010年8月24日，"中国华文教育基金会2010海外华裔青少年中国齐鲁文化行"夏令营到淄博市参观交流

（周庆超　殷立强　摄）

【涉侨经贸活动】 充分发挥侨务优势，邀请有合作意向的海外华商和专业人士到淄博进行经贸科技合作洽谈。5月，邀请来自16个国家的32名“第五届世界华侨华人社团联谊大会”的境外代表到淄博市进行参观考察，促成多位代表与有关企业进行合作项目洽谈。促成法国山东协会与相关陶瓷企业的合作交流。邀请旅韩华侨唐广裕、西班牙美洛普进出口公司董事长于风玲、西班牙西中友好协会副会长张其中、巴基斯坦华人华侨协会副会长贾正华等到淄博市参观考察，并分别与淄博亿百合食用菌发展有限公司、山东新华医疗器械股份有限公司、山东奥德姆工贸有限公司等企业进行实质性的项目合作。与泰国华人青年商会名誉会长、泰国佳法集团总裁姚冠加就房地产、贸易、化工等方面进行洽谈。 （殷立强　侯文海）

民族　宗教

【概况】 2010年，淄博市有1个民族镇、4个民族工作重点镇（街道）、10个民族村（居）；有天主教、基督教、伊斯兰教、佛教、道教5种宗教，信教群众149366人，占全市总人口的3.57％。其中，天主教信众10116人，基督教信众64743人，伊斯兰教信众18095人，佛教信众36682人，道教信众19730人。全市经民政部门登记的宗教团体30个，宗教活动场所213处。是年，在全市开展民族团结进步创建活动。淄博市民族宗教事务局、临淄区人民政府、沂源县民族宗教事务局、张店区民族宗教事务局被评为全省民族团结进步模范集体，5人被评为全省民族团结进步模范个人。沂源县东里镇、临淄区金岭回族镇金南居委会被评为全省民族团结进步和谐镇、居。

【基层基础建设】 是年，淄博市委民族宗教工作领导小组在全市开展民族宗教工作基层基础建设年活动。山东省民族事务委员会（山东省宗教事务局）以正式文件全文转发了淄博市的实施意见。围绕建设年活动推进工作，解决重点难点问题。各区县、各有关部门结合实际抓好整改建设。通过开展建设年活动，基层民族宗教工作组织建设、民族宗教政策法制和思想舆论环境建设、帮扶民族经济社会发展的工作机制建设、少数民族干部队伍建设、爱国宗教团体建设、宗教活动场所规范化建设、民族宗教隐患排查治理机制建设得到强化，进一步健全完善了民族宗教工作的领导机制、工作机制、保障机制、责任机制，提升民族宗教工作部门的依法管理和服务能力，推进民族宗教工作的制度化、规范化、法制化。年内，区县民族宗教事务局增配工作人员8名，其中少数民族干部2名，张店区、沂源县在乡镇成立民族宗教事务办公室，基层民族宗教工作机构、队伍、人员、经费得到保障。各区县把民族宗教工作纳入综合考核体系，进一步健全完善区（县）、镇（街道）、村（居）三级管理网络。

【民族团结宣传教育】 是年，全市民族工作部门以“深化民族团结进步宣传、筑牢民族团结和谐基础”为主题，开展全市第十个民族团结进步宣传月活动。其间，开展主流媒体宣传、专题讲座、民族传统体育竞赛等主题活动。开展慰问在淄学习的200名青海玉树灾区藏族师生活动，有关部门、民族商品定点生产企业捐助物资价值10余万元，送去党和政府的温暖。各区县组织开展经济发展座谈会、知识竞赛、法律援助等活动40余项。各级主题活动突出参与性、互动性和实效性，宣传教育与解决实际问题相结合，营造了全市各民族团结和谐的浓厚氛围。

【帮扶民族经济社会发展】 是年，进一步完善全市民族经济社会发展长效帮扶机制，指导民族镇村优化产业结构，建立支柱经济，逐步形成全方位、多层面的立体帮扶体系。全年各级各部门落实对口扶持资金210万元，带动地方投资2800余万元。淄博市5家民族用品定点企业享受优惠贷款和国家财政贴息比2009年增长33％。指导发展少数民族经济专业合作组织，取得良好效果。年内，全市成立畜牧养殖、林果等少数民族经济合作社6个，吸纳375余户、1400多人参加。对全市少数民族实用技术培训需求进行调研，联合职业院校组织培训班20余期。少数民族各项社会事业取得新进展，民生问题进一步改善。全市民族教育整体水平稳步提升，义务教育全面普及；建起一批少数民族农村文化大院、文化站所；民族镇村居卫生医疗服务设施不断改善；少数民族传统体育培训工作取得新进展，组成毽球、珍珠球、射弩等8个项目的集训队，备战全省第八届少数民族传统体育运动会；扶持周村灯塔民族幸福苑和沂源东里东村民族文化商业街等民生项目的进一步发展。

2010年5月18日，省、市民族宗教部门领导在民族用品定点企业调研 （市民族宗教局　供稿）

【城市民族工作】 是年，按照省、市城市民族工作专题研讨会和现场会的要求，推广临淄区及张店区部分街道、社区工作经验，提升社区工作平台、网络信息平台、公共服务平台和群众联谊平台建设水平，进一步完善落实工作责任机制，加强和创新城市民族事务管理。承办全省民族工作统计监测平台培训班，建立少数民族人口常态统计体系。开通少数民族服务热线，开展咨询服务30余次，协助信访部门解决涉及少数民族的信访问题2件。发挥全市民族团结促进会、少数民族联谊会等群众性社团组织的作用，开展经常性的民族联谊、文化交流和社会公益活动，调动少数民族群众参与城市建设的积极性。

【落实民族法规和民族政策】 是年，全市民族工作部门协助做好第二十二届省运会、亚洲U19青年足球锦标赛的清真食品安全保障工作。严格执行民族成分确认和更改的相关政策，为68名符合条件的少数民族人员办理了手续。加大民族法规和民族政策贯彻执行情况的监督检查，尊重少数民族饮食、节庆、殡葬等方面的风俗习惯，切实维护少数民族合法权益，全市未发生违反民族法规和民族政策的问题。年内，协调淄博职业学院赴齐鲁石化公司学习交流，指导督促建立回民食堂。

【爱国宗教团体建设】 是年，加强全市各爱国宗教团体组织、思想、制度和自养能力建设，坚持爱国爱教和独立自主自办的原则不动摇，在协助配合政府依法管理宗教事务、联系信教群众等方面发挥了较好的桥梁纽带作用。指导市佛教协会、道教协会召开会长办公会，实行工作分工，建立工作制度；圆满完成天主教选祝圣工作；指导市基督教两会、市伊斯兰教协会加强班子建设，支持他们开展各项工作。做好走访慰问宗教界人士工作，各宗教团体定期培训教职人员，增强依法办教、带领信教群众参与和谐社会建设的使命感。坚持团体负责人联席会议、教职人员培训、考核评议等各项制度，以宗教教职人员认定备案和宗教活动场所财务监督管理“两个专项工作”为抓手，结合宗教活动场所规范化管理活动，指导宗教团体完善各项规章制度和办事规程。按照国家宗教事务局等有关部、委、局的部署，积极协调解决宗教教职人员社会保障问题，天主教社保问题已先期解决，在市领导关怀下，为主教马学圣特别办理企业职工医疗保险。

【宗教活动场所规范和谐建设】 2010年是淄博市宗教活动场所和谐创建活动的第三年，全市宗教工作部门分级制定深化创建的实施意见，抓好成果巩固提高，督促查漏补缺，协助基础较差的场所制定创建细则和达标规划，分步完善软硬件设施。深入宗教活动场所督导50余次，全面推进创建活动，促进宗教活动场所的规范和谐建设。是年，淄博市17个寺观教堂被省宗教局表彰为达标和谐场所，金岭清真寺和淄川基督教中心堂及市佛协会长释仁昌被国家宗教局表彰为达标先进场所和先进个人。淄博市民族宗教事务局被山东省宗教事务局评为和谐宗教活动场所创建工作先进单位。结合创建活动，认真抓好宗教教职人员认定备案、宗教活动场所财务监督管理“两个专项工作”。省宗教事务局把淄博定为试点城市，淄博市承办了全国宗教“两个专项工作”培训班。

2010年10月30日，国家宗教事务局副局长蒋坚永在淄川普照寺视察　　（市民族宗教局　供稿）

【依法管理宗教事务】 是年，全市宗教事务规范化管理水平显著提高，场所规范化建设取得显著进展。基督教私设聚会点、佛道教乱建乱设得到有效制止，天主教独立自主自办思想、组织基础更加牢固，宗教事务管理进一步走上规范化、制度化、法制化轨道。稳妥处理宗教房地产遗留问题，天主教主教府房产问题圆满解决，依法稳妥处理个别教会和场所内部管理问题。

【政策法规宣传教育】 是年，组织举办全市民族工作形势政策报告会，全市各级各有关部门领导干部、民族工作干部300余人参加学习培训。组织全市16名民族宗教干部参加国家民族宗教业务培训，3名少数民族干部参加全省民族业务工作培训，近30人参加全市民族宗教系统创新力和信息工作培训。年内，各级民族工作部门共举办民族宗教形势政策业务培训12期，累计培训1000余人次。

（胡艳霞　张闻涛）

残疾人工作

【康复救助】 是年，围绕创建“人人享有康复服务示范市”的工作目标，推进残疾人社区康复服务体系建设。巩固和发展城市社区康复机构，残疾人社区康复服务体系向中心镇和农村新社区推进。探索和建立残疾人社区康复机构管理人员培训长效机制，举办12期培训班，培训1000名社区康复协调员，提高基层社区康复协调员开展残疾人社区康复工作能力和素质。着力推进社区康复示范区县培育工作，张店区成为全国残疾人社区康复示范区，桓台县成为全省残疾人社区康复示范县。实施贫困残疾儿童康复救助工程，为10名肢体残疾儿童实施儿童矫治手术，为28名聋儿提供资金和助听器救助，为3名重度0～6岁听力障碍儿童实施人工耳蜗植入手术，为60名脑瘫儿童、40名孤独症儿童、120名弱智儿童提供康复训练经费。继续实施“共享阳光光明工程”，巩固“白内障无障碍市”创建成果，启动淄博市低视力康复救助工程，面向社会贫困低视力患者进行专业医疗公益救助，全年免费实施白内障复明手术1700例。继续实施“共享阳光助行工程”，为1000名下肢残疾人配发轮椅。推进桓台县创建省级盲人定向行走示范县工作，承办全省盲人定向行走培训班。继续关心精神残疾人的治疗，为700名精神病人和60名重度精神病患者提供免费药品和住院服务。

【就业与社会保障】 以全力备战省第四届残疾人职业技能竞赛为总抓手，全面推进残疾人就业培训工作。开展全市第二届残疾人技能竞赛，选拔、培养一批残疾人技能业务骨干。结合全市产业优势和传统技术，重点打造书画装裱和篆刻、平面设计和摄影、内画和刻瓷3个培训基地，对有就业创业愿望和能力的残疾人进行免费技能培训。依托各培训平台为广大有就业需求和能力的残疾人提供门类丰富、技术先进的技能培训，全年共培训残疾人3416名。参加全省第四届残疾人技能大赛，获得团体总分第七名和优秀组织奖。组织9名盲人和低视力残疾人参加全国盲人医疗按摩资格考试。

开展就业扶贫基地和“小老板”创业工程，确保每个乡镇至少建立1处就业扶贫基地，促进安置和辐射带动5000名～10000名残疾人就业。年内又有9个就业扶贫(培训)基地被确定为省级优秀基地。按照淄博市《关于促进残疾人就业创业的实施意见》，重点扶持100个残疾人自主创业小老板，实现每个经营户吸纳带动5名以上残疾人合伙发展。强化残疾人就业保障金征收工作。市残联专门印发《关于开展2010年度按比例安排残疾人就业年审工作的通知》，对2010年残保金征收工作进行部署；配合做好残保金专项审计工作，为规范管理、强化征收提出建设性意见。扩大实施“共享阳光安养工程”，对就业年龄段的智力残疾、精神残疾和重度残疾人进行集中托养或居家安养。进一步加强托养机构建设，提出每个区县至少建成1处区级示范托养机构、集中托养的残疾人达到1000人以上的要求。年内，新建3处市级示范托养机构，全市共建成残疾人托养机构47处，托养残疾人648名，居家托养残疾人1506名。继续实施“共享阳光社会保障工程”，重点落实关于贫困重度残疾人的救助政策，逐步建立对城乡贫困残疾人政策性救助的长效机制。全面推开新农保工作，从根本上解决残疾人养老难问题，有效改善他们的生存环境和生活条件。把临淄区作为试点区，该区16周岁以上符合条件人员已参保8174人，为1264名60岁以上残疾老人每月发放养老金60元。继续实施“共享阳光助学工程”和“共享阳光安居工程”，年内为20名残疾大学生给予学费补助，为50户农村贫困残疾人修缮住房。

【为残疾人服务】 年内，形成《淄博市残疾人优惠扶持规定》的征求意见稿。加强专职干事培养和管理，年初对全市107名残疾人专职干事进行岗前培训；制定专门管理办法，各区县都与专职干事签订劳动合同。全面完成第二代残疾人证核发工作，全市办理新证65000余个，占残疾人总数的25%。开展无障碍设施建设示范区、示范街创建活动，重点对承办省第八届残运会的公共设施无障碍建设进行督促，加快推进无障碍环境建设。继续实施“无障碍设施进家庭工程”，为210户残疾人家庭和残疾人工作单位配备无障碍设施；七一前夕，市残联举办“无障碍设施进老党员、老干部家庭”活动，为残障老党员、老干部配备无障碍设施。开展助残日系列活动，市领导走访慰问残疾人；市残联开办的创业培训班，走进“政风行风热线”和残疾人艺术团文艺演出等特色活动，都收到很好的社会效果。

【残疾人维权】 年内，全市受理法律援助案件118件，其中90件顺利解决，28件办理之中。接待来信来访1478件次，其中来信272件次、来访1206次，无越级上访和集体上访情况发生。与市交通局和鲁中驾考中心进行协调，确定残疾人考取驾照定点驾校2处，年内有6名残疾人通过考试。

【承办山东省第八届残运会】 10月，山东省第八届残疾人运动会在淄博市举办。按照“两个省运同样重视，同样精彩”的要求，举全市之力做好筹办工作，取得承办、参赛双丰收。

确立“办好残运会、关爱残疾人”的工作理念，全面展现“爱心淄博、和谐淄博”新形象。动员社会各界以实际行动爱残、扶残、助残，支持此届残运会。全市先后有25家企业捐助残运会，累计募集资金或物资价值200余万元。针对残运会组织服务工作的特殊要求，按照“人文关怀、简便易行、符合规范”的原则，先后对19处训练场地、比赛场馆、接待宾馆进行无障碍设施建设和改造，制作专用车辆移动坡道，配备音乐闪光震动门铃、洗浴座椅、助行器、轮椅、盲人计算机阅读软件、室内盲道等452件辅助器具，就近就便安排食宿，提前准备交通车辆和比赛器材，确保残疾人行动无障碍。安保人员、医护人员和志愿者24小时值班值守，为运动员提供爱心服务。针对盲聋人特定需求，专门安排手语和志愿者引导，确保信息交流无障碍。

做好保障服务工作，创造良好的办赛环境。部门联动，协调配合，为残运会顺利举行创造良好的外部环境。调动警力1000多人，针对重点区域、重点部位、重点行业、重点场所、重点领域、重点群体和案件多发地等，加强隐患巡查和排查，创造良好的治安环境。加强医疗保障和食品安全工作，共派遣现场医护人员692人次、急救车辆116台次、餐饮卫生监督员156人次、接诊伤病员188人次。先后调度车辆709台次，配置坐轮椅残疾人专用交通车辆，有效保障残运会各项大型活动和赛事的正常运行。做好气象、供电供水等各方面的保障工作，圆满完成残运会食宿任务。组委会各工作部门有针对性地分类制定安保交通、信息通信、消防安全、医疗卫生、食品药品、供电供水等专项工作方案和应急预案，认真开展风险评估和实战演练，确保服务保障工作万无一失，实现了“零失误、无事故”。

强化舆论宣传引导，全方位展示残疾人事业发展成就和残疾人群体奋发自强、努力拼搏精神。把承办省第八届残运会作为推动残疾人事业科学发展、和谐发展的重要机遇，在全市上下营造“办好残运会、关爱残疾人”和“人人都是东道主、我为残运做贡献”的浓厚氛围。先后在《大众日报》、山东人民广播电台、山东卫视、部分网络媒体以及市内主要媒体重要版面、重要时段报道省第八届残运会相关内容，开展倒计时宣传，刊播以残运会、扶残助残为主题的公益宣传节目，广泛营造喜迎残运、参与残运的氛围。在中心城区围栏、街道设置残运会宣传条幅、旗帜，在650辆公交车和2800辆出租车统一张贴残运会宣传口号。同时，结合“肢残人活动日”“聋人节”“盲人节”，组织各界残疾人积极投身体育、健身、康复活动，营造关注残运会、关爱残疾人和促进残疾人“平等、参与、共享”的良好社会氛围，树立“爱心淄博”的文明城市形象。

省第八届残运会比赛共设20个大项、715个小项，来自全省的19支代表队、1500名运动员参赛。截至10月27日，淄博市圆满完成各项赛事组织筹办工作，顺利进行18个大项、567个小项竞技比赛，决出奖牌987枚。淄博市的筹办工作得到省委、省政府及省第八届残运会组委会的充分肯定。

【宣传活动】 是年，发挥残联系统网、共享阳光网站、《共享阳光》期刊和新闻宣传促进会的作用，组织残疾人事业好新闻评奖和残疾人工作研究成果评奖活动，为残疾人订报刊5000份，支持“雄鹰”残疾人艺术团在全国巡回演出，帮助盲人耿家勇出版小说《蹴鞠王》。通过电视、广播、报刊等媒体，宣传残疾人事业和扶助残疾人的事迹，弘扬残疾人自强不息精神，倡导团结、友爱、互助的社会风尚。

（赵耀聪）

老龄工作

【概况】 至2010年年底，全市老年人口69.99万人，占全市总人口的16.57%。年内，认真组织实施老龄事业“十一五”发展规划和“银龄幸福和谐工程”，市人大十三届三次会议将“关注老年事业发展，积极应对老龄化社会”问题列为议案。老人节期间，在全市开展走访老年公寓和慰问百岁老人活动。

【强化居家养老保障功能】 年初，在全市推行社区居家养老管理员（政府购买的公益性岗位）工作。首批47名社区居家养老管理员被分配到张店区和桓台县的部分社区，管理员除直接为老年人提供居家生活服务以外，还担负着社区内政府购买养老服务、助老志愿服务、家政为老服务的管理工作。开展社区老年人日间照料服务站建设试点工作，在张店、周村、桓台等区县部分社区建设社区老年人日间照料服务站。积极探索建设智能化居家养老服务网络，将互联网、呼叫中心、现代通信等先进技术，运用于传统的社区服务中，将连锁经营、品牌加盟等服务业态引入社会化养老服务体系。年内，服务网络的建设工作基本完成。

【老年人维权】 积极协调有关部门，扩大65岁以上老年人免费乘车范围。积极推行《淄博市老龄系统信访工作制度》，做好老年人信访接待受理工作。全年受理老年人来电来访1300余人次，市政府门户网站咨询投诉4件。协调有关部门加大涉老投诉问题的解决落实力度，受理的涉老问题处结率达到96%以上。继续开展老年维权直通车活动，为需要法律帮助的老年人及时办理维权直通卡，为老年人维权提供了方便。

【提升养老服务水平】 积极推进银龄安康工程，全年共办理老年人意外伤害保险21.2万份，意外伤害理赔654人次，理赔金额138.8万元。大力实施银铃助老工程，共为582户老年人家庭安装了呼叫器，为老年人居家养老提供方便。启动以空巢老人为主要服务对象的“六心助老”（爱心照料、诚心交流、热心帮扶、真心奉献、孝心关爱、恒心助老）活动。组织近万名志愿者为生活不能自理的空巢老人提供送餐、清理卫生、帮助购物、陪同就医、电话问候、急事随叫、上门维修等服务；定期提供心理关怀、读书、读报，教授外语、法律、养生保健知识；建立社区空巢老人健康状况信息档案，向空巢老人提供义诊和保健咨询、应急救助、法律援助；帮助空巢老人参加文化娱乐、体育健身等文体活动。争取省扶持资金120余万元，用于扶持养老机构、走访贫困老人和发放百岁老人补助等。拓展老龄事业服务中心服务内容，增强发展活力。在完善老年服务大厅功能基础

2010年10月13日，淄博市庆祝第二十四个老人节暨颁奖文艺晚会　（刘君德　李通　摄）

上，成立“惠老活动”办公室，发起“敬老惠老进社区”活动，先后在张店区、周村区等40多个社区开展惠老活动。组织“十里香”调味品、“云海”面粉等10多个地方名牌产品进行惠老直销活动，现场为3000余名老人办理银龄安康保险。在条件较好的社区设立“惠老专卖店”，组建“惠老服务大篷车”，把惠老服务直接送到老年人的家门口。

2010年8月9日，淄博市第五届中老年才艺大赛
（刘君德　李通　摄）

【宣传和文体活动】　加强宣传队伍建设，充实调整老龄工作宣传员。将宣传工作考核纳入年度工作考核内容，加大宣传工作考核力度。加强淄博老龄网站建设，协调市级新闻媒体办好6个老年专版、专栏和专题。开展老龄化形势、社会化养老、尊老敬老、老年法规等主题宣传工作。在全市开展“孝文化”教育基地推选工作。全年在市级以上报刊发稿615篇，制作老龄工作电视专题片——《夕阳正红》，并联合山东电视台、淄博电视台拍摄一系列反映老年人精神风貌和老龄工作面貌的专题片。协调市新闻媒体联合开展第四届敬老爱老助老主题教育活动、“淄博市首届钻石伴侣”和“淄博市首届热心大妈”评选活动。与市广播电台共同筹划“首届中老年主持人大赛”“模范老人、孝星走进直播间”和“老年法律课堂”等系列访谈节目。年内，还举办包括民间艺术作品展、刻瓷展、摄影大赛、集报展和才艺大赛等内容的第二届中老年文化艺术节，3万余名老年人参与其中。举行庆祝淄博市第二十四个老人节暨颁奖文艺晚会，并为“淄博市首届十佳钻石伴侣”“淄博市首届十佳热心大妈”颁奖。（张宝忠）

慈善事业

【善款筹募】　2010年，全市各级慈善组织募集善款7007万元，比2009年增加859万元，增长14%。其中，市级募集善款1952.40万元，比2009年增加404.41万元，增长26%。自5月19日起，在全市组织开展2010年全市“慈心一日捐”活动，全市各级慈善机构接收捐款5905.18万元，认捐慈善基金3.1亿元。其中，市级接收捐款1406.47万元，较2009年增长11%。围绕自然灾害开展各项募捐活动。南方干旱接收捐款10.32万元，青海玉树地震接收捐款239.08万元，舟曲泥石流灾害接收捐款108.31万元、社会爱心人士及其他捐款20.53万元。接收2009年“送温暖献爱心”活动捐款147.46万元。年内，还争取省慈善总会拨付救助资金20万元。

【慈善救助】　2010年，先后组织实施“情暖万家”“朝阳助学”“夕阳扶老”“爱心助残”“康复助医”等工程，累计支出善款5575万元。其中，市级支出资金1889.75万元。1.“情暖万家”救助活动。市级投入慈善资金569.32万元，对全市范围内的城乡低保特困户、企业困难职工、福利企业残疾职工家庭以及慈善超市、慈善门诊所扶助的困难群众，进城务工特困人员等进行救助。2.医疗救助血液透析贫困患者项目。利用中华慈善总会捐助血液透析医疗设备资源、市慈善总会救助资金和市慈善医院的医疗平台，通过政府医疗保险报销、慈善医院减免（补贴）、慈善机构资助、患者承担余额的救助办法，对全市申请救助且符合救助条件的贫困尿毒症患者进行帮扶救助。批办救助困难患者240人次，每人年内资助血液透析100次，每次资助150元。3.股骨头坏死患者医疗援助项目。为全市城乡低保户和低保边缘户共228名患者进行免费DR数字摄影系统拍片医疗检查，为50名属于药品保守治疗范围内的极度贫困患者提供由中华慈善总会捐助的免费治疗药品。4.朝阳助学救助高考特困新生项目。与市实施希望工程办公室、市教育局共同开展“2010慈善·希望工程圆梦行动”，救助全市淄博籍高考特困新生100名。5.救助特困军人家庭项目。根据《淄博市慈善总会救助管理工作暂行办法》，并结合全市双拥工作，在全市军营中开展“淄博慈善进军营”活动，对因病、因灾、因突发事件等造成特别困难的现役军人家庭进行救助帮扶，救助100户特困军人家庭。6.继续提升夕阳扶老“五个一”项目内涵。在2008年、2009年的基础上，又投入资金，对入住的五保对象实行新的“五个一”服务，即一天一个鸡蛋、一年一身衣服、一个敬老院一台洗衣机、一台豆腐（豆浆）机、一年一次集体文艺活动。此外，全年接待受理因灾因病致贫返贫困难群众求助57人次，视情况给予3000元～6000元的救助，以缓解其家庭困难。

【慈善事业宣传】　年内，先后在省内外报刊、电台发表各类稿件500余篇。采取加强淄博慈善网建设、编印慈善宣传画册等形式，积极引导社会各界和广大市民群众关心和支持慈善事业发展，进一步提升慈善事业的社会知名度和影响力，市慈善总会被表彰为山东省慈善对外宣传先进集体。在《淄博晚报》“慈善专栏”，刊载全市重大慈善活动开展情况，与淄博电视台联合制作慈善公益宣传片，在每天的黄金

时段滚动播出。在全市“慈心一日捐”活动上，对近年来为全市慈善事业做出贡献的先进单位和个人进行表彰。全市共有26家企业获“最具爱心慈善捐赠企业”称号，26名个人获“最具爱心慈善捐赠个人”称号，12名个人获“最具爱心慈善行为楷模”称号，8个项目获“最具影响力慈善项目”称号。加强善款管理，建立款物接收、管理、统计、调拨、使用等一系列严格的规章制度，主动接受审计部门审计和社会各界监督，全面提升慈善事业的社会公信力。

（孙晓库　崔昌华　王晓丽）

本部类编　辑：王　娟
副主编：徐　杰
校　对：王　峰
赵建国

·齐文化典故·

管鲍之交

春秋时期，齐国有两个贤人，一个叫管仲，才气横溢；一个叫鲍叔牙，为人诚恳厚道。两人意气相投，来往非常密切。后来两人都做了齐国公子的老师，管仲辅佐公子纠，鲍叔牙辅佐公子小白。公子纠和公子小白争夺王位时管仲射了公子小白一箭。公子小白即位后要拜鲍叔牙为相并处死管仲。鲍叔牙劝说道：“管仲是为其主嘛！主公可赦免他，让他为您效力。此人才能胜于我，若以他为相，齐国定会强大起来。”桓公听了鲍叔牙的话，就不计前嫌，拜管仲为相。管仲知道后感叹说：“我和鲍叔曾经一道做买卖，赚了钱，我总是多拿一些。有人说我爱占便宜，鲍叔却说：‘管仲家贫，理应多拿些。’我曾多次到朝中为官，但都被国君驱逐出境。有人说我不贤。鲍叔却说：‘他是未遇到明主呀！’我曾从军参战，当遇到敌人反攻时，我总是第一个往回跑。有人说我胆怯，鲍叔却说‘他家中有老母，是孝心所致啊！’生我的是父母，而了解我的是鲍叔啊！”

“管鲍之交”一直被誉为交友的最高境界，成为历代传诵的佳话。

人　　物

全国劳动模范

（按姓氏笔画排序）

马厚亮　　淄博矿业集团有限责任公司
牛希军　　光大银行淄博业务部
王　琳（女）　山东鸿嘉集团置业有限公司
张永明　　山东东岳化工股份有限公司
李庆涛　　淄博市中心医院
陈贞凯　　山东省淄博第一中学
周敬才　　山东金诚石化集团股份有限公司

山东省富民兴鲁劳动奖章

（按姓氏笔画排序）

于先进　　山东理工大学化学工程学院
公翠霞（女）　淄博市体育局
尹雪春　　山东铝业公司
王同顺　　淄博市国土资源局
王喜春　　华能国际电力股份有限公司辛店电厂
王献国　　淄博热电集团公司
卢德平　　中国华能集团公司白杨河电厂
刘炳俊　　山东创业房地产开发有限公司
许新升　　淄博昌国医院
宋宜华　　淄博宝运化工厂
宋晓东　　淄博市第一医院
张秀德　　淄博市张店区教育局
杜元童　　山东省桓台县国家税务局
杨　宁　　鲁泰纺织股份有限公司
杨延洪　　淄博庄园塑胶有限公司
邵方新　　淄博市技师学院
陈　亮　　淄博新城区开发建设指挥部
陈　慧（女）　高青县地方税务局
陈曙红（女）　淄博博路光电子技术有限公司
宗　新　　中国农业银行高青县支行
金　辉　　淄博电视台
侯宇刚　　淄博矿业集团有限责任公司许厂煤矿
柳西河　　山东鲁阳股份有限公司
赵毅新（女）　山东新华医疗器械股份有限公司
崔美兰（女）　山东齐都药业有限公司
梁　伟（女）　山东三金玻璃机械股份有限公司
曾照香（女）　淄博职业学院
韩金祥　　中国联合网络通信有限公司淄博市分公司
潘荣文　　淄博市地方税务局
魏学专　　山东汇丰石化有限公司

淄博市劳动模范

（按姓氏笔画排序）

丁念华　　淄博市华盛食品有限公司
于　川　　淄博市技师学院
丁冬生　　中国铝业山东分公司第二氧化铝厂
于学民　　周村区财政局
于道琪　　淄博市发展和改革委员会
马　艳（女）　淄博市煤气公司输配公司
公培全　　淄博市鲁山林场
孔祥泉　　山东省药用玻璃股份有限公司
王　义　　淄博高新区石桥街道办事处小庄社区
王　冉（女）　淄博市商务局
王　强　　中共西藏昂仁县委（援藏）、淄博市农业局
王　鹏　　淄博市中级人民法院
王大伟　　淄博市卫生局卫生监督局
王少华　　淄博市食品药品监督管理局
王汉国　　淄博鲁中宾馆
王玉红（女）　淄博市人民检察院
王玉芬（女）　淄博日报社
王传新　　淄博市工商行政管理局
王同顺　　淄博市国土资源局

王安英(女)　山东硅苑新材料科技股份有限公司
王延珠　博山调压器有限责任公司
王红梅(女)　淄川区人民法院
王和平　桓台县中医院
王建华(女)　淄川区般阳路街道开河社区居委会
王金成　博山区南博山镇上瓦泉村
王修德　淄博市财政局
王洪波　淄博市烟草专卖局(公司)
王振升　淄博市审计局
王晓燕(女)　高青县唐坊镇人民政府
王爱华(女)　周村区大街街道元宝湾社区居委会
王艳明　淄博市自来水公司
王敬群(女)　淄博商厦股份有限公司黄金玉器商场
车　立　中共淄博市委组织部
邓迎春(女)　淄博市工人文化宫
韦　伟　山东鲁信高新技术产业股份有限公司
厉向玲　沂源县人民医院
司衍成　淄博市第七人民医院
田立忠　山东晨钟机械股份有限公司
田如山　淄博实验中学
田宜涛　淄博莱宝电子器件有限公司
田昭德　临淄区边河乡田旺村
田家海　山东金岭铁矿召口矿
石志葵　周村区南郊镇东陈村
边文霞(女)　淄博东泰集团有限公司
任纪华　沂源县城市管理行政执法局
任迎远　淄博市对口支援北川工作指挥部、淄博市交通运输局
任福龙　山东新华制药股份有限公司
刘　涛　淄博市人民政府办公厅
刘　伟　山东鲁耐窑业有限责任公司
刘　沂　山东蓝星东大化工有限责任公司
刘　剑　淄博火炬能源有限责任公司
刘　超　山东鲁阳股份有限公司
刘志刚　淄博市农村合作经济经营管理指导站
刘绍华　淄博第四中学
刘艳红(女)　淄博市国土资源局淄川分局
刘新波　中国华能集团公司白杨河电厂
吉营章　山东新华医疗器械股份有限公司
孙　强　淄博市五音戏剧院
孙丕胜　桓台县地方税务局
孙佃河　高青县第二中学
孙志杰　淄博市房产管理局
孙奇珠　淄博市公安局交通警察支队高青大队
孙明波　淄博矿业集团有限责任公司
孙林涛　临淄区教育局
孙茂真　桓台县农业局
孙洪斌　淄博城东企业集团有限公司
孙晓燕(女)　中国移动通信集团山东有限公司淄博分公司
孙海霞(女)　淄博饭店集团股份有限公司
孙银河　中共淄博市委办公厅
孙瑞华(女)　淄博面粉厂
巩曰山　山东锐博化工有限公司
成志军　山东颜山泵业有限公司
朱大可　张店钢铁总厂轧钢厂
朱玉友　中共淄博市委宣传部
朱西锦　山东省水利技术学院
许　敏　中共淄博市委市直机关工委
许文安　淄博市公安局
许方忠　淄博市人民政府办公厅
许孝忠　中国农业银行淄博分行临淄支行
邢召华　张店区和平街道办事处柳泉社区居委会
吴　静　淄博市地方税务局直属征收分局
吴广庆　中国建设银行淄博分行
吴秀峰(女)　中共淄博市纪律检查委员会
宋丰产　淄博市环境监测站
宋元亮　淄博市人民防空办公室
宋文清　山东铝业公司
张　恒　山东东岳集团
张　春　淄博高新区规划建设土地局
张　峰　中天仕名(淄博)重型机械有限公司
张　瑜　淄博市医疗急救指挥中心
张　鑫　山东电力集团公司淄博供电公司
张文泉　淄博市国家税务局
张必壮　山东胜利钢管有限公司
张玉惕　山东丝绸纺织职业学院
张立国　中共淄博市委党校
张传春　淄博崇正水泥有限责任公司
张成军　淄博高新区石桥办事处王北社区
张克龙　淄博兰雁集团有限责任公司
张希孔　淄博万昌化工设备有限公司
张秀华(女)　中国石油山东淄博销售分公司
张洪德　淄博市体育局
张钦强　张店区人民医院
张敦金　高青县人民法院
李　明　淄博市福利彩票销售管理中心
李　敏(女)　山东恒利石油化工股份有限公司
李久存　淄川区双杨镇赵瓦村
李之森　华能国际电力股份有限公司辛店电厂
李凤艳(女)　淄博医药采购供应站
李长波　中国农业银行淄博分行
李永阳　佶缔纳士机械有限公司
李永涛　中国联合网络通信有限公司淄博市分公司
李守新　淄川区太河乡方山村
李安邦　山东海华汽车部件有限公司

李有政　山东工业职业学院
李柏林　淄博三林新型材料有限公司
李淑进　淄博市市政环境卫生管理处
李嘉才　临淄区雪宫街道单家社区居委会
杨　忠　淄博职业学院
杨　勇　政协淄博市委员会办公厅
杨金海　淄博市司法局
杨德强　淄博山川医用器材有限公司
沈子涛　淄博市邮政局沂源县局
苏兴越　交通银行淄博分行淄川支行
苏明光　淄博市教学研究室
苏雪梅(女)　淄博市知识产权局
辛强之　淄博柴油机总公司
邱　杨　淄博华光瓷业有限公司
陈永文　山东汽车齿轮总厂
陈兴国　淄博市新华书店
周　波　中国联通集团移动网络有限公司淄博市分公司
周　霞(女)　淄博市人口和计划生育委员会
周士斌　山东瑞丰高分子材料股份有限公司
周连德　周村区北郊镇北旺村
宓崇春　张店区湖田镇商家村
宗可胜　淄博市信访局
岳正华　淄博人民广播电台
明文勇　山东华安新材料有限公司
范　杰　山东金天装饰工程有限公司
范淑媛(女)　中国人寿淄博市临淄区支公司
郑云海　桓台县马桥镇北营一村
郑安庆　淄博市公共汽车公司张店分公司
郑贵新　淄博市职业病防治院
郑桂峰　中国银行股份有限公司桓台支行
南自立　淄博市规划局
姚　杰　淄博惠润纺织有限公司
姜智明　金晶(集团)有限公司
段　义　淄博市人力资源和社会保障局
段明福　淄博市第八人民医院
祝焕法　沂源县城区办事处南麻一村
胡熳熳(女)　山东万丰煤化工设备制造有限公司
贺业坤　淄博市气象局
赵　勇　博山区医院
赵叶青　山东金城医药化工股份有限公司
赵吉辉　淄博市农机研究所
赵庆志　山东理工大学机械工程学院
赵建勇　淄博黄河河务局
赵淑温　淄博市物价局
钟祥海　淄博市公安局临淄分局齐都派出所
项　君　淄博华润燃气有限公司
项海波　淄博出入境检验检疫局
徐　灵　淄博萌山湖秸秆养藕有限公司
徐　辉　淄博博丰复合肥有限公司
徐　宁　中国人民银行淄博市中心支行
徐天智　淄博科技器材大楼
徐先锋　淄博热电集团公司
徐其志　山东大成农药股份有限公司
徐锡建　山东流云纺织有限责任公司
贾保水　淄博宝塔焦化有限公司
郭先星　淄博师专附属小学
郭瑞娟(女)　淄博市劳动就业办公室
高　扬　淄博热力有限公司
高文博　中国人民银行桓台县支行
高步良　山东齐鲁科力化工研究院有限公司
常　征　山东长征教育科技有限公司
常增民　临淄区妇幼保健院
曹海玖　淄博第十七中学
梅永富　淄博市劳动教养管理所
黄明昌　淄博金梁城建开发有限公司东晓新型建材公司
龚立民　淄博市人民代表大会常务委员会办公厅
彭学华(女)　淄博市经济和信息化委员会
董守业　淄博市供销合作社
谢汝新　淄博市招生办公室
韩　伟　淄博高新区卫固镇卫固村
韩　锋　周村区园林管理局
韩　兵　淄博市总工会
韩兴柱　齐商银行
韩荣杰　山东新风股份有限公司
窦修刚　淄博市住房和城乡建设局
路德明　华电淄博热电有限公司
翟立宁　山东东泰工程咨询有限公司
翟国海　高青县自来水公司
翟培峰　中材高新材料股份有限公司
蔡廷江　淄博市政府法制办公室
蔡爱红(女)　淄博泰维润滑油有限公司
谭延军　淄博矿业集团有限责任公司葛亭煤矿
谭建昌　淄博大泰置业有限公司
薛忠文　淄博市公安局交通警察支队博山大队
魏　红(女)　山东隆力源物流有限公司
魏玉蛟　淄博市信息产业局

本部类编　辑：王　娟
副主编：徐　杰
校　对：郭延志
杨建明

区县概况

张店区

【概况】 区名由来 张店古称黄桑店。因地处交通要冲，过往商旅多在此栖身。宋代，黄桑店有一张氏店客房多，生意兴隆，遐迩闻名。后来黄桑店之名渐被张家店取代。至元代，称之为张店。

政区 人口 全区总面积245平方公里(不含高新区)。辖6个镇、6个街道、113个行政村、90个社区。全区年末户籍总户数22.08万户，户籍人口62.2万人。其中，非农业人口48.04万人，农业人口14.16万人。人口出生率为9.46‰，人口性别比为102.2，人口自然增长率为4.59‰。

经济概况 实现地区生产总值554.18亿元，比2009年增长14.28%。其中，第一产业1.78亿元，第二产业276.96亿元，第三产业275.45亿元。人均生产总值实现89432元，同比增长13.5%。三次产业比例由2009年0.33∶50.76∶48.63发展为0.32∶49.98∶49.70。财政收入和支出分别为22.26亿元和21.52亿元，分别增长25.86%、30.38%。各项税收总额完成52.93亿元，同比增长32.98%。全年规模以上固定资产投资完成194.19亿元，同比增长22.50%。规模以上高新技术产业产值占规模以上工业比重达到37.25%，比2009年提高2.67个百分点。

农业 全区农作物播种面积为9500公顷。粮食总产5.60万吨。夏粮单产407公斤，总产达到2.69万吨，同比增长12.8%；秋粮单产439公斤，总产达到2.9万吨。建成高产优质专用粮食生产基地1067公顷，品种优质率达到100%。蔬菜年产量为0.79万吨，水果年产量0.06万吨，肉类年产量0.41万吨，发展10.11万平方米优质食用菌生产基地。年末拥有农业机械总动力16.98万千瓦。至2010年年底，全区共完成新造林面积300公顷，植树50余万株，四旁植树90万株。年内新建水库1座，扩建水库1座，建扬水站2座，修复配套机电井5眼，新建涵洞30座，新建蓄水池3座。完成孝妇河河道水利工程整坡长度8200米，护土砖面积46200平方米。制定玉米秸秆综合利用重点机械购置计划，落实各项中央财政农机补贴181万元，带动农户自筹资金423万元，受益农户及农机服务组织57户(个)。

工业 全年规模以上工业产值完成860.91亿元，利税完成157.36亿元，利润93.65亿元。年末规模以上工业企业382家，比2009年年末增加15家；全年销售收入过亿元企业225家，比2009年年末增加10家。全区年销售收入过亿元企业实现主营业务收入808.56亿元，同比增长19.62%，占规模以上比重为93.92%。年末销售收入过5亿元的村(居)达到29个，过亿元的村(居)达到61个。规模以上高新技术产业产值占规模以上工业比重达到37.25%，比2009年提高2.67个百分点。9万余平方米的淄博科技工业园创业园基本竣工，完成淄博赛隆化工丙烯酰胺等47个工业项目建设。全区有资质等级的建筑、装修施工等单位104家，从业人员达到6万人，完成建筑业总产值58.73亿元。

建设 环保 全区房地产开发企业101家，全年共完成投资额97.79亿元，其中商品住宅完成投资68.29亿元。房屋施工面积492万平方米，竣工房屋面积达到73万平方米。完成涝淄河综合整治、商场路东延、道路立面整治、旧小区整治修缮、雨污分流管线改造、市政设施维护等城建重点工程。投资1.57亿元，组织对城区15条道路两侧建(构)筑立面进行综合整治，治理总长度70.08公里。至年底，张店区森林面积5621公顷，森林覆盖率为32.1%；绿地面积2714.6公顷，绿化率为41.82%，人均16.97平方米。全区空气质量良好以上天数达到110天，实现了历史性突破。城市环境噪声各功能区分别达到规定的环境质量标准。

交通 运输 组织完成公路客运量23046万人，完成公路客运周转量1375307万人公里，完成公路货运量5071万吨，完成公路货运周转量577974万吨公里。全区共有物流配货市场40余处，规模以上物流企业51家，年货运营业额21.6亿元。全区拥有公路里程566.9公里。其中，国、省道143.7公里，农村公路423.2公里(包括县道、乡道、村道、专用路)。总投资10.6亿元的山东贝尔华韵医药物流园开工建设。

贸易 旅游 全年完成社会消费品零售总额275.98

亿元，同比增长19.0%。非公有经济零售额完成177.38亿元，全年限额以上批零餐饮企业实现销售额191.77亿元。全区商业零售网点总量3万余个，商业设施面积超过500万平方米，有各类专业市场119个，其中年销售收入过5亿元的达到12个。发展“农家店”150家，其中日用消费品店120家、农资店30家，形成了以镇级店为骨干、村级店为基础的新型农村市场流通网络。

对外贸易　全年实现进出口总额51582万美元(海关数)，首次突破5亿美元关口，比2009年增长38.9%。其中，出口完成42801万美元，进口完成8781万美元。利用外资首次突破1亿美元大关，完成1.2亿美元(外汇数)，同比增长151%。有3个企业实现境外投资，全区完成对外承包工程营业额及境外投资额1.27亿美元，同比增长249%。新批和办理外资项目10个，其中高新技术项目4个，能源项目2个，服务业项目4个。成功举办和参与举办春季汽车展、绿兰莎啤酒节、厨博会、陶博会、老年运动会、省运会、残运会等大型会展活动。全年共接待国内外游客510万人次，实现旅游综合收入39.6亿元，分别同比增长22.9%和25.2%。其中，接待国内游客420万人次，同比增长23.1%；接待入境游客15万人次，同比增长21.3%。

科教文卫　年内，新增省、市级工程技术研究中心3家，省级工程技术研究中心达到8家；建立省级院士工作站3家。获得省科技金桥二等奖2项。全区年申请量、授权量分别达到2590件和1503件，分列全省区县第四位和第五位。

年末，全区拥有普通中学30所，在校学生44039人。职业学校3所，在校学生4769人。拥有小学53所，在校学生38170人。拥有幼儿园109所，在园儿童22211人。特殊教育学校2所，在校学生364人。投资6400万元的祥瑞园小学已正式投入使用；投资1.36亿元的张店八中6月开工；投资5000万元的洪沟小学新建工程11月正式竣工，杏园东路小学、洪沟小学和人成小学3所学校合并为新洪沟小学；投资700万元的傅家中学扩建工程已投入使用；投资3690万元的傅家镇中心小学改扩建工程9月投入使用；金辉学校并入铝城一小，王舍小学并入铁路小学。

建成30个农家书屋、96处村(居)文化大院，基本具备图书阅览、文化活动、展览、广播、电教五位一体功能。成功举办2010淄博花灯艺术节系列文化活动，举办和参与举办2010中国(淄博)国际陶瓷博览会开幕式等大型文化活动。开展送戏曲、送演出、送图书、送电影、送书画进社区、进农村活动。

区财政共投入医疗卫生费9615万元，同比增长48.31%。全区拥有各类医疗机构573个(处、所)，其中区属医院3所，区管民营医院19所，区管企业医院14所，疾病预防控制中心1所，妇幼保健机构1所，卫生监督所1家，镇卫生院7所，村卫生室122处，企事业单位卫生室(所)97处，社区卫生服务机构71所，个体诊所237所。医院观察病床2593张，住院病床2012张。各类专业卫生技术人员4595人，其中医师2235人，护士1521人。年内全区新农合参合农民141279人，参合率100%。新农合筹资标准每人130元，其中各级财政补助100元。全年门诊补偿227251人次，报销383.15万元；大病统筹补偿5392人次，报销935.32万元，人均报销1734.64元，比2009年人均增加634.08元。

社会生活　城镇居民年人均可支配收入达到23423元，比2009年增长12.11%；年人均消费性支出达到13882元，比2009年增长12.49%。农民人均纯收入达到11286元，比2009年增长14.78%；农民人均现金支出达到8118元，比2009年增长8.27%。城乡人均居住面积分别为34.14平方米和48.54平方米。全年在岗职职工平均工资36020元，比2009年增长13.78%。全区实现新增城镇就业再就业21297人，新增农村劳动力转移5025人，城镇登记失业率为2.23%。全区社会保险参保人数60余万人次，征缴社会保险费6.7亿元。城镇居民医疗保险参保180361人，新型农村养老保险参保35118人。

(张店区史志办)

【工业结构调整】　2010年，重点项目建设进展顺利，实施500万元以上固定资产投资项目95个，完成投资36亿元，同比增长25%；9个市重点工业项目完成投资6.11亿元，区重点工业项目完成投资17.38亿元。加快淘汰转移落后产能，实施南部工业区升级改造三期工程，拆除立窑水泥生产线14条，淘汰转移建陶生产线10条，淘汰电解铝产能1.2万吨；新上项目72个，完成投资36.94亿元。节能降耗成效显著，全区万元GDP综合能耗累计下降23%以上。东部化工区招商工作取得实效，引进聚氨酯特种聚醚多元醇等项目，计划总投资9.1亿元。淄博科技工业园创业园竣工启用，元星电子公司等88家企业入驻，启动创业园二期项目规划建设。企业创新发展迅速，新增省级企业技术中心1家、市级企业技术中心4家。新兴产业规模化进程加快，特种设备及机械加工、新材料、精细化工和电子信息4大新兴产业在全区规模以上工业企业销售收入占比达到43.97%，税收占比达到35.65%。电子信息产业稳步发展，实现销售收入、利润、利税43.5亿元、3.8亿元、4.8亿元，同比分别增长21%、32%和31%。

【服务业】　服务业重点项目集中推进，建设投资千万元以上项目78个，总投资221.16亿元，总建设面积895.74万平方米。永旺淄博购物中心、淄博汽配城三期等项目开业运营，淄博新区客运中心等项目开业准备中，潘成大厦、乐购超市、山东贝尔华韵医药物流园、青年公园、玉皇山生态恢复工程等项目建设顺利，淄博万象城、淄博鸿运物流园三期、卓创网络等项目正积极办理各项手续。会展经济、休闲旅游经济日益繁荣，成功承办、举办陶博会、2010淄博绿兰莎国际啤酒节、第四届中国(淄博)汽车博览会等系列展会，璀璨中华文化生态园开工建设。创意产业、金融保险快速发展，山东齐赛创意园一期投入运营，引进文化创意企业20余家。

【新农村建设】 农村住房建设全面推进，50个村(居)启动农村住房建设改造，完成拆迁13472户、304.8万平方米，累计完工206万平方米，完成投资25亿元；改建农村公路9.3公里，完成投资861万元。农村流通设施日趋完善，改造扩建农村社区服务中心3处。实施“家电下乡”工程，销售家电7.85万台，为农民发放补贴1339.58万元。

【环境保护】 完成玉皇山农业综合开发小流域治理项目，实施孝妇河生态提升工程，完成范阳河疏浚治理、孝妇河入河排污口综合整治、中心城区水系水源和四宝山生态修复水利工程。启动国家环保模范城市创建工作，关停取缔各类污染企业94家，改造工业锅炉、燃煤锅炉618台(套)。实施小流域综合治理，河流断面基本达到省、市提出的“河流变清，重现鱼类”目标。全面实现玉米秸秆禁烧，生态修复治理成效明显，启动实施四宝山张店段等生态修复治理工程，完成绿化面积333公顷，森林覆盖率和建成区绿化覆盖率分别达到32%和42%，创建为国家园林城市和全国绿化模范城市。

【城建工程】 城市承载功能明显增强。完成火车站出站口整治等形象提升工程和新村路等道路建设改造工程，新建垃圾中转站2处，统一购置保洁车辆539辆。完成涝淄河等流域沿线污水管道建设，新建雨污水管网19公里。生态环境明显改善。完成东四路绿化带改造等绿化重点工程，新建改建绿地面积378.3万平方米，栽植各类苗木119.15万株、鲜花362万株。城市管理水平明显提升。整治新村路等17条道路的建筑物外立面219.5万平方米。耕地保护制度得到落实，土地集约利用水平稳步提高。城乡统筹进程加快。“两区一村”13个项目开工建设，累计完成拆迁76万平方米，建成67万平方米，完成沁园等旧居住区综合整治工程；农村住房建设启动50个村居，累计完成拆迁305.2万平方米，建成206.1万平方米；农村危房改造完成200户。

【社会保障】 积极推进省级创业型城市创建工作，城镇零就业家庭的就业问题基本解决，建成农民工人力资源市场5处，完成城乡劳动力就业培训3.48万人，新增城镇就业9.8万人，其中新增农村劳动力转移就业1.9万人，城镇登记失业率控制在3.5%以内。新型农村合作医疗参合农民141279人，新型农村养老保险参保人数49058人。城乡低保水平不断提高，农村低保标准由每年1200元提高到1400元，城市低保标准由每月261元提高到316元。落实农村五保供养经费124.2万元，救助农村五保户270名。救助城乡困难群众4485名，发放救助款物176万元。为937户优抚家庭发放优待金301万元，为1318名优抚对象发放定期抚恤补助821万元，接收退伍士兵59名。完善经济适用房和廉租房制度，为1950户发放廉租住房货币补贴674.69万元；建成廉租房5000平方米、100套，经济适用房5.86万平方米、626套。开展以社区为依托、以家庭为基础的居家养老服务，搭建社会化养老服务综合信息平台。

（张店区政府办）

淄　川　区

【概况】 区名由来　因淄河流经境内而得名，1956年始称淄川区。

政区　人口　全区总面积1000.61平方公里。辖9个镇、4个街道、1个开发区、379个行政村、81个社区。年末全区常驻(户籍)总人口67.28万人。男女性别比100∶100.5，人口出生率8.12‰，死亡率7.49‰，自然增长率0.63‰。有少数民族24个，1098人。

经济概况　全年实现生产总值414.07亿元，按可比价格计算，比2009年增长14.61%。其中，第一产业增加值7.78亿元，增长4.7%；第二产业增加值258.94亿元，增长10.1%。第三产业增加值147.34亿元，增长23.41%。三次产业比例为1.88∶62.54∶35.58。全社会固定资产投资完成188.33亿元，增长22.1%。地方财政收入14.5亿元，增长26%。年末，金融机构人民币各项存款余额293亿元，比年初增加20.86亿元，其中城乡居民储蓄存款余额204亿元，增加16.2亿元。人民币各项贷款余额105亿元，增加15.13亿元。

农业　全年农林牧渔业实现增加值12.38亿元，同比增长6.4%。粮食总产13.49万吨，增长6.7%；棉花总产622吨，减少4.3%；油料总产2245吨，增长2.7%；水果总产8000吨；蔬菜总产4.6万吨，增长1%；水产品总产484吨。肉类总产1.6万吨，禽蛋总产0.9万吨，奶类总产688吨。全年完成造林面积2733公顷。全区农机总动力30.89万千瓦。

工业　规模以上工业企业555家，实现增加值355.93亿元，增长15.14%；实现主营业务收入1092.63亿元，增长33.81%；实现利润84.91亿元，增长33.19%；实现利税132.56亿元，增长33.81%。企业亏损面为1.28%。资质三级及以上建筑企业35家，完成建筑业总产值38.49亿元，增长33.6%。

建设　环保　城市基础设施建设完成投资2.76亿元，增长274.32%。城市人均道路面积19.36平方米，人均绿地面积15.87平方米，建成区绿化覆盖率47.3%。自来水普及率100%，集中供热普及率60%。开工建成经济适用房49740平方米。村镇建设完成投资8.95亿元。已建成污水处理厂1座，污水集中处理率达到100%，无害化垃圾处理率达到100%。

交通　邮电　公路通车里程1220公里，其中高速公路通车里程11.1公里。公路旅客运输量为6078万人次，比2009年增长18%；货物运输量为9066万吨，比2009年增长20%。完成邮政业务总量4673.99万元，减少3.47%。年末固定电话用户139853户，移动电话用户60.67万户，电话普及率90部/百人，互联网用户7.71万户。

贸易　旅游　全年实现社会消费品零售总额142.29亿元，比2009年增长18.3%。实现进出口总额90956万美元，增长29.3%，其中出口79035万美元，增长26.9%。新签利用外资项目2项，合同外资额280万美元，实际利用外资3665.6万美元。对外劳务合作完成营业额292万美元，增长378.68%。主要旅游景点有蒲松龄故居、潭溪山风景区、聊斋城、梓橦山、马鞍山、文峰山、峨庄瀑布群风景区、梦泉生态旅游区等。全年接待国内外游客260.4万人次，增长24%。实现旅游总收入19.6亿元，增长32%。

教科文卫体　高等院校2所。中等职业、技工学校1所，在校生0.63万人。普通高中4所，在校生1.35万人；初中18所，在校生3.24万人；小学57所，在校生3.25万人。特殊教育学校1所，在校生128人。获得省级科技奖励3项，专利申请量957件，授权专利147件。有各种艺术表演团体52个，文化馆1处，公共图书馆1处，博物馆1处，档案馆1处。广播、电视人口覆盖率分别达到61%和98%。医院、卫生院34所，疾病预防控制机构1所，妇幼保健机构1所。各类卫生机构共有床位2715张，卫生技术人员4957人。有体育场1座，全年参加省级以上体育比赛共获奖牌157枚，其中金牌41枚。

社会生活　城镇居民年人均可支配收入21366元，人均消费性支出15462.31元；农村居民年人均纯收入9393元，人均生活消费支出6196元；人均住房面积35.89平方米。全区城镇基本养老、医疗和失业、工伤、生育保险参保人数分别达到36.5万人、27.2万人、6.6万人、7.3万人和4.4万人，比2009年底分别增加19.9万人、1.6万人、1.3万人、2.3万人和0.8万人。社会保险基金总收入8.23亿元，增长18%；支出4.83亿元，增长20%。新型农村养老保险参保农民208131人，参加新型农村合作医疗农民31.98万人。全区城乡最低生活保障救助18074人。其中，城镇低保4353人，农村低保13721人。社会福利企业32家，安置残疾人员1521人。

【现代农业体系初步建立】　是年，全区有机产品基地面积突破0.67万公顷，新认证有机农产品15个，“张庄香椿”等一批品牌农业发展势头良好，都市农业顺利起步。成立农民专业合作社26家，市级以上农业龙头企业19家，全区农民专业合作社累计达208家，形成“企业＋合作社＋基地＋农户”的发展模式。建设循环生态高效农业，推广沼气清洁能源，全区共建设秸秆固化站点32处，建立秸秆固化发电产业链，基本转化1.33万公顷玉米秸秆。新建户用沼气池1080个，开工建设秸秆大型沼气工程2处，新建秸秆收贮站2处、大型沼气综合服务站5处、乡村服务网点25处。

【工业产业结构调整】　年内，全区工业企业实力明显增强。规模以上企业达到555家，主营业务收入过亿元的企业达到329家，规模以上工业销售收入突破千亿元大关，达到1093亿元。淄矿集团下放企业成为全区经济发展的生力军。全区纳税过千万元的企业达到27家，纳税前50强企业对地方财政贡献率达到34%。金城医化、凯盛化工股份有限公司启动上市程序，新星集团成立小额贷款公司，资本市场实现新突破。开发区汽车及零部件等一批产业集聚区初具规模，建材冶金、纺织服装、机械制造、医药化工四大产业产值占比达到93.5%。昆仑镇机械产业集群被认定为市级产业集群。以环保为手段推动传统产业优化升级。水泥、氧化钙、焦宝石、砖瓦等产业结构调整基本完成，传统产业实现提升发展。推进矿产资源整合，关闭整合煤井68家、矿山61家。开展地下非煤矿山综合整治，全区27家地下非煤矿山中有21家主动关闭或转产。全区经济对资源的依赖度大幅下降，逐步走上内涵发展、科学发展的轨道。自主创新能力持续增强，全区高新技术产业产值实现444亿元，占比达到39%。成功举办第三届百名专家淄川行活动，打造全区科技创新的靓丽名片。新增天晟有限公司、弘扬有限公司2家省级企业技术中心和锚链有限公司、鲁丰有限公司2家市级企业技术中心。

【城乡建设】　基础设施建设日趋完善。完成总投资12.5亿元的20余项城建重点工程。投资2亿元实施城区“道路升级、管网改造”系列工程，升级改造般阳路、松龄路等7条道路，拓宽改造般阳路6处路口，增设慢行一体化车道。铺设雨污管网23公里、供热管网25公里、电力管线17公里，完成雨污分流、低温循环水供热和强电弱电下移三大管网改造。投资8500万元完成将军路东延、松龄路西延、文化路南延、东莱路二期等一批城区道路建设工程，群众出行条件进一步改善。

人居环境日益改善。樊家窝湿地公园、留仙湖公园西园新建和东园改造，以及孝妇河景观、背街小巷、街头游园提升改造等一批民生工程相继竣工，原华齐大厦、华星大厦等一批闲置多年的烂尾楼成功盘活。开展城乡环境综合整治，推行城乡生活垃圾一体化管理，生活垃圾、工业废渣得到妥善处理。对张博路、般阳路等主干道及部分镇政府驻地进行建筑立面和户外广告综合整治，城乡面貌进一步改观。年内，共投资3000万元种植绿化苗木40万株，清运生活垃圾、建筑垃圾12万立方米，粉刷墙面16万平方米，安装路灯72盏，硬化场地2000平方米，硬化平交道口70处，拆除违章建筑170处，清理占道经营500处，整治脏乱差地段420处，迁移集市贸易6处，查处超限、撒漏车辆800辆。开通233路城市公交线路，居民出行更加便利。实施“两区三村”改造项目36个，新建安置房59.7万平方米，改造农村危房11万平方米，6000多户城乡居民陆续乔迁新居。推进新农村建设，财政投入向农村倾斜，病险水库除险加固、山区扶贫开发等一批基础设施相继竣工。城乡供水、供电、供气等公用设施进一步完善，承载能力不断增强。

【生态环境改善】 年内，对建陶、冶金、水泥、化工、矿山开采等重点行业进行治理，集中关停200余家环保不达标的企业，全区空气质量进一步改善。加大监管力度，严查超标排放，对341家重点企业安装自动在线监控设施，初步建立起全防全控的环境防控体系。探索建立排污权有偿使用机制，在全省率先拍卖污染物排放权。投资3.3亿元实施孝妇河流域综合整治，铺设排污管网46.4公里，封堵120个入河排污口，新建5处氧化塘生态湿地，扩建利民污水处理厂，开工建设双杨污水处理厂。深入推进节能降耗，加强对重点用能企业的监管，积极推广清洁燃料。全面提高环境绿化水平，新增园林绿地587公顷，绿化荒山8000公顷，峨庄古村落森林公园成功创建为国家级森林公园，以潭溪山风景区为代表的山水生态旅游蓬勃发展。

【社会事业】 是年，投资4.5亿元用于改善民生，占全区财政总支出的24%。实施积极的就业政策，累计新增就业再就业7.5万人，转移农村劳动力2.2万人，城镇登记失业率控制在3.6%以内。坚持“五险合一、一票征缴”，全区养老、医疗、工伤、失业、生育等五项保险参保达到82万人次，收缴各项社保基金8.2亿元。全面启动新型农村养老保险，受益人群22万人。加大劳动保障监察力度，规范劳动用工管理，严厉打击非法用工，劳动关系总体保持和谐。累计新建保障性住房8.5万平方米，发放廉租住房补贴781万元。全面实行免费义务教育，组织实施中小学布局规划调整、危房改造、标准化建设以及乡镇卫生院、村卫生室改造等一大批民生工程，全区教育、医疗条件明显改善。积极防控重大传染性疾病，加强食品药品监管。持续稳定低生育水平，提升生育关怀“三爱”品牌，被评为为全国人口计生工作优质服务区。成功承办第二十二届省运会、第八届省残运会等部分比赛项目，获全国群众体育工作先进区称号。强化安全隐患排查治理，安全生产形势总体稳定。投资5000万元实施“治安安民”工程，实时监控延伸到乡镇村居，分步推行“治安双保”(保险到户、保安驻村)工程，加强学校和幼儿园安全整治。应急管理体制基本建立，预防和应对突发事件的能力不断提升。

（淄川区史志办）

博山区

【概况】 区名由来　其一，博山全境皆山，博山之名具有多山之意；其二，因境东南有“博山”，故以山名为区名。

政区　人口　全区总面积698平方公里，辖1个经济开发区、7个镇、3个街道、209个行政村、111个社区。年末，全区总户数为167082户，总人口为459462人，同比减少1927人。人口出生率为6.93‰，死亡率9.78‰，人口自然增长率-2.85‰。

经济概况　全年实现地区生产总值267.83亿元，同比增长13.6%。其中，第一产业增加值8.29亿元，增长5.0%；第二产业增加值161.44亿元，增长9.3%；第三产业增加值98.09亿元，增长21.7%，三次产业比重为3.09：60.28：36.63。三次产业对地区生产总值的贡献率分别为0.49%、41.99%和57.07%，分别拉动地区生产总值增长0.13、5.71和7.76个百分点。规模以上固定资产投资完成156.52亿元，同比增长22.03%。年末全区金融机构各项存、贷款余额分别达169.1亿元和99.1亿元，分别比年初增加9.2亿元和12亿元。地方财政收入完成10.63亿元，增长24.08%。实现国、地税收入16.4亿元，增长16.88%。全年财政支出12.29亿元，增长15.87%。

农业　全年实现农林牧渔业总产值16.89亿元，同比增长5.3%。粮食总产4.64万吨，蔬菜总产27.55万吨，水果总产5.03万吨，猪、羊、家禽存栏量分别为3.96万头、3.59万只、87.4万只，肉类产量1.15万吨，禽蛋产量6892吨，奶产量1428吨。完成造林2133公顷，育苗142公顷，幼林抚育面积1334公顷，封山育林333公顷，森林覆盖率达到53%。

工业　年末，全区规模以上工业企业总数631家，实现工业总产值603.98亿元，同比增长19.66%。规模以上工业企业实现主营业务收入595.17亿元，增长22.84%；实现利润54.21亿元，增长69.23%；实现利税92.82亿元，增长60.51%；其中地方规模以上工业企业实现主营业务收入、利润、利税分别为527.99亿元、52.94亿元和88.83亿元，同比增长分别为20.46%、77.45%和64.25%。全区具有资质等级的建筑业企业31家，全年实现建筑业总产值6.53亿元，同比增长10.6%。

建设　环保　全区有规模以上投资项目541个，其中新开工项目509个。全年有406个项目投产，新增固定资产94.41亿元。房地产开发企业完成投资5.57亿元，同比增长18.5%，房屋竣工面积11.21万平方米，商品房销售面积19.04万平方米，销售额4.42亿元。房屋施工面积71.34万平方米，竣工面积29.43万平方米。新建园林绿地60公顷，整理绿地16.52万平方米，铺设草坪2.49万平方米，城区园林绿地面积1305.55公顷，城市绿地率37.31%。更换新型环保垃圾箱160个，建成两座垃圾中转站，清运垃圾6520吨。拆除闲置烟囱40条，取缔、关停“土小企业”33家，整治污染企业84家。全年空气质量良好天数达到184天，空气质量良好率达到50.4%，环境空气质量良好天数同比增加25天。

交通　邮电　年末，全区公路通车里程733.38公里，全区公路密度为105公里/百平方公里。年公路货运量2744万吨，同比增长28.65%；年客运量4737万人，增长19.17%。建成博山客运中心。区内邮路总长度180公里，有邮政服务局(所)20处。全年实现邮政业务总收入1842.77万元，邮政业务总量2975万元。

贸易 旅游 全年社会消费品零售总额完成121.89亿元，同比增长18.4%。其中批发业3.3亿元，增长9.65%；零售业98.2亿元，增长15.89%；餐饮业20亿元，增长33.88%。全区有进出口实绩的企业137家，新增自营进出口企业24家。全年完成外贸进出口总额40746万美元，同比增长40.5%。其中，出口32776万美元，增长39.3%；进口7970万美元，增长45.5%。全年利用外资3495万美元，是2009年的5.8倍。共接待游客650万人次，实现旅游综合收入29亿元，同比分别增长为17.7%和20%。拥有AAAA级旅游景区2家、AAA级旅游景区3家、AA级旅游景区1家。

教科文卫体 年末，全区共有各类学校148处。其中，普通中学27处，普通小学39处，幼儿园77处。各类学校占地面积180万平方米。共有在校学生61365人，教职工5449人，幼儿园在园儿童8289人，全区义务教育段入学率达99%。启动建设博山中学，全面完成农村中小学教学仪器更新，实施校舍安全工程，加快实施农村中小学“211”工程(两热一暖一改工程)。申报实施国家级科技计划5项、省级科技计划3项，实施各类科技计划22项，完成专利申请432件。新增高新技术企业3家，年末全区高新技术企业17家。全年高新技术产业产值180亿元。共有各类文化机构19处，其中文化馆、公共图书馆各1处，文化站10处，博物馆3处。广播电视混合覆盖率达100%。全区拥有各类卫生机构333个，拥有病床床位3070张，专业卫生技术人员3827人，农村卫生室161个，乡村卫生技术人员424人。创新开展“一村一医”工作，选派259名医务人员定期深入到320个村开展基本医疗服务和公共卫生服务。新农合参合率99.5%，受益人数19.9万人次。全力办好体育赛事，圆满完成第二十二届省运会羽毛球决赛项目比赛。全年参加各种运动会人数达2万人次，获得市以上金牌57枚，其中省级15枚。

社会生活 全区城镇居民年人均可支配收入20112.6元，同比增长12%；城镇居民人均消费支出11902.5元，增长11.3%；农民年人均纯收入9162.82元，增长14.68%；农民人均生活消费支出5535.78元，增长10.47%。年末，城镇居民人均住房建筑面积达30.6平方米，农村居民人均住房面积达32.49平方米。全年企业养老保险参保94572人，农村养老保险参保62782人，机关事业单位养老保险参保9653人；城镇职工医疗保险参保114381人，城镇居民医疗保险参保102110人；参加失业保险、工伤保险、生育保险的人数分别达43000人、45791人、37654人。新增就业1.2万人，新增农村劳动力转移就业3750人。企业退休人员养老金社会化发放率100%。全年发放最低生活保障金2554万元，城镇和农村低保率均达到100%。

【项目建设】 2010年，全区千万元以上在建项目达到461个，计划总投资287亿元，其中过亿元项目33个、5000万元以上的项目60个，特别是有12项工业项目列入淄博市百项重点工程。总投资119亿元的30项工业重点项目进展顺利，华成精密减速机及增速器、海洲粉末冶金、北汽海华汽车部件、鲁桥新材料等一批投资过10亿元、销售收入过50亿元的大项目、好项目陆续开工建设或投产。

【转方式调结构】 实施工业调整提升工程，新区工业区8平方公里核心区域建设进展顺利。加快布局调整，重点加强工业集中区的水、电、路、气、供排水等基础设施配套建设，30余家企业在新区落户建厂。加强产业结构调整，促进机电泵业、新材料、陶琉三大产业改造升级，做好中华陶琉文化城、节能环保装备制造基地、优质泵业生产基地建设和企业技术中心创建提升工作。引导企业加强产学研联合，培育新材料、新能源、节能环保、机电装备、汽车船舶配套等战略性新兴产业快速发展。突出抓好技术创新，高新技术产业产值占比提高3个百分点。

【新农村建设】 全力打造整建制有机农产品生产区，建成中国有机农业发展中心，新增有机农产品种植面积2666.7公顷，在上海举办有机农产品推介会，打响有机农业品牌。建成桔梗国家标准农业示范园、板栗国家标准农业示范园等10个高标准科技示范园。完成4座小型水库的除险加固工作，增强农业生产服务能力。抓好农村生态环境建设，实施荒山造林、封山育林、因景植绿、道路水系绿化和村庄绿化，农村生态得到显著改善。

【城乡建设】 2010年，重点抓好投资27.4亿元的52项城建重点项目。建成博山客运中心，中心路西段、沿河东路、叠羊路、泉水路、人民路等路网提升项目竣工，并投入使用。抓好城市改造提升工程，对中心路、文姜公园周边等重要区域实施综合改造，对31条背街小巷和10个老旧小区进行全面提升，建成文姜公园等精品园林绿化工程。加快推进“两区三村”建设改造，累计开工面积147.2万平方米，完成面积98.9万平方米，完成投资16.2亿元。年末，全区天然气主管线总长183公里，天然气入户13104户，入企85家，全年供气量10215万立方米；管道液化气入户1161户，全年供气量67.8吨；集中供热面积260万平方米。全面启动新型社区建设，汪溪湖、大孟房、朱家庄、下庄等社区建设进展顺利。深入实施变压器、锅炉、电机等节能技术改造，关停或治理各类污染企业100余家，完成万杰热电厂炉后烟气脱硫及焦化厂除尘治理任务，污水处理厂中水回用、白塔污水处理厂、雨污分流管网等水污染防治项目相继投入运行，大气环境质量和孝妇河出境断面水质进一步改善。

【服务业】 2010年，全区策划实施一批服务业重点项目，带动服务业快速发展，山东龙韵第五季玩库商业中心投入运营，解决了多年的遗留问题，为全区商贸服务业发展增添新的活力。姚家峪、环鲁山、五阳山、太阳山等旅游项目规划及建设顺利推进，孝文化旅游节、美食节及全国汽车场地越野锦标赛等活动圆满举行，成功获得中华陶琉文化城称号，"陶风琉韵·休闲博山"的品牌进一步叫响。游客接待人次、旅游综合收入分别达到650万人次、29亿元，同比分别增长17.7%和20%。焦裕禄故居等19个单位被公布为市级第四批重点文物保护单位，博山刻瓷等13个项目被公布为市级第三批非物质文化遗产，博山陶琉博物馆被授予全省首批优秀非物质文化遗产博物馆称号。投资100余万元，对颜文姜祠、赵执信纪念馆、博山区文化馆进行维修改造，建成乡镇文化站6处，村(居)文化大院20处。

【发展有机农业】 博山区是山东省24处纯山区县之一，平均海拔较高，地域小气候特征明显，土壤富含有机质，基本保持了原生态，发展有机农业具有得天独厚的自然优势，农作物和林果种植面积1.67万公顷，已经形成以果品、蔬菜、中药材、小杂粮为主的产业体系，建成一批有机无公害、绿色农产品生产基地，培植一批特色专业镇、专业村，为大面积发展有机农业打下坚实的产业基础。博山区建成全国最大的有机桔梗生产基地，山东省最大的有机中药材、有机猕猴桃生产基地。有机蔬菜及果品等33个产品获得国家级农产品有机证书或有机转化证书。博山农产品中已有10大系列50多个产品获得进入国际市场的通行证，产品销往欧洲和美国、日本、韩国等国家和地区及中国香港，年销售收入达到10亿元。

【山东博山有机农产品推介会】 4月10日，走进世博·山东博山有机农产品推介会在上海举行。全区40多家企业现场展出水果、蔬菜、杂粮等60多个品种的有机农产品，有机、无污染的农产品受到消费者和客商的青睐。会上共有20个项目达成合作意向，协议金额2.78亿元，8个项目现场签约。

2010年4月10日，山东博山有机农产品推介会现场 (博山区史志办 供稿)

【文姜公园、中华陶琉文化创意园开园】 10月12日，文姜公园、中华陶琉文化创意园举行开园仪式。文姜公园包括文姜广场、颜文姜祠、河道湿地公园、北侧山体绿化四部分，总规划面积20万平方米，其中绿化面积14万平方米、水体面积4万平方米、颜文姜祠面积2万平方米，公园集休闲、娱乐、健身为一体。中华陶琉文化创意园规划建设面积66.67公顷，总投资12.6亿元。将区内原有的较为分散的民间工艺在琉璃园集中展现，积极打造琉璃文化艺术展示交流中心和新型旅游休闲娱乐中心，实现古典与现代、文化与商业的有机融合。

【全国汽车场地越野挑战大奖赛】 10月12日，"博山杯"全国汽车场地越野挑战大奖赛暨中国·博山孝文化旅游节在太阳山国际赛车场开幕。来自全国19个省、市、自治区的22支车队、45名国内顶级越野车手参赛。经过激烈对抗，泰戈尔石膏板临沂飓风车队周元福、浙江双健胶带海坑车队李鹏程分获汽油组和柴油组第一名。

2010年10月12日，"博山杯"全国汽车场地越野挑战大奖赛 (博山区史志办 供稿)

【电影《山喜鹊》在博山拍摄】 9月2日，由中央电视台、山东电视台和中共博山区委、博山区人民政府联合摄制的电影《山喜鹊》在博山正式开拍。电影讲述了以女青年喜鹊、女大学生许佳为代表的现代青年群体，为了让农民富起来，放弃城里的优越条件，毅然来到山区，利用山区的自然优势和特点，大力发展有机农业，带领农民建设社会主义新农村，走上致富之路的故事。电影的实景全部选在博山拍摄。12月25日晚，在北京金码大酒店举行了首映仪式。

【博山客运站竣工启用】 10月20日，博山客运站竣工启用。新客运站建筑面积11800平方米，其中候车厅、售票厅等站房建筑面积7000平方米，日发送旅客可达11000人次。

(刘海芹)

周　村　区

【概况】 区名由来　原为村名，据传因系水中村，故名洲村，后改为周村。

政区　人口　全区总面积265.45平方公里。辖9个镇（街道），230个行政村（居委会）。年末，全区总人口32.03万人，其中非农业人口19.46万人。人口出生率7.72‰，死亡率6.77‰，自然增长率0.95‰。

经济概况　全区实现地区生产总值228.79亿元，按可比价格计算，比2009年增长14.1%。其中，第一产业增加值8.26亿元，增长4.9%；第二产业增加值123.81亿元，增长11.4%；第三产业增加值96.72亿元，增长18.2%。三次产业比例为3.6∶54.1∶42.3。全社会固定资产投资完成147.44亿元，比2009年增长21.94%。地方财政收入完成9.27亿元，增长23%。完成各项税收收入13.68亿元，增长12.33%。年末，全区金融机构各项存款余额为182.71亿元，较年初增加22.63万元，增长14.13%；各项贷款余额为95.57亿元，较年初增加12.93亿元，增长15.65%。

农业　全年完成农林牧渔业总产值13.87亿元，按可比价格计算，比2009年增长6.4%。全年粮食总产9.84万吨，增产8370吨，增长9.3%。全年肉类总产1.22万吨，增长11.0%；禽蛋产量4967吨，奶类产量6327吨，蔬菜总产6.17万吨。全年完成造林面积133公顷，森林覆盖率达到22.94%。全区农业机械总动力达到20.17万千瓦，农用拖拉机1725台，排灌动力机械4.72万千瓦；农田有效灌溉面积9020公顷，农田机电灌溉面积7610公顷。

工业　规模以上工业企业（包括兰雁集团）有472家，实现主营业务收入623.39亿元，比2009年增长37.91%。产销率达到98.37%，实现利润42.355亿元，实现利税64.73亿元。127家地方规模以上工业高新技术产业企业完成产值233.43亿元，增长55.67%，占现价工业总产值的比重为42.0%。全区三级资质以上建筑企业48家，完成建筑业总产值25.31亿元。

建设　环保　全年房地产开发投资11.02亿元。房屋施工面积585783平方米，房屋竣工面积160044平方米。第十一期农业综合开发通过验收，孝妇河滨河公园开工建设，张周路万亩园林园艺园项目进展顺利，生态宜居滨河景观初步显现。周村古商城保护开发加快，汇龙街片区建设项目开工，五星级全球通电影城建成启用；周村客运中心主体完工。全年新增绿地面积220万平方米，人均占有公共绿地面积15.06平方米。加强主要河流综合整治，检查涉水企业210家，封堵排污口260个，关停非法排污企业55家。全年空气良好天数达到153天，比2009年增加24天；全年二氧化硫排放总量0.46万吨，化学需氧量排放总量0.28万吨，完成“十一五”时期污染物总量控制任务。全区道路保洁面积452万平方米，主干道机扫冲洗率达到60%以上；运送垃圾7.4万吨，建成并投入使用14座压缩式生活垃圾中转站。

交通　邮电　开通城区239路公交线路，投放公交大巴车10辆。全区公路通车里程达到727.4公里，公路货运量3990万吨，货运周转量51200万吨公里，公路客运量673万人，客运周转量4135万人公里。全年完成邮政业务总量3614万元，比2009年增长10.02%，邮电业务收入2.67亿元。年末电话用户45.75万户，互联网用户66871户。

贸易　旅游　全年实现社会消费品零售总额110.38亿元，比2009年增长18.46%。拥有各类市场47处。古商城旅游知名度不断攀升，荣获中国人居环境范例奖，并被命名为国家级文化产业示范基地称号。成功举办第七届中国（周村）旱码头旅游文化节。全年接待游客140万人次，实现旅游综合收入2.1亿元，分别比2009年增长27.3%、40.0%。

科教文卫体　承担国家、省、市科技计划18项，6家企业通过新一轮高新技术企业的认定，22项科技成果通过省、市级鉴定，6项成果获省、市科技进步奖。共申报专利459件，其中发明专利48件。多星电器等7家企业被评为中国专利山东明星企业。全区义务教育段教职工3392人，在校生44376人。周村被省文化厅认定为首批省级文化生态保护实验区。新建、提升60处村级文化活动场所，新建数字图书馆；新建、提升文化共享工程规范化站点20处、农家书屋20处，为基层配送图书23000册。全区有线电视用户6.8万户。新型农村合作医疗参合率99.93%，全年共为参合农民报销医药费用1868万元。有区属及以下卫生机构14个，病床1550张，专业技术人员1786人。投资50余万元对周村区人民广场进行升级改造，为全区30个村居配置健身器材，建成群众健身场所。

社会生活　城镇居民人均可支配收入19268元，比2009年增长9.7%；城镇居民人均消费支出13894元，增长8.04%。农民人均纯收入9576元，增长12.0%；人均生活消费支出6225元，增长8.64%。城镇在岗职工年平均工资22946元，比2009年增加2199元，增长10.6%。新增就业再就业17732人，城镇登记失业率1.99%。城镇基本养老保险参保人数73810人，农村养老保险参保人数100836人，城镇基本医疗保险参保人数200459人。城市低保标准由每人每月261元提高到316元，农村低保标准由每人每年1000元提高到1250元。15家社会福利企业安置残疾人就业393人。

【都市农业建设】 2010年，周村区充分发挥毗邻市中心城区的区位优势和特色资源优势，科学规划、合理布局，围绕苗木花卉产业、生态观光农业、高产高效农业、循环农业四大重点，加快孝妇河生态景观带、张周路园林文化服务带、萌山生态旅游开发区、凤凰山休闲观光区四大区域开发建设。张周路万亩园林园艺园、天脉果禽生态园、萌山湖荷花生态园、萌山湖动植物生态园成为第一批市级都市农业示范园区。张周路万亩园林园艺园建设工程投资2200万元，集中建设玉龙园林苗木繁育基地、绿洲名贵树木培育基地等10个示范园区，新发展苗木花卉面积200公顷。孝妇河滨河公园建设累计投资8680万元，完成河岸护砌及堤顶道路工程，种植各类绿化树木4200余株，建成公园中心广场，营造出靓丽的城市景观水系。投资2000余万元开工建设淄博萌山湖动植物生态园，引种各类名贵树木8000余株，建设山核桃、大樱桃、中华寿桃等采摘园20个，养殖肉驴、梅花鹿、野猪等300余头，建成集休闲、度假、吃住、采摘、观赏为一体的多功能都市农业示范园区。组建天脉大雁养殖合作社，发展林下经济。年养殖销售大雁6000只，建成全市最大的雁苗孵化和外销基地。投资1680万元扩建豪艺生态养猪基地，达到年出栏生态猪2万头，形成优质种苗供应、健康标准饲养、安全屠宰分割、冷藏专卖、物流配送，从源头到终端全程控制的肉食品产业链和技术培训服务体系，全区自然养猪法养殖场发展到8个，年存栏生猪1.4万头。发展优质蔬菜基地，以北郊镇胥家村、南郊镇大柳行村等10个蔬菜专业村为重点，新建绿色蔬菜基地333.3公顷；以周村康恒食用菌专业合作社、葫芦山双孢菇产销专业合作社等为载体，实现年产优质食用菌棒300万袋，全区优质食用菌生产规模达到30万平方米。推进秸秆全面禁烧和转化利用项目，全区9207公顷玉米秸秆全面实现转化利用。完成测土配方施肥检测化验室建设，做到精准化验，科学配方，按需施肥，全区配方肥推广面积达7000公顷。推进淄博永惠乳业有限公司1400立方米大型沼气项目建设，全区大型沼气池总容量达5400立方米。

【中国·周村轻纺科技城建成】 9月29日，中国·周村轻纺科技城举行开业庆典。该工程位于309国道和滨博高速公路的交叉处西邻，由山东世纪德润置业有限公司投入4.2亿元建设，占地20公顷，分两期建设，自主经营管理。一期建筑面积18.8万平方米。该市场集物流、仓储、贸易、游览等为一体，辐射整个华北地区，有500多家纺织企业在此设立办事处，1500余家山东总代理入驻经营。

2010年9月29日，中国·周村轻纺科技城开业庆典仪式 （周村区史志办 供稿）

【新建路拓宽改造工程】 4月1日，新建路改造升级工程动工，该工程东起正阳路，西至西外环路，全长4196米，是周村区年内的城建重点工程之一。改造内容主要包括道路升级、园林绿化、立面整治、管线入地、雨污分流等。共计完成投资4900万元，至10月底工程全线竣工。

【周村古商城保护开发】 2010年，周村古商城内的汇龙街旅游休闲区项目开工建设。项目总投资2.6亿元，当年完成投资1.4亿元，其中五星级影城、齐鲁古玩城投入使用；金周台美食广场、旅游购物街、鸿瑞轩、特色餐饮街、汇龙湖、知味斋酒店项目完成主体工程。核心景区内开工建设4处四合院，其中周村烧饼博物馆、状元府扩建项目完成主体工程；金五福民俗客栈、尚书府已进行拆迁；聘请《旱码头》剧组对票号展馆、大染坊、杨家大院、民俗展览馆等景点进行改造，还原电视剧场景，丰富景点展示内容；建设魔幻屋，增加拐磨子、推碾、摊煎饼等游客可参与性活动项目。举办"老外过大年""婚纱秀""摄友会走进周村古商城"等活动，与周村古商城景区签约的旅行社达3000余家，年内共接待游客140万人次。是年，古商城景区荣获中国人居环境范例奖、国家级文化产业示范基地、省级服务标准化试点单位、省级服务名牌、省级旅游休闲购物街等荣誉称号。

【第七届旱码头旅游文化节】 9月5日，第七届中国(周村)旱码头旅游文化节在周村区政务中心广场开幕。中国工程院院士汪燮卿、吴慰祖及市有关领导出席开幕式。旅游文化节秉承"传承商埠文化，激活商埠经济，建设幸福周村"主题，集文化传播、经贸洽谈、旅游推介为一体，大力宣传推介周村旅游文化资源，广泛开展对外交流与合作，提升地区形象和知名度，做大叫响"鲁商发源地""旱码头""丝绸之乡""周村收藏·收藏周村"等城市品牌。旱码头旅游文化节经贸洽谈会共达成合作项目30个。其中，外资项目7个，项目总投资9926万美元，利用外资9193万美元；内资项目23个，项目总投资26.88亿元人民币，外来投资22.34亿元人民币。来自中央和省、市的23家主流媒体对周村古商城进行了采风报道。

【电视剧《旱码头》在中央电视台播出】 4月16日起，33集电视连续剧《旱码头》在央视一套播出。该剧由中央电视台国际电视总公司、山东影视制作中心投资拍摄，中共淄博市委、淄博市人民政府，中共周村区委、周村区人民政府协助拍摄。《旱码头》为著名编剧陈杰遗作，由著名导演唐敬睿执导，张丰毅、吴军等优秀演员加盟。总投资1500万元，其80%的场景在周村拍摄完成。全剧以百年商埠周村为故事地域文化背景，以主人公杨瑞清从商经历为主要线索，全面反映清末民初中国民族资本波澜壮阔的创业历史，展示了周村在历史上作为商业重镇的繁荣景象。

【省运会部分项目在周村举行】 9月19～22日，第二十二届省运会皮划艇、赛艇和铁人三项比赛在周村区萌山水库举行。在皮划艇比赛中，来自全省10个城市代表队的304名男女运动员分别参加了32个项目的比赛。淄博队获得6.5枚金牌。在赛艇比赛中，来自全省13个城市代表队的228名男女运动员分别参加了34个项目的比赛，淄博队获得3枚金牌。7月22日，在铁人三项比赛中来自全省7个城市代表队的42名运动员参加了比赛。淄博代表队获得3金3银1铜。

【城区公交239路开通】 11月18日，开通239路城区公交线路。该线路全长16.6公里，沿线覆盖21条街道，共设32个站点。

【周村全球通电影城建成】 周村全球通电影城位于周村古商城汇龙园片区，由周村区人民政府与淄博市电影有限公司合作开发建设，该项目于3月20日开工，9月28日建成开业并投入使用。周村全球通电影城按照五星级电影院标准设计，总投资近3000万元，建筑面积8000平方米，共设有7个豪华电影厅，1019个坐席，2个厅配备3D放映设备。

【企业挂牌工作】 6月30日，山东金鲁生物科技股份有限公司在齐鲁股权交易中心成功挂牌，成为周村区首个以股权形式挂牌交易的企业。

【《周村年鉴(2006～2008)》出版】 8月，《周村年鉴(2006～2008)》由中国国际文化出版社正式出版发行。全书80万字，设23个部类，彩色页码95页，插黑白照片203幅。该书全面系统地记载了2006～2008年周村区物质文明、政治文明、精神文明建设中所取得的成就和经验。

(周村区史志办)

临 淄 区

【概况】 区名由来　原名营丘。公元前859年，因东临淄河，齐献公更其名为临淄。1970年改称临淄区。

政区　人口　全区总面积664平方公里。辖12个镇、街道，414个行政村(社区)。年内，人口出生率8.69‰，人口死亡率7.73‰，人口自然增长率0.96‰。年末，全区人口总户数19.74万户，总人口61.01万人，比2009年增加1894人，其中非农业人口31.47万人。

经济概况　全年地区生产总值达613.81亿元，比2009年增长12.3%。其中，第一产业增加值25.22亿元，增长4.7%；第二产业增加值437.12亿元，增长11.07%；第三产业增加值151.47亿元，增长18.34%。三次产业占比由2009年的3.80∶72.55∶23.65调整到4.11∶71.21∶24.68。人均GDP达到10.08万元，同比增长11.93%。规模以上固定资产投资216亿元，同比增长21.93%。实现地方财政一般预算收入26.36亿元，增长24.23%；地方财政一般预算支出26.86亿元，增长25.67%。年末金融机构各项存款余额452.82亿元，较年初增加81.7亿元。其中，居民储蓄存款242.67亿元，较年初增加16.29亿元。年末金融机构各项贷款余额为262.26亿元，较年初增加53.78亿元。

农业　农林牧渔业总产值42.2亿元。粮食总产39.61万吨，比2009年增长7.7%。其中，夏粮16.53万吨，增长14.58%；秋粮23.08万吨，增长3.34%。蔬菜总产102.49万吨，果品总产8546吨。全年肉类总产量39198吨，禽蛋总产量14374吨，奶类产量20681吨。年末，全区农机总动力82.12万千瓦。

工业　建筑业　全区规模以上工业企业473家。规模以上工业增加值比2009年增长15.08%。区属企业规模以上工业总产值达到1342.93亿元，增长32.15%。产销率达到98.94%，增长0.41个百分点。规模以上工业主营业务收入完成1315.72亿元，增长31.71%；利税总额完成126.07亿元，增长39.17%；利润总额完成88.65亿元，增长39.58%。销售收入利税率由2009年的8.99%提高到2010年的9.58%，提高0.59个百分点。全区有资质的建筑企业96家，全年实现总产值88.21亿元，增长18.06%；实现增加值23.52亿元，增长8.65%。

建设　环保　全区城建工程累计完成投资6287万元。年末建成区面积40平方公里；城市道路长度275.2公里，较2009年增加6.2公里；城市排水管道总长度475公里，增加66公里；城区路灯14028盏，同比增加173盏。全区共有污水处理厂3家，污水处理率达到97.08%。城市道路清扫保洁面积450万平方米，全年生活垃圾清运量5.61万吨。集中供热面积700万平方米，自来水普及率100%。园林绿地面积2966公顷。其中，公园绿地面积486公顷。建成区绿化覆盖面积1877公顷，绿化覆盖率为46.93%。

交通　邮电　全年完成公路货运量5355万吨，比2009年增长50.5%；货运周转量达到47.18亿吨公里，增长50.6%。公路通车里程达到607.1公里。邮电通信业完成业务总量15.29亿元，增长96.7%。电信业务量达到14.66亿元，同比增长109.1%。年末全区固定电话用户9.26万户，移动电话用户数59.47万户，互联网用户6.2万户。

贸易　旅游　全年实现社会消费品零售额125.79亿元，同比增长18.3%。全区规模以上企业实现零售额48.35亿元，增长29.43%。实现进出口总额12.86亿美元，增长38.27%。其中，出口总额4.96亿美元，增长23.07%；进口总额7.89亿美元，增长49.91%。全年合同利用外资1075万美元，实际利用外资5060万美元。共接待国内外游客351万人次，增长7.4%。其中，国内游客344.1万人次，增长7.2%；国外游客6.9万人次，增长21.1%。全区旅游总收入达12.6亿元，增长11.5%。

教科文卫体　全区共有各类学校74所。其中,小学43所,普通中学27所,中等职业学校3所,特殊教育学校1所。年内,小学招生人数6957人,初中招生人数6927人,高中招生人数4731人,中等职业学校招生人数5550人。全区完成农业开发科技兴农计划15项,工业开发科技兴农计划30项,火炬计划项目6项,开发工业新产品26个。全区拥有省级工程技术研究中心10个,院士工作站4个,博士后工作站1个。高新技术企业发展到24家。高新技术产业产值达到637.76亿元,同比增长41.11%;高新技术产业产值占工业总产值比重达到47.49%,较年初提高2.59个百分点。发明专利授权数量10件。年末全区有各种业余剧团89个,全年共演出2000多次;演出场所30个,全年演出40场次;公共图书馆1个,文化馆1个,档案馆1个,馆藏书总量15万卷(册);博物馆1个,古车馆1个,馆藏文物10000多件。全区有广播电台1座、电视台1座。自办广播节目2套、电视节目2套。有线电视用户达129650户,同比增长5.88%。其中数字电视用户达67574户,增长5.6%。全区拥有各类卫生机构28个(包括驻地企业)。其中,医院15个,卫生院10个,疾病控制中心1个,妇幼保健院1个,卫生监督所1个。全区拥有病床床位(包括驻地企业)2875张;专业卫生技术人员(包括驻地企业)2983人,比2009年增长3.1%。成功承办省第二十二届运动会击剑、摔跤、足球等三个大项的决赛。精心组织亚洲青年男子足球锦标赛决赛阶段的比赛。全年共组织举办大型群众体育活动及体育培训46项,直接参与人数达6万多人次。为12个村配备体育健身器材,新增门球场8个,新建地掷球场地6个,投资建设健身场地67个,全区万人拥有健身场地面积35934平方米。

社会生活　全区城镇居民人均可支配收入22688元,比2009年增长10.4%。城镇居民人均消费性支出为15272元,增长6.7%。年末城镇居民人均居住面积33.3平方米。全区农民人均纯收入达到10320元,增长14.95%,较城镇居民人均可支配收入增速提高4.55个百分点。农民人均生活消费支出5683元,增长9.86%,较城镇居民人均生活消费支出增速提高3.16个百分点。农村居民人均居住面积38.6平方米。城镇单位在岗职工人数为55160人,增长12.9%。全年在岗职工工资总额为170865万元,增长20.9%。在岗职工年平均工资为31864元,增长9.4%。全区参加企业养老保险人数达86699人,共收缴基本养老保险费37284万元。机关事业单位养老保险参保职工12073人,共收缴养老保险费11174万元,发放养老金11680万元。全区失业保险参保职工70295人,共征收失业保险费2623万元,全年为2828名失业职工发放失业金834万元。工伤保险参保职工61732人(其中农民工参保32512人),收缴工伤保险费1295万元,支付工伤保险待遇1316万元。生育保险参保职工52844人,收缴生育保险金716万元。全区实现新增就业再就业24259人,城镇登记失业率控制在1.80%。新增农村劳动力转移就业6923人。

【工业重点项目建设】　注重强化调度和服务工作,全力推进工业重点项目开工建设。年内,全区计划总投资143亿元的26个工业重点项目,累计完成投资21.8亿元。其中,山东方宇润滑油有限公司60万吨/年环烷基润滑油加氢等21个项目开工建设,山东齐都药业医药包装材料及立体库建设等9个项目主体工程基本建成或一期工程建成投产,其他项目正在加紧施工建设中。12个列入市百项重点工业项目一期工程的完工6个,累计完成投资15.56亿元。

【4家企业上市】　年内,蓝帆股份、齐翔腾达、三维工程、齐峰股份等4家企业集中上市,先后登陆深圳证券交易所中小板,共融资46.8亿元。

【支持骨干企业发展】　2010年,临淄区继续加强对全区20家重点骨干企业的运行调度和分析监测,指导企业提高管理水平,努力减少国际金融危机对实体经济的不利影响。通过沟通和协调,积极争取银行信贷资金支持,努力缓解企业资金紧张局面。20家重点骨干企业完成工业总产值591.7亿元,同比增长29.4%;销售收入571.2亿元,增长25.8%;利润40亿元,增长41.4%;利税52.7亿元,增长36.3%。积极开展企业技术中心创建工作,全区又有4家企业被确认为市级企业技术中心,总数达到12家;1家企业被确认为省级企业技术中心,总数达到10家。组织企业申报山东省重点领域首台(套)项目及2010年山东省新兴产业和重点行业发展现代物流类专项项目,获省财政扶持资金200余万元。

【节能降耗】　年内,建立联席会议制度,设立800万元节能降耗专项资金,大力推广应用节能新技术、新产品,推进企业能源审计和清洁生产等,节能降耗工作实现新突破。全区万元GDP能耗2.37吨标准煤,比2009年下降6.69%;万元GDP电耗1171.83千瓦/时,下降7.26%。规模以上工业万元增加值能耗2.67吨标准煤,下降6.97%;万元增加值取水量22.04立方米,下降9.56%;万元GDP取水量为38立方米,下降5.73%,全面完成当年和“十一五”期间市政府下达的节能降耗目标任务。

【资源综合利用】　年内,全区认定的资源综合利用企业26家,其中新型建材企业20家,年生产新型砖类墙体材料近6亿块、消耗固体废弃物200余万吨,促进了全区循环经济发展。积极组织节能项目的申报和奖励工作,共申请到国家、省、市各种节能奖励扶持资金1000多万元。全区淘汰立窑水泥生产线8条、水泥生产能力90万吨,关停隆盛钢铁公司208立方米高炉2座,淘汰电动机721台(套)、锅炉131台、变压器198台、工业窑炉11台(条),改造电动机922台(套)、锅炉54台、工业窑炉26台(条),实现节能26

万吨标准煤。

【新农村建设】 2010年，在稳定粮食生产的基础上，深入实施蔬菜、畜牧、林果特色产业提升工程，累计建成高产优质专用粮食基地2万公顷，新建绿色蔬菜生产基地1333公顷，新建、改扩建11个畜牧规模养殖小区，改造、提升果品基地33公顷，发展食用菌28万平方米。市级以上农业龙头企业发展到15家，比2009年增加4家，完成农产品"三品"认证4件。实施万村千乡市场工程，新建、改造标准化农家店41个。完成荒山造林40公顷、"两沿三环"绿化11公里、农田林网667公顷。村镇规划迈上新台阶，完成城郊农村2009～2020年改造编制、所有乡镇的总体规划编制和149个村庄的规划编制。新农村"五化"（硬化、绿化、亮化、美化、净化）工程快速推进，2009年起，区财政投入9000多万元，对所有村庄实施整治，实现农村硬化、亮化、绿化、美化、净化。加强农村道路维护，新建和在建农村道路38公里。完成淄河二期生态修复工程，投资3000万元的向上游延伸改造工程启动，为建设齐文化生态园奠定良好基础。农村社会事业全面发展，完成临淄中学、城区西部小学建设，完成皇城镇卫生院的配套改造。新型农村合作医疗参合率100%。加大对困难群体的救助力度，农村低保标准提高到1600元/年，城乡"三无人员"提高到4100元/年，新农合参保率100%。农民人均纯收入10320元，增长15%。加大资金投入，不断完善"户集、村收、镇运、区处理"的农村生活垃圾处理模式。全区城乡环卫保洁车辆达1600余辆，运输车辆70辆，镇（街道）垃圾中转站19个。高标准建成35个文化大院、100个村（社区）党组织规范化活动阵地、127个平安和谐红旗村（社区）。7月，承办全市新农村建设暨都市农业现场会。

【住房保障】 4月底，组织第一期符合申购经济适用房315户家庭进行公开摇号选房。生活区内天然气、暖气、电视信号等公用设施配套完善。第二期4栋、210套经济适用住房开工建设，建筑面积1.65万平方米，预算总投资4316万元。配套出台《临淄区2010年度经济适用住房认购办法》，共受理申请材料547户，完成近2000人次的房源查询工作，形成初步的审查意见。年内，保障廉租住房家庭802户，发放货币补贴资金232.77万元。核退货币补贴保障家庭162户，复核审定原保障家庭951户。建设廉租住房1栋、72套，建筑面积4218平方米。

【省运会部分项目在临淄举行】 5月下旬，成功举办第二十二届省运会击剑项目的预赛。7月下旬至8月下旬，成功承办击剑、摔跤、足球三个大项的决赛。在整个比赛过程中，坚持高标准、严要求，全面做好接待服务、交通运输、医疗卫生、电力气象、广播电视等综合服务保障工作。

【亚青赛临淄赛区比赛】 10月3～17日，亚洲U19青年男子足球锦标赛决赛阶段的比赛在临淄区举行。来自亚洲12个国家的青年足球队在临淄区共进行了62场训练和15场正式比赛。亚青赛决赛是新中国成立以来临淄承办的最大规模的国际性体育赛事。

2010年10月7日，亚洲U19青年男子足球锦标赛临淄赛区现场　（马骏　摄）

【第七届国际齐文化旅游节】 9月12～16日，第七届中国·临淄国际齐文化旅游节在临淄区举行，旅游节共设综合板块、主题板块、辅助板块三大板块和开幕式、首届中国（临淄）齐文化博览会暨临淄民间收藏展、稷下学宫论坛、齐文化旅游推介会、姜太公诞辰3149周年祭礼等10大项、20余小项活动。

【临淄中学建成】 2010年，临淄区投资5亿多元建设的临淄中学投入使用。至此，临淄区原来的5处区属高中学校临淄二中、临淄三中、临淄四中、金山中学、雪宫中学全部整合为一处。临淄中学占地27.14公顷，建筑总面积达21万平方米，从校园建设规划到教学装备，均为全省一流。该校教职工648人，在校生7200多名。

【临淄公交】 1月6日，临淄城区237路公交车开通。12月24日，作为淄博"十字"快速公交车客运线路东西方向的临淄至周村的200路公交车投入运营。至此，全区共有营运公交车377辆，客运通车里程752公里，日载客量4.09万人次。另有营运出租车1118辆，日均载客量3.7万人次。

【中国（临淄）齐文化博览会暨临淄民间收藏展】 9月11日，由第七届国际齐文化旅游节领导小组主办，由山东省收藏家协会、淄博市文物局、中共临淄区委宣传部、临淄区文化局、临淄区文物局、临淄区收藏家协会承办，淄博齐翔腾达化工股份有限公司协办的首届中国（临淄）齐文化博览会暨临淄民间收藏展在齐都文化体育城举行，展览历时6天。中国（临淄）齐文化博览会由民间收藏精品展示、"巧夺天工"百名工艺美术师技艺展、临淄区非物质文化遗产展、盆景奇石展等部分组成，包括青铜器、古钱币、瓦当、书法绘画、陶瓷、红色收藏、姓氏图腾等门类3000余件展品。

（临淄区史志办）

桓　台　县

【概况】 县名由来　因境内齐桓公戏马台而得名。

政区　人口　全县总面积509.13平方公里，辖7镇、1个开发区、1个东岳产业园区和2个街道。年末，全县总人口497605人，性别比例99：100（女）。人口出生率9.73‰，死亡率8.81‰，自然增长率0.92‰。有少数民族29个，500余人。

经济概况　全年实现地区生产总值345.33亿元，按可比价格计算，比2009年增长14.7%。其中，三次产业增加值分别为15.35亿元、229.61亿元和100.37亿元，分别增长5.9%、12.5%和21.2%。三次产业结构比例为4.4：66.5：29.1；对生产总值的贡献率分别为1.8%、58.0%、40.2%，分别拉动生产总值增长0.3、8.5和5.9个百分点。人均生产总值为69450元人民币，增长14.7%，按年均汇率折算为10319美元，突破1万美元大关。规模以上固定资产投资181.30亿元，增长26.1%。实现地方财政收入16.85亿元，比2009年增长28.2%，增幅连续3年居全市区县首位。马桥镇实现地方财政收入3.54亿元，继续保持全市财政收入“第一镇”称号。国地税收入合计28.67亿元，比2009年增长37.6%。年末金融机构存款余额达到226.91亿元，较年初增加36.52亿元；各项贷款余额225.84亿元，较年初增加34.67亿元。

农业　全年农林牧渔业实现总产值26.56亿元，比2009年增长5.9%。粮食总产41.39万吨，棉花总产456吨，油料总产26吨，水果总产1327吨，蔬菜总产11.72万吨。肉类总产15655吨，增长12.7%；禽蛋总产14400吨，增长13.5%；奶类产量11410吨，增长15.8%；水产综合农机化水平达95%，总产量3700吨，增长6%。全年造林467公顷，森林覆盖率24.5%，比2009年提高1个百分点。全县农机总动力60.4万千瓦。

工业　全县规模以上工业企业364家，完成工业总产值1231.55亿元，比2009年增长35.6%。实现产品销售收入1216.41亿元，增长38.0%；实现利税122.23亿元，增长43.3%；实现利润86.06亿元，增长62.1%。亿元企业达到80家，其中山东金诚石化集团、山东博汇集团有限公司入围中国企业500强。完成建筑业总产值228.14亿元，增长20.9%，其中特级和一级资质建筑企业占79.3%，比2009年提高1.9个百分点。综合指标继续居全省首位。

建设　环保　年内，组织实施重点节能项目18个，拆除40万吨立窑水泥生产线2条。4项技术装备列入全省百项节能减排先进技术装备项目。完成水污染物减排项目3个、大气污染物减排项目3个，关停土小企业12家。城区空气质量优良天数达到208天。主要河流化学需氧量、氨氮指标均达到市控目标。

交通　邮电　全县拥有营业性载客汽车285辆，全年完成客运量2991万人次，客运周转量128054万人公里。拥有载货汽车5667辆，挂车981辆，其他机动车921辆，运输用拖拉机519辆。全年实现客运收入353560万元。全年完成邮政业务总量4341.04万元。

贸易　旅游　全年共实现社会消费品零售总额93.23亿元人民币，比2009年增长19.06%。实现进出口总额10.52亿美元，同比增长38.7%。其中，出口4.9亿美元，增长40%；进口5.62亿美元，增长37.4%。实际引进县外资金23.11亿元人民币，其中境外资金9818万美元。主要旅游景点有马踏湖旅游风景区、王渔洋纪念馆、桓台博物馆等。全年接待国内外游客126.2万人次，旅游综合收入4.17亿元。

教科文卫　有高中段学校4所（含普通高中和中等职业学校），其中普通高中在校生10885人；普通初中21所，在校生24575人；小学40所，在校生27440人。12个项目获得市科技进步奖。专利申请量652件，授权专利336件。有公共图书馆1个，文化馆1个，档案馆1个。共有卫生事业单位23个，床位2343张，卫生事业总人数2029人，其中卫生技术人员1811人。

社会生活　城镇居民人均可支配收入21385.59元，比2009年增长10.9%，人均生活消费支出14625.5元，增长9.9%；农民人均纯收入9998.22元，比2009年增长14.39%，农民人均生活消费支出6112.90元，增长10.09%。全县企业养老保险参保人数达到6.27万人，新增7708人；医疗、工伤、生育保险分别达到12.74万人、5.74万人和3.82万人。全面启动新型农村社会养老保险国家试点工作，共为71206名60周岁以上的农村居民发放养老金3619.6万元，县级财政共计补贴资金2876.22万元，并全部到位。

【工业经济】 全县完成工业固定资产投资181.30亿元，增长26.1%。围绕培植壮大六大特色产业集群，新上和续建64个投资过千万元的大项目。规模以上工业企业达到364家，实现销售收入首次过千亿元，达到1216.41亿元，利税122.23亿元、利润86.06亿元，分别增长38.0%、43.3%和62.1%，实现桓台工业发展的历史性突破。亿元企业达到80家。其中，金诚集团、博汇集团、汇丰集团、东岳集团分别实现销售收入220亿元、151亿元、122亿元和117亿元。油区投资2.76亿元，天然气销售额1.5亿元，纳税8000万元。2010年，江辰时装有限公司的“海思堡ASPOP”商标被认定为中国驰名商标，“黄河龙”“博汇”被认定为省著名商标，山东海力化工股份有限公司的环氧氯丙烷和淄博德信联邦化学工业有限公司的聚醚多元醇被评为山东名牌产品。

【农业经济】 2010年，克服低温冻害影响，小麦单产518公斤，玉米单产602公斤，均居全省前列；高产优质专用粮生产基地达到2万公顷，再次被表彰为全国粮食生产先进县。完善精准农业发展规划和配套科研设施，建成11处精准农业试验示范基地和2666.7公顷核心示范区。小麦、玉米、四色韭黄、细毛山药4个农业标准化生产基地被批准为国家级示范区。组建蔬菜专业合作社7个，注册品牌蔬菜商标9个。肉蛋奶总产6.2万吨，增长42%。海王农牧公司等3家企业被评为首批国家级标准化示范场。农田灌溉实现智能化管理，综合农机化水平达95%，玉米秸秆实现全面禁烧和转化利用。

【服务业】 完成服务业投资77.7亿元，增长41%，增幅高出规模以上固定资产投资近14.9个百分点。化工、煤炭物流中心和钢材市场等重点项目加快建设，和济物流中心完成综合贸易额14亿元。在全省率先建成县镇村三级交通物流服务网络。寿平铁路桓台段建设已经省政府正式核准。柳泉北路两侧商务办公、金融服务、科技研发和生活服务四大板块规划设计有序推进。鸿嘉星城项目累计完成投资16亿元，酒店、购物街主体工程完工。王渔洋故居保护修复工程基本完工。新城镇被评为山东省旅游强镇，马踏湖国家湿地公园正式获批。

【建筑业】 完成建安产值228.14亿元，增长20.9%，综合指标继续居全省首位。万鑫集团建筑产值过50亿元，天齐集团再次跻身中国建筑承包商60强。工程质量再创佳绩，获国家优质工程奖3项、全国建筑工程装饰奖3项、“泰山杯”奖12项。积极拓展境外市场，天泰公司在卡塔尔承建的杜汉油田医院竣工，造价7000万美元的巴瓦商业街工程动工。坚持多元发展，万鑫集团投资13亿元新上工业项目，建设集团等4家公司新上房地产开发项目。

【城乡统筹发展】 完成中心城区、中心镇、一般镇、中心村四个层级城镇布局规划。完善全县城乡一体化总体规划及各片区发展规划和城区供热、供排水专项规划。城市基础设施更加完善。总长21公里的三条新外环基础工程全部完工，全面完成城区老居民小区改造，中心大街及东岳路南延雨污管线竣工投用。县城公交站点全部改造，新开通桓台至博山301公交线路。红莲湖公园建成并向公众开放。全县52个村实施了旧村改造，20个村完成整村迁建改造，新开工面积110万平方米。马桥镇基本完成安置还迁房建设任务。对农村电网、公路进行系统改造，获全国新农村电气化县建设先进单位称号。逐步实现城乡管理全覆盖。集中开展环境专项整治，城乡环境容貌明显改观。

【民生保障】 全面落实强农惠农政策，8117万元惠农资金及时足额兑现。新型农村养老保险养老金发放标准提高到每人每年660元，新型农村合作医疗各级财政补助由8元提高到110元。农村低保标准由每人每年1100元提高到1300元，城镇职工基本医疗保险最高支付限额由25万元提高到30万元。城乡供水一体化工程主管网、第一净水厂及其他配套设施全部建成。县财政投入4000万元，全面实施国家基本药物制度，基本药物平均降价63%。贫困白内障患者复明等国家公共卫生项目落实到位，农村居民健康档案初步建立。获全国白内障无障碍县、全省残疾人社区康复示范县荣誉称号。年内，县财政用于保障和改善民生的直接投资达4.2亿元。在首届中国城市民生建设调研成果发布会暨中国城市民生建设论坛上，桓台县被中国城市经济学会、中国劳动学会授予中国最关注民生的县(市、区)荣誉称号。强化普法和社会治安综合治理，被表彰为首批全国法治县创建活动先进单位。

【社会事业】 县财政投入4318万元，继续实行义务教育“全免一补”工程。完成农村中小学教学仪器更新任务，实施校舍加固工程，通过省教育示范县复评。改造镇村卫生设施，有效应对手足口病等疫情，保障了群众健康权益。县文化信息资源共享工程支中心被评为全国服务农民服务基层文化建设先进集体，县图书馆被评定为国家一级图书馆，公共文化覆盖率列全省县级首位。完成第二十二届省运会部分赛事承办任务。桓台全球通电影城正式启用。重视乡村少年宫建设，获全国关心下一代工作先进集体称号。顺利通过国家级计划生育优质服务县验收，获全国计划生育优质服务先进县称号。

【支援北川灾后建设】 完成支援北川灾后重建任务，天齐、万鑫、新城建工、起凤建工等公司承建的7个项目均获四川省“天府杯”最高质量奖，其中天齐集团承建的新北川宾馆、齐泰公司承建的永昌小学成为北川新县城“十大标志工程”。桓台对口援建工作成为全市、全省的一面旗帜。

(孙 颖)

高 青 县

【概况】 县名由来　1948年，由高苑县和青城县合并，取两县首字得名。

政区　人口　全县总面积831平方公里，辖7个镇，2个街道，759个行政村(居)。年末，总人口365174人，其中非农业人口55222人。男女性别比为101∶100。人口出生率为11.20‰，死亡率为12.74‰，自然增长率为-1.54‰。

经济概况　全县实现地区生产总值117.03亿元，比2009年增长14.3%；第一、第二、第三产业增加值分别达到

17.60亿元、61.89亿元、37.54亿元，三次产业比例为15.0：52.9：32.1；全县地方财政收入达到6.02亿元，增长23.60%；全部税收实现91695万元。全年规模以上固定资产投资完成60.87亿元，增长23.90%。社会消费品零售总额达到26.03亿元，增长18.37%；年末金融机构本外币各项存款余额70.0亿元，其中城乡居民储蓄存款余额39.20亿元；金融机构本外币各项贷款余额50.27亿元。

农业　完成农业总产值33.09亿元，比2009年增长4.9%。粮食总产49.85万吨，增长4.3%，其中夏粮总产23.01万吨，增长5.8%；秋粮总产26.83万吨，增长3.1%。棉花总产6379吨，蔬菜总产25.49万吨，瓜类产量16.43万吨，水果产量3.55万吨。农业名牌产品迅速增加，全县省级农业产业化龙头企业发展到5家，市级发展到15家。获得有机品牌21个、绿色品牌28个。全年完成林业产值5678万元，同比增长4.0%。建设农田林网面积4000公顷，人工造林面积800公顷，成林抚育面积800公顷，四旁植树60万株。全年畜牧业总产值完成7.05亿元，同比增长3.6%。大牲畜存栏量9.01万头，其中奶牛1.98万头。猪存栏7.18万头。肉类产量3.16万吨，禽蛋产量8350吨，奶类产量61005吨。水产养殖面积2987公顷，水产品总量1.9万吨。年末农业机械总动力60.75万千瓦，联合收割机1446台。农村用电量4705万千瓦时。

工业　全县有规模以上工业企业145家。规模以上工业实现增加值58.81亿元，按可比价格计算，比2009年增长18.17%；完成工业总产值192.53亿元，增长22.14%；规模以上工业实现产品销售收入192.21亿元，增长24.21%；实现利税24.58亿元，增长35.02%；实现利润13.60亿元，增长25.99%。销售收入过亿元的企业55家，利税超千万元的企业49家。全县资质以上等级的建筑施工单位17家，实现建筑业产值29.49亿元，增长35.9%。年末建筑业从业人员16035人。

建设　环保　年末，建成区面积13.06平方公里，城区道路长度93.7公里，城市排水管道总长度159公里。城区园林绿地面积495公顷，城区绿化覆盖面积583公顷，建成区绿化覆盖率41.96%。城市道路清扫保洁面积131万平方米，城区公厕19座，全年生活垃圾清运量1.16万吨。集中供热面积124万平方米，自来水普及率95%。房地产开发投资完成6.41亿元，同比增长13.82%。全年空气质量良好天数达到245天，空气质量良好率达到69%。有污水处理厂2家。

交通　邮电　年末，公路通车里程1520公里，省级公路96.8公里，县、乡、村级公路1423公里。公路客运量和客运周转量分别为264万人、7962万人公里。公路货运量和货运周转量为559万吨和115880万吨公里。邮政业务总量1576万元。固定电话用户64255户，其中市话用户21049户、农话用户43206户；移动电话用户25.23万户，比2009年增加17.9%；宽带上网用户2.36万户。

贸易　旅游　全社会消费品零售总额实现26.03亿元，同比增长18.37%。全年实现进出口商品总值2.70亿美元。其中，直接出口总值1.61亿美元。全年实际利用外资1844万美元。主要旅游景点有黄河、文昌阁、大芦湖、天鹅湖、扳倒井、衮龙桥等。

科教文卫体　年末，高新技术企业33家，高新技术产业产值42.67亿元，同比增长42.47%。高新技术产业产值占工业总产值的比重达到22.16%。全年申请专利量252件，增长21.15%，专利授权量97件。全县有普通中学14所，在校生22837人，其中初中17881人、高中4956人；小学42所，在校生21697人；幼儿园58所，在园幼儿7938人。全县新农合覆盖率达到100%，农民参合率99.82%。医疗机构46处，其中医院3处、卫生院8处，实有病床700张，卫生技术人员762人。投资2200万元完成县人民医院新病房楼建设，全县9处镇级卫生院普遍改造一遍。年末，有文化馆、图书馆、剧院、电影公司各1处，全县馆藏图书6.2万册。全面完成县人民剧院改造、乍启典艺术博物馆、文化广场和扳倒井酒文化博物馆建设。高青人民广播电台全天播音17小时；全县有线电视用户3.1万户，其中数字电视2.3万户。成功承办第二十二届省运会空手道项目的比赛。全年获得市级以上奖牌47枚，省级以上奖牌12枚。

社会生活　城镇和农村居民最低生活保障标准分别提高到每人每月316元和每人每年1250元，受助人口4.38万人。农村五保老人集中供养标准达到2300元。新建经济适用房和廉租房2万平方米。投资546万元对595户农村贫困残疾人的危房进行改造。财政用于改善民生的支出达到7.2亿元。全县汽车保有量由2005年的6542辆增加到16725辆。全面推行农村新型合作医疗、城镇居民医保，年财政补助资金达到3500万元。统筹城乡劳动力就业，年新增就业再就业5000人以上。城镇居民人均可支配收入15535元，比2009年增长7.2%；农民人均纯收入6798元，比2009年增长8.0%。年末全县在岗职工24832人；在岗职工平均工资25272元，增长13.84%。

【城乡建设】　2010年，高青县相继完成惠青黄河公路大桥、高淄路升级改造以及西南外环、东外环等重大交通项目，实施芦湖路、清河路、青城路、蒲台路等城区道路建设与提升工程以及芦湖公园、千乘湖生态文化园建设，城市框架扩展到50平方公里，城市功能与文化品位显著提升。投资1亿元新建芦湖220千伏变电站。耕地保护和用地保障工作得到加强。高标准推进东部居住新区建设，建成银岭世家、齐林家园、芦湖二期等居住小区，华盛商厦、王府井商业城、兴隆大观园、苏州街等商贸设施投入运行。

【生态高青建设】　高标准实施黄河大堤百里绿色长廊建设和林带林网绿化，全县林木覆盖率达到28.5%。相继对县污水处理厂实施一次扩容和两次升级改造，新建第二污水处理厂，日污水处理能力达到8万吨。县经济开发区和东部新区实现雨污分流。14家重点排污企业全部实现在线监测，河流出境断面水质稳定达标排放。按照污染治理、生态修复、平原水库三位一体的理念，实施北支新河城区段综合治理，千乘湖生态文化园被认定为国家水利风景区。对热电企业实施脱硫改造，加强工业粉尘治理，空气质量二级以上良好率达到70%以上。把“土小”企业治理和土地违法集中整治结合起来，关闭取缔非法生产企业95家。全面完成“十一五”时期节能减排目标。加强温泉地热资源的开发利用。

【由农业县向工业县转变】 2010年，全县以实施“十大工程”(项目建设深化工程、骨干企业膨胀工程、开发区建设完善提升工程、万亩有机水稻基地建设工程、10万头高档肉牛标准化基地建设工程、环城水系建设工程、干线路改造工程、温泉旅游开发工程、初中进城工程和基层组织建设提升工程)为总抓手，坚持以工程带项目，以项目促发展，扩大有效投入，发展步伐明显加快。各镇、街道财政收入全部突破千万元，发展活力和后劲进一步增强。

【黄河三角洲高效生态经济区开发】 2010年，高青县紧紧抓住黄河三角洲开发建设的重大历史机遇，积极加快项目建设，开工建设1000万元以上项目78个，规模以上固定资产投资突破60亿元。山东黑牛、电子基布等6个项目列为全省黄河三角洲重点项目。庆淄路改造、广青路西北绕城段一级路获省级立项批复改造，路基小桥涵工程全面展开。济南——东营城际轻轨过境高青、寿平铁路高青支线等重大基础设施建设纳入黄河三角洲总体布局规划。高青县被列入国家低碳经济示范区试点县、国家级可持续发展实验区。

【10万头“山东黑牛”工程】 高青县依托新种质优势、品牌优势和规模养殖优势，实施10万头“山东黑牛”产业化工程。“山东黑牛”是采用高新技术结合常规育种技术，利用日本和牛改良提高当地黄牛而培育出的高档优质肉牛，也是国内唯一一个通过种质鉴定的高档肉牛新品种，其肉质达到日本黑毛和牛A3级等级标准，与普通肉牛价值比达到1∶5，其肉质细嫩、多汁、味道鲜美，具有典型的大理石花纹，营养丰富，特别是铁、锌和不饱和脂肪酸含量高。“山东黑牛”万头繁育养殖基地被认定为国家农业标准化示范园区。高青县黑牛产业发展得到省委、省政府高度重视，6月14日，省委副书记、省长姜大明视察了高青县现代畜牧业发展情况。

【陈庄西周城址原址保护】 12月，国家南水北调东线供水工程高青段开工建设。原设计途经陈庄西周城址，因其考古文物价值巨大，高青县联合国家文物局、国家南水北调局、省市文物主管部门制定了详细的发掘、保护和开发规划，为此国家追加投资1.8亿元用于南水北调工程高青段的改线绕行。陈庄西周城址专题片年内也已拍摄完毕。

2010年10月9日，高青陈庄西周城址专家访谈会
（高青县史志办 供稿）

【实施环城水系建设工程】 4月，高青县结合广青路等干线路改造，依托千乘湖和西北绕城线建设，实施以南部和东部水系为主，总长31.3公里的环城水系建设工程，建设环、线、片结合，水、绿、景相融的黄河滨水园林城市水系格局。按照“一环两带五湖四脉”的城市布局，统筹生态构建、城市建设、产业发展、优质资源开发，进一步强化温泉、生态、交通三大优势，着力打造交通区位优越、生态环境优良、人文环境优雅、生活品位优质的魅力型城市。

2010年9月的千乘湖生态文化园景色
（高青县史志办 供稿）

【高青县被列为省小型农田水利重点县】 高青县大力推进小型农田水利建设项目，多年累计投资8600万元用于水利设施建设，县内项目区内渠系水利用系数提高到0.75，增加高效节水灌溉面积8000公顷，年节水970万立方米，年增产粮食2500万公斤。7月26日，在全省小农水重点县项目评审会议上，高青县成功竞标小型农田水利重点县建设项目，成为淄博市唯一竞标成功的区县。

【金融体系呈现多元化】 继大地肉牛、耀微玻璃在天津股权交易所挂牌交易后，12月29日，山东布莱凯特黑牛科技股份有限公司在齐鲁股权托管交易中心正式挂牌。高青民福小额贷款公司等一批小额贷款公司开业运营，全县金融体系呈现多元化。

【举办省运会空手道比赛项目】 9月22～24日，山东省第二十二届运动会"国井扳倒井杯"空手道比赛项目在高青县成功举行。高青县体育设施和接待水平受到省运会组织者和参赛运动员的高度评价。

【乡镇机构改革】 11月6日，按照省、市乡镇机构改革和机构设置要求，高青县对乡镇区划进行了调整，撤销赵店镇，并入常家镇；撤销田镇镇，成立田镇街道办事处、芦湖街道办事处。实施乡镇机构改革，进一步加快全县居民城镇化进程。

【首届"唱响高青"电视歌手大赛】 7～9月，高青县成功组织举办首届"唱响高青"电视歌手大赛、消夏广场文艺展演等系列群众性文化活动。共举办15场赛事、有700名选手参赛，观众达到200余万人次，真正把舞台搭到群众家门口，丰富了群众业余文化生活。 （于领娣）

沂 源 县

【概况】 县名由来 因沂河发源地而得名。

政区 人口 全县总面积1636平方公里。年内，燕崖乡、石桥乡改为镇；撤销三岔乡、土门镇，合并设立南鲁山镇；撤销徐家庄乡，并入鲁村镇。年末，全县辖11镇、1个街道。总人口56.48万人，其中非农业人口12.18万人。人口出生率8.88‰，死亡率7.58‰。有少数民族12个，3653人。

经济概况 全县实现国内生产总值163.1亿元，比2009年增长14.08%。第一产业实现增加值20.1亿元，增长3.10%；第二产业实现增加值82亿元，增长13.65%；第三产业实现增加值61亿元，增长17.48%。三次产业比重为12.34∶50.27∶37.39。全社会完成固定资产投资89.84亿元，比2009年增长23.49%。实现财政总收入16.54亿元，增长10.19%，其中地方财政收入9.55亿元。年末金融机构各项存款余额105.61亿元，其中城乡居民储蓄存款余额63.28亿元。年末金融机构各项贷款余额74.60亿元。

农业 全县农业总产值38.63亿元，比2009年增长3.1%；农业增加值20.13亿元。农作物播种面积2.74万公顷，其中粮食作物播种面积1.38万公顷。全年粮食总产7.39万吨，棉花总产743吨，油料总产1.41万吨，蔬菜总产38.84万吨。全年肉类总产量3.55万吨，水产品总产量1537吨。

工业 全县规模以上工业企业176家，完成总产值331.29亿元，比2009年增长33.35%。完成工业增加值83.9亿元，增长18.3%；完成利税58.48亿元，增长43.30%；实现利润39.22亿元，增长44.01%。利税过千万元企业40家，过亿元企业8家。全年工业项目投入创历史新高，新上和续建投资过千万元重点项目69个，总投资68.4亿元，其中过亿元项目27个，高新技术项目占70%以上，11个项目被列入全市百项重点项目。瑞阳集团投资7.48亿元的固体制剂冻干原料、鑫泉公司投资4.2亿元的抗生素中间体及头孢类原料药等一批项目建成投产。资质以上建筑企业31家，实现增加值4.3亿元。

建设 环保 完成房地产开发投资5.4亿元，增长7.99%。房屋建筑竣工面积289万平方米。完成环境污染治理项目26个，投资额2000万元。实施城区大气污染点源治理和开发区污水管网工程建设。进一步优化生态环境，实施沂河生态修复三期工程、矿山生态治理和水土保持、县污水处理厂一级A改造工程，全县主要环境质量指标达标率均达100%。

交通 邮电 旅客公路客运量和周转量分别为2451万人、61910万人公里。公路货物运输量2201万吨、周转量85282万吨公里。完成邮电业务总量1.84亿元。年末，宽带用户2万户，固定电话用户10万户，移动电话用户41万户。9月29日，晋豫鲁铁路通道淄博（沂源）段开工建设。

贸易 旅游 全年实现社会消费品零售总额68.97亿元，比2009年增长19.0%。实现进出口总额18674万美元，增长51.9%，其中出口14018万美元，增长43.3%。实际利用外资2100万美元。主要旅游景点有牛郎织女爱情文化旅游区、以九天洞和千人洞为代表的鲁山溶洞群、沂源猿人遗址、鲁山国家森林公园、织女洞、神清宫、荆山公园、历山公园、圣佛山、石佛院、凤凰山风景区、唐山自然风景区、田庄水库和沂河源水景公园。全年接待国内外游客200万人次，比2009年增长25.0%，实现旅游总收入7.8亿元，增长27.0%。

教科文卫 全县有各级各类学校72所，在校生8.91万人，其中义务教育学段在校生6万人。教职工6048名，有专任教师5322人。全年参加省级以上体育比赛共获奖牌52枚，其中金牌21枚。全县有25项科研成果通过省、市级鉴定，有9项获市级以上科技进步奖，其中获国家科技进步二等奖1项，省科技进步奖三等奖1项。专利申请量706件，其中发明专利145项。拥有各类艺术表演团体9个，公共图书馆1个，文化馆1个，档案馆1个。拥有卫生机构18所，其中医院、卫生院15所，卫生防疫、妇幼保健和疾控机构各1所；各类卫生机构拥有床位1684张，卫生技术人员1310人。

社会生活 城镇居民人均可支配收入达18425元，比2009年增长12.9%；人均消费性支出为14068万元，增长

20.96%。农民人均纯收入达7715元，增长18.51%；生活消费支出4673元，增长12.25%。全县城镇最低生活保障救助人数为5308人，农村定期定量救助19800人。社会福利性收养单位（含敬老院）13个，收养1073人。社会福利性企业13个，安置残疾人员238人。

【培植特色产业集群】 2010年，制定医药和新材料产业集群扶持意见和发展规划，促进集群快速发展。全年医药产业集群核心企业销售收入96.1亿元、利税19.4亿元，新材料产业集群核心企业销售收入24亿元、利税5.8亿元。两集群的销售收入、利税占全县规模以上企业比重分别达到33%和35%。落实扶持高成长性企业发展的优惠政策，重点扶持的10家企业销售收入增幅大都在50%以上，瑞丰高分子材料公司和鑫泉化工公司被列入全市创新成长型企业。

【高新技术产业】 抓好工业科技创新平台建设和产学研合作，新增华联矿业博士后科研工作站、慧科助剂公司院士工作站，博士后科研工作站数量列全省各县之首。新建省级极压抗磨剂工程技术中心、大直径变形镁合金工程技术研究中心和鑫泉宏泰防腐企业技术中心。有8个项目被列入国家级科技计划，24个项目被列入省级技术创新项目计划，瑞阳集团获国家科技进步二等奖；药玻集团、瑞阳集团被列入全省第二批创新型试点企业。全县高新技术产业产值同比增长34.4%，占规模以上工业总产值比重56.2%，保持全省最高水平。

【推进新农村建设】 2010年，以整建制建设有机农产品生产基地为目标，加快发展有机品牌农业，提升农业综合效益，改善农村生产生活条件，推动新农村建设。

大力发展畜禽生态养殖、蔬菜、中药材、黄烟、花卉等特色增收项目。新发展名优特果品和改接换优种植面积2000公顷。增加农民工资性收入，向城市和国外转移农村富余劳动力2.4万人。实施新型农民科技培训工程，全县培训5万人次。发展有机品牌农业，全县建设30处、400公顷有机农产品示范基地，发展整建制流域片13处、整建制基地村5个，带动发展有机农产品种植3333.3公顷。改造提升标准化林果基地7333.3公顷，建成全国首个有机苹果标准化生产示范区，国家级示范区达到3个。有机农产品认证总数达到60个，为全省最多。“沂源苹果”被选为上海世博会专用果，品牌效应带动农产品增值30%以上。编制《沂源县都市农业发展规划》，实施6处都市农业示范园、10处循环农业示范园和60处休闲农庄建设。

新培育省级农业产业化龙头企业2家、市级3家。创建市级示范合作社33个，新发展农民专业合作组织65个，在大中城市设立沂源有机农产品直销点50个。对46座水库进行除险加固，实施30平方公里小流域治理、1000公顷农业综合开发土地治理和1333.3公顷基本农田治理。建设30处农村饮水安全工程。新发展户用沼气池4000个，总数居全省第一。实施新农村建设示范带动工程，确定14个综合典型村、30个新农村示范村。

【环境兴县】 2010年，集中实施16个节能技改项目，7个项目被列入国家节能技改项目和省节能资金奖励项目。联合化工集团被评为省级循环经济示范单位，该公司3万吨/年三聚氰胺资源综合利用及节能技术改造、鲁阳集团4万吨/年硅酸镁防火板、华联公司污水深度处理回用3个项目列入省循环经济重点项目。全县万元GDP能耗、规模以上工业万元增加值能耗分别下降6.2和3.2个百分点。推进集体林权制度改革和森林资源保护工作，全县森林覆盖率达51.3%，城区绿化覆盖率达45.3%，成为国家级园林县城。实施城区大气污染点治理和开发区污水管网工程建设，关停3条立窑水泥生产线和14家污染企业。实施沂河生态修复三期工程。开展“打造生态高地、建设美好家园”城乡环境综合整治活动，完善违法建设防控、联动执法监督等长效机制，重点对高速公路出入口、经济开发区西出入口进行环境综合整治，开展城区交通秩序集中整治，强化乡镇驻地、交通主干道、村内主街道环境监管。

【城乡一体化发展】 年内，全县实施以城带乡战略，统筹推进县城、中小城镇和新型农村社区建设。修订完善县城建设发展规划和县域城镇体系规划，编制农村住房建设改造规划和农村住房建设详细规划。实施管道天然气、城区循环水供热、电线下地、城市生活垃圾无害化处理、1.5万立方米/日引泉入城饮水工程等；加快旧城改造和新城区开发及农村危房改造建设，重点实施南麻一村片区改造、中房翡翠山居等重点项目建设，实施3个城中村、2个棚户区、13个城郊村和农村住房建设改造工程；完成健康路北延及提升改造、河西路南延、南外环路建设、26公里农村道路硬化等工程；实施省道薛馆路和草齐路改建（造）工程。

（任嗣民　尹洪强　尹雪原）

本部类编　辑：王　娟
副主编：徐　杰
校　对：王　峰
赵建国

附　录

文件选目

【中国共产党淄博市委员会】

淄发〔2010〕3号

中共淄博市委、淄博市人民政府关于进一步加强环境保护工作的意见

淄发〔2010〕4号

中共淄博市委、淄博市人民政府关于突出城乡统筹深化“建设农村殷实小康十大工程”的实施意见

淄发〔2010〕5号

中共淄博市委、淄博市人民政府关于深化集体林权制度改革的实施意见

淄发〔2010〕6号

中共淄博市委、淄博市人民政府关于加强招商引资工作加快推进经济发展方式转变的意见

淄发〔2010〕7号

中共淄博市委、淄博市人民政府关于2010年全市党风廉政建设和反腐败工作实施意见

淄发〔2010〕8号

中共淄博市委、淄博市人民政府关于加快发展都市农业的意见

淄发〔2010〕9号

中共淄博市委、淄博市人民政府关于进一步加强乡村少年宫建设工作的意见

淄发〔2010〕10号

中共淄博市委、淄博市人民政府关于认真贯彻落实鲁发〔2010〕7号文件进一步推进全市反腐倡廉制度建设的通知

淄发〔2010〕11号

中共淄博市委、淄博市人民政府关于贯彻落实省委省政府《关于加快经济发展方式转变若干重要问题的意见》的意见

淄发〔2010〕12号

中共淄博市委、淄博市人民政府关于加快推进统筹城乡发展的意见

淄发〔2010〕13号

中共淄博市委、淄博市人民政府关于健全完善人口和计划生育利益导向政策体系的意见

淄发〔2010〕15号

中共淄博市委、淄博市人民政府关于持续增加农民收入的实施意见

淄发〔2010〕17号

中共淄博市委、淄博市人民政府关于印发《“法治淄博”建设纲要》的通知

淄发〔2010〕19号

中共淄博市委、淄博市人民政府关于加快培育建设中心镇的若干意见

（李　真）

【淄博市人民代表大会常务委员会】

淄人发〔2010〕1号

关于接受林建宁辞去市政府副市长职务的请求

淄人发〔2010〕2号

关于任免市人大机关工作人员职务的通知

淄人发〔2010〕3号

关于任免市政府组成人员职务的通知

淄人发〔2010〕4号

关于补选仉兴玉同志为省十一届人大代表的报告

淄人发〔2010〕5号

关于许可对市人大代表张维刚给予行政拘留处罚的决定

淄人发〔2010〕6号

关于市十三届人大三次会议列席范围的决定

淄人发〔2010〕7号

关于任命逯平之等同志职务的通知

淄人发〔2010〕8号

关于任免市中级人民法院审判人员职务的通知

淄人发〔2010〕9号

关于任免市检察院检察人员职务的通知

淄人发〔2010〕10号

关于印发《淄博市田庄水库保护管理条例》的通知

淄人发〔2010〕11 号

关于印发 2010 年地方立法计划的通知

淄人发〔2010〕12 号

关于建设“法治淄博”的决议

淄人发〔2010〕13 号

关于免去市人大常委会机关工作人员职务的通知

淄人发〔2010〕14 号

关于任命淄博市人民检察院检察人员职务的通知

淄人发〔2010〕15 号

关于批准 2010 年预算调整方案的决议

淄人发〔2010〕16 号

关于批准 2009 年市级决算的决议

淄人发〔2010〕17 号

关于印发《淄博市人大常委会规范性文件备案审查办法》的通知

淄人发〔2010〕18 号

关于免去市人大常委会机关工作人员职务的通知

淄人发〔2010〕19 号

关于决定任免市政府组成人员职务的通知

淄人发〔2010〕20 号

关于报请批准《市人大常委会关于废止部分地方性法规的决定》的报告

淄人发〔2010〕21 号

关于报请批准《淄博市机动车维修管理条例》的报告

淄人发〔2010〕22 号

关于报请批准《淄博市新型墙体材料发展应用与民用建筑节能条例》的报告

淄人发〔2010〕23 号

关于重新确定淄川区和周村区区人大代表名额的请示

淄人发〔2010〕24 号

关于印发《市人大关于废止部分地方性法规决定》的通知

淄人发〔2010〕25 号

关于印发《淄博市机动车维修条例》的通知

淄人发〔2010〕26 号

关于印发《淄博市新型墙体材料发展应用与民用建筑节能条例》的通知

淄人发〔2010〕27 号

关于地方性法规清理工作情况的报告

淄人发〔2010〕28 号

关于接受岳华东辞去淄博市人民政府副市长职务请求的决定

淄人发〔2010〕29 号

关于决定任命庄鸣职务的通知

淄人发〔2010〕30 号

关于召开淄博市第十三届人民代表大会第四次会议的决定

（巨荣俊）

【淄博市人民政府】

淄政发〔2010〕1 号

关于印发淄博市 2010 年安全生产工作要点的通知

淄政发〔2010〕2 号

关于在中心城区开展取用水专项整治行动的通告

淄政发〔2010〕4 号

关于公布市政府部分领导成员分工的通知

淄政发〔2010〕6 号

关于印发淄博市创建国家环境保护模范城市工作方案的通知

淄政发〔2010〕7 号

关于进一步加强企业管理工作的意见

淄政发〔2010〕12 号

关于实施标准化战略的意见

淄政发〔2010〕15 号

关于印发淄博市 2010 年国民经济和社会发展计划的通知

淄政发〔2010〕16 号

关于扶持中医药事业发展的实施意见

淄政发〔2010〕19 号

关于贯彻鲁政发〔2010〕26 号文件认真开展安全生产基层基础年活动的通知

淄政发〔2010〕24 号

关于加快技术创新工程建设推进高新技术产业发展的实施意见

淄政发〔2010〕25 号

关于 2009 年度淄博市科学技术奖励的决定

淄政发〔2010〕26 号

关于印发淄博市节能降耗工作预警调控方案的通知

淄政发〔2010〕36 号

关于印发淄博市深化矿产资源开发整合实施方案的通知

淄政发〔2010〕43 号

关于做好 2010 年全市普通高等学校毕业生就业工作的通知

淄政发〔2010〕49 号

关于印发 2010 年淄博市黄河防汛预案的通知

淄政发〔2010〕52 号

关于调整博山区临淄区桓台县高青县沂源县部分行政区划的通知

淄政发〔2010〕54 号

关于印发淄博市重大建设项目管理试行办法淄博市政府投资项目稽察试行办法的通知

淄政发〔2010〕55 号

关于调整市直直管公有住房租金标准的通知

淄政发〔2010〕56 号

关于公布淄博市第四批市级重点文物保护单位的通知

淄政发〔2010〕58 号

关于统筹城乡加快推进供销合作社改革发展的意见

淄政发〔2010〕60 号

批转市审计局关于 2009 年市级预算执行和其他财政收支的审计结果报告的通知

淄政发〔2010〕62 号

关于公布规范性文件清理结果的通知

淄政发〔2010〕63 号

关于公布 2010 年市重大项目名单的通知

淄政发〔2010〕64 号

关于印发淄博市知识产权战略纲要的通知

淄政发〔2010〕66 号

关于印发淄博市学校幼儿园安全管理规定的通知

淄政发〔2010〕70 号

转发山东省人民政府关于进一步加强道路交通安全工作的意见的通知

淄政发〔2010〕72 号

关于做好第一次水利普查工作的通知

淄政发〔2010〕78 号

关于在校大学生基本医疗保险参保缴费有关问题的通知

淄政发〔2010〕79 号

关于结合事业单位招聘征集部分普通高等院校毕业生入伍的意见

淄政发〔2010〕90 号

关于调整部分区县乡镇街道办事处行政区划的通知

淄政发〔2010〕91 号

关于调整淄川区和周村区部分行政区划的通知

淄政发〔2010〕92 号

关于贯彻鲁政发〔2010〕87 号文件进一步加强学校安全管理工作的意见

淄政发〔2010〕93 号

关于保持全市房地产市场平稳健康发展的意见

淄政发〔2010〕94 号

关于公布第三批市级非物质文化遗产名录的通知

淄政发〔2010〕95 号

关于搞好今冬明春水利基本建设的通知

淄政发〔2010〕96 号

关于调整城镇基本医疗保险有关政策的通知

淄政发〔2010〕97 号

关于印发淄博市城镇基本医疗保险普通门诊统筹办法的通知

淄政发〔2010〕101 号

关于稳定消费价格总水平保障群众基本生活的通知

淄政发〔2010〕106 号

关于认真贯彻落实鲁政发〔2010〕80 号文件加快服务业跨越发展的意见

淄政发〔2010〕108 号

关于印发淄博市企业职工中独生子女父母退休养老补助社会统筹办法的通知

淄政发〔2010〕109 号

关于贯彻中央和省文件精神加强政府融资平台公司管理有关问题的意见

淄政发〔2010〕111 号

关于实施蔬菜等四大产业振兴计划的意见

（刘　涛）

【中国人民政治协商会议淄博市委员会】

淄政协字〔2010〕1 号文件

政协淄博市委员会 2010 年工作要点

淄政协字〔2010〕2 号文件

政协淄博市委员会关于宣传信息工作的意见

淄政协字〔2010〕3 号文件

政协淄博市委员会关于进一步加强与委员联系工作的意见

淄政协字〔2010〕6 号文件

政协淄博市委员会关于报送《全市历史文化遗产普查与保护利用情况的调研报告》的报告

淄政协字〔2010〕7 号文件

关于报送《政协淄博市委员会关于提高全市医疗卫生服务水平建议案》的报告

淄政协字〔2010〕8 号文件

政协淄博市委员会关于“转方式、调结构”系列专题调研报告

淄政协字〔2010〕9 号文件

关于在全市政协组织认真学习《刘伟同志在省政协理论中心组读书会上的讲话》的通知

淄政协字〔2010〕10 号文件

市政协关于科学制定全市“十二五”规划专题议政报告

淄政协字〔2010〕11 号文件

政协淄博市委员会关于表彰优秀提案的决定

（赵秀秀）

【中共淄博市纪律检查委员会】

淄纪发〔2010〕1 号

关于印发《关于在查处违纪案件中实施组织处理的暂行规定》的通知

淄纪发〔2010〕5 号

关于印发《关于贯彻落实〈2009～2013 年全国纪检监察干部教育培训工作规划〉的实施办法》的通知

淄纪发〔2010〕18 号

关于中央纪委监察部来淄挂职锻炼干部近期有关工作情况的报告

淄纪发〔2010〕32 号

关于印发《开展廉政风险防范管理工作的意见(试行)》

的通知

淄纪发〔2010〕35 号

关于对党政机关举办庆典、研讨会、论坛活动开展清理摸底的实施意见

淄纪发〔2010〕39 号

关于进一步加强廉政文化建设的意见

淄纪发〔2010〕51 号

关于印发《中共淄博市纪委、淄博市监察局关于加强派驻机构与驻在部门工作联系的意见》的通知

淄纪发〔2010〕57 号

关于印发《淄博市市级机关及其下属事业单位科级以下党员干部纪律处分办理办法(试行)》的通知

淄纪办发〔2010〕8 号

关于印发《中共淄博市纪委、淄博市监察局派驻机构文秘管理工作暂行办法》的通知

淄纪办发〔2010〕9 号

关于印发《中共淄博市纪委淄博市监察局派驻机构后勤管理暂行办法》的通知

淄纪办发〔2010〕11 号

关于印发《市纪委市监察局2010年重点工作任务目标分解安排》的通知

淄纪办发〔2010〕18 号

中共淄博市纪委办公厅关于进一步加强纪检监察信息工作的意见

淄纪办发〔2010〕22 号

关于建立开展廉政风险防范管理工作联系制度的通知

淄纪办发〔2010〕26 号

关于印发《2010年度全市科技防腐工作考核办法》的通知

淄监发〔2010〕7 号

关于全市较大以上生产安全事故责任追究落实情况的报告

淄监发〔2010〕12 号

关于实行党政领导干部问责情况统计报告制度的通知

（宗 菲）

市情调研

淄博市“十一五”期间城建工作的回顾与思考

一、“十一五”期间淄博市城乡建设的主要做法及成效

“十一五”期间，市委、市政府立足老工业城市实际，坚持以科学发展观为指导，把加快城市化作为提升综合竞争力的重要着力点，按照“中心凸显、十字展开、组团发展”的总体思路，以建设生态和谐宜居城市为目标，以协办全运会、承办省运会等为契机，立足城乡统筹发展，突出生态园林特色，狠抓城乡基础设施建设、城乡环境综合整治和产业布局调整，城市面貌和环境焕然一新，城市功能不断提升，人民群众生活质量持续提高。截至2009年底，建成区面积达261.99平方公里，比“十五”末增加36平方公里，城市化水平达到62.54%，比“十五”末提高近3个百分点。先后创建为国家卫生城市、国家园林城市、全国优秀旅游城市、全国绿化模范城市，淄博作为区域性中心城市的地位和作用日益显现。

1. 创新城建理念，建设生态和谐宜居城市的思路逐步清晰。工业化与城镇化是当前经济社会发展的两大主题。建造一个什么样的城市，怎样对城市进行定位，是淄博城建工作必须解决的首要问题。5年来，淄博市立足于淄博市组团式的城市架构，立足于地处鲁中的区位优势，立足于作为历史文化名城的文化底蕴，立足于近现代工业超过百年的产业基础，立足于南山北水的生态风貌，逐步完善城市发展定位。2007年在全市城建工作会议上，市委、市政府明确提出建设生态和谐宜居城市的总体目标，明确“坚持四个原则，强化八个意识”的具体要求，为城市发展指明方向。2008年以后，全市紧紧围绕协办全运会、承办省运会的有利时机，通过提升发展理念，明确功能定位，完善功能配套，加大城市基础设施建设，弥补多年来城市建设上的欠账，城市结构布局有了较大的变化，初步彰显现代化城市风采。从2009年开始，市委、市政府立足城乡一体发展的要求，确定中心城区、次中心城区、中心镇、中心村“四个层级”的新型城镇化格局，明确主体功能区划定位，科学确定优化开发区域、重点开发区域、限制开发区域、禁止开发区域等主体功能分区，提出城乡基础设施必须紧紧围绕主体功能区划、城镇布局规划、产业布局规划，着力推进城乡交通、水系、网络、生态规划建设。一系列城建理念的提出，为彰显淄博市自然、文化、产业特色，塑造个性，努力打造生态、和谐、宜居的现代化区域中心城市奠定坚实的基础。

2. 现代化的城乡规划体系逐步构建。规划是城市建设的核心和龙头。5年来，淄博市坚持规划覆盖到每一寸土地原则，高起点规划城市，全市城乡规划的覆盖率和深度

都有了大幅度提高，逐步形成以城市规划、乡镇规划、村庄规划、控制性详细规划和专项规划为主，城市设计和修建性详细规划为辅的综合规划体系。一是完成《淄博市统筹城乡发展规划(2009～2020年)》。按照“四个层级”的总体布局，合理确定中心镇、中心村，统筹布局城乡居民点、产业发展空间、农田保护空间、生态保护空间和区域基础设施通道，明确划定覆盖市域的适宜建设区、限制建设区和禁止建设区，提出空间布局、产业、基础设施、公共服务、生态环境等“一体化”的专项规划，实现了城乡规划市域全覆盖和空间资源硬约束。二是完成城镇体系规划。启动完成《淄博市城市总体规划》的修编工作，配合城市总体规划的修编，组织完成全市所有乡镇总体规划的编制工作，规划镇区控规编制工作已全面展开，部分重点镇已实现100%的全覆盖；对全市规划保留1500余个村庄的建设规划(修建性详细规划)已全部编制完成，城镇体系规划的编制有力地促进了乡镇域经济社会的发展。三是不断强化“多规合一”。在规划编制实施的过程中，注重规划的整合和衔接，特别是城市发展规划与国土利用规划的“并轨”，极大地提升规划的严肃性和科学性。同时，加强规划编制体系、规划协调机制、规划标准体系、规划法规体系等方面的制度建设，强化规划的实施和管理，使规划真正成为建设和管理的依据和龙头。

3. 城乡基础设施建设不断完善。项目建设是改善城乡人居环境的重要突破口。“十一五”期间，淄博市以2008年北京奥运会、协办2009年第十一届全运会和承办第二十二届省运会、U19亚洲足球锦标赛等一系列重大赛事为契机，实施以路网提升、管网改造、园林绿化、亮化工程等为重点的基础设施建设，累计完成投资176.17亿元，比“十五”期间增加82.66亿元。一是建设一批标志性重大工程。启动建设市体育中心、文化中心、新客运中心、运动员公寓、柳泉路人防通道等一批事关全局的重大工程，开通“大十字”公交线路，启动城市轨道交通前期设计等一批重大基础设施建设。二是交通网络更加完善。大规模建设、改造城市道路，济青高速南线、昌国路立交桥、惠青黄河公路大桥、张博路附线等建成通车，“三纵三横”骨干交通网逐步完善；中心城区城市道路改造、309国道改造、中心城区大外环、胶济铁路电气化改造等一批重点工程相继实施；新区“二纵四横”道路网建设全面完成。全市公路通车里程达10293公里，境内铁路运营里程263公里。三是公用基础设施建设不断加快。大规模改造供热、燃气、供水等管网，集中供水率100%，燃气普及率98%，集中供热面积突破3000万平方米；全市14座污水处理厂日处理能力83万吨，全部实现一级A排放，城市污水集中收集率达到95%；建立了“户集、村收、镇运(处理)、区县处理”的城乡垃圾管理体系，城市生活垃圾无害化处理率达到98.5%。四是形成一批城市游园。改造建设绿地公园和便民游园40余个，建设淄川樊家窝湿地公园、博山文姜公园、桓台红莲湖、高青千乘湖等一批重点工程。实施四宝山生态修复，累计投入3亿元，园林化绿化800公顷，建设一批水利、交通、旅游和体育设施，一处林木葱郁、鸟语花香的城市郊野体育公园已显雏形。

4. 城市管理水平不断提升。“十一五”期间，全市坚持上下联动、多措并举，不断完善城建管理工作的长效机制。一是完善“大城管”的理念。坚持管理延伸到每一个角落的原则，进一步抓好事关居民生产生活环境的环保、市政、安全、社区等方面的管理，强化社区观念，下移管理重心，把管理细化到每一条道路、每一条小巷、每一个社区、每一幢楼，进一步夯实街道(居委会)在城市管理中的职能，使城市管理工作由突击型向经常型、由被动型向主动型转变。二是完善城市管理体制。制定《淄博市城管执法部门联动制度》，建立健全城市管理配套联动机制、城乡环卫一体化机制、公共基础设施管护机制、城市管理司法保障机制、城市管理监督考核机制等一系列长效机制，推动城市管理工作制度化、规范化。三是狠抓环境综合整治。“十一五”初期，正值全省开展为期3年的城乡环境综合整治活动期间，3年间，淄博市开展的整治成效显著。为了进一步巩固成果、形成长效机制，2008年，市委、市政府决定再用3年时间，在全市继续深入开展城乡环境综合整治活动。2009年，又全面启动全国环保模范城建设，对环境综合工作提出了更高的目标定位。集中开展中心城区立面整治、主干道路面保洁和亮化工程建设等，通过对中心城区44个单体建筑及人民公园、火车站广场、玉龙河等实施一系列高标准亮化、美化工程，提升了城市品位。

5. 城乡环境质量不断改善。淄博作为老工业城市，环保工作的欠账较大。5年来，全市牢固树立环境保护是淄博经济社会发展的“命门”意识，立足市情，高度重视环境建设，先后组织实施两轮“碧水蓝天行动计划”，发行了15亿元治污减排专项企业债券，大规模开展结构性污染治理工作。一是实施环境友好工程。严格执行环保“第一审批权”和“一票否决权”，将大气污染防治列为“一号工程”，累计投入30多亿元，针对二氧化硫、化工异味等进行整治，空气质量改善状况居全省第一位。关停2600多家“土小”企业，进一步将治理的重点转向重要区域和重点产业，先后实施中心城区东部化工区产业布局调整、南部建材区综合整治等重大工程，对新华集团、大成集团、张钢总厂、市焦化煤气公司等5家大中型企业进行搬迁改造；关停立窑水泥生产企业50家106条生产线，对276家建材企业进行改造升级和淘汰转产，重点区域环境明显改善。二是实施清水润城工程。投资20多亿元，对淄博流域八大水系进行高标准综合整治，累计整治河道200多公里，新建生态湿地13处，新增湿地面积120多万平方米，基本实现主要河流恢复鱼类生长的目标。猪龙河原为淄博市小清河流域污染最重的河流，经过连续3年的大规模治理，昔日的污水沟变成桥、路、绿、水、休闲设施浑然一体的城市游园。三是实施生态家园工程。全部关闭“三区两线”可视范围内露天开采矿山。组织实施“两库三河一山”生态建设工程。实施荒山绿化、绿色通道、环城镇绿化、因景植绿等一系列绿化工程。截至

2010年底，城区建设各类绿地8040余公顷，新增园林绿地2805.8公顷，建成区绿地率、绿化覆盖率、人均公共绿地面积分别由2005年的31.9%、38.28%、6.86平方米上升到2009年的36.1%、41.92%、15.92平方米，淄博市的生态人居环境得到明显改善。

6.新型城镇化及新农村建设加快推进。加快推进新型城镇化是优化经济、社会和城乡结构的必由之路。“十一五”期间，全市以解决农村民生问题为重点，累计完成投资270亿元，“村村通”覆盖率均达到98%以上。一是小城镇建设步伐加快。把中心镇的规划建设作为全市城乡统筹、加快推进新型城镇化的重要节点，突出发展20个省市级中心镇，对农村基础设施建设的扶持资金，重点向小城镇倾斜。采取征用、置换和农村宅基地集中使用等多种灵活形式，解决小城镇建设用地，降低小城镇建设成本。逐步形成马桥镇、凤凰镇、双杨镇等一批产业支撑力强、人口聚集度高、辐射带动面广的新型小城镇，马桥镇和凤凰镇列入全国“千强镇”行列。二是“两区三村”改造全面展开。从2009年开始，对全市棚户区、老旧工矿区和城中村、城郊村、农村危房进行为期3年的建设改造工程。截至2010年底，累计开工项目269个，完成安置房面积805万平方米，一批功能完善的新型社区逐步建成，5万多户城乡居民将陆续乔迁新居，城乡居民居住环境得到极大改善。三是新农村建设扎实推进。2006年以来，淄博市按照“二十字”方针要求，发挥工业化、城市化水平高、综合经济实力较强的优势，先后提出实施“十百千万”工程、“联手共建新农村”和“一个主体，两轮驱动”的总体思路，特别是2008年实施“建设农村殷实小康十大工程”以来，以“联手共建”和“联片创建”作为新农村建设的配套措施，突出发展农村生产力，增加农民收入，改善农村生产生活条件，大力发展农村社会事业，全面提高农民综合素质和生活水平。5年来，全市农村面貌发生了新变化，促进了城乡统筹一体化发展。

二、“十一五”期间淄博市城建工作取得的主要经验

过去5年是淄博市改革开放以来城市建设投入最多、发展最快、变化最大、取得成绩最为显著、人民群众得到实惠最多的时期。建设事业的快速发展，为提升城市形象、完善城市功能、改善人民生活和促进经济发展做出了积极贡献。过去5年城市建设工作的实践，为淄博市如何统筹城乡一体化、加快城市发展提供了十分有益的经验。

一是做好城建工作，必须树立“环境是生产力”的观念。城市建设，从本质上说就是环境建设。城市建好了，有了完备的基础设施，有了优美的生产经营和商住环境，就有了吸引力、聚集力，就会引来人流、物流、资金流、信息流。5年来，市委、市政府深入实施“环境立市”战略，牢固树立环境保护是淄博经济社会发展的“命门”意识，城市基础设施不断完善，投资环境持续优化，利用外资规模不断扩大，对外经济合作领域持续拓宽，中国化工、光大集团、浦发银行、招商银行和德国西门子、巴斯夫、拜尔公司及美国PPG公司等一大批国内外优秀企业和人才纷至沓来。经验表明，加强城市建设既可以直接改善居民生活条件，又能以良好的城市形象凝聚人心，在城市建设中要坚持以环境增效益，以环境树形象。

二是做好城建工作，必须以科学有序的规划引领城市建设。规划是城市的灵魂，是政府引导城市发展建设的法定依据，是调控城市经济社会发展、指导区域协调共建、保障公共安全和公共利益的基础性政策。5年来，全市按照“全域淄博”的理念和“彰显特色、塑造个性”的工作要求以及城乡统筹的战略部署，充分发挥城乡规划战略引导、综合调控和资源配置的作用，科学制定规划，一张蓝图绘到底，把城市和农村作为一个整体进行统筹考虑，基本形成以国民经济和社会发展规划为指导，与土地利用总体规划相一致，与工业集中发展布局等专业专项规划相协调，覆盖城乡的规划体系，基本形成比较完备的与统筹城乡发展相适应的城乡规划法规与标准规范体系。通过实现城乡规划全覆盖，构建无缝隙的城乡规划体系，切实达到“每一块土地都列入规划，不留下空白；每一个项目都按规划实施，不盲目建设”的要求。实践表明：通过科学规划，既能突破空间、地域和产业限制，从更大范围、更高层次来谋篇布局，同时又能在宏观大局中把握好局部发展的各种优势，较好地兼顾全局利益和局部利益，极大地促进了全市城市建设快速健康发展。

三是做好城建工作，必须用城乡统筹的思路推进城市建设。城市建设是一项复杂的系统工程，牵涉到社会的方方面面，关系到老百姓的切身利益。淄博市城市化水平比较高，但仍有200余万的农业人口长期居住在农村，可以说没有农村的发展，全市的城镇化道路就难有大的突破。统筹城乡一体化，促进区域协调发展，成为推进经济社会发展联动的必然要求。近年来，淄博市按照城乡统筹发展的要求，充分发挥组团式城市城乡交错、区域间要素交流频繁的优势，大力推进城乡规划、基础设施、产业布局、生态安全、公共服务、社会保障“六个一体化”建设，稳步推进合乡并村，全面实施“建设农村殷实小康十大工程”，全力推进联手共建和联片创建，改善农村居民生产生活条件，努力促进了城乡一体化发展。把城市与农村，生产、生活与生态作为一个有机整体，实现工业与农业、城市与农村的良性互动和一体化发展，促进人与自然和谐，推动整个社会走上生产发展、生活富裕、生态良好的文明发展道路，构建了经济社会可持续发展平台。

四是做好城建工作，必须将精细化的理念融入城市建设管理。城市管理是城市发展的关键。随着现代城市的快速发展，传统的城市管理手段和方式已经不能满足现代城市管理的要求，将现代工业化时代的精细化管理理念融入现代城市当中，把城市管理的各个环节进行定量化、精细化，从而提高城市规划、建设、管理和运营水平，已经成为现代城市管理的新要求。5年来，淄博市牢固树立“抓城市管理就是关注民生”的观念，在实施建设项目时，时时处处突出“以人为本，以民为先”的思想理念，从维护人民群众的根本利益出发，把造福群众放在一切工作的首位，尊重群众的

意愿，完善城市管理体制，下移管理重心，建立城市建设精细化管理的工作联动机制、督促检查机制、考核机制，走出一条组团式城市、老工业城市不断加强城建管理工作、优化城乡发展环境的创新之路，提高了城市管理水平，为人民群众创造了更加优美的生活环境。

三、淄博市城建工作存在的主要问题

“十一五”期间，虽然淄博市在城市建设方面取得很大成绩，但受基础条件、历史遗留问题、资金、拆迁等诸多因素影响，城市建设对比先进城市、距离群众要求还存在许多差距和不足，主要表现在：

1. 城市特色有待于进一步彰显。淄博历史悠久、文化底蕴深厚，东部博大精深、兼容并蓄的齐文化，南部飞瀑流泉、林密洞幽的山水文化，纯洁朴实、唯美浪漫的牛郎织女文化，西部商贾林立、汇通天下的商埠文化，中部俚曲悠扬、鬼怪狐媚的聊斋文化，北部气势磅礴、厚重悠久的黄河文化共同彰显了淄博浓厚的特色地域文化。但是，多年来，特色文化在城市建设中并没有过多的体现，取而代之的是在加快城市化进程中，与国内其他大中城市建设的日益趋同化以及区县之间的趋同，宽马路、大广场、大草坪、中心商务区和标志性建设成为城市硬件建设追求目标与标准。据专家分析，城市趋同化是城市建设的一个必然过程，在一定时期内，它能有效降低城市发展成本，提升城市竞争力，促进城市发展。然而，当城市趋同越过生长上限后，边际收益递减必然带来城市发展边际成本递增，转而抑制城市发展，其负面效应会不断加剧：城市管理低效率，城市资源巨额浪费，城市公共利益受到侵蚀，甚至引发城市管理部门的“信任危机”，严重阻碍城市和谐发展。因此，如何进一步挖掘区域文化特色，将其融入城市建设，成为淄博今后工作应注重解决的重大问题。

2. 产业布局有待于进一步优化。淄博市工业格局出现源于乡镇企业和民营企业发展初期阶段，对企业属地依赖性较强，因此形成单个企业“离群索居”的现象，后期地方政府招商内因促进，新上企业多依托原有工业企业选址建设，由于缺乏统一的规划协调和整体论证，形成目前工业园区遍地开花的分布现状。目前，大大小小的工业园区将各区（县）建成区包围，造成工业围城、污染围城的现象。各工业园区各自为战，各自规划，横向衔接不够，原材料、交通等发展资源没有得到有效利用，由此带来基础设施重复建设的严重浪费和使用效率的低下、企业服务市场发育不足、环境治理成本增加等问题。尤其是今后随着土地综合整治、合村并居的进一步加快，农村集体建设用地将会大量腾出，如不及时将其统一布局、统一使用，有可能造成新一轮“家家点火、村村冒烟”的工业格局。因此必须按照统筹城乡发展总体思路，合理布局产业园区，努力做到产业向园区集中。

3. 城市管理中的问题亟待解决。一是规范管理和长效管理意识相对薄弱。管理意识滞后，“重建轻管”的观念仍然存在；在管理体制上，政出多门，多头管理，职能交叉现象依然存在，形成“都管都不管”的局面；法规体系不够完善，有法不依，执法不严和以罚代管的问题时有发生。二是执法人员的整体素质和法律意识不够强。执法中粗暴执法、不按规定执法、徇私枉法的现象存在，导致执法效率、质量不高，影响城市管理的有序进行和城市发展。三是市民的文明素质亟待提高。随着社会人口流动加快，构成日益复杂，各种旧有观念和不良习惯自觉不自觉地被带进城市空间，导致交通堵塞、占道经营、毁坏绿地、乱搭乱建等现象出现。四是环境整治任务依然繁重。许多道路两侧建筑陈旧，新楼旧楼混杂，建筑立面破损、脏乱，影响景观效果。基础设施配套滞后于城市建设，如城市新区存在小区已建成入住而配套设施不到位现象，造成居民生活不便。

4. 城镇体系规划建设亟待完善。目前按照“四个层级”的要求，“1733”的现代化城镇格局已基本确立，但四个层级的定位及人口、空间资源配置还不尽合理。中心城区的辐射带动作用还有待于进一步加强；次中心城区功能定位不够清晰；中心镇、中心村在功能定位、主导产业培育方面有模糊认识，存在功能定位不清、产业布局散乱、生态文明建设薄弱、中心村特色不明显的问题。特别是在主导产品培育方面，在对全市49个重点工业园区调查中有23个园区没有编制园区规划，或不按照产业规划实施，在园区发展上缺少宏观指导，在招商过程中存在注重“量”而忽略“质”、园区的主导产业不明晰的现象，导致大多数工业园区同质竞争严重。

5. 影响城市建设的制约因素亟待破题。一是资金短缺是城市建设主要瓶颈。调研中大部分区县均反映“资金短缺仍是制约城市建设快速发展主要瓶颈”。另外，受金融危机的影响，开发商筹资也出现困难，部分在建项目进展缓慢，甚至处于停工状态，形成了新的“烂尾楼”“半拉子工程”。二是城建领域的不稳定因素增多。大部分市政基础设施建设项目均涉及征地、拆迁等问题，随着城市开发建设规模的扩大，旧城区及城郊民房拆迁项目增多，由此引发的社会矛盾也随之增多，群众上访甚至群体上访、越级上访的现象时有发生，新的不稳定因素时有出现。随着城市品位的提高，加之新型建筑材料的普遍使用，对建设行政主管部门的监管工作提出更高的要求，工程安全、质量监管形势严峻。三是城市园林水系景观开发建设不足。目前城区河道水系景观开发建设依然不足，离生态城市目标有较大差距；城市绿量总体不足，绿化种植结构不合理，绿地植物种类单一，绿化方式单调；调研中还发现中心城区近几年精品工程不多，尤其缺乏有地区特色、有代表性的精品景点或设施。四是土地要素制约严重。中心镇的主干路两侧，大多历史性的被居民或商铺占据，而整个建成区又被围在基本农田保护区之中，中心镇改造外扩又不能突破农田保护区这条红线，城镇发展建设受限制。特别是一些改革措施出台后，相应的政策没跟上，也制约了中心镇主观能动性的发挥。

四、对“十二五”期间淄博市城建工作的几点思考

“十二五”时期，工业化和城镇化步伐将进一步加快；国

内消费需求对经济增长的拉动作用将进一步增强，区域经济、城乡之间将进入统筹协调发展的新阶段。全市城建工作应继续按照“中心凸显、十字展开、组团发展”的城乡总体布局和统筹城乡发展、构筑新型城镇体系的目标要求，加快城乡布局调整，完善城镇功能，以中心城区、次中心城区、中心镇和中心村“四个层级”为核心，加快推进城镇化进程。力争到2015年全市城镇化率达到68%左右。

1. 进一步完善提升区域性中心城市功能。随着城镇化进程的加快，努力提升区域性中心城市的辐射和带动作用日显重要。作为全省地处鲁中的中心城市，在完善提升区域性中心城市功能方面应着重解决好三个环节。一是将区域性中心城市功能定位于全省五个重点区域带动战略之中。特别是在全省“一蓝一黄”战略中寻求新的功能突破。重点加强与周边城市的发展规划对接、重大基础设施对接、信息资源共享系统对接，把加快融入全省区域发展战略作为拓展经济发展空间，塑造淄博发展新优势的重要手段。二是与培育区域经济发展新优势紧密结合。紧紧围绕淄博市未来重点发展的新材料基地、疏港物流、资本市场发展三大优势，以打造区域“无水码头”、全国新材料名都、全省性股权交易市场等优势为依托，进一步完善城市功能，扩大区域性中心城市的集聚效应和辐射功能。三是加强各区县间的功能互补。完善提升中心城区功能，促进区域间产业协作，重点抓好老城区改造、新城区行政中心和金融中心建设，做大做强做美做畅中心城区；完善提升次中心城区功能，淄川、博山、周村、临淄四区及桓台县，应积极对接中心城区辐射，做优做精作出特色，发挥好区域内产业发展、生态环境、生活居住、文化商贸等优势，实现区域优势功能互补；高青、沂源县应充分发挥“山水生态”的特色，强化生态环境建设，打造淄博生态建设高地。各区县应紧紧把握“十二五”期间城镇化加速发展的趋势，兼顾长远发展、现实需要和承受能力，早谋划、早着手，找准城镇功能上的“短板”，建设完善一批提升城市化功能、改善群众生活的重点项目和民生工程，打造功能完善、各具特色的城市风貌。

2. 加快推进新型城镇化。“十二五”期间，是淄博市构建新型城镇化体系的重要时期，应全面落实市委、市政府关于加快培育建设中心镇的若干意见，认真搞好3个试点镇的改革发展，在工作中应突出解决好4个问题。一是城镇功能定位问题，集中扶持30个左右的中心镇，强化产业支撑，优化产业布局，发展特色经济，夯实产业基础，完善功能配套，使其成为所在区域经济、文化、服务中心；立足城镇现有产业、区位、资源条件等合理确定多类型特色镇、专业镇、产业镇。二是主导产业培育问题，发挥城镇优势，因地制宜的构建和培育各具竞争优势的特色立镇主导产业和产业集群，重点是依托现有大企业，积极拓展上、下游产业，拉长产业链条；依托现有国家、省级名牌产品，进一步优化环境，尽快实现产业聚集，打造优势产业集群。三是功能区的规划建设问题，根据淄博市主体功能区域布局，合理制定不同开发区的差异性发展政策体系，对限制和禁止开发区，制定严格的保护措施，建立健全生态补偿和投入长效机制；对优化提升区，大力推进产业布局调整，加快发展高新技术产业，坚决淘汰落后产能，有序推进过剩产能的转产或转移；对重点发展区，制定完善开发规划，明确产业定位和发展方向，打造品牌特色产业集群和品牌特色园区。四是中心村布局及特色问题，综合考虑区位、产业、人口、资源、风俗等多种因素，突出抓好300个左右的中心村（农村社区），生活设施要按城镇标准进行规划，生产设施主要与一、三产业和手工业发展相适应；要注重中心村建设特色问题，突出产业特色、建筑特色和文化特色，规划建设特色鲜明、功能完善、配套齐全的新型农村社区。

3. 加大重大城乡基础设施投入力度。规划建设一批重大基础设施项目是提升城市形象、完善城市功能的重要载体。“十二五”期间，淄博市应从有利于城乡一体发展的角度，规划建设一批重大基础设施，在规划布局上应注重考虑以下几个环节。一是从“全域淄博”角度考虑布局。基础设施是城市的骨架和脉络，是构成城市功能和承载力的基本要素，也是以“一体化”推倒“二元墙”的有效途径。应立足淄博全境，冲破行政区划限制，把城市与农村作为一个整体，统筹谋划，在全域内一体布局基础设施，构建以中心城区为中心，7个次中心为主体、30个中心镇为节点、300个中心村（新社区）为基础的城乡基础设施网络，形成城乡统筹、相互衔接、全面覆盖的城乡基础设施网络体系。二是从城乡一体化角度考虑基础设施统筹布局。按照“四个层级”的要求，加快城市基础设施向中心镇、中心村及周边镇、社区的延伸，本着统一规划，分期实施，逐步到位原则，统筹推进项目建设，逐步建立起“干支相连、区域协调、城乡通达、顺畅便捷”的“大交通”体系、“南蓄北引、三河相通、两库相连、客水补源”的“大水系”体系、“雨污分流、垃圾无害、气电改造、三网融合”的“大网络”体系。三是从增强城乡基础设施共享能力角度考虑布局。淄博市作为组团式城市，城市布局分散，各城区基础设施自成系统，全市联网困难较大，目前除电力、通信、消防、道路全市联网，其他都是各区自成系统，大大降低了城市功能的发挥，这也是城市功能差的主要原因。应认真分析现实和需要、需要和可能的辩证关系，探索实现全市基础设施联网的各种方案，构筑现代化的城乡基础设施，使全市居民共享到标准一致、水平均衡的路、水、电、气、暖、信息等公共基础设施。

4. 继续推进环境保护和生态建设。强化“大生态”理念，继续加大治污力度和生态恢复建设。把环境保护与转方式、调结构、惠民生有机结合起来，以创建国家环境保护模范城市为载体，进一步强化环保“命门”意识，突出抓好污染减排、水污染综合防治、环境空气质量改善和环境风险防控，建立健全网格化、全覆盖、全天候环境监管机制，严格执行环保“第一审批权”“一票否决”和“顶格处罚”，努力构建社会各界广泛参与的环保工作大格局。建立城乡一体的生态安全体系，按照市域三大生态功能区划，以南部自然山体林地和北部大面积农田作为生态基准面，以沿黄河、小清河生态链和大型市政走廊、各城区间绿化隔离带等大型带状绿地为基础，以铁路、高速公路、城市快速路两侧的防护绿化隔离带和城市主、次干道两侧公共绿带为骨架，以淄河、孝妇河等水体作为绿化走廊，以城市公园和大范围均匀分布的街头绿地为生态节点，构建多层次、多功能、点线面相结合的生态网络体系。突出抓好对生态绿化地区、风景旅游区、水源涵养区、农业用地区、园地区、林业用地区等重点生态保护区域的管理。

5. 创新城市建设融资方式。在统筹城乡经济社会发展过程中，城乡建设的任务十分繁重，资金需求量很大，而现行的投融资格局远远不能适应需要。因此，必须拓宽思路，深化城乡投融资改革，创新城乡投融资方式，逐步建立起政府投资规范、社会投资活跃、投资主体多元、融资方式多样、服务保障有效的新型投融资格局和机制。一是调整财政支出结构。在市场经济条件下，政府的主要经济职能是弥补“市场失灵”和“市场缺陷”，为社会提供公共物品。因此，今后各级财政部门必须树立现代市场经济的理念，转变财政职能，着力保障城乡统筹建设中公共物品需要；改进财政资金使用方式，通过运用参与投资、贴息支持等办法，引导社会资金投向，发挥财政资金“四两拨千斤”的作用。二是积极引进和培育金融机构。引进和培育多种金融机构，用好用足金融机构的信贷资金；大力扶持信用担保公司发展，更好地为中小企业融资服务；鼓励组建创业投资公司，积极引进风险投资资金。三是发挥民营经济的投资主体作用。放宽市场准入，降低注册登记门槛，改革项目审批制度，更充分地发挥民营经济的投资主体作用。四是组建一批实力较强的投融资公司开展产业化运作。利用国有资产从竞争性领域退出的资本，联合被征地农民、村改居农民和村集体组织参股，并吸收其他民间资本，组建一批基础设施建设投资公司，这样既让农民变居民，从第一产业进入第二、第三产业，又能使资产变为股份，让农村农民也像城市居民一样，有就业岗位，有股份资产。五是发展推进产权融资。发挥淄博市全省性股权交易市场的平台作用，促进城乡企事业单位产权流动，增强资本经营的能力。六是积极探索其他新型融资方式。积极探索推进 BOT（建设—营运—移交）和 TOT（转让—运营—移交）融资方式、融资租赁方式、有选择地运用集合信托方式筹措项目建设资金方式、拍卖政府掌控的无形资产资源筹集资金方式、政府投资项目建设的“总承包制”和“代建制”，努力实现政府少花钱、多办事、办好事。

6. 继续深化城市精细化管理。城市精细化管理就是将工业精细化管理理念融入现代城市管理当中。一是坚持科学设计和确定城市建筑的基本风格，提升城市文化品位。建筑风格和色彩最能反映城市的特色。塑造城市特色，不能盲目模仿和照搬，必须从市情出发，充分考虑城市自身的特点和优势，塑造具有特色的城市形象。淄博市具有历史文化名城深厚的文化底蕴，具有近现代工业超过百年雄厚的产业基础，也具有南山北水生态风貌的优美的自然环境，要运用现代化手段综合考虑各类因素，包括特定的地理地貌、气候植被、文化习俗、传统历史以及地域内建筑艺术、建筑技术和色彩的关联等，尽快制定《淄博市城市建筑风格与色彩规范》，通过建筑分类、分级和城市分区两个层面，对建城区规划范围内的建筑外立面的风格、色彩、材质、建筑细部设计等方面加以引导和控制，同时加强城市精品景点、设施建设，形成与淄博实际相适应独具特色的淄博建筑风格。二是采取运用数字化、网络化先进管理手段，实现现代城市的科学管理。充分发挥淄博市作为“863”数字化城市试点城市的优势，结合实际，坚持统筹规划，总体设计，面向全市，条块结合，以区县为单位，搭建城市管理信息平台。建立和完善城市综合管理数据库，全市实行统一编码，内容要涵盖规划设计、市政道路、城市绿化、房屋建筑、市容环卫、公共交通等各方面的情况，为城市规划、建设、管理和运营服务。建立和完善“12319”城建服务热线，使之成为城市数字化的有力支撑。三是社区建设配置完善、运转有效。社区是城市经济和社会生活的基本单元。应立足组团式城市特点，统筹城乡社区建设，以和谐社区建设为抓手，以社区服务为重点，健全服务机构，完善服务设施，拓展服务内容，逐步建立职责明晰、制度健全的社区组织体系，系统科学、配套完善的社区管理体系，项目齐全、设施完备的社区服务体系。力争用 3～5 年时间，全市 50%以上的社区达到市级以上和谐社区建设标准，90%以上的农村行政区实现社区建设全覆盖。四是完善城市管理体制，形成联合执法、文明执法的长效机制。坚持管理延伸到每一个角落的原则，处理好数字化城市管理与城市行政综合执法的关系，形成部门联动机制，通过建立和完善发现及时、文明执法、解决有效、监督有力的长效机制，保障城市运行的安全有序。

（中共淄博市委政策研究室 2011 年 1 月 11 日）

关于推进中心镇建设应注意把握的几个问题

一、关于合理确定中心镇规模问题

中心镇的规模问题一直是城镇建设中的关键问题，其规模大小与辐射带动能力有直接关系。从一些先进地区情况看，大都根据中心镇的经济实力，不断扩大中心镇规模，江苏、浙江、广东等地区部分乡镇人口规模已经达到十几万甚至几十万。潍坊市从 2007 年底开始的新一轮乡镇机构改革，至 2008 年 6 月底完成，历时仅仅半年时间。潍坊市 190 个乡镇撤并为 117 个，大部分乡镇人口在 8～10 万人。淄博市现有 77 个镇、5 个乡，3102 个行政村，根据淄博市城市总体规划(2006～2020)报批稿》及《区(县)域村镇体系规划(2009～2020)》,淄博市将有 16 个近郊镇并入中心城区或次中心城区,下表为其余 66 个乡镇人口及面积情况。

淄博市部分乡镇人口及面积情况表

表 28—01

区县	乡镇	人口(人)	面积(平方公里)	区县	乡镇	人口(人)	面积(平方公里)
张店	中埠镇	22500	20.47	周村	南郊镇	37200	59.2
	湖田镇	26800	26.88		北郊镇	37500	58.43
淄川	双杨镇	67300	52.02	桓台	马桥镇	30568	46.27
	昆仑镇	54000	32.0		起风镇	58560	55.37
	龙泉镇	48000	40.2		新城镇	36000	44.61
	磁村镇	26000	60.0		邢家镇	20304	27.48
	东坪镇	18000	38.45		田庄镇	49619	50.93
	黑旺镇	21000	71.0		荆家镇	46669	55.96
	岭子镇	37000	78.0		陈庄镇	22223	32.85
	罗村镇	57000	70.0		周家镇	19102	30.70
	商家镇	23000	54.3		唐山镇	38669	43.64
	西河镇	23000	36.5		果里镇	51850	67.22
	寨里镇	33000	46.1	高青	青城镇	35328	52.3
	淄河镇	22000	84.3		高城镇	43019	109.0
	峨庄乡	18000	93.0		唐坊镇	33542	95.0
	太河乡	21000	91.7		常家镇	30890	85.3
	张庄乡	15000	54.79		黑里镇	43201	96.0
博山	源泉镇	15448	51.57		花沟镇	58098	89.8
	北博山	26785	62.42		木李镇	33731	63.7
	八陡镇	39990	40.97		赵店镇	19735	49.0
	石马镇	23137	44.67	沂源	东里镇	53000	130
	崮山镇	21455	29.78		悦庄镇	61000	168
	南博山	20713	80.37		土门镇	18000	120
	池上镇	22325	135.03		鲁村镇	51000	120
临淄	凤凰镇	49333	65.2		中庄镇	31000	107
	朱台镇	52000	77.2		西里镇	49000	123
	敬仲镇	33240	59.9		张家坡镇	27000	98
	皇城镇	52608	87.9		大张庄镇	32764	193.3
	梧台镇	24260	38.8		三岔乡	25000	117
	齐都镇	42203	50.7		徐家庄乡	22000	80.1
	边河镇	29609	69.4		燕崖镇	30000	123
周村	王村镇	49000	57.49		石桥镇	31000	113
	萌水镇	29800	48.4	高新区	卫固镇	23700	45.1

注:以上数据为市规划局提供,截止时间为 2010 年 8 月。

从表中可以看出，淄博市多数乡镇人口少、地域小，其中有30个乡镇人口不足3万人，有18个乡镇面积不超过50平方公里。省委在这次乡镇机构改革实施意见中，明确提出“除山区、滩区、湖区、海岛等特殊地域外，原则上不再设置3万人以下的乡镇”，并提出“力争五年左右时间实现农村社区建设全覆盖”。因此，根据现有乡镇地理位置、产业基础、经济实力对乡镇进行适当合并已是大势所趋。

基于淄博市乡镇现有实际，在合并乡镇、扩大规模过程中，建议应注意把握以下原则。一是中心镇设置要与省乡镇机构改革实施意见精神相吻合。除部分山区乡镇外，原则上不再设置3万人以下的乡镇。二是中心镇设置要与统筹城乡发展意见相一致。淄博市统筹城乡发展意见中确定全市建立30个中心镇，因此，必须处理好剩余乡镇与30个中心镇的关系。三是中心镇设置要与主体功能区划相匹配。以有利于形成区域特色经济为原则，合理设置不同发展类型的中心镇。尤其要注重形成流域一体管理、保护区一体管理的格局。四是中心镇设置要与市域空间布局相协调。中心镇合并组合主要目的是带动区域经济社会发展，从现有情况看，有些乡镇已成为区域的中心镇，也有些区域(如大部分山区及北部粮食主产区)还没有形成带动能力强的中心镇。因此，必须从市域空间布局上在这些区域合理设置中心镇，确保统筹城乡发展协调有序地进行。

这一次乡镇合并和中心镇的确定，将对淄博未来城镇体系的形成有至关重要的作用，因此，必须着眼未来，长远谋划。建议：以省乡镇机构改革为契机，以形成现代化网络型大城市为目的，将82个乡镇中16个近郊镇尽快进行镇改办并入中心城区或次中心城区，其余66个乡镇中除东南部山区乡镇外根据实际情况尽量与确定的30个中心镇合并。

二、关于开展中心镇发展改革试点的问题

从先进地区的经验看，集中力量抓好几个具有较好产业基础、区位优势明显、经济实力较强的中心镇作为发展改革试点，推进强镇扩权，对于迅速提高城镇化水平，加快推动中心镇建设具有重要的示范引导作用。经过多年的发展，淄博市一批经济强乡镇迅速崛起，无论是产业发展，还是经济实力，都具备全面实施统筹城乡发展的条件，有的乡镇在统筹城乡发展方面已先行一步。但仍有部分乡镇受自然资源及地理位置等限制，经济并不发达，辐射带动作用较弱。鉴于这种发展不平衡的现状，由市和区县分别选择几个产业特色明显、发展潜力大、财政实力强、地理位置优越的中心镇，利用5年左右的时间，赋予它们相应的政策和职能，封闭运作，先行先试，为推进全市统筹城乡发展积累经验是非常必要的。

试点中心镇作为全市统筹城乡发展的着力点和突破口，应按照规划先行、布局合理，因地制宜、分类指导，统筹兼顾、重点突破的原则，以产业向园区集中、农村人口向城镇集中、土地向规模经营集中的“三个集中”为根本方法，完善试点中心镇的规划体系，加快产业向园区集中力度和农村人口向居住小区集聚力度，加大用地支持政策，建立政府财政扶持政策，下放部分管理权限。通过加强规划引领、深化体制改革、制定扶持政策、创新工作机制，推进强镇扩权，充分发挥试点中心镇集聚辐射作用，实现生产力的合理布局，进一步提高试点中心镇经济社会发展水平，使之成为体现科学发展、城乡一体发展和具有浓郁地方特色的城乡统筹发展改革试点，成为产业发达、功能完善、布局合理、生态良好、生活富裕、具有较强辐射带动能力和可持续发展能力的小城市，成为全市统筹城乡发展综合配套的改革试验区、城乡一体化发展的先行区。市委、市政府已确定淄川区昆仑镇、临淄区凤凰镇、桓台县马桥镇作为淄博市第一批市级中心镇发展改革试点，相关意见即将出台。建议：各区县也应结合各自实际，尽快确定1个中心镇作为区县级中心镇发展改革试点，并参照第一批市级中心镇发展改革试点的扶持政策，研究制定促进区县级中心镇发展改革试点的具体政策措施和实施细则，力争在统筹城乡发展中率先实现突破。

三、关于中心镇特色产业发展问题

加快推进中心镇建设，产业支撑是基础。只有把中心镇的产业发展与镇村建设、生态建设结合起来，科学规划产业发展路径，确立特色主导产业，实现产业集聚发展，中心镇建设才能稳妥推进，取得事半功倍的效果。

1. 要科学确定主导产业。各个中心镇要充分发挥区域资源、市场、文化和区位的比较优势，合理确立城镇功能定位，坚持宜工则工，宜农则农，宜商则商，在先进制造业、物流、旅游、农产品加工等领域，合理确定1～2个具有产业基础和发展潜力的主导产业，要考虑有发展前景，要考虑产业链延伸和可持续发展，要考虑做大做强的可行性。打造一批专业化生产、一体化经营、协作密切的中小企业聚集群，构建特色产业聚集“点”“块”和良性互动的产业聚集“链”，形成“一镇一品、一镇一业”的特色镇、专业镇。

2. 要合理调整中心镇产业布局规划。高标准编制中心镇产业规划，强化产业园区规划布局和特色建设，引导企业有序向园区集中。对于已形成一定基础的园区，要进一步从规模、基础设施、产业发展方向等方面进行完善；对零星的、或基本没有开发的工业园区，要进行归类合并；对那些既不成规模、也不具有专业特征的工业园区，应运用多种手段加以关闭或迁移。注重园区的形象定位，包括对产业特色、技术层次、服务功能、建设风格、引资对象选择以及营造独特的园区文化等，避免园区的同质化和低层次恶性竞争。

3. 要突出抓好骨干企业、主导产品的做大做强。围绕搞好产业链的前延、后伸和配套，实现特色产业快速发展。按照一个园区带动一个中心镇的建设要求，以大企业为龙头，以产业链为依托，以特色产业为支撑，整合区域资源配置，促进区域生产要素向园区集聚，努力打造一批具有规模

竞争优势的特色产业集聚区。建议市区县发改委、经济信息局、规划局、环保局、农业局等部门对中心镇的产业发展以及园区建设进行一次梳理，结合“十二五”规划的编制，合理确定各中心镇产业发展定位，理清产业发展路径，使之尽快步入科学发展轨道。

四、关于如何处理镇村合并中的土地及集体资产问题

土地的问题始终是农村的首要问题。加快中心镇建设，推动镇村一体化发展，必然涉及土地的调整及集体资产的处置，这个问题事关农民切身利益，事关农村长期稳定，必须妥善处理。

1. 探索解决农耕土地依法有序流转。土地向规模经营集中，是统筹城乡发展的基本路径之一，是改变农民生产生活方式的有效途径。近几年来，全省许多区县有了比较成熟的做法，将土地的承包经营权出租给公司、产业合作社和种植大户，农民每年除收取一定数额的租金，再到公司上班成为产业工人，把单纯的农业生产收入转变为土地承包经营收入和农业产业工人工资收入，走活了土地流转、使用“一盘棋”。淄博市部分区县也在进行探索，如博山区北博山镇、池上镇、石马镇等，但目前存在的问题主要有两方面，一方面是土地流转不规范，绝大部分土地流转是农户与公司直接签合同，双方利益没有保障，镇村土地流转服务体系不健全；另一方面是剩余劳动力的转移问题，土地实现规模化经营以后，将产生大量富余劳动力，这部分人如何就近就业，是必须认真研究思考的问题。建议有关部门尽快对土地流转制定政策性文件，实现规范发展。

2. 探索集体非农建设用地节约集约使用。伴随原有乡镇产业的发展、土地综合整治力度的加深以及旧村改造步伐的加快，农村集体非农建设用地大量增加。如何妥善处理好这块“大蛋糕”是必须认真思考并加以解决的重大问题。广东、江浙等一些先进地区早在10年前开始进行改革试点，对集体非农建设用地的产权界定、流转范围、流转年限、流转方式、流转程序、流转收益金的收入安排及分配都制定了具体的细则和办法，探索出了国有建设用地和集体建设用地“双驾马车”并行的土地供应渠道，进一步体现了农村集体建设用地的资产价值。淄博市在这方面也做了一些探索，取得一些效果，但也存在一些不可回避的问题。其中最主要的是集体建设用地流转不规范、农民土地财产权的保护力度不够。建议尽快制定集体土地流转管理办法，合理确定集体建设用地流转收益分配比例，对在旧村改造和村庄整合过程中节约的建设用地优先用于集体经济组织发展和公共设施建设。

3. 探索农村集体资产改革。如何盘活农村集体资产一直是农村改革的重要方面。一些先进地区探索建立的集体资产量化到户—发放产权证—实行股份合作社制度，效果明显。许多专家认为这是“三农”领域的重大制度创新，为集体资产的产权明晰，为保护农民的共同利益，为集体资产增值保值创造了条件。据初步了解，淄博市农村集体资产近550亿元，这是一笔巨大的财富，建议尽快将农村集体资产改革纳入各级政府的重要议事日程，制定改革方案，为推进全市统筹城乡发展打好基础。

五、关于抓好中心镇镇村特色建设问题

中心镇特色建设是小城镇发展个性化、特色化、专业化、品牌化的集中体现，“特色的城镇个性”应是现代城镇发展中的一项核心竞争力。要按照地理、历史、人文和产业特点，立足城乡衔接，构建连接城市与农村的特色城镇。在中心镇的特色建设方面，重点应抓好三个方面。一是产业特色。根据当地的生产习惯、区位优势、产业特点、文化内涵等方面，科学合理的确定中心镇的产业特色。南部以山区经济开发为重点，在休闲旅游和特色种养等方面寻求特色突破，形成地区特色优势。北部平原以农业生产和工业加工为重点，充分发挥传统产业优势，依托主产业快速扩大生产规模，尽快打造产业龙头，形成特色带动。二是建筑特色。根据淄博市地理区位实际，应分三种类型展开特色建设。第一种是山区社区建设。山区有人口少、分散多、交通不便、社会公益保障困难等特点，不宜大面积展开高层多套楼房式社区建设。应因地因情以小面积、低层楼房布局建设为主，既要方便生活，又要科学合理。在生活和社会公益保障方面要以太阳能、风能、沼气等自然能源和生物能源为主，形成经济、科学、生态、和谐独具特色的新型山区社区。第二种是丘陵社区建设。淄博市中部丘陵地区要依托岭沟地势，沿丘陵走向展开建设，既便于生活，又能节约土地。凸现山区丘陵建筑风格，与自然景观遥相辉映。第三种是平原社区建设。根据人口多、交通便利、社会公益保障方便等特点，宜建设大型社区，突出大而全的特色，特别是离城区较近的中心镇及农村社区，要以城区卫星城布局，与城区建筑风格相匹配。三是文化特色。俗话说“十里不同俗”。要深入挖掘各地区不同的民俗习惯，做好文化传承发展的文章。依托当地的文化资源发展民俗旅游。特别要注重将民俗文化印刻在建筑之中。高起点设计一批代表本地文化特色的建筑物，使之成为区域性标致景观。

六、关于创新拓宽中心镇投融资渠道问题

加快推进中心镇建设，资金是关键。创新中心镇投融资体制改革，拓宽投融资渠道，主要是构建以政府资金为引导，金融资金为支撑，社会资金为主体的多元化、多渠道的投融资体系。

1. 强化政府资金的引导作用。建议设立市级加快中心镇专项发展资金，各区县也应有尽有设立相应的配套引导资金，采取“以奖代补”的方式，对中心地镇开展规划布局以及路网、给排水、照明、绿化、环卫设施等重大基础设施项目建设给予补助。最大化的发挥有限财政资金的倍增效应，起到集聚信贷资金、撬动社会资金、引导各种资源共同投入中心镇建设的作用。应改善中心镇的财政管理体制，扩大财政资金来源，建立中心镇公共财政稳定增长机制。

加大财政转移支付力度,特别是要加大经济相对落后的中心镇和库区、山区中心镇的转移支付力度和生态补偿力度。在中心镇范围内收取的相关税费,除按规定上缴中央、省、市外,原则上全额用于中心镇基础设施建设和改善民生支出。

2. 完善中心镇建设金融服务体系。要积极争取政策性金融机构进行有针对性的贷款,鼓励各类商业银行积极参与中心镇建设,充分发挥小额贷款公司等新兴金融力量作用。建立适合中心镇发展的金融环境,加强银企合作,降低金融风险,特别是要完善中小企业担保、农业小额担保以及股权质押、专利质押、土地承包经营权抵押、农村住房抵押等贷款体制。支持中心镇成立城镇建设投资开发公司和工业园区开发建设公司等投融资平台建设,筹集和运作城镇建设资金。

3. 加大社会融资力度。坚持"谁投资、谁管理、谁受益"的原则,将部分基础设施和公益事业推向社会、推向市场。全方位地吸引社会资金实行中心镇土地的有偿开发和基础设施的有偿使用,对中心镇建设中的经营性项目、公益性项目和混合性项目灵活采取招标拍卖、经营权转让、冠名权有偿使用、股份合作直接投入、旧村改造盘活存量和配套联建等多种形式,逐步把城建项目的建设和经营推向社会、推向市场,放开搞活中心镇基础设施建设和经营市场。

七、关于以社区综合服务中心带动农村社区建设问题

加快推进农村社区建设,发挥社区综合服务中心的龙头带动作用至关重要。诸城市的合村并居就是通过在2.5公里范围内建设社区综合服务中心,整合打包中心村现有的管理、教育、卫生、金融、警务室、超市、文体中心等公共资源,影响和吸引中心村周边村庄群众向中心村聚集融合,加快形成新的社会生活共同体,使之成为农村公共服务的基地、农民致富的平台、农村经济社会发展的助推器。

中心村(农村社区)的建设主要应解决好三个方面的问题:一是以生产方式的转变带动农民生活方式的转变。一家一户的传统农业生产方式,是以解决农民温饱为目的,目前看这种生产方式对现代农业的发展起到严重制约作用,转变传统农业生产方式,走规模产业化、标准化、生态化的发展路径成为增加农民收入,提升农业产业水平,促进农业跨越发展的必由之路。转变农业生产方式关键在转变农民的观念、找准发展路径以及龙头企业培育三个方面,只有改变农民传统农业生产方式,使之成为旱涝保收且具有一定生活保障的农业产业工人,农民就会追求更高水平的生活方式,向农村社区式城镇集中居住区聚集就成为必然选择。二是以完善的基础设施服务吸引农民向农村社区聚集。建设农村社区一定要做到水、电、气、暖、路等基础设施完善配套,教育、卫生、托幼、养老、警务、金融、邮政、超市等服务设施齐全。同时,还要搞好生态绿化美化,使农民在风景优美、舒适便捷的环境中生活。通过硬件建设改变农民的生活方式,提高农民的素质,实现城乡最大融合。三是以增加农民财产性收入弥补农民生活成本的提高。放弃原有宅基地搬入楼房或集中居住区的居民,生活质量得以提高,但水、电、气、暖、物业等方面的支出都较以前有所增加(有些地区初步统计每户每月平均增加100元左右),如何化解这块成本,是各级政府必须考虑和面对的现实问题。许多地区在这方面都做了积极的探索,其中有一种做法比较有效,就是利用占补平衡后的剩余土地通过流转形成的级差地租返还集体,形成集体财产,然后将产权量化到户形成的股权收益作为农民财产性收入,来消化生活成本提升部分。

农村社区的建设首要的是加快社区综合服务中心。要以社区综合服务中心建设为龙头,合理确定中心村(农村社区)的位置及规模,采取"整体规划、分步实施、整合资源、先易后难"的原则逐步推进村庄合并,建设农村社区,在具体工作中,特别注重两个问题。一是市、区县、乡镇三级政府应改变原有的"村村通"的工作思路,将推进新型社区建设工作列入经济社会发展规划,对农村的公共服务和公益事业设立专项经费并逐年加大投入,把财力和争取的项目资金尽量向农村社区服务中心建设上倾斜。二是整合各类资源,将中心镇建设、文明生态村工程、村级组织活动场所建设和其他支农经费,与农村社区服务中心建设对接,按照"捆绑发展、集中使用、上下齐攻"的原则,将各级各部门用于农村社区的警务室、卫生室、计生室、劳动和社会保障所、文化站、文化大院、生活超市、农资超市、慈善超市、农家书屋、体育健身设备、社会福利设施建设等资金整合在农村社区服务中心,避免多头建设、重复建设、分散建设。以配套完善的社区服务中心吸引农民向中心村集中。

(中共淄博市委政策研究室 2010年10月21日)

本部类编　辑:王　娟
副主编:徐　杰
校　对:马震刚
杨　凤

驰名商标和著名商标

驰名商标（2010 年）

表 28—02

企业名称	商标名称	商品名称	区县
山东欧木特种纸业有限公司	双峰	特种纸	临淄
山东玉兔食品有限公司	玉兔及图	醋	周村
山东恒利石油化工股份有限公司	恒导	导热油	周村
淄博江辰时装有限公司	海思堡 ASPOP	服装	桓台
山东齐胜工贸股份有限公司	齐润及图	润滑油、工业用油	临淄
淄博商厦股份有限公司	ZBCB 及图	推销（替他人）2010	张店
山东黄河龙集团有限公司	黄河龙及图	白酒	桓台

著名商标（2010 年）

表 28—03

区 划	申 请 单 位	注册商标
张店区（2 个）	山东万丰煤化工设备制造有限公司	万丰
	淄博柴油机总公司	淄柴及图
淄川区（3 个）	淄博统一陶瓷有限公司	瓦伦蒂诺
	山东唐骏欧铃汽车制造有限公司	欧铃
	山东淄博沈淄耐火材料有限公司	沈淄及图
博山区（6 个）	山东祥和集团股份有限公司	汇祥及图
	博山精工泵业有限公司	鲁阳精工及图
	淄博正堂酿造有限公司	正堂及图
	山东正昌煤矿机械有限公司	颜神及图
	淄博市博山防爆电器厂有限公司	淄防及图
	淄博市博山晨光建材机械有限公司	晨光及图
周村区（5 个）	山东三金玻璃机械股份有限公司	三金
	淄博市周村鸿业床垫沙发厂	鸿嘉及图
	淄博利华通风设备有限公司	利华
	山东周村烧饼有限公司	月华及图
	淄博兴华医用器材有限公司	兴华
桓台县（2 个）	山东博汇纸业股份有限公司	博汇
	山东黄河龙集团有限公司	黄河龙
沂源（1 个）	沂源县果树技术服务部	沂蒙山及图
高青（1 个）	淄博华梅化工有限公司	飞驰及图
高新区（2 个）	山东世博金都药业有限公司	天威及图
	山东三泵科森仪器有限公司	KESEN

著名商标名单（2010年续展著名商标）

表28—04

区　　划	申　请　单　位	注册商标
张店区（6个）	淄博中昌特种水泥有限公司	中昌及图
	山东伯仲真空设备有限公司	伯仲及图
	淄博城东企业集团有限公司	福惠
	淄博蓄电池厂	火炬及图
	山东大成农药股份有限公司	植保及图
	淄博绿象橡胶厂	日久
淄川区（5个）	山东淄博锦宏水泥有限公司	柳泉及图
	淄博弘扬石油设备集团有限公司	弘扬及图
	淄博七河绿色食品开发有限公司	七河及图
	淄博强赛特陶瓷有限公司	狮王及图
	淄博南韩化工有限公司	鲁韩及图
博山区（4个）	淄博大通矿山机械制造有限公司	五龙及图
	淄博真空设备厂有限公司	双山牌及图
	山东博大集团有限公司	博大及图
	博山陶瓷有限责任公司	宝石及图
周村区（6个）	山东鲁宝冶金股份有限公司	鲁宝及图
	淄博长城电缆制造有限公司	慧伟及图
	山东华王酿造有限公司	王村及图
	淄博鲁特润滑油有限公司	鲁特及图
	淄博齐鲁焊业有限公司	齐鲁及图
	山东嘉周化工有限公司	博化及图
桓台县（4个）	山东省淄博蠕墨铸铁股份有限公司	迎风
	山东晨钟机械股份有限公司	晨钟
	山东汇丰管业有限公司	鲁丰
	山东辰龙纸业股份有限公司	辰龙
沂源县（3个）	山东联合化工股份有限公司	东风及图
	山东药用玻璃股份有限公司	沂蒙及图
	淄博强力防水材料有限公司	强力及图
高青（1个）	山东流云纺织有限责任公司	流云及图
开发区（2个）	山东金晶科技股份有限公司	金晶及图
	山东淄博新达制药有限公司	新达罗

（市工商局）

名牌产品

山东名牌(2010年)

表28—05

序号	企业名称	产品名称	品牌	申报状态
1	金晶(集团)有限公司	平板玻璃(浮法)(2mm～25mm)	金晶	复评
2	山东博泵科技股份有限公司	离心泵全系列	博山	复评
3	山东龙泉管道工程股份有限公司	预应力钢筒混凝土管(DN600mm～DN4000mm)	颜神龙泉	复评
4	山东颜山泵业有限公司	潜水电泵QJ系列、排污泵(QW系列、ZJQ系列)	颜山	复评
5	淄博华成泵业有限公司	渣浆泵ZJA	华成	复评
6	山东博汇纸业股份有限公司	书写纸	博汇	复评
7	山东晨钟机械股份有限公司	双盘磨浆机	晨钟	复评
8	山东东岳高分子材料有限公司	聚四氟乙烯树脂	东岳联邦	复评
9	山东国弘重工机械有限公司	塔式起重机QTZ125、QTZ250	迎风牌、GUOHONG牌	复评
10	山东淄博金泰轧辊有限公司	轧辊	金泰	复评
11	淄博大桓九宝恩皮革集团有限公司	沙发	宝恩	复评
12	山东蓝星东大化工有限责任公司	聚醚多元醇	东大	复评
13	山东长志泵业有限公司	化工离心泵全系列、石油化工离心泵全系列	兴齐	复评
14	山东美陵化工设备股份有限公司	钢结构用高强度大六角螺栓	美陵	复评
15	山东万丰煤化工设备制造有限公司	煤气发生炉系列产品	万丰	复评
16	山东义升环保设备有限公司	煤气发生炉CG1Q、CG3Q系列	义升	复评
17	淄博泰光电力器材厂	复合绝缘子	泰光	复评
18	山东凤阳集团股份有限公司	沙发	凤阳	复评
19	山东嘉丰玻璃机械有限公司	玻璃瓶罐成型设备	嘉丰	复评
20	山东三金玻璃机械股份有限公司	行列式制瓶机	三金	复评
21	山东天晟煤矿装备有限公司	综采液压支架、液压支柱ZZ型	天晟	复评
22	山东德源泵业有限公司	潜水电泵QJ125～400mm	源山	新评
23	山东海力化工股份有限公司	环氧氯丙烷	海力神宇	新评
24	淄博德信联邦化学工业有限公司	聚醚多元醇	德信联邦	新评
25	山东淄博新达制药有限公司	盐酸吡格列酮胶囊(15mg)	顿 灵	新评
26	中天仕名(淄博)重型机械有限公司	水泥工业用管磨机(MFB24130～MHZ46100＋35)	仕名	新评
27	淄博蓝星建材有限公司	纤维增强硅酸钙板(2400×1200×6～30mm)	绿邦	新评
28	山东鞠乡食品有限公司	膨化食品	鞠乡	新评
29	山东沃源新型面料有限公司	涤粘混纺印染布	雪丹	新评
30	淄博市姜氏眼镜有限公司	眼镜	姜玉坤	新评
31	山东圣德龙家具有限公司	沙发	圣德龙王子	新评
32	淄博鲁王建材有限责任公司	煤矸石烧结多孔砖(240×115×90)	乐屋	新评

山东服务名牌(2010年)

表28－06

序号	企业名称	服务品牌	服务项目	申报状态
1	淄博东泰集团有限公司	东泰	商业零售服务	复评
2	山东新星集团有限公司	新星物流　畅流天下	商品配送服务	新评
3	山东中外运弘志物流有限公司	SINOTRANS	物流服务	新评
4	山东依厂物流有限公司	依厂物流	第三方物流服务	新评
5	沂源县农村信用合作联社	信用为本　合作共赢	金融服务	新评

省长质量奖

2010年淄博市获省长质量奖企业名单

金晶(集团)有限公司

2010年淄博市获省长质量奖个人贡献奖提名奖名单

山东新华医疗器械股份有限公司　董事长　赵毅新

(宋立忠)

国内媒体对淄博的重点报道

【国内媒体对淄博的报道(目录)】

1. 淄博固本强基铸和谐(2010年2月2日《大众日报》)
2. 淄博:构筑现代产业体系 促进城市经济转型(2010年5月13日《经济日报》)
3. 桓台:好项目助推结构调整(:2010年5月20日《大众日报》)
4. “学”以致用助推科学发展(2010年6月25日《大众日报》)
5. 沂源:科学路径助推弱县跨越(2010年8月7日《大众日报》)
6. 农合社“雨后春笋”待拔节(2010年8月29日《大众日报》)
7. 省运会让淄博漂亮“变身”(2010年9月18日《大众日报》)
8. “绿色开采”唤醒1.3亿吨煤炭(2010年10月18日《大众日报》)
9. 张店“四级网格”夯实基层党建(2010年10月24日《大众日报》)
10. “如今一个鼻孔喘气就足够了”(2010年10月25日《大众日报》)
11. 淄博“新农保”提前十年全覆盖(2010年11月7日《大众日报》)
12. 高青打造黑牛千亿产业链(2010年11月9日《大众日报》)
13. 传统产业成功转型 淄博从资源枯竭到“新材料名都”(2010年11月29日中国网)
14. 老工业基地变身“新材料名都”(2010年11月30日《光明日报》)
15. 山东省桓台县开展创先争优活动见闻(2010年12月3日新华社)
16. 思路变 天地宽(2010年12月3日《经济日报》)
17. 浙江嘉善县、山东桓台县开展创先争优活动纪实(2010年12月3日中国政府网、12月3日《人民日报》《光明日报》)
18. 山东淄博 文化带来新机遇 让文化品牌“响”起来(2010年12月6日《光明日报》)
19. 临淄:一年4家企业深交所上市(2010年12月11日《大众日报》)
20. 淄博:把更多“蛋糕”切给民生(2010年12月27日《大众日报》)

【国内媒体对淄博的报道(选登)】

淄博固本强基铸和谐(2010年2月2日《大众日报》)

1月中旬,淄博资豪公司设备安装完毕,开始正式对外招工。资豪地处博山区白塔镇北万山村,去年春征地80亩建厂时,村民就占地补偿问题准备上访,驻村民警王涛与镇工作组挨家挨户做工作,最终双方纠纷得以化解。

扎实推进固本强基维稳工程,淄博力促经济社会平稳较快发展。2009年,淄博全市刑事案件同比下降37.6%、群众信访总量同比下降23.7%,人民群众对社会治安的满意率达98.61%,并荣获全国社会治安综合治理优秀市称号。淄博市委书记刘慧晏说,只有以科学发展的视角和统揽全局的高度抓固本强基维稳工作,把稳定工作放到经济社会发展的大局中谋划,保民生固强基之本,抓基层强执政之基,才能实现经济社会平稳较快发展。

民生为先,百姓安居乐业保安宁

“生活有低保，吃穿不愁了。”1月15日，桓台县锦秋小区的王延德说。42岁的王延德患有肝硬化腹水疾病，由于每月领取316元低保金，基本生活有了保障。自今年起，淄博市城市低保人均保障标准由每月261元提高至316元，农村低保标准由年人均1077.8元提高至1200元。

只有百姓安居乐业，才能确保社会安宁。淄博坚持民生为本、民生为先，不断加大民生投入。去年前11个月，全市就业、教育、卫生、社会保障、公共安全、城乡社区事务等民生方面的投入达80多亿元，占总支出的60%以上，同比增长超过20%。

就业乃民生之本。去年淄博在全省率先出台应对国际金融危机的12条措施，制定了失业应急预案和规范经济性裁员办法。自去年4月起，降低和阶段性降低企业养老保险、失业保险、医疗保险和工伤保险缴费费率，调低个体参保人员最低缴费基数，当年减轻企业和个体参保者负担3.4亿元。

建立健全政策扶持、创业培训、贷款支持等创业带动就业机制，全市实现城镇新增就业10.8万人，新增农村劳动力转移就业7.3万人，城镇登记失业率为3.08%，保持了群众就业的基本稳定。以建立覆盖城乡的养老保险和医疗保险体系为重点，淄博在全国同类城市中率先实现五项保险市级统筹，在全省率先实现医保个人账户全市通用，新农合参合率超过99%。此外，淄博还在全省率先探索实施个人缴费、集体补助、政府补贴三方筹资机制下的新型农村基本养老保险试点，为60岁以上农民无偿发放养老保险金，目前全市参保农民达57.7万人。

沉到一线，整合基层力量促维稳

自从法官便民工作站建在了镇上，淄川区罗村镇居民上法庭打官司再也不用跑上数十里了。目前，淄博市已建起34处法官便民工作站，老百姓碰上矛盾纠纷，就近就能实现司法调解。

淄博前移维稳关口，强化基层基础工作，牢牢筑起社会维稳的第一道防线。博山区坚持警力下沉，实施“一村一警”模式，驻村民警到村里任职主抓维稳工作，整合基层治安联防队伍活跃在一线，全区治安案件大幅减少。前些年，北裕村每年都有几十起治安案件和各种纠纷，但去年却未发生一起。村民们说：“有困难找民警，很多纠纷当场就化解了，根本出不了村。”

针对基层存在的各类隐患，淄博市实施村党组织书记“素质提升”工程，对所有村“两委”成员轮训一遍，354个薄弱村转化明显。市公安局在农村推行治安防范承包责任制、邻里守望、村际联防、保安驻村等举措，提高了农村治安防控水平。

目前，淄博群防群治组织达6500多个、2.7万余人；每个行政村和社区都有一名联络员，形成了一支5000多人的基层联络员队伍；全市还建立单位综治保卫组织2600多个、1.8万余人。这一“维稳关口向前移、矛盾化解在基层”的做法被誉为“淄博模式”。

弘扬正气，打防结合重拳除隐患

在2009年度淄博市见义勇为表彰大会上，英雄少年李宁和爸爸李涛同台领奖，一时传为佳话。

去年3月12日晚，市民赵女士下班途中突遭两名男子抢劫。恰巧路过的李宁毫不犹豫地冲向劫犯，一名歹徒当场被擒。李宁的爸爸李涛更是一名“资深”见义勇为先进分子，2007年在与一抢包劫犯搏斗中，不幸右手受伤，腿部被刺中两刀，但他仍以顽强的毅力最终将歹徒成功制服。

为在全社会弘扬见义勇为精神，市综治委组建了由李涛担任队长的我省首支“见义勇为志愿服务队”，先后表彰奖励先进群体17个、先进分子256名，发放奖金和补助175万余元。

与此同时，构建长效机制，改革创新综治工作领导体制和运行机制，率先建立维稳月例会机制，明确要求区县、乡镇、部门层层建立定期接访制度，不断完善专项治理协作和联动机制。

淄博市市长周清利表示，固本强基维稳工程在铸就“平安淄博”的同时，也为经济社会平稳较快发展创造了良好环境。2009年，全市实现生产总值2500亿元，增长12%以上，地方财政收入达到128.77亿元，增长12.28%。

淄博：构筑现代产业体系　促进城市经济转型（2010年5月13日《经济日报》）

精彩观点

把结构调整作为经济社会发展的主线，把节能降耗作为经济社会发展的关键，把环境保护作为经济社会发展的“命门”，是老工业城市淄博产业转型升级的必由之路。随着全市结构调整方向和重点的进一步明确，结构调整支撑条件和措施的进一步强化，结构调整体制机制保障的进一步健全，淄博市将构筑起富有竞争力的现代产业体系。

——山东淄博市委书记　刘慧晏

任何企业要想在市场保持旺盛活力，关键还是要依靠技术进步，不断围绕市场调整产品结构。

——山东新华医药集团有限责任公司董事长　郭　琴

为了摆脱资源依赖性特征，淄博市下决心进行城市转型，努力建设一个以新材料、新技术、新产品为特色的新型工业化城市。

历史上淄博多矿产，是一个资源型工业城市。

为了摆脱资源依赖性特征，淄博下定决心进行城市转型，努力建设一个以新材料、新技术、新产品为特色的新型工业化城市。

抓住结构调整主线

淄博的新图画，最引人瞩目的亮点是城市的转型。淄博市委书记刘慧晏有个形象的说法，他说淄博转型要抓住六个字：主线、关键、“命门”。

淄博有什么？淄博有煤、石灰石等矿产，所以淄博工业形成了“大、黑、粗”的特征。现在，淄博人不这么干了。刘慧晏说，淄博要实现老工业城市的转型升级，必须把结构调整作为经济社会发展的主线，把节能降耗作为关键，把环境保护作为“命门”。

具体怎么做？淄博市经贸委副主任赵悦杰举了个例子。

他说，国际金融危机爆发后，淄博工业经济受到很大冲击，全市外贸进出口直线下降，相当部分工业企业处于停产半停产状态。面对冲击，淄博首先突出了“保工业就是保增长、保就业”的战略思想，指导全市集中力量抓好工业项目资金保障。到2009年3月，淄博工业经济出现起色，开始回升。就在此时，淄博市人民政府《关于支持创新成长型工业企业加快发展的意见》正式出台，决定从电子信息、新能源、新材料等行业筛选出30家企业进行重点培育。

为什么在这个时候选择30家企业？淄博市市长周清利说得很明白。他说，应对国际金融危机既不能放慢发展的步子，也不能放慢调整的步子，筛选30家创新企业是结构调整与应对金融危机远近结合的需要。金融危机来了，高能耗高污染的产品更没有出路，所以淄博要抓紧进行结构调整，调整就会关停一些企业，做减法，但关停企业后要有新的增长极来代替，要做加法。加法怎么做，这30家企业就代表淄博产业结构调整的方向。

主线清晰了，加减法就好做了。一年下来，淄博市配套扶持了390个项目，其中184个项目列入山东省2009年技术创新项目计划。在2009年4月召开的淄博市节能考核奖励会上，市财政当场兑现节能奖励近500万元。与此同时，2009年全市关停了219家小化工、小钢铁，淘汰拆除了10条立窑水泥生产线，压缩产能100万吨。

一加一减给淄博市带来了新气象。记者在山东新华医药集团了解到，为了节能降耗，公司自主开发出“能源在线管理系统”，这一系统覆盖全部生产工序的几千个数据采集点，每道工序的水、电、蒸汽等各种能源的使用数据以及污水处理的COD等都即时显示在终端设备上，公司以此进行能源使用控制和能源使用分析。2009年，公司万元产值能耗同比降低12%以上。董事长郭琴说，公司已经连续三年万元产值能耗同比降低10%以上，提前两年完成“十一五”节能减排目标。

而淄博市最新统计数字显示，2009年，淄博市30家重点培育的成长型企业销售收入、利润和税收增幅都保持在30%以上，规模以上工业利税增长达到60%以上，实现“逆势增长”。

打造产业新支撑

城市转型需要产业支撑。淄博的支撑在哪里？淄博市经贸委表示，淄博的方向很明确，就是在优化传统产业结构的同时，打造以新材料为主的新的支撑。

淄博产陶瓷，历史有万年之久。在许多人印象中，陶瓷是古老的、传统的，但在淄博，陶瓷不仅是崭新的、富于变化的，而且成为淄博打造新材料基地的重要支撑之一。

2010年1月，在淄博硅苑新材料科技股份有限公司，记者见到琳琅满目的新异产品：乳白色的全陶瓷刀，硬度是钢铁的60倍；氧化锆增韧氧化铝陶瓷，比传统产品耐磨性提高30倍；此外，高速脱水板、防弹陶瓷片等，既令人眼花缭乱，也让人激动不已。公司董事长殷书建告诉记者，硅苑从传统陶瓷起家，但依靠技术创新，现在已经成为国内研制高技术陶瓷材料的佼佼者。

佼佼者的地位来之不易。2009年，受国际金融危机影响，硅苑公司销售额比2008年略有下降，但即使这样，公司对科研经费的投入仍然达到销售收入的9%左右。记者见到的全陶瓷刀、防弹陶瓷片等都是在应对国际金融危机中研制成功的。殷书建说：“正是趁着市场不太景气的时候，硅苑做了点实事，搞了搞创新。”

在应对国际金融危机中坚持创新使硅苑公司成了陶瓷新材料的领跑者。同样，在逆境中坚持发展，使淄博嘉泽纳米碳酸钙项目如期完成。淄博石灰石资源丰富，但过去加工出来的产品大多能耗高、污染重。利用石灰石生产纳米碳酸钙是一种新型功能性材料，应用广泛，而且生产过程全封闭，无污染，生产过程中产生的废气、废渣、废水可以全部回收利用。这一项目“汇报”到淄博以后，得到大力支持。2009年初，项目开工建设，8月建成投产。

从企业身上散发出来的这种坚持精神，成为淄博由资源型城市发展成新材料基地的原动力。而淄博市的强力推动，为新材料基地建设夯实了基础。早在2002年，淄博市就被科技部列为综合性国家新材料成果转化及产业化基地。为此，淄博连续举办7届新材料技术论坛。2009年国际金融危机中，要不要继续举办第八届新材料论坛，淄博毫不犹豫地表示，就是要在危机中寻找新的机遇、新的亮点。淄博市科技局负责人介绍，连续7届新材料技术论坛共推介科技项目37000多个，其中3507个在淄博落地生根。2009年，淄博市新材料产业产值接近1500亿元。

“老字号”焕发新活力

在山东新华医药集团有限责任公司，董事长郭琴说，现在各车间都在满负荷生产。新华医药是全国解热镇痛类等药物的最大生产基地，也是一个拥有近70年历史、70%以上原料药产品依靠国际市场的老制药企业。这样的“老字号”药企，为何会出现如此火爆的气象？

“就是坚持转变发展方式，力争站上产业制高点。”董事长郭琴很简洁地回答了记者的提问。她介绍，过去公司以原料药为主，产品好但附加值不高。现在，公司以制剂药为突破口，种类发展到片剂、胶囊剂、颗粒剂、注射剂等多个剂型，缓释、控释等高端技术被应用到制剂生产中。2009年，公司与一家国际著名药企合作的两个制剂产品正式启动了商业化生产，销售额比2008年增长1.6倍。从全年来看，公司整体销售收入将创下公司发展历史最高水平，实现传统制药在危机中的升华。

在“老字号”工业城市淄博，像新华制药这样的“老字号”工业企业并不少见。因此如何推动“老字号”传统企业旧貌换新颜就成为淄博市结构调整的重要内容。记者了解到，淄博市工业转型的步子迈得比较早，这些年主要通过抓技术改造、抓自主创新、抓节能降耗等手段推动传统企业产品升级换代。为此，淄博市从2004年起就推出了“双百工程”，以百强企业和百个项目为代表，引导企业向产业高端突进。2009年，面对国际金融危机的影响，淄博对百个重点项目再次进行了规范，共有51个项目竣工投产。“再过几年，淄博就能摆脱老工业城市总是处于产业低端的困境。”淄博市经贸委负责人说。

金晶科技股份有限公司同样是一家百年企业，国内第一块平板玻璃就诞生在这里。这些年，金晶坚持实施“小调大、大调优、优调特”战略，写下了“老字号”企业的多个第一：中国第一片超白浮法玻璃，世界首创22mm/25mm超厚超白浮法玻璃，第一家研制成功青藏高原列车自动调压中空玻璃等。

金晶的成功并非偶然。金晶科技总经理曹廷发说，金晶总是在瞄准世界一流技术进行研发投入。尤其是国际金融危机发生以后，金晶不但没有退缩，而是看见了国际金融危机导致市场低迷、利润空间变小的同时也反过来促成工程建设材料价格低廉的特点，是上项目的好时机，于是果断提前落实原定于2010年后实施的调整战略。2009年，公司投资近10亿元先后实施吸热玻璃改造、太阳能专用玻璃改造等六大项目，新建项目密度创企业发展历史之最。

抢抓机遇投资高端产品给金晶带来了什么？曹廷发说，2009年金晶三大项目投产时，市场开始回暖，当许多同行还在研究下一步市场行情时，调整后的金晶新产品已在市场上形成气候。这一年，国内玻璃产品出口出现不同程度下降，但金晶2009年的统计数字显示，主要经营指标创近年来最高水平。

省运会让淄博漂亮“变身”（2010年9月18日《大众日报》）

9月19日，山东省第二十二届运动会将在淄博举行，这是省运会由承办改为申办之后的首届省运会。见证了北京奥运会和第十一届全运会的灿烂与辉煌，四年一届的省运会无疑让九千多万齐鲁儿女充满憧憬与期待。

一场盛会改变一个城市，如此期许已成常态。淄博2006年9月成功获得第二十二届省运会举办权，4年来的筹办之路，让城市的变化凸显出与众不同的特色路径。

城市建设立足“民本视角”

“四宝山从绿变荒，如今再从荒变绿，一点一滴我都看在眼里。”淄博市四宝山脚下尚庄村的王玉俭老人年近八旬，经常上山遛早，他告诉记者，为迎接省运会这里建成了一个训练基地，将来则要建成一个森林体育公园。

四宝山曾是水泥企业最集中的区域，38家水泥厂、采石场以每年380多万吨的采石速度，蚕食着9个山头，每天上百辆小拖拉机在漫天尘土中鱼贯进出，周边百姓深受其苦。

用省运会体育设施建设带动城市建设，淄博杜绝大拆大建的老路子，而是立足“民本视角”，啃起了“四宝山生态恢复”这块硬骨头，面对2.98万亩矿坑和破碎山体，地方财政2008年以来投入2.5亿元，植树造林1.6万亩，硬化道路30公里，修建了3个人工湖，19个蓄水池，引水上山铺设管线2万米，大山主体基本完成绿化。此外，投资850万元新建一处占地90余亩的四宝山训练基地，建成了飞碟靶场、小轮自行车场等项目赛场。

用“民本视角”统率场馆建设，新落成的淄博市体育中心设4.5万座体育场、6000座综合体育馆和2000座游泳跳水馆各1座，占地面积700亩，建筑面积13.2万平方米，概算投资10亿元人民币，场馆周边还布置了田径训练场、足球场、篮球场、网球场、羽毛球场、门球场、健身器械区等健身设施，以及两公里长的环状林荫健身步道，赛事结束后，如此大手笔的投入将变身开放型体育公园，淄博新建改建的15处比赛场馆都由此成为淄博百姓休闲娱乐的好去处。

借机省运派送“民生礼包”

一到傍晚，从莲池公园沿西五路往南，随处可见前来休闲的居民，这条5公里的全民健身景观路投资300余万元，以各种健身路径为主线，配置了各种健身器械340件，建有篮球场、乒乓球区、儿童娱乐区等，惠及周边居民10万人，以西五路为中轴辐射两边近50处生活区，可满足日均1万人次的居民健身锻炼和休闲需求。

借力省运普及体育设施，淄博市在全民健身工程上不惜巨资投入，在五区三县所有的街道办事处和半数以上的乡镇建设健身广场2070余处，安装健身器材10000余件，健身工程占地面积达111万平方米。

这仅是淄博借机省运派送的“民生礼包”之一。大型体育赛事是体育的盛会，更是改善民生的重大机遇，通过筹办省运会，实施省运带动战略，把更多的蛋糕切给群众，让省运成为民生发展的加速器，这成为淄博筹办省运的一大特色。

生态居住环境的改善，无疑是另一个沉甸甸的民生礼包。老工业城市淄博坚持环境立市，近年来投入不下百亿元，相继建成15座城镇污水处理厂、1处城市垃圾焚烧发电厂以及一大批环保基础设施，其中已有13座污水处理厂出水水质达到一级A排放标准，污水绕城的现象由此一去不返。

与此同时，淄博全市造林面积以每年10万亩、市内绿地面积以每年600万平方米的速度递增，全市林地面积发展到297万亩，森林覆盖率达到34%；新建10处大型公园及便民游园73处，目前全市共建成33个开放式城市公园、140处街头绿地游园及23个生态文化广场，建成区绿化覆盖率达到41.8%，人均公共绿地达到15.4平方米。今年6月，淄博荣膺“全国绿化模范城市”。

体育盛会播撒“文明种子”

9月10日，由淄博汽车总站、五星高速车队、交旅出租共同举办的“微笑迎省运，奉献我快乐”活动启动仪式在淄博汽车总站前广场举行。淄博汽车总站站长张其茂说，作为文明的窗口,交通行业要把淄博人的热情好客和爱心奉献,展示给中外来宾。

对淄博来说,省运会不仅是一场体育盛会,更是一次精神洗礼,它悄然间已在全市撒下文明的种子。

"志愿者的微笑,是淄博最美的城市名片。"志愿者用朴实的语言诠释着志愿精神。今年3月5日,省运会志愿者招募工作启动,各界踊跃报名,最终选定1600名赛会志愿者、3000名城市运行志愿者。在省运会体操比赛中,70名赛会志愿者以饱满的热情和良好的精神面貌亮相,他们累计服务408人次,上岗时间累计达4000小时,以热情、周到、专业、忘我的志愿行动践行着"奉献、友爱、互助、进步"的志愿服务精神。

据悉,淄博市已有注册志愿者40万人,社区义工队1000多支,其中"顺意""善小"已经成为淄博乃至全省知名的志愿品牌。

为唱响"人人当好东道主、我为省运作贡献"的主旋律,淄博还向多年积存的垃圾、白色污染等文明死角宣战,积极开展垃圾治理、城市"六乱"(乱搭乱建、乱贴乱画、乱堆乱放)治理、污染治理、市容绿化美化治理、路域环境治理等五项整治活动。截至目前,淄博市累计清理卫生死角8760处,整治河道549.9公里,建筑立面粉刷改造266.7万平方米,清理乱搭乱建3455处;整治广告牌8232块。

老工业基地变身"新材料名都"(2010年11月30日《光明日报》)

迪拜塔、奥运会"鸟巢"和"水立方"、进藏列车上,镶嵌着山东省淄博金晶科技生产的超白玻璃;奥巴马访华等国宴场合上,摆放的是山东省淄博产高档陶瓷器皿;山东的鲁阳股份将煤矸石变废为宝,成为陶瓷纤维国家标准的主起草人……

山东省淄博市是一个老工业基地,为国家的近代工业发展立下了汗马功劳。但近年来,传统粗放型工业与资源、能源、环境的矛盾日益突出,淄博市开始用高新技术嫁接改造化工、陶瓷、建材、纺织服装等传统支柱产业,大力发展新材料产业。在经济结构优化和产业转型过程中,淄博大力发展新兴材料产业。这个老工业城市焕发出新的生机和活力。不久前,淄博市被中国材料研究学会授予"新材料名都"的称号。

变身"新材料名都"

"这是我们生产的新型陶瓷纤维产品建筑隔热板。"近日,在淄博市沂源县鲁阳股份有限公司的生产车间,公司副总高俊昌指着生产线上的板材介绍。其实,鲁阳公司生产的多种陶瓷纤维产品,都是变废为宝得来的。随着生产陶瓷纤维的原料高磷土日渐减少,鲁阳历时近4年的研发和60多次试验,利用煤矸石生产陶瓷纤维及其制品项目终于获得成功。

沂源是全省平均海拔最高的山区县,交通不便、经济欠发达,投资条件并不出众,可就在这样一个山窝窝里,却栖身了多家新材料行业的龙头企业,新材料产业快速崛起令人刮目相看。

沂源只是淄博发展新材料产业的一个缩影。记者了解到,截至去年年底,淄博新材料类规模以上企业发展到308家,高新技术产品710种(类),拥有自主知识产权1258项,其中发明专利450项。

科技创新支撑淄博新材料产业崛起

"世界第一高楼迪拜塔上,都安装了咱淄博生产的玻璃。"采访中,淄博市常务副市长王顶岐介绍。金晶科技是淄博一家生产超白玻璃的企业,在众多国内外标志性建筑上,都镶嵌了这家企业生产的超白玻璃。

现在,淄博市新材料领域拥有市级以上工程技术研究中心及技术中心70个,其中国家级中心5个,省级50个,院士工作站9个,博士后工作站11个,是这一行业研发机构、科技人才最集中的领域,在国内同行业中位居前列。拥有了一批具有自主知识产权的成果,在一些领域已达到世界先进水平。如高技术陶瓷领域有200余项专利或成果获奖,其中国家级奖项3项,省部级70余项。氧化锆增韧氧化铝陶瓷、电真空陶瓷、聚四氟乙烯、硅橡胶绝缘子等产品达到国内或国际领先水平,广泛应用于航天、军工、核能等尖端领域。迄今为止,已连续举办9届新材料技术领域国际盛会,成功打造了"中国新材料技术论坛"品牌。

陶瓷作为淄博传统产业,在科技创新下也焕发了新的生机,赢得了"当代国窑"的美誉。如今,淄博"硅苑"牌日用陶瓷、"华光"牌陶瓷被评为中国名牌产品,众多高石英瓷、镁质强化瓷、高长石瓷、鲁光瓷等产品先后走入人民大会堂、中南海、钓鱼台国宾馆等接待场所。

新材料之都规模5000亿元

"新材料产业的强势崛起将进一步带动淄博产业结构优化,拉升产业链,促进淄博这座老工业城市的转型步伐。淄博市目前已形成先进陶瓷材料、化工新材料、新型耐火材料等优势明显的七大新材料产业集群,其中绿色制冷剂、增塑剂、耐火纤维等产业生产规模位居亚洲首位。截至目前,淄博市新材料类规模以上企业发展到308家,占全市规模以上工业企业的10.5%。淄博市将通过3到5年的努力,使以新材料产业为重点的战略性新兴产业占全市地区生产总值的比重达到60%以上,规模达到5000亿元以上。"王顶岐说。

记者了解到,从2003年以来,致力于打造中国"新材料名都"的淄博市新材料产业产值增长5倍,今年前三季度新材料产业产值达到1300亿元,预计全年有望突破1500亿元。

山东省桓台县开展创先争优活动见闻(2010年12月3日新华社)

山东省淄博市桓台县是中共中央政治局常委、国务院副总理李克强同志学习实践科学发展观活动的联系点。在创先争优活动中,桓台县确立了"创先争优、城乡统筹,努力建设经济文化可持续发展示范县”的创争目标。从优化桓台发展的实际出发，全县统一规划为“一个中心四个片区”，实行有差别的绩效考核办法，引导各级政府树立正确的政绩观，以考核的不平衡破解发展的不平衡，让人民群众真正得到实惠。

因地制宜发展不搞“一刀切”

在创先争优的过程中，桓台把全县统一规划为“一个中心四个片区”，发展各有侧重。以前，桓台县对各个乡镇经济发展的考核是“一刀切”，单纯考核国内生产总值。现在考核方法则发生根本变化，分工业、农业和服务业3个类型考核经济发展，功能有区分、考核有差异。

新考核规则让地处马踏湖生态保护区的起凤镇一下子看到了希望。起凤镇镇长赵曰珠对此深有体会：“过去我们围绕GDP这根指挥棒，不得不上工业项目，但这不是我们的长项，起凤的优势是生态旅游。这样的结果是，我们的GDP没有上去，旅游环境也遭到了破坏，最终的结果是两头都不落好。”

现如今，在创先争优过程中，按照桓台县要求，起凤镇转变观念：把生态旅游做好也一样可以出成绩。规则一变让起凤镇卸下了GDP的包袱，轻装上阵，开始在生态优势上大施拳脚。依托马踏湖湿地，今年上半年，起凤镇接待游客达42万人次，实现旅游收入300多万元，同比均增长30%以上。

生态进、发展新。在此基础上，桓台县还建立起生态补偿机制，将县财政和3个工业片区每年新增财政的10%用来补偿生态保护区。生态好了，特色种植养殖、农家乐等多点开花，也鼓起了农民的腰包。

桓台在规划建设“一个中心四个片区”中，确定全县集中发展氟硅新材料、机械、高档纸业及包装印刷、石油炼化及精细化工、电子设备、生态文化旅游六大特色产业集群，制订配套激励政策，引导企业向片区聚集、项目向片区集中。

针对桓台工业重化特点比较突出的实情，在创先争优活动中，桓台县把转方式调结构的重中之重放在工业上，确定今年为“工业结构调整突破年”。县上专门建立5000万元的专项引导资金，用于新上新兴产业项目的贷款贴息、淘汰落后产能的奖励补助，并对市场占有率高、财税贡献率高的企业或产品，专门制订扶持政策。1月至9月份，全县新能源、电子设备等新兴产业比重达到17.9%，比去年底提高2.14个百分点；高新技术企业产值比重达50%，同比提高8.8个百分点。

稳固堡垒基层党组织与群众“零距离”

城乡统筹，难点在农村，重点在农村，着力点也在农村。

“说实话，以前我们这里是‘晴天一身土、雨天一身泥’，大家意见很大。你再看看现在，修了水泥路，完全不一样了，这都多亏了孙书记。”11月24日，桓台县荆家镇前孙村居民葛云喜高兴地对记者说。葛云喜所说的孙书记就是前孙村党支部书记孙树强。自2006年上任以来，他带领全村党员为村民解决了饮水难、行路难等问题。

俗话说得好：“农村党支部，全村顶梁柱；班子强不强，关键领头羊。”桓台县以开展创先争优活动为契机，全力抓好基层党组织建设，突出党支部“桥头堡”的作用。像前孙村党支部一样，通过搭建基础、示范带动、政策激励等措施，荆家镇41个基层党组织都成为村民致富增收的坚强后盾。

荆家镇东孙村的四色韭黄种植过去由于规模小、种植分散，效益上不去。李树海任村党支部书记后，带领群众成立专业合作社，注册“田园”牌商标，带动400多户农民种植四色韭黄，建成国家级农业标准化示范区。四色韭黄被评为国家无公害农产品，远销北京、深圳、香港等地，价格达到每公斤60元，每户每亩增收近3万元。

目前，在农村党支部的带领和帮助下，桓台县已建成各类农民专业合作社95个，抱团闯市场，打响“白莲特”旱藕、“姬桥”实秆芹菜等35个特色农业品牌，辐射带动2万多农户增收致富。

想群众之所想，急群众之所急。近年来，桓台县农村剩余劳动力日益增多，怎样妥善安置，一直是困扰村党支部的大问题。各村党支部分析市场需求变化，联系自身实际，竭力牵线搭桥，努力拓宽剩余劳动力就业渠道，让群众“人人有事干、户户有钱赚”。果里镇后埠村党支部积极探索土地适度规模流转模式，大力发展精准农业，投资30万元购置免耕播种机、喷灌机等10台农机设备，对全村636亩耕地实行集约化、规模化经营，转移农村剩余劳动力420多名。

“我们多为群众着想，多为老百姓办实事，村民就会拥护村里的决策，这样全村都能心往一处使，人心齐、泰山移。”后埠村党支部书记李方昌说。

以民为本努力让群众得实惠

每隔上两天，桓台县城区街道社区居家养老服务站的几名志愿者都会到东城社区74岁的孤寡老人耿丙淦家，为老人家清理卫生，陪老人聊天。“真是做梦也没想到，我这孤寡老头子，到老了还能碰到这样的好事，还能这么幸福！”耿丙淦逢人就说。

桓台县在创先争优活动中，积极探索城市养老新路子，实施居家养老与集中养老相结合，实现城市养老多元化。培植兰香园、西苑两个社区居家养老服务示范点，为“三无”、特困和空巢老人提供日间照料、送餐、助洁、聊天等综合性养老服务。同时，积极引导社会投资，整合社区闲置资源，投资50多万元，在西苑社区建立2000平方米的夕阳红老年公寓，内设休息室、文体娱乐室、休闲健身房，配备专职管理服务和护理人员15人，为老年人提供了安度晚年的温馨家园。

为统筹城乡一体化发展，桓台县大力实施“惠民工程”，要求农村党支部每年至少实施一个民生项目，让群众长期得到实惠。

今年1月至9月，桓台县财政用于改善民生的投入资金达2.52亿元。在基础设施上，桓台县积极推进城乡基础设施配套一体化，整建制实现农村生活垃圾“户集村收镇运县处理”;在公共服务上,加快推进城乡基本公共服务均等化,50所乡村少年宫辐射所有农村,使农村孩子享受到与城区孩子同等的素质教育。在社会保障上,桓台县建立覆盖城乡的社会保障体系,实行新型农村基本养老保险制度,60岁以上农民已经从2009年1月开始领取养老金,开展创先争优活动后,县财政将农民养老金提高到每人每年660元。

今年7月,桓台县被中国城市经济学会、中国劳动学会授予“中国最关注民生的县”称号。

山东淄博　文化带来新机遇 让文化品牌“响”起来(2010年12月6日《光明日报》)

“以前提起山东淄博,人们首先想到的往往是一个百年老工业城市。而近年来,蓬勃发展的文化产业正以独特的生机和活力影响和改变着淄博。”淄博市委书记刘慧晏告诉记者,“十二五”规划指出,实现文化产业增加值占同期GDP比重的5%,即比现在的2.5%左右翻一番。他认为,“十二五”时期将是文化产业发展的一个过渡阶段,转变文化产业发展方式将是这一时期的主线,这无疑给淄博带来了前所未有的发展机遇。

让文化品牌“响”起来

周村区地处鲁中,是齐文化的重要发祥地,也是历史上卓有影响的商埠,被誉为“金商埠”“旱码头”。随着电视剧《大染坊》和《旱码头》的热播,越来越多的人开始了解这个鲁中商埠。通过影视剧制作,周村成功塑造了鲁商的形象,打响了“鲁商发源地”的文化品牌。

而这仅仅是淄博叫响文化品牌的一个缩影。淄博作为“齐国故都,聊斋故里,陶瓷名城,足球故乡”,拥有浩如烟海的历史文化遗存。淄博市大力实施文化品牌带动战略,通过将潜在的传统文化资源进行品牌化挖掘和阐释,成功塑造了一批高标准、高档次、高品位的文化品牌,大大提升了淄博文化产业的知名度和影响力。目前,淄博市已形成国际陶瓷博览会、国际聊斋文化旅游节等节赛品牌,一批特色鲜明、竞争力强的地域性文化品牌知名度不断提高,市场价值不断提升。

记者感言

文化繁荣的背后,必然有一批卓越的品牌文化企业来做支撑。淄博市充分发挥品牌文化企业对全市文化产业的引领和辐射作用,重点扶持具有市场优势和潜力的文化企业品牌,进而带动文化产业加速升级发展。世纪天鸿、卓创资讯、淄博荣宝斋、周村烧饼等科技含量高、发展潜力大、带动作用强的产业型文化企业品牌不断发展壮大。这些闪亮的文化品牌让淄博文化产业的光彩更加夺目,也让淄博文化产业的未来更加精彩可期。

让产业平台“大”起来

今年9月,淄博市第二届文展会如期举行,使今年的陶博会增加了更多的文化气息,让淄博以陶博会为主的会展经济更活跃,内涵更丰富。文化产业的发展离不开高水平的推介平台,文展会便是全面展示淄博文化资源和文化产业发展成果的一大创新举措。文展会采取市场化的运作方式,将文化活动与商业活动有机结合,实现文化与市场的良好对接,拉长文化产业链,形成了会展产业等产业集群。

正如淄博市市长周清利所说,园区作为文化产业的集聚形态,在建立健全产业链、集中优势发展重点行业、激活文化创新、推进文化进步方面有着先天优势。张店区的齐赛创意动漫产业园、淄川区的孟姜女民俗文化创意园、博山区的中华陶琉文化园、周村区的商埠文化产业园、临淄区的齐文化生态园等先后开工建设。随着园区建设步伐的加快,淄博市文化产业发展的资金、人才、技术等要素开始逐步向园区汇集,文化产业的规模化、集约化、专业化水平不断提高。文化产业园区集聚效应初步显现,成为文化产业发展新的“孵化器”和“助推器”。

记者感言

文博会作为淄博市搭建起的第一个高起点、高规格的集产品博览、交易和信息交流于一体的文化产业发展平台,全面展示了淄博丰厚的文化底蕴和文化产业发展的最新成果,让更多的人开始知晓淄博、知晓淄博的文化魅力、知晓淄博的文化潜能。

让新兴业态“亮”起来

淄博市大力加强“创意淄博”建设,积极推进传统文化资源与信息与数字技术手段嫁接,重点扶持创意、会展、动漫、影视、资讯等新兴文化业态发展,一批以齐文化为背景的新兴文化企业发展迅速。

卓创资讯、泰宝镭射、盛唐文化、美图生活传媒、新火炬信息等涉及信息咨询、创意策划、软件开发、网络运营的新兴文化企业开始崭露头角。淄博电影公司区县电影城综合建设、天网视讯新一代无线宽带接入与“三网”融合、山东齐赛创意动漫产业园、卓创资讯信息服务平台等新兴文化产业项目总投资近3亿元,凸显出的蓬勃生机令人刮目相看。

动漫产业是一种新兴文化产业,日前,“淄博动漫城”的建成及淄博首届国际动漫节的开幕,标志着淄博的动漫产业进入一个全新阶段。

为了推动创意、动漫产业发展,淄博市制定并启动“数字动漫技术支撑平台”建设方案,建立扶持动漫产业发展联席会议制度,重点扶持动漫企业的原创性开发,一批动漫品牌产品、动漫品牌企业、动漫产业基地发展迅速。新火炬信息公司设计制作了原创作品3D动漫《漫话齐文化》系列产品之《蹴鞠》《姜太公钓鱼》《管鲍之交》等动漫作品10多部,发展前景十分广阔。动漫产业作为淄博培育新兴文化业态的重要突破口,正为淄博丰厚绵远的文化沃土注入极具创造性的活力元素。

数据:2009年全市文化产业增加值达到96亿元,同比增长33%,占全市GDP的比重达3.91%。

专家点评

山东省委宣传部副部长、山东省中华文化标志城规划建设办公室主任徐向红：如今，齐文化、聊斋文化、牛郎织女爱情传说文化、淄博刻瓷、内画、蹴鞠等文化品牌蜚声中外，亚洲最大的化工商务资讯网站——山东卓创资讯有限公司，国内规模最大的民营图书企业——山东世纪天鸿书业有限公司，山东省首家、也是唯一一家国家五星级电影城——淄博全球通电影城等文化企业异军突起，展望“十二五”，淄博人不仅充满了新期待，而且更增加了“繁荣发展文化事业和文化产业”的信心。

（郭 昱 整理）

本部类编 辑：王 娟
副主编：徐 杰
校 对：范立学
张爱云

·齐文化典故·

人才为宝

齐威王二十四年（公元前333年）的一天，齐威王与魏惠王在齐魏两国交界处的郊野一同打猎。魏惠王问：“齐国也有什么宝贝吗？”齐威王说：“没有。”魏惠王说：“我的国家虽小，尚有10颗直径1寸以上、可以照亮12乘车子的大珍珠。以齐国之大，难道能没有宝贝？”齐威王说：“我对宝贝的看法和你可不一样。我有位檀子，派他镇守南城，楚国不敢来犯，泗水流域的12个诸侯国都来朝贺。我有位肦子，使他守高唐，赵国人怕得不敢向东到黄河边来打渔。我有位黔夫，令他守徐州，燕国人在北门、赵国人在西门望空祭祀祈祷求福，最后有7000余家百姓归顺了齐国。还有一位叫种首的大臣，派他在国内缉捕盗贼，负责维持社会治安，使盗贼闻风丧胆，国内路不拾遗，夜不闭户，人民安居乐业。我这4位大臣的‘光辉’能照耀千里，岂止是仅仅照亮12辆车子之远呢？”魏惠王非常惭愧，只好怏怏而去。

索　引

说　明

1. 本索引采用主题分析索引方法，按标引词第一字的汉语拼音字母顺序排列（阿拉伯数字在汉语拼音字母前）。同音字按声调，首字相同者按第二音序排列，依次类推。
2. 标引词后的阿拉伯数字表示内容所在页码，数字后的拉丁字母 a、b 表示该页自左向右的版面区域。
3. 部类、分目、次分目用黑体字标明。
4. 特载、大事记、人物、附录等部类均未做索引。

D

K

L

T

W

X

Y

Z

本部类制　作:王　娟
副主编:徐　杰
校　对:赵建国
马震刚

淄博市散装水泥办公室

“十一五”期间，在市委、市政府的正确领导下，淄博市散装水泥办公室扎实开展“创先争优争做先锋”活动，进一步落实省政府令和地方性法规《淄博市散装水泥管理办法》，努力做好从注重散装水泥的生产领域向注重使用领域的转变，从注重散装水泥的数量指标向注重质量和发展指标的转变，从单一的散装水泥管理为主向散装水泥、预拌混凝土和预拌砂浆三位一体的管理的转变。将发展散装水泥与节能减排密切结合，为全市经济社会发展，特别是节能减排工作交出了一份优秀的答卷。期间，全市累计推广散装水泥5231.2万吨，为“十五”期间的2.3倍。与袋装水泥相比，降低水泥损失235.42万吨，减少粉尘排放257.38万吨、二氧化碳排放317.54万吨、二氧化硫排放0.99万吨、氮氧化物排放0.87万吨。城区商品混凝土搅拌站总数达48座，累计推广应用预拌混凝土2075.13万立方米，为“十五”期间的3.1倍。利用固体废物废渣达395.84万吨。共节约资源、能源折合标准煤116.25万吨，创综合经济效益25.94亿元。

“十二五”期间，淄博市散装水泥办公室将以不断优化水泥产业结构为目标，努力实现水泥行业的低碳与可持续发展，加快推进预拌砂浆的发展步伐。计划到“十二五”末期，使全市散装水泥使用率达到70%以上，农村散装水泥使用率达到50%以上，农村商品混凝土使用率达到70%。积极促进发展预拌砂浆在城区内大中型工程普及使用，在农村得到推广应用，全市散装水泥设施、设备综合配套能力达到1500万吨。

市散装水泥办公室、市节能办公室联合举办的节能宣传周暨“唐骏欧铃杯”节能知识竞赛抽奖仪式

二〇一〇年度

淄博市节能先进单位

淄博市人民政府
二〇一一年五月

市散装水泥办公室获2010年度全市节能先进单位荣誉称号

用环保节能材料装饰一新的市散装水泥办公室办公大楼

淄博市

省水利厅党组书记、厅长杜昌文（右二）视察引太入张供水工程

博山自来水公司产权移交签字仪式

淄博市自来水公司始建于1958年，承担着淄博市中心城区、博山区和周边部分乡镇工业、经营及人民生活用水任务，是以集中式供水为主导，集纯净水生产、建筑安装、供水设备研发和生产销售等于一体的国有中（一）企业。公司总资产5.1亿元，供水面积150余平方公里，供水人口100余万。有员工1395人，水厂8座，管线760余公里，日供水能力48万立方米。

2010年，公司以科学发展观为指导，秉承“服务民生，促进发展，做健康水业”的企业使命，围绕“打造国内具有影响力和竞争力的水业集团”的企业愿景，以城乡安全供水、和谐供水为主线，以精细化管理、供水市场开发、品牌化服务、重点工程建设为重点，以企业文化建设和党建工作为保障，抢抓机遇，科学创业，实现了公司运营质量和城乡供水服务水平的同步提升，企业内外部发展环境进一步优化。先后进行淄博市城乡同源同网饮水安全供水工程、中心城区管网建设和改造等供水基础设施建设，整体收购博山区自来水公司，局部整合淄博高新区供水市场。公司在继续保持省级文明单位、消费者满意单位、重合同守信用单位等荣誉称号的基础上，又先后荣获山东省“三八”红旗集体、山东省管理创新优秀企业、中国供排水行业企业文化先进单位、山东省企业文化十佳单位、首批山东省履行社会责任示范企业、全国水利系统模范职工之家等荣誉称号。公司“润淄源”服务品牌在国家工商行政管理总局注册，并被评为山东省十大强势服务品牌。

淄博市城乡同源同网饮水安全供水工程净水厂鸟瞰图

自来水公司

全国水利系统模范职工之家揭牌仪式

公司“润淄源”爱心互助基金成立

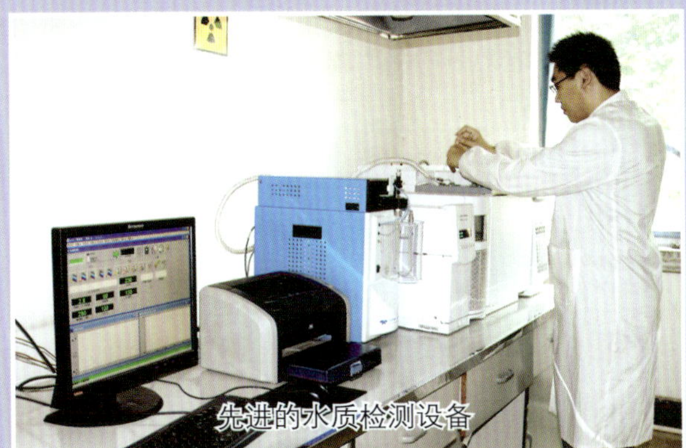
先进的水质检测设备

引太入张管道安装现场

公司开展应急演练，确保供水安全

公司开展岗位练兵 技术比武活动

公司开展首届市民开放日活动，图为市民代表参观“111”热线中心

“润淄源”杯红歌大家唱活动启动

中国移动淄博分公司

中国移动淄博分公司总经理 孙晓燕

中国移动通信集团公司山东有限公司淄博分公司（简称淄博移动）成立于1999年7月，是淄博市唯一专注移动通信发展的通信运营公司，是山东省第二十二届运动会战略合作伙伴和指定唯一通信服务商，主要经营移动话音、数据、IP电话和多媒体业务，拥有“全球通”“神州行”“动感地带”等著名客户品牌。

自成立以来，淄博移动始终秉承“正德厚生 臻于至善”的企业核心价值观，持续为国家、为社会创造价值。截至2010年底，全市城乡网络信号覆盖率达到99.99%，客户满意率连年保持在95%以上，累计上缴国家利税十几亿元，直接和间接带动从业人员超过10万人，积极为重大活动、突发事件提供应急通信保障，得到各级政府和社会各界的高度评价。

淄博移动先后获得全国用户满意企业、全国用户满意服务、全国群众体育先进单位、中国企业文化建设先进单位、全国三八红旗集体、山东省富民兴鲁劳动奖状、山东省消费者满意单位、振兴淄博劳动奖状、淄博市首届最具影响力示范诚信企业等荣誉称号。

2010年，淄博移动成为第二十二届省运会战略合作伙伴和指定唯一通信服务商，并获得“中国移动通信杯”第二十二届省运会的总冠名权。图为总经理孙晓燕（左）和省运会执委会副秘书长、市体育局局长翟慎政签署战略合作协议

淄博移动联合市委宣传部、市文明办、市委高校工委、市教育局等部门开展的淄博市“放飞梦想”绿色手机文化创作传播活动启动仪式

2010年5月17日，中国移动3G专属号段188上市。淄博移动把188上市启动资金10万元全部捐献给淄博市红十字会，用于捐建“全球通”红十字书库。图为捐赠仪式现场

为落实“科技强警”战略实施和“平安淄博”建设，淄博移动投资8000万元与市公安局成功合作“金盾工程”二期信息化项目，全面承担项目建设和公安信息化建设任务。图为金盾工程签字仪式现场

中国电信淄博分公司

2010年，在市委、市政府的正确领导下，按照中国电信集团战略转型的总体要求，中国电信淄博分公司全业务运营实现跨越式发展，经营业绩全面提升，在3G应用及推进全市“无线城市”建设方面取得多项突破，实现经济效益和社会效益双促进。

建成覆盖城乡全境的3G网络。淄博电信在全市率先全网升级为3G，3G网络覆盖所有城区、乡镇、农村，能够随时随地支持用户的3G使用。天翼智能手机支持15万个应用程序免费下载，电信3G具备网络+应用的双重保障，让广大用户轻松跨入3G时代。基于电信3G网络的广域覆盖，山东省经信委与山东电信联合实施了3G下乡工程。为加快实施3G下乡，淄博电信首批在全市30余个乡镇成立乡镇支局，积极致力助企惠农，让广大农村用户也能够用上3G、体验3G。

承建淄博市“无线城市”建设。2010年7月，淄博市政府与山东电信签署“无线城市”建设战略合作协议，淄博电信作为项目具体承建方，为全市“无线城市”建设提供最先进的信息技术支撑。2010年，淄博电信在应急指挥、智能安监、集群调度、数字矿山、物联网应用等领域，取得多项创新成果，如“一呼百应”数字集群指挥，矿井井下移动通信及定位监控、“全球眼”云计算智能监控等，为全市“无线城市”信息化建设注入强劲活力。

全面启动FTTH“光网城市”建设。FTTH (Fiber To The Home)是“光纤到家庭”的简称。根据中国电信集团“宽带中国 光网城市”的规划，淄博电信于2010年开始大规模部署FTTH网络，采用业界标准最高的GPON设备，出口带宽高，用户覆盖广。已经建成一万二千线接入能力，接入用户3000户，预计2012年将达到十万线接入能力，为淄博市宽带上网用户提供高速上网服务和丰富的宽带多媒体综合应用。同时，电信3G无线宽带也可以替代有线宽带，无论在城区或农村，用户均可选择无线上网卡套餐服务，满足个性化上网需求。

市委常委、常务副市长王顶岐视察淄博电信并观看信息化演示

淄博市人民政府与山东电信签署“无线城市”建设战略合作协议

FTTH 光纤到户工程，为宽带用户提供高速上网服务和丰富的宽带多媒体综合应用

一卡在手，实现考勤、借阅、消费等全套功能，“翼机通”开启数字校园新时代

齐商银行

齐商银行成立于1997年8月，是全国第四批由城市信用社组建的地方性股份制商业银行，注册资本13亿元，下辖2家分行、72家支行、1家营业部，并与境外400多家银行建立代理业务关系，已建成覆盖全球主要贸易区的结算网络。

多年来，齐商银行秉承特色化、差异化的发展道路，努力培育符合自身发展实际的经营特色，率先成立齐商银行小企业金融服务中心，并下设张店、临淄两家分中心，是山东省首家、全国第四家获得小企业金融服务专营机构牌照的银行。根据区域经济特点和资源优势，分别设立小商品、塑料化工、建材建陶、机电泵业和不锈钢行业等5家专业支行。依托山东省城商行联盟综合业务系统，相继推出的网银、基金销售、理财产品等业务得到迅猛发展，为广大客户开辟新的投资和服务渠道。2007年后，齐商银行滨州分行、西安分行、潍坊青州支行相继成立，跨区域经营取得新进展。由齐商银行控股、作为主发起人设立的临沂河东齐商村镇银行于2010年12月29日正式开业。截至年末，全行总资产363.28亿元，各项存款余额317.5亿元，各项贷款余额233.51亿元，全年实现经营利润8.19亿元，上缴税金2.56亿元，实现税后利润4.68亿元，各项监管指标全面达标。连续10年被评为淄博市利税大户，先后荣获山东省文明单位、中国金融业十大优质服务机构等称号，4次获山东银监局良好银行称号，连续6年入选全国服务业500强。

①2010年9月30日，齐商银行塑料化工、小商品、建材建陶、机电泵业和不锈钢行业等5家专业支行成立

②2010年11月17日，齐商银行潍坊青州支行开业

③2010年11月23日，齐商银行小企业金融服务中心临淄、张店分中心开业

④2010年12月29日，临沂河东齐商村镇银行开业

齐商银行组织员工走上街头向市民宣传人民币知识

山东省农村信用社联合社淄博办事处

党委书记、主任 马立军

山东省农村信用社联合社淄博办事处（淄博市农村信用社）辖6家农村信用合作联社、2家农村商业银行，有400个营业网点、4400名员工，是全市营业网点和从业人员最多、服务范围最广、资金规模最大的综合性、多功能地方金融机构。

近年来，淄博市农村信用社坚持"面向三农、面向社区、面向中小企业、面向县域经济"的市场定位，牢固树立争创一流金融机构的奋斗目标，不断强化发展意识，创新发展思路，落实发展措施，为建设殷实和谐经济文化强市做出积极贡献。截至2011年6月底，全市农村信用社各项存款余额498亿元，较年初增长69亿元；各项贷款余额376亿元，实体贷款较年初增长50亿元。全市农信系统存贷款总量、存贷款市场占有率、新增存贷款市场占有率等6项指标均居全市金融系统首位。全市农信系统9个单位（包含办事处）全部是市级以上文明单位，其中有6个是省级文明单位。

深入企业调研支持中小企业发展

参加安全知识进校园、我为孩子捐本书公益活动，积极履行社会责任

承办2011年"农信之夜"新年音乐会

中信银行淄博分行

团结和谐的领导班子，左起行长助理赵波、行长张少华、副行长张军、行长助理孙庆

中信银行淄博分行组织员工进行会计业务技能竞赛

2010年，在各级领导关心支持和全体员工的共同努力下，中信银行淄博分行克服困难，积极应变，主要工作都取得了新的进步。全行账面税前利润达到1.32亿元，比2009年增加5041万元，资产业务、中间业务规模稳定增长，业务结构、客户结构趋于合理，保证了全年利润指标的超额完成。截至年底，全行总资产达到65.68亿元，比年初增加9.04亿元，增长16%。各项存款余额达到63.13亿元，增加8.13亿元，增幅达到14.78%，各项贷款余额37.58亿元，增加8.15亿元，均创历史最高水平。

随着辛店支行的搬迁，全行7家支行的网点改造全部完成，市行办公楼即将迁址。办公环境改善，银企合作广度、深度拓展，业务规模逐步扩大，全行整体社会形象得到快速修复和改善。2008年解除银监局特别监管，2009年各项评价均达到二级，2010年淄博银监局确定培养全行争创“良好银行”。至年底，全行不良贷款余额6500万元，比年初下降3800万元，全行不良贷款率降到1.7%，比年初下降1.7个百分点，实现双下降。贷款拨备覆盖率上升至142%，比年初提高44个百分点，全年没有新增风险贷款。坚持进行客户调整工作，为全行资产质量提高提供保障，通过动态的调整和授信产品组合、方案优化，进一步提升全行过滤风险的能力，全年共退出潜在风险和低收益客户7户，金额1.96亿元，信贷管控能力得到增强。

全行始终把强化合规文化建设作为加强企业文化建设的重要组成部分，对于合规管理工作中反映出的苗头性问题，加大监督考核处罚力度，使全行的经营能力和管理水平实现从量变到质变的快速转换，保证全行工作始终沿着稳步提高的轨迹健康运行。“合规就是竞争力，合规就是效益”的经营理念在全行上下形成共识，在各项业务快速推进、业务量快速增加的背景下，全行内控管理能力和经营质量也实现了同步提升。

大厅一角

沂源县国家税务局

市国税局局长王胜斌（右一）到该局征收一线调研指导工作

“风险警示牌”亮相沂源国税。局长于亦刚（右一）告诫全体干部职工，内控预防，警钟长鸣

“十一五”期间，沂源县国家税务局在“和谐兴局，团结拼搏，争创一流，再铸辉煌”治局方针指引下，在市局和县委、县政府的正确领导下，以科学发展观为指导，锐意进取，创新发展，各项工作亮点突出，20多项工作得到上级局肯定，先后有17人考取注册会计师、注册税务师以及律师，20多名同志进入省、市局人才库。累计组织全口径工商各税27亿元，比“十五”期间增加税收16亿元，收入规模扩大1.36倍；兑现各类税收优惠1.6亿元，较“十五”期间增加0.95亿元，增长146%。被表彰为全国税务系统先进集体、全省税收先进单位、山东省国税系统文明建设先进局、淄博市国税系统文明建设先进局、省级特级档案室、沂源县“法制机关”先进单位，系统内所有管理分局全部是市级文明单位，省、市级青年文明号。该局已连续22年保持省级文明单位荣誉，被誉为系统内精神文明建设的一面旗帜。

领导班子

演讲明志，人人争当沂源先锋

省国税局总经济师赵莲珍（中）慰问该局征收一线人员

沂源县委书记、县人大常委会主任苏星（左一）调研国税基层工作

山东齐盛

山东齐盛国际宾馆（原山东省淄博鲁中宾馆）隶属中共淄博市委接待处，为自收自支副县级事业单位，位于北京路17号。承担着全市政务接待服务职能，是淄博市政治、经济、科技、商贸、文化等重大活动的主要场所和接待服务中心，是展现全市“四个文明”建设和对外开放的重要窗口。

宾馆占地面积22公顷，建筑面积106000平方米，采用园林式分散组合形式，由相对独立的4个单元组成。拥有各类客房350余间，床位数550余个，100人～500人大型宴会厅5个，风格迥异的中式、西式餐厅包房35间，餐位数1500余个，具有1200人的礼堂、电视电话会议厅、具备同声传译功能的国际会议厅等各类大小会议室30余个。其中，贵宾楼建筑面积19588平方米，客房83间，床位108个；餐位380个；接待室席位20个、小会议室席位36个、大会议厅席位120个；并设有健身房、乒乓球室、放映厅、棋牌娱乐室、台球室、美容美发、精品商品部、商务中心等。迎宾楼建筑面积36187平方米，客房286间，床位477个；餐位1500个；接待室席位20个；并设有商场、大堂吧等。会议中心建筑面积29018平方米，共设有具有会议和演出功能的1200人大会议厅1个，400人多功能厅1个，300人国际会议厅1个，200人会议室1个，100人会议室1个，50～60人会议室8个，60～70人会议室8个，30～40人会议室8个。康乐中心建筑面积18199 平方米，配有室内台球室、乒乓球室、棋牌室、健身房、网球场、游泳馆、洗浴中心等健身与娱乐设施。

自运营以来，圆满完成了第二十二届省运会、亚洲U-19青年足球锦标赛、省第八届残运会、市“两会”以及国家和省部级领导数百人次的接待任务。接待工作得到各级领导的肯定和表扬，向中外宾客充分展现了淄博的良好形象。

贵宾会见厅

国际宾馆

宾馆鸟瞰图

人民会堂

山东金诚石化集团

生产厂区

“十一五”期间，企业连续4年荣获桓台县纳税第一大户称号，累计上缴国家税金20亿元

山东金诚石化集团是以石油炼制为主的现代化企业集团。成立20年来，企业始终沿着科学发展的道路，按照“人无我有、人有我优、人优我特”的发展思路，独辟蹊径，体现特色，实现跨越式发展。

近年来，企业在发展循环经济，拉长产业链条的基础上，不断加大科技投入，企业技术力量、装置工艺水平不断提升。先后有9项科技成果、23项专利技术应用于装置生产，在装置产能提升、经济效益提高、节能环保等各个方面都取得良好的效果。2010年，企业通过自主研发，突破石油针状焦工业化生产的难题，获得核心专利技术。针状焦项目的顺利投产，使金诚石化在依靠科技创新提升企业竞争力方面又迈出重要一步。

“十一五”期间，企业先后投入11.5亿元，建设、升级一大批工艺先进、技术领先的重油深加工装置，同时对废气、废水、废渣进行回收再利用，既实现节能减排，又增加经济效益。投入1.56亿元，实施一系列资源综合利用和节能技改项目，重点提高对余热、余压、余气再利用的技术水平，降低原料油加工的能源消耗水平，超额完成省政府下达的“十一五”期间的节能任务目标，获得2010年度“淄博市节能突出贡献企业”称号。

2011年是“十二五”开局之年，金诚石化正继续以科学发展观为指导，在突出重油深加工的基础上，充分利用石化产品为原料，逐步向精细化工方向延伸，努力建设一批具有高科技、高附加值、高效益、低能耗、低污染的项目，为建设殷实和谐的经济文化强市作出新的贡献！

省委副书记、省长姜大明到金诚石化调研工作

淄博齐翔石油化工集团有限公司

淄博齐翔石油化工集团有限公司座落于齐国故都临淄区金山镇，与胶济铁路和青银高速相邻，交通便利。公司成立于1998年7月2日，前身为中国石化集团齐鲁石化公司直属集体企业，于2004年7月2日整体改制成为民营企业。齐翔集团注册资本4547.95万元，现拥有淄博齐翔腾达化工股份有限公司、淄博齐翔惠达化工有限公司、淄博新齐翔工业设备安装工程有限公司、青岛联华志远实业有限公司、淄博双兴油脂化工有限公司、淄博胜发化工有限公司、淄博三鹏化工有限公司等7个全资（控股）子公司，其中，淄博齐翔腾达化工股份有限公司于2010年5月18日在深圳证券交易所正式挂牌上市。

齐翔集团主导产品有甲乙酮、甲基叔丁基醚（MTBE）、异丁烯、叔丁醇、羧基丁苯胶乳、各种化工助剂等共20余种，2010年产品产量超过46万吨，销售收入超过30亿元。其中甲乙酮年生产能力达13.5万吨，是国内最大、世界第五的甲乙酮生产企业，产品质量达到国际先进水平，远销美国、加拿大、韩国、印度等十几个国家。

齐翔集团先后通过ISO9001质量体系认证、GB/T28001职业健康安全体系认证和HSE体系认证，先后获得山东省百强私营企业、山东省重合同守信用企业、山东省设备管理先进单位、AAA级信用企业、山东省明星劳服企业、淄博市工业明星企业、临淄区明星企业等荣誉称号。

市长周清利视察齐翔公司新项目建设情况

现代化操作室

高度重视安全工作，定期举行反事故演练

企业文化建设成果丰硕 文体活动丰富多彩

新建年产6万吨丁烯分离装置

新建年产4万吨甲乙酮装置现场

淄博柴油

董事长邓德乐应邀参加国际高层论坛，作为重点代表发言

淄博柴油机总公司是大功率大缸径柴油机专业化制造企业，已有40多年的生产历史，企业总部及淄博生产基地座落在淄博市，设有青岛淄柴博洋柴油机股份有限公司、南通淄柴船舶机械公司、淄博淄柴新能源有限公司。

公司拥有国内先进水平的柴油机装配/试车车间、配套齐全的加工中心和大型进口加工设备，具备年产柴油机350万千瓦的生产能力，主导产品为9大系列150～4700千瓦“淄柴”牌船用柴油机，以此为原动力机的120～3000千瓦柴油、重油、燃气、自动化发电机组及生物质气体机、煤气发电机组、煤矿乏风瓦斯氧化利用设备等，品种达400多个，广泛用于渔轮、客货轮交通运输、内河航运、港口拖轮、工程船舶、执法船、军船、船用/陆用发电机组、各类电站及泵站机组等。企业在行业内率先通过ISO9001质量体系认证，在同类国产柴油机中率先按国际标准通过氮氧化物排放检测并符合solas国际公约安全要求，多种产品被评为国家级新产品，被授予国家科技进步奖或行业名牌、省级名牌产品，有的被列为国家863计划、火炬计划。“淄柴”牌柴油机被率先用于金枪鱼钓船主辅机，实现国产柴油机配备金枪鱼钓船零的突破。历来配备进口机的大型移动式打桩船、挖泥船、海监船、国内最大的液化石油气运输船、世界最豪华的内河邮船等先后首次选用淄柴产品。“淄柴”牌柴油机已遍布全国32个省、市、自治区，并远销亚洲、欧洲、非洲、南美、朝鲜等国家和地区。

地　址：山东省淄博市张店　　邮　编：255077
电　话：0533－2063362　　传　真：0533－2068064
企业网址：www.zichai.com
电子信箱：zichai@zichai.com

用“淄柴”牌气体机建成的国内首座大功率低转速机煤层气发电站

乏风瓦斯热逆流氧化装置（“863”中试样机）

机总公司

企业荣誉榜

中央企业先进集体
中央企业思想政治工作先进单位
中央企业厂务公开先进单位
中央企业五四红旗团委
中国机械500强
中国机械500大
山东省富民兴鲁劳动奖状单位
山东省高新技术企业
山东省船舶工业先进企业
淄博市工业杰出企业
混合脉冲转换涡轮增压系统开发及在四冲程大功率柴油机上的应用获国家科技进步二等奖
煤矿瓦斯乏风氧化装置被列入国家高技术研究发展计划（863计划）、国家火炬计划、山东省重点领域首台套技术装备
8300型生物质发动机被列入国家重点新产品、被评为中农发集团科技成果一等奖、山东省机械工业科技进步一等奖
8300型瓦斯气发动机被评为山东省机械工业科技进步三等奖

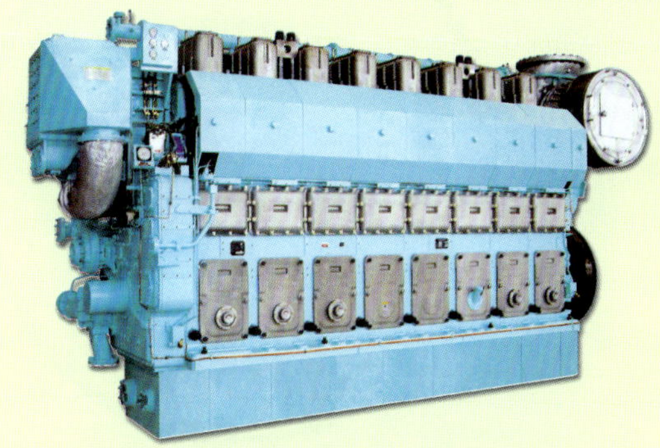

船用柴油机（147～4700千瓦）

生物质气体机（300～500千瓦）

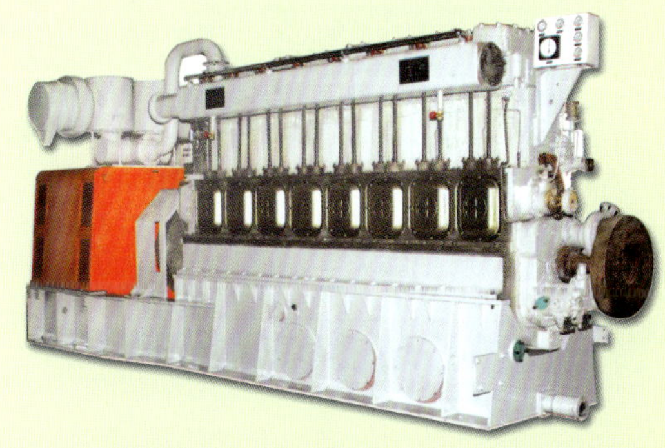

煤层气气体机（400～700千瓦）

用“淄柴”牌生物质气体机在国外建成的电站

柴油、重油发电机组(120～3000千瓦)

山东金岭铁矿

团结奋进的领导班子

山东金岭铁矿位于山东省淄博市张店区境内，隶属于山东钢铁集团有限公司。截至2010年底，总矿矿区占地面积258万平方米，拥有总资产44亿元，员工4817人，其中高级专业技术职务106人、中级202人、初级255人。中共党员970人，其中在职党员751人。控股参股5个公司，包括1个上市公司（金岭矿业股份有限公司）、1个全资子公司（淄博铁鹰钢铁有限公司）、2个控股参股公司（山东金鼎矿业有限责任公司、烟台金鲁铜业有限公司）、1个控股投资公司（济南鑫银投资公司）。生产系统主要包括采选、冶炼和机械加工，主要产品有铁精粉矿、铜精粉矿、钴精粉矿、炼钢生铁、地下采掘机械。具有年产铁矿石230万吨，铁精粉矿130万吨、生铁70万吨、机械产品10个系列2000余台（套）的生产能力。2010年实现销售收入30.35亿元，利税总额12.08亿元，利润总额8.02亿元，其中归属母公司净利润3.06亿元。先后获得全国“安康杯”竞赛优胜企业、全国厂务公开民主管理先进单位、全国模范职工之家、山东省设备管理优秀单位、山东省纳税百强企业、淄博市先进基层党组织等荣誉称号。

山东金岭铁矿
荣获第三届全国冶金矿山
十佳厂矿
中国钢铁工业协会
中国冶金矿山企业协会
二〇〇八年十一月

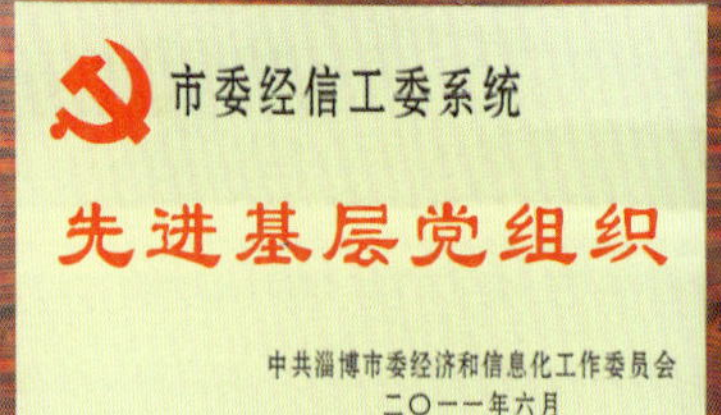

金岭铁矿鸟瞰图

山东蓝星东大化工有限责任公司

聚醚控制室

中国化工集团总经理任建新在公司董事长王继文陪同下视察企业

6月21日，中国化工集团与淄博市政府签订战略投资协议

聚醚车间外景

山东蓝星东大化工有限责任公司是隶属于中国化工集团公司的大型化工企业，是全国化工500强企业、山东省重点企业、山东省高新技术企业、国家火炬计划重点高新技术企业、中国聚氨酯工业协会副理事长单位、中国聚氨酯工业协会聚醚专业委员会主任单位、环氧丙烷和聚醚行业（市场）秘书长单位，拥有省级企业技术中心和省级工程技术研究中心。主要产品及规模为8万吨环氧丙烷、20万吨聚醚多元醇、2万吨离子交换树脂、5000吨二乙烯苯、10万吨组合聚醚及聚氨酯型材、40亿只医用胶塞、5亿只输液器注射件，市场占有率位居国内前列，其中“东大”牌聚醚多元醇获中国石化行业知名品牌、山东省名牌产品称号，“东大”牌离子交换树脂、东大牌医用胶塞获山东省名牌称号。

2003年，公司被认定为省级技术开发中心。企业的科研能力和科研工作走在行业前列，每年有5种以上新产品、新技术通过省经贸委的鉴定，累计取得各项专利30余项。在重视科研投入的同时，公司把提升人才队伍的整体素质和培养优秀科技人才放在企业经营的首位，使科研人员占到员工总数的10%以上。东大坚持“走出去”经营战略，先后与德国、美国、日本、韩国等十几个国家的跨国公司建立广泛稳定的技术交流和贸易合作。积极参与国际竞争，努力开拓国际市场，产品先后出口到日本、德国、美国、澳大利亚等国家。

公司坚持“以人为本，科技创新，品质卓越、诚信共赢”的发展战略，大力实施人才战略和品牌战略，抢抓机遇，建设有特色企业文化，提升企业的核心竞争力，先后荣获山东省文明单位、山东省守信用重合同企业、山东省最佳思想政治工作企业、山东省企业文化建设示范单位等荣誉称号。

“十二五”期间，中国化工集团拟在蓝星东大建设百万吨级的聚氨酯装置，将东大建成为中国江北最大的化工新材料生产基地。

公司办公楼

中国化工集团淄博化工新材料基地奠基仪式

淄　建

董事长、总经理、党委书记 夏书强

济南市第二生活垃圾焚烧发电厂　全国优秀项目部　山东省安全文明工地（质量目标——鲁班奖）

淄建集团始建于1949年6月，是国家大型建安施工企业，年总施工能力达50亿元，是山东省同行业中龙头企业之一。

2010年，集团凭着过硬的核心技术和核心竞争力，强势打入并不断拓展节能环保等国家战略性新兴产业市场，承揽省内外一大批污水处理、脱硫工程、垃圾焚烧发电、干熄焦余热发电、生物质发电等建设项目，工程遍布国内20多个省区，均为国家及地方环保、节能、减排的重点工程。其中多个项目获得国家优质工程奖、全国优质工程奖、全国最佳安全文明标准化工程奖，并获得多项"泰山杯"荣誉。

集团加大海外市场开拓力度，成功打入阿尔及利亚、尼日利亚、刚果、利比里亚、马达加斯加等国家和地区的建筑市场。2009年开始介入东南亚市场，在越南中标一期2亿元的氧化铝工程；2010年，开拓利比亚市场，先后承接米苏拉塔市高级中学和小区住宅群工程；2011年，承接越南得农省总投资60亿元的氧化铝工程和南部城市金瓯化肥厂项目中的上亿元合同段。

2010年，集团先后获得全国优秀施工企业、全国安装行业先进企业、全国工程建设优秀施工企业、全国工程建设安全生产单位、2010中国建筑业100强企业、全国AAA级诚信企业、全国交通建设系统工人先锋号、全国工程建设优秀项目经理部、山东省诚信企业、山东省外出施工先进企业、山东省商贸流通先进企业、2008～2010年全省建筑业先进集体、山东省安装十强企业、山东省建筑工程质量管理先进单位、山东省安装行业先进集体、山东省优秀质量管理活动先进企业称号。集团董事长、党委书记、总经理夏书强获全国优秀企业家、新世纪10年——中国建筑业杰出贡献企业家、2011年中国工程建设优秀管理企业家、山东省安装行业优秀企业家、山东省优秀质量管理小组活动卓越领导者称号。

淄博市人民公园　新中国成立60周年山东省60项精品工程之一

集　团

集团公司领导班子

淄建集团勇夺共和国最高荣誉

齐鲁石化30万吨/年乙烯工程16套生产装置工程荣获新中国成立60周年“百项经典暨精品工程”奖，这是国家工程质量领域的最高奖项（山东省仅四项）。

光大水务（淄博）水质净化一分厂升级改造工程荣获国家优质工程

齐鲁石化45万吨精品工程获新中国成立60周年60项山东省精品建设工程奖（淄博市仅三项）。

淄博市人民公园改造工程获新中国成立60周年60项山东省精品建设工程奖（淄博市仅三项）。

光大水务淄博水质净化三分厂　国家优质工程

山东九林园林绿化

捐助山区幼儿园

教师节献爱心

花园式生产基地

朗秀厂区概貌

山东九林园林绿化有限公司朗秀水厂始建于2009年初，占地面积10000平方米，拥有员工40余人，是淄博市规模最大、设备最先进的专业化、花园式饮用水生产基地。朗秀水生产基地的建成和投产，开创和填补了淄博饮用水行业的多项空白，成为淄博桶装水行业的领先者。

多重控制，严把产品质量。朗秀水源地坐落在山清水秀的峨庄国家森林公园，为确保水源洁净、无污染，除了加强水井周边环境的保护外，还在全市首家采用水井深层封闭技术，确保每一滴朗秀水都是真正的深层岩溶裂隙水。生产过程中，朗秀水引进具有世界领先水平的全自动生产线，整个生产过程在全封闭无菌灌装车间内完成。产品包装在全市率先向消费者公开承诺坚决不用一只黑桶，其专用水桶外观锃亮、清丽，深受消费者喜爱。从源头到饮用重重把关，针对饮水机二次污染问题，为朗秀会员定期开展免费清洗饮水机服务，严把产品质量最后一道关。

健康饮水，保护水源意识。朗秀水在淄博市首家推出会员制服务，针对消费者存在的饮水误区、盲区，定期为会员发送饮水知识；通过开展好水进社区、“3 · 15”宣传等系列活动，向广大市民普及健康饮水知识，倡导健康饮水理念；在全市首家推出“寻源之旅”活动，邀请消费者亲临峨庄朗秀水生产基地，唤起市民珍惜水资源的意识。

热心公益，关注环保事业。朗秀水始终把热衷公益、奉献社会作为企业应尽的责任，积极主动组织、参与各种公益活动和慈善事业，以无私的爱心回馈社会。朗秀水生产基地建设期间，为峨庄中心幼儿园捐献巨额善款，改善山区孩子教育条件；在全市各个高考考点设立供水点，为高考学生提供优质免费饮用水。朗秀水采用一次性桶盖、桶体无纺布外衣，充分贯彻朗秀自始至终的环保理念，体现了企业奉献社会、服务社会的企业责任。

有限公司朗秀水厂

消费者见证朗秀水生产过程

广电小记者走进朗秀

密封式参观走廊

全自动生产线

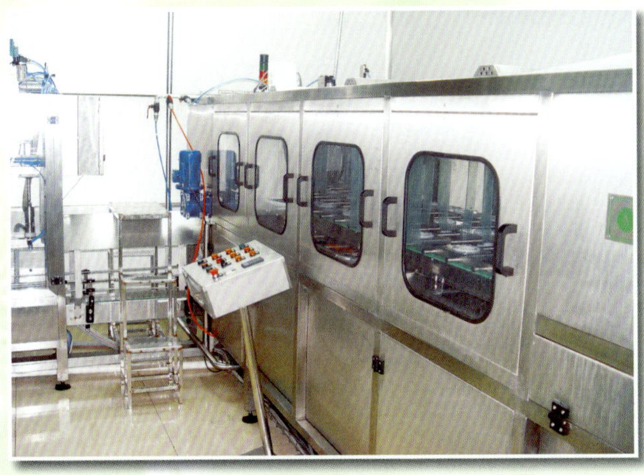
全自动生产线

社区宣传推广健康饮水理念

山东万鑫投资控股有限公司

董事长　王立国

山东万鑫投资控股有限公司是集建筑、工业、房地产三大产业于一体的综合性经营投资公司，产业涉及30多个领域，2010年企业实现总产值55亿元。

山东万鑫建设有限公司拥有国家特级施工总承包资质和钢结构、机电安装、市政、消防设施、公路施工、装饰装修、地基基础、建筑幕墙、金属门窗、劳务分包等10项一级资质，拥有土建和基础、装饰、安装、路桥、园林等15个专业化公司。近5年来，企业创出鲁班奖工程、国优工程、装饰泰山杯、国家市政金杯示范工程等56项。综合实力连续10余年居淄博市建筑业第一。

山东同济万鑫集团是上市公司上海同济科技的参股企业，拥有炭素、特种车、轮胎、轻钢、热电、墙体材料、木业、重机、商混、模板等10余个工业企业及生态园项目。炭素、轻钢、热电、压力容器列入全县亿元企业。炭素产品出口伊朗、俄罗斯、乌克兰、英国、日本、美国等国家，年出口创汇5千万美元；2005年与卢森堡富盟公司共同组建山东前昊炭素有限公司，2010年共同组建山东万鑫轮胎有限公司。鑫国重机研制组装的XGR120\160\180型多功能旋挖钻机通过部级鉴定。

房地产拥有同济置业和鲁昱置业2家开发企业，年开发面积30万平方米，具备房产设计、施工、监理、销售、物业管理等综合经营能力，先后在青岛、淄博、滨州、威海、烟台、潍坊等地经营开发了天惠苑小区、聚隆小区、新城广场花园小区、时代花园小区、万鑫·阳光巴厘小区、金东世纪A区、万鑫盛世·诚信苑等中高档社区。其中，新城广场花园小区堪称滨州市"第一社区"；乳山银滩万鑫·阳光巴厘小区是国内著名设计院厦门大学设计院的经典之作；同济·盛世家园获得潍坊市最佳户型设计与节能楼盘奖。

企业荣誉：全国优秀施工企业、全国建筑百强、全国建筑业首批"AAA"级信用企业、国家科技进步三等奖、省级先进企业、省外出施工先进单位、省级文明单位、银行"AAA"级信用企业、省级"守合同、重信用"企业。

董事长王立国：淄博市人大代表、全国优秀施工企业家、全国乡镇企业家、山东省富民兴鲁劳动奖章获得者。

企业理念：以人为本　和谐创新　追求卓越　锲而不舍
企业目标：做强企业　致富员工　奉献社会
公司地址：山东省淄博市桓台县　　邮编：256401
电话/传真：0533-8510887/8516266
电子信箱：8510887@163.com

鑫国重机研发的旋挖钻机和多功能桩架

鲁昱置业公司开发的烟台金东国际项目

唐山热电厂

前昊炭素新上6万吨焙烧车间

同济置业公开认购现场

鑫昊金属结构有限公司生产的特种车

鲁班奖

滨州市政办公楼（获鲁班奖）

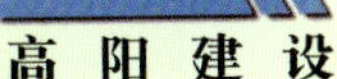

山东高阳建设有限公司

山东高阳建设有限公司是房屋建筑工程施工总承包特级资质企业，注册资本3.6亿元，具备承接各类型工业、民用建筑工程与设备安装工程的能力，是集建筑施工、钢结构制作安装、装饰装修、设备安装、房地产开发、化学清洗、矿业开采、医疗器械制造为一体的综合性集团公司。

公司贯彻“优良品牌、诚信服务”的质量方针，先后被评为全国用户满意施工企业、全国质量效益型先进施工企业、全国建筑业先进企业，获得鲁班奖、国家优质工程银质奖、全国建筑工程装饰奖、“泰山杯”“四川省天府杯”等诸多荣誉。在安全生产管理方面，曾取得全国施工现场安全大检查第四名的好成绩，并被评为全国建筑施工现场安全达标管理优胜单位。

公司始终发扬“团结实干、求实创新、优质高效、争创一流”的企业精神，以科技进步为先导，以质量求生存，以信誉求发展，将促进企业不断迈上新的台阶。

淄博市直部门综合楼（获鲁班奖）

临淄国税综合楼（获泰山杯）

闻韶1号高层楼（获泰山杯）

鲁班奖奖牌

鲁班奖

世纪花园社区服务中心（国优）

山东创业房地产开发有限公司

学府花园

山东创业房地产开发有限公司成立于1992年，注册资金5148万元，国家房地产一级开发资质。公司主营房地产开发，另涉及物业管理、商业贸易、园林绿化等领域。经过20年的发展，公司已淬砺成总资产超过18亿元，年开发能力50多万平方米的大型房地产企业。

“创业放心房”一直是企业孜孜以求的目标。公司在营销工作中始终恪守“五不”“三包”承诺，并在全市率先承诺无条件退房，让用户真正买得放心，住得舒心。公司开发建设的世纪花园、东城华府、颐丰花园、上城名府、学府花园、丽景翠苑等住宅项目，以设计合理、质量优良、配套完善、价位适中、物业服务到位等优势，赢得广大客户的青睐。其中，颐丰花园、齐悦国际花园已分别通过国家康居示范工程中期评审和初审，是淄博市省地、节能、环保的代表性项目，住宅产业化的样板工程，上城名府项目被山东省住房和城乡建设厅立项为绿色建筑示范工程项目。

有汗水就有收获，有付出就有回报。公司全体员工多年的努力，铸就“创业放心房”品牌，赢得良好的社会信誉。公司被国家建设部授予销售放心房履行承诺企业称号，是省政府确定的山东省重点服务业企业、淄博市房地产行业首家AAA级信用企业，公司连续8年被评为山东省消费者满意单位，连续6年蝉联淄博市房地产企业综合考评第一名，公司各项合同履约率达到100%。

铸质量品牌，创百年基业。在精益求精的道路上，全体创业人将一如既往地努力打造诚信品牌，不断为居住文明、社会和谐以及中国房地产市场诚信建设做出新的贡献。

齐悦国际花园效果图

世纪花园

山东物华租赁有限公司

董事长、总经理 王纲

山东物华租赁有限公司是由原淄博市钢模板租赁公司整体改制而成。是中国基建物资承包协会、中国模板协会租赁委员会副会长单位，中国模板协会、中国建筑金属结构协会会员单位。被中国基建物资承包协会、中国模板协会租赁委员会评定为全国模板脚手架租赁行业一级企业，是山东省工商局授予的省级守合同重信用企业。自1999年至2011年连续被中国模板协会和中国模板协会租赁委员会评为推广应用新型模板脚手架优秀企业和全国模板脚手架租赁行业名牌企业。

公司经营范围：建筑钢模板、钢脚手架、钢架板、建筑施工机械租赁；钢材、日用陶瓷、木材批发零售；房屋场地租赁、汽车租赁。拥有租赁物资：钢模板10万平方米，碗扣脚手架5000吨，钢管4000吨，钢支柱10000条，架板15000块，机械设备250台及附件500吨；拥有出租和待出租场地17万平方米；经营办公库房2万平方米。

公司拥有8个控股子公司，在青岛、莱芜等市拥有14个分公司。租赁物资多次用于省市重点建设工程。近年来在省内高速公路建设中推广使用新型模板和新型脚手架，为发展公路交通事业发挥了积极作用。

公司坚持信誉第一、诚信经营的原则，在创建和谐社会、和谐物华的征程中，将继往开来，与时俱进，继续坚持为建筑施工企业精诚服务，不断提高自身经济效益和社会效益。按照现代化企业要求，深化改革，加强管理，加快推进资产开发和日用消费品租赁步伐，由单纯的建筑物资租赁发展成为市场开发与物资租赁相结合的租赁多元化、组织集团化、管理现代化的租赁企业。

公司董事长兼总经理王纲携全体员工热忱欢迎社会各界新老朋友携手合作，共创辉煌。

地址：山东省淄博市张店区柳泉路59号
邮编：255031
电话：0533-3181882
传真：0533-3181801
网址：www.zbwhzL.com
邮箱：zbwhzL59@163.com

淄博市

党委书记、矿长 李金波

矿长李金波与班子成员在“安全生产月”宣传条幅上签下安全承诺

淄博市张店煤矿位于淄博市中心城区南部，是国有中（二）型企业，有固定资产5513万元，职工573人，其中大、中专以上学历人员76人，具有工程、会计、经济、政工等系列中、高级职称人才26人。设计年生产能力15万吨，为淄博矿区四大国有地方矿之一。2003年12月，与沣水煤矿合并成立张店矿业集团，实行集团化运营。

张店煤矿始建于1985年10月，1991年4月峻工投产，因建井速度快、质量好，被评为部级质量标准化矿井。煤矿始终坚持安全第一、以人为本、和谐发展的方针，把安全生产摆在高于一切、重于一切、先于一切的位置，形成具有鲜明特色的安全管理理念。按照“立足煤、延伸煤、超越煤”的发展战略，参与西部大开发，在陕西神木开办年产30万吨优质长焰煤的二道峁煤矿，两矿互为依托、共同发展；并购中埠鑫鑫煤井，顺利通过省煤炭局技改验收；投资兴建淄博市安全培训中心，集培训、餐饮、食宿为一体，成为鲁中最大、功能齐全的安全培训基地。

大力打造学习型企业，企业文化独具特色。秉承与时俱进、开拓创新的现代理念，融汇煤矿工人豪放、朴实的性格内涵，形成独具特色的“工作求真务实，管理严细到位”的企业精神和“以人为本，创新为魂”的经营理念。坚持科学发展、安全发展，向管理要效益，企业效益逐年递增，职工生活不断改善。2008年7月，经市煤炭局验收，被评为首批安全型煤矿；2010年5月，被中华全国总工会评为全国模范职工之家；先后获得振兴淄博劳动奖状，省市民主管理、矿务公开先进单位，AAA级信用企业和文明单位等荣誉。

在张店矿业集团的领导下，全矿干部职工心同向、力同往，认真、负责、尽心到位地做好每一项工作，张店煤矿正在向着集团化做强做大做长的目标不断迈进。

庆祝张店矿业集团成立三周年风采展

张店煤矿

矿长李金波在早调会上部署工作

办公楼

企业精神

张店煤矿主井口

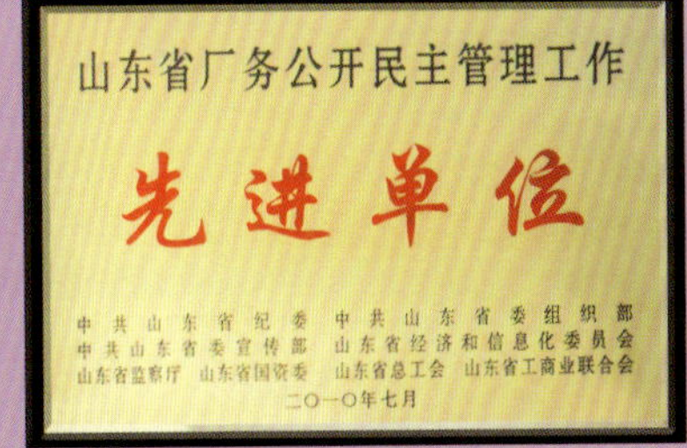

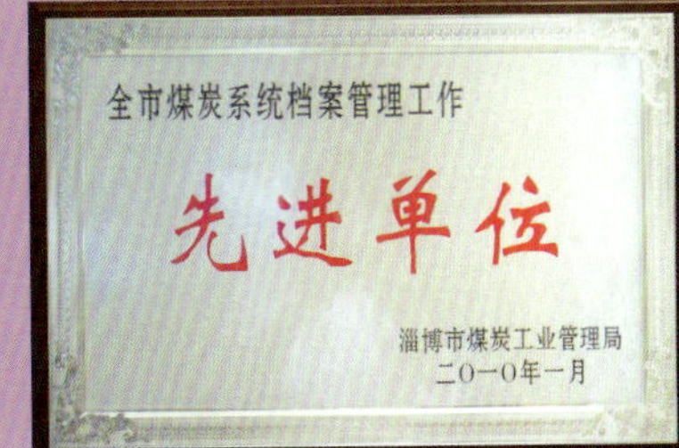

淄博市张店矿业

沣水煤矿矿长　李　涛

淄博市沣水煤矿坐落于张店区沣水镇政府驻地北侧，距淄博城区5公里，北邻胶济铁路和309国道，交通便利，位置优越。

沣水煤矿始建于1970年，前身为1958年建矿的岳庄煤矿，占地面积9.2公顷，井田面积11.008平方公里，设计能力9万吨/年，1978年经改建后设计能力达15万吨/年。开拓方式为一立两斜，立井为回风井，两斜井作为进风安全出口。现矿井开拓布局为一个生产水平，两个生产采区，工作面采用走向长壁式采煤法回采。有员工700人。其中，拥有技术职称的13人，大专以上学历的管理人员26人，高级工45人。

历届矿领导班子一直把抓安全，严管理作为头等大事，曾经实现连续安全生产7周年、8周年，1989年晋升为市级先进企业，1990年被能源部授予质量标准化矿井荣誉称号；1991年分别被省煤炭局、市安委会授予安全生产先进单位、安全生产先进企业荣誉称号，2003年～2005年被省煤监局评为煤矿安全程度B级矿井。2003年12月2日，张店矿业集团成立，沣水煤矿在集团领导班子正确领导下，以集团提出的“立足煤、延伸煤、超越煤”三煤战略为工作导向，坚持“求真务实、严细到位、激情创业、精进管理、科学发展”的管理理念，不断创新，勤俭办矿，年年都有新突破。2005年元月，被市煤炭局、市工商局、市质量技术监督局评为煤炭经营诚信企业先进单位；2005～2007年度获得全省煤炭系统先进女工家属协管会称号；2008年获得振兴淄博劳动奖状；2009年度被山东省煤炭工业局评为安全质量标准化二级矿井等荣誉称号。2011年8月通过淄博市煤炭工业局一级安全质量标准化矿井检查与考评验收。

以党委书记、矿长李涛为首的新一届矿领导班子，带领全矿干部职工满怀信心，围绕集团各项目标，继续坚持“以人为本，创新为魂，追求卓越，永不言败”的企业精神，积极开展“巩固、提升、精细化管理”，不断吸收引进先进的管理方式和工艺技术，全力打造和谐高效、健康安全发展的现代化煤炭企业。

集团沣水煤矿

团结奋进的领导班子

办公楼

绞车控制室

淄博金东矿

党委书记、矿长 郑 峰

淄博金东矿业有限公司隶属张店区矿业集团，位于张店区中埠镇边辛村东，2005年11月3日注册成立，是国有控资企业。拥有职工415人，其中各类工程技术人员15人。公司矿井下设掘进、采煤两大工区和技术、机电、安全3个职能科室。在投入3000万元进行技术改造后，2008年经山东省煤炭局验收批准投产，设计生产能力达12万吨/年。在日常的生产经营管理工作中，牢固树立“生命至高无上，责任重于泰山”的安全理念，始终坚持“安全第一，预防为主，综合治理”的安全生产方针，先后在2006年、2008年、2009年、2010年被淄博市煤炭工业管理局评为安全质量标准化达标矿井、安全生产先进集体、安全生产先进单位、安全型矿井，2009年被共青团淄博市委评为淄博市安全生产示范岗。

公司全面落实科学发展观，以人为本，积极依靠职工办企业，职工业余文体活动日益活跃，2009年被共青团张店区委评为张店区青年文明号。注重职工职业病危害的防治工作，2009年11月被山东省卫生厅评为职业危害防治先进集体。保障职工民主权利，积极推行政务公开，被张店区总工会评为2010年度先进基层工会和工人先锋号，被淄博市总工会评为淄博市劳动关系和谐企业和工人先锋号。

公司主要产品为无烟煤、原煤、二号块煤、三号块煤等煤种，该煤种发热量高、无硫，深受工厂和居民欢迎。煤场设有多处除尘喷头，每天不定时进行防尘洒水，地面生产系统全部封闭，煤堆设有防尘网。

淄博金东矿业有限公司将以安全生产为重点，以经济效益为中心，以精细化管理和企业文化建设为突破口，围绕做强、做大张店矿业集团的发展目标而努力奋斗。

业有限公司

振兴淄博劳动奖状
淄博市总工会
二〇一〇年一月

职业卫生“四个一”工程
先进单位
山东省卫生厅卫生监督所

淄博市“安康杯”竞赛
优胜企业
淄博市总工会 淄博市安全生产监督管理局
二〇〇九年三月

安全质量标准化
二级矿井
山东省煤炭工业局

淄博市劳动关系和谐企业
淄博市总工会

授予：
安全生产先进单位

山东伯仲真空设备股份有限公司

山东伯仲真空设备股份有限公司成立于2002年3月（即原淄博伯仲真空设备有限公司、山东伯仲真空设备有限公司）。主要产品有2BV、2BE型水（液）环真空泵、ZJ型罗茨真空泵、LG系列螺杆真空泵、2BW型真空泵闭环系统和JZJ型罗茨真空机组，其中2BV型真空泵、2BE型真空泵与2BW型真空泵闭环系统在国内同行业中技术领先。

公司自2002年12月起，连续通过ISO 9001：2000QMS认证。自2007年起，连续被淄博市诚信企业信用评价委员会评为诚信企业先进单位。2007年1月，公司被张店区工会评为淄博市张店区劳动关系和谐企业；6月，成为张店区首家市级安全标准化企业；7月，公司有9种规格的“伯仲”牌真空泵获得国家矿用产品安全标志办公室颁发的矿用产品安全标志证书；8月，“伯仲及图”商标成为山东省著名商标。2008年，被山东省工商局评为省级守合同重信用企业。2008年，LG系列螺杆真空泵获得国家实用新型专利证书。2009年，公司与公司工会分别被淄博市总工会评为淄博市级劳动关系和谐企业和全市信得过基层工会。2009年底，“伯仲及图”商标被司法认定为中国驰名商标。2010年，“伯仲及图”商标被再次认定为山东省著名商标。2011年1～4月，公司先后被淄博市总工会授予关爱职工十佳企业、职工代表大会先进单位和振兴淄博劳动奖状。

公司遵循质量第一、诚信发展的经营理念，注重伯仲品牌意识的培育，实施铸造伯仲品牌、成就精彩人生的品牌战略，力争使伯仲品牌闯出国门、走向世界。

2BW4202真空泵闭环系统

LG系列螺杆真空泵

2BE1353水环式真空泵

机加工车间

山东上水农业发展股份有限公司

董事长徐东明与北京同仁堂签订销售意向书

有机金银花产品展示

山东上水农业发展股份有限公司是淄博市农业产业化重点龙头企业，集特色农业种植、旅游观光于一体，主要从事有机金银花和有机杂粮的种植、研发、加工与销售。

公司成立之初，制定了在3至5年内打造十万亩金银花建设项目的发展规划，以公司+基地+农户+标准化+品牌的发展模式，使企业与农户共同受益。先后成立淄博上水有机肥有限公司和淄博上水养殖有限公司，大力发展现代化农业，进一步完善禽畜养殖→有机肥生产→农业种植→农业观光旅游循环产业链，整合资源，全力打造上水银花集团。公司金银花种植基地面积已达到1千公顷，成为山东省规模最大的种植树形金银花生产基地，是中国农业大学有机金银花科技示范园，被中国农业大学认定为农业科技示范企业。2010年，金银花产品通过北京中绿华夏有机认证中心的有机认证，“博山金银花”被国家工商行政管理总局审核认定为国家地理商标证明标志。

公司先后获得山东省农业旅游示范点淄博市都市农业示范园、淄博市科普惠农示范工程先进单位、淄博市科普惠农工程示范科普基地等荣誉称号。

公司在各级政府的正确领导和大力支持下，将坚持多元化发展道路，争取生态效益、社会效益、经济效益的大丰收。

有机金银花礼盒包装

上水基地有机金银花

张 店 区

街道党工委书记　王洪涛

街道办事处主任　王志臣

市委书记刘慧晏视察东部化工区

区领导参加杏园街道重点项目齐隆化工股份有限公司年产16万吨石油树脂、6万吨氢化树脂项目奠基仪式

杏园街道位于张店区东部，2010年11月由原湖田镇与杏园街道合并组成，东与临淄区、北与淄博市高新技术开发区接壤，总面积约34平方公里，辖7个村、7个村改居、7个城市社区，总人口6万余人。

杏园街道是张店区最具光荣革命传统的地区，淄博市第一个农村党支部——洪沟村党支部诞生于此，是见证张店区经济社会蓬勃发展最早的街道。伴随着改革开放及经济社会的转型发展，新华制药、大成农药、东大化工及淄博柴油机厂、齐鲁石化烯烃厂等国有大型企业和淄博市妇幼保健院、淄博市第八人民医院、淄博市第五中学等省市级文教卫生单位均座落于此。

规模工业方面，做好“借势”“搬迁”两篇文章，依托靠近齐鲁石化公司的区位优势，紧抓国有大型企业改制的有利契机，逐步形成以东片齐隆化工、淄博鲁华泓锦、淄博新塑化工和西片万昌科技、义升环保为骨干的石油化工产业集群；借助新华制药、大成农药、东大化工、东风化工4家城区化工企业的搬迁机遇，规范建设东部化工园区，加快推进新华制药阿司匹林系列产品、民基（东风）化工氯乙酸项目建设，对外引进25个、总投资60余亿元的高科技化工项目，开创东部化工园区基础建设、招商引资、管理服务的良好局面。

城市建设方面，通过“棚户区改造、道路整治、街区绿化”三大工程，打造生态宜居的东部新型城区。

生态恢复方面，全面落实市区生态绿化工作要求，历时两年，完成总面积1075亩、植树24万余株的牧龙山和总面积1015亩、植树23万余株的玉皇山两大生态恢复工程，回填矿渣堆、大小矿坑10余个，整修道路11公里，整修地形100万余平方米，建立“一湖、两环、三区”的山体绿化格局，积极打造集生态绿化、环境美化、休闲旅游、体育健身为一体的张店近郊森林公园，构筑起张店东部绿色屏障。

都市农业方面，通过实施土地流转、生态园区建设和农业综合开发工程，助推都市农业大展新姿。

三产服务业方面，依托东四路、昌国路的交通优势，扩大东城区机电产品的商贸优势，引入现代物流、机电商城的商贸载体，形成良乡、万隆、金建为主的三大物流企业，年货物交易额数十亿元，同时，带动洪沟五金机电城、昱琳仓储等服务品牌的发展，带动辖区劳动力就业近万人。

杏园街道

杏园街道召开半年工作会

庆“七一”表彰会

杏园街道成立乡村少年宫

旧村改造后的新洪沟片区

农业综合开发

生态恢复后的牧龙山

张店区中埠镇

党委书记 王晓平

镇长 郎咸辉

山东胜利钢管有限公司生产车间

成长中的山东联创股份有限公司

中埠镇位于张店区东北部，北临淄博高新技术开发区，南依张辛复线，是工农结合、城乡一体化的省级文明镇。辖12个自然村，辖区面积21.33平方公里，总人口3.02万人。镇内有山东金岭铁矿、山东胜利钢管有限公司、淄博铁鹰钢铁有限公司等一批大型企业。

2010年，全镇财政收入5467万元；规模以上工业企业完成总产值75.29亿元，工业销售收入76.44亿元，利税总额12.96亿元，利润8.68亿元；固定资产投资完成7.13亿元；招商引资实际到位资金6.18亿元，实际利用外资9300万美元。先后被评为省级文明镇、省级中心镇、省级卫生镇、省级环境优美镇。领导班子被授予全市“五好”乡镇党委荣誉称号。

根据区位特点和产业分布，科学确定“一区三园”发展布局，为全镇产业布局、资源配置提供明确导向，为转方式调结构和城乡一体化发展搭建优质平台。“一区”即山东张店经济开发区，重点发展新材料、装备制造、机械加工等项目，着力引进一批大型企业集团和战略投资者。“三园”即机械加工产业园、黑铁山生态度假园、工业物流园。通过“一区三园”建设，着力构建该镇以服务经济为主体、高新技术产业为主导、先进制造业为支撑，结构优化、技术先进、附加值高、吸纳就业能力强的现代产业体系。

建设服务型政府，建立健全基本公共服务体系，最大限度地让群众共享改革发展成果。投资240万元新建镇社区服务中心和文体广场，构建“一体两翼”覆盖全镇的社区服务体系。引入电厂蒸汽、管道燃气，实现集中供暖。医药卫生体制改革取得阶段性成效。新农合参合率达到100%。

淄川区岭子镇

党委书记 汪洪新

镇长 张刚

岭子镇位于淄川区西部，辖28个村居，镇域面积78平方公里，人口3.7万人。“十一五”期间，岭子镇立足于资源和区位优势，始终坚持“抓党建，保稳定，促发展”的总体思路，紧紧围绕“一镇两基地三集群七中心”发展战略，以科学发展观为统揽，积极转方式、调结构，经济社会持续健康快速发展。规划建设了占地4平方公里的新材料产业基地，初步形成水泥、耐火材料、煤炭三大产业集群。2010年，完成规模以上工业总产值126亿元，上缴税金2.68亿元，实现地方财政收入1.06亿元，进入全市经济强乡镇前12强。先后获评省级文明乡镇、省级卫生乡镇、省级村务公开民主管理示范乡镇。领导班子先后荣获全省基层信访工作先进单位、全市“五好”乡镇党委、全市机关作风效能建设示范单位、市社会综治委综合治理先进单位等荣誉称号。

山东鑫淦实业有限公司

山东东泰能源集团

东牛角风景

淄川区

党委书记 翟纯乾

镇长 孙启喜

鲁中耐火材料产品远销国外

嘉坤锆铝新材料有限公司实验室

罗村镇地处淄川区东北部，面积70平方公里，辖32个行政村，人口5.7万。地理位置优越，交通便利，南邻胶王路，省道湖南路贯通南北，青岛铁路局鲁家火车站坐落该镇。镇内盛产誉满中外的文房四宝金星淄砚，被誉为淄砚之乡。

罗村镇特色主导产业集群不断壮大，以新型耐火材料、陶瓷新材料、建材新材料、化工新材料产业为主，共有规模以上工业企业62家。全镇主导产业中拥有一批骨干企业，鲁中耐火公司是国内耐火材料行业龙头企业、山东省高新技术企业；重山集团是中美合作斯德哥尔摩公约履约示范企业，下辖重山水泥、重山热电、重山铝业、重山机械4个经济实体；赛纳工业陶瓷公司、鑫亚钙业公司是新投产无机非金属新材料企业；锦川洪峰化工公司是中国无机盐协会理事单位。以上企业产品档次及环保水平在国内、国际同行业中处于领先地位。

近年来，罗村镇坚持以科学发展观为统揽，以经济建设为中心，把新材料产业作为全镇发展的主导产业，全面加强与中材集团、中能集团、中铝山东分公司等国有大企业的联合与协作，发挥其在资金、项目、市场、人才、品牌等方面的优势，加快产业集聚，拉长产业链条，走出一条新材料产业快速聚集发展的新路。2010年，全镇完成固定资产投资13.7亿元，入库税金7727.3万元，地方财政收入3403万元，多次被区委、区政府表彰为先进单位，先后获得山东省第二次经济普查先进集体、全市经济强镇、市级文明村镇、市安全生产先进集体、市深度治理大气污染先进集体等荣誉称号。

镇党委书记翟纯乾、镇长孙启喜热忱欢迎各界朋友前来投资创业，共谋发展！

联系电话：0533－5686001

招商热线：0533－5686142

电子邮箱：luocunzhen@126.com

罗村镇

装修一新的中学教学办公楼

新建的小学教学楼

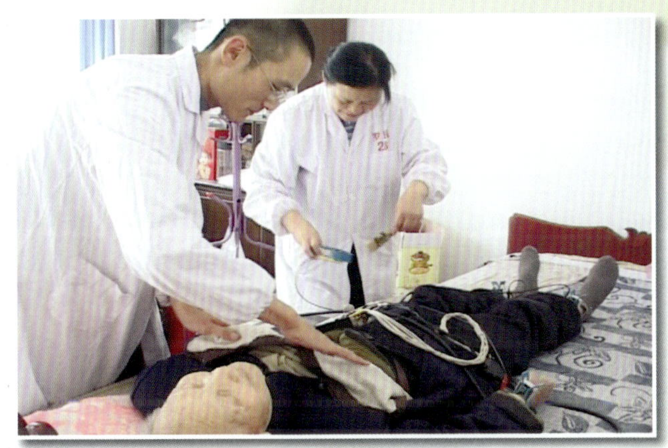
医护人员为敬老院老人免费健康查体

大樱桃丰收富农

湖南路绿化、亮化

花园式环保企业一角

淄川区寨里镇

正大电源公司研发基地剪彩

新建游园一角

寨里镇地处淄川区东部，面积119.5平方公里，辖40个行政村、3个社区，人口5.8万人。寨里镇人杰地灵，历史悠久。鲁中历史文化名山——黉山坐落于境内，省道胶王路横穿全镇东西，湖南路纵贯南北，北距淄博中心城区20公里，区位优势明显。寨里青瓷古窑址是全国北方年代最早的唯一青瓷窑遗址，抗战时期鲁中地区诞生的第一个县级政权机构——淄川抗日民主政府在该镇井筒村成立。

近年来，寨里镇坚持以转方式、调结构为主线，先后关停取缔上百家小炼铁、小炼硫、小石灰窑等土小企业，扶持壮大机械、电器等优势环保产业和生态农业，投资2.48亿元进行城镇改造，面貌焕然一新，功能日臻完善。2010年，全镇规模以上企业完成总产值48.89亿元，社会固定资产投入6.31亿元，实现地方财政收入5297万元，分别是2006年的2.1倍、2.5倍和4.3倍。该镇先后获得全国工会示范单位、山东省信访稳定工作先进单位、淄博市机械工业强镇等荣誉称号。

“十二五”期间，该镇计划总投资45亿元以上，全面实施“一个中心、二大建设、三个板块、四大集群、五大基地”发展战略，即：建设镇政府驻地涵盖7个村居的政治、经济、文化、商贸中心；加强和改进新形势下党的建设，大力加强民生建设；实施开展西部房地产板块、中部工业经济板块、东部生态经济板块；扶持发展新材料、机械铸造、煤化工、电器新能源四大产业集群；努力打造富硒产业、有机杂粮、优质核桃、生态养殖、生态旅游观光等五大基地。2011年安排38项重点工程，总投资8.05亿元。其中过千万元的工业项目12项，投资6.1亿元；农业生态经济重点工程9项，投资5300万元。一个健康和谐、蓬勃发展的新寨里将展现在世人面前。

寨里镇党委书记孙传国、镇长李宝业热忱欢迎各界朋友前来投资创业，共谋发展。

富硒产品基地

淄博锚链公司

中正电器公司

政府驻地全貌

博山区八陡镇

党委书记 徐继明

镇长 刘 伟

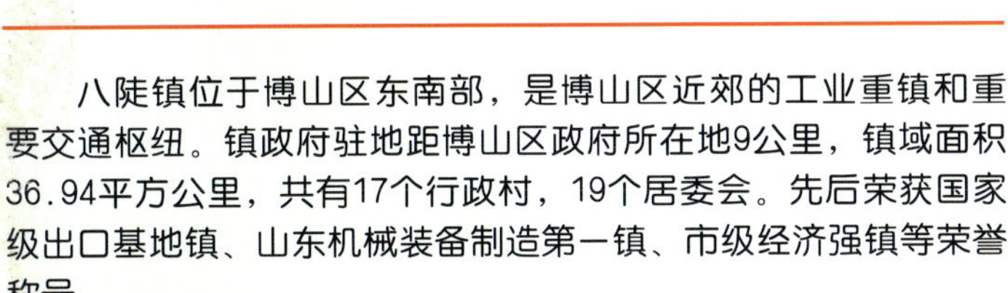

八陡镇位于博山区东南部，是博山区近郊的工业重镇和重要交通枢纽。镇政府驻地距博山区政府所在地9公里，镇域面积36.94平方公里，共有17个行政村，19个居委会。先后荣获国家级出口基地镇、山东机械装备制造第一镇、市级经济强镇等荣誉称号。

优化结构，提升装备，工业经济快速发展。作为博山老工业区的重要组成部分，八陡镇依托丰富的矿产资源和雄厚的工业基础，经济规模迅速扩大。辖区共有工业企业420家，直接从业人员1.1万人，其中规模以上企业90家，主要涉及汽车配件、泵类、机械加工、铸造、陶瓷、玻璃、焊丝、化工、耐火材料等行业。经过几年规划建设和发展，机械装备制造、陶瓷玻璃、新材料三大产业初具规模，并逐步发展壮大。2010年，全镇完成工业总产值260.63亿元，同比增长35.02%；财政收入6311万元，农民人均纯收入10707元。

建管并重，强化功能，城市化水平不断提升。2010年，八陡镇加大力度改善城镇基础设施，重点开工建设总投资3000万元、全长5公里的福山路，现已完成土路基建设。提升档次和标准，对黑山路、湖南路、仲临路等主干道实施路域综合整治，投资300万元完成路灯和道路两侧绿化工作。实施岳阳河上游综合整治工程，在增福村、北河口村建设2座中小型水库，岳阳河生态功能得到整体提升。启动饮水安全二期工程，涉及小黑山后村、青石关村，建成主管道10000余米。

关注民生，固本强基，社会事业全面进步。2010年全镇参合农民1.24万人，参合率达99.1%。新农合报销71.6万元，为全镇760名参合农民实行免费健康体检。农村新型养老保险参保收费工作全面完成，全年参保人数达4624人，收缴保费201.5万元，发放保费114万元。城镇居民医疗保险续保率达100%。投资40万对镇敬老院进行升级改造。重视文化教育事业，成功举办八陡中心学校建校60周年庆祝大会。

市委书记刘慧晏到镇驻地企业山东机器集团有限公司视察

镇民政办主任吕绪兰被评为2010"感动淄博"十大年度人物

博山区博山镇

薰衣草种植园

党委书记　王伟

镇长　白念亮

博山镇于2010年11月6日由原南博山镇和原北博山镇合并成立，位于博山区南部山区，地处博山、沂源、莱芜交汇处，是全市30个市级中心镇之一。总面积152平方公里，耕地面积2070公顷，人口5万人，辖41个行政村。全镇有65个党支部、2300名党员。镇内工商、税务、卫生、金融、交通、邮政、通信等部门齐全，省道（236线）博沂路东、西两线贯穿全境，辛泰铁路经此并设站，交通十分便利。境内生态环境优美，群山叠嶂起伏，森林覆盖率为46.2%，山体植被覆盖率为80%，昼夜温差较大，适合优质作物生长。淄河流经全境，3条支流长约35公里，水质甘甜、纯净，是市级重点水资源保护地。镇域内自然人文景观底蕴深厚，以金牛山、辰巳山、三府山—杨峪、五老峪—上瓦泉为主线的“三山两峪一泉”生态有机观光旅游线路开发潜力巨大，优美的自然环境为发展度假游、生态农业观光游提供了良好条件。博山镇自成立以来，坚持以科学发展观为统领，以转方式调结构为主线，围绕建设有机农业镇、生态旅游镇、和谐新城镇的工作目标，明确工作思路，不断解放思想，干事创业，全镇经济社会发展不断迈上新台阶。

有机韭菜大棚

有机金银花基地

有机草莓采摘

水果采摘

产品包装盒

上瓦泉村智能化温室大棚

五老湖

桓台县马桥镇

党委书记 刘 俊

镇长 许 珂

马桥镇位于桓台县西北部，面积79.12平方公里，辖52个行政村，人口5.2万人。2010年，全镇实现销售收入430亿元，利税43亿元，上缴税金10.6亿元，地方财政收入3.56亿元，完成固定资产投资48.4亿元。先后获评全国文明（村）镇、全国重点镇、全国环境优美乡镇、山东十大名镇、山东省基层党建工作示范点、淄博市纳税第一镇。

坚持转方式调结构，推进内涵式发展。全镇完成投资过千万元的项目7个，总投资达191.5亿元。金诚、博汇分别实现销售收入220亿元、151亿元，入围中国企业500强。油区纳税8000万元。山东海力化工公司的产品环氧氯丙烷入围山东名牌产品，“早春”“万家园”品牌连续多年被认证为山东省著名商标。

立足镇村统筹，推进城市化建设。紧紧抓住作为省级中心镇和全省确立的10个扩权强镇试点单位的机遇，对15个经济薄弱村进行整体迁建工程，大力实施合村并点。已建成居民楼327幢、建筑面积110万平方米，入住居民8000余户，拆迁复垦土地226.7公顷。投资1300万元修整、硬化道路面积54万平方米，形成贯穿4个社区的四纵四横棋盘式道路格局。建成8万平方米沿河公园和2万平米文化广场。投资800万元建设淄博市唯一一家乡镇天然气站，引入天然气供暖、地源热泵供暖。2010年8月18日，全市农村住房建设暨城乡建设用地增减挂钩工作现场会在马桥镇召开。

大力发展精准农业和都市农业，推进农业产业化经营。探索推广后金村公司+农户、北岭村大户经营等模式，完善祁家芹菜、姚郭大蒜等蔬菜基地建设。完成土地流转533公顷，形成“田成方、林成网、路相通、渠相连、旱能浇、涝能排”的格局。

兴办惠民利民工程，提高群众幸福指数。全镇新农合参合率达100%。农村养老、困难群众救助等补助进一步提高，70岁以上老人按月发放生活补助，对贫困学生等弱势群体开展爱心救助活动。投资600万元建设200套老年公寓，投资550万元建设高标准敬老院。调整优化学校布局，在校学生全部实行“全免一补”。建成两处乡村少年宫，深入推行素质教育，促进学生德、智、体全面发展。完善医疗保障体系，建成120急救中心，努力实现居民小病不出村，大病不出镇。

环境优美的居民生活小区

博汇集团35万吨高档白卡纸生产线

金诚石化集团自主研发拥有核心专利技术的针状焦项目装置

临淄区凤凰镇

淄博博港型材有限公司年产50万吨棒材项目

惠及千家万户的万亩农业综合开发工程

临淄区凤凰镇辖75个行政村，面积104平方公里，总人口8万。至2010年，全镇初步形成以钢铁产业为主导，矿山开采、冶金冶炼、特种钢材、装备制造、现代农业、仓储物流、高新技术、精细化工等多业并举的产业体系。经济社会快速发展，经济实力稳步提升。全年实现工业总产值458亿元，销售收入438亿元，利税25.1亿元，地方财政收入2.7425亿元。规模以上企业销售收入、利税、利润等主要经济指标增速均达到20%以上，税收收入和财政收入增速超过30%。全镇重点项目进展顺利，谋划建设的23个重点项目总投资达40亿元，全部达产后，预计年增销售收入130亿元、利税15亿元以上。农业产业快速发展，开工建设志明六和饲料、巧媳妇高级酱油等重点项目，康浪河、巧媳妇、广尔、亿百合等农业企业发展壮大。三产物流势头强劲，成立仓储物流协会，东部仓储物流区建设速度加快，志博远仓储、金隆顺物流等项目进展顺利。城镇建设整体推进，合村并居重点工程花园小区建设项目顺利动工，中金等5个市重点村的新村建设接近尾声。人民生活和谐幸福，投资430万元改善教育教学条件，新农保参保率达99%，新农合参合率达100%，“平安和谐凤凰”建设成效显著。先后获得全国小城镇综合发展水平千强镇、全国村务公开民主管理先进乡镇、中国绿色食品第一镇等荣誉称号。

站在新起点，实现新发展。凤凰镇正加快向开放程度高、发展活力足、生态环境好、核心竞争力强的产业聚集区、城镇辐射区、宜业宜商区和人文魅力区迈进。

北金集团污水处理项目之人工湖

民心工程之“同源一网”饮水项目

山东巧媳妇贸易有限公司

东召西村老年公寓

三八节文艺汇演

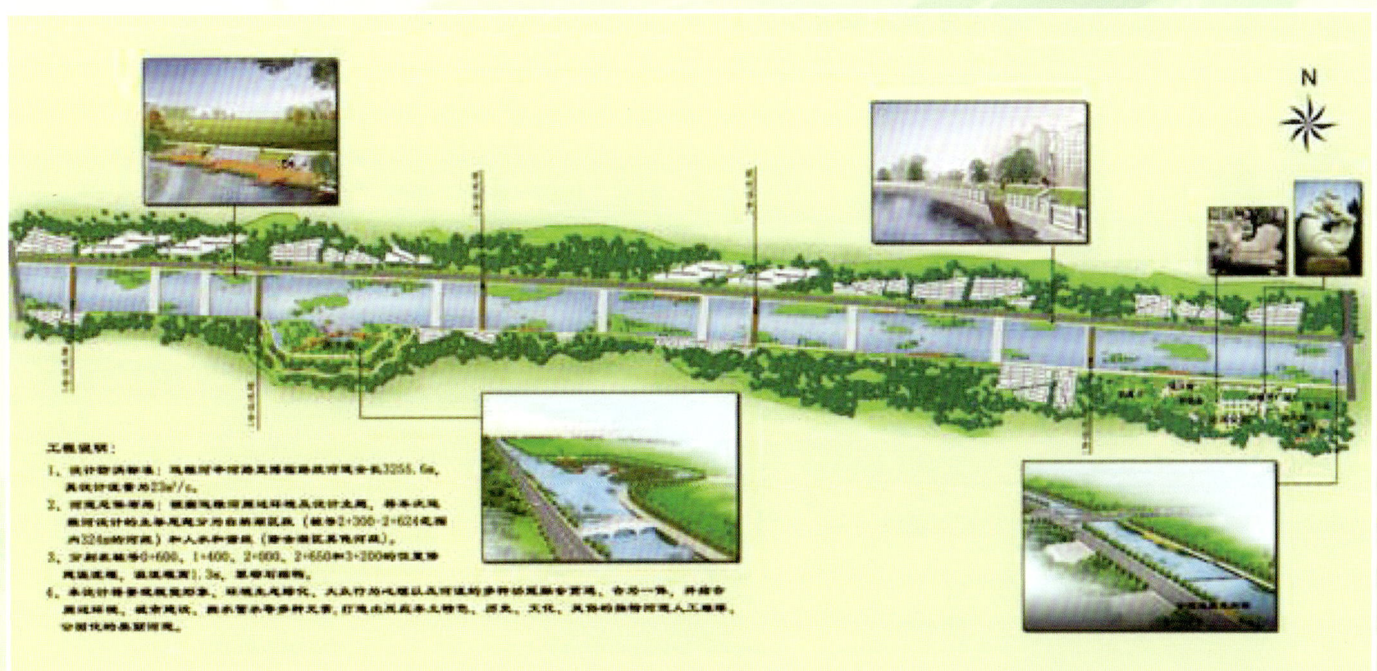

运粮河生态治理效果图

临淄区

全市大走访大排查现场会在稷下召开

积极为青海玉树地震灾区捐款

2010年，稷下街道牢牢把握“农业做特、工业做强、三产做活、新农村建设做亮、平安创建做实、惠民行动做好”的宗旨，各项事业齐头并进，实现经济社会又好又快发展。全年实现生产总值40.68亿元，比2009年增长16.2%；上缴税金11.22亿元，增长41.92%；完成利润23.97亿元，增长37.2%；实现财政收入9062万元，增长45.25%。

优化经济结构，培植新的经济增长点。街道拿出300万元专项资金奖励企业发展。截至2010年底，全街道共实施各类建设项目29个，完成固定资产投资24.2亿元，同比增长21%。齐都药业医药包装材料扩建，凯歌化工、伊林餐饮、名都储运、鑫运物流、恒润农业蔬菜加工储存等项目建成达效，有机化工、华星助剂、超宇模具等扩建项目建设进展顺利。牵头成立淄博齐兴担保有限公司，帮助企业解决担保难、贷款难、融资难的问题。

重点工程逐项突破，发展潜力日益剧增。102省道绿化、北外环升级改造工程、309国道路域综合整治、胶济铁路客运专线路域综合整治、牛山路东延、乌河治理改造工程全面完成；齐鲁国际塑化城、九村居搬迁项目、晏婴东路和花园东路西路建设顺利开工；深圳茂业东泰商场、方正公司大型综合商业街区、华洲公司淄江花园A区商住楼、临淄国际商会大厦等重点工程政策协调、规划设计、手续报批、征地拆迁等各项工作有序进行。

新农村建设扎实推进，农业农村稳步发展。广泛开展以“美化、绿化、亮化、净化、硬化”为主要内容的村庄“五化”工

倡导健康文明生活方式

机关干部向群众宣传土地法规政策

稷下街道

程，在全街道掀起建设“美丽乡村”和“生态文明家庭”的热潮。共投资1000余万元，硬化各类道路30余公里，安装路灯1500余盏，植树20余万株，农村面貌得到迅速改观。支持和规范农民专业合作组织，壮大现代农业经营主体，以恒润农业公司为带动，以尧王瓜果专业合作社为蓝本，以南安村、董褚村、西孙村为试点，实施土地集体经营，进一步扩大西瓜、食用菌、养殖、花卉、生态藕等城郊特色农业种养基地规模。

加大社会保障力度，倾力关注民生。街道慈善分会全年救助85户群众，发放救助款26.85万元；积极组织辖区广大群众和企事业单位踊跃向玉树地震灾区捐款27.2万元；在“慈心一日捐”活动中，共募集善款75.38万元；为19名五保老人发放各类补贴和生活费22万元；发放涉军优抚款35万元；拿出8万余元为60岁以上农村老年人办理意外伤害保险，在全区率先完成“银铃安康工程”；为660名80岁以上的农村老年人发放生活补贴11.85万元。各村（居）全部建立医疗服务站，新型农村合作医疗和城镇居民合作医疗筹资工作全面完成。

加大投入力度，构建平安稷下。投入450余万元，为辖区内学校和幼儿园配备专职保安，安装防控和监控设施，购置安保器械。深入开展固本强基维稳工程和平安稷下建设活动，实施技防村居建设和封边控路工程，对农村租房户实行规范化管理，努力打造刑事案件零发案、零上访、零纠纷的“三零”模范村，治安形势进一步好转，各类案件大幅下降，群众安全感明显增强。

举办校园安全保卫培训班

推行“双联系双覆盖”制度

蓬勃发展的房地产业

南安村有机生态藕项目

新农村“五化”建设

齐国故都

团结务实的领导班子

齐都镇位于临淄区中北部，是齐国故都所在地，面积53平方公里，辖47个行政村，人口4.3万人。地理位置优越，基础设施完善，投资环境优良，素有“中国香菇之乡”美誉。先后获得全国群众体育先进单位、山东省食用菌先进镇、省级环境优美乡镇、省级文明镇、市级文明镇、市先进基层党组织等荣誉称号。

文化底蕴深厚。曾作为“春秋五霸之首，战国七雄之一”的齐国国都长达800余年。著名的齐文化旅游景点齐国历史博物馆、殉马坑等坐落境内。

镇域实力增强。按照“提升工业、优化农业、大力发展第三产业”的工作思路，走出一条环境立镇、产业强镇、一体发展的镇域经济发展之路。形成集化工、电子、塑编、机械加工为主的产业格局，培养了正华助剂、远达化工等一批规模企业，房地产、运输、餐饮、仓储物流等现代服务业蓬勃发展，特色、生态、现代农业初具规模，注册各类专业合作社32个，农民增收步伐加快，中央电视台《新闻联播》曾进行专题报道。2010年，全镇财政收入4617万元，同比增长57.5%，农民年人均纯收入10081元，同比增长10%。

市领导调研石佛堂蔬菜基地

人居环境优美。坚持“生态优先、规划立镇”的发展思路，相继完成齐都路综合整治、旅游西路改造提升、“二沿三环”绿化以及农村“五化”工程。对镇域内主干道全部安装LED节能太阳能路灯，并同步实施道路监控安装工程，群众居住、出行安全指数明显提升。

城乡统筹发展。扶持建设26处农民文化大院，为47个村统一安装体育器材。按照“统一规范、合理规划、统筹管理、方便群众”的原则，大力推进政府公共服务向农村社区延伸，整合现有资源，建设古城社区服务中心，辐射周边8个村庄、8000余名居民。

齐都镇领导班子团结务实，经济实力不断增强，各项事业蓬勃发展，全镇上下正在为建设富裕、文明、和谐的社会主义现代化新齐都而努力奋斗。

市领导视察齐都镇开展的矛盾纠纷大走访大排查活动

整洁的办公环境

文化名镇
——临淄区齐都镇

工业实力不断提升

LED节能太阳能路灯及“二沿三环”绿化

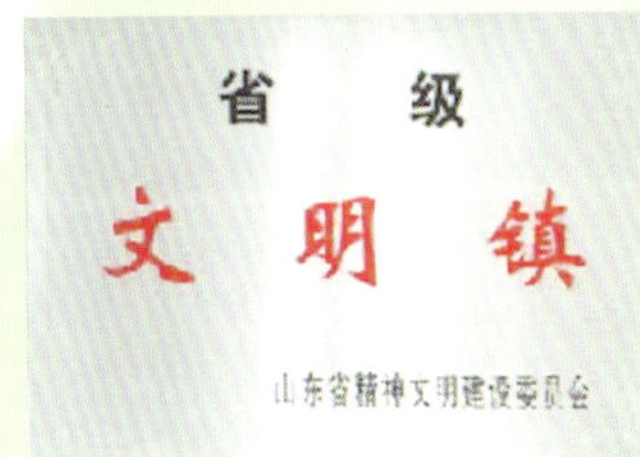

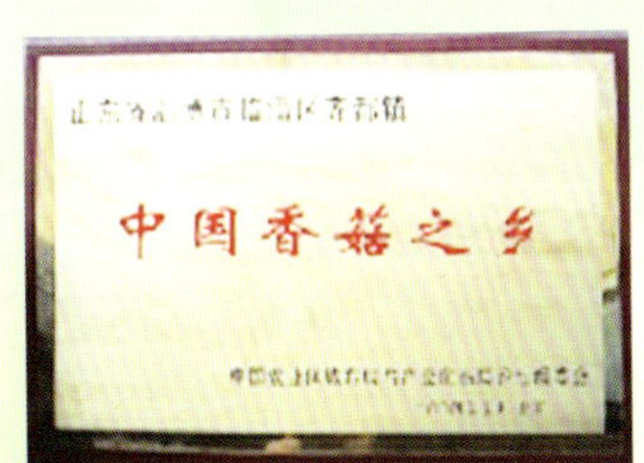

第三产业繁荣发展

王村中心文化广场

周村区王村镇

省委副书记、省政协主席刘伟在市、区领导陪同下视察蒲松龄书馆

市委书记、市人大常委会主任刘慧晏在区领导陪同下视察毕自严故居

市委副书记、市长周清利与山东钢铁集团公司董事长邹仲琛为山东耐火材料有限公司揭牌

王村镇位于周村区西南部，距周村城区19公里。总面积57.49平方公里，辖43个自然村，设41个村民委员会，1个居民委员会，总人口49102人。2010年，全镇完成工业总产值162.3亿元，比2009年增长36.13%；工业销售收入161.1亿元，增长36.39%；全社会固定资产投资15.96亿元，增长23.1%；规模工业增加值34.28亿元，增长44.82%；规模以上工业销售收入116.05亿元，增长45.09%；规模工业利润总额10.8亿元，增长48.91%；规模工业利税总额15.92亿元，增长47.32%；实缴税金总额17168万元，增长28.2%；建设固定资产投资1000万元以上的项目18个，总投资额29345万元，增长86.3%；引进内资22338万元，增长101.54%；利用外资56万美元，增长18.06%；外贸出口完成4367万美元，增长131.14%；高新技术占工业总产值的比重43.73，增长3.01%；万元增加值能耗控制到1.305吨标准煤，降低4.11%；实现财政收入7104万元，农民人均纯收入达到10195元。

是年，启动山东耐火材料基地建设，山东耐火材料公司完成注册挂牌；赫达公司、磊宝公司的4项技术通过省、市科技成果鉴定；鑫耐达公司、磊宝公司被认定为高新技术企业；鲁王公司节能砖荣获山东名牌称号。年底，全镇有民营企业1579家、从业人员22302人，其中规模企业77家、从业人员7543人。

镇区绿化一角

高青县田镇街道

淄博惠青黄河公路大桥管理处主任、田镇街道党工委书记 刘清天

田镇街道党工委副书记、办事处主任 王 忠

田镇街道办事处地处高青县中部，为县政府驻地，总面积68平方公里，辖58个行政村、9个社区居委会，总人口6.5万人。

近年来，田镇街道以科学发展观统领全局，坚持转方式调结构大力发展现代产业，围绕招商引资和城市建设两条主线，不断升级产业，实现经济社会跨越式发展。2010年，田镇街道规模以上工业企业主营业务收入28.5亿元，高新技术企业产值5.3亿元，规模以上固定资产投资完成22.8亿元，实际到账外资987万美元，实现地方财政收入6862万元，农民人均纯收入达9736元。农业产业化、工业化和城市化进程加快，镇域经济综合实力显著增强，连续三年步入全市经济强乡镇行列。五湖陶瓷、通威饲料、和信纺织、星光燃化等50多个招商引资项目的建成投产及良好运行，带动全镇经济发展，形成纺织、服装、陶瓷、热电、轻工等主导产业。城区和道路建设日新月异，大大改善投资和居住环境。先后被评为省级文明镇、淄博市新农村建设示范镇、淄博市平安建设先进基层单位。领导班子被授予“五个好”镇党委等荣誉称号。

2011年，将继续实施以“十大工程”为重点的项目建设，稳步推进“两区三村”建设。通过大力推广山东黑牛养殖繁育项目，以通威食品、新盛食品等企业为依托，辐射带动种植业结构调整，农村经济迅速发展，形成畜牧、瓜菜、林业三大亮点。

高青县星光燃化有限公司

纺织车间

高青县社会福利中心鸟瞰图

淄博市土地储备交易中心

淄博市土地储备交易中心，隶属于淄博市国土资源局，是全市土地、矿产有形市场的重要平台。是实施国有土地使用权及矿业权的招拍挂出让，出让合同的监管，基准地价、标定地价、政府出让底价评测及城市地价动态监测等工作的重要载体。

近年来，在市委、市政府和市国土资源局党委的正确领导下，市土地储备交易中心以构建和谐中心、打造阳光平台为目标，按照“内强素质、外树形象、主动作为、创新发展”的工作思路，秉承“充满激情、用心干事、宽厚务实、用心做人”理念，注重在缩减工作环节、强化作风效能、科学规范管理、热情周到服务上下功夫，逐渐发展成为集信息、交易、管理和服务功能为一体，以信息为龙头，以有形市场为载体，体系完整、结构合理、功能齐全、管理有序、服务到位的国有土地交易平台。中心先后被表彰为淄博市牵手共建和谐新农村先进集体、淄博市女职工建功立业标兵岗、淄博市青年文明号、淄博市百强党支部、淄博市市直机关文明单位、山东省文明办文窗口、山东省巾帼文明岗位、山东省青年文明号、全国巾帼文明岗。涌现出以全市十大杰出青年、全市十佳岗位明星、振兴淄博劳动奖章获得者为代表的一批先进个人和岗位标兵。

新形势下，市土地储备交易中心将继续深入贯彻执行党和国家的有关政策，严格落实关于土地市场建设的各项法律法规，主动服从服务于全市改革开放和经济建设大局，积极强化土地有形市场的职责和功能，健全完善国有土地使用权招拍挂出让程序，严格用地合同监管，提高城市地价动态监测和地价评估管理工作水平，着力提升服务效能，为推动全市经济社会更好更快发展做出新的贡献。

齐鲁商住大盘——黄金国际

黄金国际项目是由山东黄金集团旗下的全资子公司——山东黄金地产旅游集团有限公司于2003年11月18日投资5亿余元通过竞拍所得，地处淄博市新老城区的结合部，由中心城区华光路、世纪路、联通路、北西六路四条主干道围合而成。项目总占地面积39.2公顷，规划总建筑面积100万平米。由深圳建筑设计院负责设计，采用当代欧洲最成熟的街区模式和国际先进设计理念，集现代国际化高档住宅、大型购物超市、酒店式商务公寓、甲级写字楼等建筑为一体。是环境优美、配套完善、服务一流、具有街区特色文化的全方位、多样化、复合型、最适宜居住的现代高档商住社区和淄博地区标志性社区。

项目自2005年7月正式启动，已建成A区建筑面积5万平方米；B区12座多层、小高层、高层住宅楼，建筑面积9万平方米；C区6栋11层板式小高层、9栋18层点式高层、4栋22层22万平方米的住宅工程。建有地下2万平方米人防工程。小区内设有10000平方米中央水景，9洞高尔夫推杆练习场、下沉式运动场、多功能运动会所及室内恒温泳池等高档生活配套。E区由5栋11层板式小高层和2栋17层高层组成，全部实现温泉入户，区域内设有儿童活动场所、休闲娱乐平台等多种配套设施。A、B、C、E区已陆续交付使用，在售产品为F区温泉养生住宅。最后一个组团D区于2011年全面动工建设。

在项目开发过程中，黄金国际项目积极进行地热资源开采，大胆采用新技术、新工艺、新材料、新设备，通过管桩技术、叠合箱梁技术、外墙保温、景观穿插施工等技术和工艺，提高工程质量。

黄金国际主要荣誉：2004～2010年，先后获得年度最值得期待的楼盘、年度最佳规划设计奖、中国地产十大风尚企业奖、淄博房地产最佳公信力代表楼盘、建设“诚信企业”先进单位、综合信用评定AAA级企业、淄博地产风云榜最佳品牌地产、淄博市住宅产业化先进单位、年度最具影响力风尚名盘、年度精品（明星）楼盘奖、全国品质地产十大生态楼盘示范项目、淄博市城市规划先进单位、淄博市质量样板观摩工程、淄博市民最信赖的“品牌楼盘”、支持社区志愿服务工作先进单位等称号，被淄博市质量监督站和淄博市墙改办定为金牌小区试点工程和省级节能示范小区试点工程。

淄博市中心血站

淄博市中心血站创建于1988年9月，是隶属市卫生局的副县级全额事业单位。占地面积23亩，建筑面积13000平方米，固定资产4700余万元。现有干部职工120人，其中高级职称16人，中级职称53人。年采供血量16吨。主要担负全市无偿献血的招募、宣传发动、血液的采集与制备、临床用血供应以及医疗用血的业务技术指导，承担全市医院血库血液储存的质量控制。设有固定献血屋6处、流动献血站6处，拥有国际领先水平的血液检测、分离、保存等进口设施66台（套）；配有功能齐全、设备完善的采血车2部、专用送血车3部，实现采供血全程微机网络化管理，为完成各项任务提供了有力的基础保障。

淄博市1992 年开展公民无偿献血工作以来，在市委、市政府的正确领导下，血站认真贯彻《中华人民共和国献血法》和卫生部《血站管理办法》《血站质量管理规范》《血站实验室质量管理规范》等法律法规，深入开展学习实践科学发展观，进一步强化内部管理，加大采供血工作力度，完善质量管理体系建设，规范储血点和输血科建设，不断提高血液质量和服务水平，营造献血有益健康，无偿献血光荣的社会氛围，实现无偿献血工作的跨越式发展。1998 年《中华人民共和国献血法》颁布实施后，临床用血全部来自无偿献血。2001年起全市临床用血全部来自街头公民自愿无偿献血。在2011年2月召开的全国无偿献血表彰会上，淄博市连续第七次荣获全国无偿献血先进城市称号。创先争优，促进工作，成效显著。2011年4月26日，卫生部副部长陈啸宏专程到血站调研指导，并给予充分肯定。中央创先争优活动领导小组刊发《山东省淄博市以创先争优促无偿献血》简报，血站党支部被淄博市委表彰为先进基层党组织。血站各项工作走在全省乃至全国的前列。

淄博市第八人民医院（中华慈善淄博医院　淄博铁路医院）

淄博市第八人民医院始建于1905年，2004年7月，正式划归淄博市政府管理，更名为淄博市第八人民医院。2009年1月，挂牌淄博市慈善医院。12月，被中华慈善总会命名为中华慈善淄博医院。

2006年8月后，以院长段明福为首的新领导班子带领全院干部职工发扬 “慈爱、奉献、和谐、创新”的八院精神，坚持“小综合、大专科、中西医结合的发展方向，突出老年病、康复医学特色，实施高科技人才带动，做大亮点项目，做响慈善医院，在淄博乃至鲁中地区创出品牌，促进医院全面、和谐、可持续发展”的发展战略。先后建立脑中风防治、心脏病手术、血液透析、特色肿瘤治疗、热CT五大国家级项目；大力支持超声诊断科、中西医结合脑病科、中西医结合呼吸科3个淄博市重点专科发展；建立开放床位各100张的老年优质科和神经康复科两大重点科室。该院通过实施尿毒症患者血液透析、先天性心脏病手术、残疾人康复训练等慈善救助项目，配套投入5000余万元，累计救助患者3万余人次，救助费用2千余万元。开展“爱心血透、真情100”贫困尿毒症患者救助活动，前来透析的患者达到240余人，数量位居全省前列，获得山东省慈善最具影响力项目奖。作为中国红十字会“天使阳光基金”先心病救助项目全国8家定点医院之一，在先天性心脏病救治工作中，手术成功率保持100%。为来自省内外的79例心脏病患者实施手术，手术质量和数量居全市之首。通过救助白内障老人复明行动、先心病爱心救助工程、特殊人群就医优惠、困难人群医疗救助等行动，充分展示八院人以关爱百姓健康为己任，以替政府分忧为本分，把慈爱奉献的宗旨贯彻医院发展始终的精神风貌，

团结奋进的领导班子

受到社会和前来视察指导工作国家、省、市各级领导的高度赞誉。

经过5年的发展，医院固定资产总额由2006年的3070万元增加到近亿元；年门诊诊次由2006年的8.4万人次增加到近20万人次；医院年收入由2006年的1370万元增长到8600万元。在职职工达700余人，开放床位612张，拥有CT、高档数字化智能彩超、磁共振、大型DSA、DR等先进医疗设备。医院是淄博市超声专业委员会、市肛肠病专业委员会、市中西医结合临床心理学专业委员会、市中西医结合老年病康复学会4个市级学术基地的挂靠单位。先后荣获全国文明诚信十佳示范医院、全国医疗质量信得过十佳优秀医院、全省职工最满意的医保定点医院、山东省首批医患和谐示范医院、山东省消费者满意单位、山东省卫生系统“两好一满意”示范集体、山东省职工幸福家园、淄博市文明单位等称号。

山东化工职业学院

山东化工职业学院是经山东省人民政府批准、国家教育部备案、中国石化集团公司齐鲁石化公司组建的省属公办全日制综合性普通高等学校，受山东省教育厅领导。学院位于齐国故都山东淄博临淄，交通便利，文化底蕴丰厚。学院绿树成荫、鸟语花香、四季常青，是淄博市人民政府命名的花园式学校、齐鲁石化公司文明单位。

学院设立入学高分学生奖、国家奖学金、省政府奖学金、国家励志奖学金、国家助学金、学院奖学金和各种勤工俭学岗位，每月为学生发放一定数额的生活补助费。学生学习期满，考试合格，颁发普通高等教育大学专科毕业证书，由山东省人力资源和社会保障厅签发就业报到证，技能鉴定合格者颁发国家人力资源和社会保障部承认的中高级技能鉴定等级证书。

山东化工职业学院的愿景是创建“少而精，小而强”令人向往的优秀职业学院。学院确立“准确定位、稳步发展、高质量办学、创特色名校”的办学思想和“进得来、学得好、出得去”的办学理念，把学生培养成“下得去、留得住、用得上”的深受企业欢迎的高素质技能型人才。学院近3年毕业生总体就业率分别为96.56%、95.8%、96.7%，居全国高校前列。2005年学院被《山东工人报》评为最受企业欢迎的山东职业技术院校，2009年学院荣登《中国大学生就业蓝皮书》华东地区高职高专大学生就业能力排行榜第五名，被中国石化集团公司确定为引进大专高职毕业生18所院校之一。学院与中国石化集团公司、中国石油天然气集团公司、中国海洋石油集团公司、中国中化集团公司、中国化工集团公司系统内企业以及上海、北京、广州、深圳等大城市的多家人才交流中心和企业建立了广泛的用人关系，促进了毕业生优质就业。

山东化工职业学院党委书记、院长　李安学

山东丝绸纺织职业学院

山东丝绸纺织职业学院始建于1960年，前身是山东省丝绸工业学校，2006年3月，经山东省政府批准升格为高职学院。学院占地面积33.33公顷，建筑总面积10.6万平方米，设7个系，24个高职专业、4个自学考试本科试点专业，有全日制在校生5717人。教职工编制为545名，现有348人，其中专任教师 240人，具有博士学位2人、硕士学位116人，教授3人、副教授50人，双师素质教师66人。

2010年，学院制定《教师工作规范》等12个教学管理制度。完善《学生评教规定》，聘请17名专兼职教学督导员，完成人才培养方案、教学质量控制系统、教学管理制度体系三大教学工程建设。染整技术专业获批为省级特色专业，“染色打样”被省教育厅评为省级精品课程。学院被评为省电子信息行业职业技能鉴定先进实训基地。引进博士2人、紧缺专业人才9人。晋升教授2人、副教授11人、讲师28人。年内，获批立项省级教科研项目（课题）13项。获中国纺织工业协会教学成果奖1项、山东省职业教育优秀科研成果奖6项、淄博市社会科学优秀成果奖4项。纺织品研发中心研发的“丝麻皱绸SH09-01”获2010全国丝绸创新产品银奖。1名教师被评为山东省十佳设计师，教师作品《丝源》获“嵊州领带杯”2010全国丝绸服装设计大赛铜奖。学院学生在国家级各类大赛中获得一等奖1个、二等奖5个、三等奖15个、优秀奖5个、团体铜奖1个、优秀组织奖2个。单呈祥同学在第二十二届省运会上获男子乙组铅球冠军、铁饼季军。普通专科招生计划完成率为95%，五年一贯制专科计划完成率为100%。2010年学院普通专科就业率达到98.06%。与30多家企业签订校企合作协议，校企合作开发课程达38门。订单培养单位拓展到目前的瑞阳制药有限公司等7家，筹划组建订单培养班7个。

2011年5月，学院顺利通过人才培养工作评估，专家组对学院办学成绩给予一致肯定和较高评价。学院先后被评为国家级重点职业学校、全国诚信和谐院校、省级文明单位、山东省职业教育先进单位、省级花园式单位、省级卫生先进单位、山东省最受企业欢迎职业技术院校、山东省首批高等教育自学考试本科专业试点院校，被中国质量万里行山东市场调查中心评为质量服务满意单位。学院平安和谐校园建设成绩突出，2010年被省公安厅记集体二等功。

学院党政领导

党委书记：高素贞

党委副书记、院长：孙志斌

党委委员、副院长：刘承新 张玉惕 梁菊红

党委委员、工会主席：明绪田

党委委员、纪委书记：余中兴

山东机器（集团）有限公司

山东机器（集团）有限公司是中国兵器工业集团公司的直属企业。2010年，公司围绕“提升自主创新能力、提高发展质量、履行社会责任”三大任务，强化竞争意识，转变发展方式，全面实现年度经营指标和“十一五”规划确定的奋斗目标。

强化对军品的战略管理。围绕国家高新工程和重点装备产品的研制与生产，加快新产品研发步伐。年内完成2个产品的设计定型和生产试制，3个产品正在按计划进行型号研制，2个产品完成演示验证验收，圆满完成试制与生产任务。与北京理工大学联合组建爆炸科学与技术国家重点实验室山东研究基地，为企业开展高新技术产品研发、提升核心技术能力提供雄厚的技术支撑。民品经营持续发展。对企业现有民品产业结构进行调整，使民品主业集中到汽车零部件、工程机械及零部件、民爆器材3个板块，提高产业集中度；坚持扶优扶强，围绕符合公司主业发展方向、市场前景好的产品进行重点扶持，促进民品规模化发展;对有发展前景的民品子公司实施股权增资，对经营骨干实行持股激励。能力建设取得新成效。统筹建设规划，提升研发水平及工艺技术水平。年内公司在建和新建的项目共计6项。年内，公司被国家国防科工局授予军工能力建设先进单位称号。大力推进结构调整。按照中国兵器工业集团公司投资清理整合的总体要求，完成4个三级及以下公司的注销、清算和股权退出工作；将军品工装量具制造、毛坯热锻及粗加工等业务与特种加工进行整合；完成机器制造公司增加注册资本工作；调整北方机电公司产品产业结构，逐步将其发展为工程机械零部件产业化基地。积极倡导“零事故、零隐患、零疑虑”的安全管理理念，认真落实零事故指标考核，通过兵器集团公司安全质量标准化一级企业考核验收，连续被评为山东省及兵器集团公司安全生产先进单位，获得全国安康杯竞赛优胜企业称号。重点对质量体系运行的有效性进行监控。加强人才队伍建设。重视节能减排，动能成本得到有效控制，确保污染物100%达标排放，努力构建节约型绿色企业。

市委书记刘慧晏视察公司

公司积极践行“严细实恒”的企业作风，倡导“创新、奉献、务实、开放”的企业精神，获得山东省文明单位和山东省思想政治工作优秀企业等称号。公司领导班子被中国兵器工业集团公司授予创建“四好”领导班子先进集体荣誉称号。

淄博环保能源有限公司

淄博环保能源有限公司是杭州锦江集团有限公司控股子公司，是淄博市唯一清洁焚烧处理城市生活垃圾的专业公司。公司采用杭州锦江集团与浙江大学联合开发的异重度循环流化床清洁焚烧处理生活垃圾新技术，项目设计规模为日清洁焚烧处理生活垃圾1000吨，是淄博市重点市政环保基础设施工程及资源综合利用示范工程。

项目原由山东双凤集团控股，2003年开工建设，后由于资金等原因停工。2006年3月底，淄博市政府与杭州锦江集团签署合作合同，由杭州锦江集团承接续建该工程。于2006年10月16日全面开工建设，总投资2.7亿元人民币，新建3台400t/d循环流化床垃圾焚烧炉，配两台12兆瓦汽轮发电机组及相关环保等配套设施。2007年7月1日，1号垃圾焚烧机组投入运行，8月2日，2号垃圾焚烧机组投入运行，9月20日，3号垃圾焚烧炉（备用炉）投入运行。三炉两机运行可达到日处理城市生活垃圾1000吨，年焚烧垃圾36万吨，城市居民供热96万吉焦，发电1.6亿千瓦时，安排就业150余人。

垃圾焚烧电厂的成功运行，为淄博市城市生活垃圾无害化、减量化、资源化处理和淄博市经济建设及市民生活环境改善提供了可靠的保障。截至2011年4月21日，电厂已安全运行1388天（33312小时），2010年下半年日处理垃圾量达到1400吨/日，累计发电4亿千瓦小时，供汽43.92万吉焦，焚烧处理城市生活垃圾141.49万吨。

总经理　王胜全

淄博市五区三县的生活垃圾已按计划逐步运至公司焚烧处理。该项目的投入运行，解决了生活垃圾环境问题，节约大量土地资源，是垃圾处理无害化、减量化、资源化的发展方向，符合国家发展循环经济和资源综合利用的产业政策。

山东淄博傅山企业集团有限公司

全国劳模、傅山村党委书记、傅山企业集团有限公司董事长彭荣均

山东淄博傅山企业集团有限公司位于淄博高新区东北部，成立于1995年，是在傅山村综合发展的基础上建立起来的一家集冶金、能源、物流、酿造、房地产、金融、餐饮服务、化工、化纤、新材料、食品加工、机械制造、建筑建材、旅游、文化传媒等多个特色产业为一体的综合性大型企业集团。总占地面积近6平方公里，西临205国道，南邻济青高速公路，交通便利，资源丰富，具有得天独厚的发展优势。

集团成立以来，确立并施行“退一进二、继二进三”和“调整、整顿、规范、提高”的发展战略，逐步走上以能源产业为产业链基础、以循环经济为纽带的多元化发展道路，建立起由清洁生产、废物利用、生态保护、和谐发展构成的循环经济体系，形成独具优势的产业链式发展。集团公司产业结构由多个特色产业板块组成：以热力发电、炼焦、洗煤、天然气、煤气为龙头的能源板块；以铁路货运、公路货运、保税物流为龙头的物流板块；以采矿、选矿、制氧、炼铁、炼钢、带钢、线材、铸造、钢管、镀锌、高速公路设施为龙头的钢铁板块；以涤纶长丝、中空纤维、短纤、加弹长丝、轻纺为龙头的化纤板块；以酿酒、宠物食品为龙头的食品加工板块；以氧化铝球、钨钼材料、水玻璃、稀土氧化物、氧化铝加工为代表的新材料板块；以建筑、建材、安装为龙头的建筑板块；以真空泵、汽车弹簧、铸造为龙头的机械制造板块；以有机化工、煤化工为龙头的化工板块；以房地产、金融、文化产业、旅游、度假酒店、汽修为龙头的三产板块。各板块之间形成资源共享、综合利用的产业链。

由傅山集团为主体投资建设的淄博保税物流中心（B型），于2011年4月19日正式设立。作为国内仅有的25个保税物流中心之一、山东省第3家保税物流中心、省内唯一一家不依托海港、空港、河港的纯内陆保税物流中心，淄博保税物流中心的成立实现淄博市将港口搬到家门口的愿望，成为淄博及鲁中地区招商引资的重要平台和区域经济腾飞的引擎。

2010年，傅山实现工业总产值160余亿元，利税总额近10亿元，位列中国最大500家企业集团第360位，中国企业500强第447位，中国制造业500强第247位，山东省百强企业第58位。连续多年成为淄博高新区第一利税大户。先后被评为全国先进基层党组织、全国乡镇企业集团、全国文明诚信示范单位，连续多年获得山东省先进基层党组织、基层党建工作示范点、文明单位等荣誉称号。

党委书记、集团公司董事长彭荣均系全国劳动模范、全国优秀乡镇企业经理、全国优秀诚信企业家和山东省党代表，山东省人大代表，淄博市人大代表，淄博市党代表，张店区第人大代表和人大常委。

院长　许新升

淄博昌国医院的前身是济南军区淄博驻军癫痫病专科医院，由著名癫痫病专家、主任医师许新升创办，是一所集临床医疗、医药研发、制剂生产、康复医学、养生保健、科研教学为一体的具有二级资质的综合性医院。

医院建筑面积1万多平方米，床位200张，在职员工200余人。设有癫痫病诊疗中心、康复医学、手足外科、中医风湿科（治疗红斑狼疮、肺纤维化）、心理咨询、查体中心、急救中心、内科、外科、妇科、儿科、中医科、医学检验、医学影像、脑电监测等20多个临床医疗、药学、医技科室。

医疗设备先进，基础设施完备。设有千级层流净化手术室、中心供氧、负压吸引、中央呼叫、中央空调等现代化、标准化、系统化装备。拥有德国原装西门子双排螺旋CT、500mA双管双床遥控X光机、彩色B超、日本脑电监护仪、全自动生化分析仪、血药浓度分析仪、脑循环分析仪、德国LeiCa神经外科手术显微镜、美国Cadwell 多导视频脑电图机、动态脑电赫特盒、动脉硬化及血管疾病检测系统、多功能神经康复诊疗系统等50余台（件）大型现代化医疗设备。

癫痫病诊疗中心是医院重点学科，具有20多年的发展经历与临床研究成果，独创“癫痫病穴位割治术”，研制发明了治疗癫痫病系列药物，并获得国家发明专利，军队科技进步奖、医疗成果奖，中华医药发展贡献奖等诸多科研奖项。已为来自海内外的20多万名患者解除了病痛。医院引进高端人才成立癫痫外科，针对难治性癫痫开展外科手术治疗，已开展手术数十例，疗效显著，为难治性癫痫病患者恢复了健康。随着医院的发展和壮大，康复医学、手足外科、中医风湿科等重点学科也得到快速发展。康复医学科主要以脑卒中、脑外伤、神经系统、脊柱脊髓损伤、小儿脑瘫、截肢、骨关节伤病等病症引起的功能障碍为康复治疗的对象；中医风湿科治疗红斑狼疮、肺纤维化临床研究，已使来自全国各地的4万多名患者康复，获得省厅级科研成果奖2项；手足外科引入断指再植技术，已为4指离断和8指离断患者成功接活断指，为小指离断13小时患者再植成功。其他内、外、妇、儿、中医等临床科室，专家常年坐诊。医院已形成了以癫痫病专科为龙头，多科室共同发展的大专科小综合的医疗体系。

医院先后获得山东省科技创新示范医院、山东省诚信医院、山东省优秀民营医院、全国十佳重点癫痫病专科医院、全国消费者信得过医院、全国优秀冠名红十字（会）医疗机构、全国先进社会组织等荣誉称号。

地址：淄博市张店区昌国西路38号
咨询电话：0533－2710005　2710299　2717000
网址：www.zgdxbw.com.cn

淄博昌国医院